Le droit de la vie scolaire

Le droit de la vie scolaire

Écoles, collèges, lycées

Yann Buttner

Diplômé d'études approfondies en droit public
Conseiller juridique du Rectorat de l'Académie d'Aix-Marseille

André Maurin

Docteur en droit
Chef du service juridique du Rectorat
de l'Académie d'Aix-Marseille

Blaise Thouveny

Diplômé d'études supérieures en droit et en sciences politiques
Responsable de la formation des conseillers principaux d'éducation
à l'IUFM d'Aix-Marseille

3e édition

2005

DALLOZ

DALLOZ

31-35 rue Froidevaux, 75685 Paris cedex 14

Table des sigles et des principales abréviations

AJDA	*Actualité juridique (droit administratif)*
AJFP	*Actualité juridique (fonction publique)*
art.	Article
B.O.E.N.	*Bulletin officiel de l'Éducation nationale*
Bull. civ.	*Bulletin des arrêts de la Cour de cassation (chambre civile)*
Bull. crim.	*Bulletin des arrêts de la Cour de cassation (chambre criminelle)*
c/	Contre
CA	Cour d'appel
CAA	Cour administrative d'appel
Cass. 1re civ.	Cour de cassation, première chambre civile (2e civ., 3e civ.)
Cass. com.	Cour de cassation, chambre commerciale
Cass. crim.	Cour de cassation, chambre criminelle
Cass. soc.	Cour de cassation, chambre sociale
C. civ.	Code civil
CE	Conseil d'État
CEDH	Cour européenne des droits de l'homme
CEE	Communauté économique européenne
Cf. (Confer)	Voir
Circ.	Circulaire
CNDP	Centre national de documentation pédagogique
CNED	Centre national d'enseignement à distance
CNIL	Commission nationale de l'informatique et des libertés
CNRS	Centre national de la recherche scientifique
Coll.	Collection
Comm.	Commentaires
Concl.	Conclusion(s)
Cons. const.	Conseil constitutionnel
Const.	Constitution
C. pén.	Code pénal
C. pr. pén.	Code de procédure pénale
CRDP	Centre régional de documentation pédagogique
C. trav.	Code du travail
D.	*Recueil Dalloz* (D.A. : Dalloz Analytique ; D.C. : Dalloz Critique ; D.H. : Dalloz Hebdomadaire ; D.P. : Dalloz Périodique ; D.S. : Dalloz-Sirey)

DAGIC	Direction des affaires générales internationales et de la coopération
DAJ	Direction des affaires juridiques (a pris la suite de la DAGIC)
Ed. G	Édition générale
EPLE	Établissement public local d'enseignement
Fasc.	Fascicule
GAJA	*Les grands arrêts de la jurisprudence administrative*
Gaz. Pal.	*Gazette du Palais*
Ibid. (Ibidem)	Au même endroit (cité à la note précédente)
In	Dans
INA	Institut national de l'audiovisuel
Infra	Ci-dessous
IR	Informations rapides
IUFM	Institut universitaire de formation des maîtres
J.-cl.	Juris-Classeur
JCP	*Juris-Classeur Périodique*
JDJ	*Journal du droit des jeunes*
JDJB	*Journal du droit des jeunes belge*
JO	*Journal officiel*
JOAN ou JO.AN	*Journal officiel de l'Assemblée nationale*
JOCE	*Journal officiel des communautés européennes*
L.	Loi
LIJ	*Lettre d'information juridique (mensuel de la direction des affaires juridiques du ministère de l'Éducation nationale)*
Obs.	Observation(s)
OMS	Organisation mondiale de la santé
Op. cit. (Opere citato)	Ouvrage précité
Ord. réf.	Ordonnance de référé
P.	Page
Pan.	Panorama (de jurisprudence)
PJJ	Protection judiciaire de la jeunesse
Quest. écr.	Réponse à une question écrite
RD propr. intell.	*Revue du droit de la propriété intellectuelle*
RDS	*Revue du droit scolaire*
Rec. CE	Recueil des décisions du Conseil d'État
Rép. pén.	Répertoire pénal
req.	Requête
RFD adm.	*Revue française de droit administratif*
RGDA	*Revue générale du droit des assurances*
RJ com.	*Revue de jurisprudence commerciale*
RRJ	*Revue de recherche juridique - droit prospectif*
RTD com.	*Revue trimestrielle de droit commercial et de droit économique*

S.	*Sirey (recueil)*
SAMU	Service d'aide médicale d'urgence
SAU	*Solidarités Assurances Universitaires*
SDIS	Service départemental d'incendie et de secours
SMUR	Service médical d'urgence-réanimation
Somm.	Sommaire
Supra	Ci-dessus
T. enfants	Tribunal pour enfants
TASS	Tribunal des affaires de sécurité sociale
T. confl.	Tribunal des conflits
T. corr.	Tribunal correctionnel
TGI	Tribunal de grande instance
T. Pol.	Tribunal de police

L'éditeur et les auteurs remercient vivement les différentes personnalités qui ont accepté de contribuer au présent ouvrage :

- **Jean-Louis Bergel**, *professeur de droit, avocat* (n° 474)
- **Jean-Paul de Gaudemar**, *recteur* (n° 165)
- **Pierre Giraud**, *proviseur pénitentiaire* (n° 92)
- **Gérard Lopez**, *psychiatre* (n° 280)
- **Olivier Rothé**, *procureur de la République* (n° 186)
- **Jean-Louis San-Marco**, *professeur de médecine* (n° 407)
- **Frédéric Séval**, *magistrat administratif* (n° 54)
- **Bernard Toulemonde**, *inspecteur général* (préface)
- **Michel Treuil**, *recteur* (n° 275)
- **Capucine Vigel**, *personnel de direction* (n° 327)

Préface

La publication de la première édition de cet ouvrage était un événement remarquable, que nous avions salué[1]*. La sortie d'une deuxième édition montre à quel point il répond à un besoin.*

Les trois auteurs, juristes et praticiens du droit et de la vie scolaire, sont excellemment placés pour répondre à la question qu'ils posent dès les premières lignes et qui, aujourd'hui, frappe tous les observateurs : « La robe rouge du juge remplacerait-elle la blouse grise du maître ? En d'autres termes, les acteurs de la communauté éducative manifesteraient-ils une inclination de plus en plus prononcée à la saisine de nos magistrats et se complairaient-ils dans le droit ? ».

Cette question n'est d'ailleurs pas propre à l'institution scolaire, elle vaut pour presque tous les rapports sociaux – que l'on songe par exemple aux relations des médecins avec leurs patients – et pour tous les pays, comme le montrent les auteurs, citant le cas de la Belgique où « le droit scolaire est passé du désert sahélien à la luxuriance de la forêt équatoriale » *!*

Il est vrai que l'on assiste à un mouvement irrésistible de « juridicisation » et de « judiciarisation » des sociétés : les États-Unis en ont donné l'exemple. Mais, bien au-delà, la « mondialisation » et la construction de l'Europe ne se réduisent pas aux échanges économiques : elles véhiculent aussi des réglementations foisonnantes (chaque année, plus de la moitié des textes nouveaux applicables dans notre pays sont d'origine supranationale) et produisent une jurisprudence abondante (par exemple celle de la Cour européenne des droits de l'homme). À cet égard, la pénétration du droit anglo-saxon, du droit international et européen dans notre droit national n'en est qu'à ses débuts... Comme le montrent parfaitement les auteurs, cette micro-société qu'est l'école n'est évidemment pas restée à l'abri de ce mouvement, en dépit de traditions qui la portaient à régler ses affaires « en interne » sans

1/ *Revue Administration et éducation*, n° 4, 2002, p. 153.

faire appel au droit commun, encore moins au juge ordinaire[2]*. Outre le mouvement général, différentes raisons expliquent, selon les auteurs, cette évolution, – ils en dénombrent six – parmi lesquelles ils citent notamment le déclin de l'autorité naturelle qu'inspiraient l'école et ses maîtres et – on n'y insiste pas assez –* « le dépérissement de l'éthique »*, perceptible chez les usagers comme chez les personnels. Le fonctionnement des établissements scolaires, les droits des agents, des élèves et des parents, sont donc désormais codifiés dans les moindres détails (la seule partie législative du code de l'éducation compte 974 articles, chacun d'eux étant divisé en sous-articles !) et nul n'hésite, en cas de conflit, à faire appel aux tribunaux, promus juges de paix des institutions scolaires. À cet égard, l'ouvrage est illustré de nombreux exemples de jurisprudence : on y voit à quel abus peut conduire l'utilisation des recours... Et encore, nous ne sommes pas au terme de l'évolution : en Grande-Bretagne, la Chambre des Lords a autorisé récemment les juges à examiner la qualité de l'enseignement dispensé et le professionnalisme des enseignants – une source infinie de contentieux !*

L'irruption du droit suscite de prime abord des réactions de crainte. L'ouvrage insiste sur l'aspect déroutant qu'il peut avoir pour des enseignants, voire pour des cadres dont la formation exclut à peu près totalement les questions juridiques ; il peut s'ensuivre des phénomènes de repli, paralysant toute initiative. Mais en même temps, les progrès du droit ne peuvent être considérés dans une société démocratique comme une calamité, dans l'éducation nationale moins encore qu'ailleurs : le droit n'est-il pas une occasion d'apprendre aux uns et autres le respect de la règle commune, en somme de former les élèves à la citoyenneté, comme le soulignent à juste titre les auteurs ?

L'ignorance de bien des acteurs de la communauté éducative justifie ce livre, qui leur sera à coup sûr très utile. Le droit de « la vie scolaire » méritait que son champ fût défini, ce concept pouvant, au sens étroit, se réduire aux questions d'assiduité et de discipline des élèves ou, en un sens extensif, englober toutes les activités des établissements scolaires, des élèves comme des personnels. Les auteurs retiennent une définition raisonnable, couvrant « la prise en charge de l'élève à l'occasion de sa scolarisation » *dans les écoles, collèges et lycées, à l'exclusion de l'enseignement supérieur ; cette définition écarte naturellement les questions de statut et de carrière des personnels*[3]*.*

Dans ce cadre, la première partie de l'ouvrage porte sur « l'organisation de la vie scolaire », c'est-à-dire sur la vie (inscription, orientation,

2/ « La responsabilité », *Revue Administration et éducation*, n° 2, 2002.

3/ Les personnels sont à l'origine de près de 90 % des recours contre le ministère de l'éducation nationale devant les juridictions administratives.

activités péri-scolaires et stages, protection des œuvres littéraires et artistiques) et le statut des élèves (droits et obligations, discipline). Cette partie illustre parfaitement le mouvement de juridicisation et de judiciarisation des établissements scolaires : les élèves sont passés en une vingtaine d'années d'une situation rudimentaire de quasi non-droit à un statut très développé de sujets de droit. Ce faisant, la situation des élèves et de leurs parents se trouve sensiblement modifiée dans leurs relations avec le service public et avec les personnels : le droit a transformé les « assujettis » en « usagers » du service public. Une véritable révolution !

La seconde partie est consacrée aux « risques de la vie scolaire ». Sont abordés d'abord les risques pour les élèves, ainsi que leur prévention. C'est notamment la question bien connue mais extrêmement complexe des accidents scolaires et des différents régimes de responsabilité civile applicables en la matière. La question de la responsabilité pénale des personnels fait ensuite l'objet d'une analyse approfondie d'autant plus précieuse que la matière est instable et que le sujet préoccupe beaucoup. Si les accidents scolaires sont nombreux et nourrissent un contentieux abondant mais assez discret, en revanche la mise en cause de la responsabilité pénale des agents est moins fréquente qu'on ne l'imagine, les condamnations sont rares mais elles font l'objet d'une abondante publicité et alimentent une crainte d'être « traînés devant les tribunaux ». « La vie scolaire s'écoule aussi paisiblement », *notent fort pertinemment les auteurs !*

Les auteurs conduisent clairement des analyses approfondies, soigneusement étayées par des références aux textes et à la jurisprudence (plus de mille cent jugements et arrêts cités), à jour des derniers développements – ce qui est un très beau travail. Nul doute que ce livre sera un usuel précieux pour tous les praticiens de la vie scolaire.

Bernard Toulemonde,
Inspecteur général de l'éducation nationale
Juin 2003 (préface de la deuxième édition)

Introduction

1 *La robe rouge du juge remplacerait-elle la blouse grise du maître ? En d'autres termes, les acteurs de la communauté éducative manifesteraient-ils une inclination de plus en plus prononcée à la saisine de nos magistrats et se complairaient-ils dans le droit*[1] *? Une réponse positive s'impose lorsque l'on constate le degré conflictuel qui règne en ces lieux réputés studieux, paisibles et sécurisés. Aujourd'hui, des parents n'hésitent pas à engager un procès contre l'État à propos de la suppression de la sieste, un jour par semaine, de leur enfant à la maternelle. Et « l'affaire » va jusqu'à la cour administrative d'appel*[2] *! Mêmes démarches contentieuses à propos de l'exclusion d'un collégien pour une durée de deux jours*[3]*. De son côté, le corps professoral, inquiet face à ces comportements, réplique par l'initiative ou par le renoncement à certaines actions. Par exemple, en empêchant des petits Arlésiens et Marseillais, surpris par le côté glacial de la règle édictée, de lancer des boules de neige dans la cour de récréation* « couverte d'un manteau blanc ». *Et le journaliste d'expliquer la crainte des enseignants :* « au moindre petit bobo, les parents viennent nous trouver, menaçant de nous traîner devant les tribunaux »[4]. *Le professionnel du droit, consulté, reprendra « la boule » au bond. Il « traduira » cette appréhension dans son vocabulaire juridique par une formule plus technique : la processivité parentale*[5] *conduit à une application parfois excessive du principe de précaution. Ce qui entame parfois l'action pédagogique et même le déroulement naturel et serein de la vie en collectivité.*

1/ Sur la difficulté à définir ce terme, cf. Jean-Louis Bergel, *Théorie générale du droit*, coll. Méthodes du droit, Dalloz, 4e éd., 2003, p. 19-53.

2/ CAA Nantes, 9 juin 1999, *Scudeller*, req. 96NT02114.

3/ TA Marseille, 26 octobre 2000, *Messahel*, req. 99-7813 ; TA Marseille, 29 mai 2002, *Hounze*, req. 9904635.

4/ Philippe Larue, « Les écoliers privés de boules de neige », *La Provence*, 15 décembre 2001, p. 28.

5/ Soulignée, par exemple, dans le 6e rapport annuel du médiateur de l'Éducation nationale (année 2004), p. 53 : 7 % des réclamations émanent d'usagers de l'enseignement privé, 15 % des écoles primaires publiques, 54 % des lycées et collèges, 24 % du supérieur.

Existe-t-il pour autant un droit de la vie scolaire ? Celle-ci, véritable « auberge espagnole »[6] *ou* « concept à géométrie variable »[7], *désigne, au sens étroit, le bureau du conseiller principal d'éducation et, au sens large, l'ensemble des problèmes d'organisation et de communication intra-muros.* « Elle touche à tout ce qui a trait à l'établissement, qu'il s'agisse du climat, de l'ambiance scolaire (...) ainsi que toutes les mesures et règles visant la réussite des élèves... »[8]. *Une approche plus juridique autorise à la définir comme la prise en charge de l'élève à l'occasion de sa scolarisation.*

La réalité d'un droit attaché à cette vie scolaire, qui embrasserait prescriptions législatives et réglementaires s'imposant aux mineurs et aux majeurs qui composent la sphère éducatrice, mérite plusieurs observations.

En premier lieu, les juridictions s'immiscent dans tous les domaines (inscription, orientation, sorties scolaires, stages en entreprise, obligations des élèves, discipline, accidents, santé, surveillance...)[9] *et statuent sur toutes les tranches d'âge, du cycle des apprentissages premiers au cycle terminal. Pour la presse, l'exploration des territoires nouveaux de la judiciarisation*[10] *conduit le juge à retourner à l'école pour* « faire la loi »[11].

En deuxième lieu, la recherche de responsabilité affecte de nombreuses personnes : morales de droit public, telles que l'État, l'Établissement public local d'enseignement, la Commune, le Département ou la Région ; morales de droit privé comme les associations gravitant autour de l'école, du collège ou du lycée ; physiques à travers l'élève et les personnels enseignants ou administratifs.

En troisième lieu, plusieurs disciplines juridiques intéressent la matière : le droit constitutionnel (sur les principes fondamentaux de liberté de l'enseignement, de laïcité, d'égalité des sexes...), le droit administratif (sur l'organisation du service public), le droit civil (sur la responsabilité), le droit de la sécurité sociale (sur la faute inexcusable de l'employeur), le droit du travail (sur les séquences d'apprentissage en entreprise), le droit de la santé publique (sur les handicaps, la prévention...), le droit pénal (sur la responsabilité des personnels

---

6/ Christian Vitali, *La vie scolaire*, préface Jean-Pierre Obin, Hachette éducation, coll. Pédagogies pour demain, 1997, p. 9.

7/ Guy Delaire, *La vie scolaire. Principes et pratiques*, Nathan, coll. Les repères pédagogiques, 1997, p. 5.

8/ Jacky Simon, René Périé, *Organisation et gestion de l'Éducation Nationale*, coll. Guides pratiques Éducation, Berger-Levrault, 7e éd., 2000, p. 281, n° 0251.

9/ Yann Buttner, « L'École assignée en référé », *JDJ*, n° 231, janvier 2004, p.25.

10/ Supplément à la *Lettre de l'éducation*, n° 430, 10 novembre 2003, Dossier « L'école sous le regard du juge ».

11/ Denis Trossero, « Les juges retournent à l'école pour faire la loi », *La Provence*, 16 décembre 2003.

victimes ou poursuivis), sans oublier l'application de la Convention européenne des droits de l'homme et de la Convention internationale des droits de l'enfant, avec autant de cours et tribunaux compétents. L'étude de ces branches se complexifie car, outre la construction communautaire et le développement technologique, la société jadis monolithique fait place à un monde pluraliste et hétérogène plus délicat à appréhender. Même les universitaires les plus prestigieux s'inquiètent de notre époque où il est « matériellement et surtout cérébralement impossible d'être au courant de tout »[12].

En quatrième lieu, la vie en général et scolaire en particulier, se juridicise (toujours plus de juridique, de règles)[13]. *Parallèlement, elle se processualise (toujours plus de procès, de mises en cause). Tout d'abord, à cause du déclin de certaines institutions telles que l'Église, l'Armée ou la Famille qui conduit à voir dans l'École un substitut à ces refuges traditionnels. Ensuite, eu égard à l'augmentation du niveau de vie qui fournit davantage de moyens économiques ou juridiques pour recourir au juge, dont l'accès est plus facile. En outre, la régression de la conscience de sa propre responsabilité provoque la perte du goût du risque*[14]. *L'usager ou le simple citoyen ne reconnaît plus le rôle causal traditionnellement lié à la fatalité ou à la nature. Le justiciable ne supporte plus l'idée de préjudice et* a fortiori *celle de mort. Faute d'intégrer la notion de danger potentiel certes difficilement prévisible, il refuse de les accepter :* « plus on croit responsabiliser en identifiant sans cesse de nouveaux responsables... plus en fait on déresponsabilise »[15]. *On assiste aujourd'hui à une forme de mutualisation, de* « socialisation » *du risque*[16] *dont l'École fait également les frais. Cette évolution privilégie l'indemnisation de la victime et met en œuvre une solidarité élargie. Enfin, l'attitude des plaideurs potentiels qui probablement abusés par les titres prometteurs,* « Vos droits »[17], *en vogue dans les articles et rubriques de nombreux magazines ou revues, ne se privent plus d'assigner le médecin, l'État, le principal, le proviseur ou le professeur. À une époque où le cabinet d'avocat chasse la fleuriste et le vendeur de journaux du*

12/ Jacques Mestre, Doyen de la faculté de droit d'Aix-Marseille, « Et si spécialisation rimait avec droit civil... », *Revue Lamy*, Droit civil, n° 2, février 2004, p. 3.

13/ Bernard Toulemonde, « Droit et responsabilité dans l'institution scolaire », *in Le système éducatif en France*, sous la direction de Bernard Toulemonde, Les notices de la Documentation française, 2003, p. 22.

14/ Paradoxe : « *Notre société déteste le risque mais elle recherche activement les responsables* » (Christophe Pegnard, « Libre propos sur le principe de responsabilité », *Petites affiches*, 2004, n° 206, p. 3).

15/ *Ibid.*, p. 4.

16/ Conseil d'État, Rapport public 2005 : jurisprudence et avis de 2004. Responsabilité et socialisation du risque, La documentation française, 2005, Études et documents, Conseil d'État, n° 56, p. 205 et s.

17/ Parfois même dans des ouvrages étrangers : Jean-Luc Rongé, Alexia Jonckheere, *100 questions sur les droits à l'école. Enseignement maternel, primaire, secondaire et spécial en communauté française*, préface Jean-Marie Dermagne, Éd. Jeunesse et Droit, Liège, 2000.

hall des hôpitaux américains, la question de l'influence d'Outre-Atlantique ne manque pas de se poser. Dans un monde consumériste, la Santé et l'Éducation deviennent aussi objet de consommation. Les usagers, face à un avenir incertain, ne se comportent plus en administrés passifs mais revendiquent des prestations : succès dans le cursus, délivrance d'un diplôme, attribution d'un emploi, ceci pour la promotion de l'élève-roi[18]*; une sorte de passeport ou de garantie tous risques sur le futur. Cette exigence, qui ferait peser sur l'administration une véritable (fausse) obligation de résultat, tient pour partie à la dépersonnalisation de l'établissement moderne, sorte de boîte noire dont on ignore le fonctionnement interne. Un lycée qui compte près de trois cents professeurs et une hiérarchie lointaine*[19] *ne favorise pas le rapport étroit avec ceux qui s'occupent de nos enfants. Une institution qui peine à communiquer*[20] *suscite l'incompréhension et la querelle. Phénomène de contestation sans doute plus profond en milieu urbain qu'en milieu rural où l'instituteur cumulait, hier encore, son activité avec les fonctions de secrétaire de mairie. Ce mouvement procède aussi de la crise de l'autorité*[21] *que connaît l'Éducation nationale où le dialogue, le consensus, la négociation et la médiation*[22] *prennent le pas sur le pouvoir décisionnel*[23]*. Le compromis qui s'arrange souvent de la forme et du fond porte en lui les germes de la controverse. Bref, pour poser un diagnostic, la communauté éducative semble souffrir de façon chronique de troubles de la vision : réalité grossie et déformée par les familles qui mettent en avant des droits « hypertrophiés » occultant leurs devoirs ; par les enseignants qui perçoivent chez l'usager des obligations « atrophiées », refusant l'existence de ses droits*[24]*.*

En cinquième lieu, la violence[25]*, l'insécurité et l'indiscipline*[26] *qui gagnent les établissements et leurs abords provoquent des réactions de l'École*

18/ Claire Laux, Isabel Weis, *Ignare academy ou les naufrages de l'enseignement*, Éd. Nil, 2002 ; François Dubet, *Écoles, familles : le malentendu*, Textuel, coll. Le penser-vivre, 2001, p. 47.

19/ René Blanchet, Céline Wiener, Jean-Paul Isambert, *La revalorisation du rôle des chefs d'établissement de l'enseignement secondaire* (rapport au ministre de l'Éducation nationale), 1999, p. 32-33.

20/ Communication transversale, externe, interne : José Jouque, Isabelle Klépal, Florence Castincaud, *Diriger un établissement scolaire. L'exigence du possible*, Hachette éducation, 2004, p. 98 et s.

21/ « Éducation et autorité. Projet académique. Penser », Académie d'Aix-Marseille, 30 mai 2004, fiche 4.

22/ *Le catalogue formations 2005*, Citoyens et Justice de la Fédération des associations socio-judiciaires, propose des modules de cette nature (« *créer une instance de médiation scolaire* », « *pratique de la médiation scolaire* » ou encore « *analyse de pratique des médiateurs scolaires* »), p. 38 et 39.

23/ Bernard Toulemonde, « Le chef d'établissement d'enseignement du second degré », *AJDA*, 1996, p. 813.

24/ Bruno Schachtel, « Propos sur la sécurité et la violence en milieu scolaire », *Cahiers de l'Éducation*, mai-juin 2002, p. 3.

25/ Parmi les nombreuses publications sur ce sujet, Paul Mbanzoulou, « La violence à l'école : un retour d'expérience », *JDJ*, n° 231, 2004, p. 13. Voir aussi la bibliographie très fournie sur le site du ministère de l'Éducation nationale (www.education.gouv.fr) dans la catégorie « grands dossiers », « La lutte contre la violence ».

26/ Eirick Prairat, « Les valeurs à l'heure de la désacralisation de l'ordre scolaire dans l'apprentissage de la civilité à l'école : regards croisés », *Les rencontres de la Desco*, 17 octobre 2003, p. 19.

et de ses partenaires[27]*. Elles visent à assurer la paix et la tranquillité des enfants et des adultes et vont dans le sens d'un plus grand respect des normes juridiques*[28]*. Lorsque le milieu favorise le dépérissement de l'éthique, le droit prolifère.*

En dernier lieu, le conflit élève-professeur-parent semble profond et ancien[29]*. La relation naturelle d'autorité adulte-enfant se désagrège, voire disparaît et engendre l'insubordination*[30]*. Peut-être le procès fait au chef d'établissement, à l'enseignant ou au surveillant soulage-t-il le quérulant (néologisme donné au procédurier, habitué du prétoire)*[31] *ou le simple requérant en lui permettant de régler, même parfois inconsciemment, de vieux comptes avec l'institution ? La douleur ou la réussite à tout prix des uns passerait obligatoirement par l'expiation de l'autre ! Une sorte d'exorcisme qui consisterait ici à chasser les démons de l'École.*

Dans cette optique, plus psychologique que juridique, la relation triangulaire élève-professeur-parent, serait par nature pathologique. Tous les adultes sont passés par l'école et tous font une lecture rétrospective des événements actuels en fonction de leur propre histoire. Il n'est sans doute pas exagéré de penser que le rapport à l'évaluation académique a pu, pour beaucoup, entamer l'estime de soi. De plus, lorsque des difficultés surviennent avec ses propres enfants, le passé remonte, et le vécu personnel de chacun ressurgit. Une véritable mémoire scolaire s'organise.

Si la « guerre parents-profs-élèves » apparaît comme une image caricaturale, volontiers utilisée par les journalistes[32]*, il n'empêche que la relation entre ces trois entités est difficile*[33]*, souvent biaisée, toujours*

27/ Plus de 81 000 incidents graves survenus dans les établissements scolaires en 2002 : Luc Ferry, Xavier Darcos, Claudie Haigneré, *Lettre à tous ceux qui aiment l'école*, Odile Jacob, 2003, p. 34.

28/ À titre d'exemple, cf. la circulaire interministérielle n° 2001-165 du 23 août 2001 sur les mesures de prévention et de lutte contre les actes de violence à l'école et aux abords des établissements scolaires de l'Ile-de-France ; l'observatoire européen de la violence scolaire (université Victor Segalen-Bordeaux 2) a organisé, du 5 au 7 mars 2002 à la Maison de l'Unesco, une conférence mondiale « Violence à l'école et politiques publiques » ; un logiciel de violence, SIGNA, emmagasine les déclarations des établissements scolaires (Luc Bronner, Nathalie Guibert, *Le Monde*, 1er février 2002). Voir également une étude synthétique, Jacky Simon, « Une politique publique : la lutte contre les violences scolaires », *Cahiers de l'éducation*, novembre-décembre 2002, p. 18.

29/ Élisabeth Altschull, *L'école des ego*, Albin Michel, 2002, p. 107.

30/ Sur des exemples drôles et préoccupants de pressions exercées ou de subterfuges employés par des parents d'élèves, cf. Joël Adrian, « Un lycée public des beaux quartiers », *Cahiers de l'Éducation*, novembre-décembre 2002, p. 21.

31/ Le quérulant processif, de constitution paranoïaque, délire dans la revendication : Henry Hey, Paul Bernard, Charles Brisset, *Manuel de psychiatrie*, Masson et Cie, 3e éd., 1970,p. 513 ; pour une approche juridique de la question, voir Fabrice Lemaire, « Les requérants d'habitude », *RFDA*, 2004, p. 554 : on les désigne aussi par la périphrase plaideur professionnel, habituel amateur de procédure, requérant systématique ou par le mot compulsif.

32/ Caroline Brizard, « École : la guerre parents-profs », *Le Nouvel Observateur*, 29 août 2002, n° 1973.

33/ Rapport du médiateur de l'Éducation nationale. Année 2002, La documentation française, 2003, p. 59.

déséquilibrée. Il s'agit nécessairement d'un rapport deux (élève + parent) contre un (professeur). Pourtant, ces « conflits » ne sont pas du tout de même nature : le lien professeur-élève présente par essence une nature conflictuelle mais dans un sens positif ; la contruction de l'enfant procède en effet de cette confrontation. Or, les parents, omniprésents et omnipotents, s'immiscent dans cette relation et, en quelque sorte, récupèrent l'opposition pour régler une vieille rancœur qui n'a en réalité aucun rapport avec la difficulté présente. Le professeur, quant à lui, ne fait pas toujours la nuance et, par ses réactions, accroît un peu plus le malentendu.

À cet égard, même s'il n'existe pas à ce jour d'études statistiques sur ce point, on peut avancer sans grand risque que les parents les plus procéduriers ne sont pas, comme on pourrait le croire, d'anciens mauvais élèves. Il s'agit en fait de ceux qui ont eu une histoire difficile avec l'institution scolaire, de ceux qui ont vécu comme dévalorisante toute situation ne les ayant pas mis en valeur. On ne s'étonnera plus que les affrontements les plus violents surviennent lorsque le parent se trouve être lui-même professeur[34]*. Il connaît et subit la mécanique de l'intérieur...*

Mais en même temps, la vie scolaire n'oblige-t-elle pas à un droit ?

Celui-ci paraît émerger. Non pas à travers les trop nombreuses circulaires contenues dans le Recueil des Lois et Règlements*, l'austère* RLR *(qui occupe plus de trois mètres sur les étagères des centres de documentation !), mais au fil d'une jurisprudence maintenant abondante. Certes, qualitativement, ces décisions pour la plupart non publiées commandent une certaine prudence car elles émanent souvent des juridictions de première instance dans l'ordre administratif ou judiciaire. Cependant, elles forment avec les quelque mille trois cents jugements et arrêts cités dans le présent ouvrage, un fonds suffisamment consistant qui, loin d'étouffer le lecteur, le guidera dans les dédales des embûches quotidiennes et l'autorisera à s'y référer dans de nombreux domaines et à y puiser de précieux enseignements.*

C'est un droit qui présente assez rarement un aspect violent. Hormis trois accidents collectifs touchant au domaine des sorties scolaires, fortement relayés par la presse et plusieurs d'entre eux, mortels ou gravissimes, survenus dans les ateliers et pendant le cours d'éducation physique et sportive, beaucoup de procès ne portent pas forcément sur des questions essentielles. Le recours agace, irrite, exaspère parfois les services, mais il touche nécessairement à la vie de l'élève, fondamentale pour la famille, qui fait de ses actions des affaires de principe aux enjeux considérables. Cette approche différente n'empêchera pas, à l'image de la conduite insouciante de nombre de nos enfants, le

34/ François Dubet, *École, familles le malentendu*, *op. cit.*, p. 85.

ton badin et la remarque espiègle des auteurs quand le caractère léger des situations s'y prêtera.

Un droit qui se démarque d'autres disciplines. Tout d'abord, du droit de l'Éducation, plus vaste, en ce qu'il englobe notamment la police administrative et le service public de l'enseignement[35]*. Ensuite, du droit de l'institution scolaire qui regarde le fonctionnement même des établissements publics locaux d'enseignement*[36]*. L'aspect administratif (les actes et leur contrôle) et financier (le budget) échappe à cette réflexion. De même, du droit des examens et des concours, exigeant et spécifique*[37]*. Enfin du droit statutaire qui traite du déroulement de la carrière des personnels*[38]*. Seule la protection des fonctionnaires, victimes ou mis en cause dans l'exercice de leurs fonctions, offre un intérêt dans la présente approche.*

Un droit qui régit les écoles, les collèges, les lycées publics rattachés au ministère de l'Éducation nationale[39]*, les institutions privées sous contrat d'association, de la maternelle à la terminale, et prend en compte environ douze millions d'élèves*[40]*. Il ne concerne ni les « boîtes à bachot », ni l'enseignement privé hors contrat, ni celui donné par d'autres départements ministériels (armée, agriculture, équipement...), ni l'apprentissage*[41]*.*

Un droit enfin qui, pour une meilleure compréhension, mérite une approche historique et comparative.

2 *Jusqu'à la IIIe République, la scolarisation des jeunes Français demeure l'exception. Pourtant, l'École existe et une vie s'instaure, plus rude qu'aujourd'hui, du fait des méthodes employées. Les problèmes quotidiens ne semblent pourtant guère différents : indiscipline, parents contestataires, santé, accidents, négligences des adultes, responsabi-*

35/ Claude Durand-Prinborgne, *Le droit de l'Éducation*, Hachette éducation, 2e éd., 1998, p. 12-13.

36/ Jean Gavard, *La gestion financière des établissements scolaires locaux du second degré*, Berger-Levrault, 10e éd., 2004.

37/ Pierre Bandet, *Les concours et examens administratifs. Guide des règles de droit applicables*, La documentation française, 1998.

38/ Alain Plantey, *La fonction publique – Traité général*, LITEC, 2e éd., 2001 ; Jean-Marie Auby, Jean-Bernard Auby, Didier Jean-Pierre, Antony Taillefait, *Droit de la fonction publique*, Dalloz, coll. Précis, 4e éd., 2002.

39/ Pour une lecture plus facile, cette dénomination synthétique sera régulièrement adoptée, bien que ce département ministériel porte aujourd'hui le nom de Ministère de la jeunesse, de l'éducation nationale et de la recherche. Il a aussi englobé, au fil des ans, les sports, l'insertion professionnelle, la culture l'enseignement supérieur, la technologie... Cf. Bernard Toulemonde, *Petite histoire d'un grand ministère : l'Éducation Nationale*, Albin Michel, 1988, p. 12.

40/ À la rentrée 2004 on comptait 5 440 000 élèves (dans le premier degré public), 876 000 (dans le premier degré privé), 4 398 000 (dans le second degré public) et 1 131 000 (dans le second degré privé).

41/ Sur la question, voir Geneviève Pignarre, *L'apprentissage*, Litec, coll. Pratique sociale 1992; *Le contrat d'apprentissage. Caractéristique de l'apprentissage. Droits et obligations de l'employeur. Statut de l'apprenti, JO* (1er septembre 1999), coll. Loi au quotidien; Ministère de l'emploi et de la solidarité – ONISEP, *Guide de l'apprenti. Votre apprentissage. Pourquoi, comment*, La documentation française, 2001-2002.

lité... Quelques anecdotes montrent que la vie scolaire de l'Antiquité à nos jours n'a jamais formé un long fleuve tranquille et qu'il serait donc vain de regretter un hypothétique âge d'or.

*Dans l'**Antiquité**, la pédagogie faisait appel aux châtiments corporels. Des textes d'origine égyptienne apprennent que le jouvenceau* « écoute quand on le bat ». *Ce qui paraît paradoxalement provoquer la reconnaissance de l'élève envers le maître :* « tu me tapais sur le dos et dans mon oreille ta doctrine pénétrait »[42]. *En Grèce, la présence requise des enfants aux processions solennelles et aux sacrifices constitue un équivalent de l'obligation scolaire moderne*[43]. *Les méthodes romaines recourent aussi à la coercition :* « tendre la main à la férule est de bon latin une élégante périphrase pour signifier étudier »[44].

*Au **Moyen âge**, les règlements internes des collèges, où la vie tient du monastère, prônent des vertus de sérieux, de concentration et de discipline. Dans certains établissements, le port de l'uniforme rappelle aux élèves leur propre communauté. À la Sorbonne, les statuts exigent une tenue modeste qui ne puisse offenser, c'est-à-dire distinguer celui qui la revêt et susciter l'envie. Dans les mêmes lieux, lorsque les pensionnaires obtiennent à titre dérogatoire leur déjeuner dans leur chambre, ils doivent* « le faire paisiblement et s'abstenir de pousser des cris pour ne pas scandaliser ceux qui passent dans la cour ou dans la rue et pour ne pas gêner ceux qui étudient dans les chambres voisines »[45].

Les précepteurs[46] *semblent, de tout temps*[47], *avoir eu des compétences inégales. On les embauche sans trop les contrôler, d'où parfois quelque colère de groupe. En 1436-1437 une pétition de parents d'élèves adressée au Conseil de la ville d'Arles sur la qualité de l'enseignement dispensé, pourrait bien constituer le premier précédent en l'espèce ; avec, face aux dénonciations, toujours les mêmes types de réactions administratives : mise en œuvre d'une enquête, indifférence ou scepticisme*[48].

42/ Henri-Irenée Marrou, *Histoire de l'éducation dans l'antiquité*, Éd. du Seuil, 1948, p. 24.

43/ *Ibid.*, p. 179.

44/ *Ibid.*, p. 397-398.

45/ Nicole Gonthier, *Éducation et culture dans l'Europe occidentale chrétienne (du XIIe au milieu du XVe siècle)*, Ellipses, 1998, p. 203.

46/ Personne chargée de l'instruction d'un enfant ; professeur (mot issu du latin *praecepter*, maître qui enseigne).

47/ Félix Ponteil, *Histoire de l'enseignement. Les grandes étapes 1789-1964*, Sirey, 1966, p. 14.

48/ En 1932, un registre porte la mention : « *le grand-père illettré a signé la pétition* » : Jean Peneff, *Écoles publiques, écoles privées dans l'Ouest 1850-1950*, éd. L'Harmattan, coll. Logiques sociales, 1987, p. 207.

*Sous l'**Ancien Régime**, certains amusements figurent aussi dans les règlements des écoles. L'un des divertissements collectifs particulièrement prisé se jouait le jeudi précédant le mardi gras : un combat de coqs permettait de désigner le roi des écoliers. Le possesseur du gallinacé le plus valeureux, d'après les règlements scolaires de Grenoble de 1520,* « devra aussitôt à ses frais se pourvoir d'une poule ; que le maître prenne et porte la poule à l'extrémité d'un champ ; qu'il la jette en l'air de manière à la laisser voler et courir à son gré ; les écoliers se tenant à l'autre extrémité, et courant après la poule dès qu'elle sera lancée ; celui qui le premier la prendra par la tête sera le victorieux et nommé capio »[49].

Une réforme de 1600 conforte un usage autorisant le principal à choisir et renvoyer les maîtres. En 1629, Gallot, à la tête du collège de Lisieux, décide de se débarrasser en bloc de ses régents[50] ; le tribunal du recteur lui donne tort pour ne pas avoir respecté le préavis de six mois[51].

La discipline s'appuie sur la crainte et les châtiments corporels. Humiliations (baiser la terre, porter le bonnet d'âne), pénitences (le coin, l'agenouillement, la palette) ou atteintes à l'intégrité physique des enfants (coups de pied et de poing, vellication[52] des cheveux et des oreilles, pétoche de Normandie[53], martinet...) rétablissent l'ordre[54]. Un vieux maître de Forcalquier tenant en main un nerf de bœuf « plus majestueusement qu'un empereur son sceptre » *le fait porter aux lèvres des nouveaux arrivants en leur disant* « embrassez votre meilleur ami, c'est lui qui vous ouvrira le sanctuaire du savoir ». *À Poitiers, un ancien militaire officiait aux sanctions. Le seul prononcé de son nom provoquait l'épouvante.* « On citait comme les héros ceux dont le courage parvenait à comprimer totalement jusqu'à l'apparence d'une larme lorsque le professeur laissait échapper à leur intention ces terribles paroles : allez chercher Gobert ». *La sensibilité de ce dernier à l'eau-de-vie et au tabac permettait de l'adoucir afin qu'il frappât moins fort ou*

49/ Roger Chartier, Dominique Julia, Marie-Madeleine Compère, *L'Éducation en France du XVIe au XVIIIe siècle*, SEDES, 1976, p. 113.

50/ Celui qui dirige une classe, un élève (mot issu du latin *regens*, participe présent de *regere*, diriger).

51/ Maxime Targe, *Professeurs et Régents de collège dans l'Ancienne Université de Paris*, Hachette, 1902, p. 97.

52/ Du latin *vellicare*, pincer, tirailler.

53/ Nom, en Normandie, des chandelles de résine, ainsi dites à cause du pétillement qui accompagne la combustion (Émile Littré. *Dictionnaire de la langue française*) ; ce sens n'est pas satisfaisant bien qu'on en trouve quelques traces lexicographiques. On peut postuler qu'à l'époque de la rédaction du texte ce terme, bien attesté en Normandie, a pu désigner une mèche de fouet, comme ailleurs dans le domaine gallo-roman *(Französisches Etymoligisches Wörterbuch)*.

54/ Maurice Gontard, *L'enseignement primaire en France de la Révolution à la loi Guizot (1789-1833). Des petites écoles de la monarchie d'ancien régime aux écoles primaires de la monarchie bourgeoise*, préface A. Beslais, Thèse lettres, Lyon, 1959, p. 39.

même « qu'il dirigeât les coups de martinet de façon à ce que le banc voisin en reçût la plus grande partie »[55]. *Ces sanctions corporelles, parfois violentes, suscitent des protestations, voire des représailles de la part des familles lorsque le régent a fouetté l'enfant un peu trop fort ou injustement. Pas étonnant si, dans certaines régions, la fin de l'année scolaire s'accompagne de manifestations joyeuses des élèves qui, dans le pays de Caux le jour de la Saint-Jean, choisissaient* « un roi et un dauphin, une reine et une dauphine » *puis brisaient allégrement les verges*[56].

Les autorités préposées à la direction et à l'inspection manquaient d'efficacité et semblaient impuissantes à porter remède aux insuffisances scolaires. Témoin, cette description savoureuse d'une certaine visite : « Mes enfants (...) Monsieur l'inspecteur va arriver. Vite, préparez vos cahiers et vos livres. Les enfants faisaient aussitôt disparaître les livres déchirés, les pages souillées d'encre, si bien que les cahiers les plus volumineux se fondaient en un clin d'œil puis les marmots songeaient à leur propre toilette. Pendant que les uns faisaient couler sur leurs visages et sur leurs mains un fleuve de salive destiné à leur rendre la pureté baptismale, les autres s'emparaient des plumes et des crayons à leur portée et les transformaient en peignes pour les cheveux »[57].

L'hygiène, déplorable, préoccupe peu les autorités : « J'avais la toque plate, le pourpoint sans boutons, (...), la robe toute délabrée (...). et qui me parlait de propreté se déclarait mon ennemi... »[58].

Sous la ***Révolution****, les projets foisonnent, à l'image de plusieurs plans. Celui de Talleyrand (1791) ouvre la voie des instructions civiques ; celui de Condorcet (1792) veut laïciser l'enseignement ; celui de Le Peletier (1793)* « s'inspire de Sparte pour la vigueur du patriotisme et la frugalité de la vie »[59]*; celui de Bouquier (loi*

55/ Maurice Gontard, *L'enseignement secondaire en France de la fin de l'Ancien Régime à la loi Falloux*, Édisud, 1984, p. 14.

56/ Maurice Gontard, *L'enseignement primaire en France de la Révolution à la loi Guizot (1789-1833). Des petites écoles de la monarchie d'ancien régime aux écoles primaires de la monarchie bourgeoise*, préface A. Beslais, *op. cit.*, p. 41. On rapprochera cette manifestation de joie d'un chant encore entonné dans les années 1950 à la communale : « *Vive les vacances ! À bas la rentrée ! Les maîtresses dansent à coups de balais !* » et d'une variante, plus récente, « *Vive les vacances ! Les cahiers au feu et la maîtresse au milieu !* ».

57/ P. Luiz, *Scènes de la vie d'instituteur*, Paris, 1868, p. 45-60 cité *in* Maurice Gontard, *Les écoles primaires de la France bourgeoise (1833-1875)*, CRDP Toulouse, 1964, p. 37.

58/ Jean Serroy, « La vie de collège au commencement du XVIIe siècle, d'après le Francion de Sorel » *in Le XVIIe siècle et l'Éducation*, Colloque de Marseille, supplément au n° 88 de la revue *Marseille*, 1er trim. 1972, p. 156.

59/ Germain Sicard, « La Révolution française et l'enseignement primaire » *in Mémoires de la Société pour l'Histoire du Droit et des Institutions des anciens pays bourguignons, comtois et romands*, numéro spécial, Histoire de l'enseignement, vol. 57, 2000, p. 15.

du 29 frimaire an II) consacre le terme « *instituteurs* » *et les oblige à posséder un* « certificat de civisme » *décerné aux citoyens* « bien pensants » ; *celui de Lakanal (loi du 27 brumaire an III) se propose de concilier liberté et républicanisme. Les enfants* « devaient apprendre les actions héroïques, le passé des peuples libres, l'obéissance aux lois, chanter les hymnes patriotiques, visiter les hôpitaux » [60].

La bataille École-Église commence dès l'An III. Un instituteur d'Angerville, logé au presbytère de son village, affronte en prairial (mai 1795) une manifestation hostile des familles traditionnelles qui le pressent de vider les lieux : « Sur les onze heures (...), ma classe venant d'être finie il est survenu une émeutte dans ma court et un attroupement de femme et enfans deviron cent cinquante qui mugissant et me faisant des menaces piquantes et outrageantes frappoient aux portes (...). J'ay resté renfermé pendant trois heures » *confessera le séquestré* [61].

Le coup d'État de fructidor an V (septembre 1797) entraîne le recours à la force publique : « entre la police et les écoles, c'est un peu le jeu du chat et de la souris : on montre aux inspecteurs "les bons livres", mais on cache les autres. La police va jusqu'à vérifier le contenu des cahiers d'exercices des enfants. Dans un village du Gers, l'instituteur se conforme apparemment aux instructions officielles, mais sa femme, qui l'assiste, enseigne les contenus d'autrefois (l'école est fermée) » [62].

*L'internat caractérise la vie scolaire de l'**Histoire post-révolutionnaire**. La rudesse des mœurs provoque des révoltes qui touchent la plupart des établissements. Des lycéens de 1814, admirateurs de Napoléon Ier,* « s'insurgent quand la cloche remplace le tambour » [63]. *À la Restauration, les élèves du lycée Thiers à Marseille se divisent en* « Fleurs de lys » *et* « Rubans rouges » *pour s'affronter avec virulence. En 1833, le Conseil royal de l'instruction publique ferme par anticipation cette honorable maison au 1er août. Seuls les éléments irréprochables seront réinscrits. L'internat n'accueillera que les enfants de moins de douze ans* [64]. *La même année, les émeutes de Louis-le-Grand amènent l'intervention du préfet et du recteur après des menaces*

60/ Romuald Szramkiewicz, Jacques Bouineau, *Histoire des Institutions 1750-1914*, Litec, 3e éd., 1996, p. 189.

61/ Maurice Gontard, *L'enseignement primaire en France, de la Révolution à la loi Guizot (1789-1833)*, Annales de l'Université de Lyon, Paris, 1959, p. 147.

62/ Germain Sicard, « La Révolution française et l'enseignement primaire », *op. cit.*, p. 18.

63/ Les élèves en uniforme, évoluent au son de cet instrument. Un cachot emprisonne les plus turbulents, *Bicentenaire du Lycée Thiers - 1802-2002*, numéro spécial, p. 15.

64/ *Ibid.*, p. 16.

et des violences perpétrées contre les maîtres d'étude et le proviseur[65]. *Les maisons d'école remplacent peu à peu des locaux de fortune : l'instruction se dispense dans la salle de la mairie, dans un cabaret, dans un corps de garde, sous le porche d'une église,* « dans une cave où l'on n'entre qu'en rampant, dans une sorte de bouge, sans lumière, sans air respirable, hanté par les reptiles, rendu infect par le voisinage d'un cloaque » [66]. *La question des sureffectifs se pose également : à Montpellier, une salle de 33 m*^{2} *accueille 120 élèves ! Le matériel d'instruction demeure primitif :* « chacun venait en classe avec le livre sur lequel son père avait appris à lire » [67]. *Même si de nombreux jeunes restent éloignés de ces lieux, dans certains départements*[68], *des adultes bloqués par la neige et désœuvrés pendant la période hivernale profitent de l'opportunité pour fréquenter la classe. Exiguïté de l'espace, rigueur des comportements, un décret de 1808 autorise les seuls professeurs logés hors de l'établissement à se marier. Les autres, obligatoirement célibataires, portent aussi* « l'habit noir avec une palme brodée en soie bleue à gauche de la poitrine, et pendant les cours, la robe académique avec épitoge jaune ou noire, suivant la spécialité et un, deux ou trois rangs d'hermine suivant le grade ». *Parmi leurs obligations, celle de délation qui consiste à rapporter au grand maître tout propos contraire à la doctrine gouvernementale*[69].

Toujours pendant la ***Monarchie de juillet*** *quelques affaires isolées atteignent la corporation des instituteurs. En 1834, Coulomb de Marseille, objet d'une plainte pour des questions de mœurs, est révoqué sur l'ordre du Comité supérieur et du procureur du roi. Deux ans plus tard, un commissaire de police de la même ville avise le maire que Bradley vit dans une maison de prostitution cohabitant ainsi avec une fille publique ; exerçant sans diplôme, il dirige un établissement scolaire pour le compte d'un tiers ! Le même comité prend aussitôt des mesures* « pour faire interdire cet instituteur taré » [70].

65/ Antoine Prost, *L'enseignement en France 1800-1967*, Armand Colin, Coll. U, 2e éd., 1968, p. 49.

66/ Pierre Chevallier, Bernard Grosperrin, *L'enseignement français de la Révolution à nos jours*, T. 2, Université des sciences sociales de Grenoble, Éd. Mouton, Paris-La Haye, 1971, p. 105.

67/ Antoine Prost, *L'enseignement en France 1800-1967*, *op. cit.*, p. 115. On rencontre parfois aussi, dans quelques paroisses, des écoles confortables construites selon un plan type : Jean Combes, *Histoire de l'école primaire élémentaire en France*, PUF, coll. Que sais-je ?, 1997, p. 56.

68/ Christian Roux, *Histoire de l'enseignement primaire dans le département des Basses-Alpes de l'ancien régime à la loi Guizot (28 juin 1833)*, Thèse lettres, Aix-en-Provence, 1981, p. 118.

69/ Pierre Chevallier, Bernard Grosperrin, Jean Maillet, *L'enseignement français de la Révolution à nos jours*, Faculté de droit et des sciences économiques de Grenoble, Éd. Mouton, Paris-La Haye, 1968, p. 50.

70/ André Coquis, *Histoire de l'enseignement primaire dans le département des Bouches-du-Rhône de 1800 à 1848*, Thèse lettres, Éd. Jeanne Laffitte, 1981, p. 285. Sur d'autres « *incidents divers* », souvent cocasses, cf. p. 287.

En 1844, Laurent, en fonction à Grans, subit une radiation à vie pour immoralité et inconduite.

Sous le **Second Empire**, *une note de l'inspection générale de 1857 juge les jeunes* « faciles à gouverner », *soulignant leur esprit moral* « aussi bon qu'on peut l'espérer d'une population d'élèves ainsi composée et... si mêlée d'éléments venus de tous les pays du monde ». *Parmi les comportements blâmables recensés, figurent, dans l'ordre croissant de gravité, des bavardages, du bruit dans les classes, les mouvements dans les réfectoires et les dortoirs, des cigarettes fumées en cachette, l'introduction au lycée de documents étrangers, en particulier de textes ou chansons obscènes et des mœurs douteuses*[71].

Au milieu du **XIXe siècle** *la moitié des garçons d'âge scolaire ne fréquentaient pas encore l'école*[72]. *Les progrès de la scolarisation apparaissent plus tard. L'assiduité croît* « tout en laissant à désirer[73] ». *Cette période s'achève sur la condamnation de deux instituteurs, Leblanc*[74] *et Guillot*[75] *assignés par des parents à la suite d'accidents, l'un mortel, l'autre sérieux, survenus dans la cour de récréation. Vécues comme particulièrement injustes par le corps enseignant, ces sentences font entrer l'histoire de la vie scolaire dans le XXe siècle qui voit l'École saisie par le droit. Le législateur, le 20 juillet 1899 et le 5 avril 1937, apportera une protection civile aux maîtres. Deux autres lois, récentes et plus générales, du 13 mai 1996 et du 10 juillet 2000, adouciront le régime de la responsabilité pénale des décideurs publics.*

L'espace, comme le temps, vient rappeler la permanence des problèmes.

Signe di tèms... o marrit signe pèr li lengo regiounalo![76]

Un usage, durant le XIXe siècle et au début du XXe siècle, conduisait le maître d'école, à donner le matin un petit objet à un écolier, lequel devait le transmettre à un condisciple qu'il avait surpris en train de parler « patois », et ainsi de suite, jusqu'à la punition, le soir, du dernier détenteur. Cette pratique avait cours en Bretagne, où la chose portait le nom de *symbole* : elle est évoquée notamment dans un texte d'Antonin Lavergne, *La médaille*, que Charles Péguy publia en 1902 dans ses *Cahiers de la Quinzaine*. L'historien américain Eugen Weber (*La fin des terroirs, la modernisation de la France rurale 1870-1914*, pp. 452-453) précise en particulier la nature des objets donnés aux « fautifs » : bout de carton, planche en bois (Pyrenées orien-

71/ *Histoire des lycées de Marseille*, sous la direction de Maurice Gontard, Édisud, 1982, p. 104.

72/ Maurice Gontard, *L'œuvre scolaire de la IIIe République. L'enseignement primaire en France de 1876 à 1914*, CRDP, Toulouse, 1967, p. 25-26.

73/ *Ibid.*, p. 88.

74/ T. corr. de la Seine, 23 janvier 1892, CA Paris, 31 mai 1892, *D.*, 1893, II, p. 490, *S.*, 1899, II, p. 138, note E.-H. Perreau.

75/ CA Limoges, 1er mai 1895, *S.*, 1899, II, p. 137.

76/ Signe des temps... ou mauvais signe pour les langues régionales. Renseignements fournis par Claude Mauron, Professeur de langue et littérature provençales à l'Université de Provence (Aix-Marseille I).

tales), cheville (Cantal), ruban de papier ou pièce métallique (Flandres), brique « *que l'on devait tenir à bout de bras* » (Corrèze) ou encore et aussi sabot (Bretagne). En Provence, l'objet était appelé le *signe* ou le *signal*. Il fut mentionné en 1893, dans la *Correspondance générale de l'instruction primaire* par H. Boitiat, inspecteur primaire à Barcelonnette (Basse-Alpes), qui affirmait se servir depuis deux ans, dans son école, du signe, en l'occurrence d'un sou marqué d'une croix faite au couteau. À la suite de cet article, Frédéric Mistral publia en 1894 une dénonciation virulente de cet « *usage révoltant* », en expliquant qu'il humiliait les enfants en les incitant à la délation (l'écrit figure dans le recueil de ses *Discours*). On trouve aussi un témoignage de ces agissements dans un document que Léon de Berluc-Pérussis (1835-1902) confia dans *l'Armana prouvençau* de 1898 : il s'agit de souvenirs relatifs au collège de Forcalquier, vers 1845, où le signe consistait en une rondelle de fer-blanc. Après la guerre de 1914-1918, les attestations du procédé se raréfient : selon les réponses à l'enquête de Jean-François Chanet (*L'École républicaine et les petites patries*, éd. Aubier, Paris, 1996), « *la grande majorité des instituteurs de l'entre-deux-guerres rangeaient plutôt le signal parmi les vestiges discrédités d'une époque révolue* ».

3 *En droit comparé, l'Europe*[77] *connaît une poussée de fièvre juridique.*

*L'***Espagne** *commence à se profiler dans un environnement de violence scolaire*[78]*. Les établissements rédigent et approuvent un règlement intérieur qui régule les normes de fonctionnement, tout en demeurant compatible avec un règlement organique existant pour chaque niveau : maternelle, primaire, collège et lycée.*

En **Italie**[79]*, dans un autre « ordre » d'idée, un contentieux a récemment provoqué d'interminables débats. Le 23 octobre 2003, un juge du tribunal civil de l'*Aquila *enjoint, par mesure conservatoire, au directeur d'une école maternelle et primaire de décrocher les crucifix des salles de classe fréquentées par les enfants d'un requérant islamiste. Le président du tribunal suspend immédiatement l'exécution de cette ordonnance puis, le 29 novembre suivant, le tribunal, en formation collégiale, l'annule au fond : l'affaire relève des juridictions administratives*[80]*.*

Plus au nord, en **Belgique**, « le droit scolaire est passé du désert sahélien à la luxuriance de la forêt équatoriale »[81]. *Ce développement s'observe notamment depuis l'élévation au statut de droit subjectif de l'accès à l'enseignement par l'article 2 du Premier protocole*

77/ Jacques Fialaire, *L'école en Europe*, coll. Vivre en Europe, La documentation française, 1996, 207 p.

78/ *Violencia escolar : el maltrato entre iguales en la educación secundaria obligatoria, Informes, estudios y documentos*, Defensor del Pueblo, Madrid 2000, 389 p.

79/ *Diritto e legislazione scolactica*, Napoli, Simone, 6e éd, 1996, 384 p. ; *Testo unico in materia di instruzione. Scuole di ogni ordine e grado*, Napoli, Simone, 2e éd, 1996, 608 p. ; N. Da Settimo, M. Noci, *Formulario giuridico della scuola*, Il Sole-24 ore, Milano 1997.

80/ Christine Pauti, « L'affaire du crucifix dans les écoles italiennes », *AJDA*, 2004, p. 746.

81/ Jean-Marie Dermagne, « Le développement inexorable du droit scolaire », *JDJB*, février 1998, nº 172, p. 3.

additionnel à la Convention européenne de sauvegarde des droits de l'homme et par l'article 24 § 3 de la Constitution belge. Ainsi le juge des référés de Liège[82] *fait-il interdiction à toute personne d'entraver, de quelque manière que ce soit, l'accès à l'école des professeurs et des élèves. L'inscription*[83]*, l'évaluation, l'exclusion, jusqu'ici largement en friche, deviennent peu à peu un terrain de conquête pour les plaideurs. Dans la communauté française compétente, comme dans les deux autres communautés en matière d'enseignement, une codification de la jurisprudence a conduit à l'édiction du décret du 24 juillet 1997*[84] *qui compte 125 articles*[85].

En ***Suisse***[86]*, la réglementation des établissements varie selon les cantons au nombre de 26. Ainsi le droit genevois comporte-t-il une loi de 165 articles régissant l'enseignement dans les écoles enfantines, primaires et secondaires. Pour ces dernières, un règlement qui la complète prévoit notamment en son chapitre 29 un recours hiérarchique contre les décisions de la direction; en matière de notes et d'évaluation, ce type de procédure se révèle expressément exclu sauf pour arbitraire, en cas de non-promotion. Dans les autres conjectures, l'autorité à l'origine de la décision commence par la reconsidérer, en cas de fait nouveau déterminant, d'erreur manifeste d'appréciation ou de défaut d'application d'une prescription de forme. Le recours devant le tribunal administratif demeure ensuite ouvert dans certaines hypothèses telles que l'exclusion définitive, le refus d'un diplôme ou d'une promotion, le prononcé d'une sanction.*

En ***Allemagne****, un grand débat a tenté de répondre à la question : faut-il placer les élèves en rangs dans la cour pour les faire entrer en classe ? Une fois installés, les éléments qui se révèlent incontrôlables sont envoyés à la* schulstation*, pièce calme où les attendent les médiateurs. Cinq professeurs assurent cette mission. Ils proposent aux* « sauvageons »[87] *de parler, d'écouter de la musique douce et... de se taire.* « Nous essayons avant tout de verbaliser le conflit. Et c'est seulement quand cela ne sert à rien et que la situation s'envenime que nous appelons la police » *explique le directeur*

82/ Civ. Liège, 3 mai 1996, Jurisprudence (Liège, Mons, Bruxelles), p. 802.

83/ Jacques Sambon, « Droit à l'enseignement et droit à l'inscription », *JDJB*, février 1998, n° 172, p. 10.

84/ En Belgique un décret correspond à une norme de niveau législatif adoptée par une entité fédérale : *Le décret du 24 juillet 1997 définissant les missions prioritaires de l'enseignement. Approche interdisciplinaire.* Travaux et recherches sous la direction de Hugues Dumont et Martine Collin., Bruxelles. Actes du colloque organisé par le centre de droit de la culture des facultés universitaires Saint-Louis le 25 septembre 1998.

85/ Jean-Pierre Bartholomé, Danielle Delisé, Jean-Luc Rongé, *Le droit scolaire. Recueil de lois, arrêtés, circulaires, jugements et arrêts relatifs au droit de l'enseignement*, T. 1, textes légaux et réglementaires, vol. 1, Éd. Jeunesse et Droit, Liège, 30 juin 2003, p. 373.

86/ Renseignements fournis par Blaise Knapp, professeur honoraire à l'Université de Genève.

87/ Frédérique Andréani, Pascale Hugues, « L'Europe des sauvageons », *Le Point*, n° 1447, 9 juin 2000.

d'une hauptschule *(un des trois collèges allemands vers lesquels on dirige les plus problématiques des écoliers après le primaire).*

En **Afrique noire**, *violences*[88] *et action pédagogique se conjuguent parfois. En milieu rural, l'humiliation affecte les jeunes qui tardent à entrer dans le moule : non-respect des horaires, de la tenue, utilisation de la langue maternelle... «* Dégrossir le petit paysan *»*[89] *signifie lui faire comprendre la distance qui le sépare du fonctionnaire cultivé. L'une des punitions consiste à donner une houe à l'enfant pour désherber une parcelle. En milieu urbain, injures, gifles, coups de bâton et corvées touchent la majorité des élèves. La scolarité des filles suit souvent la méthode des «* garçons de substitution *»*[90]. *Soit le père est monogame et, ne disposant d'aucune descendance masculine, il choisit, à défaut, d'inscrire la benjamine à l'école, soit il est polygame et il peut alors subir la pression de l'une de ses épouse, sans filiation masculine, qui le force à compenser ce défaut par la scolarisation de l'une de ses filles ainsi privilégiée par rapport à la fratrie.*

À partir, entre autres constats, de cette idée fondée sur l'accès défavorisé du sexe féminin à l'école togolaise[91], *la Direction des Affaires Juridiques (DAJ) du ministère de l'Éducation nationale a participé à l'élaboration de textes d'organisation du ministère des enseignements primaire et secondaire du* **Togo**[92]. *Signe des temps, l'apparition dans le futur organigramme de cette lointaine administration d'une Direction des affaires juridiques...*

En **Côte d'Ivoire**, *«* la libéralisation du port de l'uniforme *» (libre choix des parents d'acheter ou non une tenue réglementaire pour leurs enfants) a suscité un vif débat à la rentrée 2001. Pour de nombreuses associations, le décret instaurant cette réforme ramènerait le pays cinquante ans en arrière, «* au temps où les élèves venaient à l'école avec un pagne noué au cou *». Le «* kaki *» ou le «* bleu-blanc *» distingue ici «* l'écolier du paysan, le lettré de l'analphabète *»*[93].

88/ Alcinda Honwana, « Innocents et coupables. Les enfant-soldats comme acteurs tactiques », *Politique africaine*, 2000, n° 80, p. 58 (Mozambique).

89/ Marie-France Lange, *Le processus de scolarisation au Togo. Essai sur le fait scolaire en Afrique*, Thèse lettres et sciences humaines, Aix-en-Provence, 1995, T. II, p. 363.

90/ *Ibid.* p. 436.

91/ Même observation en Afrique sahélienne : Étienne Gérard, « Logiques sociales et enjeux de scolarisation en Afrique. Réflexions sur des cas d'école maliens et burkinabé », *Politique africaine*, n° 76, 1999, p. 153. Ici, l'inscription de la fillette à l'école « *peut remettre en cause l'organisation domestique, poser des problèmes pour la garde du nouveau né, mais aussi rompre les échanges matrimoniaux* ». Plus tard, elle aura tendance « *à refuser le mariage arrangé; mariée, elle pourra en outre, recourir aux autorités administratives en cas de conflit avec son époux, choisir le divorce et, ainsi, fragiliser le lignage* ».

92/ Frédéric Carre, « Le système éducatif togolais : droit comparé », *LIJ*, n° 83, mars 2004, p. 30.

93/ Éric Lanque, « L'école à l'épreuve de la guerre. Vers une territorialisation des politiques d'éducation en Côte d'Ivoire ? », *Politique africaine*, 2003, n° 83, p. 129.

Au ***Canada****, le droit scolaire diffère dans chaque province. Au* ***Québec****, les règlements pour la régie des écoles*[94] « prévoient habituellement que l'enseignant chargé de les appliquer doit, lorsqu'il expulse un élève de la classe, aviser immédiatement les commissaires d'école et les parents de l'enfant ou ceux qui en tiennent lieu ».

Les pratiques anglo-saxonnes ne restent pas à la traîne dans le domaine du contentieux.

En ***Grande-Bretagne****, les tribunaux semblent connaître divers recours. Les parents se plaignent des défaillances de l'école en matière de ressources humaines ou matérielles nécessaires aux* « special needs » *(jeunes handicapés psychiques ou moteurs) et des brimades subies par leurs enfants. La Cour européenne des droits de l'homme, appelée à se prononcer sur quelques sanctions disciplinaires, n'a pas reconnu le caractère dégradant d'une peine exécutée par le directeur d'une école privée britannique infligeant, sur le postérieur d'un élève interne âgé de sept ans, trois coups de chaussure de gymnastique à semelle en caoutchouc*[95]. *Le* « governing body » *(conseil d'administration qui recrute les professeurs) intervient pour défendre les enseignants aujourd'hui attaqués.*

Aux ***États-Unis****, le pédagogue devient parfois le* « loco parentis », *c'est-à-dire remplace les parents. Certains règlements limitent son autorité en ce qui concerne la discipline. La punition corporelle, abolie dans la moitié des États, conduit à des actions en justice pour agression*[96]. *Depuis peu, la Californie accueille une quinzaine d'écoles expérimentales qui acceptent seulement les filles, à l'abri des* « tendances agressives naturelles des petits mâles »[97]. *Une centaine d'établissements de ce type existent dans le pays. Fondée en 1996 pour scolariser les fillettes issues de l'immigration latino-américaine, la* Young Women's leadership School *est poursuivie par plusieurs associations de défense des droits civiques. Motif de l'assignation en justice : elle violerait le 14*[e] *Amendement de la Constitution qui prohibe la discrimination sexuelle. Dans la* Dalton School, *de Manhattan, un comité d'égalité des sexes veille à la non inhibition des filles : les professeurs sont filmés dans leur classe* « pour vérifier qu'ils ne font pas preuve d'un favoritisme inconscient ».

94/ Hélène Côté, *Le droit à l'éducation élémentaire publique au Québec*, coll. Minerve, Éd. Yvon Blais, Cowansville, 1984, préface Andrée Lajoie, p. 104.

95/ CEDH, 25 mars 1993, *Costello-Roberts c/ Royaume-Uni*, cité in Jacques Fialaire, *L'école en Europe*, *op. cit.*, p. 91.

96/ Kern Alexander, M. David Alexander, *The law of schools, students and teachers in a nutshell*, Westgroup, 2e éd, 2001, p. 178 et 180.

97/ Stéphane Chayet, « États-Unis, girls only », *Le Point*, n° 1447, *op. cit.*

Au ***Japon****, le port de l'uniforme présente, pour le collégien, un caractère obligatoire. Veste noire à col officier, pantalon droit de même couleur et chemise blanche pour les garçons ; vareuse bleu marine à col marin et jupe plissée cachant les genoux des filles. Chaussures de sport et chaussettes blanches complètent la tenue qui a pour mission de gommer les différences de milieu social, de marquer l'appartenance de l'élève à un établissement précis et d'en faire un instrument de contrôle*[98]*. Les exigences scolaires ne s'arrêtent pas là : chaque collège possède un règlement* « qui peut être plus ou moins tatillon et aller parfois jusqu'à l'absurde ». *Tous fixent les coupes de cheveux autorisées. Leur longueur ne doit parfois pas dépasser le col de la chemise des garçons. Pour éviter que la chevelure des filles couvre les épaules, un élastique noir ou brun l'attachera*[99]*. Des problèmes voient cependant le jour depuis le début des années quatre-vingt : violence, brimades, absentéisme, suicides*[100]*. La pratique des châtiments corporels porte le nom de* taibatsu. *Certes les coups, l'interdiction faite à un élève de se rendre aux toilettes ou l'obligation de rester en classe pendant la récréation sont interdits. Rien n'empêche cependant, à condition d'être justifiées, les retenues et l'attribution de corvées. Un jeune japonais indiscipliné peut être forcé de rester debout en classe*[101]*. Cet univers rigoureux n'a pas permis d'éviter quelques procès retentissants. À propos notamment des manuels scolaires dont le contenu ne partageait pas les vues du ministère de l'éducation : ces publications se trouvèrent écartées des circuits scolaires faute de sceau des inspecteurs. Plusieurs décisions de justice rendues à ce sujet aboutirent parfois à la Cour suprême, la plus haute juridiction japonaise*[102]*. Les tests de connaissance (*gakuryoku tesuto*) ont également été soumis aux juges*[103]*. De même que les rapports confidentiels sur l'évaluation éducative. L'un de ces* naishinsto *contenait des informations sur les résultats scolaires, la santé, la ponctualité et les absences d'un élève mais aussi sur son comportement, son caractère, sa faculté d'autocritique, son civisme et sa sociabilité. La Haute Cour de Tôkyô jugea le 19 mai 1982 légales les appréciations transmises. Quand un collégien transgresse l'ordre et la discipline, le chef d'établissement est en droit de le faire savoir pour aider à la sélection des candidats postulant à l'entrée au lycée :* « cela ne constitue ni une violation des libertés de pensée et d'opinion, ni une mesure éducative

---

98/ Patrick J. Walsh, Josephine Ruth Bartley, *Schools go to Court, Éducation Case Law for New Zealand Schools*, Éd. Longman, Auckland 1999.

99/ Annie Vercoutter, *À l'école au Japon*, PUF, coll. Pédagogie d'aujourd'hui, 1997, p. 118.

100/ Louis Chenaille, « Japon, les écoles de la liberté », *Le Point*, n° 1447, *op. cit.*

101/ Annie Vercoutter, *À l'école au Japon*, p. 171, *op. cit.*

102/ *Ibid*, p. 172.

103/ Horio Teruhisa, *L'éducation au Japon* (traduit et présenté par Jean-François Sabouret), CNRS sociologie, 1993, p. 123.

discriminatoire prise en fonction des idées et des convictions de l'élève »[104].

Même au bout du monde, en **Nouvelle-Zélande**, *le droit de la vie scolaire s'installe et suscite une littérature au titre évocateur,* Schools go to Court... [105] *Notre pays rencontre des préoccupations similaires.*

Littérature, littérature... Nombre d'écrivains se remémorent les souffrances qu'ils ont vécues comme écoliers, dans un environnement austère et rigide et évoquent la brutalité de leurs maîtres.

Rousseau dans le livre premier des **Confessions** parle d'un homme rustre et violent qui l'écrasa et le réduisit à son « *véritable état d'apprenti* ».

Chateaubriand dans les **Mémoires d'outre-tombe** se plaint de son régent qui, prêt à lui infliger le fouet, repoussa ses appels suppliants à la bienveillance : « *je me levai plein de rage et lui lançai dans les jambes un coup de pied si rude qu'il en poussa un cri* ».

Victor Hugo « *en proie à la mathématique* » s'en prend dans **Les Contemplations**, I, 13, aux vils pédants : « *on me tordait, depuis les ailes jusqu'au bec, sur l'affreux chevalet des X et des Y* ».

Jules Vallès dédie **L'Enfant** « *à tous ceux qui crevèrent d'ennui au collège ou qu'on fit pleurer dans les familles, qui pendant leur enfance, furent tyrannisés par leurs maîtres ou rossés par leurs parents* ».

Alphonse Daudet portait une blouse à l'origine des ricanements de ses camarades et de la grimace de son professeur : « *Depuis lors, quand il me parla, ce fut toujours du bout des lèvres d'un air méprisant. Jamais il ne m'appela par mon nom ; il disait toujours : « Hé ! Vous, là-bas,* ***le petit Chose*** ! ». Devenu surveillant, il se revoit, se débattant au milieu des cris, des pleurs, des grognements et des sifflements : « ... *les encriers pleuvaient, et les papiers mâchés s'épataient sur mon pupitre, et tous ces petits monstres – sous prétexte de réclamations – se pendaient à ma chaire, avec des hurlements de macaques* ».

Le professeur Cripure de Jean Guilloux dans **Le Sang noir**, personnage pathétique et burlesque, tance les cancres en ces termes : « *troupeau d'infatués, fils à papa ! Sales bourgeois* ».

Dans un autre registre, Marcel Pagnol dans **Le temps des secrets**, se souvient d'un tournoi de chevalerie, au cours duquel les grands, dans la cour du lycée, servant de monture, se précipitaient « *pour désarçonner l'adversaire tandis que les chevaux s'attaquaient par de sournois crocs en jambe* ». Ce jeu dangereux où, à chaque instant, l'un des combattants s'effondrait, se déroulait devant l'indifférence étonnante d'un surveillant : « *j'eus l'impression qu'il avait décidé de n'arrêter sa promenade que pour constater un décès* ».

Tous ces témoignages peuvent rétrospectivement paraître inquiétants. Au risque de ne pas respecter la poésie et la beauté de ces monuments de la littérature, procédons à une extrapolation plus prosaïque. Aujourd'hui, face à des situations semblables, l'administration aurait sûrement à gérer plusieurs pétitions de parents d'élèves, une demande de protection juridique des fonctionnaires assortie de l'accès au dossier, une plainte avec constitution de partie civile pour insultes publiques, la saisine d'une association d'aide aux victimes et la sollicitation d'une action de formation à la sensibilisation aux questions des responsabilités !

104/ *Ibid*, p. 124.

105/ *Ibid*, p. 189.

4 *En dépit de leur caractère technique, on aurait tort de croire que les prochains développements s'adressent aux seuls professionnels de la chose juridique et à quelques cadres des rectorats, des inspections académiques ou des établissements. Bien au contraire, si l'École se trouve « saisie » par le droit, c'est là une réalité qui, d'une part, concerne l'ensemble des acteurs du système éducatif et, d'autre part, s'intègre au concept même d'éducation et aux pratiques qui en découlent. L'observateur qui fréquente les salles de professeurs et participe aux réunions de direction des établissements scolaires, entend souvent des discours plaintifs, nostalgiques de temps anciens où l'ordre allait de soi sans besoin du droit. Ces propos correspondent à une réalité toute relative qui accompagne la perte de prestige des enseignants dans le corps social. Ils traduisent également un certain désarroi de ces fonctionnaires – un peu à part – qui, sans véritable culture administrative et encore moins formés à la pratique juridique, se trouvent confrontés à la prolifération de réglementations de tous ordres. La plupart d'entre eux vivent cette situation comme une entrave à leur possibilité d'action, voire à leur liberté pédagogique*[106]*. L'on peut comprendre cette réaction. Il faut néanmoins insister sur la soumission de l'Éducation nationale, à l'instar des autres services publics, au principe de juridicité et noter que l'évolution d'une société complexifiée passe aussi par une production normative accrue*[107]*. Il importe enfin de se convaincre de l'enrichissement tiré de cette « intrusion » pour les usagers (parents d'élèves et élèves) mais également pour les personnels. La réalité du droit qui s'empare des établissements scolaires devenant incontournable, l'enjeu se trouve devant nous : faire de cette discipline un élément d'une culture collective à l'ensemble des adultes de la communauté éducative. Actuellement, seuls les personnels de direction des établissements scolaires bénéficient d'une formation juridique... marginale. Les enseignants restent largement maintenus dans l'ignorance sur ce sujet*[108]*. D'où la nécessité de leur faire «* prendre conscience qu'ils sont les représentants du pouvoir éducatif, c'est-à-dire membres du service public dont les actes engagent la collectivité »[109].

106/ Jean-Guy Lebeau, « Vous n'avez pas le droit !!!... », *Cahiers de l'éducation*, mars-avril 2001, p. 9.

107/ En 2003, on « comptait » environ 8 000 lois et 400 000 décrets : Georges Dupuis, Marie-José Guédon, Patrice Chretien, *Droit administratif*, Armand Colin, coll. U., 9e éd., 2004, p. 171. À cette inflation s'ajoute une tendance à rédiger des écrits peu clairs comportant des formules grammaticales incorrectes (Catherine Bergeal, *Savoir rédiger un texte normatif. Loi, décret, arrêté, circulaire...*, Berger Levrault, 4e éd., 2001), ce qui oblige à la vigilance (Delphine Maurouard, « La qualité de la réglementation », *LIJ*, n° 89, 2004, p. 24).

108/ On observera que les IUFM ne laissent qu'une place infime au sein de la formation dite « générale et commune » aux questions administratives et juridiques.

109/ Jacky Simon, (médiateur de l'Éducation nationale) cité *in* « *Les territoires nouveaux de la judiciarisation* », p. 3, *op. cit.*

Pour tenter d'envisager des solutions de nature à pallier – même partiellement – ces carences, il convient de poursuivre cette étude en examinant successivement :

– *dans une première partie, l'organisation de la vie scolaire ;*
– *dans une seconde partie, les risques de la vie scolaire.*

Première partie

L'organisation de la vie scolaire

5 La vie scolaire s'organise essentiellement autour de l'écolier, du collégien et du lycéen, au cœur du dispositif mis en place. Elle implique la connaissance de la vie de l'élève, c'est-à-dire de son entrée dans le système éducatif et du suivi de ses études (**Titre 1**) ; du statut de l'élève, c'est-à-dire de ses droits et de ses obligations, respectés ou bafoués (**Titre 2**).

Titre I

La vie de l'élève

6 Deux grandes étapes rythment la vie de l'élève.

La première s'exprime d'une part, à travers l'inscription, prérogative de l'administration, qui peut devenir, dans certains cas, le choix de l'usager grâce à des dérogations accordées par les pouvoirs publics. D'autre part, elle se prolonge avec l'orientation, caractérisée par une ambivalence patente encadrement/concertation et par une contestation naissante des usagers, administrative ou juridictionnelle.

La seconde, encore préservée du contentieux, se traduit par les études. Avec, ici encore, une double manifestation : celle des activités scolaires qui tendent aujourd'hui à la diversité (pédagogie péri-éducative et stages en entreprise offrent à la transmission du savoir une autre dimension) et celle des œuvres étudiées ou utilisées à l'École qui appellent sans doute de plus en plus de précautions dans le savoir transmis. Les droits d'auteur et leur expression patrimoniale, le droit à l'image et le nécessaire respect de la vie privée pourraient générer, dans la prochaine décennie, nombre de procès insoupçonnés.

Dès lors, s'impose ici l'étude de la scolarisation (**Chapitre 1**) et de la scolarité (**Chapitre 2**).

Chapitre 1

La scolarisation

7 Quelle motivation peut conduire le collégien ou le lycéen brillant à consulter le Code de l'Éducation, sinon un éclectisme qui l'incite à s'intéresser aussi à la chose juridique ? Les parents de l'élève dont la scolarisation ne souffre d'aucune rupture, d'origine géographique ou humaine, n'éprouvent pas plus de raison de s'interroger sur l'opportunité ou la légalité de la poursuite de ses études. La régularité scolaire, l'excellence n'apportent aucune discorde. Seul le changement dicté pose problème : non souhaité, il exprime l'inconnu, source d'inquiétude ou d'angoisse. L'administration prenant, face à ces situations liées aux vicissitudes ou à l'échec, des décisions pouvant faire grief, les tensions deviennent conflit. Et le recours au droit s'impose parfois pour les régler[1].

L'inscription et l'orientation dans l'établissement privé. L'inscription *s'affranchit dans ce domaine du formalisme lié à la sectorisation*[2] *: chaque établissement d'enseignement privé sous contrat peut accueillir n'importe quel élève, en dehors de toute contrainte géographique. Le directeur ne se souciera pas que le jeune postulant – ou ses parents – habitent loin de l'institution. Il veillera simplement au respect des capacités d'accueil de la classe. Une situation curieuse se rencontre parfois ; elle rapproche les deux « ordres » d'en-*

1/ Yann Buttner, « Le contentieux de la scolarisation des élèves de l'enseignement public », *Actualité Juridique famille*, n° 2/2004, p. 55.

2/ TA Marseille, 16 mai 2003, *Association AEP Belsunce*, req. 005468.

seignement et elle engendre une nouvelle espèce d'élève, l'externe – interne ! Ici le collège public inscrit le futur musicien ou le plasticien de demain (il s'agit souvent de filières originales) et, faute d'internat dans cette structure, l'institution privée – proche – héberge l'enfant. C'est le jour et la nuit par rapport à l'orientation.

***L'orientation** et tout le processus qu'elle génère ne présentent que peu de spécificités au regard des règles ci-après développées. Le décret n° 90-484 du 14 juin 1990 (public) ressemble comme un frère jumeau au décret n° 91-372 du 16 avril 1991 (privé). Quatorze articles du premier correspondent mot pour mot aux articles du second.*

Subis, pour le lieu de formation (1) ou imposés, à propos du régime de formation (2), ces changements dans l'environnement scolaire et familial supposent, selon le sens du contentieux, des réactions tantôt empreintes de déception et d'amertume, tantôt mêlées de satisfaction et de triomphalisme.

1 Le lieu de formation

8 L'article L. 131-2 du Code de l'Éducation rappelle les deux modes possibles d'instruction : prioritairement, l'enfant la reçoit dans un établissement[3] (école, collège, lycée, établissement privé sous contrat avec l'État ou hors contrat)[4], accessoirement, il la reçoit soit dans la famille[5], soit par l'enseignement à distance[6] (organismes publics ou privés). L'État contrôle[7] l'effectivité et l'efficacité[8] des conditions dans lesquelles s'opère l'acquisition des connaissances.

L'inscription dans un établissement scolaire ne se limite pas, pour l'élève, à un coup de tampon apposé sur un registre ou à une photographie agrafée à une carte de lycéen. Elle comporte pour l'autorité administrative le respect de procédures sou-

3/ Art. L. 122-1 Code de l'Éducation : « *cette instruction obligatoire est assurée prioritairement dans les établissements d'enseignement* ».

4/ Art. L. 441-1 et s. Code de l'Éducation.

5/ Art. L. 131-10, 3e alinéa Code de l'Éducation. Le maire exerce un contrôle de nature sociale et l'inspecteur d'Académie un contrôle de nature pédagogique (circulaire n° 99-070 du 14 mai 1999).

6/ Art. 2 décret n° 79-1228 du 31 décembre 1979 modifié. La distance (16 km) entre le domicile et le collège desservi par une ligne de ramassage scolaire située à 3 km du lieu de résidence ne justifie pas l'inscription au CNED par l'inspecteur d'Académie : CAA Nancy, 27 janvier 2005, *Ministre de l'Éducation nationale c/ Stolze*, req. 04NC00035.

7/ Art. L. 131-10 précité Code de l'Éducation. Ce contrôle s'effectue aussi lorsque la famille choisit un organisme privé d'enseignement à distance : TA Châlons-en-Champagne, 30 mars 2004, *Forget*, req. 002383.

8/ Frédéric Carre, « Le contrôle des élèves inscrits dans la famille ou dans les établissements privés hors contrat », *LIJ*, n° 86, 2004, p. 24.

vent lourdes et formalistes obéissant à un postulat parfois malmené par certaines singularités. Le principe, posé par les textes, veut que la puissance publique établisse des ressorts géographiques[9] ; ces emprises déterminent la future destination de l'élève (**A**). L'exception, garantie par la jurisprudence, procède parfois du choix parental : dans la mesure du possible, son représentant légal ou le majeur lui-même opte pour tel ou tel établissement (**B**).

A. L'inscription, prérogative de l'administration

9 L'article L. 131-1 du Code de l'Éducation dispose que « *L'instruction est obligatoire pour les enfants des deux sexes, français ou étrangers, entre* ***six*** *et* ***seize*** *ans* ». Cela posé, l'État n'a en matière d'inscription qu'une « obligation de moyens » et ne saurait être tenu pour responsable de la descolarisation d'un enfant quand elle résulte de son comportement ou de celui de sa famille[10]. Par ailleurs, aucun principe général du droit, aucune disposition législative ou réglementaire ne reconnaît aux père et mère le droit de choisir librement l'école, le collège ou le lycée où sera inscrit leur enfant, français (I) ou étranger (II).

I L'inscription des élèves français

a) Dans le premier degré

L'inscription relève ici d'une dimension à la fois temporelle[11] et spatiale.

10 1° ***L'inscription et le temps.*** La question de l'âge, à l'École, se traduit en quatre chiffres (2, 3, 5, 6) pour l'entrée dans le système scolaire et en un nombre (16) pour la sortie. Temps et arithmétique rythment les textes. Selon l'article 2 du décret n° 90-788 du 6 septembre 1990, « *les enfants qui ont atteint l'âge de* ***deux ans*** *au jour de la rentrée scolaire peuvent être admis dans les écoles et les classes maternelles (...)* ». Leur accueil « *est étendu en priorité dans les écoles situées dans un environnement social défavorisé, que ce soit dans les zones urbaines, rurales ou de montagne* » (article L. 111-1 du Code de l'Éducation). « *Tout enfant doit pouvoir être accueilli, à l'âge de* ***trois ans*** *dans une école*

9/ CE, 12 octobre 1973, *Lida*, *Rec. CE*, p. 558.

10/ TA Melun, 6 avril 2004, B., *AJDA*, p. 798, note Séverine Brondel.

11/ Frédéric Carre, « La question du temps scolaire », *LIJ*, n° 96, 2005, p. 21.

maternelle ou une classe enfantine le plus près possible de son domicile, si sa famille en fait la demande ». La commune peut refuser l'inscription dans une école maternelle d'un enfant âgé de moins de trois ans ; mais elle commet une erreur de droit en prononçant son exclusion sur le seul motif de son âge, critère non prévu par la loi ou le règlement, dès lors que les parents ne se livrent à aucune manœuvre frauduleuse pour obtenir cette inscription[12]. Le décret du 6 septembre 1990 précité ajoute qu'« *en l'absence d'école ou de classe maternelle, les enfants de* ***cinq ans*** *dont les parents demandent la scolarisation, sont admis à l'école élémentaire dans une section enfantine afin de leur permettre d'entrer dans le cycle des apprentissages fondamentaux* ». Mais ces dispositions n'excluent pas toute possibilité d'admission à l'école élémentaire d'un enfant ne remplissant pas les conditions d'âge requis. En refusant de l'accueillir, pour cette raison, l'inspecteur de l'Éducation nationale fait une inexacte application de ce texte[13]. Le décret n° 76-1301 du 28 décembre 1976 modifié prévoit aussi en son article 5 : « *peuvent être également admis à titre exceptionnel les enfants ayant atteint cinq ans avant le 1er septembre de la même année et bénéficiant d'une dérogation accordée, à la demande ou avec l'accord des parents par l'inspecteur de la circonscription* ». La requête, dirigée contre la décision prise en la matière, doit être présentée à l'inspecteur d'Académie avant saisine du tribunal administratif. Le recours direct au juge s'avère irrecevable[14]. Le caractère facultatif de l'enseignement en école maternelle découle, d'abord, de la sémantique, en particulier de l'utilisation du verbe « pouvoir », qui sert à préciser la modalité du possible. En droit, l'admission étant prononcée dans les limites des places disponibles[15], un maire motive suffisamment son refus d'inscription par une capacité d'accueil déjà atteinte[16].

11 2° ***L'inscription et l'espace.*** Les municipalités décident de la création des écoles, de leur implantation et de celles des classes maternelles et élémentaires. Elles supportent la prise en charge de leur construction, de leur équipement et de leur fonctionnement (articles L. 212-1 et suivants du Code de l'Éducation). À cet égard, il entre dans les attributions du

12/ CAA Marseille, 10 septembre 1999, *Commune de St-Hilaire d'Ozilhan*, req. 97MA11642.

13/ TA Montpellier, 6 décembre 1991, *Lestra*, req. 912346 et 912345.

14/ TA Marseille, 12 juillet 1990, *Favot*, req. 902620.

15/ TA Lille, 8 décembre 1994, *Fiévet*, req. 932313 : encore faut-il établir que l'école n'offre aucune place disponible ; dans le même sens, TA Orléans, 7 juillet 2004, *R.P. et A.M. c/ commune de SJB, JDJ*, n° 244, 2005, p. 58.

16/ CE, 2 mars 1992, *Commune de St-Michel-sur-Ternoise*, req. 115343.

maire, agissant en ce cas, non point en qualité d'agent de la commune, mais au nom de l'État[17], de déterminer, par arrêté, le ressort des écoles (également appelé « secteur »)[18] et de délivrer un certificat indiquant « l'école que l'enfant doit fréquenter » (article L. 131-5 du Code de l'Éducation)[19].

Le régime de l'admission à l'école élémentaire *résulte des dispositions de la circulaire n° 91-124 du 6 juin 1991 (§ 1-2) modifiée, prise en application de l'article 9 du décret du 6 septembre 1990 : le directeur de l'école admet les élèves sur présentation du certificat d'inscription (délivré par le maire), du livret de famille, du carnet de santé et du certificat médical d'aptitude[20]. Il renseigne alors le registre des élèves inscrits et les répartit entre les différentes sections. Ces mesures, dites d'ordre intérieur[21], car dépourvues de conséquences sur la scolarité des enfants, ne peuvent être déférées au juge de l'excès de pouvoir. Irrecevabilité, en conséquence, de la requête de parents qui contestent le maintien de leur fille en section des « moyens » (et condamnation à une amende de 10 000 francs pour recours abusif)[22]. Mais la décision par laquelle la directrice d'une école maternelle affecte des jumeaux dans des classes différentes constitue une mesure susceptible de recours pour excès de pouvoir[23].*

Cela précisé, la procédure – contentieuse et administrative – propre à l'inscription tient compte de cette compétence exclusive du maire, représentant de l'État.

12 **La procédure contentieuse.** Première conséquence naturelle, l'État est condamné aux frais irrépétibles – occasionnés par le procès à la partie gagnante – éventuellement accordés par le tribunal (article L. 761-1 du Code de justice administrative). Ceux-ci se trouvent donc mis à sa charge à la suite d'une annulation de la décision du maire de rejet d'une demande d'inscription – dérogatoire – à l'école primaire[24]. Toutefois, la juridiction préserve le pouvoir d'appréciation du premier magistrat de la commune. Dans l'espèce précitée,

17/ CE, 28 mai 1986, *Epoux André et maire de Chatillon-Leduc, Rec. CE*, p. 679 ; CAA Bordeaux, 5 juillet 1999, *Commune de Pontonx-sur-l'Adour*, req. 96BX01428.

18/ CE, 28 mai 1986, *Genevois et Vincent, Rec. CE*, p. 556 et 677. L'absence d'arrêté de sectorisation du maire prive de base légale le refus d'inscription d'un élève (TA Versailles, 6 octobre 2003, *D. et H c/ commune de Savigny-sur-Orge*, req. 0303098).

19/ La circulaire n° 91-124 du 6 juin 1991 modifiée précise également que « *le certificat d'inscription délivré par le maire (...) indique, lorsque la commune dispose de plusieurs écoles, celle que l'enfant fréquentera* ».

20/ Prévu à l'article 1er du décret n° 46-2698 du 26 novembre 1946.

21/ CE, 5 novembre 1982, *Attard, Rec. CE*, p. 374.

22/ CE, 30 septembre 1994, *Sulzer, Rec. CE*, p. 970 et 1097.

23/ CAA Versailles, 17 février 2005, *M. et Mme José D., AJDA*, p. 895, comm. Gilles Pellissier. Sur la question des jumeaux, voir Réponse à question écrite n° 50995 du 29 janvier 2001 et n° 4163 du 3 février 2003.

24/ TA Strasbourg, 17 octobre 2000, *Kauffmann c/ ville de Lingolsheim*, req. 002990.

elle considère notamment, après examen des pièces du dossier, que la demande d'inscription ne se justifie pas par la continuité d'un cycle pédagogique commencé ou poursuivi l'année précédente dans le même établissement. Aussi, tout en donnant gain de cause aux parents, refuse-t-elle d'enjoindre sous astreinte (article L. 911-3 du Code de justice administrative) au maire d'autoriser l'inscription de leur fille (en classe de CP). Ce qui aura pour seconde conséquence de permettre à ce dernier de reprendre la même décision après avoir purgé ce vice qui l'affectait [25].

13 **La procédure administrative**. Elle se situe en amont. Tout d'abord les décisions prises par le maire en matière d'admission des élèves dans les écoles publiques sont soumises au contrôle du préfet qui peut exercer son pouvoir hiérarchique [26] ou son pouvoir de substitution à l'encontre de l'autorité municipale. Elles échappent en revanche au contrôle de légalité de ce même haut fonctionnaire qui lui permet d'attaquer, devant le tribunal administratif, une mesure paraissant illégale. Est dès lors irrecevable le recours formé sur cette base contre l'arrêté municipal réglementant les conditions d'inscription des enfants (de familles étrangères) dans les écoles de sa commune [27].

Ensuite, le juge administratif constate la seule habilitation du maire pour se prononcer sur l'admission des enfants et annule toute décision prise par le conseil municipal [28], par l'inspecteur de l'Éducation nationale [29] ou encore par le directeur de l'école [30], incompétents en l'espèce. Conformément à l'article 20 de la loi du 12 avril 2000, « *lorsqu'une demande est adressée à une autorité administrative incompétente, cette dernière la transmet à l'autorité administrative compétente et en avise l'intéressé* ». Dès lors, tout destinataire d'une demande de dérogation de secteur en faveur d'un enfant, doit la faire parvenir au maire. En l'absence de sectorisation (aucun arrêté municipal pris en ce sens), le refus d'inscription manque de base légale [31].

25/ CAA Nancy, 31 janvier 2002, *Kauffmann c/ commune de Lingolsheim*, req. 01NC00895.

26/ TA Paris, 4 juillet 2002, *Maire du XVe arrondissement*, req. 0200004/7, *Cahier de l'Éducation*, novembre-décembre, p. 33, comm. René Gérard.

27/ TA Lille, 20 novembre 1991, *Préfet du Nord*, req. 911825.

28/ CE, 7 décembre 1990, *Di Lello*, *Rec. CE*, p. 606, *AJDA*, 1991, p. 117 et 151, chron. Edmond Honorat et Rémy Schwartz ; TA Caen, 2 novembre 1999, *Lepley et Vautier*, req. 991400 ; TA Nancy, 30 mars 2004, *Préfet de Meurthe-et-Moselle c/ commune de B.*, *JDJ*, 2005, p. 57.

29/ TA Marseille, 9 mai 2001, *Adan*, req. 004962.

30/ TA Paris, 11 octobre 2002, *Lambert*, *AJDA*, p. 147, note François Chouvel.

31/ TA Versailles, 6 octobre 2003, *D. et H. c/ commune de Savigny-sur-Orge*, req. 0303098.

Il désapprouve en outre l'utilisation d'un document graphique intitulé « carte scolaire 2000 des écoles primaires » et d'une table de correspondance entre les rues de la ville et les écoles de rattachement. Bien qu'il appartienne à la commune de « *déterminer les règles de sectorisation applicables* », il observe l'absence de publication du plan et de la liste par ailleurs dépourvus de signatures. Il déduit de ces deux vices de forme leur inopposabilité aux administrés[32].

Il rappelle également l'obligation du maire de motiver, sous peine d'annulation[33], les décisions portant refus d'autorisation d'inscription dans une école. Elles entrent dans le champ d'application des dispositions législatives (loi du 11 juillet 1979 modifiée) impliquant pour l'administration l'indication des motifs, de fait et de droit, fondant l'acte. Au sein d'un même secteur, les familles à proximité d'une ou plusieurs écoles, disposent du choix de l'inscription dans l'une ou l'autre de celles-ci[34].

Il précise enfin que si la preuve de l'existence de la violation du principe de l'égalité devant le service public (inscription accordée à d'autres familles) incombe aux parents demandeurs[35], encore faut-il que les enfants effectivement inscrits se trouvent dans une situation identique[36].

b) Dans le second degré

Tu entres au collège ? *Les commissions d'harmonisation présidées par l'inspecteur de l'Éducation nationale comprennent des professeurs et directeurs d'écoles, des psychologues scolaires, des professeurs et principaux de collèges et des représentants de parents d'élèves.*

Elles préparent, éclairent et facilitent les évaluations effectuées par les instituteurs, responsables de la décision d'admission au collège.

Elles examinent systématiquement le cas d'élèves d'au moins treize ans (retard lié à des lacunes, au refus du système scolaire, à leur origine étrangère, à leur handicap...).

14 Secteurs et districts découpent chaque Académie. Selon l'article 5 du décret n° 80-11 du 3 janvier 1980, les secteurs scolaires correspondent aux zones de desserte des collèges et les districts scolaires aux zones de desserte des lycées. L'article 6 du même

32/ TA Strasbourg, 17 octobre 2000, *Kauffmann, op. cit.*, n° 12.

33/ CE, 10 mai 1996, *Ville de Paris, RDP*, p. 197, concl. A.F. Roul.

34/ TA Paris, 11 octobre 2002, Lambert, *op. cit.*, n° 13.

35/ TA Strasbourg, 17 octobre 2000, *Tresch c/ Ville de Strasbourg*, req. 003037.

36/ TA Strasbourg, 17 octobre 2000, *Kauffmann, op. cit.*, n° 12 texte prévoit que les établissements accueillent les élèves résidant dans leur zone de desserte.

L'inspecteur d'Académie, directeur des services départementaux de l'Éducation nationale, détermine les conditions géographiques de leur affectation, en cohérence avec la définition de la localisation et de la capacité d'accueil des établissements donnée par le conseil général, pour les collèges, et par le conseil régional, pour les lycées. L'absence de concertation préalable avec les parents[37] des élèves concernés, voire avec la commune intéressée, n'entache pas sa décision d'illégalité[38].

Une fois ces critères posés, les élèves appartenant à une zone de desserte se trouvent prioritaires : l'administration peut certes objecter la saturation de l'établissement pour refuser une inscription à un élève résident ; elle ne peut cependant plus avancer l'argument s'il est établi par ailleurs que les élèves appartenant à une autre zone de desserte ont été accueillis au collège[39] ou au lycée[40] à titre dérogatoire.

De même, dans la mesure où une jeune fille justifie d'une résidence, même partielle, sur le territoire de la commune de desserte de l'établissement, l'autorité académique ne saurait lui refuser l'inscription, à moins de faire la démonstration que le nombre de places disponibles pour les élèves résidents est atteint[41].

II L'inscription des élèves étrangers

15 La Cour européenne des droits de l'homme se fondant sur l'article 2 de la Convention de sauvegarde des droits de l'homme et des libertés fondamentales précise que l'accès à l'école doit être garanti sans discrimination. La Convention des nations unies proclame en son article 2 alinéa 3 l'indépendance des droits reconnus à l'enfant par rapport au statut des parents. La circulaire n° 84-246 du 16 juillet 1984 complétée par celle n° 2002-063 du 20 mars 2002 sur les modalités d'inscription et de scolarisation des élèves de nationalité étrangère dans l'enseignement du premier et second degré, se conforme à ces règles internationales.

37/ TA Marseille, 10 novembre 1992, *Esquirol*, req. 923857 : décision modificative du collège d'affectation d'une école primaire.

38/ TA Marseille, 14 avril 1994, *Commune de Chateauneuf-le-Rouge*, req. 934161.

39/ TA Marseille, 13 novembre 2003, *Garrault*, req. 98-6911.

40/ TA Orléans, 3 décembre 2002, *Malbrancke c/ recteur*, req. 02-2399.

41/ TA Nancy, 5 novembre 2002, *Scherer c/ recteur*, req. 021025.

Sans papiers... mais pas sans école. *Il n'entre nullement dans les attributions du ministère de l'Éducation nationale de contrôler, lors d'une première inscription d'un élève étranger dans une école, un collège ou un lycée la régularité de sa situation au regard des règles d'entrée et de séjour en France. Aucune base légale n'autorise ce type de vérification. Seul le motif pédagogique tiré de l'absence de structure d'accueil adaptée à son niveau peut justifier, en droit, un refus de scolarisation.*

a) Élèves étrangers et inscription dans l'enseignement du premier degré

16 Le directeur de l'école s'enquiert de la justification de la garde de l'enfant et procède à son admission sur présentation, par la famille, du même dossier exigé pour les parents français. Aucune précision n'est apportée sur la nature des informations à fournir au maire par les personnes en charge d'un jeune enfant étranger, pour démontrer sa soumission à l'obligation scolaire. Certes, les documents d'état civil reconnus en droit français permettent d'établir son âge sans contestation. Mais considérer que leur non-production vide de son contenu cette obligation constituerait une erreur de droit dans l'application de l'article L. 131-6 du Code de l'Éducation[42]. Il semble donc justifié d'inscrire, à titre exceptionnel, les enfants détenteurs d'actes ou de pièces dont la légitimité laisse planer l'incertitude dans la mesure où elles attestent d'un âge égal ou supérieur à six ans et s'avèrent en cours de régularisation.

b) Élèves étrangers et inscription dans l'enseignement du second degré

17 Les circulaires de 1984 et de 2002 opèrent un distinguo, selon leur situation sur le territoire national.

18 1° ***Élèves majeurs et élèves mineurs séjournant avec les parents.*** La dernière circulaire ne subordonne plus l'inscription à la présentation du titre de séjour. Cela pour prendre en compte la jurisprudence du Conseil d'État qui a interprété les articles 10 et 12 de l'ordonnance du 2 novembre 1945 en vertu desquels doivent être titulaires d'une carte de séjour temporaire, les étrangers venus soit en qualité de visiteurs, soit comme des étudiants. Pour ces derniers, la carte de séjour délivrée à l'étranger établissant le suivi en France d'un enseignement ou d'études ou la justification de moyens d'existence suffisants porte la mention « étudiant ». Ces dispositions « *impliquent nécessairement qu'un étranger puisse*

42/ *« Chaque année, à la rentrée scolaire, le maire dresse une liste de tous les enfants résidant dans sa commune et qui sont soumis à l'obligation scolaire ».*

être admis au moins à titre provisoire dans un établissement d'enseignement avant d'avoir obtenu le premier titre de séjour »[43]. L'autorité académique ne peut donc tirer aucune conséquence immédiate du défaut de production de ce document mais ne commet pas de voie de fait en l'exigeant et en refusant l'inscription faute de la présence de cette pièce dans le dossier[44].

19 2° ***Les élèves mineurs séjournant sans les parents.*** Ici encore leur âge conduit à des obligations ou à des recommandations. Pour les élèves de moins de seize ans, le dossier d'inscription doit comporter un document identifiant la personne responsable de l'enfant, parent ou tuteur. Une attestation établie par les services consulaires dont le jeune est ressortissant suffit à justifier de la garde ainsi juridiquement assise (tutelle, dévolution de l'autorité parentale). La preuve de la garde existant de fait s'opère par tous moyens (lettre des parents, notoriété publique, attestation sur l'honneur...). Dans le doute, le chef d'établissement peut saisir le Procureur de la République. La notion de garde s'entend largement : le fait de confier le mineur à un tiers ne prive pas les père et mère de l'autorité parentale ; « *toutefois, la personne à qui l'enfant a été confié accomplit tous les actes usuels relatifs à sa surveillance et à son éducation* » (article 373-4 du Code civil). Pour les élèves de seize à dix huit ans, outre la présentation des pièces susvisées, la circulaire de 2002 suggère la vérification de leur situation familiale et sociale conformément aux modalités applicables aux mineurs de seize ans[45].

La scolarisation des élèves handicapés : scolarisation et intégration ou déscolarisation et... désintégration ? *L'ensemble de notre arsenal juridique protège les personnes handicapées, sans distinguer au demeurant la forme des déficiences. L'accès à l'instruction des élèves atteints de troubles physiques ou mentaux constitue ainsi un droit fondamental reconnu tant par les déclarations de droits internationales que par les textes supérieurs en France. La Convention européenne des droits de l'homme*[46] *et la Convention des droits de l'enfant*[47] *rappellent aux États membres leur obligation de garantir l'accès de tous, sans distinction, à l'éducation. La Constitution française, elle aussi, garantit le respect du principe*[48]*. Le*

43/ CE, 24 janvier 1996, *Lusilavana, Rec. CE*, p. 13.

44/ CA Limoges, 21 février 1994, *Inspecteur d'Académie de la Haute-Vienne et Agent judiciaire du Trésor c/Lusilavana*, req. 1761/73.

45/ Sur la question des élèves étrangers en apprentissage, cf. Lettre DAGIC A1 n° 94-131 du 23 mars 1994, *LIJ*, 56/94, p. 19.

46/ Article 3.

47/ Articles 2 § 1, 23 et 28.

48/ Préambule de la Constitution de 1946 intégré au préambule de la Constitution de 1958 ayant valeur constitutionnelle.

dispositif législatif et réglementaire s'avère ainsi particulièrement protecteur. Le Code de l'action sociale et des familles en fait même une « obligation nationale »[49]. *Plus concrètement, le Code de l'Éducation*[50] *réaffirmant les principes dégagés par la loi d'orientation n° 75-534 du 30 juin 1975 en faveur des personnes handicapées favorise grandement l'intégration scolaire des jeunes atteints de troubles physiques ou mentaux :* « Les enfants et adolescents handicapés sont soumis à l'obligation éducative. Ils satisfont à cette obligation en recevant soit une éducation ordinaire, soit, à défaut, une éducation spéciale, déterminée en fonction des besoins particuliers de chacun d'eux par la commission départementale d'éducation spéciale ». *Par ailleurs, de nombreuses circulaires*[51] *encouragent les actions pédagogiques, psychologiques, sociales, médicales au profit des jeunes, porteurs de déficiences ou de maladies. Depuis 1999, un plan, appelé « Handiscol »*[52] *coordonne les actions des différents partenaires en la matière. Ce programme vise clairement à améliorer les capacités d'accueil au profit de ces enfants dans le système éducatif. Loin d'énoncer un vœu pieux, l'instruction ministérielle prévoit que «* chaque école, chaque collège, chaque lycée a vocation à accueillir, sans discrimination, les enfants et adolescents handicapés dont la famille demande l'intégration scolaire. Il ne sera dérogé à cette règle générale que si, après une étude détaillée de la situation, des difficultés importantes rendent objectivement cette intégration impossible ou trop exigeante pour l'élève. Des solutions alternatives doivent alors impérativement être imposées dans le cadre des commissions de l'intégration spéciale : orientation vers le secteur médico-social, recours au CNED, assistance pédagogique à domicile ». *La priorité du dispositif passe donc, autant que faire se peut, par la scolarisation en milieu scolaire ordinaire.*

L'orientation en milieu adapté n'est retenue que si elle s'avère la seule possible. Selon l'article 6 de la loi du 30 juin 1975 précitée, il appartient aux commissions départementales de l'éducation spéciale de désigner les établissements répondant aux besoins de l'enfant. Cette décision s'impose aux établissements scolaires de type classique et aux établissements d'éducation spéciale. Les parents, en revanche, ont la possibilité de faire connaître leur préférence pour un établissement en particulier[53]. *Il existe, selon la réglementation, plusieurs possibilités d'intégration en milieu scolaire lorsque la commission d'éducation spéciale a approuvé le principe : individuelle, dans une classe ordinaire, avec ou sans l'aide « d'auxiliaire de vie »*[54] *ou collective, par la mise en place de CLIS (Classes d'intégration scolaire) dans les écoles élémentaires et d'UPI (Unités pédagogiques d'intégration) dans les collèges.*

La jurisprudence, rare, précise quelques points ponctuels.

49/ Articles L. 114-1 et L. 114-2.

50/ Articles L. 112-1 à L. 112-3.

51/ Circulaires n° 79-164 du 23 mai 1979 ; n° 82-2 et 82-048 du 29 janvier 1982 ; n° 83-082, 83-4 et 3/83S du 29 janvier 1983 ; n° 91-302, 91-303 et 91-304 du 18 novembre 1991 ; n° 99-181 du 10 novembre 1999 ; n° 99-187 et 99-188 du 19 novembre 1999 ; 30 avril 2002.

52/ Circulaire n° 99-188 du 18 novembre 1999 ; rapport IGEN, 2003, « Les groupes départementaux Handiscol en 2001 », p. 365.

53/ Question écrite n° 23777 du 23 mars 2000, *JO*, 2001, n° 4, S (Q) 24 janvier 2002, p. 224.

54/ La circulaire n° 2002-112 du 30 avril 2002 a prévu l'attribution de 1 000 postes de ce type. Sur la question, voir Sonia Blanchet, Nathalie Lawson, « Les conditions d'intervention des assistants d'éducation exerçant les fonctions d'auxiliaire de vie scolaire pour l'intégration individualisée (AVS-I) auprès des élèves handicapés », *LIJ*, 87, 2004, p. 27.

■ *La décision imposant un délai de six mois pour permettre la scolarisation d'élèves séjournant dans un établissement médical à l'école publique communale, est annulée pour erreur manifeste d'appréciation*[55].

■ *Le projet éducatif applicable à un enfant (auquel ont collaboré un inspecteur de l'Éducation nationale, la directrice de l'école, la psychologue scolaire, l'orthophoniste et la mère) organisait le temps scolaire hebdomadaire en sept demi-journées et contenait un enseignement en alternance en cours préparatoire et en classe de perfectionnement renforcé par des séances d'orthophonie. La décision attaquée, portant refus d'inscription exclusive de l'enfant en cours préparatoire ne dérogeait pas à l'obligation scolaire et ne comportait ni d'erreur de fait ou de droit, ni d'erreur manifeste d'appréciation*[56].

■ *Le refus du directeur de laisser accéder aux locaux le chien d'accompagnement d'un élève handicapé moteur grave est légal. L'établissement échappe aux dispositions de l'article 88 de la loi du 30 juillet 1987 garantissant le libre accès des chiens accompagnant les personnes titulaires de la carte d'invalidité*[57]*. La brutalité de l'analyse mérite tempérament*[58] *: la décision prise après avis médical s'appuyait sur les risques d'insécurité ou d'insalubrité pour ses condisciples lourdement handicapés dont l'état nécessitait une hygiène optimale et une surveillance constante. Par ailleurs, la prise en charge possible de l'élève par le personnel spécialisé de l'établissement se substituerait à l'aide apportée par l'animal et contribuerait à une meilleure assistance matérielle.*

■ *Le référé tendant à la suspension de la décision d'une directrice d'école élémentaire refusant d'associer un élève handicapé, âgé de onze ans, à un voyage scolaire d'une durée de quinze jours, de la classe de CE2 fréquentée par lui quatre demi-journées par semaine échoue. La réticence de l'enseignante se fondait, d'une part, sur les troubles du comportement et les problèmes diphasiques présentés par l'enfant, d'autre part, sur l'avis défavorable de la commission d'éducation spéciale à sa participation à la classe de neige*[59]*. Rejet du recours en annulation dans un second temps*[60] *aux motifs qu'aucune personne qualifiée ne pouvait s'occuper du jeune élève à temps plein et que ni la directrice ni les deux moniteurs accompagnateurs n'avaient la formation d'éducateur spécialisé.*

■ *Le tribunal administratif*[61] *rejette une requête indemnitaire des parents tendant à la condamnation de l'État au titre du préjudice matériel et moral du fait de fautes de la commission départementale de l'éducation spéciale et de l'absence de prise en charge par l'administration des frais de scolarité, d'hébergement et de transport afférents à la scolarisation de l'élève dans l'établissement d'enseignement privé hors contrat dispensant une éducation spéciale et choisi par la famille.*

55/ TA Marseille, 18 décembre 1992, *Union des Hautes Alpes des délégués départementaux de l'Éducation Nationale*, req. 923218.

56/ TA Grenoble, 9 décembre 1992, *P.*, req. 89852.

57/ CAA Nancy, 29 octobre 1999, *Chisbicky*, *JCP*, 2000, p. 756, note X. Labbee. Pourvoi en cassation non admis : CE, 22 juin 2001, req. 223298.

58/ Conclusions du commissaire du gouvernement, Mme Rousselle, *Petites affiches*, n° 20, 28 janvier 2000, p. 17.

59/ TA Versailles, 10 juin 2003, *H.*, req. 0100479.

60/ TA Versailles, 21 février 2001, *H. c/ école élémentaire Hélène Boucher*, req. 010469.

61/ TA Paris, 4 novembre 2003, *Z.*, req. 0005452/6.

Le faible nombre de procès en la matière ne doit cependant point masquer la réalité des difficultés rencontrées par les parents et par l'administration en la matière. Les statistiques – nécessairement approximatives tant la quantification s'avère délicate – demeurent préoccupantes : quelque 20 000 enfants attendraient leur droit à l'instruction[62]. L'administration consciente du problème et de son ampleur[63] a réalisé, ces dernières années, de notables efforts[64]. Cependant, à propos des laissés pour compte, l'État reste largement en marge de la légalité. Un autre phénomène vient alourdir les chiffres : celui de la « déscolarisation douce » qui procède des « ententes » entre une équipe éducative et les parents d'un enfant régulièrement inscrit. Ces accords curieux aboutissent à « proposer », eu égard au handicap ou aux difficultés de l'élève, une scolarisation à temps partiel. Empreinte d'hypocrisie, la manière d'agir s'avère d'autant plus dangereuse qu'elle nie le principe même du droit à l'éducation : une déscolarisation des enfants au nom de leur intégration à l'école...[65]

Ces deux pratiques de « non-scolarisation franche » et de « déscolarisation douce », pourraient bien, un jour ou l'autre, toucher la barre des tribunaux. Si, pour l'heure, les parents ne semblent pas avoir choisi la voie juridictionnelle, les possibilités de recourir à la justice existent. En effet, l'atteinte portée au droit se révèle ici flagrante : une autorité administrative ne saurait faire obstacle, même par inertie, à l'instruction d'un enfant en l'empêchant, par exemple de fréquenter normalement une école, a fortiori *lorsque l'obligation scolaire qui pèse sur les familles prévoit à leur égard des sanctions pénales et sociales.* ***L'enfant en âge scolaire peut être retiré de l'enseignement ordinaire à la seule condition qu'un établissement spécialisé l'accueille.*** *Pour faire respecter ce droit, les parents disposent de plusieurs possibilités. Tout d'abord, le recours contentieux civil contre les décisions d'orientation des commissions d'éducation spéciales*[66] *à qui n'incombe qu'une obligation de moyens : seule l'existence d'une faute engage la responsabilité des services étatiques*[67]*. Ensuite, le recours pour excès de pouvoir, devant le tribunal administratif, contre les décisions de déscolarisation partielle ou les refus d'inscription. Encore, le référé qui permet de solliciter la suspension de cette décision ou, en cas de violation d'une liberté fondamentale, de demander au juge administratif de prononcer une injonction de rescolarisation à l'encontre de l'administration dans les quarante-huit heures*[68]*. La décision d'un chef d'établissement et la couverture active*

62/ Cf. Benoît Lambart, « La non-scolarisation et quelques recours », *JDJ*, n° 175, mars 2000 p. 31. Entre 15 000 et 40 000 selon *Maif info*, « Aller à l'école comme les autres », n° 132, novembre 2003, p. 7.

63/ Fait rare, la circulaire du 30 avril 2002 reconnaît qu'il ne faut pas « *écarter l'idée de dégager des moyens complémentaires* ». Le ministre manie ici joliment l'art de la litote !

64/ Réponses à questions écrites : n° 28590 du 17 novembre 2003, *JO.AN* (Q), n° 7, 17 février 2004, p. 1265 ; n° 41501 du 15 juin 2004, *JO.AN* (Q), n° 33, 17 août 2004, p. 6439.

65/ Laurent Ott, « Une pratique silencieuse : La déscolarisation douce », *JDJ*, n° 206, juin 2001, p. 34.

66/ Contentieux judiciaire qui relève du tribunal du contentieux de l'incapacité et, en appel, de la Cour nationale de l'incapacité et de la tarification de l'assurance des accidents du travail, art. L. 242-8 Code action sociale et des familles (sur ce point, voir Benoît Lambart, « La non-scolarisation et quelques recours », *op. cit.*, p. 31. Voir aussi TA Marseille, 27 juin 2003, *Longo*, req. 002472).

67/ TA Cergy-Pontoise, 18 décembre 2003, *D.*, *AJDA*, 2004, p. 1431, note Jean Alzamora.

68/ TA Toulouse, 6 décembre 2002, *T. c/ Inspecteur d'Académie de la Haute Garonne*, *JDJ*, n° 225, mai 2003, p. 56, comm. Jean-Luc Rongé. Si le juge administratif n'a pas reconnu que l'exclusion d'une élève pour motif disciplinaire constituait une atteinte à une liberté fondamentale (cf. *infra* n° 276) il ne semble pas aussi bienveillant à l'égard de l'institution scolaire refusant l'accès à l'instruction d'un élève handicapé. Sur les hésitations du Conseil d'État à cet égard, cf. *infra* n° 28.

ou passive de sa hiérarchie qui empêchent la scolarisation d'un enfant handicapé sont susceptibles d'engager la responsabilité de l'État : elles ouvrent alors droit à indemnité pour les familles touchées par l'illégalité fautive de l'administration.

B. L'inscription, choix de l'usager

20 Les représentants légaux du très jeune mineur sollicitent ici une dérogation aux règles de la sectorisation pour l'inscription de leur fils ou de leur fille à l'école. Ils s'adressent alors au maire (**I**). La même démarche s'effectue à l'initiative des parents ou de l'élève majeur, auprès de l'inspecteur d'Académie, lorsque la demande d'admission sous condition concerne le collège ou le lycée (**II**).

I Les dérogations à la sectorisation en école maternelle ou primaire

21 Selon l'article L. 131-5 du Code de l'Éducation[69], le maire circonscrit par arrêté le ressort de chacune des écoles, sur le territoire communal. Il autorise seul l'inscription d'un enfant dérogeant au secteur scolaire. Dans cette hypothèse, la commune d'accueil peut ou doit selon les cas, s'acquitter d'une contribution financière (art. L. 212-8 Code de l'Éducation) déterminée par accord entre les communes intéressées ou, à défaut, fixée par le préfet[70].

Par ailleurs, aux termes de l'article 7 du décret du 6 septembre 1990 relatif à l'organisation et au fonctionnement des écoles maternelles et élémentaires, l'inspecteur d'Académie, directeur des services départementaux de l'éducation nationale, dresse la carte scolaire. Il définit ainsi le nombre annuel moyen d'élèves accueillis par classe et le nombre d'emplois, par école, compte tenu des orientations générales fixées par son ministre. Ces compétences respectives supposent l'autonomie de chacune de ces autorités : le maire ne se trouve lié, ni par l'avis d'une commission (chargée d'examiner les candidatures à l'admission en classe de gymnastique), ni par celui de l'inspecteur de l'Éducation nationale[71].

69/ Issu de l'article 7 de la loi du 28 mars 1882 sur l'enseignement scolaire.

70/ Sur le mode de calcul de la contribution : CE, 7 avril 2004, *Commune de Port-d'Envaux et autres, Rec. CE*, p. 161.

71/ Pire, en l'espèce c'est ce fonctionnaire qui avait pris la décision (annulée) de rejet de demande de dérogation au secteur scolaire : TA Melun, 4 juillet 2000, *Bouchab-Desez, c/ commune de Créteil*, req. 0001642.

À l'inverse, l'inspecteur d'Académie en matière de carte scolaire ne subordonne ses décisions, ni à une délibération préalable du conseil municipal ou à la délimitation par le maire d'un périmètre scolaire[72], ni à la fixation de critère d'âge par une commission extra-municipale des affaires sociales[73].

Cependant, et de manière exceptionnelle, le maire peut déroger à la décision de l'inspecteur d'Académie arrêtant le nombre moyen d'élèves par classe et choisir de ne pas atteindre cet effectif pour des raisons tenant à la charge particulière justifiée par le handicap de certains enfants[74].

Cela précisé, la demande de dérogation prend en compte deux critères : les places disponibles et les circonstances familiales.

a) Les places disponibles

22 L'article 2 du décret précité du 6 septembre 1990 souligne la possibilité d'accueillir les enfants de deux ans à la petite école « *dans la limite des places disponibles* ». La capacité atteinte fonde le refus d'admission[75]. Mais il appartient à l'administration d'établir précisément ce seuil, *a fortiori* lorsque l'arrivée d'un élève supplémentaire n'apparaît pas de nature à perturber le fonctionnement de la classe[76]. L'existence de places disponibles s'apprécie au jour du refus du maire et non à la date de la décision attaquée, l'ouverture d'une classe supplémentaire, postérieurement à celle-ci n'affectant en rien le litige[77].

L'erreur d'appréciation ou de fait implique un contrôle pointilleux du tribunal qui se traduit dans les contentieux suivants.

- En l'état de l'effectif des trois classes maternelles de la commune, 27 dans la première et 23 dans les deux autres et compte tenu des absences habituelles des jeunes enfants scolarisés, le nombre de places disponibles n'est pas atteint (annulation)[78].
- Refus d'inscription d'un enfant de deux ans, fondé sur la circonstance que l'école maternelle comporte seulement deux

---

72/ CE, 5 mai 1995, *Ministre de l'Éducation nationale c/ assocation « Sauvons nos écoles »*, req. 149607.

73/ TA Versailles, 12 octobre 1993, *Moreau c/ commune d'Othis*, req. 933300.

74/ TA Versailles, 8 avril 1997, *Plessis c/ commune de Fontenay-Saint-Père*, req. 965985.

75/ TA Châlons-sur-Marne, 13 octobre 1998, *Dussart*, req. 98220. Si le maire se fonde sur un autre critère, il commet une erreur de droit (TA Orléans, 7 juillet 2004, *R.P. et A.M. c/ commune de S.J.B.*, *JDJ*, 2005, n° 244, p. 58).

76/ TA Lyon, 12 novembre 1997, *Riquin*, req. 9701854.

77/ TA Strasbourg, 17 octobre 2000, *Wendling*, req. 002994.

78/ TA Grenoble, 17 mai 1999, *Margue*, req. 99575.

classes avec une moyenne égale à 30. Or les pièces produites au dossier montrent un effectif réel moyen de 28 élèves répartis entre 30 dans la petite section et 26 dans la grande section (annulation)[79].

- « *Le barème indicatif départemental diffusé par l'inspection académique fixe l'effectif maximum théorique, s'agissant d'un établissement hors zone d'éducation prioritaire et comportant sept classes à 29 élèves par classe en moyenne ; (...) à la date de la décision attaquée 67 enfants étaient inscrits à l'école maternelle au titre des enfants nés en 1997 ; (...) 29 de ces enfants devaient composer une classe dite de "petits", atteignant ainsi le nombre maximum d'élèves autorisés par les règlements ; (...) les 38 élèves restants devaient être répartis, d'une part, dans une classe bilingue et, d'autre part, dans une classe à double niveau dite de "petits-moyens" ; (...) eu égard à la spécificité des classes bilingues et à double niveau, la directrice (...) a pu, sans commettre d'erreur manifeste d'appréciation, considérer que la dite école ne disposait plus, à la date de la décision attaquée, de places dans les classes de "petits"* » (rejet)[80].

b) Les circonstances familiales

23 Divers événements[81] peuvent affecter la vie des père et mère et de leur(s) enfant(s).

24 1° ***La situation des parents.*** Aux termes de l'article 1er du décret n° 86-425 du 12 mars 1986, « *la commune de résidence est tenue de participer financièrement à la scolarisation d'enfants dans une autre commune dans les cas suivants : 1° père et mère ou tuteurs légaux de l'enfant exerçant une activité professionnelle lorsqu'ils résident dans une commune qui n'assure pas directement ou indirectement la restauration et la garde des enfants, ou l'une seulement de ces prestations (...)* ».

Ces deux exigences requises (travail des époux et collectivité de résidence non dotée d'une structure d'accueil) justifient la demande d'inscription dans une école publique autre que celle rattachée au domicile. L'absence de l'une de ces conditions voue à l'échec la requête, même si l'école se trouve à proximité du lieu de travail de la mère[82]. Dès lors, si la grand-mère, nourrice agréée, habitant dans le ressort de l'école G.S. prend en charge, depuis sa naissance, l'enfant, il « *doit être*

79/ TA Marseille, 15 juin 2000, *Laugier*, req. 992404.

80/ TA Strasbourg, 17 octobre 2000, *Tresch c/ ville de Strasbourg*, *op. cit.*

81/ Des difficultés relationnelles opposant une mère à des enseignants n'expriment pas des critères relatifs à la situation objective des élèves : CAA Lyon, 6 février 2001, *Gandillet c/ commune de Venissieux*, req. 00LY02955.

82/ TA Strasbourg, 17 octobre 2000, *Dietz c/ ville de Strasbourg*, req. 003048.

regardé, par assimilation, comme relevant du secteur de l'école » G.S.[83] Solution identique lorsque le frère et la sœur âgés de sept et neuf ans sont placés depuis toujours chez la même nourrice agréée, domiciliée dans le ressort de l'école sollicitée[84]. Les plaideurs avancent en vain d'autres arguments tels que la résidence des grands-parents[85] ou d'un proche de la famille[86] dans la commune d'implantation. Le plaignant n'a pas plus de succès lorsqu'il invoque la dimension de l'école rendant impossible la scolarisation dans des classes différentes de ses enfants jumeaux nécessaire à leur équilibre psychologique[87].

Le tribunal administratif opère en outre un contrôle de proportionnalité. Il vérifie que le refus d'autoriser par voie dérogatoire l'inscription « *n'entraîne pas pour la famille des inconvénients disproportionnés eu égard aux nécessités de bon fonctionnement du service public scolaire assurées par la sectorisation* ». Ce qui s'observe lorsque les nourrices installées près de l'établissement d'accueil repoussent le placement des enfants, ceux-ci étant confiés à leurs grands-parents domiciliés à proximité de l'école briguée[88]. Ou encore quand les requérants n'apportent pas la preuve de l'équidistance du domicile et des deux écoles, dont celle qui est délaissée possède une cour de récréation donnant sur une rue passante, alors que le portail reste quelquefois ouvert[89]. Mais le juge considère que gênes et désagréments dépassent la mesure si l'école revendiquée à titre dérogatoire se trouve plus près de la demeure de l'assistante maternelle chargée de la garde de l'enfant[90]. Tout en restant peu favorable à la suspension de ce type de décision : le refus de maintien de dérogation accordée à un jeune élève en vue de son inscription dans une école maternelle n'entraîne pas, pour lui, de préjudice difficilement réparable dès lors qu'il n'a pas pour effet de l'exclure de toute école maternelle au titre de l'année considérée[91].

83/ TA Strasbourg, 17 octobre 2000, *Wendling c/ ville de Strasbourg*, req. 002995.

84/ TA Strasbourg, 17 octobre 2000, *Helfter c/ ville de Strasbourg*, req. 003002 et 003004.

85/ TA Strasbourg, 14 novembre 2000, *Riotte*, req. 003522.

86/ TA Strasbourg, 14 novembre 2000, *Kadri*, req. 003545.

87/ TA Strasbourg, 14 novembre 2000, *Bonnefon c/ commune de Phalsbourg*, req. 003654.

88/ TA Strasbourg, 9 novembre 1999, *Boehm c/ communauté urbaine de Strasbourg et préfet du Bas-Rhin*, req. 9902695.

89/ TA Strasbourg, 23 novembre 1999, *Martin c/ ville de Strasbourg*, req. 992929.

90/ TA Strasbourg, 27 octobre 1999, *Robert c/ ville de Montigny-les-Metz et préfet de Moselle*, req. 992209 et 992225.

91/ CAA Paris, 10 septembre 1996, *Malandin*, req. 96PA02239 et 96PA02300.

25 2° ***La situation de l'enfant.*** Le tribunal s'appuyant sur l'article 4 de la loi du 10 juillet 1989 organisant la scolarité du premier degré en trois cycles et l'article 3 du décret du 6 septembre 1990, fixant leur durée, annule la décision d'un maire : si le regroupement d'une fratrie ne justifie pas, à lui seul, l'obtention d'une dérogation scolaire, la poursuite d'un cycle pédagogique dans l'établissement en cause par l'un des enfants suffit à légitimer la demande d'inscription du frère dans la même école[92].

Mais aucune disposition législative ou réglementaire n'ouvre droit au bénéfice d'une dérogation de secteur scolaire fondée sur la continuité des études entre l'école primaire d'une commune et le collège situé sur son territoire[93].

II Les dérogations à la sectorisation au collège et au lycée

26 L'article 6 du décret du 3 janvier 1980 sur l'organisation et la déconcentration de la carte scolaire pose pour principe « *les collèges et les lycées accueillent les élèves résidant dans leur zone de desserte* ». Il réduit cependant cette proposition première en instaurant, en quatre phases, une procédure exceptionnelle spécifique : « *l'inspecteur d'Académie, directeur des services départementaux de l'Éducation, détermine pour chaque rentrée scolaire l'effectif maximum d'élèves pouvant être accueillis dans chaque établissement en fonction des installations et des moyens dont il dispose. Dans la limite des places restant disponibles après l'inscription des élèves résidant dans la zone normale de desserte d'un établissement, des élèves ne résidant pas dans cette zone peuvent y être inscrits sur autorisation de l'inspecteur d'Académie, directeur des services départementaux de l'Éducation, dont relève cet établissement. Lorsque les demandes de dérogation excèdent les possibilités d'accueil, l'ordre de priorité de celles-ci est arrêté par l'inspecteur d'Académie, conformément aux procédures d'affectation en vigueur. Toute dérogation concernant un élève résidant dans un département autre que celui où se trouve l'établissement sollicité ne peut être accordée qu'après avis favorable de l'inspecteur d'Académie du département de résidence* ».

À défaut d'autre texte permettant de déléguer la prise de décision dans ce domaine, ce haut fonctionnaire reste seul compétent

92/ TA Strasbourg, 17 octobre 2000, *Dentinger c/ ville de Strasbourg*, req. 003148.

93/ TA Strasbourg, 22 janvier 2002, *de Chirico*, *Cahiers de l'Éducation*, mai-juin 2002, p. 27, obs. René Gérard.

pour octroyer ou refuser une autorisation de cette nature qui n'incombe ni au principal[94], ni au proviseur[95].

Carte scolaire : mode ou tendance ? *Trois ans après leur entrée dans le secondaire, sur dix enfants :*

– plus de sept d'entre eux fréquentent le collège de leur secteur géographique;

– deux sont inscrits dans le privé;

– un suit sa scolarité dans un établissement public différent de celui de la carte scolaire.

Les dérogations à celle-ci n'ont pas augmenté ces dernières années[96].

Sur le fond, deux obligations s'imposent à lui : définir l'effectif maximum d'élèves à recevoir et déterminer les critères de priorité.

27 En n'évaluant pas l'***effectif maximum*** d'élèves à accueillir, l'inspecteur d'Académie commet un excès de pouvoir, l'administration se trouvant dans l'incapacité d'établir que la non-inscription de l'élève résultait d'une saturation dans la zone de desserte du collège[97]. *A fortiori*, le refus de dérogation s'avère illégal lorsque les capacités d'accueil ne sont pas atteintes[98]. La charge de la preuve pèse ici sur l'État[99] : par exemple, lorsque le nombre d'élèves inscrits au collège (193) dépasse le seuil maximum (190)[100]. Mais en indiquant que le potentiel de l'établissement ne permet plus de recevoir d'autres usagers, la décision de l'inspecteur d'Académie, dépourvue d'éléments de fait, est illégale[101]. De même, intervient en méconnaissance de la carte scolaire le refus d'inscrire une élève en classe de terminale qui choisit trois langues vivantes, dont le russe, ce qui la fait admettre de plein droit au lycée international[102]. Le tribunal contrôle les dires de l'adminis-

---

94/ TA Marseille, 19 décembre 1996, *Sory c/ collège Château-Forbin*, req. 964142.

95/ TA Lyon, 5 août 1985, *Driai, Rec. CE*, p. 646; TA Montpellier, 9 décembre 1998, *Darnaudery*, req. 923684.

96/ Source : Ministère de l'Éducation nationale, DPDC1, C. Chausseron, *Le choix de l'établissement au début des années secondaires, Note d'information*, 01.42, août 2001.

97/ TA Lille, 10 juin 1997, *Taverne*, req. 932384.

98/ TA Orléans, 3 septembre 2003, *B.*, req. 03-1594.

99/ TA Nancy, 8 octobre 1996, *Adam*, req. 96795; TA Melun, 3 septembre 1999, *Besson*, req. 992729; TA Marseille, 13 novembre 2003, *G. c/ recteur*, req. 986911.

100/ TA Marseille, 31 octobre 2001, *Weiner*, req. 0103475; dans le même sens, CAA Nantes, 2 octobre 2003, *G. et O.*, req. 02NT01628.

101/ TA Amiens, 15 décembre 1998, *Haag*, req. 98258. Sur l'absence de preuve de l'atteinte des capacités d'accueil, voir également : TA Nancy, 5 novembre 2002, *Sherer*, req. 021025; TA Marseille, 13 novembre 2003, *G*, req. 986911.

102/ TA Strasbourg, 18 décembre 2001, *Apprion*, req. 01.3798T.

tration avec méticulosité : « *l'inspecteur d'Académie (...) a (...) pu à bon droit opposer à la demande d'inscription en 1re B formulée pour le jeune (...), dans sa décision contestée du 16 juillet 1991, le défaut de place disponible en 1re B du département de (...) ; (...) à la suite d'une mesure d'instruction diligentée par le tribunal de céans, le recteur... a produit un état des effectifs des classes de 1re B des 6 lycées de (...) au 16 juillet 1991 faisant état de 13 divisions à effectifs complets, soit au seuil de 35 élèves par division, soit au seuil de 24 élèves pour les divisions non dédoublables, le lycée R. comportant néanmoins une division non dédoublable de 25 élèves et le lycée C. une division expérimentale de 28 élèves réservée aux élèves orientés en 1re G ; (...) aucune disposition applicable ne créait un droit à inscription au-delà des effectifs déterminés en application des dispositions susvisées de l'article 6 du décret du 3 janvier 1980 ; (...) si la requérante fait valoir que des désistements ont pu libérer des places, cette circonstance, non établie, serait en tout état de cause postérieure au 16 juillet 1991, date à laquelle est appréciée la légalité de la décision attaquée* » [103].

28 ***La détermination des critères de priorité*** « *plus ou moins transparents ou, plutôt, plus ou moins opaques* » [104] laisse à l'administration un très large pouvoir d'appréciation, aucun texte ne donnant une liste des motifs de dérogation. Les rares jurisprudences se satisfont des intentions touchant à la pédagogie [105] ou encore à la situation de l'élève et de sa famille. Dans un ordre de priorité ainsi fixé : 1° raisons médicales ; 2° première langue vivante sollicitée ; 3° lieu de travail des parents sur attestation de l'employeur. La demande tirée du souhait de voir le fils aîné, voisin de l'établissement convoité, s'occuper de son frère en l'absence de la maman échoue car elle n'entre pas dans la triple énumération [106]. Pareillement, avec les critères préétablis suivants : 1° handicap lourd ou problème de suivi médical ; 2° frère ou sœur dans l'établissement ; 3° appartenance à un club sportif de haut niveau ; 4° convenance personnelle. En l'espèce, l'occupation par le père d'un poste de professeur dans l'établissement demandé (quatrièmement) n'empêchait point l'application de l'ordre de priorité. [107] Mais en faisant simplement état d'un classe-

103/ TA Châlons-sur-Marne, 29 novembre 1994, *Gustave*, req. 93519. Dans le même sens, CAA Nantes, 2 octobre 2003, *G. et O. c/ recteur*, req. 02NT01628.

104/ Concl. Yann Aguila sur CE, 10 juillet 1995, *Contremoulin*, *AJDA*, p. 925.

105/ TA Clermont-Ferrand, 4 mai 1999, *Pontenier*, req. 961218, *a contrario.*

106/ TA Amiens, 11 octobre 2002, *Voreaux c/ recteur*, req. 021096.

107/ TA Caen, 7 décembre 1999, *Blemus*, req. 991524.

ment « *déterminé par les motifs exposés par les parents* », la décision de l'inspecteur d'Académie ne précise aucune des priorités invoquées (annulation)[108]. Toute « justification » tirée d'une autre de ces deux dispositions de l'article 6 du décret du 3 janvier 1980 encourt l'annulation pour :

- erreur manifeste d'appréciation (distance de 130 km séparant Laragne, domicile des élèves, de Briançon, ville d'inscription, situées dans les Hautes-Alpes ; proximité immédiate, 1 km, de Laragne par rapport à la limite du département des Alpes-de-Haute-Provence dont le lycée de Digne, sollicité est sis à 50 km environ ; intérêt pour ces élèves de les maintenir au sein d'un même établissement en vue d'y suivre l'intégralité de la filière d'enseignement choisie)[109] ;

- erreur de droit (relations conflictuelles opposant le père au corps enseignant du collège demandé, pour son second enfant, à propos de la scolarité de sa fille aînée)[110] ;

- rupture du principe d'égalité de traitement des usagers du service public de l'enseignement (refus motivé par le fait que le lieu de travail des parents ne figurait pas parmi les critères retenus au niveau départemental malgré des dérogations accordées à d'autres invoquant le même motif)[111].

L'inscription au forceps : la technique du référé. *En application de l'article L. 521-1 du Code de justice administrative, les parents peuvent, à l'appui d'un recours contre un refus d'inscription, demander la suspension de la décision dans l'attente d'un jugement au fond et ainsi obtenir que leur enfant soit scolarisé sans trop souffrir des lenteurs de la justice. Pour cela, il faut démontrer l'urgence et susciter chez le juge un doute sérieux quant à la légalité du refus opposé aux familles par l'administration.*

Ces deux conditions ne sont pas toujours évidentes à établir : le juge administratif rappelle que ce droit n'existe véritablement que pour les élèves soumis à l'obligation scolaire : le refus d'inscrire un enfant à la maternelle ne fait pas naître un doute sérieux sur la légalité de cette décision[112]. *Dans une autre affaire, le Conseil d'État considère qu'*« aucune disposition législative ou réglementaire, ne donne aux familles (...) un droit à la scolarisation de leurs enfants de moins de six ans (...) et que ces familles n'ont pas davantage droit au maintien de ce service dans les mêmes conditions de fonctionnement »[113]. *Il en va différemment*

108/ TA Amiens, 15 décembre 1998, *Haag, op. cit.*, n° 27.

109/ TA Marseille, 10 novembre 2000, *Wolf et autres*, req. 003767, 004753, 004794, 004842 et 004843.

110/ TA Nice, 29 septembre 1995, *Alzina*, req. 922518-5.

111/ CE, 10 juillet 1995, *Contremoulin, op. cit.*, n° 28 ; dans le même sens, TA Clermont-Ferrand, 4 mai 1999, *Pontenier, op. cit.*, n° 28.

112/ TA Paris, 5 octobre 2001, *S. c/ maire du XVe arrondissement de Paris*, req. 01.14182/9.

113/ CE, 20 décembre 2002, *Ministère de la jeunesse, de l'Éducation nationale et de la recherche c/ association indépendante des parents d'élèves de l'école Sainte-Foy-des-Vignes*, *LIJ*, 72/2003, p. 16.

pour trois filles d'une requérante (« du voyage ») âgées respectivement de sept, neuf et onze ans[114]. *La condition d'urgence s'apprécie au regard de la violation du droit à l'instruction : le maire du XV*e *arrondissement de Paris avait refusé d'inscrire des enfants qui fréquentaient déjà des établissements mais dans d'autres arrondissements, plus éloignés de leur domicile. Pour le Tribunal, la décision du maire* « ne peut être regardé[e] comme privant l'enfant de son droit à scolarisation »; *la situation ne présente donc aucun caractère d'urgence*[115]. *De même, l'élève qui ne démontre pas en quoi le refus d'inscription dans un établissement secondaire « classique » le priverait de toute possibilité de poursuivre sa scolarité, ne caractérise pas l'urgence de la situation*[116]. *En revanche, le juge administratif relève que le refus de scolarisation méconnaît le principe du droit à l'instruction dès lors que la famille réside dans la commune, même si elle occupe un « logement sans titre » :* « les conséquences que peut avoir pour le développement de ces enfants, le retard à leur scolarisation sont de nature à établir l'urgence qu'il y a à prononcer la mesure de suspension sollicitée »[117]. *Même conséquence à propos de la proximité de la rentrée scolaire*[118].

Un deuxième type de référé pourrait trouver à s'appliquer dans ce domaine : le référé-liberté. L'article L. 521-2 du Code de justice administrative prévoit que « saisi d'une demande en ce sens justifiée par l'urgence, le juge (...) peut ordonner toutes mesures nécessaires à la sauvegarde d'une liberté fondamentale à laquelle une personne morale de droit public (...) aurait porté, dans l'exercice d'un de ses pouvoirs, une atteinte grave et manifestement illégale ». *Le Conseil d'État paraît, cependant, peu enclin à voir dans le droit à l'éducation une « liberté fondamentale » qu'il convient de protéger par le biais de cette procédure. Il a d'ailleurs déjà refusé de lui reconnaître ce caractère dans une affaire d'exclusion d'élève pour motif disciplinaire*[119]. *À propos du droit à l'inscription, la Haute assemblée juge qu'« en refusant en l'état d'admettre au lycée international (...) neuf ressortissants chinois qui n'avaient d'autre projet que de suivre une année de scolarité en France, l'inspecteur d'Académie n'a porté aucune atteinte grave et manifestement illégale à une liberté fondamentale »*[120]. *La jurisprudence limite par ailleurs son pouvoir d'injonction : le maire de Courbevoie avait refusé d'inscrire un enfant de nationalité roumaine, âgé de huit ans, faute pour les parents de produire une justification de domicile. Et pour cause, ces derniers occupaient un « logement sans titre ». Les parents choisissent d'exercer un référé-liberté; ils pensent que la décision du maire constitue une atteinte grave à une liberté fondamentale. Le Conseil d'État*[121]*, pourtant, confirme le jugement du Tribunal administratif de Paris et rejette la requête au motif que la demande d'injonction au maire d'une commune d'inscrire un enfant, excède la compétence du juge de la viola-*

114/ TA Montpellier, ord. réf., 17 novembre 2003, *Gonzales*, req. 03-4822.

115/ TA Paris, 5 octobre 2001, *S. c/ maire du XV*e *arrondissement de Paris, op. cit.*, n° 28.

116/ TA Toulouse, 30 mai 2002, *Association « Enfants de France – L'envol » c/ inspecteur d'Académie de l'Ariège*, req. 02/1471.

117/ TA Paris, 5 octobre 2001, *S. c/ maire du XV*e *arrondissement de Paris, op. cit.*, n° 28.

118/ TA Paris, 22 juillet 2003, *Z.*, req. 0309796/9/1.

119/ CE, ord. réf., 29 novembre 2002, *M.A.*, req. 247518 (cf. *infra*, n° 277).

120/ CE, ord. réf., 23 octobre 2003, *Association Capselle et autres*, req. 251562.

121/ CE, 9 juillet 2001, M. *et Mme B.*, req. 235.696.

tion d'une liberté fondamentale. Pour la Haute Assemblée, cela tendrait à lui faire prononcer une décision « dont les effets seraient en tout point identiques à une décision d'annulation pour manque de base légale »*. Sans doute le Conseil d'État souhaite-t-il marquer la frontière entre ces deux procédures d'urgence : le cas d'espèce relevait, en effet, probablement davantage de la suspension*[122]*, une décision susceptible d'annulation étant en cause.*

Mais, par cet arrêt, les juges du Palais Royal marquent aussi leur réticence à reconnaître comme fondamental le droit à l'éducation...[123]

2 Le régime de formation

29 Le « *droit au conseil en orientation* » affirmé par le législateur, fait partie intégrante du « *droit à l'éducation* » (article L. 313-1 du Code de l'Éducation). Le choix de cette même orientation, « *de la responsabilité de la famille ou de l'élève* », conduit à un projet personnel de formation présentant un double enjeu : collectif pour l'institution qui répond de la gestion de flux d'élèves et individuel pour le jeune qui opte, avec son libre arbitre ou sous la contrainte, nécessairement pour un cursus, supposé le conduire à une meilleure insertion dans le monde du travail. Seule cette dernière dimension suscite l'intérêt des requérants. Constatant au préalable le caractère ambivalent de l'orientation (**A**), ils n'hésitent plus, aujourd'hui, à la contester (**B**).

A. Une orientation ambivalente

30 Le processus affiche une double caractéristique. Tantôt rigide, il trace des lignes réglementaires dont on ne s'écarte point ; l'orientation se révèle alors encadrée (**I**). Tantôt souple, il permet un certain dialogue avec l'administration ; l'orientation s'avère cette fois concertée (**II**).

I L'orientation encadrée

31 « *Les demandes d'orientation, les propositions d'orientation et les décisions d'orientation sont formulées dans le cadre des voies d'orientation définies par arrêté* » pose l'article 14 du décret n° 90-484 du 14 juin 1990 modifié.

122/ Cf. l'affaire précédemment évoquée, similaire, TA Paris, 5 octobre 2001, *S. c/ maire du XV*[e] *arrondissement de Paris, op. cit.*, n° 28.

123/ Pour une critique de la jurisprudence du Conseil d'État sur ce point, voir « L'inscription à l'école : un enfantillage ? », Jean-Luc Rongé, *JDJ*, n° 220, décembre 2002. Voir également en sens contraire, TA Toulouse, 6 décembre 2002, *X c/ Inspecteur d'Académie de la Haute Garronne, op. cit.* Ici, le juge administratif a reconnu le droit à l'inscription des élèves handicapés comme une liberté fondamentale (cf. *supra*, n° 19).

Champ d'application d'une simplicité presque biblique. *Ce texte de base régit les sections internationales des lycées et collèges*[124] *mais ne vise, ni les classes préparatoires aux grandes écoles*[125] *(obéissant à l'article 18 du décret n° 76-1304 du 28 décembre 1976), ni l'enseignement privé (relevant des décrets n° 91-372 du 16 avril 1991 pour le second degré et n° 91-891 du 9 septembre 1991 pour les écoles maternelles et élémentaires privées). En effet,* « si les établissements d'enseignement privés sous contrat d'association participent au service public de l'éducation, les actes pris notamment à l'égard des élèves par les responsables de ces établissements ou par les institutions propres à l'enseignement privé au sein desquelles ces établissements sont représentés, ne ressortissent à la compétence de la juridiction administrative que pour autant qu'elles comportent l'exercice d'une prérogative de puissance publique ; (...) la circonstance que les décisions relatives à l'orientation des élèves des établissements d'enseignement privés sous contrat sont applicables dans l'enseignement public ne saurait à elle seule faire regarder ces décisions comme comportant l'exercice d'une prérogative de puissance publique »[126]. *Dès lors, ce type de contentieux ressortit à la compétence du juge civil.*

L'arrêté du 17 janvier 1992 modifié dresse une liste de ce véritable répartiteur scolaire que constituent les voies d'orientation.

À l'issue de la classe de troisième, les élèves peuvent être orientés en classe de seconde générale et technologique, en classe de seconde à régime spécifique, en classe de seconde professionnelle ou en première année de préparation au certificat d'aptitude professionnelle.

Après la classe de seconde, ils sont orientés soit vers les diverses séries des classes de première puis de terminale préparant aux différents baccalauréats, soit vers les classes de première puis de terminale préparant au brevet de technicien, soit vers des classes de première ou de terminale spécifiques.

Dans ces voies d'orientation « *le choix des enseignements optionnels ou des spécialités incombe aux parents de l'élève ou à l'élève majeur (...)* » (article 16 du décret du 14 juin 1990). Ainsi, la décision portant sur l'orientation et les options des élèves, prise par le chef d'établissement, crée des droits à leur profit seulement pour l'accès à la voie d'orientation. En d'autres termes, l'avis favorable émis sur les options obligatoires choisies par le jeune n'implique pas nécessairement son affectation dans un lycée dispensant ces enseignements[127].

124/ CE, 30 décembre 1996, *Ministre de l'Éducation nationale c/ Bernieri, Rec. CE*, p. 919.

125/ CE, 20 octobre 1995, *Ministre de l'Éducation nationale c/ Kouchnir*, req. 131543.

126/ CE, 4 juillet 1997, *de Vitry, Rec. CE*, p. 284. Dans le même sens, TA Orléans, 21 juillet 1998, *Vallois c/ collège Christ-roi Notre-Dame des Ailes*, req. 981463 ; TA Bordeaux, 20 août 1998, *Tassel c/ recteur et collège privé Saint-Genès*, req. 9801918 et 9801919 ; TA Nice, 3 novembre 1998, *Massenya c/ inspection académique du Var et enseignement catholique du Var*, req. 973211 et 974188 ; TA Paris, 10 septembre 2001, *Lafay*, req. 0110129/7 et 0110131/7.

127/ TA Nancy, 8 octobre 1996, *Adam, op. cit.*, n° 27.

32 **Huit cycles pédagogiques** ponctuent à leur tour la scolarité de l'élève depuis sa toute première inscription jusqu'à l'obtention du baccalauréat[128]. **À l'école maternelle ou élémentaire**, on distingue **trois cycles** (article 3 du décret du 6 septembre 1990) : celui des apprentissages premiers (école maternelle), celui des apprentissages fondamentaux (grande section de maternelle et deux premières années de l'école élémentaire) et celui des approfondissements (trois dernières années de l'école élémentaire). La durée passée par un enfant dans l'ensemble des deux ultimes cycles peut être allongée ou réduite d'un an. En l'absence de toute délégation dûment établie au profit d'un inspecteur de l'Éducation nationale, seul l'inspecteur d'Académie est compétent pour statuer sur la demande formulée par les parents en la matière[129]. **Au collège**, on dénombre également **trois cycles** : le cycle d'adaptation (sixième), le cycle central (cinquième et quatrième) et le cycle d'orientation (troisième). **Au lycée**, la scolarité se réduit à **deux cycles** : le cycle de détermination (seconde) et le cycle terminal (première et terminale).

À l'intérieur des cycles des collèges et des lycées, « *le redoublement ne peut intervenir qu'à la demande des parents de l'élève ou de l'élève majeur, ou, sur proposition du conseil de classe avec l'accord écrit des intéressés* » (article 7 du décret du 14 juin 1990). Ni le conseil de classe, ni le chef d'établissement ne sont autorisés à orienter d'office, en cours de cycle, un élève vers une autre formation[130].

On voit déjà poindre une certaine participation qui se traduit aussi par le caractère communicable des évaluations que les maîtres d'école font sur les élèves, en cours de cycle[131].

II L'orientation concertée

33 L'article L. 331-8 du Code de l'Éducation synthétise la problématique : « *la décision d'orientation est préparée par une observation continue de l'élève (...). Le choix de l'orientation est de la responsabilité de la famille ou de l'élève quand celui-ci est majeur. Tout désaccord avec la proposition du conseil de classe fait l'objet d'un entretien préalable à la décision du chef d'établissement. Si cette dernière n'est pas conforme à la demande de l'élève ou de sa famille elle*

128/ Les trois cycles de l'enseignement supérieur sont organisés selon la loi n° 84-52 du 26 janvier 1984.

129/ TA Montpellier, 17 mars 1999, *Couillerot et Hiertes*, req. 9805148-1.

130/ TA, Versailles, 17 décembre 1991, *Malvoisin*, req. 913845.

131/ TA Toulouse, 20 avril 2001, *Crampette c/ recteur*, req. 002845.

est motivée. La décision d'orientation peut faire l'objet d'une procédure d'appel ». Les mesures prises pour l'application de ces dispositions relèvent toutes du contrôle du juge administratif[132]. Pour passer d'une « orientation verdict » à une « orientation conseil », le décret du 14 juin 1990 a prévu une procédure à la fois participative et formaliste.

34 En premier lieu, après le bilan scolaire et la communication d'une information à la famille, un « *dialogue avec les membres de l'équipe éducative* » s'instaure (article 9).

En deuxième lieu, les demandes d'orientation « *sont examinées par le conseil de classe* » qui prend en compte l'ensemble des paramètres précités (article 10).

En troisième lieu, lorsqu'un désaccord apparaît entre les parents (ou l'élève majeur) et le chef d'établissement, ce dernier les reçoit « *afin de les informer des propositions du conseil de classe et de recueillir leurs observations* » (article 12). Cela signifie que les intéressés doivent pouvoir effectivement s'exprimer en formulant leurs observations. *A contrario*, lorsque les parents se satisfont des propositions d'orientation du conseil de classe (article 11), le chef d'établissement a compétence liée pour prendre une décision conforme à celles-ci. Il ne peut la subordonner, par exemple, à l'existence de places disponibles[133].

En quatrième lieu, « *en cas d'appel, le chef d'établissement transmet à la commission d'appel* » le dossier (décision motivée, éléments susceptibles d'éclairer cette instance). « *Les parents de l'élève ou l'élève majeur qui le demandent sont entendus par cette commission* » (article 13).

Sa composition a été fixée à onze (douze ou treize) membres par arrêté du 14 juin 1990. L'inspecteur d'Académie ou son représentant la préside, assisté de deux chefs d'établissement (principal ou proviseur selon qu'un collège ou un lycée est concerné) de trois professeurs (exerçant au niveau scolaire intéressé), d'un conseiller principal d'éducation (ou d'un conseiller d'éducation), d'un directeur de centre d'information et d'orientation et de trois représentants des parents d'élèves. La commission d'appel peut s'adjoindre un médecin de santé scolaire et une assistante sociale scolaire. Les membres, nommés par l'inspecteur d'Académie pour une durée d'un an renouvelable, siègent sous condition : « *En*

132/ TA Paris, 19 octobre 2000, *Lavallée*, req. 0012200/7 et 0012201/7.

133/ TA Strasbourg, 16 décembre 1996, *Launois*, req. 96182.

l'absence de dispositions compétemment édictées fixant une règle de quorum propre à un organisme collégial, celui-ci peut valablement délibérer si la majorité de ses membres titulaires ou suppléants sont présents et (...), dans le cas où cette majorité n'est pas réunie lors d'une première réunion, il peut valablement délibérer, après une nouvelle convocation, quel que soit le nombre de membres présents »[134].

La jurisprudence, d'une part, fait du recours à cette commission un préalable obligatoire à toute procédure contentieuse[135]. La saisine immédiate du tribunal administratif s'avère irrecevable[136]. Ainsi la décision d'un proviseur (non-admission en classe de seconde), confirmée par celle du recteur, rejetant la demande des parents tendant à la saisine de la commission d'appel est-elle viciée[137]. D'autre part, les juridictions considèrent la décision prise par cette commission comme définitive. Elle ne supporte plus de recours gracieux ou hiérarchique auprès de l'inspecteur d'Académie, fût-ce par l'évocation d'éléments nouveaux ; seule la voie contentieuse demeure ouverte[138]. Elle se substitue, par ailleurs, à celle du chef d'établissement dont elle purge les irrégularités de forme et de procédure qui ne sauraient être ultérieurement alléguées[139]. Cependant, l'absence de transmission de décision motivée à la commission d'appel constitue une formalité substantielle et ne peut être régularisée. En effet, l'omission de motivation par le chef d'établissement de la mesure d'orientation entache d'illégalité « *par voie de conséquence la décision de la commission d'appel à laquelle aucune décision motivée n'a pu être communiquée* »[140]. Bien évidemment, si la commission a irrégulièrement siégé, l'administration doit solliciter une nouvelle délibération aux termes de laquelle l'instance d'appel peut confirmer sa décision initiale[141].

134/ CE, 19 février 2003, *Brésillon*, req. 233694, 233988, 236660, 237798 et 238312.

135/ TA Grenoble, 16 décembre 1996, *Hounnou*, req. 96183 ; TA Strasbourg, 18 septembre 1996, *Borg*, req. 961509 et 961510.

136/ CAA Nancy, 6 janvier 2000, *Feder*, req. 96NC02415.

137/ CE, 30 décembre 1996, *Ministre de l'Éducation nationale c/ Bernieri*, *op. cit.*, n° 31.

138/ TA Paris, 7 juillet 1993, *Erder*, req. 9303284/3 et 9303285/3.

139/ TA Amiens, 23 février 1994, *Laval*, req. 922105 ; TA Strasbourg, 18 septembre 1996, *Borg*, *op. cit.*, n° 34 ; TA Paris, 4 juillet 2000, *Troilo*, req. 9922176/7.

140/ CAA Marseille, 25 septembre 2001, *P.*, req. 97MA1791. Dans ses conclusions sur cet arrêt, le commissaire du gouvernement Philippe Bocquet, tout en indiquant que l'administration n'a pas commis d'erreur manifeste d'appréciation en l'espèce, conclut nonobstant à l'annulation de la mesure : cette méconnaissance est « *substantielle car on ne voit pas comment la commission pouvait valablement se prononcer sans disposer de cette décision motivée, pièce essentielle de la procédure* » ; dans le même sens, TA Nice, 23 septembre 2003, *Turreau*, req. 0303193. Voir aussi Lettre DAJ A1, n° 03469 du 9 décembre 2003, *LIJ*, n° 82, 2004, p. 24 et développements *infra*, n° 42.

141/ TA Marseille, 8 octobre 1996, *Martel*, req. 955328.

Dialogue, pas toujours dialogue de sourds[142]. *Les taux d'appel formés par les familles sont faibles (1,36 %) et paraissent en diminution. En 2004, ils se décomposaient ainsi : sixième 0,7 %, quatrième 0,8 %, troisième 1,7 %, seconde 2,5 % et concernaient 31 000 élèves environ.*

Les taux d'appel satisfaits sont en revanche élevés (44,8 %) et progressent régulièrement chaque année à tous les niveaux d'orientation : sixième 50,3 %, quatrième 53 %, troisième 43 %, seconde 41 %. Plus de 14 000 élèves ont obtenu gain de cause la même année[143].

La concertation procède d'un formalisme décrit – chronologiquement – aux articles 8 à 13 du décret du 14 juin 1990. Dans certains cas, cette procédure relève d'un véritable parcours du combattant qui, comme les classes du militaire, s'étale parfois sur plusieurs mois.

Une « usine à gaz ». *Un exemple a été choisi et décomposé dans le tableau figurant à la page suivante dont les numéros renvoient aux articles du décret du 14 juin 1990.*

Dans cette illustration, la demande de la famille qui sollicite le passage de l'enfant en classe de seconde générale et technologique se situe en fin de cycle d'orientation.

On s'aperçoit immédiatement que le contentieux, c'est-à-dire le recours au tribunal administratif, ne peut naître qu'à des moments précis[144]*, à l'issue de la décision, soit de la commission d'appel, soit de l'inspecteur d'Académie.* (Voir tableau p. 33).

B. Une orientation contestée

35 Domaine traditionnellement préservé du prétoire, l'orientation connaît un contentieux non négligeable depuis une décennie. L'un des premiers arrêts semble avoir été rendu en 1969[145]. À partir des années 1990, la saisine du juge administratif suscite des vocations : on compte aujourd'hui, tous niveaux de juridictions administratives confondus (tribunal administratif, cour administrative d'appel et Conseil d'État), une centaine de décisions qui touchent parfois l'enfant dans son plus jeune âge[146].

Quand le juge administratif refuse d'endosser le costume du maître. *Les juridictions administratives considèrent irrecevables certaines requêtes. Le* ***conseil de***

142/ Source : Ministère de l'Éducation nationale, DESCO.

143/ Sur la description de la séance elle-même, cf. Rémy Fontier, « Orientation : les commissions d'appel de l'enseignement secondaire », *JDJ*, n° 215, mai 2002, p. 39.

144/ En fin de cycle : P. Hamon, « Le contentieux de l'orientation », *LIJ*, 15/97, p. 14.

145/ CE, 10 janvier 1969, *Gauthier*, *Rec. CE*, p. 21.

146/ TA Paris, 8 septembre 1994, *Schott*, req. 9408863/3 : légalité du refus de l'inspecteur d'Académie d'admettre un élève dans le cycle des approfondissements.

Début juin

I – Demande d'orientation **9** examinée par le Conseil de classe **10**

→ conforme → décision du principal **11**

→ non conforme : dialogue avec la famille

↓

Décision du principal
(orientation ou redoublement)
12
notification aux parents

→ acceptation

→ appel (dans les 3 jours)

II – Commission d'appel

→ décision infirmative
13

→ décision confirmative de l'orientation ou du redoublement

↓

demande de la famille

→ maintien de droit de l'élève (non doublant) pour 1 an en 3^{e}
15

→ d'une autre voie d'orientation : BEP
14
exemple : 1 - électronique
2 - maintenance automobile

→ **RECOURS DEVANT LE TRIBUNAL ADMINISTRATIF**

III – Commission préparatoire à l'affectation des élèves

proposition **16**

→ de retenir l'élève sur la liste principale

→ de retenir l'élève sur la liste complémentaire

→ de refuser de retenir l'élève pour raison(s) médicale(s)

IV – Décision de l'Inspecteur d'académie

→ qui donne satisfaction à l'élève (affectation en maintenance automobile)

→ qui ne donne pas satisfaction à l'élève

↓

RECOURS DEVANT LE TRIBUNAL ADMINISTRATIF

Cependant, à la suite de désistement(s)
ou d'ajustement(s) à l'initiative de l'administration,
l'élève peut encore obtenir satisfaction
en ***septembre***

__classe__ « émet des propositions d'orientation » (article 33 du décret du 30 août 1985 modifié) qui forment de simples mesures préparatoires à la décision d'orientation. Cet avis, qui ne lie pas le chef d'établissement[147]*, ne saurait faire l'objet d'un recours contentieux*[148]*. Mais s'il siégeait dans une composition autre que celle prévue par l'article 33 du texte précité, sa délibération, irrégulière, entacherait l'ensemble de la procédure d'excès de pouvoir*[149]*. Selon l'article 12 du décret n° 83-1025 du 28 novembre 1983, le quorum s'entend ici de la présence de la moitié des membres du conseil. À défaut, l'organisme siégera valablement après une seconde convocation, quel que soit le nombre de membres présents.*

Par ailleurs, les **notes** *ne sont* « pas détachables de la décision prise au terme de l'année scolaire sur l'admission dans la classe supérieure, l'autorisation de redoubler ou l'orientation vers une autre forme d'enseignement ». *Dès lors, en tant que telles, les notes* « ne sont pas susceptibles d'être déférées au juge de l'excès de pouvoir ». *Par cette décision, le tribunal administratif*[150] *a tracé une limite heureuse et opportune à ses prérogatives.*

L'__appréciation portée sur le bulletin de notes__ constitue également une mesure préparatoire[151].

36 Les parents ou l'élève majeur opposés à une décision d'orientation qui entendent porter l'affaire au contentieux ont la possibilité de requérir du tribunal administratif son annulation pour illégalité. Ils reprochent ici à l'État d'outrepasser ses pouvoirs, issus des lois et des règlements. D'un autre côté, la décision d'orientation frappée d'un vice engendre parfois des conséquences préjudiciables pour l'élève dont les représentants légaux peuvent demander réparation. Il ne s'agit plus alors seulement de solliciter l'annulation d'un acte illégal devant le juge, mais encore d'obtenir pour cela une indemnisation pécuniaire. C'est l'ordre que suivra l'exploration des deux grands contentieux administratifs, l'un relatif à l'excès de pouvoir – annulation totale ou partielle de l'acte attaqué – (**I**) l'autre à la pleine juridiction – responsabilité de l'administration – (**II**). Les prochains développements s'articuleront autour d'un plan traditionnel adopté dans de nombreux manuels de droit administratif. Même nouvelle, la matière s'accommode d'un certain classicisme.

À orientation pressante, procédure d'urgence. *Le référé suspension (article L. 521-1 du Code de justice administrative) entré en vigueur le 1er janvier 2001 semble,*

147/ TA Orléans, 7 décembre 1993, *Payard*, req. 90714.

148/ TA Poitiers, 11 octobre 1989, *Ollivier*, req. 89575.

149/ CE, 19 avril 1985, *Ministre de l'Éducation nationale c/ Atallah, Rec. CE*, p. 650.

150/ TA Marseille, 25 mai 2000, *Villerey*, req. 99 2253. Même solution à propos de la note obtenue à l'épreuve anticipée de français du baccalauréat, non détachable de la décision prise par le jury d'examen : TA Versailles, 1er octobre 2002, *Morillon et autres*, req. 022244.

151/ CE, 15 octobre 1982, *Ministre de l'Éducation nationale c/ Rode, Rec. CE*, p. 341 ; CE, 16 octobre 1995, *Domec*, req. 117752.

dans le domaine de l'orientation, promis à un bel avenir. Cette procédure qui a remplacé celles du sursis à exécution et de la suspension permet à un juge administratif, unique, lorsque deux conditions sont cumulativement réunies (l'urgence et le doute sérieux quant à la légalité de la décision), de prononcer la suspension de l'acte attaqué. Le recours au tribunal n'étant pas suspensif, un refus de passage en classe supérieure décidé en juin, qui ne serait pas immédiatement « paralysé » avant la rentrée, pourrait entraîner des conséquences irréversibles sur la scolarité du jeune s'il faisait l'objet d'une annulation plusieurs années plus tard. Ce qui présenterait un caractère frustratoire et surtout se révélerait sans intérêt.

Ainsi le retard scolaire pour un jeune enfant résultant du redoublement de la petite section de maternelle a-t-il pu, un moment, justifier le sursis à exécution de la décision verbale l'imposant[152]*. De même, le refus de réinscription d'un élève en classe de terminale a été suspendu pour une durée de trois mois maximum par le juge pour deux motifs. D'une part, l'impossibilité de poursuivre une scolarité dans l'établissement en question alors qu'aucun autre lycée du département ne comportait une section internationale, aurait risqué d'entraîner pour lui la perte d'une année scolaire. Sa réussite hypothétique au baccalauréat représentait une perte de chance incontestable. D'autre part, le maintien de la décision contestée aurait provoqué* « une modification de la situation de droit et de fait » *de cet élève*[153].

Encore, la décision par laquelle l'inspecteur d'Académie a refusé à un élève d'intégrer une classe de terminale S a été suspendue par le juge de référés. En effet, l'urgence le justifiait et les dispositions de l'article 7 du décret du 14 juin 1990 (« à l'intérieur des cycles (...) des lycées, le redoublement ne peut intervenir qu'à la demande écrite des parents de l'élève ou de l'élève majeur, ou, sur proposition du conseil de classe, avec l'accord des intéressés »*), non respectées, étaient propres* « à créer en l'état de l'instruction, un doute sérieux sur la légalité de la décision en cause »[154]. *Cette ordonnance enjoint en outre à l'inspecteur d'Académie d'inscrire le jeune* « dans une classe de terminale S, et ce dans un délai de quinze jours (...) sous astreinte de 200 francs par jour de retard ».

I L'annulation de l'orientation

37 Il existe quatre cas d'ouverture du recours pour excès de pouvoir qui expriment les anomalies pouvant altérer la légalité de l'acte administratif. L'incompétence de son auteur et le vice de forme touchent à la légalité externe de l'acte, la forme. La violation de la loi et le détournement de pouvoir affectent la légalité interne de l'acte, le fond. Tous ces moyens, c'est-à-dire les arguments de fait et de droit, ont été tour à tour

152/ TA Paris, 6 octobre 1993, *Mabille de Poncheville*, req. 9911270/3; sursis prononcé sous l'empire de l'ex-procédure d'urgence. L'annulation de la décision de redoublement est intervenue au fond le 23 mars de l'année suivante, req. 9311269. Cependant, le 9 mai 1994, le Conseil d'État, (*Ministre de l'Éducation nationale*, req. 153448) a censuré le jugement précité du 6 octobre 1993 au motif lapidaire « *qu'aucun des moyens invoqués [...] ne paraît de nature [...] à justifier l'annulation de cette décision* ».

153/ TA Strasbourg, 14 août 1996, *Landre*, req. 961676.

154/ TA Paris, 22 janvier 2001, *Hammache*, req. 0019658/7, *JDJ*, n° 206, juin, p. 50.

mis en avant à l'occasion de procès pour faire échec à la décision considérée par les plaignants comme le produit de la « machine éducative ».

a) La légalité externe de la décision d'orientation

38 1° ***L'incompétence.*** Le décret du 14 juin 1990 prévoit la compétence de trois autorités différentes pour prendre des décisions en matière d'orientation : le chef d'établissement (article 11), la commission d'appel (article 13) et l'inspecteur d'Académie (article 16). La décision du principal ou du proviseur ne présente pas d'intérêt juridique car, contestée, elle s'avère nécessairement soumise à réexamen par la commission d'appel. Précisément, à propos d'une décision de cette dernière, qui siégeait au Lycée Voltaire, un requérant relevait que le proviseur de cet établissement s'était borné à en signer la notification en qualité de président de la commission, fonction effectivement assurée en remplacement du proviseur du lycée Monot désigné initialement. D'où la contestation. « *Ni la circonstance que la convocation... mentionnait une présidence par le proviseur du lycée Monot, ni l'absence d'indication, pour regrettable qu'elle soit, de l'identité du signataire de la notification de la décision, ne sont de nature, à elles seules, à entacher la légalité* » de cette décision précise le tribunal[155] qui, au passage, invite les auteurs d'actes à plus de discernement. Aujourd'hui, le juge ne ferait sans doute pas preuve d'autant de bienveillance à l'égard de l'administration. En effet, l'article 4 de la loi du 12 avril 2000 impose que « *toute décision (...) comporte outre la signature de son auteur, la mention en caractère lisible, du prénom, du nom et de la qualité de celui-ci* », à peine de nullité de l'acte[156]. Pas plus le recteur que son directeur de cabinet n'ont compétence pour modifier ultérieuremment la décision de la commission d'appel[157] qui détient une prérogative propre. Ce pouvoir l'investit du droit exclusif de se prononcer sur les décisions prises par les chefs d'établissement en matière d'orientation des élèves. Quant à l'inspecteur d'Académie, il n'exerce le pouvoir d'affectation d'un élève qu'à l'issue d'un cycle et au moment de l'entrée dans le cycle supérieur, souligne le juge, après avoir rappelé les dispositions de l'article 16 du décret du 14 juin 1990. Cette autorité n'est dès lors « *pas habilité(e), à l'intérieur d'un cycle de formation, à exclure*

155/ TA Paris, 4 juillet 2000, *Troilo, op. cit.*, n° 34.

156/ CAA Marseille, 26 novembre 2002, *Lescaux*, req. 01MA01801.

157/ TA Pau, 19 septembre 2002, *B.*, req. 002006.

un élève d'un établissement pour l'affecter à un autre (...) en raison d'une insuffisance de places disponibles » (annulation)[158].

Encore une commission! *La* ***commission préparatoire à l'affectation des élèves*** *(qu'il ne faut pas confondre avec la commission d'appel) assiste l'inspecteur d'Académie dans l'exercice de sa mission. Un arrêté, également daté du 14 juin 1990, donne sa composition, plus large :*

- *un représentant du susdit inspecteur d'Académie président,*
- *les chefs des établissements scolaires d'accueil,*
- *deux chefs d'établissements scolaires d'origine,*
- *un directeur de centre d'information et d'orientation ou son représentant,*
- *un représentant du directeur régional de l'Agriculture et de la Forêt,*
- *deux représentants des parents d'élèves de l'enseignement public, au titre des associations les plus représentatives dans le département.*

39 2° ***Le vice de forme.*** Il peut affecter le temps et l'espace.

40 **Délais.** Chaque décision faisant grief doit être assortie, en vertu des dispositions du décret du 28 novembre 1983 et de la loi du 12 avril 2000, de la mention des voies et délais de recours dont elle peut faire l'objet. La carence dans ce domaine ne vicie pas l'acte : elle rend simplement inopposable le délai de deux mois, institué par l'article R. 421-1 du Code de justice administrative, pour exercer une action contentieuse et autorise à considérer comme recevable la requête, même tardive[159]. Dès lors, si l'administration omet la spécification de cette mention, le recours peut, juridiquement, être introduit sans condition de délai, même s'il importe au requérant d'agir le plus rapidement possible. Quant au délai de saisine de la commission d'appel, fixé à trois jours ouvrables, il n'entache pas d'illégalité la procédure qui se déroule en fin d'année scolaire[160]. Cela signifie qu'il importe de statuer dans un temps raisonnable et, en tout état de cause, avant la période des grandes vacances, peu propice à la prise de décision.

41 **Fonctionnement.** Le contrôle juridictionnel s'exerce sur la composition de la commission, sur la régularité à la fois de la convocation de ses membres[161] et de la tenue de la séance[162].

158/ TA Strasbourg, 16 décembre 1996, *Launois, op. cit.*, n° 34.

159/ TA Paris, 4 juillet 2000, *Troilo, op. cit.*, n° 34.

160/ TA Amiens, 23 février 1994, *Laval, op. cit.*, n° 34.

161/ CAA Nantes, 18 octobre 2001, *Marcel*, req. 98NT00673, *Cahiers de l'Éducation*, janvier-février 2002, p. 28, note René Gérard : la décision de la commission d'appel refusant le passage en première, prise hors la présence du conseiller d'orientation de l'établissement intervient sur une procédure irrégulière et encourt l'annulation.

162/ TA Poitiers, 21 décembre 1988, *Deharo*, req. 727.88.

Le Conseil d'État rappelle ensuite que dans le silence des textes, les votes des membres du conseil de classe et des commissions d'appel, sont considérés comme acquis à la majorité simple des présents, après décompte des abstentions[163]. Le juge administratif précise aussi que les décisions de la commission d'appel conduisent à la signature d'un procès-verbal. Mais un défaut de parafe qui résulterait d'une omission matérielle n'entacherait pas la procédure d'irrégularité[164]. Ce document, communicable, indique le nom et la qualité des membres présents et celui des personnes entendues. Il rappelle, au moins sommairement, le contenu des délibérations, notamment les voix recueillies pour chaque proposition ainsi que le sens des décisions prises (cela par analogie aux dispositions de l'article 14 – relatives aux organismes consultatifs – du décret précité du 28 novembre 1983, concernant les relations entre l'administration et les usagers et en vue de permettre la vérification de leur régularité).

Dans une affaire, l'administration ne se trouvait pas en mesure de produire de procès-verbal de séance. L'instruction, en particulier les débats oraux, montrait que la mère de l'élève avait certes développé devant la commission d'appel les arguments pour lesquels elle estimait son fils capable de suivre une scolarité en classe de première. Mais des réprimandes probablement sévères de certains de ses membres l'avaient gênée. En première instance[165], le Tribunal considère que cette particularité « *n'a pas été de nature à l'empêcher de s'exprimer et ne peut être regardée, dans les circonstances de l'espèce, comme ayant eu pour effet de vicier la régularité de la procédure* ». En appel, la Cour administrative[166] ne fit pas la même analyse, censura le jugement précité et annula la décision au motif que les affirmations de l'exposante (mise dans l'impossibilité de faire connaître ses observations en raison de l'agressivité verbale manifestée par un chef d'établissement membre de la commission) « *ne sont pas sérieusement contestées (...) par l'administration qui admet l'existence de propos assez vifs* ». Et le juge de décider – ce qui va loin dans la protection de l'usager – que celui-ci « *ne peut être regardé(e) dans ces conditions comme ayant été entendu(e) par la commission d'appel* » au sens de l'article 13

163/ CE, 5 octobre 1990, *CNGA*, req. 70677.

164/ CE, 2 mars 1989, *Maire de Paris*, req. 104680 ; CE, 18 septembre 1998, *Maire de Gélancourt*, *Rec. CE*, Tables, n° 187564 (jurisprudences transposables à la matière).

165/ TA Strasbourg, 18 septembre 1996, *Borg*, *op. cit.*, n° 34.

166/ CAA Nancy, 20 mars 1997, *Borg*, req. 96NC02688.

du décret du 14 juin 1990. Il importe de rappeler que malgré la faculté pour les parents de demander à être entendus par la commission, aucune disposition législative ou réglementaire et aucun principe général du droit ne prévoient que ceux-ci assistent, en outre à tout ou partie de son déroulement[167]. Pareillement, aucun texte n'impose l'audition des parents par le conseil de classe siégeant pour émettre son avis sur les redoublements[168].

Enfin, les tribunaux ont été conduits à se pencher sur la question des sous-commissions d'appel mises éventuellement en place par l'inspecteur d'Académie, « *dont la composition est identique à celle de la commission d'appel à l'exception de la présidence (...) assurée par un chef d'établissement* » (Article 2 de l'arrêté du 14 juin 1990 précité). Ici, la nomination en qualité de membres, de principaux, de proviseurs, ou de professeurs situés dans le ressort desdites commissions n'est pas expressément interdite[169]. Les juridictions administratives considèrent, d'une part, l'exercice des attributions conférées à la commission d'appel non délégable à une sous-commission instituée en son sein qui examinerait les seuls dossiers n'ayant pas recueilli l'unanimité[170]. Elles confirment, d'autre part, que si les effectifs l'imposent, rien n'interdit l'institution de plusieurs commissions d'appel aux ressorts géographiques distincts dans un même département. Les commissions d'appel (improprement qualifiées de sous-commissions) sont régulièrement constituées dès l'instant où un membre du corps de direction assure leur présidence[171].

42 **Motivation.** L'article 12 du décret du 14 juin 1990 prévoit que les décisions d'orientation « *non conformes aux demandes font l'objet de motivations* » qui « *comportent les éléments objectifs (...) en termes de connaissances, de capacités et d'intérêts* ». L'article 13 du même texte ajoute qu'« *en cas d'appel, le chef d'établissement transmet à la commission d'appel les décisions motivées ainsi que tous les éléments susceptibles d'éclairer cette instance* ». La décision de l'instance qui se substitue à celle du chef d'établissement,

167/ TA Versailles, 25 août 2000, *Haultecœur*, req. 004217.

168/ TA Paris, 29 octobre 1997, *Théry*, req. 9711598/7.

169/ TA Toulouse, 27 septembre 2001, *Conseil départemental des parents d'élèves de la Haute-Garonne (FCPE)*, req. 99/2525 et 99/2581.

170/ TA Montpellier, 10 juillet 1991, *Conseil départemental des parents d'élèves des écoles publiques et laïques du Gard*, req. 85 15420.

171/ TA Paris, 4 juillet 2000, *Troilo*, *op. cit.*, n° 34.

doit, elle aussi, être motivée. La simple confirmation de la mesure du principal ou du proviseur ne suffit pas[172].

La jurisprudence, abondante sur la question, considère comme irrégulière la décision :

– dépourvue de motivation (non-admission en classe préparatoire)[173] ;

– constituée d'un simple renvoi au dossier (non-admission en classe de première)[174] ;

– se bornant à mentionner le maintien de l'avis du conseil de classe (non-admission en classe de seconde)[175] ;

– motivée par des faits si généraux qu'elle équivaut, compte tenu du niveau scolaire de l'élève, à une absence de motivation (non-admission en classe de seconde)[176] ;

– comportant le jugement de valeur lapidaire « *niveau requis non atteint* »[177].

En revanche, le juge estime que les motivations suivantes respectent les prescriptions textuelles :

– « *résultats insuffisants en français et en histoire-géographie* » (non-admission en classe de 1re L)[178] ;

– « *résultats insuffisants en langues vivantes, mathématiques et physique* » (non-admission en classe de 2e arts plastiques)[179] ;

– « *insuffisance de ses résultats en sciences* » (non-admission en classe de 1re S)[180] ;

– insuffisance des résultats « *dans toutes les matières scientifiques, en français et en langues* » (non-admission en classe de terminale D)[181].

43 Certaines jurisprudences, isolées, surprennent et méritent une appréciation prudente :

– La décision autorisant un élève à redoubler (sa seconde) qui ne paraît pas différente de celle lui interdisant le passage

---

172/ TA Dijon, 7 janvier 2003, *G.*, req.021600 ; voir aussi TA Grenoble, 6 novembre 2003, *M.C.M.*, *JDJ*, 234, avril 2004, p. 58. Mais attention, la commission d'appel ne peut purger le vice tiré du défaut de motivation de la décision prise par le chef d'établissement (cf. *supra*, n° 34).

173/ CE, 20 octobre 1995, *Ministre de l'Éducation nationale c/ Kouchnir*, *op. cit*, n° 31.

174/ TA, Strasbourg, 18 septembre 1996, *Borg*, *op. cit.*, n° 34.

175/ TA Paris, 26 septembre 2002, *Bellaiche c/ recteur*, req. 0210318/7.

176/ TA Dijon, 11 février 1992, *Gargasi*, req. 88 776.

177/ CAA Marseille, 20 juillet 1999, *Ministre de l'Éducation nationale c/ Calcas*, req. 97MA 05508.

178/ TA Paris, 4 juillet 2000, *Troilo*, *op. cit.*, n° 34.

179/ TA Paris, 19 octobre 2000, *Lavallée*, *op. cit.*, n° 33.

180/ TA Amiens, 23 février 1994, *Laval*, *op. cit.*, n° 34.

181/ TA Paris, 20 septembre 1993, *Melchior*, req. 9307820/3.

en classe supérieure (première S ou ES) a été curieusement jugée par le tribunal administratif comme n'entrant pas « *dans les catégories de décisions qui doivent impérativement être motivées* »[182]. La juridiction se fonde sur l'énumération générale de la loi du 11 juillet 1979 relative à la motivation des actes administratifs, sans tenir compte des exigences spécifiques de l'article 12 du décret du 14 juin 1990 susvisé.

– La motivation d'un refus de passage en classe de terminale au regard des « *résultats insuffisants* » de l'élève, décision prise après le retrait d'un acte précédent faisant état de la « *fragilité de ses résultats* », a été jugée légale[183]. L'utilisation de l'adjectif « insuffisant » dont le côté pratique n'a pas échappé à des générations de notateurs a été jugée suffisante, dans ce cas d'espèce isolé et déjà ancien, pour motiver une décision d'orientation... On peut toutefois craindre ou espérer que cette jurisprudence qui fait fi du caractère passe-partout du mot ne restera pas figée eu égard aux exigences croissantes en matière de motivation.

– De même, pour le Tribunal administratif de Paris, semble suffisamment motivée la décision de la commission d'appel qui constate laconiquement « *un niveau d'entrée en quatrième non atteint* »[184].

Bien entendu, les reproches faits à un élève (« *bavardages* ») non mentionnés dans les motifs de la décision n'influent pas sur la solution retenue[185], même si ce grief occasionne un débat contradictoire avec l'intéressé et ses parents ; pareillement apparaît sans conséquence sur la légalité de la décision, la motivation tirée du manque de travail et d'assiduité de l'élève, valablement fondée sur un problème d'effectif.

b) La légalité interne de la décision d'orientation

44 L'illégalité s'attache ici au contenu de l'acte. Elle s'observe par exemple lorsque le proviseur, agissant par délégation de l'inspecteur d'Académie, refuse l'inscription d'une élève en classe de première STI dans son lycée, sans avoir examiné son dossier individuel[186].

182/ TA Versailles, 24 octobre 2000, *Rousseau*, req. 004160.

183/ TA Marseille, 21 décembre 1993, *Caderon*, req. 934727.

184/ TA Paris, 29 octobre 1997, *Théry*, *op. cit.*, n° 41. Rapprocher de CAA Marseille, 20 juillet 1999, *Ministre de l'Éducation nationale c/ Calcas*, *op. cit.*, n° 42.

185/ TA Paris, 4 juillet 2000, *Troilo*, *op. cit.*, n° 34.

186/ TA Nantes, 26 octobre 1995, *Bellange*, req. 931968.

45 1° ***La violation de la loi.*** L'erreur peut concerner le droit, les faits ou encore l'appréciation portée par l'administration.

46 **L'erreur de droit.** La réglementation ne subordonne l'orientation de l'élève ni à ses résultats (au brevet national des collèges), ni à l'obtention d'une moyenne générale déterminée (supérieure à dix) mais à une évaluation prenant en compte l'ensemble des informations le concernant[187]. Aucun texte n'interdit d'imposer un redoublement à un collégien ou à un lycéen ayant obtenu une note moyenne égale ou supérieure à dix[188]. Les décisions d'orientation procédant de l'examen particulier de la situation scolaire de l'élève, toute comparaison avec celle de condisciples moins bien notés, admis en classe supérieure, se trouve nécessairement écartée[189]. Par ailleurs, les troubles psychologiques qui affecteraient la santé du jeune à la suite de la décision faisant grief demeurent sans effet sur sa légalité[190]. Pareillement, une commission d'appel refuse à tort l'admission d'un élève en classe de 1re S par la seule prise en compte de l'insuffisance de ses résultats scolaires. Elle ne se borne pas à retenir le niveau général mais s'efforce de rechercher « *en fonction des aptitudes révélées par les appréciations portées sur l'élève, la filière la mieux adaptée parmi un ensemble de filières entre lesquelles les textes n'établissent aucune hiérarchie* »[191]. En même temps, la décision d'orientation doit s'appuyer sur l'observation et l'évaluation de ses compétences et de ses qualités « *à l'exclusion de tout élément relatif à la notion de place disponible, étrangère au processus d'orientation* »[192].

47 L'article 20 du décret du 14 juin 1990 ainsi rédigé a suscité plusieurs interprétations de nos cours et tribunaux. « *Tout élève ayant échoué à l'examen du baccalauréat, du brevet de technicien, du brevet de technicien supérieur, du certificat d'aptitude professionnelle ou du brevet d'études professionnelles se voit offrir le droit d'une nouvelle préparation de cet examen, le cas échéant, selon les modalités adaptées au niveau des connaissances qu'il a acquises dans les matières d'enseignement correspondant aux épreuves de l'examen. Pour la classe terminale des lycées d'enseignement général et technologique, ce droit s'exerce dans la limite des places demeurées vacantes*

187/ TA Versailles, 25 août 2000, *Haultecœur, op. cit.*, n° 41 ; dans le même sens, TA Marseille, 3 avril 2001, *Gervasi*, req. 003661-7.

188/ TA Paris, 29 octobre 1997, *Théry, op. cit.*, n° 41.

189/ TA Versailles, 25 août 2000, *Haultecœur, op. cit.*, n° 41.

190/ TA Paris, 20 septembre 1993, *Melchior, op. cit.*, n° 42.

191/ TA Bordeaux, 24 octobre 1991, *Michel*, req. 89-1148.

192/ TA Strasbourg, 16 décembre 1996, *Launois, op. cit.*, n° 34.

après l'admission des élèves issus de la classe précédente de l'établissement scolaire et peut entraîner un changement d'établissement après qu'ont été explorées toutes les possibilités d'un maintien sur place de l'élève. Le changement éventuel d'établissement scolaire relève de la compétence de l'inspecteur d'Académie ». Il résulte de ces dispositions que « *tout élève ayant échoué une première fois aux épreuves du baccalauréat a droit à une nouvelle préparation dans la mesure des places laissées vacantes par les élèves issus de la classe précédente ; (...) en motivant par ses résultats scolaires insuffisants le refus de redoublement (...) le proviseur (...) a fait une application erronée* » de ce texte[193]. Ce dernier autorise certes le chef d'établissement à opposer une fin de non-recevoir, faute de places vacantes, à l'inscription pour un redoublement de la classe terminale d'un ancien élève ayant subi un échec au baccalauréat. Il ne saurait cependant permettre à l'inspecteur d'Académie de refuser, pour le même motif, à ce candidat (au redoublement d'une terminale), toute inscription dans un établissement ; au contraire cette autorité est tenue « *de procéder à cette inscription* » [194]. Ces dispositions, confirmées en appel, instaurent en faveur des élèves « *un droit à une nouvelle préparation de l'examen auquel ils ont échoué* ». Le juge annule ici le refus « *faute de place* », l'administration se contentant de conseiller à l'intéressé une inscription au centre national d'enseignement à distance[195]. L'absence de place vacante dans la classe en question, après accueil des élèves issus des classes précédentes, justifie toutefois la position de l'administration[196]. Dernière précision, le retrait d'une décision de triplement d'une même classe de terminale dans un même établissement encourt l'annulation, aucune disposition réglementaire ne prohibant la possibilité de présenter le baccalauréat une troisième fois[197].

48 L'erreur matérielle des faits. Le juge contrôle ici les faits qui fondent la décision déférée à sa censure : les pièces versées au dossier par le requérant attestent la matérialité des faits sur lesquels la commission s'appuie pour prendre la décision attaquée. La médiocrité des résultats obtenus par l'élève en français, en histoire et en géographie est avérée[198]. Un dossier

193/ TA Lille, 19 novembre 1996, *Fares*, req. 955141 et 955142.

194/ TA Paris, 5 mars 1997, *Nolin*, req. 9616018/7.

195/ CAA Paris, 23 novembre 1999, *Ministre de l'Éducation nationale c/ Nolin*, req. 97PA01135.

196/ TA Nice, 20 décembre 1995, *Mallet*, req. 952850-5.

197/ CAA Douai, 7 mai 2002, *Kahil*, req. 99DA00835.

198/ TA Paris, 4 juillet 2000, *Troilo*, *op. cit.*, n° 34.

incomplet ou des renseignements inexacts soumis à la commission feraient prendre en considération le moyen de l'erreur de fait. Quant à la circonstance, même établie, que des élèves aux aptitudes identiques, voire inférieures à celle de la plaignante, aient été admis (en seconde), elle ne vicie pas la décision attaquée, « *cette dernière procédant d'un examen particulier des mérites de l'élève en cause, effectué indépendamment de celui portant sur les mérites de ses condisciples* »[199].

En tout état de cause, l'erreur doit présenter une certaine consistance et « *fausser l'appréciation portée sur le niveau général de l'élève au vu de l'ensemble des (...) résultats et des commentaires des professeurs* », toutes disciplines confondues. Ce qui n'avait pas été le cas à propos du bulletin du troisième trimestre entaché d'une erreur évidente, la note dix attribuée au fils du requérant en éducation physique et sportive étant inférieure à la note onze indiquée comme la plus basse de la classe[200].

49 **L'erreur manifeste d'appréciation.** Le contrôle de l'adéquation entre les faits (appréciation portée sur le jeune par le corps enseignant) et l'acte attaqué (décision prise à l'égard de l'élève) demeure en matière d'orientation relativement restreint. Le juge administratif se borne dans ce domaine à vérifier si l'État – commission d'appel/inspecteur d'Académie – n'a pas commis d'erreur manifeste, ou grossière, dans son appréciation de la situation. Il rappelle aussi qu'il n'appartient pas au tribunal « *de substituer son appréciation à celles des jurys d'examen, auxquelles les décisions prises sur l'avis des conseils de classe doivent être assimilées* »[201]. Elles laissent également apparaître que les juridictions font globalement de ces situations la même appréciation que l'administration. Aucune des illustrations jurisprudentielles suivantes n'établit en effet d'erreur manifeste d'appréciation.

50 Certaines analyses sont courtes :

– « *les résultats de (...) n'autorisent pas son admission en 1re L* »[202] ;

– « *il ne ressort pas des pièces du dossier que la commission d'appel n'ait pas pris en compte l'ensemble des éléments fournis par le requérant* »[203] ;

– l'élève a obtenu « *des notes inférieures à la moyenne dans plu-*

199/ TA Poitiers, 11 octobre 1989, *Michaud*, req. 89601.

200/ TA Versailles, 24 octobre 2000, *Rousseau, op. cit.*, n° 43.

201/ TA Paris, 29 octobre 1997, *Théry, op. cit.*, n° 41.

202/ TA Paris, 4 juillet 2000, *Troilo, op. cit.*, n° 34.

203/ TA Versailles, 21 octobre 1997, *Paul*, req. 961127.

sieurs matières, notamment en sciences physiques et en sciences naturelles, ainsi d'ailleurs qu'en sciences économiques et sociales »[204] ;

– « *insertion dans la vie active à moins qu'une dispense d'âge permette (...) l'entrée dans un collège d'enseignement technique* »[205] ;

– « *les appréciations portées par les professeurs dans les bulletins trimestriels et les notes détaillées obtenues... font apparaître de façon convergente l'insuffisance de ses résultats* »[206] ;

– « *la faiblesse générale des acquis* (de l'élève) *ne lui permettait pas d'accéder en classe de terminale* »[207] ;

– malgré l'obtention d'une note moyenne de dix, l'admission de l'élève en classe supérieure pouvait se justifier « *au regard des conceptions pédagogiques non dépourvues de pertinence* » mais « *les notes obtenues dans les matières principales et leur évolution autorisaient la commission d'appel* » à prononcer le redoublement[208] ;

– « *un ensemble qui reste très insuffisant, de difficultés de méthode et de raisonnement, d'une adaptation encore imparfaite aux exigences de la scolarisation, ainsi que d'importantes difficultés à l'écrit pour les deux langues vivantes obligatoires* ». En particulier, les notes de mathématiques n'autorisaient pas le passage en première S[209] ;

– « *compte tenu de la moyenne générale de 9,6 (...), la commission d'appel n'a pas commis d'erreur manifeste d'appréciation en jugeant le niveau de cette élève trop faible pour mériter le passage en première* »[210].

51 D'autres déductions, plus fouillées, rendent inopérant l'argument tiré du sérieux de l'élève qui découlerait de ses résultats situés dans les 20 ou 25 premiers de la classe. Or « *ses moyennes annuelles en français, mathématiques, sciences physiques et sciences économiques sont en dessous de 10 sur 20, et (...) les appréciations de l'ensemble des professeurs font état d'un niveau insuffisant* ». Et le tribunal d'ajouter qu'à supposer l'obtention d'« *une moyenne supérieure à 10 (...) en tenant compte de l'ensemble des matières enseignées, cette seule circonstance n'est pas de nature à lui donner un droit automatique à entrer dans la classe supérieure* ». Pour conclure que « *les moyens tirés des difficultés familiales ren-*

204/ TA Montpellier, 17 septembre 1999, *Driutti*, req. 992805, 99-2806, 99-2807.

205/ CE, 10 janvier 1969, *Gauthier*, *op. cit.*, n° 35.

206/ TA Versailles, 25 août 2000, *Haultecœur*, *op. cit.*, n° 41.

207/ TA Orléans, 25 mai 1993, *Powel*, req. 922978 (dans la plupart des matières d'enseignement, les notes obtenues « *se situaient largement en dessous de la moyenne* » et la moyenne annuelle des notes « *était ainsi très nettement inférieure à 10/20* »).

208/ TA Paris, 16 novembre 1994, *Popov*, req. 9411661/3.

209/ CAA Paris, 1er octobre 2002, *Lemaire*, req. 02PA01330.

210/ TA Pau, 19 septembre 2002, *op. cit.*, n° 38.

contrées par l'élève et de la circonstance qu'il suit un entraînement de natation intensif ne sont pas de nature à remettre en cause l'appréciation portée par le conseil de classe et par le proviseur adjoint sur ses résultats » et écarter ainsi l'erreur manifeste d'appréciation[211]. Le juge rappelle également avec fermeté le rôle de la commission d'appel : s'il lui appartient « *de prendre en considération la situation personnelle de l'élève et ses projets, l'appréciation à laquelle elle se livre ne saurait s'affranchir de la nécessité de s'assurer que chaque élève a atteint, dans les matières fondamentales du programme, un niveau suffisant, qui lui autorise, le cas échéant, des choix d'orientation différents de celui qu'il revendique ; cette démarche est d'autant plus nécessaire que l'orientation apparaît précoce ; (...) ainsi en imposant à (...) un redoublement de la classe de troisième en raison de ses mauvais résultats en langues vivantes, mathématiques et physique, alors même qu'elle avait fait preuve de dispositions pour les enseignements la préparant plus directement à la 2e "arts plastiques" à laquelle elle postulait, la commission d'appel n'a pas commis d'erreur manifeste d'appréciation* »[212].

Il arrive enfin que le tribunal administratif examine très exhaustivement les circonstances de fait dans un considérant de seize lignes[213] : « *(...) en l'espèce le jeune (...) a recueilli des notes inférieures à la moyenne durant l'ensemble de l'année scolaire dans des matières importantes telles que le français, les mathématiques, la physique-chimie, l'allemand et l'espagnol ; que s'il a eu de bons résultats à l'oral en anglais spécial, ses notes ont baissé sensiblement dans cette matière au cours de l'année et les résultats de la matière d'histoire enseignée en anglais sont restés médiocres ; qu'un progrès significatif n'a pas pu être constaté au cours de l'année malgré certaines améliorations ; que le manque de travail et de rigueur de l'intéressé a été relevé par de nombreux professeurs et son niveau jugé insuffisant par la plupart des enseignants ; que si plusieurs d'entre eux s'accordent à penser qu'il est en mesure de mieux faire et qu'il a des capacités insuffisamment exploitées, il ne résulte pas des pièces versées au dossier que ces potentialités ont des chances importantes d'être mises en valeur du fait de son passage dès cette année en classe de première ; qu'il ressort des bulletins de notes de cet élève qu'il présente un certain manque de maturité et qu'il a accumulé diverses lacunes qu'il doit combler ; que compte tenu de l'ensemble de ces éléments, la décision de la commission d'appel de lui faire redoubler la classe de seconde ne peut être regardée comme entachée d'une erreur manifeste d'appréciation* ».

211/ TA Versailles, 24 octobre 2000, *Rousseau, op. cit.*, n° 43.

212/ TA Paris, 19 octobre 2000, *Lavallée, op. cit.*, n° 33.

213/ TA Strasbourg, 18 septembre 1996, *Borg, op. cit.*, n° 34.

52 2° ***Le détournement de pouvoir.*** Il consiste en l'utilisation, par l'autorité administrative, de ses pouvoirs dans un but autre que celui pour lequel elle en est investie. Les juridictions répugnent cependant à prononcer une annulation sur ce fondement, virulent à l'égard de la puissance publique. Un requérant imputait en l'espèce la décision attaquée à la volonté de l'administration de dissimuler certains errements dans la pédagogie et à l'antagonisme manifesté envers l'élève par un éducateur. Or la carence de l'enseignement (qui ne pouvait être excusée par une décision d'orientation) ne ressortait pas des pièces versées au dossier. L'hostilité du professeur d'histoire géographie ne semble pas établie par le témoignage produit « *pour révélateur qu'il soit du climat régnant dans l'établissement et de la difficulté de la tâche confiée aux enseignants* » tranche le juge[214]. Il ne suffit pas d'alléguer l'animosité du maître envers l'élève, il faut en faire la démonstration[215].

Toutefois, la sanction des résultats médiocres ou mauvais d'un élève dans des matières autres que scientifiques, au moyen de notes zéro infligées pour des retards, s'analyse comme une erreur manifeste d'appréciation dans le traitement des informations soumises à la commission d'appel (refus d'admission en 1re S/orientation en 1re STI)[216]. Mais la qualification juridique du moyen se rapproche plutôt du détournement de pouvoir dans la mesure où le zéro s'utilise ici non point pour évaluer un travail – nul –, mais pour apporter une réponse à une faute disciplinaire (le retard). Les conseils de classe ont intérêt à éviter toute confusion entre le comportement de l'élève et l'appréciation de son niveau. Discipline et orientation obéissent à des régimes juridiques distincts.

II La réparation de l'orientation

53 Le contentieux de pleine juridiction reste assez peu exploité, les élèves et leurs familles préférant à l'octroi (aléatoire) d'une indemnité (faible), la voie de l'annulation, solution qui répond de façon plus immédiate aux aspirations et aux choix de la scolarité.

214/ TA Paris, 4 juillet 2000, *Troilo, op. cit.*, n° 34.

215/ TA Paris, 29 octobre 1997, *Théry, op. cit.*, n° 41.

216/ TA Paris, 14 septembre 2000, *Niang*, req. 0010322/7. Bien que contestable sur le fond (la note zéro, en l'espèce attribuée en éducation physique et sportive est destinée à sanctionner aussi une tricherie !) le jugement est aujourd'hui définitif, la Cour administrative d'appel ayant rejeté le recours du ministre de l'Éducation nationale pour des raisons de procédure (CAA Paris, 30 janvier 2001, req. 00PA03546).

Six décisions seront ici citées. Trois d'entre elles rejettent le recours, soit pour un simple moyen de procédure, l'absence de saisine préalable de l'administration (condition *sine qua non* pour le juge) n'ayant pas lié le contentieux[217] ; soit parce que les intervenants « *ne peuvent alléguer aucun retard dans la procédure d'orientation des élèves et de préparation de la rentrée susceptible d'engager la responsabilité de l'administration* »[218] ; soit *a fortiori* en l'absence d'illégalité fautive[219]. La quatrième reçoit partiellement une action qui, à l'appui du recours de plein contentieux, arguait de l'irrégularité des épreuves auxquelles avait été astreinte l'élève (décision initiale du passage automatique en section internationale puis soumission de l'ensemble des élèves à un test d'aptitude ; échec de la fille des requérants ; réorientation en classe d'anglais I VI), précédemment sanctionnée par le tribunal administratif. Pour cette même juridiction, « *les agissements fautifs de l'administration, qui a laissé croire à tort à la jeune N. et à ses parents à un passage automatique en classe de 6e en section internationale durant toute sa scolarité élémentaire jusqu'au mois de juin 1989, et qui à deux reprises a pris des décisions dans ce sens pour finalement lui refuser l'accès à une telle section, ont causé à la jeune élève des troubles dans ses conditions d'existence dont il sera fait une juste appréciation en fixant à 5 000 francs le montant de l'indemnité destinée à réparer le préjudice en ayant résulté ; qu'en revanche, la somme de 9 500 francs représentant les frais exposés par les consorts M. pour prodiguer à la jeune fille des cours particuliers d'anglais ne résulte pas d'un préjudice causé directement par la faute de l'administration* »[220]. Les deux dernières prennent acte d'un précédent jugement déclarant l'administration responsable de la faute commise, à la suite d'un refus illégal de redoublement d'un élève. Il en résulte, pour le père, « *un préjudice matériel direct et certain à raison des frais de scolarité qu'il justifie avoir supportés pour un montant de 4 927 francs...* ». En demandant la condamnation de l'État à leur verser la somme de 4918 francs, les requérants « *n'ont pas fait une évaluation exagérée de ce préjudice* »[221]. Pareillement, le tribunal fait droit en partie à une demande indemnitaire (762,25 euros) en considérant que l'intéressée, obligée de changer de lycée et empêchée de

217/ TA Paris, 5 mars 1997, *Nolin, op. cit.*, n° 47.

218/ TA Orléans, 7 décembre 1993, *Payard, op. cit.*, n° 35.

219/ TA Paris, 16 novembre 1994, *Popov, op. cit.*, n° 50.

220/ TA Strasbourg, 29 décembre 1995, *Muller*, req. 89.1793.

221/ TA Nice, 3 avril 2001, *Anselme, Cahiers de l'Éducation*, septembre-octobre 2001, p. 32, comm. René Gérard.

poursuivre sa scolarité dans la section de son choix, a subi des troubles dans ses conditions d'existence[222].

Autorité parentale et scolarisation : un exercice difficile*. La question de l'autorité parentale[223] se pose parfois au sein des établissements scolaires à propos des prérogatives des père et mère sur la scolarité des enfants (inscription, radiation, orientation...). Pour les familles, d'abord, qui se heurtent à ce qu'elles considèrent comme un refus de l'administration de prendre en compte leur situation familiale particulière et pour les directeurs d'école et les chefs d'établissements, ensuite, qui hésitent sur l'attitude à adopter en cas de désaccord entre les ascendants.*

De façon générale, on entend par autorité parentale l'ensemble des droits et devoirs légalement conférés aux parents sur leur enfant mineur pour protéger sa santé, sa moralité, ainsi que pour assurer son épanouissement et son éducation[224]. Substituée en 1987 à l'ancienne notion juridique de « garde », son régime a été légèrement modifié par la loi n° 2002-305 du 4 mars 2002. Elle appartient conjointement au père et à la mère et son exercice procède de l'intérêt de l'enfant. Trois prérogatives principales s'y attachent : la résidence du mineur, sa surveillance et son éducation. Dans la mise en œuvre de celles-ci, deux situations différentes se présentent : dans la très grande majorité des cas et à défaut de preuve contraire, l'autorité parentale s'exerce en commun[225] ; néanmoins, à titre exceptionnel, le juge aux affaires familiales réserve la jouissance de tous ses attributs à un seul des parents[226]. L'administration tiendra compte de cette circonstance familiale dans la gestion de la scolarité de l'élève.

1) L'exercice de l'autorité parentale

L'exercice conjoint de l'autorité parentale*. Depuis la réforme de 2002, cette situation de droit commun concerne non seulement les parents mariés mais aussi les parents vivant maritalement, séparés ou divorcés. Aussi l'administration posera-t-elle ce postulat, du moins tant qu'une décision contraire du juge aux affaires familiales ne lui sera présentée ou notifiée. Les deux parents, investis des mêmes droits et devoirs pour élever et protéger leurs enfants, se trouvent placés dans une situation identique à l'égard des divers acteurs de l'Education nationale. On parle alors de « coparentalité ». Si les décisions relatives à l'enfant requièrent théoriquement l'accord du père et de la mère, chaque parent peut accomplir* ***seul*** *un* ***acte usuel*** *de l'autorité parentale, le consentement de l'autre étant présumé[227]. En cas d'opposition expresse de ce dernier, le juge aux affaires familiales compétent départagera les intéressés. En tout état de cause, l'administration ne devra pas s'immiscer dans ce différend. Par ailleurs, l'interprétation* a contrario *du Code civil induit que les* ***décisions plus graves*** *(non usuelles) nécessitent l'****accord exprès*** *des deux parents.*

222/ TA Strasbourg, 19 mars 2002, *Launois*, req. 98-0408 (rejet en revanche, du préjudice moral et de la demande indemnitaire des parents : « *les désagréments vécus [...] à l'occasion de l'exclusion de leur fille ne sont pas d'une ampleur telle qu'ils constituent un préjudice indemnisable* »).

223/ Qui fait actuellement l'objet d'un projet de circulaire ministérielle.

224/ Article 371-1 du Code civil.

225/ Article 372 du Code civil.

226/ Article 373-2-1 du Code civil.

227/ Article 372-2 du Code civil.

L'exercice exclusif de l'autorité parentale*. Le juge peut, si l'intérêt supérieur de l'enfant l'exige, confier l'exercice de l'autorité parentale à un seul des deux parents*[228]*. L'autre conserve certains attributs de sa fonction naturelle, notamment le bénéfice d'un droit de visite et d'hébergement et du droit de surveillance. Mais le pouvoir de décision concernant la vie de l'enfant appartient exclusivement à celui qui exerce ladite autorité, le second se contentant de contrôler son éducation. Seront ainsi passés unilatéralement tous les actes engageant le mineur, qu'ils soient usuels ou non : choix de l'établissement, des options, approbation ou contestation de l'orientation, autorisation des sorties et voyages scolaires...*

2) L'administration face à l'exercice de l'autorité parentale

Il appartient aux directeurs d'école ou aux chefs d'établissement d'appréhender ces questions de la façon la plus neutre possible, sans prendre partie dans les conflits éventuels pouvant survenir dans certaines familles. La conduite à tenir, toutefois, repose nécessairement sur les impératifs liés aux exigences du service public de l'Éducation. À cet égard, chaque acteur de la communauté éducative veillera, en toute circonstance, au respect de l'obligation scolaire. Tout dépendra du degré de connaissance de la situation familiale de l'élève. Il incombe en effet aux parents d'informer l'école, le collège ou le lycée d'une situation particulière (exercice exclusif de l'autorité parentale, exercice conjoint avec parents divorcés ou séparés, garde alternée...). À défaut, la situation de droit commun se présume.

Le droit de surveillance*. Que les parents exercent l'autorité parentale conjointement (avec ou sans vie commune) ou qu'au contraire, un seul l'exerce à titre exclusif, les deux conservent un droit de surveillance et d'information du suivi de la scolarité. En pratique, cela ne va pas toujours sans complication(s) ; en particulier, la transmission des documents intéressant la scolarité de l'enfant suscite régulièrement des antagonismes au sein des familles « décomposées ». Une note ministérielle du 13 octobre 1999*[229] *a rappelé les grands principes en la matière*[230] *: chaque parent étant également responsable de la vie de l'enfant, le père et la mère disposent d'un même droit à communication de l'ensemble des données concernant la scolarité : bulletins, livret, carnet de correspondance, décisions d'orientation... La séparation des parents n'influe aucunement sur l'exercice de cette prérogative. Il incombe alors à l'administration d'effectuer un* ***double envoi****. Au cas où l'un des deux parents serait privé de l'exercice de l'autorité parentale, le droit à l'information demeure*[231]*. Les juridictions administratives confirment cette interprétation du Code civil : un père, privé de l'exercice de l'autorité parentale et ne disposant pas de droit de visite en application d'une ordonnance du juge aux affaires familiales, a néanmoins vocation à connaître la scolarité de sa fille*[232]*. Seule une décision de ce même juge, fondée sur l'intérêt de l'enfant, justifierait un refus de transmission*[233]*.*

228/ Article 373-2-1 du Code civil.

229/ *B.O.E.N.* n° 38, du 28 octobre 1999.

230/ Principes réactualisés mais déjà exposés dans la circulaire n° 94-149 du 13 octobre 1994, *B.O.E.N.* n° 16, du 21 avril 1994.

231/ Article 373-2-1 du Code civil repris par les circulaires des 13 avril 1994 et 13 octobre 1999 précitées.

232/ TA Nice, 22 juin 2004, *Sam-Giao*, req. 0302269, *JDJ*, n° 243, mars 2005, p.57,

233/ Pour des motifs graves, par exemple lorsque les capacités éducatives du père sont inconnues (CA Douai, 1er avril 1999, juris-data n° 042114), en cas de viol par un père de sa nièce et de manquements graves commis devant l'enfant (CA Riom, 13 juin 2000, Juris-data n° 115815).

Hormis le droit à l'information, reconnu dans la quasi-totalité des cas, la situation familiale des parents de l'élève peut influer sur l'attitude de l'École.

*Hypothèse de l'***exercice exclusif de l'autorité parentale***. Le parent titulaire choisira seul toutes les mesures usuelles ou non concernant la scolarité de l'enfant. Informée, l'administration ne saurait tenir compte d'éventuelles interventions de l'autre parent; de même, elle ne pourra pas conditionner l'application de la décision arrêtée par le parent titulaire à l'accord de l'autre.*

Hypothèse d'un **exercice conjoint** *par les deux parents, séparés ou non. Comme indiqué ci-avant, un seul des deux parents peut prendre les décisions courantes (actes usuels) relatives à la scolarité, l'assentiment de l'autre se présumant. En conséquence, l'administration ne pourra se voir reprocher a posteriori l'absence d'accord des deux*[234]*. Elle devra en revanche l'obtenir pour les actes plus importants.*

Dès lors, se pose inévitablement le problème de la définition de l'acte usuel. Pour l'heure, très peu de jurisprudences existent en la matière. Faute de liste préétablie, l'administration centrale du ministère de l'Éducation nationale propose le critère suivant : « **l'acte ne peut être considéré comme usuel s'il rompt avec le passé ou, surtout, engage l'avenir de l'enfant** *»*[235]*. Sont ainsi considérées comme décisions « usuelles » l'inscription dans un établissement ou la demande de délivrance d'un certificat de radiation*[236]*. Ne serait, en revanche, plus considéré comme tel, le choix d'un parent de retirer son fils ou sa fille du secteur public pour l'inscrire dans un établissement privé*[237]*, pas plus que les décisions en matière d'orientation ou de choix d'une langue vivante*[238]*.*

L'incertitude qui entoure la notion d'acte usuel peut embarrasser les équipes éducatives : dans quel cas faut-il obtenir l'accord des deux parents et dans quel cas l'accord d'un seul suffit ?

En réalité, la question ne présente souvent qu'un intérêt théorique. En effet, les deux parents, quelles que soient les circonstances, sont normalement destinataires de tous les documents touchant à la scolarité de leur enfant. Dès lors, il appartiendrait au plus diligent, en cas de désaccord, de saisir le juge aux affaires familiales, seul compétent pour régler ce type de litige.

234/ Par exemple, il n'appartient pas à l'administration de rechercher, pour accorder une dérogation de secteur scolaire, si l'autorité parentale s'exerce ou non conjointement : TA Limoges, 24 juillet 2003, *P. c/ recteur*, req. 01129.

235/ Lettre DAJ A1 n° 97-657 du 20 novembre 1997, *LIJ*, n° 21/98, p.10.

236/ TA Rouen, 30 décembre 2004, R., req. 0202049.

237/ Adeline Gouttenoire, Hugues Fulchiron, *Rép. civ. Dalloz*, t. II, v° Autorité parentale, n° 135 et 136.

238/ Lettre DAJ A1 n° 97-657, *op. cit.*

Chapitre 2

La scolarité

54 **L'œil du cyclone. Contribution de M. Frédéric Séval, premier conseiller au Tribunal administratif de Paris, ancien chef du bureau des consultations et du contentieux des établissements et de la vie scolaire au ministère de l'Éducation nationale.**

« Autant la vie scolaire prise en un sens quasi comportemental, et, en tout cas, dans sa dimension sociale, est soumise à l'emprise des droits, notamment sous son aspect procédural, autant les savoirs, tant en ce qui concerne leur contenu que leur mode de transmission, restent (encore) épargnés de toute mise en cause devant les juridictions, comme de tout encadrement normatif opératoire, ceci expliquant d'ailleurs largement cela !

C'est alors le cœur même de la mission enseignante qui est ainsi protégé, et c'est de cet état de fait autant que de droit que ce bref aperçu entend porter témoignage.

Une rapide, mais attentive, plongée dans les tables de la jurisprudence du Conseil d'État suffit en effet à montrer qu'avant Jules Ferry, lorsque l'école était encore plus que partagée, dans sa gestion publique, entre les pouvoirs temporel et ecclésiastique, ce sont les procès contre les transmetteurs des savoirs qui alimentaient la chronique. Ainsi apprend-on que non seulement le préfet avait le pouvoir de retirer à un "congréganiste" (sic) la qualité d'instituteur et de la transmettre à un maître laïque, mais également que cette décision prise par ledit préfet "dans le cercle de ses attributions" *ne pouvait faire l'objet d'un recours contentieux* [1]*. Temps béni, si l'on ose dire ! Et l'on doit cette protection à la ténacité du Conseil d'État, alliée à celle du Tribunal des conflits, qui a systématiquement récusé la compétence des tribunaux judiciaires pour connaître, par exemple, de la réattribution des moyens publics à des personnels laïcs* [2].

1/ Par exemple, 1878, *Rec. CE*, p. 1122.

2/ *Idem loco, Le Goff*, 1879, *Rec. CE*, p. 2.

Après l'intervention de la loi du 2 mars 1882, et jusqu'à la fin de la IIIe République, ce sont les manuels scolaires, figurant sur les listes arrêtées par chaque recteur d'Académie, après avis de commissions composées de membres de l'enseignement, ou choisis (on dit également imposés) par les instituteurs, qui ont pu faire l'objet de contestations quant à leur respect trop strict ou, inversement, trop laxiste, du principe de neutralité [3] et là encore seul le ministre de l'instruction publique avait le pouvoir d'interdire par exemple certains ouvrages visés par un manifeste des évêques de France, mais encore eût-il fallu que les requérants fussent en mesure de préciser leur grief [4]...

Depuis lors, et jusqu'à très récemment, les choses n'ont guère changé tant quant au très faible nombre des recours, qu'à leur peu de succès. Ainsi, la circulaire par laquelle un recteur d'Académie fait connaître aux inspecteurs d'Académie et aux chefs d'établissement qu'il est opportun de préférer, pour l'enseignement du provençal, l'utilisation de la graphie mistralienne à celle de la graphie occitane n'a pas "le caractère d'une décision susceptible d'être déférée au juge de l'excès de pouvoir", *contrairement d'ailleurs à ce qu'avait cru devoir juger le tribunal administratif initialement saisi qui avait estimé que le recteur d'Académie n'avait même pas le pouvoir d'en décider [5].*

Seules des erreurs dans la conduite de la procédure d'édiction des programmes d'enseignement ont pu donner lieu à quelques annulations [6] et encore parce que le pouvoir réglementaire avait cru bon de trop se lier les mains. Ainsi le juge a-t-il pu annuler onze arrêtés pris en juillet et en août 2000 portant programmes des enseignements de certaines classes de seconde, première et terminale, dans la mesure où ils prévoyaient leur entrée en vigueur avant l'expiration du délai de quatorze mois suivant leur publication, délai prévu par l'article 7 d'un décret du 23 février 1990, qui a d'ailleurs été assoupli depuis cet arrêt [7].

Il en est allé de même pour la circulaire du 15 avril 1996 relative à la prévention du sida en milieu scolaire (sic) et à l'éducation à la sexualité, en tant qu'elle prévoyait la mise en place obligatoire de séquences d'éducation à la sexualité à raison de deux heures par an dans les collèges, dans la mesure où ces séquences constituaient un nouvel enseignement qui aurait dû être soumis à l'avis préalable du conseil supérieur de l'éducation [8]. Il n'empêche qu'une fois cet enseignement remis en vigueur par une circulaire en date du 19 novembre 1998, régulièrement prise après avis du conseil susmentionné, le juge a considéré que lesdites séquences organisées en vue de prévenir les risques de transmission de maladies sexuelles ne "méconnaissent pas les principes de neutralité et de laïcité" [9].

Il est ainsi historiquement démontré qu'à droit minimal constant, les programmes d'enseignement, même ceux relevant des sciences dites molles, au contenu idéologique apparemment plus indéterminé, ne font l'objet d'aucune véritable mise en cause.

3/ CE, 20 janvier 1911, *Porteret, Rec. CE*, p. 69.

4/ CE, 14 janvier 1916, *Association des pères de famille de Gamarde-les-Bains, Rec. CE*, p. 30.

5/ CE, 26 mai 1989, *Ministre de l'Éducation nationale c/ Zuchetti*, req. 63018.

6/ Par exemple, CE, 6 avril 2001, *Société des agrégés de l'université*, req. 213087, dans un cas où le quorum n'était pas atteint au conseil supérieur de l'éducation.

7/ CE, 10 avril 2002, *Société des agrégés de l'université*, req. 226352.

8/ CE, 29 juillet 1998, *Confédération nationale des associations familiales catholiques*, req. 180803.

9/ CE, 18 octobre 2000, *Association Promouvoir*, req. 213303.

Ce n'est que lorsque sont en jeu d'autres paramètres, législatifs ou même constitutionnels, que les choses sont susceptibles de vraiment mal (se) passer. Ainsi du fameux protocole national sur l'organisation des soins et des urgences dans les écoles et les établissements publics locaux d'enseignement, publié le 6 janvier 2000 et autorisant les infirmières à délivrer aux élèves la pilule dite du lendemain, alors que la prescription de ce contraceptif était réservée, par la loi du 28 décembre 1967, aux seuls médecins. La loi a été changée depuis lors [10].

Ainsi encore, et surtout, de l'enseignement du breton par immersion, que le ministre de l'éducation nationale a tenté d'autoriser dans des établissements privés sous contrat avec l'État, qui doivent respecter les programmes publics, alors que, d'une part, l'article 2 de la Constitution, dans sa rédaction adoptée le 25 juin 1992, dispose que "la langue de la République est le français"*, d'autre part, que l'article 1*er *de la loi du 4 août 1994 prévoit que* "la langue française (...) est la langue de l'enseignement" *et que son article 11 ne permet de dérogation, pour ce qui concerne notre sujet, que pour l'enseignement des langues et cultures régionales. Ce qui exclut un enseignement dispensé en totalité "en" langue régionale. Le tout nouveau juge des référés administratifs a dès lors pu suspendre l'exécution de l'arrêté du 19 avril 2002 relatif à la mise en place d'un enseignement bilingue par immersion en langues régionales ainsi que sa circulaire d'application du 30 avril 2002* [11]*, avant que le juge du fond ne les annule, purement et simplement, quatre mois plus tard.*

Il convient en effet de s'en remettre aux hommes et à leurs sociétés savantes ou académiques plus qu'aux lois pour faire évoluer les savoirs et donc de ne pas bloquer les évolutions par des textes trop directifs. C'est ce que démontre à l'envi l'article 4 de la loi du 23 février 2005 portant reconnaissance de la Nation et contribution nationale en faveur des français rapatriés, qui énonce que "les programmes scolaires reconnaissent en particulier le rôle positif de la présence française outre-mer, notamment en Afrique du Nord et accordent à l'histoire et aux sacrifices des combattants de l'armée française issus de ces territoires la place éminente à laquelle ils ont droit"*. Une telle immixion du Législateur dans le champ du savoir ne peut être regardée comme convenable. Le principe de laïcité qui me paraît avoir un champ plus large que celui du religieux strictement entendu, couvre toutes les croyances ou idéologies... Seuls, peut-être, les symboles de République peuvent-ils légitimement faire l'objet d'une insertion programmatique, ainsi que vient de le prévoir l'article 26 de la loi du 23 avril 2005 d'orientation et de programme pour l'avenir de l'école qui prévoit, dans l'enseignement du premier degré, une éducation civique* "qui comporte obligatoirement l'apprentissage de l'hymne national et de son histoire"*. Mais cela ne devrait-il pas aller sans dire ! ».*

Le suivi régulier d'un enseignement à l'école, au collège ou au lycée pose deux grandes interrogations. L'une essentiellement pédagogique : comment transmettre le savoir ? L'autre avant tout juridique : avec quelles garanties ?

À la première question l'institution répond par la diversité et l'ouverture sur le monde extérieur. L'organisation d'activités

10/ CE, 30 juin 2000, *Association « Choisir la vie »*, req. 216130.

11/ CE, 17 juillet 2002, *UNSA Éducation*, req. 248203.

péri-éducatives et de stages en entreprise en fournit les illustrations les plus éclatantes. À la seconde, l'administration avance le principe de précaution et dialogue avec un monde moins connu, celui de la création. Le régime protecteur des œuvres littéraires et artistiques entrave la facilité parfois affichée des enseignants.

Scolarité et savoir vont de pair. La transmission de ce dernier relève des activités scolaires (1); lorsqu'il se trouve transmis, s'ajoute la problématique de la protection des œuvres littéraires et artistiques (2).

1 La transmission du savoir : les activités scolaires

55 La classe reste encore l'unité de base essentielle du système éducatif autour de laquelle s'ordonne la mission pédagogique. La plupart des activités ne présentent pas de difficultés juridiques particulières dans l'organisation de la vie scolaire. Mais d'autres modalités d'éducation préfigurent l'ouverture au monde extérieur. L'École ainsi décloisonnée favorise des actions de formation hors de son champ d'action habituel. En marge de la transmission du savoir traditionnel, ces initiatives posent, au contraire, des problèmes de droit.

Enseignement non assuré, recours assuré ? *La responsabilité de l'État peut être engagée dans les cas, somme toute assez rares, où un enseignement obligatoire n'est pas dispensé. La jurisprudence encadre cependant l'action qui accompagne les velléités parentales. Le Conseil d'État*[12] *a jugé que* « la mission d'intérêt général d'enseignement qui lui est confiée impose au ministre de l'Éducation nationale l'obligation légale d'assurer l'enseignement de toutes les matières obligatoires inscrites aux programmes d'enseignement tels qu'ils sont définis par les disposition législatives et réglementaires en vigueur selon les horaires réglementaires prescrits; (...) le manquement à cette obligation légale qui a pour effet de priver, en l'absence de toute justification tirée des nécessités de l'organisation du service, un élève de l'enseignement considéré pendant une période appréciable, est constitutif d'une faute de nature à engager la responsabilité de l'État ». *Trois conditions cumulatives doivent alors apparaître. Il faut, en premier lieu, que l'enseignement en cause présente un caractère obligatoire*[13].

12/ CE, 27 janvier 1988, *Ministre de l'Éducation nationale c/ Giraud, Rec. CE*, p. 40, *JCP* (G), II, n° 21063, obs. Joël-Yves Plouvin : privation de sept heures d'enseignement hebdomadaire au cours de l'année scolaire (condamnation de l'État à 1 000 francs).

13/ TA Versailles, 3 novembre 2003, *Kepeklian c/ ministre de l'Éducation nationale et autres*, req. 0104490 : privation de quatre-vingt heures d'enseignement de français, de latin et de sciences de la vie (condamnation de l'État à 200 euros plus les intérêts).

> *Il importe, en second lieu, que l'absence du ou des professeurs se prolonge sur* « une période appréciable » [14]. *Il convient, en troisième lieu, de justifier d'un préjudice certain et direct : aux parents de démontrer l'incidence de la privation des cours sur le déroulement de la scolarité de l'élève.*

La création de l'établissement public local d'enseignement a donné l'occasion de réaffirmer le principe d'autonomie qui autorise chaque collège ou lycée à fixer ses propres objectifs pédagogiques. Cet espace de liberté s'organise dans le projet d'établissement. Il détermine, sous forme de prévisions d'actions, des moyens originaux de mise en œuvre des orientations nationales et académiques, dont les activités péri-éducatives (**A**) et les stages en entreprise (**B**).

A. Les activités péri-éducatives

56 Le vocable « activités péri-éducatives » vient du caractère périphérique de ces activités par rapport à l'acte pédagogique premier : l'enseignement de telle ou telle discipline[15]. Elles n'en demeurent pas moins liées par une communauté d'intérêts à celui-ci. Certaines relèvent de l'initiative de l'établissement scolaire lui-même. Les sorties scolaires en constituent l'exemple le plus marquant (**I**). D'autres procèdent d'associations, juridiquement indépendantes du collège ou du lycée, qui y abritent cependant leur siège (**II**).

I Les sorties et voyages scolaires

57 Les sorties et voyages scolaires[16] illustrent bien la volonté de l'institution d'ouverture pédagogique. Comme ils sont difficiles à organiser et qu'ils présentent des risques particuliers pour la sécurité des élèves, des textes les définissent mais surtout encadrent leur gestion.

a) Les définitions

58 La sortie ou le voyage éducatif ne se limite pas à un simple « tourisme pédagogique ». L'un et l'autre exigent une réflexion sur

14/ *A contrario*, CE, 16 mai 1984, *Clozeau*, req. 50127 : l'absence d'un professeur de mathématiques pendant un mois ne cause pas un préjudice direct et certain à un élève de troisième.

15/ Organiser une réunion pendant les heures de classe, affecte la continuité du service public : TA Lyon, ord. réf., 4 décembre 2003, *J.M.B.*, *JDJ*, n° 233, mars 2004, p. 6, comm. Rémy Fontier.

16/ Sylvia Freemantle, « Sorties et voyages scolaires », *Cahiers de l'éducation*, mars-avril 2002, p. 19.

leur objet, leur contenu, leur préparation et leur suivi[17]. Ils n'obéissent toutefois pas aux mêmes critères.

59 1° ***La sortie scolaire*** s'exprime par un déplacement d'élèves, obligatoire ou facultatif, d'une seule journée, effectué à l'extérieur, nécessitant l'autorisation du chef d'établissement; l'intérêt de cette distinction entre « obligatoire » et « facultatif » réside dans sa nécessaire gratuité pour les élèves dans le premier cas et dans une possible participation financière des familles dans le second.

La sortie est dite **obligatoire** si elle s'inscrit dans les programmes officiels d'enseignement. Elle s'exécute pendant le temps scolaire et concerne une classe entière ou un niveau déterminé. Actuellement, seule la sortie en sciences de la vie et de la terre du niveau de la classe de quatrième répond strictement à cette définition. Cependant, le principal ou le proviseur décide en opportunité, avec l'approbation du conseil d'administration, de rendre obligatoire une sortie pédagogique, par exemple une visite d'usine ou de musée, une enquête de terrain... Le collège ou le lycée en supporte exclusivement la charge financière.

La sortie est dite **facultative** dès l'instant où elle ne s'insère point dans les programmes officiels officiels même si elle constitue un moyen d'atteindre un objectif pédagogique. Elle s'applique dans une ou plusieurs classes, se déroule sur tout ou partie du temps scolaire et sollicite parfois les ressources familiales. Dans cette éventualité, une élève se trouve à bon droit écartée d'une activité facultative de natation organisée par l'école, au motif que son père refuse de régler la participation financière réclamée[18].

60 2° ***Le voyage scolaire*** concerne un déplacement d'élèves, comportant obligatoirement au moins une nuitée, hors des locaux de l'établissement scolaire.

Il appartient au représentant légal du mineur d'accepter ou de refuser la participation de son enfant au voyage[19]. Le projet d'établissement ne saurait le rendre obligatoire.

Cette activité déployée sur tout ou partie du temps scolaire est un atout éducatif supplémentaire. Les élèves s'y soustrayant

17/ Étienne Lefebvre, Daniel Mallet, Pierre Vandevoorde, *Le nouveau chef d'établissement*, 2ᵉ éd., 1996, Guides pratiques, Éducation, Berger-Levrault, n° 579.

18/ CE, 12 mars 1999, *Maurou*, req. 191405.

19/ Sauf si le voyage s'inscrit dans le cadre de programmes officiels; à ce jour il n'en existe pas.

relèvent, selon le principe de continuité du service public, d'une prise en charge de l'établissement.

b) Les principes de gestion

61 La gestion des sorties et voyages scolaires diffère selon le degré d'enseignement.

62 1° ***Dans le premier degré.*** Les sorties scolaires dans les écoles maternelles et élémentaires publiques présentent un caractère spécifique. La circulaire n° 97-176 du 18 septembre 1997, modifiée le 21 septembre 1999, fixe le cadre d'organisation des activités pédagogiques à l'extérieur de l'école, sur l'initiative des enseignants.

Ce texte précise en préambule les finalités et objectifs généraux des sorties scolaires dont il prévoit trois types. Les **sorties régulières**, prolongeant les enseignements habituels inscrits à l'emploi du temps et nécessitant un déplacement hors de l'école. Les **sorties occasionnelles sans nuitée**, correspondant à des activités d'enseignement sous des formes distinctes et dans des lieux offrant des ressources naturelles et culturelles. Les **sorties, avec nuitée(s)**, permettant de dispenser les enseignements conformément aux programmes de l'école et la mise en œuvre des activités dans d'autres lieux et selon des conditions de vie différentes.

63 La responsabilité de l'organisation générale de la sortie incombe à l'enseignant titulaire de la classe ou à celui de ses collègues nommément désigné lors d'un échange de services ou d'un remplacement. Les deux premiers types de sorties scolaires nécessitent l'autorisation du directeur d'école et le troisième celle de l'inspecteur d'Académie. Leur point commun touche à l'information des familles sur leur déroulement. Deux adultes au minimum assurent l'encadrement : l'enseignant plus un intervenant majeur, sauf quand le maître de la classe se rend sur un lieu situé à proximité de l'école pour une demi-journée. Pour les sorties comportant des activités physiques et sportives, la circulaire précise que toutes peuvent être effectuées par le maître de la classe seul ou par un autre enseignant lorsqu'il s'agit d'une sortie régulière. Les activités physiques et sportives faisant appel aux techniques des sports de montagne, de l'escalade, du VTT, des exercices aquatiques et subaquatiques, etc., impliquent un encadrement renforcé. La réglementation précitée retient un taux minimum de un enseignant plus un adulte agréé pour 12 enfants de maternelle ou 24 écoliers du primaire. Certaines activités présentant des risques particuliers – tir avec armes à feu, sports aériens et mécaniques, descente de canyon, rafting, nage en eaux vives etc. – sont interdites.

64 2° ***Dans le second degré.*** Les contraintes juridiques pesant sur l'organisation de ces activités [20] tiennent à la responsabilité des instances de l'établissement et au financement.

65 **La responsabilité des instances de l'établissement.** Comme le précise la circulaire n° 76-260 du 20 août 1976, « *si la préparation et l'organisation pratique de la sortie ou du voyage peuvent être le fait des enseignants, le chef d'établissement, outre l'accord qu'il lui appartient de donner au projet, conserve la responsabilité entière de l'opération et des engagements avec l'extérieur qu'elle exige* ».

Les enjeux principaux concernent l'autorisation et la prévision de l'opération et ses modalités concrètes d'organisation. **L'autorisation de la sortie ou du voyage** relève du principal ou du proviseur avec l'accord du conseil d'administration. Intégrées au projet d'établissement, ces actions font l'objet d'un programme prévisionnel comportant à la fois les modalités d'organisation et l'étendue du financement. La décision de l'instance délibérante, qui se prononce sur le projet, aboutit à un acte administratif contrôlé par l'autorité de tutelle. Cependant, en opportunité, le chef d'établissement peut autoriser la sortie à tout moment, à charge pour lui d'en informer le conseil d'administration *a posteriori*. **L'organisation de l'opération**[21] le concerne également. Il délivre les autorisations de sortie[22], vérifie l'accord parental des élèves mineurs et s'assure de la souscription d'une assurance personnelle par les participants. Pour l'encadrement, aucun texte ne fixe le ratio d'accompagnateurs rapporté à l'effectif d'élèves. Il incombe encore au chef de l'EPLE d'évaluer le nombre d'adultes nécessaires compte tenu de l'importance du groupe, de la durée du déplacement, de la complexité ou des risques engendrés par le parcours. L'usage veut de compter une personne accompagnatrice pour dix à quinze élèves, en plus du professeur organisateur du voyage. Cette fourchette varie si le contexte, plus ou moins difficile, l'exige. Les personnels de l'Éducation nationale forment le plus souvent

20/ Jean Pierre, « Les voyages pédagogiques », *RDS*, n° 18, novembre-décembre 1996, p. 3.

21/ Bernard Carretier, Alain Codognet, *Sorties et voyages scolaires. Guide pratique pour les collèges et les lycées*, coll. Vie Lycéenne, CRDP Grenoble, 2002, p. 39 et s.

22/ L'autorité préfectorale peut aussi intervenir pour les voyages hors du territoire français : Lettre DAJ-A1, n° 02-381 du 26 décembre 2002, *LIJ*, 72/2003, p. 19.

le lot des accompagnateurs, aidés en cela de collaborateurs bénévoles, généralement parents d'élèves volontaires, apportant leur concours à l'administration[23].

66 Le financement. Les sorties obligatoires, gratuites pour les usagers, reçoivent un financement exclusivement public prévu au budget de l'établissement. Les sorties facultatives procèdent de fonds publics ou privés. Les premiers prennent la forme de subventions accordées par des organismes publics : les organisations internationales (fonds européens), les départements ministériels comme celui des affaires étrangères ou les collectivités territoriales. Les seconds prennent la forme de dons à l'établissement scolaire acceptés par le conseil d'administration. Le foyer socio-éducatif dont le siège se situe dans le collège ou le lycée joue fréquemment ce rôle d'association donatrice. Le conseil d'administration fixe la part contributive des familles et une aide individuelle peut être accordée sur les fonds sociaux collégiens et lycéens pour permettre l'accès de tous à ces activités.

L'intendant assure la gestion financière et comptable qui englobe l'ensemble des recettes et dépenses des sorties et voyages organisés par l'établissement. Elle ne supporte aucun transfert au profit d'une association péri-éducative tel le foyer des élèves[24]. Afin d'assouplir l'opération, l'arrêté du 10 septembre 1998 prévoit la possibilité de désigner l'un des organisateurs comme régisseur d'avances et de recettes.

II Les activités initiées par les associations

67 Un certain nombre d'activités éducatives d'ordre culturel, sportif, ludique ou coopératif relèvent de la gestion des associations disposant de leur siège dans l'établissement. Soumises à un cadre juridique particulier, elles entretiennent des relations avec l'établissement scolaire qui les abrite.

a) Le cadre juridique

68 Ces associations se caractérisent par leur appartenance au droit privé. Toutefois, leur objet s'appliquant au sein des collèges et lycées, elles se rangent aux principes régissant le service

23/ TA Chalons-sur-Marne, 7 octobre 1997, *Favre*, req. 94-1309 (légalité d'un encadrement effectué en priorité par les différents personnels de l'établissement et par les parents d'élèves de ce dernier).

24/ Lettre DAJ-A1, n° 98-215 du 14 avril 1998, *LIJ*, 27/98, p. 10; Lettre DAJ-A1, n° 98-221 du 16 avril 1998, *LIJ*, 26/98, p. 14.

public de l'Éducation nationale : laïcité, neutralité et règles de fonctionnement propres à ces établissements[25].

La mission d'intérêt général de l'École assure à tous les élèves un enseignement gratuit, grâce à des fonds publics gérés selon les règles de la comptabilité publique. L'association exerce en revanche une activité pour ses seuls adhérents, précisément définie dans ses statuts et selon des formules financières d'essence civile[26].

69 1° ***Les différentes associations créées au sein de l'établissement.*** Ces personnes morales obéissent au régime fixé par la loi 1er juillet 1901 relative au contrat d'association et au décret du 16 août 1901 pris pour son application. Selon l'article 1er de la loi, « *l'association est la convention par laquelle deux ou plusieurs personnes mettent en commun d'une façon permanente leurs connaissances ou leur activité dans un but autre que de partager des bénéfices* ». On trouve ce type de structure dans le premier et dans le second degré.

70 **Les coopératives scolaires du premier degré.** À l'inverse du collège ou du lycée, l'école maternelle ou élémentaire ne jouit point de l'autonomie financière et ne gère pas de budget. Toutefois, chaque établissement du premier degré dispose d'un modeste fonds monétaire, alimenté par des cotisations parentales au profit de la coopérative scolaire, prenant la forme juridique d'une association. Son but consiste à diffuser auprès de l'ensemble de la communauté éducative des valeurs telles que la solidarité et la responsabilité. Une circulaire du 10 février 1948 présente ce montage de manière désuète mais attendrissante : « *dans toutes les classes où fonctionne vraiment une coopérative scolaire, le travail est plus joyeux, plus profitable, la camaraderie plus cordiale, l'idéal plus élevé (...). La coopérative peut apparaître d'abord comme un jeu. Rapidement (les enfants) découvrent le sérieux de ses activités; c'est ainsi qu'ils élèvent leur esprit et leur cœur et prennent conscience de la haute valeur du travail bien fait* ». Par-delà l'approche poétique des ministres de l'après-guerre, l'argent collecté par ces coopératives permet un meilleur équipement des classes : « *livres nouveaux pour les bibliothèques, tapis et coussins pour les coins calmes, matériel pour le travail manuel, jeux de société, documents divers...* »[27] ; il sert éga-

25/ Cf. Jean-Paul Négrin, « Les associations administratives », *AJDA*, 1980, n° spécial, p. 129.

26/ « L'argent à l'école », *SAU*, n° 107, mars 2002, p. 4.

27/ Alain Carles, Michèle Delédalle, Jacqueline Orsingher-Puig, Dominique Rouillard, Claude Torrent, *Le nouveau guide pratique du directeur d'école*, Éd. Dalian, Mise à jour n° 21, 2002, n° 11.2, p. 5.

lement à l'organisation de manifestations extra-scolaires telles que goûters d'anniversaire, fête d'école, spectacles... Bref, toute activité située en dehors du champ de l'obligation scolaire mais en constituant son prolongement. La participation des parents, encouragée, demeure libre. La gestion incombe, la plupart du temps au directeur d'école. Les fonds collectés alimentent un compte ouvert à l'office central de la coopération à l'école (OCCE), fédération regroupant l'ensemble des coopératives à la maternelle et au primaire.

L'Union sportive de l'éducation du premier degré (USEP) se retrouve aussi au niveau local à travers une ou plusieurs associations qui peuvent se créer dans les écoles[28].

71 **Le « foyer des élèves » et l'association sportive** du second degré. Dans les collèges et lycées, les activités péri-éducatives ressortissent essentiellement à ces deux associations.

Dans les collèges, la circulaire n° I-68-593 du 19 décembre 1968 institue **le foyer socio-éducatif** (FSE) : « *l'éducation ne peut plus se limiter à l'instruction par l'acquisition de connaissances. Elle comporte à la fois un entraînement à l'activité intellectuelle, manuelle, sportive, artistique, un apprentissage de la liberté et de la responsabilité* ». Le FSE révèle une association au but éducatif plus clairement marqué. La circulaire n° 96-249 du 25 octobre 1996 réaffirme avec force que ce groupement constitue une véritable continuation de l'enseignement. La participation de la communauté éducative demeure toutefois facultative et volontaire. Le recouvrement des cotisations ne peut en conséquence s'opérer de façon automatique ou contraignante. Les textes recommandent cependant une étroite participation des collégiens à sa gestion et à son animation. Dans les lycées, la circulaire n° 91-075 préconise la transformation du FSE en « **maison des lycéens** ». Il s'agit plus qu'un simple changement de nom, la nouvelle association se trouvant officiellement placée sous l'autorité des élèves majeurs de l'établissement.

L'association sportive. Aux termes de l'article 9 de la loi n° 84-610 du 16 juillet 1984, « *une association sportive est créée dans tous les établissements du second degré* ». Comme elle présente un caractère plus contraignant que le foyer des élèves, facultatif, les décrets du 30 août 1985 et du 14 mars 1986 la placent sous l'autorité directe de l'EPLE : le conseil d'admi-

28/ Jean Geoffroy, « Une association périscolaire : l'Union sportive de l'éducation du premier degré (USEP) », *Cahiers de l'Éducation*, juillet-août 2003, p. 8.

nistration de l'établissement donne son accord sur le programme suivi et le principal ou le proviseur préside de droit l'association. Nécessairement affiliée à l'UNSS, elle poursuit la finalité éducative conférée au sport scolaire (note de service n° 87-379 du 1er décembre 1987).

72 2° ***Le régime juridique.*** Implantés dans un établissement public relativement nouveau, ces organismes n'en demeurent pas moins des associations régies par une loi vieille d'un siècle.

73 **Des associations déclarées.** Même instituées à l'instigation de l'administration en vue d'une mission de service public, les associations socio-éducatives constituent des personnes morales de droit privé, soumises à la loi du 1er juillet 1901. Leur capacité juridique découle d'une déclaration faite par les membres fondateurs à la préfecture du département ou à la sous-préfecture de l'arrondissement du siège social. Elle mentionne le titre, l'objet de l'association, l'adresse du siège et les noms de ceux qui la dirigent avec l'indication de leurs fonctions en son sein. La publication au journal officiel conditionne l'opposabilité aux tiers. Tout changement survenu dans son administration conduit à une déclaration dans les trois mois suivant la prise de décision. Un registre spécial consigne les modifications apportées au statut ou à la composition des organes, personnes comprises.

74 **Des organismes juridiquement autonomes.** Les associations de l'établissement votent librement leurs statuts et gèrent leur budget. **Des associations pourvues de statuts.** Ils rappellent les buts poursuivis et la qualité des membres, définissent la structure détaillée et les modalités de fonctionnement des organes de direction (conseil d'administration ou comité directeur, bureau...) ainsi que leurs compétences précises, notamment par rapport à l'assemblée générale[29]. **Des associations dotées d'un budget.** Le foyer, comme la maison des lycéens ou l'association sportive, dispose d'un budget alimenté par diverses ressources. Il s'agit de cotisations (à caractère volontaire), de dons et subventions de personnes publiques ou privées (État, collectivités locales, parents...), de recettes d'exploitation (revenus tirés de la mise à disposition de distributeurs automatiques de boissons...). Le trésorier en assure l'exécution par la tenue d'une comptabilité régulière et détaillée, assortie de pièces justificatives[30].

29/ Patrick Frotiée, Dominique de Guibert, *Créer, animer, gérer, dissoudre une association*, Éd. Maxima, 2000, p. 50 et s.

30/ Robert Matthieu, *Guide pratique et juridique des associations*, Éd. Graucher, 2000, p. 112 et s.

L'implantation en milieu éducatif de ces structures implique leur soumission à des règles spécifiques. S'ajoutent ainsi au droit commun des associations, les principes fondamentaux auxquels se trouvent assujettis les établissements scolaires (égalité, continuité, neutralité, laïcité, gratuité) et les textes relatifs à l'organisation du système éducatif (loi du 22 juillet 1983, loi du 10 juillet 1989, décret du 30 août 1985 et comme toujours, nombreuses circulaires ministérielles).

b) Les relations entre associations et établissement public local d'enseignement

75 Les rapports qui se nouent présentent un caractère fonctionnel et matériel. Les similitudes entre les activités d'enseignement de l'établissement scolaire et l'objet éducatif des associations conduisent, parfois, à certaines dérives[31].

76 1° *Des relations d'ordre fonctionnel et matériel*

77 Les liens étroits des organes directeurs. Le chef d'établissement dispose le plus souvent, soit directement, soit par l'intermédiaire de personnels placés sous son autorité – adjoint ou conseiller principal d'éducation – d'un pouvoir prépondérant de décision et de gestion au sein du bureau de l'association. Ce pouvoir reflète la réalité du fonctionnement dans la mesure où l'investissement des élèves et des parents dans la vie éducative reste faible.

Ainsi, le cumul fréquent au profit du chef d'établissement des fonctions d'exécutif du conseil d'administration de l'établissement public et de celles de président de l'association socio-éducative crée une confusion entre la personne de droit public et la personne de droit privé. Dans cette hypothèse, la même personne physique représente les deux personnes morales. Ce qui fait courir le risque à l'association d'une qualification de « transparente » à l'occasion d'un litige relatif à l'exécution d'un contrat ou à la survenance d'un dommage intervenu du fait de ses activités. Le juge administratif la considère alors comme un « paravent » du service public, agissant au nom et pour le compte de la personne publique dont elle ne constitue que le prolongement[32]. Certes, les textes écartent l'inconvénient pour la maison des lycéens car ils conditionnent son existence à la direction et à la gestion

31/ « Associations dans les EPLE : risques et recommandations », *Les cahiers de l'Éducation*, mars 2004, p. 15.

32/ Jean Berthoud, « Des associations transparentes », *RDS*, n° 18, novembre-décembre 1996, p. 18.

de l'association par des élèves majeurs. Cependant, le péril apparaît pour l'association sportive du fait de son imbrication dans l'administration : la réglementation attribue en effet sa présidence au chef d'établissement et les enseignants d'éducation physique y consacrent une partie de leur service.

Une maison, un foyer. *Si la direction du foyer socio-éducatif (présidence, secrétariat, trésorerie) relève légalement des seuls adultes appartenant à la communauté éducative, la circulaire du 2 avril 1991 prévoit en revanche que des élèves majeurs assurent la direction de la maison des lycéens. Sa représentation dans les actes de la vie civile et la charge de sa gestion incombent donc à des jeunes adultes scolarisés. Cette caractéristique constitue un obstacle à la continuité dans la direction de l'association puisque ceux-ci ne fréquenteront plus longtemps l'établissement de l'enseignement secondaire. À cela s'ajoute parfois la réticence des proviseurs à voir se constituer au sein du lycée qu'ils dirigent, une association exclusivement aux mains des élèves.*

Les textes réglementaires soulignent ainsi la nécessité de distinguer les activités respectives et les organes dirigeants de l'établissement et de l'association socio-éducative : « *Il ne paraît pas souhaitable que les statuts prévoient l'attribution de droit, de fonctions au chef d'établissement, au gestionnaire ou à l'agent comptable* » (circulaire n° 96-249 du 25 octobre 1996). Les relations entre l'association et le collège ou lycée trouveront avantage dans la passation d'une convention soumise à l'approbation du conseil d'administration et de l'assemblée générale ou des organes directeurs de l'association. Elle précisera les droits, les devoirs et les responsabilités respectifs des deux parties.

78 **Les aides matérielles de l'EPLE à l'association**. Le collège ou le lycée apportent également leur concours aux activités de l'association par une aide soit en nature, soit, plus rarement, financière. **L'aide en nature**, liée à l'implantation de l'association, se traduit par la mise à disposition de locaux de façon temporaire (réunions, activités des clubs du foyer socio-éducatif) ou permanente (lieux de loisirs gérés par l'association). Elle consiste également en une dotation d'équipements inscrits à l'inventaire de l'établissement (téléviseurs, ordinateurs...) pour des activités destinées aux élèves. **L'aide financière** se manifeste quelquefois par la prise en charge de frais divers (entretien, chauffage, dépenses de fluides, de téléphone) et par l'octroi de subventions, inscrites au budget de l'EPLE.

79 2° *Les dérives gestionnaires des associations.* L'étroitesse des liens entre l'établissement scolaire et les associations péri-éducatives découle de leur position géographique mais également des missions, souvent proches, que leur assigne la réglementation. Ces relations d'interdépendance conduisent parfois à certaines dérives, par facilité ou tout simplement par ignorance du droit. Les écarts, de deux ordres, reviennent tantôt à confier à l'association des missions relevant en fait du service public de l'Éducation nationale et tantôt à laisser la structure péri-éducative gérer une activité incompatible avec les principes régissant les établissements scolaires.

80 Les activités relevant du service public de l'Éducation nationale. Le principe de gratuité (article L. 132-2 du Code de l'Éducation), véritable « *symbole de l'École de la République* »[33], interdit d'imposer aux usagers une quelconque contribution financière destinée au paiement des dépenses indispensables à l'exercice de la mission pédagogique de l'établissement scolaire. Dans ces conditions, l'adhésion facultative aux associations péri-éducatives empêche de leur confier une mission obligatoire du service public de l'Éducation sans porter atteinte à la gratuité. Nonobstant l'ancienneté du principe, certaines pratiques le rendaient souvent inopérant, en particulier pour les **frais de scolarité** et de **copies**. L'habitude consistait à faire supporter aux familles le coût des carnets de correspondance, d'affranchissement des courriers et même, parfois, de reprographie. Par commodité, la gestion confiée au « foyer des élèves » l'amenait à réclamer une contribution spécifique aux parents. La pratique présentait une double atteinte au principe de gratuité : le paiement par l'usager d'une dépense obligatoire de l'établissement d'une part et l'adhésion *de facto* imposée à l'association gestionnaire, d'autre part. Cette violation, condamnée par le juge administratif[34], l'est désormais aussi par le ministre qui (ré)affirme clairement le principe dans une circulaire n° 2001-256 du 30 mars 2001. Dans le même esprit, jusqu'à une période récente, le foyer socio-éducatif organisait souvent les **voyages et sorties scolaires**. Outre les facilités de gestion que cela supposait, certains chefs d'établissement pensaient échapper à leur responsabilité en ne prenant pas directement

33/ Rapport de Bernard Toulemonde, *La gratuité de l'enseignement – passé, présent, avenir*, 1er trimestre 2002, p. 3 ; cf. également Marie-Françoise Choisnard, « Gratuité : un principe en constante évolution », *Cahiers de l'éducation*, mars-avril 2002, p. 3 ; René Gérard, « Le juge administratif, gardien vigilant du principe de gratuité » *Cahiers de l'éducation*, mars-avril 2002, p. 5.

34/ TA Bordeaux, 29 juin 1999, *Solana*, cité dans le rapport de Bernard Toulemonde précité, p. 13 (sur les frais de scolarité) ; TA Paris, 28 décembre 1994, *Tahej*, req. 93-14938/3 (sur les frais de copies). Cf. également Daniel Ephritikine, « Histoire de reprographie dans un grand lycée », *RDS*, n° 12, novembre-décembre 1995, p. 3.

part à l'opération. Vains espoirs. Ces agissements semblent aujourd'hui abandonnés[35].

D'autres activités gérées par ces associations entrent en conflit avec le principe de spécialité de l'établissement scolaire.

81 **Des activités incompatibles avec les principes du service public ?** La neutralité interdit tout commerce dans l'établissement scolaire. Les associations péri-éducatives demeurent, par suite, soumises à ce principe. Certaines activités, à la marge, restent cependant possibles sous conditions[36]. Il en va ainsi des **kermesses** ou des **ventes de pâtisseries** dans un but humanitaire ou pour aider au financement d'un voyage scolaire facultatif. Ces pratiques ne présentent rien de fondamentalement illégal sous réserve de justification par des raisons sociales ou éducatives et de ne pas pallier une carence du service public[37]. La gestion d'une **cafétéria** par le foyer des élèves s'avère également possible. Une telle initiative ne se heurte pas nécessairement au principe de spécialité de l'établissement public. Opportune même, elle incite les jeunes à ne pas quitter l'enceinte scolaire durant les périodes d'interclasse. Le chef d'établissement – après consultation du conseil d'administration – et la collectivité territoriale de rattachement donnent leur accord[38].

B. Les stages en entreprise

82 Depuis de nombreuses années, l'Éducation nationale manifeste le souci de s'ouvrir au monde du travail[39], notamment par l'introduction de stages en entreprise à différents niveaux de l'enseignement secondaire[40].

D'une manière générale, l'objectif de ces filières induit la découverte du milieu professionnel et, pour les élèves de l'en-

35/ Cf. *supra*, n° 57 et s.

36/ CE, 8 juin 1994, *Société Codima, Rec. CE*, p. 924 ; CE, 10 mai 1996, *SARL La Roustane et Université de Provence, Rec. CE*, p. 168.

37/ « Activités socio-éducatives », *RDS*, n° 2, mars-avril 1994, p. 16.

38/ Lettre DAJ-A1 n° 97-585 du 14 octobre 1997, *LIJ*, 20/97, p. 10.

39/ Par exemple la circulaire ministérielle du 5 avril 2001 relative au « *code de bonne conduite des interventions des entreprises en milieu scolaire* ». N'ajoutant rien à l'état du droit, le texte ne saurait être discuté devant le juge (CE, 6 novembre 2002, *Molinier, AJDA*, 2003, p. 994, note Laurence Jégouzo-Vienot).

40/ Sur ces différents stages voir *Guide des formations en entreprise pour les élèves et les étudiants*, ministère de l'Éducation nationale, Direction des lycées et collèges, Bureau des enseignements professionnels et de l'apprentissage, 1997.

seignement professionnel, l'acquisition des compétences obtenues au contact de la réalité de la vie industrielle, commerciale ou administrative. Face à la diversité des situations **(I)**, la réglementation demeure commune **(II)**.

I La diversité des situations

83 Ces activités portent le nom de **stages**, de **séquences d'observation** ou de **visites d'information en entreprise**, de **séquences éducatives en entreprise**, de **périodes de formation en entreprise** ou de **périodes de formation en milieu professionnel**. Les appellations varient en fonction des objectifs de ces phases, du niveau d'enseignement auquel elles se rattachent, de leur prise en compte ou non à l'examen et de la nature du diplôme.

Certaines présentent un caractère obligatoire, d'autres un caractère facultatif.

a) Les stages obligatoires

84 Les stages obligatoires s'effectuant hors de l'établissement figurent aux programmes d'enseignement et ne donnent pas lieu au versement d'une rémunération. Ils se déroulent pendant le temps scolaire ou pendant les vacances à condition de s'insérer dans la scolarité de l'élève. Cela exclut leur organisation à l'issue de la formation proprement dite.

Selon l'article L. 331-4 du Code de l'Éducation, « *la scolarité peut comporter, à l'initiative des établissements scolaires et sous leur responsabilité, des périodes de formation dans des entreprises, des associations, des administrations ou des collectivités territoriales en France ou a l'étranger. Ces périodes sont conçues en fonction de l'enseignement organisé par l'établissement qui dispense la formation. Elles sont obligatoires dans les enseignements conduisant à un diplôme technologique ou professionnel* ». CAP, BEP, BP, baccalauréat professionnel et BTS tombent sous le coup de ces dispositions.

b) Les stages facultatifs

85 L'article L. 211-1 du Code du travail permet aux élèves de l'enseignement général de faire des visites d'information organisées par leurs enseignants ou, durant les deux dernières années de leur scolarité, de suivre des séquences d'observation. Ces dispositions « *ne font pas obstacle à ce que ces mineurs, lorsqu'ils ont plus de quatorze ans, se livrent à des travaux adaptés à leur âge* *pendant leurs vacances scolaires »*[41]. Le décret n° 2003-812 du 26 août 2003 (art. 6) et la circulaire ministérielle n° 2003-134 du 8 septembre 2003 interprètent la loi en indiquant que les séquences en question « *ne peuvent être organisées qu'à partir des deux dernières années de la scolarité obligatoire, pour les élèves scolarisés au moins en classe de quatrième ou de troisième* ». Une convention passée entre l'établissement et l'entreprise ou l'organisme d'accueil précise notamment les modalités d'encadrement des « visiteurs » (d'un soir) ou autres « observateurs » (en herbe)[42].

II La réglementation commune aux différents stages

86 Le droit applicable aux périodes de formation en entreprise concerne à la fois le statut de l'élève dans l'entreprise et le cadre d'exécution de la formation, c'est-à-dire la convention de stage.

a) Le statut de l'élève dans l'entreprise

87 Les élèves stagiaires conservent leur statut scolaire. Ils demeurent sous l'autorité et la responsabilité du chef d'établissement d'enseignement même si le règlement intérieur de la société s'impose également à eux. L'intégration implique la soumission à certaines règles sociales et du travail.

88 1° *La couverture des risques.* **La couverture accident du travail.** Selon le Code de la Sécurité sociale (articles L. 412-8 et D. 412-6), les élèves des établissements d'enseignement bénéficient d'une large couverture. Si le stage figure au programme d'enseignement, s'il met en pratique, hors de l'EPLE, l'enseignement dispensé et s'il ne donne lieu au versement d'aucune rémunération, il relève de ces dispositions. **Seuls les élèves effectuant un stage obligatoire bénéficient de la couverture** pour les accidents qu'ils pourraient subir tant dans l'entreprise d'accueil que lors des trajets entre celle-ci et leur domicile. Les stages facultatifs s'en trouvent donc exclus. L'accident fait l'objet d'une déclaration, dans les quarante-huit heures, à la caisse primaire d'assurance maladie, par le principal ou le proviseur en sa qualité de représentant de l'État, employeur de la victime. La procédure aboutit à la

41/ Ordonnance n° 2001-174 du 22 février 2001.

42/ L'annexe à la circulaire du 8 septembre 2003 précitée offre cinq modèles de convention.

réparation forfaitaire du préjudice subi [43]. **La responsabilité civile.** Le chef d'établissement doit souscrire une assurance particulière couvrant la responsabilité civile de l'élève pour les dommages éventuellement causés pendant son accueil. Il y va aussi de son intérêt de prendre toutes dispositions pour garantir sa responsabilité civile. La souscription d'une assurance particulière le couvrant en cas de faute (ou un avenant à la convention relatif aux stagiaires pour les contrats existants au titre de la responsabilité civile professionnelle) suffit. Cette clause demeure facultative pour l'entrepreneur. S'il s'y refuse, le chef d'établissement ne saurait l'imposer. Il n'apparaît pas opportun de s'opposer au stage pour ce seul motif.

89 2° ***La réglementation du travail.*** **Les conditions de travail.** « *Les élèves de l'enseignement général peuvent faire des visites d'information organisées par leurs enseignants ou, durant les deux dernières années de leur scolarité obligatoire, suivre des séquences d'observation (...). Les élèves qui suivent un enseignement alterné ou un enseignement professionnel peuvent accomplir, durant les deux dernières années de leur scolarité obligatoire, des stages d'initiation, d'application ou des périodes de formation en milieu professionnel* » [44]. En matière d'**horaires**, les articles L. 212-1 et suivants du Code du travail, empêchent d'employer un élève de moins de dix-huit ans à un travail effectif excédant sept heures par jour et dans la limite de trente-cinq heures par semaine. Le travail de nuit est interdit aux mineurs entre vingt-deux heures et six heures du matin (article L. 213-7) avec dérogation éventuelle accordée par l'inspecteur du travail pour les élèves de seize à dix-huit ans, sauf pour la tranche horaire de minuit à quatre heures du matin. Pour les mineurs de seize ans, le travail de nuit est prohibé entre vingt heures et six heures du matin, sans dérogation possible. La loi fixe le repos quotidien des jeunes à quatorze heures consécutives pour les moins de seize ans et à douze heures pour les moins de dix-huit ans (article L. 213-9). Au-delà de quatre heures et demie de travail, les élèves mineurs bénéficient d'une pause obligatoire d'au moins trente minutes. Enfin, une durée minimale de deux jours, de préférence consécutifs, comprenant le dimanche, caractérise le repos hebdomadaire des élèves mineurs (article L. 221-5). L'**utilisation des machines dangereuses** nécessite une demande spécifique de dérogation du chef d'entreprise – ou d'établissement – à l'inspecteur du tra-

43/ Cf. *infra*, n° 520 et s.

44/ Article L. 211-1 du Code du travail.

vail qui l'accorde au jeune, après autorisation du moniteur d'atelier, sur avis favorable du médecin du travail ou du médecin chargé de la surveillance des élèves (article R. 234-22)[45].

b) Le cadre d'exécution de la formation : la convention de stage

Du travail pour les stagiaires... et les juges. *Une décision de la Cour de cassation[46] vient rappeler l'importance de la convention dans l'organisation d'un stage en entreprise. L'affaire jugée concerne un stagiaire qui demande, après coup, une requalification du stage en contrat de travail du fait de sa complète intégration dans le fonctionnement de l'entreprise et de l'apport d'un véritable chiffre d'affaires à propos des missions dont il s'acquitte.*

Le stagiaire a tout intérêt à se trouver placé dans des conditions réelles d'exercice de l'activité professionnelle. Mais plus l'activité confiée se rapproche de la réalité, plus les risques de requalification du stage en contrat de travail augmentent.

Pour lever cette ambiguïté, la Cour de cassation pose en principe que la mise en situation professionnelle en immersion ne suffit point pour fonder la requalification. La convention de stage joue un rôle prépondérant qui détermine les engagements respectifs des parties et permet de vérifier si l'activité du stagiaire se conforme aux objectifs affichés.

90 Toute période en entreprise, quelle qu'en soit l'appellation, effectuée par un élève pendant sa formation, donne obligatoirement lieu à une convention passée entre le chef d'établissement et l'entrepreneur. Elle précise les engagements et les obligations des trois parties, société, EPLE, élève et comporte des dispositions à la fois administratives, pédagogiques et financières. Elle affirme le statut scolaire de l'élève pendant sa formation en entreprise et la responsabilité pédagogique du collège et du lycée. Elle indique les modalités de couverture en matière d'accidents du travail et rappelle dans une annexe pédagogique les objectifs et les modalités de la période en entreprise (durée, calendrier et contenu des différentes séquences, conditions d'accueil de l'élève, nature des tâches à accomplir, formules de liaison entre les enseignants et les formateurs *in situ*, suivi et évaluation des activités). Elle détermine enfin dans une annexe financière les modes de remboursement de frais et d'assurances des élèves.

91 Une convention-type relative à la formation en milieu professionnel des élèves offre un cadrage national. Son contenu supporte des aménagements en fonction de l'âge de l'élève et de la nature du diplôme préparé.

45/ Cf. *infra* § 446.

46/ Cass. soc., 17 octobre 2000, *Société Top Info c/ Hubert*, req. 98-40986.

Le respect de certaines dispositions juridiques prévient, autant que possible, les conséquences d'incidents susceptibles de mettre en cause le chef d'établissement ou le chef d'entreprise. Quatre points méritent spécialement l'attention : l'approbation de la convention par le conseil d'administration de l'établissement ; l'élaboration de l'annexe pédagogique et de l'annexe financière formant un tout avec la convention ; la prise en compte de la réglementation du Code du travail et de la directive européenne en matière d'horaires et de sécurité du travail ; l'exigence d'une assurance responsabilité civile.

92 Les collèges et lycées, soucieux d'adapter leur pédagogie aux réalités du monde professionnel, élaborent parfois des produits ou composent des œuvres. La circulaire 78-253 du 8 août 1978 sur la « ***réglementation relative aux travaux et aux fabrications industrielles dans les établissements d'enseignement technologique, à la vente d'objets fabriqués et la rémunération de services*** » rappelle, à propos de la confection de produits divers, certaines règles. Parmi elles figure, outre le respect des normes de sécurité, la nécessité de « (...) *s'assurer que le produit ou certains de ses éléments ne sont pas protégés par un brevet d'invention* ». Ce contrôle permet d'éviter de commettre le délit de contrefaçon prévu par l'article L. 122-4 du Code de la propriété intellectuelle. Cependant, dans l'hypothèse d'une **création originale** son ou ses auteurs bénéficieront des dispositions protectrices du code précité relatives aux droits d'auteur.

L'enseignement en milieu pénitentiaire. Contribution de M. Pierre Giraud, proviseur, directeur de l'Unité Pédagogique Régionale des services pénitentiaires de Marseille.

« L'enseignement en milieu pénitentiaire constitue un droit pour toutes les personnes incarcérées qui leur permet d'assurer leur réinsertion sociale et professionnelle.

Pour répondre à ce droit, l'enseignement scolaire présent dans tous les établissements pénitentiaires est organisé et contrôlé par une unité pédagogique régionale, implantée dans chaque Direction Régionale des Services Pénitentiaires (DRSP) au sein du département insertion et probation (DIP) et par l'inspection pédagogique concernée suivant les niveaux d'enseignement.

Plusieurs textes nationaux et européens[47] *traitent de la question. Une circulaire de 2002 rappelle que* « la finalité fondamentale de l'enseignement est de contribuer à ce que la

47/ Le Code de procédure pénale dans sa partie réglementaire relative à l'enseignement (section III articles D450 à D456) ; la convention du 29 mars 2002, relative à l'enseignement en milieu pénitentiaire et la circulaire signée le même jour par le ministre de l'éducation nationale et le ministre de la justice sur l'organisation et les orientations de l'enseignement en milieu pénitentiaire ; la circulaire du 5 octobre 2000 du ministre de l'Éducation nationale sur personne détenue se dote des compétences nécessaires pour se réinsérer dans la vie sociale et professionnelle. Pour tous les jeunes et adultes en détention, l'enseignement poursuit (...) un objectif éducatif de soutien à la personne... un objectif de formation et de validation des acquis (...) un objectif d'ouverture aux différentes formes d'accès au savoir ».

Les axes prioritaires d'intervention auprès des détenus restent :

– la prise en charge scolaire et professionnelle, systématique pour les mineurs, en s'appuyant sur des activités purement scolaires, des actions de formation professionnelle et des actions de resocialisation, d'élaboration d'un projet professionnel avec l'aide des conseillers d'orientation psychologues, de découverte et d'apprentissage de différents métiers, d'éducation à la citoyenneté, etc.,

– la prise en charge des jeunes adultes dans le cadre d'un suivi de scolarité,

– la lutte contre l'illettrisme, avec un repérage systématique à l'entrée en prison,

– la prise en charge des bas niveaux,

– la certification et la validation des acquis (examens, livrets d'attestation de parcours de formation, validation des acquis de l'expérience),

– la préparation à la sortie.

Au plan national, pendant l'année civile 2004, 1 352 enseignants (dont 940 vacataires) ont assuré 12 511 heures de cours hebdomadaires dans 167 établissements pénitentiaires.

37 939 détenus (dont 3 239 mineurs) ont été scolarisés plus de 3 semaines, auxquels il faut ajouter 4 259 personnes qui ont suivi des cours par correspondance (CNED, Auxilia...)

Plusieurs niveaux d'intervention intéressent la scolarisation des détenus.

Niveaux de formation	*Nombre de détenus*	*Pourcentage*
Français langue étrangère	*3 524*	*9,29*
Niveau 6 (alphabétisation, illettrisme)	*6 566*	*17,31*
Niveau 5 bis (remise à niveau, certificat de formation générale)	*12 321*	*32,48*
Niveau 5 (diplôme national du brevet, certificat d'aptitude professionnelle, brevet d'études professionnelles)	*11 147*	*29,38*
Niveau 4 (second cycle secondaire, baccalauréats, diplôme d'accès aux études universitaires)	*3 560*	*9,38*
Supérieur (diplôme d'études universitaires générales, licence, maîtrise)	*821*	*2,16*
Total	*37 939*[48]	*100*

l'organisation de l'enseignement en milieu pénitentiaire ; la circulaire du ministre de l'éducation nationale et du ministre de la justice du 2 juillet 1998 sur l'enseignement aux jeunes détenus ; la convention du 3 juillet 2003 entre le centre national d'enseignement à distance et la direction de l'administration pénitentiaire ; les recommandations du comité des ministres du conseil de l'Europe n° R(87)3 sur les « règles pénitentiaires européennes » du 12 février 1987 (règles 65, 66, 77 à 81 et 87 sur l'enseignement, l'éducation et la formation) et n° R(89) 12 sur l'éducation en prison du 13 octobre 1989.

48/ Sources : Rapports semestriels des U.P.R.

> *Les bas niveaux concernent 22 411 détenus, soit 59,08 % des scolarisés. Ce pourcentage est conforme aux difficultés repérées à l'entrée en prison : 15,56 % des détenus se trouvent en situation d'illettrisme grave ou avéré, 14 % rencontrent des difficultés en lecture et 52,19 % sont sans diplôme[49].*
>
> *L'enseignement et la pédagogie doivent s'adapter à la diversité du public incarcéré (mineur ou adulte), aux niveaux scolaires hétérogènes, à l'instabilité des détenus et aux contraintes pénitentiaires, pour apparaître comme un élément essentiel dans le dispositif de réinsertion. Cela en partenariat avec la formation professionnelle, le socio-éducatif, le travail, la santé, etc., l'ensemble des personnels pénitentiaires et des éducateurs de la Protection Judiciaire de la Jeunesse (PJJ) pour les mineurs.*
>
> *En milieu carcéral, l'enseignement, au service de tous et des plus démunis, permet d'espérer, qu'après la spirale de l'échec, la réussite fait partie des possibilités de réinsertion, en préparant l'après détention. »*

En prison, le contentieux de la vie scolaire se résume à un adjectif : rarissime. Même si le champ d'application de la mesure d'ordre intérieur diminue[50], le juge administratif refuse de statuer dans des affaires qu'il continue de considérer comme insignifiantes. Il estime ainsi que la confiscation de l'ordinateur personnel d'un détenu, lors de son transfèrement, ne le prive pas de son droit à la formation[51].

2 Le savoir transmis : les œuvres littéraires et artistiques

93 L'École pourrait, dans une optique réductrice, se contenter de transmettre aux élèves un savoir académique, épuré de toute considération artistique. L'apprentissage de la lecture, des mathématiques ou encore des moments clefs de l'Histoire n'exige pas, *a priori*, le recours aux œuvres d'auteurs célèbres. Mais quelle idée se ferait alors l'institution scolaire de l'érudition, de la Culture ? L'acquisition des connaissances suppose, bien évidemment, l'étude des chefs-d'œuvre des grands artistes d'hier et d'aujourd'hui. Or l'enseignement moderne se trouve inévitablement confronté au régime juridique protecteur des œuvres de l'esprit : le droit des hommes et des femmes sur leurs créations s'affiche de nos jours, sinon

49/ Source : Enquête nationale en 2004, à partir du logiciel Lecture Population Pénale (LPP).

50/ Cf. *infra*, n° 194 et 260.

51/ TA Nantes, 12 octobre 2004, AJ Pénal, n° 3/2005, p. 121, obs. Éric Pechillon.

comme un droit naturel, du moins comme un droit supérieur. La déclaration universelle des droits de l'homme de 1948 le reconnaît en ces termes : « *chacun a droit à la protection des intérêts moraux et matériels découlant de toute production scientifique, littéraire ou artistique dont il est l'auteur* ».

Ces garanties, appliquées aux œuvres utilisées pour les besoins éducatifs, pourraient apparaître inadaptées aux nécessités de l'enseignement : la confusion de l'intérêt général et de la pédagogie, expliquerait-elle, la limitation des droits des auteurs sur leurs œuvres ? Ne faudrait-il pas en la matière une « exception pédagogique » ? Si certains pays comme l'Espagne ou le Luxembourg ont adopté un tel système, il n'en est rien en France. Les deux grandes lois sur les droits d'auteur[52], intégrées au Code de la propriété intellectuelle, ne réservent aucun traitement particulier à l'usage scolaire : l'emploi d'œuvres protégées, avec ou sans finalité pédagogique, obéit aux règles du droit commun[53].

Promotion ou exploitation ? *Les critiques brandies contre l'application des droits d'auteur dans l'enseignement ne sont pas très convaincantes. Si l'on excepte l'argument de l'intérêt général, déjà évoqué, qui tend à hisser les pratiques pédagogiques au rang des normes constitutionnelles ou tout du moins des règles supérieures à la loi, on avance aussi l'intérêt même des auteurs à l'utilisation de leurs œuvres à des fins d'enseignement ; une telle « accession » devrait être vécue par les intéressés comme une reconnaissance valant en elle-même toute rémunération. Si le fait « d'être enseigné » constitue parfois une plus-value pour l'œuvre, l'argument procède d'une certaine mauvaise foi. Au-delà de l'aspect pécuniaire, totalement nié, l'auteur se nourrirait de gloire et la paternité sur son œuvre se verrait remise en cause : l'insigne honneur d'avoir été choisi le priverait de tous ses droits et son espoir de renommée exonérerait l'institution scolaire du respect de la loi...*

94 L'application du droit commun se justifie pleinement. La législation met à l'abri les auteurs et poursuit l'objectif de favoriser l'épanouissement de la création. Dès lors, toute exception à cette protection porterait un coup à la création elle-même. Personne, l'École en tête, ne trouverait son compte dans pareille singularité.

En même temps, une mise en pratique drastique des règles du Code de la propriété intellectuelle conduirait à des excès.

52/ La loi du 11 mars 1957 sur les droits d'auteur et la loi du 13 juillet 1985 portant actualisation de la précédente et qui régit les « droits voisins » aux droits d'auteur (droits des artistes interprètes ; des producteurs de phonogrammes et de vidéogrammes et des entreprises de communication audiovisuelle).

53/ Sur l'ensemble de ces questions, cf. le site http://www.legamedia.fr ; Pierre Sirinelli, *Propriété littéraire et artistique*, Mémentos, Dalloz, 2004.

Songeons aux récitations en classe ou à la reproduction, au tableau, de textes à commenter. Si dans chacun de ces cas l'autorisation de l'auteur et sa rémunération étaient requises, tout enseignement s'avérerait bloqué : une tolérance, sinon une exception paraît ici de bon aloi. Où se trouve alors la limite de l'acceptable pour les auteurs ? Car « *l'équilibre entre les aspirations des enseignants et de leurs élèves et la préservation des intérêts légitimes des créateurs semble souvent difficile à trouver* »[54]. Tel est pourtant l'enjeu : faire cohabiter harmonieusement pédagogie et droits d'auteurs.

Quelles évolutions possibles ? *Adapter les règles de la protection littéraire et artistique aux nécessités de l'enseignement permettrait sans doute un usage plus paisible des œuvres protégées en classe. Juridiquement, deux voies sont possibles pour modifier en la matière l'état du droit positif : la voie contractuelle ou la voie législative. La première consiste à négocier directement avec les auteurs – ou leurs représentants – les conditions de cette utilisation. Plusieurs protocoles d'accord ont d'ailleurs été signés en ce sens, liant par contrat le ministère de l'Éducation nationale à certaines sociétés de gestion de droits d'auteur. Cette solution, si elle constitue déjà un progrès, présente l'inconvénient de la ponctualité : elle laisse de nombreuses questions en suspens et les règles applicables demeurent incroyablement compliquées pour l'administration utilisatrice des œuvres. Seule une modification de la loi remédierait à cette complexité. Compte tenu de la tradition française de protection des auteurs, il semble peu réaliste et hautement improbable que le législateur accepte de voter « l'exception pédagogique » tant attendue par certains. Mais une évolution moins radicale paraît possible : la loi, sans soustraire l'ensemble des activités d'enseignement au champ d'application des règles de la propriété intellectuelle, pourrait prévoir des modalités plus souples d'autorisation et de rémunération des auteurs. À cet égard, une directive européenne récente a prévu la faculté pour les États membres de l'Union de créer une exception de ce type*[55]*. L'idée consiste à permettre la reproduction d'œuvres protégées dès lors qu'elle repose sur l'illustration de l'enseignement ou de la recherche, sous réserve de l'indication de la source et du nom de l'auteur. L'absence d'autorisation préalable présente un intérêt évident, mais la règle n'exclut pas le droit, pour l'auteur, de réclamer une juste rémunération* a posteriori. *Des adaptations législatives paraissent donc possibles. Toutefois, pour l'heure, seules les conventions précitées viennent aménager l'ordonnancement juridique des droits d'auteur en milieu scolaire.*

L'application du droit de la propriété intellectuelle dans les écoles, les collèges et les lycées suppose la réponse des acteurs du système éducatif à certaines questions : quelles sont les œuvres protégées et qui en sont les auteurs ? **(A)** Quel est le contenu des droits de ces derniers et comment se déploient-ils ? **(B)**

54/ Michèle Salczer-Sanchez, « Le droit d'auteur et les nécessités de l'enseignement », *RIDA*, oct. 1981, p. 136.

55/ Directive sur « *l'harmonisation de certains aspects du droit d'auteur et des droits voisins dans la société de l'information* » du 22 mai 2001, *JOCE*, 22 juin, L. 167-10.

A. Les œuvres et leurs auteurs

95 Dès lors qu'un enseignant utilise en toute connaissance pour les besoins de son cours une œuvre de l'esprit, il sait par là qu'il entre dans le champ d'application de la législation de la protection littéraire et artistique : l'œuvre suppose l'existence d'un auteur qui dispose de droits sur l'exploitation par autrui en l'occurrence le pédagogue de sa création.

Il apparaît donc indispensable d'une part, de définir ce que recouvre la notion d'œuvre de l'esprit, au sens de la loi **(I)** et, d'autre part, de savoir comment s'acquiert la qualité d'auteur **(II)** afin de déterminer le véritable titulaire des droits.

I La définition de l'œuvre de l'esprit

96 La reconnaissance d'une œuvre de l'esprit ne pose pas problème lorsque le professeur de lettres commente un poème d'Aragon ou son collègue musicien apprend à ses élèves une chanson de Brassens, de Brel ou de Trenet. Il s'agit incontestablement d'œuvres d'auteurs connus et reconnus. Cependant, la définition de l'œuvre, large et complexe au plan juridique, ne prend aucunement en considération sa valeur esthétique. Dès lors, toute création, même insignifiante, peut répondre à la définition légale. Dans ces conditions, quid de la carte de France, de la classification périodique des éléments de Mendeleïev ou encore d'un article paru dans la presse utilisés par les professeurs en classe ? Ces matériels pédagogiques à la beauté discutable, constituent, bien souvent, des œuvres de l'esprit.

Le Code de la propriété intellectuelle fait « simplement » état de la protection des « *droits des auteurs sur toutes les œuvres de l'esprit, quels qu'en soient le genre, la forme d'expression, le mérite ou la destination* »[56]. Il apparaît dès lors, de prime abord, plus facile[57] de déterminer ce qui ne constitue pas une œuvre. La jurisprudence s'est ensuite prononcée au cas par cas sur ce que recouvre véritablement la notion.

56/ L'article suivant L. 112-2, qui n'est pas sans rappeller un inventaire « à la Prévert » donne une liste indicative des œuvres pouvant répondre à la définition. On y trouve, entre autres, les œuvres dramatiques, les œuvres chorégraphiques, les numéros et tours de cirque, les pantomimes, les compositions musicales avec ou sans parole, les œuvres graphiques et typographiques, les plans, les croquis...

57/ Art. L. 112-1 C; propr. Intell. Sur la délicate question de la preuve faite ou de la preuve non à faire, voir Thibault Lancrenon, « Probatio probata, non probanta ou le rôle primordial de la preuve en droit d'auteur », *Petites affiches*, n° 97, 17 mai 2005, p. 10.

a) Les critères non pris en compte

97 Premier point : l'œuvre de l'esprit ne se définit pas par son **genre** : s'y rattachent la musique, la littérature ou les arts plastiques quelle que soit la **forme d'expression**.

> ***Oui, ce sont des œuvres :***
> - *les annuaires*[58] ;
> - *les dictionnaires*[59] ;
> - *les guides*[60] ;
> - *les articles de fond parus dans la presse*[61] ;
> - *une carte de géographie*[62] *(couleurs, toponymie...)* ;
> - *une mise en scène de théâtre*[63] ;
> - *un logiciel dès lors qu'il existe un* « apport intellectuel impliquant un seuil minimal de créativité, un apport de nouveauté allant au-delà de la mise en œuvre d'une logique automatique »[64].

98 Deuxième point : le législateur interdit la prise en considération de son **mérite** : « *la loi ne juge pas les œuvres* »[65]. Peu importent le jugement de valeur porté sur sa beauté et la destination de l'œuvre.

99 Troisième point : n'entre pas dans la définition le domaine de la **pensée** qui, de libre circulation, échappe par nature à toute appropriation. La jurisprudence reste constante en la matière : « *les dispositions protectrices de la loi du 11 mars 1957 ne concernent pas les idées exprimées mais la forme originale sous laquelle elles sont données* »[66]. Cette règle vaut pour tous les domaines : les enseignants pourront exploiter librement les idées scientifiques, littéraires ou artistiques puisqu'elles n'appartiennent à personne ou plutôt qu'elles appartiennent à tout le monde.

> ***La distinction entre la « mise en forme » et « l'idée ».*** *L'artiste Christo avait imaginé d'emballer le Pont-Neuf à Paris. Pour le juge, cette idée non protégée en soi rendait impossible l'interdiction à un tiers d'emballer les arbres des Champs Élysée. En effet, le droit*

58/ TGI Paris, 24 septembre 1976, *RIDA*, juillet 1977, p. 155.

59/ Trib. civ. Seine, 16 août 1864, *Ann.*, 1865, p. 14.

60/ Trib. civ. Seine, 6 avril 1914, *Gaz. Pal.*, 1916-1, p. 511.

61/ TGI Paris, ord. réf., 9 mai 1984, *D.*, 1985, IR, p. 309, obs. C. Colombet.

62/ CA Paris, 24 novembre 1988, *Cah. dr. auteur*, juill. 1989, p. 19.

63/ CA Paris, 8 juillet 1971, *RIDA*, janv. 1973, p. 134.

64/ Cass. ass. plén., 7 mars 1986, *Société Atari Ireland LTD et autre c/ Valadon et autres, D.*, p. 405, note Edelman.

65/ Eugène Pouillet, *Traité théorique et pratique de la propriété littéraire et artistique et du droit de représentation*, Paris, Marchal et Billard, 3e éd., 1908.

66/ CA Paris, 22 janvier 1982, *RIDA*, juillet, n° 113, p. 164.

d'auteur « ne protège que les créations d'objets déterminés, individualisés et parfaitement identiques et non pas un genre ou une famille de formes qui ne présentent entre elles des caractères communs que parce qu'elles correspondent toutes à un style découlant d'une idée »[67]. *Cependant, l'emballage du Pont-Neuf par Christo, en tant que tel, constitue plus qu'une idée. Il se manifeste par une création de forme originale*[68]. *L'emballage est protégé. L'idée d'emballer non. Cette règle rassurera l'ensemble des enseignants d'arts plastiques qui inviteront peut-être leurs élèves à procéder à l'emballage de leur établissement scolaire sans risquer une condamnation pour contrefaçon ! Tout au plus se heurteront-ils au refus de leur chef d'établissement et/ou de leur propriétaire (le département ou la région)...*

100 Quatrième point : la définition légale exclut d'autres catégories d'œuvres. Il s'agit tout d'abord des **actes officiels**, de la loi, de l'ensemble des dispositions réglementaires et des décisions de justice. Mais si le contenu n'est pas protégé, la configuration le reste. Ainsi, un enseignant exploitera librement lois et règlements. Toutefois, il ne pourra pas insérer ces textes dans un code ou un recueil, lesquels forment parfois une œuvre de l'esprit. Il s'agit ensuite des **billets de banque** eu égard à leur « *affectation à l'intérêt général* » et au « *caractère de service public des opérations concernées* »[69]. Il s'agit enfin des **informations de presse**. Cependant, seules les informations et les nouvelles brutes ne jouissent point de protection ; leur traitement par les journalistes constitue quelquefois une œuvre de l'esprit.

Devant l'insuffisance de la définition négative de l'œuvre, la jurisprudence dégage, au fil des espèces, des critères de reconnaissance.

b) Les critères d'identification

101 Les cours et tribunaux, saisis de la question, examinent l'acte de création et s'interrogent sur l'**effort intellectuel** fourni.

Le critère déterminant sera l'**originalité de l'œuvre**. La nuance parfois ténue entre mérite et originalité incite à considérer une œuvre banale alors qu'en réalité on porte sur elle un jugement esthétique. Le concept d'originalité nécessite donc, lui-même, un encadrement : **il convient d'apprécier si le travail exprime la personnalité de son auteur**. A ainsi été jugée non protégée une carte des vins de France reproduisant des données courantes tant par la présentation,

---

67/ TGI Paris, 26 mai 1987, *D.*, 1988, Som. com., p. 201, obs. C. Colombet.

68/ CA Paris, 13 mars 1986, *D.*, 1987, IR, p. 150, obs. C. Colombet.

69/ Cass. 1re civ., 5 février 2002, *Banque de France c/ Société Éditions Catherine Audeval*, Communication, commerce électronique, mars 2002, p. 20, note Christophe Caron.

sous forme de tableaux, que par les indications concernant les millésimes [70].

II La qualité d'auteur de l'œuvre

102 En vertu de l'article L. 113-1 du Code de la propriété intellectuelle, « *la qualité d'auteur appartient, sauf preuve contraire, à celui ou à ceux sous le nom de qui l'œuvre est divulguée* ». Cependant, la difficulté subsiste à propos des œuvres anonymes ou de celles qui sont réalisées à plusieurs.

a) L'auteur inconnu

103 Aucune obligation ne pèse sur l'auteur d'une œuvre de divulguer son nom. Il peut préférer conserver l'anonymat ou la présenter sous un pseudonyme [71]. Cette faculté ne lui fait point perdre ses droits [72]. L'article L. 113-6 alinéa 2 du Code de la propriété intellectuelle prévoit simplement que, dans ce cas, il sera représenté dans l'exercice de ses droits. L'auteur peut également lever son anonymat ou son pseudonyme, de son vivant, mais également *post mortem*.

Les acteurs du système éducatif ne sauraient se prévaloir de leur ignorance de l'identité véritable de l'auteur pour s'exonérer du respect des règles de la propriété littéraire et artistique [73].

b) La pluralité d'auteurs

104 Le Code de la propriété littéraire et artistique en son article L. 113-2 distingue trois catégories d'œuvres relevant de la multiplicité d'auteurs : les œuvres de collaboration, les œuvres composites et les œuvres collectives.

105 1° ***L'œuvre de collaboration.*** L'œuvre émane ici de plusieurs personnes qui y ont concouru, sous l'empire d'une inspiration commune, et la participation de chacun des auteurs à la création se révèle identifiable. L'illustration typique procède de

---

70/ Cass. 1re civ., 5 janvier 1999, *D.*, IR, p. 35. Pas plus que n'ont été jugées œuvres de l'esprit une collection d'automobiles (CA, Paris, 25 mai 1988, *D.*, p. 542, note Bernard Edelman), l'édition d'une collection d'ouvrages (CA Paris, 15 mars 1994, *RIDA*, 1996, n° 167, p. 179, obs. André Kéréver), un jeu (Cass. Civ. 1re, 6 octobre 1981, *Bull. civ.* I, n° 273), un algorithme (CA Paris, 23 janvier 1995, *RDPI*, n° 58, p.52) ou encore un musée (TGI Paris, 5 mars 1997, *RIDA*, n° 172, p. 306).

71/ On se souviendra à cet égard des exemples célèbres d'Émile Ajar – Romain Gary ou de Vernon Sulivan – Boris Vian.

72/ Art. L. 113-6 C. propr. Intell. : « *Les auteurs des œuvres pseudonymes et anonymes jouissent sur celles-ci des droits* » d'auteur.

73/ CA Paris, 31 octobre 2000, *Société Agat films c/ Ingigliardi*, *LIJ*, 58/2000, p. 21.

l'œuvre audiovisuelle dont les co-auteurs regroupent le scénariste, le compositeur musical et avant tout le réalisateur du film[74]. Dans le cadre scolaire, si plusieurs élèves décident de monter un court ou un long-métrage (lors d'une « activité foyer » – club vidéo), l'œuvre sera considérée de collaboration ; chacun des jeunes gens ayant participé à un titre ou à un autre à sa création disposera des droits habituels sur le film en qualité de co-auteur.

106 2° ***L'œuvre composite.*** Il s'agit de « *l'œuvre nouvelle à laquelle est incorporée une œuvre préexistante sans la collaboration de l'auteur de cette dernière* ». Tel est le cas des adaptations, traductions ou autres compilations de ce type comme les anthologies. Les collégiens, lycéens ou même les écoliers désireux de mettre en scène, dans leur établissement, une histoire tirée d'un livre ou d'un film prendront garde au respect des droits d'auteur de l'œuvre adaptée. Les créateurs disposent sur la réalisation nouvelle de droits, en tant qu'auteurs de celle-ci. Autre éventualité, la production par les élèves d'une séquence multimédia (un cédérom). L'intégration courante de créations préexistantes implique l'obtention, le cas échéant, de l'autorisation des auteurs des œuvres empruntées.

107 3° ***L'œuvre collective.*** Aux termes de la loi « *est dite collective l'œuvre créée sur l'initiative d'une personne physique ou morale qui l'édite, la publie et la divulgue sous sa direction et son nom et dans laquelle la contribution personnelle des divers auteurs participant à son élaboration se fond dans l'ensemble en vue duquel elle est conçue, sans qu'il soit possible d'attribuer à chacun d'eux un droit distinct sur l'ensemble réalisé* ». L'article L. 113-5 ajoute que « *l'œuvre collective est, sauf preuve contraire, la propriété de la personne physique ou morale sous le nom de laquelle elle est divulguée. Cette personne est investie des droits de l'auteur* ». L'encadrement constitue le critère essentiel de l'œuvre collective : a la qualité d'auteur la seule personne à l'origine de la création qui en a dirigé la réalisation[75]. L'œuvre collective se retrouve parfois dans la vie scolaire, lorsque des élèves créent en groupe, sous le contrôle d'un enseignant, une œuvre originale selon des directives précises avec les moyens de l'établissement. Dans cette hypothèse, ce dernier – ou l'État pour le premier degré – devrait se voir reconnaître la qualité d'auteur. En

---

74/ Art. L. 113-7 al. 2 C. propr. intell.

75/ CAA Bordeaux, 21 octobre 2004, *SARL Virtual Média Graphic*, req. 00BX01016 : un cédérom réalisé par un lycée qui demande verbalement à une société de contribuer aux images de synthèse et aux animations ne constitue pas une œuvre de collaboration mais une œuvre collective dont les droits d'auteur appartiennent à l'EPLE sous le nom duquel il a été divulgué.

effet, le sort des productions scolaires pose parfois un problème de qualification : les travaux réalisés en classe constituent-ils des œuvres originales ? Le juge judiciaire appréciera l'œuvre en fonction des circonstances. S'il s'avère que la personnalité de l'élève s'exprime à travers la réalisation faite en classe, il n'est pas impossible que le tribunal refuse d'y voir une simple œuvre collective dont l'administration assumerait la paternité. Chacun des participants à la création recouvre alors l'intégralité de ses droits[76].

Le cours du prof. *Le problème de la titularité des droits d'auteur sur les œuvres créées par les agents publics à l'occasion de leurs fonctions*[77] *semble opposer tout le monde : les fonctionnaires à leur administration et les juristes entre eux selon qu'ils sont d'obédience « publiciste » ou « privatiste »*[78]*. Si le cas des cours des pédagogues s'inscrit dans cette querelle, une réponse – ou en tout cas, un début de réponse – sur laquelle chacun s'accordera apparaît possible. Un premier obstacle doit être levé à titre liminaire : le cours constitue-t-il une œuvre de l'esprit ? Aucun doute pour les professeurs de l'enseignement supérieur qui disposent d'une grande marge de manœuvre dans l'élaboration de leurs « leçons ». La jurisprudence s'est d'ailleurs prononcée à de nombreuses reprises en la matière*[79]*. Pour les enseignants des premier et second degré, la qualification juridique de leurs cours prête au doute. Les nombreuses circulaires et notes de service fixant les programmes d'enseignement encadrent le travail de création du professeur. Les cours, dépourvus d'originalité, émaneraient alors des textes officiels. Ne constituant point une œuvre de l'esprit, tout un chacun pourrait en user comme il l'entend*[80]*. Cette position paraît cependant trop stricte. Bien qu'orienté par des directives ministérielles, le cours d'un enseignant peut également témoigner d'une recherche personnelle ajoutant ainsi aux programmes officiels une marque originale. En tout état de cause, il appartiendrait au juge judiciaire d'apprécier, au cas par cas, si le cours exprime ou non la personnalité du professeur rédacteur.*

Dans l'hypothèse où cette qualification serait retenue, une seconde question se pose : à qui appartiennent les droits attachés à cette œuvre ? Selon un avis du Conseil d'État du 21 novembre 1972 « les nécessités du service exigent que l'administration soit investie des droits de l'auteur sur les œuvres de l'esprit (...) pour celles de ces œuvres dont la création est

76/ Si l'établissement scolaire souhaite nonobstant conserver les droits – afin de l'exploiter par la suite – la prudence commande de faire signer à chacun un contrat de cession de droits. Cf. *infra,* n° 131 et s.

77/ Martine Durret, « Le droit d'auteur et l'administration : actualités et perspectives », *Le Courrier Juridique des Finances et de l'Industrie,* n° 13, janvier-février 2002.

78/ André Kéréver, « Le droit d'auteur français et l'État », *RIDA,* octobre 1981, p. 2 ; Christian Gavalda, Pierre Sirinelli, Laurence Franceschini, Jean Martin, Michel Sénamand, *Lamy droit des médias et de la communication – Propriété littéraire et artistique,* Perre et éditions, T. 1, 2000, n° 118-42 et s.

79/ Gérard Lyon-Caen, « La publication des cours des professeurs d'Université », *RIDA,* T. 52, p. 137.

80/ Cette solution est d'ailleurs reprise en jurisprudence concernant les manuels scolaires qui, bien souvent, ne sont pas considérés comme des œuvres originales dès l'instant où leurs auteurs étaient tenus à une obéissance stricte aux instructions ministérielles. Les similitudes nécessaires entre ces différents ouvrages sont dictées par l'identité de but, de public et de programme. Voir en ce sens CA Paris, 9 novembre 1988, *D.,* 1990, Somm. comm. p. 58, obs. C. Colombet.

l'objet même du service public »[81]. *Les cours répondent à cette définition. L'avis de la Haute Assemblée porte à penser que l'administration possède à titre originaire l'ensemble des droits y afférant. Or comme le souligne André Kéréver*[82] *cette dernière* « n'en est investi(e) que dans la mesure où ces droits lui sont nécessaires pour divulguer l'œuvre selon les exigences et les limites de l'exécution du service public ». *En conséquence, elle dispose ici des droits sur les cours de ses enseignants seulement en ce qu'ils doivent se dispenser en présence des élèves, oralement*[83]. *Le professeur demeure donc seul titulaire des droits pour toute autre exploitation. Cette solution se rapproche de la jurisprudence rendue à propos des auteurs salariés de droit privé qui, sauf stipulation expresse du contrat de travail, cèdent leurs droits d'auteur à leur employeur pour la seule nécessité de l'activité de l'entreprise*[84]. *Les salariés gardent, quant à eux, le droit d'exploiter leur œuvre sous d'autres formes*[85]. *Les résultats, non négligeables, laissent au pédagogue l'exploitation extérieure de ses cours (publication, mise en ligne sur internet...) sans obligation de solliciter une quelconque autorisation. À l'inverse, l'administration est tenue d'obtenir l'accord de l'enseignant, voire de le rémunérer pour cela, si elle souhaite exploiter ses cours en dehors de la classe.*

La solution qui se profile semble quelque peu différente, les jurisprudences récentes se situant plutôt dans la ligne de l'avis du Conseil d'État de 1972[86]. *Le juge administratif paraît anticiper la prochaine réforme législative. En effet, un projet de loi relatif aux droits d'auteur et aux droits voisins dans la société de l'information*[87] *introduit de nouvelles dispositions concernant les droits d'auteur des agents publics. La réforme suscite un certains nombre de réflexions*[88].

B. La protection des œuvres et de leurs auteurs

108 Il importe de connaître le contenu des droits que l'auteur tient de l'œuvre qu'il a créée (**I**) et les conditions de leur exploitation (**II**).

81/ Avis n° 309.721, OFRATEME, *Les grands avis du Conseil d'État*, Dalloz, 2e éd., n° 7, p. 105 ; J-cl. Propriété littéraire et artistique, Fasc. 306, n° 12 ; cf. TGI Paris, 31 mars 1999, *RIDA*, 2000, p. 332, obs. André Kéréver ; *JCP*, entr., p. 1375, obs. Chevet.

82/ « Le droit d'auteur français et l'État », *op. cit.*

83/ CA Paris, 24 novembre 1992, *RIDA*, janvier 1993, p. 191.

84/ *A contrario*, TA Paris, 28 juin 2004, *Danilovic*, *AJDA*, p. 1950.

85/ Cass. Crim., 11 avril 1975, *RIDA*, juillet 1975, p. 184 ; Cass. 2e civ., 21 octobre 1997, Société Edinter, *LIJ*, 25/98, p. 12.

86/ TA Versailles, 17 octobre 2003, cité *in Actualité du droit de l'information*, n° 44, février 2004, p. 3.

87/ Transposition de la directive 2001/29 du 22 mai 2001 et de deux traités de l'organisation mondiale de la propriété intellectuelle du 20 décembre 1996.

88/ Jean-Michel Bruguière, « Droit d'auteur et service public. Plaidoyer en faveur d'une union harmonieuse », *Propr. Intell.*, 2003, n° 7, p.117 ; Marie-Gabrielle Calamarte-Doguet, « Les fonctionnaires en quête de droit d'auteur... Pirandello au pays de la propriété intellectuelle des fonctionnaires », *AJDA*, 2003, p.1968 ; Maïté Guillemain, Audrey Lallement, « La réforme du droit d'auteur : difficultés d'application aux enseignants-chercheurs », *D.*, 2005, *Cahier droit des affaires*, p. 1418.

I Les droits de l'auteur sur son œuvre

109 Nonobstant de nombreuses controverses doctrinales, chacun s'accorde aujourd'hui sur la double nature du droit d'auteur. Il est avant tout un droit lié à la personne, l'œuvre reflétant la personnalité de son auteur et donnant naissance à son profit d'un droit « *d'ordre intellectuel et moral* » [89]. En sus, l'auteur jouissant et disposant de la chose créée bénéficie aussi d'un véritable droit de propriété qui s'exprime à travers des attributs d'ordre patrimonial.

a) Le droit moral

110 Le droit moral de l'auteur sur son œuvre se révèle perpétuel, inaliénable, imprescriptible, insaisissable et non discrétionnaire.

Perpétuel parce qu'il survit à la mort. Il se transmet aux héritiers successifs, lesquels pourront toujours, même longtemps après le décès de leur aïeul, faire valoir ce droit ; **inaliénable** car contrairement aux droits patrimoniaux, cessibles, on ne peut vendre ou même abandonner à autrui son droit moral ; **imprescriptible**, car le non-usage n'implique point sa disparition. L'**insaisissabilité** résulte de son inaliénabilité : un créancier ne peut par suite saisir une œuvre que l'auteur entendait ne point divulguer. **Non-discrétionnaire** en ce qu'il ne s'exerce jamais de manière absolue, sans contrôle. Le juge civil apprécie le caractère abusif de l'exercice par l'auteur de son droit moral sur son œuvre.

D'où la nécessité de préciser le contenu du droit moral pour comprendre les modalités d'utilisation de l'œuvre protégée.

111 1° ***Le contenu du droit moral.*** Le droit moral de l'auteur procède d'une quadruple expression juridique, la divulgation, le respect du nom et de l'œuvre, le retrait ou le repentir.

112 **Le droit de divulgation.** (Article L. 121-2 du Code de la propriété intellectuelle : « *L'auteur a seul le droit de divulguer son œuvre* »). Un professeur ne saurait imposer à un élève d'exhiber le fruit du travail réalisé en classe qui présenterait les caractéristiques d'une œuvre (exposition de certaines productions exécutées en cours d'arts plastiques, photographies prises lors d'un voyage scolaire...). Le veto opposé par le col-

89/ Art. L. 111-1 al. 2 C. propr. intell.

légien ou le lycéen sur l'affichage de sa production, constitue l'exercice de son droit moral et n'engendrera ni mauvaise note, ni *a fortiori* sanction disciplinaire.

113 **Le droit au respect du nom.** (Article L. 121-1 du Code de la propriété intellectuelle : « *L'auteur jouit du droit au respect de son nom, de sa qualité...* »). Il dispose pour cette raison du droit de révéler ou non son identité. Pour reprendre l'exemple précédent, lors d'une exposition de travaux artistiques d'élèves, il convient de respecter ce droit en demandant à chacun d'eux ce qu'ils souhaitent. S'il n'appartient pas à l'enseignant de s'opposer au refus d'un élève de le citer nominativement, il ne pourra davantage l'empêcher de mentionner son nom.

114 **Le droit au respect de l'œuvre.** (Article L. 121-1 du Code de la propriété intellectuelle : « *l'auteur jouit du doit au respect... de son œuvre* »). Il peut s'ériger contre toutes corrections ou modifications, mutilations de son œuvre par les utilisateurs. Si des élèves décident de jouer la pièce de théâtre d'un auteur célèbre en y ôtant certaines scènes, il importera d'obtenir son autorisation. Libre à lui, bien entendu, de s'y opposer.

115 **Le droit de retrait et de repentir.** (Article L. 121-4 du Code de la propriété intellectuelle : « *nonobstant la cession de son droit d'exploitation, l'auteur (...) jouit d'un droit de repentir ou de retrait vis-à-vis du cessionnaire* »). Cette faculté lui permet de changer d'avis, même après cession de ses droits, en refusant finalement la divulgation de l'œuvre ou simplement en mettant un terme à cette divulgation. Cet aspect du droit moral ne trouvera que peu d'applications dans le cadre scolaire : dans l'illustration précédente, l'auteur a le droit de s'opposer à une représentation théâtrale d'élèves, quand bien même ceux-ci n'auraient aucunement modifié le texte original.

116 2° ***Les limites à l'exercice du droit moral.*** Le droit moral protège l'intégrité de l'œuvre d'une manière forte. La jurisprudence le qualifie de droit quasi-discrétionnaire[90] sans pour autant le considérer comme absolu. La loi, sans l'affirmer expressément, restreint le champ d'application du droit moral de l'auteur. La jurisprudence exige que les modifications apportées à l'œuvre faussent le jugement du spectateur[91]. Il en va de même pour l'adaptation ou la traduction : le contrôle juri-

90/ Cass. 1re civ., 5 juin 1984, *RIDA*, avril 1985, p. 150.

91/ Cass., 5 mars 1968, *RTD com.*, 1969, p. 492, obs. Desbois.

dictionnel porte sur l'altération profonde de l'œuvre. Au plan scolaire, l'auteur peut s'opposer à la dénaturation de sa pièce de théâtre interprétée par les élèves mais d'excessives prétentions seraient rejetées. Les apprentis-acteurs interdits de jouer pour ce motif, peuvent se défendre en arguant que les modifications apportées ou même la mise en scène [92] n'étaient pas de nature à pervertir le jugement des spectateurs sur l'œuvre représentée.

Du béton qui ne laisse pas de marbre [93]. *Des travaux de réfection du Lycée Jacques Feyder à Épinay-sur-Seine ont conduit la région Ile-de-France, propriétaire des locaux, à repeindre les façades des bâtiments, dont deux monolithes en béton brut réalisés par un sculpteur. Mais afin d'éviter le ruissellement des eaux de pluie le long de la structure en question, les œuvres furent revêtues d'une couverture de métal et subirent, ainsi, une modification. Mécontent du manque de respect porté à sa création, l'artiste descendit de son piédestal et monta jusqu'aux plus hautes marches du Palais. La Cour d'appel de Paris puis la Cour de cassation lui donnèrent raison :* « le propriétaire des sculptures [la Région Ile-de-France] qui n'a pas appelé l'artiste à donner son avis sur les travaux qu'il souhaitait entreprendre a mis l'artiste devant le fait accompli et a porté atteinte à son droit moral » [94]. *Le juge, pragmatique, n'empêche pas tout aménagement. Au contraire, la jurisprudence, constante en la matière, ne constate aucune atteinte au droit moral lorsque les modifications portées aux œuvres sont rendues* « strictement indispensables pour des impératifs esthétiques, techniques ou de sécurité publique, légitimés par les nécessités du service public » [95]. *Les tribunaux sanctionnent en fait le manque de dialogue. Comme l'a déjà prescrit prudemment une Cour administrative d'appel, pour éviter tout litige avec l'auteur il convient de* « rechercher sinon le concours, du moins l'assentiment [de l'artiste] afin de trouver les solutions permettant d'effectuer les modifications en altérant le moins possible le caractère original de l'œuvre » [96]. *L'intérêt général prime sur l'intégrité des œuvres d'art, mais les artistes ont droit à un minimum d'égard...* [97]

Par son droit moral l'auteur conserve ainsi la possibilité de défendre le sens même de sa création. Ce qui lui permettra éventuellement de se consacrer à la surveillance de l'exploitation de son œuvre.

92/ La jurisprudence opère en effet le même contrôle lorsque l'auteur se plaint d'une atteinte résultant de la mise en scène d'une pièce de théâtre. Voir à cet égard CA Paris, 27 septembre 1996, *D.*, 1997, p. 357, note Edelman.

93/ Éric Laurier, « Entretien du domaine public et droit moral des auteurs », *LIJ*, 72/2003, p. 30.

94/ Cass. Crim., 3 septembre 2002, *X c/ Y*, req. 0183738.

95/ CE, 14 juin 1999, *Conseil de fabrique de la cathédrale de Strasbourg, Rec. CE*, p. 199.

96/ CAA Nancy, 2 mai 1996, *Commune de Sarre-Union c/ consort Koenig, Petites affiches*, n° 70.

97/ Sur la condamnation d'une commune qui décide de « *réduire la plaquette de présentation de six à quatre pages, en supprimant les quatre reproductions des œuvres de la requérante* », voir CAA Marseille, 31 décembre 2003, *Cozette de Charmoy c/ commune de Montpellier, AJDA*, 2004, p. 178, note Jean-Marie Pontier ; *RFD adm.*, 2004, p. 1220, concl. Jean-Jacques Louis.

b) Les droits patrimoniaux

117 1° ***Le contenu des droits patrimoniaux.*** L'exercice, par l'auteur, de ses droits pécuniaires l'autorise à tirer le juste produit de sa création. La loi en reconnaît principalement deux : « *le droit d'exploitation appartenant à l'auteur comprend le droit de représentation et le droit de reproduction* » (article L. 122-1 du Code de la propriété intellectuelle).

118 **La représentation** consiste en « *la communication de l'œuvre au public par un procédé quelconque* » (article L. 122-2 du Code de la propriété intellectuelle). Elle peut se faire directement (récitation publique, représentation dramatique, exposition, concert...) ou de façon plus indirecte (audition d'un disque, assistance à une projection publique, transmission dans un lieu public d'une œuvre télédiffusée...). L'auteur dispose d'un monopole sur tous ces procédés. Ainsi la diffusion à un groupe d'élèves d'œuvres audiovisuelles, multimédias ou musicales, constitue-t-elle une représentation publique dont le droit appartient à l'auteur. Son consentement, préalablement obtenu, peut légitimement le conduire à exiger en l'espèce une rémunération [98]. La règle vaut également pour toute représentation directe : les pièces de théâtre montées par les élèves, la chorale du lycée, l'exposition d'œuvres picturales ou de photographies dans l'enceinte de l'établissement scolaire ou même, théoriquement, la récitation d'un poème en classe...

119 **La reproduction** signifie « *la fixation matérielle de l'œuvre par tous procédés qui permettent de la communiquer au public d'une manière indirecte* » (article L. 122-3 du Code de la propriété intellectuelle). Cette reproduction s'exprime par imprimerie, dessin, gravure, photographie, enregistrement sonore ou audiovisuel, numérisation, reprographie... L'auteur possède, une fois encore, sur ces techniques un droit exclusif dès lors que la reproduction est destinée à une communication au public. En classe, l'utilisation par des enseignants de photocopies, en tant que support pédagogique, constitue un acte de reproduction. Il en va de même de la numérisation d'une œuvre – par l'intermédiaire d'un scanner – aux fins de la diffuser sur internet ou de la copie de disques compacts [99]. Le monopole d'exploitation de l'auteur sur sa création rencontre cependant des limites.

98/ Cf. *infra*, n° 131 et s.

99/ T. corr. Valence, 2 juillet 1999, *Ministère public c/ Drouot*, *LIJ*, 42/2000, p. 34 ; *JCP*, communication, commerce électronique, n° 1, oct., p. 15.

120 2° ***Les limites à l'exercice du droit d'exploitation.*** L'auteur est tenu de tolérer certaines entorses à ses droits patrimoniaux qui, passé un certain délai, tombent dans le « domaine public ».

121 **Les exceptions aux droits patrimoniaux.** On les retrouve à l'article L. 122-5 du Code de la propriété intellectuelle : elles concernent l'usage privé des œuvres protégées et certains usages publics autorisés par la loi.

122 ***L'usage privé.*** L'article L. 122-5, 1e prévoit qu'entrent dans le champ des exceptions « *les représentations privées et gratuites effectuées exclusivement dans un cercle de famille* ». Par ailleurs, le 2e du même article autorise l'usage des « *copies ou reproductions strictement réservées à l'usage privé du copiste et non destinées à une utilisation collective* ». Ces deux exceptions – l'une au droit de représentation, l'autre au droit de reproduction – ne sont pas applicables dans l'École eu égard à la définition aujourd'hui donnée par la doctrine et par la jurisprudence. Le « *cercle de famille* » comprend la famille proprement dite – parents et alliés – et les amis proches [100]. La classe ne saurait être considérée comme constituant un tel cercle [101]. Dès lors, l'enseignant qui projette un film à ses élèves, leur fait écouter un disque ou leur reprographie un texte protégé ne peut s'affranchir de l'application des règles des droits d'auteur.

123 ***Les usages collectifs autorisés par la loi.*** D'autres exceptions sont en revanche susceptibles de concerner la communauté éducative.

124 *Primo*, l'article L. 122-5, 3e autorise « *les analyses et courtes citations justifiées par le caractère critique, polémique, pédagogique, scientifique ou d'information de l'œuvre à laquelle elles sont incorporées* ». L'**analyse**, exonérée des droits d'auteur, consiste en un exposé critique de l'œuvre. Elle ne s'accommode pas d'un simple résumé. Cette exception revêt une grande importance dans les établissements scolaires car elle permet aux pédagogues de faire analyser des œuvres non encore tombées dans le domaine public, sans nécessairement obtenir pour cela une

---

100/ Cette définition généralement retenue par la doctrine (voir en ce sens H. Desbois, *Traité*, p. 356 ; A. Françon, *La propriété littéraire et artistique*, p. 67 ; Claude Colombet, *Propriété littéraire et artistique et droits voisins*, coll. Précis, Dalloz, 9e éd., 1999, p. 201) demeure imprécise et la Cour de cassation, assez curieusement, n'a jamais eu à se prononcer explicitement sur la question.

101/ CA Grenoble, 28 février 1968, *RTD com.*, p. 346, obs. Desbois. Dans cette affaire, la Cour a exclu du bénéfice de l'article 122-5-1e un *home* d'enfant car « *les jeunes pensionnaires qui se réunissent dans la salle de jeux, n'ont aucun lien de parenté ou d'alliance et ne se trouvent ensemble que par le fait de hasard (...) en dehors de toutes relations préalables habituelles comparables à celles existant dans un cercle authentiquement familial* ».

autorisation préalable. La « ***courte citation*** »[102], comme « *l'analyse* » n'entre pas dans le champ de la protection des droits d'auteur.

Précisions courtes et illustratives. *Très utile aux enseignants, cette exception admet la citation, sans contradiction avec la loi, d'extraits d'œuvres aux élèves. Pourtant, son usage s'avère parfois délicat. L'article L. 122-5, 3e du Code de la propriété intellectuelle, pose deux conditions préalables à la licéité de la* « courte citation » *et relatives à la préservation du droit moral de l'auteur. Il convient, d'une part, que l'œuvre mentionnée ait été divulguée par l'auteur*[103] *et il faut, d'autre part, indiquer le nom de l'auteur et la source*[104]. *Ensuite, sur le fond, la loi exige de la citation un caractère* « court » *et* « justifié ». *Cette question fait l'objet d'interprétations jurisprudentielles. Le premier critère dégagé se fonde sur la comparaison de la longueur du passage emprunté et de l'ouvrage cité*[105]. *A ainsi été jugé que :*

- *la reproduction intégrale d'une œuvre, quel que soit le format, ne s'analyse pas en une courte citation*[106]*;*
- *la reproduction totale des paroles d'une chanson n'est point couverte par l'exception*[107]*;*
- *ne constituent pas une citation les fragments du livre d'un auteur décédé et des bribes de ses sketches*[108]*;*
- *un extrait de dix-sept minutes dans une émission de cinquante-huit minutes n'est pas assimilable à une courte citation*[109].

Cependant, les cours et tribunaux considèrent également que la référence ne peut se réduire en termes arithmétiques; encore faut-il justifier de la légitimité de la réutilisation[110]. *Un second critère s'ajoute au premier : la citation doit intervenir à titre d'illustration et ne point concurrencer l'œuvre rappelée. Selon une décision déjà ancienne,* « les emprunts assez étendus pour tenir lieu de l'ouvrage et détourner le lecteur de la pensée de le lire, constituent une contrefaçon »[111]. *Reprise aujourd'hui, cette jurisprudence interdit la multiplication des citations dans une œuvre qui, prises individuellement, apparaîtraient* « courtes » *et* « justifiées »[112]. *En définitive, l'œuvre nouvelle, auto porteuse, doit pouvoir survivre à la suppression de la citation.*

102/ Michel Vivant, « Pour une compréhension nouvelle de la notion de courte citation en droits d'auteur », *JCP*, éd. G., 1989, n° 3372.

103/ Cass. 2e civ., 8 juillet 1981, *RIDA*, juillet 1982, p. 145.

104/ TGI Paris, 5 janvier 1983, *RIDA*, avril 1983, p. 210.

105/ TGI Seine, 17 juin 1964, *JCP*, n° 3787.

106/ Cass., 2 octobre 1998, *D. aff.*, p. 340. Cass. ass., 5 novembre 1993, *Fabris c/ Loudmer*, *D.*, 1994, J., p. 481 (à propos de photographies).

107/ TGI Paris, 6 juin 1986, *RIDA*, octobre, p. 161.

108/ CA Paris, 10 septembre 1996, cité par Y. Gaubiac, « La liberté de citer une œuvre de l'esprit », *RIDA*, janvier 1997, p. 243.

109/ TGI Paris, 14 septembre 1994, *RIDA*, avril 1995, p. 407.

110/ Cass. civ., 10 mai 1996, *RIDA*, octobre, p. 315, obs. André Kéréver.

111/ CA Paris, 15 juin 1901, *D.*, 1903, 2, p. 273.

112/ TGI Paris, 6 juillet 1972, *Philippe de Gaulle et autres c/ Passeron*, D(J), p. 628, note Christiane Pactet.

L'exemple des sujets d'examen illustre la notion : la reproduction d'œuvres de l'esprit dans les sujets n'entre pas dans les exceptions visées par la loi. Cependant, ils comportent souvent de courts extraits et le jury n'a pas, dans ce cas, à solliciter une quelconque autorisation de l'auteur[113]*. Affranchissement anéanti lorsque le sujet* « emprunte » *une œuvre d'art dans son entier. L'accord du peintre – ou du compositeur – s'impose. Cette autorisation ne vaut que pour l'exploitation du sujet lors de l'examen et ne s'étend pas à la diffusion des annales sur internet ou ailleurs*[114].

125 *Secundo*, l'article L. 122-5, 3e, b, autorise les **revues de presse**. Au sens de la loi, ces dernières constituent une publication par un journal d'articles déjà parus dans d'autres magazines ou bulletins. Selon la Cour de cassation, ce type de montage « *suppose nécessairement la présentation conjointe et par voie comparative de divers commentaires émanant de journalistes différents et concernant un même thème ou un même événement* »[115]. En conséquence, une publication scolaire peut confectionner de telles revues de presse à condition de respecter la définition jurisprudencielle[116].

126 *Tertio*, la loi admet à l'article L. 122-5,4e les **parodies, pastiches et caricatures**. Dès l'instant où le but est de faire rire et non de nuire à l'auteur ou à son œuvre, le comique peut librement s'adonner à son... art. À titre pédagogique, le professeur de lettres choisira sans risque, de faire réfléchir avec le sourire les lycéens, en exploitant librement et avec humour, le monologue du pompier dans « La cantatrice chauve » d'Eugène Ionesco, habituellement interprété avec sérieux.

127 **L'extinction des droits patrimoniaux.** Selon l'article L. 123-1 du Code de la propriété intellectuelle, la durée de la protection est fixée à soixante-dix ans à compter de la mort de l'auteur. Par ailleurs, les articles L. 123-8 et L. 123-9 du même Code prorogent ce délai pour temps de guerre dans la mesure où ces périodes privent les auteurs d'une partie de leurs droits[117] : la loi allonge ainsi la durée de la protection de six ans et cent cinquante-deux jours pour le premier conflit mondial et de huit ans et cent vingt jours pour le second. Concernant les œuvres audiovisuelles, le délai se compute après le décès du dernier survivant ayant participé à la création de l'œuvre. L'œuvre tombe alors dans le domaine public

113/ Question écrite, *JOAN*, 21 févr. 2000, p. 1154.

114/ Lettre DAJ-A1, n° 98-262, 11 mai 1998, *LIJ*, 26/98, p. 16.

115/ Cass. crim., 30 juin 1978, *D.*, 1979, p. 583, note Le Calvez.

116/ Lettre DAJ-B1 n° 278 du 23 juillet 2001, *LIJ*, 58/2001, p. 26.

117/ TGI Paris, 27 juin 2001, *ADAGP c/ Société éditions Hazan*, *LIJ*, 60/2001, p. 13.

et son utilisation s'avère libre sous réserve du respect des droits moraux de l'auteur. L'étude des – grands classiques – ne suscite aucune inquiétude. La plupart d'entre eux appartiennent depuis longtemps au domaine public. Attention toutefois : les ayants droit de Molière ne sauraient prétendre à rémunération mais les différentes rééditions de ses œuvres, elles, pourraient bénéficier d'une protection. Cette remarque vaut également pour l'écoute en classe d'une symphonie de Mozart : bien que dite « libre de droits » (pour le compositeur et ses descendants), les artistes-interprètes jouissent également de certaines prérogatives [118].

II L'exploitation des droits d'auteur

128 L'auteur, titulaire des droits précédemment décrits, a vocation à les faire appliquer. Cette gestion, collective ou individuelle, souvent délicate, préoccupe les auteurs et interpelle les utilisateurs. Pour rendre effectif le respect de ces droits, la loi prévoit des sanctions spécifiques en la matière.

a) La gestion des droits d'auteur

129 Il est parfois délicat pour les utilisateurs d'une création spirituelle d'identifier précisément son auteur. Afin de faciliter cette reconnaissance, des sociétés de perception et de répartition, d'origine ancienne – la première naquit au XVIIIe siècle grâce à Beaumarchais – aident les auteurs à gérer les droits attachés à leurs œuvres. Aujourd'hui, ces structures de gestion collective sont toutes constituées sous forme de sociétés civiles auxquelles les auteurs-adhérents [119] cèdent généralement leurs droits patrimoniaux. Les personnes morales se substituent ainsi aux personnes physiques pour l'exploitation des œuvres : percevoir les redevances des usagers, répartir les sommes auprès des titulaires des droits, agir en justice après constatation des exploitations illicites, conclure des contrats de cession de droits avec les utilisateurs des œuvres...

130 Avant toute utilisation d'une œuvre de l'esprit à des fins pédagogiques, il faut prendre l'attache de ces sociétés (voir tableau page ci-contre) : elles tiennent un répertoire des auteurs dont

118/ Au titre des droits voisins des droits d'auteur. Cf. *infra*, n° 130.

119/ L'adhésion n'est pas obligatoire sauf en matière de reproduction par reprographie : l'article L. 122-10 du Code de la propriété intellectuelle dispose en effet que dès la publication de l'œuvre, le droit de reproduction est automatiquement cédé à une société agréée. À ce jour seul le Centre français du droit de copie (CFC) a obtenu l'agrément du ministère de la Culture.

Les principales sociétés de gestion collective de droits d'auteur

SDRM

Société pour l'administration du droit de reproduction mécanique

Gestion du droit de **reproduction** des œuvres appartenant au répertoire de la SACEM, SCAM, SACD et ADGAP.

Sesam

Gestion des droits de **représentation** des œuvres du répertoire de la SACEM, SCAM, SACD et ADGAP et de **reproduction** pour le compte de la SDRM pour la réalisation ou l'eploitation d'un programme multimédia.

{http://www.sesam.org}

	Répertoire des œuvres	Droits gérés pour le compte des auteurs
SACEM *Société des auteurs, compositeurs et éditeurs de musique* {http://www.sacem.fr}	– Les œuvres musicales avec ou sans parole. – Les œuvres documentaires à caractère musical. – Les extraits d'œuvres dramatiques et dramatico-musicales (pour la télévision : moins de vingt minutes ; pour la radio : moins de vingt-cinq minutes).	– Les droits de **représentation** publique. – Les droits de **reproduction** mécanique (gérés par la SDRM).
SCAM *Société civile des auteurs multimedia* {http://www.scam.fr}	– Les œuvres de l'écrit. – Les œuvres audiovisuelles et radiophoniques à caractère dramatique. – Les exploitations audiovisuelles des illustrations et photographies. – Les logiciels et banques de données.	– Les droits de **représentation**. – Les droits de **reproduction**.
SACD *Société des auteurs et compositeurs dramatiques* {http://www.sacd.fr}	– Les œuvres dramatiques. – Les œuvres audiovisuelles et radiophoniques. – Les photographies. – Les poèmes et sketches.	– Les droits de **représentation** – Les droits de **reproduction**.
ADAGP *Société des auteurs dans les arts graphiques et plastiques* {http://www.adagp.fr}	– Les œuvres visuelles, fixes ou animées de type graphique, plastique ou photographique.	– Les droits de **représentation** (y compris par exposition). – Les droits de **reproduction**.

Sous réserve de l'apport spécifique de chaque auteur.

elles gèrent les œuvres et deviennent nécessairement les interlocuteurs naturels des établissements pour octroyer les autorisations.

Les établissements scolaires n'ont pas fini de payer! *Chaque auteur, on vient de le voir, peut se prévaloir de droits moraux et patrimoniaux sur ses œuvres propres, dès l'instant où elles sont exploitées par autrui. Le Code de la propriété intellectuelle protège en outre les* « droits voisins des droits d'auteur » [120]*. Ce voisinage, bénéficiant de droits exclusifs, concerne trois catégories de gens du spectacle : les artistes-interprètes, les producteurs de phonogrammes et de vidéogrammes et les entreprises de communication audiovisuelle. L'article L. 212-1 considère l'artiste-interprète comme* « la personne qui représente, chante, récite, déclame, joue ou exécute de toute autre manière une œuvre littéraire ou artistique, un numéro de variétés, de cirque ou de marionnettes ». *Au titre de ses droits exclusifs, il autorise ou non l'utilisation de sa prestation (article L. 212-3). La loi protège également le producteur de phonogrammes et de vidéogrammes. Son activité, essentielle pour que disques ou cassettes voient le jour, lui permet d'interdire ou non les reproductions et la mise à disposition de l'œuvre (article L. 213-1). L'entreprise de communication audiovisuelle – notamment les services télématiques ou les chaînes de télévision – a le droit d'accepter ou de refuser la reproduction de ses programmes, leur mise à disposition du public ainsi que leur communication dans un lieu accessible au public (article L. 216-1). Les établissements scolaires, qui envisagent de diffuser aux élèves un disque, une émission de télévision ou tout autre produit appartenant à l'une de ces trois sortes de personnes (physiques ou morales), sont éventuellement redevables, en plus des droits dus aux auteurs proprement dits, des droits voisins... Il existe, à l'instar des sociétés de gestion collective des droits d'auteurs, des sociétés gérant ces droits voisins. Ainsi l'ADAMI* [121], « société pour l'administration des droits des artistes et musiciens-interprètes », *la SPEDIRAM,* « société de perception et de distribution des droits des artistes-interprètes de la musique et de la danse » *et la SCPA* [122], « société civile des producteurs associés », *perçoivent et/ou répartissent les rétributions allouées à leurs membres. Ces trois entreprises ont donné mandat à la SPRE,* « société civile pour la perception de la rémunération équitable de la communication au public des phonogrammes du commerce », *aux fins de recevoir, pour elles, cette rémunération. Souvent, les sociétés de gestion des droits d'auteurs assurent également cette mission pour le compte des bénéficiaires de droits voisins. Ainsi, la SACEM perçoit, outre les droits dus à ses membres, ceux devant revenir à la SPRE. Les établissements scolaires ne s'étonneront point du montant de la facture réclamée par cette société, supérieur au tarif contractuellement convenu : y figurent, en plus, les droits voisins...*

Comme indiqué précédemment, la reproduction et la représentation d'œuvres protégées à l'École ne constituent pas une exception aux règles générales posées par la loi. Toute utili-

120/ Livre II, 1re partie.

121/ De nombreuses informations sur les droits voisins et les sociétés de gestion collective figurent sur le site internet de l'ADAMI, http://www.adami.org.

122/ La SCPA regroupe elle-même deux sociétés, la SCPP, « *société civile des producteurs phonographiques* » et la SPPF, « *société civile des producteurs de phonogrammes en France* ».

sation par les enseignants de ce type de création nécessite l'autorisation de l'auteur. La question fait cependant l'objet de diverses réflexions et le ministère de l'Éducation nationale a passé des accords afin de permettre un usage paisible de ces œuvres en classe.

131 1° ***Le cadre général : le contrat de cession de droits.*** L'établissement public local d'enseignement est censé conclure avec l'auteur, ses ayants droit ou une société de gestion des droits d'auteur une convention chaque fois qu'il destine l'utilisation d'une œuvre de l'esprit ou un produit de droits voisins à une communication au public.

Environnement artistique... et juridique. *Parmi tant d'autres, devraient faire l'objet de tels contrats la diffusion d'une œuvre musicale dans la classe, à l'occasion d'une kermesse ou d'une fête organisée par le collège ou le lycée, les musiques d'ambiance dans la « cafétéria »*[123] *ou celles d'attente téléphonique mais encore la projection d'un film loué, acheté, ou enregistré à la télévision, pour un cours ou dans le cadre d'une activité « foyer », les représentations théâtrales ou musicales d'élèves, l'enregistrement d'un disque, les reproductions d'œuvres littéraires, d'articles de presse, de photographies de peintures de maîtres pour les besoins de l'enseignement ou lors d'une création multimédia...*

Le champ d'application du contrat ainsi passé se limite à la cession des droits patrimoniaux ; il n'emporte pas abandon du droit moral, par nature inaliénable. En conséquence, avant toute convention, l'établissement doit obtenir une autorisation « de principe » de l'auteur.

132 Le contrat de cession des droits d'auteur obéit à des règles de forme et de fond particulières, rigoureuses. Selon l'article L. 131-3, 1er du Code de la propriété intellectuelle « *la transmission des droits de l'auteur est subordonnée à la condition que chacun des droits cédés fasse l'objet d'une mention distincte dans l'acte de cession et que le domaine d'exploitation des doits cédés soit délimité quant à son étendue et à sa destination (...)* ». Ainsi, sur la forme, la loi subordonne la validité de la convention à l'**existence d'un écrit**. Le simple accord verbal entre le chef d'établissement et l'auteur ne suffit pas en la matière. En outre, **chaque droit cédé** sera **clairement précisé** : s'agit-il du droit de reproduire l'œuvre ? De la représenter ? De la diffuser ?... Apparaîtra aussi, explicitement, l'**étendue du domaine d'exploitation** : les stipulations contractuelles prévoiront la quantité de copies ou la cadence des représentations envisagées, le nombre d'élèves

123/ Si le foyer des élèves gère cette cafétéria, l'association est alors censée contracter.

concernés, le lieu d'exploitation de l'œuvre (dans une ou plusieurs classes, dans une salle spécialement affectée à cet effet) ou encore, le cas échéant, la description quantitative ou qualitative du matériel utilisé (chaîne haute fidélité à faible puissance, haut-parleurs...). Enfin, une clause particulière se révèle impérative, la **destination précise de l'exploitation** : pour les besoins d'un spectacle non enregistré ou, au contraire, enregistré ou filmé afin d'être rediffusé, pour les exigences d'un cours, simplement pour l'animation d'une fête... Sur le fond, le contrat d'exploitation respectera les règles relatives au consentement et à la capacité des cocontractants. La question se pose parfois à propos des conventions passées avec les élèves mineurs si l'établissement éprouve le besoin de se faire céder les droits d'une œuvre réalisée en classe par un ou plusieurs collégien(s) ou lycéen(s) (photographie, dessin, texte, musique...) pour une exposition, une réalisation multimédia ou autre. Dans cette hypothèse, le contrat d'édition implique le consentement personnel de l'auteur, nonobstant la minorité de ce dernier (article L. 132-7 alinéa 1 et 2 du Code de la propriété intellectuelle). *A contrario*, les autres contrats de cession obéissent au droit commun : engagement signé par les représentants légaux [124], rémunération en principe proportionnelle de l'auteur [125], exceptionnellement forfaitaire [126]. En théorie, la cession peut intervenir à titre gratuit...

Ces principes posés montrent le peu de marge de manœuvre des établissements scolaires en la matière [127]. Les sociétés de gestion des droits d'auteur soumettent en général un contrat type qui s'analyse en un contrat d'adhésion ne souffrant aucune modification.

133 2° ***Les actions du ministère de l'Éducation nationale.*** Ces initiatives portent sur trois domaines sensibles : la reproduction d'œuvres imprimées par reprographie (la question des photocopies), l'utilisation d'œuvres sonores ou audiovisuelles et les logiciels.

124/ Étant souligné, dans ce cas, qu'il apparaît préférable d'obtenir aussi le consentement du mineur.

125/ Art. L. 131-4 al. 3. Proportionnalité calculée par rapport aux recettes d'exploitation.

126/ L'absence de profit que tire un établissement scolaire de l'exploitation d'une œuvre conduit les auteurs à lui faire application du forfait.

127/ Ils ne sont pas les seuls : la loi n° 2003-517 du 18 juin 2003 institue une rémunération au profit des auteurs et de leurs ayants droit au titre du prêt des livres en bibliothèque. Voir à ce sujet les décrets 2004-920 et 2004-921 du 31 août 2004 relatifs à la rémunération au titre du prêt en bibliothèque et à la part de rémunération au titre du prêt en bibliothèque à la charge de l'État.

134 Les photocopies. L'atteinte portée par cette technique aux œuvres protégées affecte le droit exclusif de reproduction de l'auteur. L'argument de la copie privée[128], longtemps avancé par l'administration, n'a pas résisté à l'analyse : la photocopie distribuée par le professeur à l'ensemble des intervenants dans sa classe pour les besoins de son cours, est bien destinée à un usage collectif. Elle entre dans le champ de la protection des droits d'auteur. Conformément à l'article L. 122-10 du Code de la propriété intellectuelle, une société de gestion collective, le Centre français du droit de copie (CFC)[129] regroupe les différents ayants droit en matière d'éditions imprimées. Après l'échec d'un premier dispositif en 1993[130], un second protocole d'accord, conclu le 17 novembre 1999, fixe les modalités de la reproduction par photocopie d'œuvres protégées au sein de la communauté éducative[131]. Les établissements publics locaux d'enseignement – et privés sous contrat – peuvent signer une convention avec le CFC[132] qui leur permet d'effectuer une certaine quantité de copies par élève et par an (l'accord de 1999 fixait ce nombre à 180 pour les années 2000-2001). Le CFC n'admet pas la reproduction d'une œuvre dans son intégralité ; il autorise au plus la copie de dix pour cent du contenu d'un livre et de trente pour cent de celui d'une revue. Mais si la reproduction intégrale présente un intérêt pédagogique particulier, le CFC s'engage à examiner, au cas par cas, les demandes des chefs d'établissement. En contrepartie, l'établissement verse au CFC une redevance annuelle (1,56 euro par élève au titre de l'année 2002[133]), que lui restitue l'État. Au-delà du seuil autorisé conventionnellement, les photocopies d'ouvrages protégés sont constitutives du délit de contrefaçon et de nature à engendrer des poursuites soit contre les personnels, soit contre le collège ou le lycée. Le CFC, dont les agents assermentés ne peuvent se voir interdire l'accès à l'établissement, dispose du pouvoir d'effectuer des contrôles. La comptabilisation précise du nombre de photocopies réalisées conformément à la convention s'avère dès lors indispensable.

128/ Question écrite, *JOAN*, 7 décembre 1973, p. 6740.

129/ Cf. le site internet http://www.cfcopies.com.

130/ Protocole d'accord du 16 mars 1993 signé par le ministre de l'Éducation nationale et de la Culture, la Société des gens de lettres, le Syndicat national de l'Édition, la Fédération nationale de la presse française, la Chambre syndicale des éditeurs de musique et le CFC.

131/ Éric Laurier, « Reprographie : mode d'emploi », *LIJ*, 40/99, p. 24.

132/ Dont un modèle figure en annexe du Protocole d'accord du 17 novembre 1999.

133/ Stéphanie Gutirrez, « la reproduction par reprographie d'œuvres protégées dans les EPLE », *LIJ*, 58/2001, p. 37.

La mesure concerne les seuls établissements d'enseignement secondaire mais le CFC propose des conventions similaires aux maires des communes pour le compte des écoles du premier degré [134]. Un doute subsiste sur les contraintes techniques entraînées : la double comptabilité des copies soumises et non soumises à redevance, apparaît de réalisation délicate et l'on peut craindre quelque gêne dans la compréhension de ce subtil *distinguo*. Sur ce dernier point, le protocole d'accord a prévu la création d'un groupe de travail composé de représentants du ministère de l'Éducation nationale, du CFC et de la SEAM, chargé notamment d'examiner les difficultés susceptibles de naître dans la pratique. Avec quelques années de recul, il semble que le dispositif connaisse un franc succès. Jouant le jeu, les établissements scolaires ont, semble-t-il, quasiment tous signé l'accord avec le CFC [135].

135 L'utilisation d'œuvres sonores ou audiovisuelles. La projection sans autorisation d'œuvres audiovisuelles protégées, même effectuée pour des besoins pédagogiques, porte atteinte aux droits de représentation et de reproduction (articles L. 122-2 et L. 122-3 du Code de la propriété intellectuelle). Cependant, outre le cas du contrat d'exploitation, ces droits ont vocation, dans certaines hypothèses, à être libérés. Tout d'abord les cassettes sonores ou audiovisuelles empruntées ou acquises auprès du CNDP, des CRDP ou de leurs réseaux, des éditeurs scolaires, de l'INA... relèvent d'une libre utilisation des enseignants. Seule la reproduction demeure interdite. Ensuite, la loi n° 94-88 du 1er février 1994 permet certains aménagements aux règles des droits d'auteur pour les émissions retransmises par « La cinquième » [136]. Son article 2 dispose que « *les sociétés* (de gestion collective de droits d'auteur) *passent avec l'autorité administrative compétente des conventions prévoyant les conditions dans lesquelles les établissements d'enseignement (...) sont autorisés à réaliser et à utiliser à des fins pédagogiques des copies des programmes diffusés par* (la

134/ Delphine Gerbeau, « Photocopies scolaires : les communes devront-elles payer ? », *La gazette des communes, des départements, des régions*, 17 mars 2003, p. 52. L'auteur de ce billet posait la question de la dépense : fonctionnement (la taxe relèverait de la commune) ou pédagogie (la taxe incomberait à l'État) ? Question tranchée peu de temps auparavant par le Conseil d'État (avis n° 368577, du 14 janvier 2003) : « *la prise en charge incombe à la commune « au titre des dépenses obligatoires de fonctionnement. Il en est de même des dépenses engagées pour la prise en charge des redevances dues en exécution des contrats passés par les organismes chargés de l'exploitation des droits de copies* ». voir aussi Q.E., *JOAN*, 25 août 2003, p. 6662.

135/ Éric Laurier, « Suivi du protocole d'accord sur la reproduction par reprographie d'œuvres protégées », *LIJ*, 48/2000, p. 35.

136/ Devenue depuis « France 5 ».

chaîne) ». À ce jour, il n'existe qu'un seul accord (du 9 septembre 1997) entre l'État et les sociétés d'auteurs, qui concerne l'ensemble des émissions produites par le CNDP et proposées par « La cinquième »[137]. Enfin, une déclaration commune du 4 février 1998 signée par cinq sociétés de gestion collective de droits d'auteur[138], six sociétés ou représentations syndicales de producteurs cinématographiques ou audiovisuels[139] et le ministre de l'Éducation nationale marque une volonté de transiger.

136 Les logiciels[140]. La loi n° 85-660 du 3 juillet 1985 a fait entrer le logiciel dans le champ de la protection du droit d'auteur. La loi n° 94-361 du 10 mai 1994 proscrit toute reproduction autre que la copie de sauvegarde. Ce dispositif légal interdit en conséquence à un établissement scolaire d'acquérir un programme informatique et de le reproduire sur les postes mis à disposition des utilisateurs[141]. Chaque ordinateur doit, normalement, se trouver doté d'une version exécutable originale. Mais des « licences mixtes » les encadrent parfois. Les logiciels peuvent, dans ce cas, être utilisés librement : des marchés ont été conclus afin que les éditeurs de *software* (néologisme angliciste à la mode) retenus, cèdent au ministère de l'Éducation nationale leur usage pour une durée illimitée, en contrepartie d'une participation de l'État à leur création[142].

Une École « branchée »... sur internet. *Se devant de rester toujours à la pointe de la modernité, l'École ne pouvait échapper à la révolution technologique représentée par l'intrusion d'internet dans la société. L'enjeu, de taille, a généré des difficultés considérables. Outre la lourdeur administrative et technique de la mise en place de l'outil*[143]*, toute une réflexion pédagogique a précédé l'entrée définitive d'internet dans les classes. Ces obstacles ont peut-être occulté les problèmes de droit à venir. On a longtemps crié au vide juridique en la matière.*

137/ Cela concerne environ 160 heures de programmes pour une période qui a pris fin en 1998. Il existe actuellement d'autres actions menées par la sous-direction des technologies éducatives du ministère de l'Éducation nationale. Elles s'inscrivent dans une politique d'intervention financière directe sur les productions qui pourrait permettre d'aboutir, en contrepartie, à un droit d'usage pour les enseignants.

138/ SACEM, SDRM, SACD, SCAM, ADAGP.

139/ PROCIREP, ARP, CSPEFF, SPI, UPF, USPA.

140/ Sur la question des jeux vidéos souvent assimilés à des logiciels (Cass. crim., 21 juin 2000, *Tel et Société Atari c/ Valadon*, req. 9985154) cf. Lettre DAJ-B1 n°194 du 8 juillet 2002, *LIJ*, 68/2002, p. 23.

141/ Si le logiciel porte « *la marque de l'apport intellectuel de l'auteur* » il est protégé par le droit d'auteur (Cass. ass. plén., 7 mars 1986, *SA Babolat Maillot Witt c/ Pachot*, *Bull. ass. plén.*, n° 3, p. 5 ; *JCP*, 1986, II, 20631, note Jean-Marc Mousseron, Bernard Teyssié et Michel Vivant.

142/ La liste de ces produits, de libre utilisation dans les établissements, est disponible sur le site internet http://www.education.gouv.fr.

143/ Dotation des établissements en matériel informatique, formation des intervenants...

Certains s'en réjouirent pensant pouvoir user librement des innombrables informations véhiculées par le réseau sans avoir à en rendre compte. D'autres s'en émurent craignant l'anarchie qu'allait provoquer l'absence totale de réglementation. Tous furent sans doute surpris de voir le droit – comme bien souvent – s'adapter [144] *à cette « nouveauté »* [145]. *En vérité, seule l'innovation technologique prévaut. En d'autres termes, l'interface homme/machine remplace le dialogue : au lieu de se faire oralement ou par écrit, il se tisse virtuellement « sur la toile ». Pourquoi dès lors refuser l'application du droit commun à cette situation ? De vide juridique il n'y a point : tout d'abord, le réseau s'inscrit logiquement dans l'abondante législation qui a accompagné le développement de la télématique (lois sur les télécommunications* [146], *sur la liberté de la communication* [147], *« informatique et libertés »* [148], *sur le secret des correspondances émises par voie de télécommunication* [149]*). Plus encore, s'appliquent pleinement à internet non seulement le Code civil (respect de la vie privée, droits de la propriété, de la personnalité, de la responsabilité)* [150] *mais également le Code pénal (infractions relatives aux atteintes à l'intimité, responsabilité des personnes morales, sanctions de l'intrusion et du maintien frauduleux dans un système de traitement informatisé...)* [151]. *Le domaine de prédilection juridique d'internet reste toutefois le droit de la propriété littéraire et artistique* [152]. *De nombreuses décisions de justice font expressément référence au Code de la propriété intellectuelle. Si l'on pense bien évidemment à la mise en ligne du « Grand secret » du Docteur Gübler, on songe aussi à la composition informatisée du poème « Mille milliards de poèmes » de Raymond Queneau* [153] *ou encore au transfert sur internet de l'intégrale des textes des chansons de Jacques Brel* [154]. *Le droit commun s'appliquant, il convient de distinguer l'utilisation des œuvres trouvées à l'occasion d'un « surf » à titre privé de la sélection à titre collectif. Or la plupart du temps, l'usage autorisé demeure privé : toute mise en réseau ou rediffusion devient interdite sans autorisation préalable. Voilà une des difficultés auxquelles les établissements scolaires seront confrontés. Malgré les réflexions actuellement menées au sein du ministère de l'Éducation nationale sur les conséquences juridiques de l'usage d'internet dans la vie scolaire* [155], *les textes existants qui se bornent à renvoyer à l'état du droit ne peuvent pas leur être d'une aide*

144/ Jean-Michel Bruguière, « Quand notre système juridique sécrète une responsabilité pas très... Net », *Droit et Patrimoine*, n° 92, avril 2001, p. 41.

145/ D'ailleurs, en France, s'agit-il réellement d'une nouveauté ? Si l'ampleur qu'a pu prendre internet ne souffre d'aucune concurrence, les Français étaient pourtant déjà habitués au « principe » avec le minitel...

146/ L. n° 90-1170 du 29 décembre 1990.

147/ L. n° 86-1067 du 30 septembre 1986 ; loi 2001.

148/ L. n° 78-17 du 6 janvier 1978.

149/ L. n° 91-646 du 10 juillet 1991.

150/ Pour les exemples cités : art. 9, 543, 544, 1382 C. civ.

151/ Art. 226-1, 226-7, 323-1 et s. C. pén.

152/ Lettre DAJ-B1, n° 147 du 24 avril 2003, *LIJ*, n° 76/2003, p. 19.

153/ TGI Paris, Ord. réf., 5 mai 1997, *Queuneau c/ Leroy, Université Paris VIII et autres, RDPI*, octobre, p. 52.

154/ TGI Paris, 14 août 1996, *Société éditions musicales Pouchenel, Société Warner Chapell France SA et société MA Caravelle SARL c/ École centrale de Paris, RDPI*, juillet 1997, p. 54. Il s'agissait en l'espèce d'un site d'étudiant abrité... par son Université !

155/ Qui aboutiront probablement dans un avenir plus ou moins proche à un règlement négocié. À cet égard l'accord du 4 février 1998 précité constitue sans doute une première étape en la matière.

efficace[156]. *Une fois encore, écoles, collèges, lycées et universités doivent, dans la mesure du possible, maintenir un équilibre entre respect du droit et impératifs pédagogiques... Au-delà, la communauté éducative se trouve confrontée à l'apparition récente des « blogs »*[157].

b) La sanction des atteintes aux droits d'auteur

137 Selon l'article L. 335-3 du Code de la propriété intellectuelle « *est (...) un délit de contrefaçon, toute reproduction, représentation ou diffusion, par quelque moyen que ce soit d'une œuvre de l'esprit en violation des droits de l'auteur tels qu'ils sont définis et réglementés par la loi* ». Il en résulte que le non-respect des droits d'auteur (droit moral et droits patrimoniaux) est passible de sanctions pénales mais aussi civiles. Dans le cadre scolaire, le contrefacteur – auteur de l'infraction – personne physique ou morale, pourra voir sa responsabilité recherchée qu'il s'agisse du chef d'établissement, des enseignants ou/et du collège ou du lycée lui-même, sans que cette énumération procède de l'exhaustivité.

138 1° ***Les sanctions pénales.*** La contrefaçon existe à partir de la constatation de la reproduction ou de la diffusion d'une œuvre protégée sans l'autorisation de son auteur. L'article L. 335-2 du Code de la propriété intellectuelle punit ce délit de deux ans d'emprisonnement et de 150 000 euros d'amende. Le tribunal peut aussi prononcer la confiscation des objets en cause (phonogrammes, vidéogrammes, pièces reproduites...) et ordonner la publication du jugement aux frais du prévenu[158]. En revanche, ne constituent point une contrefaçon la copie ou la reproduction d'œuvres aux droits acquittés, lorsqu'elles sont strictement réservées à l'usage du copiste en dehors de toute utilisation collective[159].

156/ Cf. circ. n° 95-223, 13 octobre 1995.

157/ Voir *infra*, n° 550.

158/ TGI Pontoise, 6e ch. 3, 2 février 2005, *Ministère public c/ O., RLDI*, 2, n° 51, obs. Lionel Costes ; voir aussi Franck Macrez, « À l'abordage des pirates », *RLDI*, 3, n° 80 : pour avoir pendant toute la durée du mois d'août, contrefait par édition ou reproduction un œuvre de l'esprit au mépris des droits d'auteur, le prévenu est condamné à une amende délictuelle de 3 000 euros. Le tribunal ordonne en outre la confiscation des scellés et la publication du jugement dans deux quotidiens parisiens. Sur l'action civile, l'intéressé est condamné à payer 3 000 euros à la SACEM (plus 400 euros au titre de l'article 475-1 du C. pr. pén.), 1 200 euros à la SPPF (plus 700 euros au titre de l'article 475-1 du C. pr. pén.), 3 000 euros à la SCPP (plus 700 euros au titre de l'article 475-1 du C. pr. pén.), 3 000 euros à la SDRM (plus 400 euros au titre de l'article 475-1 du C. pr. pén.). Cette décision est frappée d'appel.

159/ Ici, disques, cassettes ou DVD ont été achetés puis reproduits (contrairement à l'espèce précédente jugée par le TGI de Pontoise où la reproduction s'effectue à partir de données sonores « prélevées » illégalement sur internet) : CA Montpellier, 3e ch. Corr., 10 mars 2004, *M.AD c/ Buerra Vista Home Entertainment et autres, RLDI*, 2005, 3, n° 86.

139 2° *Les sanctions civiles.* Pour l'auteur, la contrefaçon de ses œuvres entraîne un préjudice. Dès lors, le contrefacteur encourt, outre les sanctions pénales, une condamnation au versement de dommages-intérêts au profit du premier. Les juridictions pénales prononceraient à bon droit ces condamnations s'il existait une constitution de partie civile. Mais, dans le silence des textes sur ce point, l'auteur spolié, non tenu au dépôt d'une plainte, a la possibilité de demander au juge compétent [160] la réparation de son préjudice. À cet égard, l'article L. 331-1 du Code de la propriété intellectuelle précise que « *toutes les contestations relatives à l'application des dispositions du présent code qui relèvent des juridictions de l'ordre judiciaire sont portées devant les tribunaux compétents, sans préjudice du droit pour la partie lésée de se pourvoir devant la juridiction répressive dans les termes du droit commun* ». La formule s'entend comme réservant la compétence des juridictions administratives[161]. Si bien que l'engagement de la responsabilité de la puissance publique reste possible au cas où la mise en cause pour contrefaçon affecterait les personnels de l'établissement scolaire. L'action en réparation serait alors portée devant le juge administratif. L'évaluation du préjudice dépend non seulement des dommages matériels de l'auteur (manque à gagner) mais aussi des dommages à caractère moral.

Droits d'auteur, droit à l'image et droit de propriété[162]. *Au respect des règles du Code de la propriété intellectuelle s'ajoute celui du droit à l'image des personnes figurant sur les œuvres à exploiter (photographie, film...). L'article 9 du Code civil offre ainsi à chacun le* « droit au respect de sa vie privée »[163]. *La jurisprudence a dégagé de cette disposition une véritable protection personnelle contre l'exploitation de sa propre image*[164]. *Le principe pose l'interdiction d'exploiter l'image d'un tiers sans son consentement exprès*[165]. *La règle s'applique à toute personne* « fût-elle artiste du spectacle »[166]. *Peu importe également l'argutie tirée de l'utilisation du cliché d'autrui pour une cause noble. A été jugée à cet égard préjudiciable à un enfant handicapé la publication de son image dans une revue éditée par une asso-*

160/ Tribunal d'instance, tribunal de grande instance ou tribunal administratif.

161/ T. confl., 15 octobre 1973, *JCP*, 1974, n° 17663, concl. Braibant, note A. Françon; Cass. 1re civ., 18 novembre 1997, *Chambre de commerce et d'industrie de Marseille Provence*, *LIJ*, 25/98, p. 13.

162/ Jean-Michel Bruguière, « Les droits de l'image dans le livre », *Légicom*, n° 24, 2001/1, p. 123.

163/ Pierre Kayser, *La protection de la vie privée par le droit. Protection du secret de la vie privée*, PUF, Economica, 3e éd., 1995.

164/ Jacques Ravanas, *La protection des personnes contre la réalisation et la publication de leur image*, LGDJ, 1978.

165/ Michel Dupuis, « Le droit à l'image face au droit d'informer : un effort de simplification », *Revue Lamy droit civil*, 2004, II, n° 459, p. 31.

166/ CA Paris, 25 octobre 1982, *D.*, 1983, p. 363, note Lindon.

ciation d'un centre de rééducation fonctionnelle[167] *sans l'autorisation de ses parents. La Cour de cassation a adopté la même solution pour l'exploitation d'une photographie représentant un enfant participant à une fête folklorique*[168]. *Le juge civil admet toutefois deux exceptions : il n'existe aucune atteinte à l'intimité de la vie privée, tout d'abord, lorsque la personne photographiée se trouve dans un lieu public*[169] *; ensuite, lorsque l'image tend à retracer un événement d'actualité. Ainsi, le fonctionnaire d'un palais de justice invoque sans succès son droit à l'image alors qu'il figure sur une photographie représentant des policiers agissant dans une opération dirigée contre les milieux islamistes*[170]. *La licéité de la publication de l'image d'une personne sans son consentement pour couvrir un événement d'actualité obéit cependant à deux conditions. La première est l'absence d'atteinte à la dignité de la personne humaine. La Cour de cassation désapprouve ainsi la photographie représentant* « distinctement le corps et le visage du préfet (Erignac) assassiné, gisant sur la chaussée d'une rue d'Ajaccio »[171] *mais refuse de voir une telle atteinte dans la photographie de la victime d'un attentat dans le RER à Paris*[172]. *La seconde est l'immédiateté de l'exploitation : si la publication de l'image d'une institutrice prise en otage avec sa classe relève de la licéité au moment même de l'événement*[173], *elle ne présente plus ce caractère à l'occasion de la rentrée scolaire de la même professeure dans une autre école*[174]. *La loi vient également réprimer ces atteintes. L'article 226-1, 2e du Code pénal sanctionne une peine d'un an d'emprisonnement et de 45 000 euros d'amende pour le fait, au moyen d'un procédé quelconque, volontairement de porter atteinte à la vie privée d'autrui : (...) en fixant, enregistrant ou transmettant, sans le de celle-ci l'image d'une personne se trouvant dans un lieu privé ». Sa diffusion ressortit aux dispositions de l'article 226-2 du même Code. De la même manière, la loi du 15 juin 2000 relative à la présomption d'innocence punit de 15 000 euros d'amende* « la diffusion (...) de l'image d'une personne (...) mise en cause à l'occasion d'une procédure pénale mais n'ayant pas fait l'objet d'un jugement de condamnation et faisant apparaître, soit que cette personne porte des menottes ou entraves, soit qu'elle est placée en détention provisoire » *(Article 35* ter *de la loi du 29 juillet 1881 modifiée). En outre, l'acceptation d'être photographié ou filmé n'emporte pas,* de facto, *autorisation d'exploitation*[175]. *En conséquence, les élèves souscrivant à l'utilisation de leur image aux fins de réaliser le trombinoscope de l'établissement, n'acceptent pas nécessairement la diffusion de ce document sur Internet ou ailleurs. Leur accord exprès s'avère ici nécessaire, de même pour la constitution d'annuaires d'anciens étudiants.*

167/ CA Paris, 17 décembre 1991, *Association Villiers horizon 2000 et autres c/ Époux V., D.*, 1993, p. 366, note Jacques Ravanas.

168/ Cass. 1re civ., 12 décembre 2000, *D.*, 2001, p. 2064, note Jacques Ravanas.

169/ CA Paris, 19 septembre 1994, juris-data n° 223268.

170/ Cass. 1re civ., 25 janvier 2000, *JCP*, G., n° 10257, concl. J. Sainte-Rose.

171/ Cass. 1re civ., 20 décembre 2000, *JCP*, II, n° 10488, note Jacques Ravanas.

172/ Cass. 1re civ., 20 février 2001, *Société Hachette Filipacchi associés c/ Mme Bruno, épouse Beauvisage, JCP*, II, n° 10533.

173/ TGI Paris, 26 janvier 1994, juris-data n° 040196.

174/ TGI Paris, 17 novembre 1993, juris-data n° 047243.

175/ CA Paris, 16 février 2001, *De Haut De Sissy c/ The Factory*, req. 137747. Dans le même sens, cf. CA Paris, 31 octobre 2001, *La société nouvelle des éditions Marval c/ M. B. et Y. M., LIJ*, 65/2002, p. 13.

Par ailleurs, l'exploitation de l'image d'un bien immobilier sans l'autorisation de son propriétaire pose problème. Sa restriction, longtemps fondée sur la protection des droits de la personnalité et notamment sur l'article 9 du Code civil, a récemment évolué. La Cour de cassation s'efforce désormais de trouver un juste équilibre entre le respect du droit de propriété (article 544 du Code civil) et la liberté des tiers. Après avoir, dans un premier temps, dégagé comme limite à cette dernière le critère de l'exploitation commerciale[176]*, elle se réfère aujourd'hui à la notion plus classique de* ***trouble anormal****. Ainsi décide-t-elle que si « le propriétaire d'une chose ne dispose pas d'un droit exclusif sur l'image de celle-ci (...) il peut toutefois s'opposer à l'utilisation de cette image par un tiers lorsqu'elle lui cause un trouble anormal »*[177].

L'ensemble de ces règles s'applique évidemment à l'enseignement; des motifs pédagogiques tels la mise en ligne de photographies d'élèves ou la réalisation d'un film sur une classe, ne sauraient par suite constituer une exception à la protection. Les membres de la communauté éducative veilleront à ne point porter atteinte à ce droit en obtenant, préalablement à toute utilisation de l'image de tiers (élèves, personnels administratifs ou enseignants), leur autorisation expresse. En s'ajoutant à la préservation des droits d'auteur, le respect du droit à l'image complique un peu plus l'exploitation des photographies. L'exemple suivant souligne cette complexité.

Un enseignant décide avec ses élèves de créer une œuvre multimédia dont le contenu permettra l'accès à une base de photographies destinées à l'illustration de son cours[178]*. Après quelques recherches, les jeunes gens proposent à leur professeur d'intégrer dans la base un certain nombre de photographies. Pour chacune d'elles, les précautions à prendre préalablement concernent les personnes ou les biens.*

● ***Les personnes***

■ *Une photographie des élèves de la classe réalisant le travail*[179] *:*

– elle implique l'autorisation des élèves figurant sur le cliché ainsi que celle de leurs représentants légaux s'ils sont mineurs[180]*;*

– la photographie constituant une donnée nominative, sa numérisation nécessite une autorisation préalable de la CNIL[181]*;*

– le respect de la propriété intellectuelle du photographe exige son accord; ses droits de reproduction et de représentation doivent être cédés à l'auteur de l'œuvre multimédia.

176/ Cass. 1re civ., 10 mars 1999, *Pritchett c/ Éditions Dubray, Petites affiches*, n° 39, p. 19. Cass. civ. 1re, 2 mai 2001, *Bull. civ.*, I., n° 114.

177/ Cass. ass. plén., 7 mai 2004, *D.*, 1545, note Jean-Michel Bruguière et Emmanuel Dreyer; *JCP*, II, 10085, note Christophe Caron.

178/ Cf. Marie-Anne Gallot Le Lorier, Vincent Varet, *La création multimédia*, Préface Jérôme Huet, Coll. Pratique du droit, Economica, 2000.

179/ Sur la question des photographies d'élèves et plus généralement sur celle des trombinoscopes, le ministère de l'Éducation nationale a fait récemment connaître dans une lettre du 14 mars 2002 qu'« *il n'apparaît pas souhaitable de permettre aux établissements scolaires de diffuser sur internet des photographies d'élèves, dès lors que ceux-ci sont identifiables* » (cf. *infra*, n° 185).

180/ L'autorisation peut prendre la forme suivante : « *Je soussigné (...) autorise (...) à diffuser et à mémoriser la photographie de (...) sur le site (...) pendant une durée de (...)* ».

181/ La Commission national informatique et libertés a élaboré une forme de déclaration simplifiée dont certaines se téléchargent sur son site internet : http://www.cnil.fr.

■ *Une photographie d'un écrivain célèbre :*

– il convient d'obtenir l'autorisation de l'écrivain (droit à l'image) sauf si ce dernier est en situation de personnage public (lors de la remise d'un prix littéraire) ;

– il faut respecter les droits d'auteur du photographe.

■ *Une photographie du ministre de l'Éducation nationale en Conseil des ministres : hormis le respect des droits du photographe, aucune autorisation n'est ici requise, l'homme d'État étant en représentation publique. À l'inverse, le cliché pris lors d'une réunion familiale implique son accord.*

• ***Les biens***

■ *Une photographie récente de la Tour Eiffel*[182] *vue de jour :*

– les ayants droit de Gustave Eiffel, mort depuis plus de soixante-dix ans (1923), ne peuvent plus prétendre aux droits patrimoniaux attachés à sa Tour; seul le droit moral doit être respecté;

– elle entraîne la préservation des droits d'auteur du photographe.

■ *Une photographie récente de la Tour Eiffel vue de nuit :*

– si les éclairages de la Tour trouvent eux-mêmes leur expression dans une œuvre de l'esprit, le respect des droits de leur auteur s'impose ; en tout état de cause, les droits d'auteur du photographe seront garantis.

■ *Une photographie de la Vénus de Botticelli :*

– elle touche au droit moral de Botticelli éventuellement exercé par ses descendants... ;

– elle affecte la préservation des droits d'auteur du photographe ;

– il faut en l'espèce obtenir l'autorisation de la « réunion des musées nationaux » qui s'arroge un « droit d'auteur » en diffusant ses propres reproductions.

■ *Une photographie d'un jardin public et de ses statues :*

– l'espace même constitue peut-être[183] *une œuvre de l'esprit présentant un caractère original; ce qui entraînerait le respect des droits d'auteur des paysagistes;*

– il y a lieu de s'assurer également que les statues ne sont pas encore couvertes par le droit de la propriété intellectuelle ;

– elle requiert la préservation des droits d'auteur du photographe.

■ *Une photographie du collège :*

– elle oblige la préservation des droits d'auteurs du photographe et de l'architecte[184] *;*

– elle suppose l'autorisation du Conseil général, propriétaire des locaux.

Cette illustration révèle le luxe de précautions à prendre dans l'identification de l'ensemble des auteurs et des droits à libérer pour exploiter une simple photographie. Pour pallier ces difficultés, certaines sociétés collectives de gestion de droits se sont regroupées au sein de

182/ C'est une société qui gère actuellement l'image de ce monument.

183/ Cass. civ. 1re, 15 mars 2005, *Daniel Buren*, *AJDA*, p. 634, obs. Marie-Christine Montecler : « *dans les vues en cause, l'œuvre (...) se fondait dans l'ensemble architectural de la place des Terreaux dont elle constituait un simple élément* ». Rejet en conséquence du pourvoi de l'artiste et de l'architecte qui poursuivaient, pour violation de leur droit d'auteur, des éditeurs de cartes postales représentant la célèbre place lyonnaise.

184/ CAA Nantes, 27 décembre 2002, *Ville de Cholet*, *AJDA*, 2004, p. 2114, note Marie Cornu : les modifications apportées à une œuvre architecturale, en exécution d'une décision administrative, constituent une atteinte au droit moral des auteurs si elles excèdent celles rendues indispensables par les nécessités du service ; CE, 15 septembre 2004, *Dziewolski*, *AJDA*, p. 2183 : la construction d'un nouveau bâtiment distinct de ceux précédemment conçus par un architecte ne porte pas atteinte au droit moral dont il dispose sur son œuvre.

l'organisme appelé Sesam. *L'établissement scolaire lui fera connaître les œuvres dont il entend se servir pour confectionner sa séquence multimédia et obtiendra de cette société les autorisations idoines.*

Dernière précision, la création d'un site Internet relève des mêmes principes; la jurisprudence tient en effet la numérisation comme une reproduction au sens du Code de la propriété intellectuelle[185]. *Son concepteur ne saurait se prévaloir de l'utilisation des œuvres d'autrui à titre privé : la mise en ligne ôte au site son caractère confidentiel. Le juge civil considère en effet que cela permet «* à des tiers connectés au réseau (...) de visiter (ses) pages privées et d'en prendre éventuellement copie *»*[186]. *Dès lors, l'usage d'œuvres protégées pour la création d'un site Internet et sa diffusion sur la toile*[187] *obéit au droit commun de la propriété littéraire et artistique.*

Les droits des uns, les obligations des autres posent d'autres questions qui s'inscrivent non plus dans la vie de l'élève mais dans son statut.

185/ TGI Paris, ord. réf., 5 mai 1997, *Queuneau c/ Leroy, Université Paris VIII et autres, op. cit.*, n° 136.

186/ TGI Paris, 14 août 1996, *Société éditions musicales Pouchenel, Société Warner Chapell France SA et société MA Caravelle SARL c/ École centrale de Paris, op. cit.*, n° 136.

187/ L. Mosli, « Création d'un site sur la toile et formalités administratives », *LIJ*, 36/99 p. 19.

Titre II

Le statut de l'élève

140 Il n'existe pas de loi spécifique qui détermine la condition et le régime juridique des élèves comme le statut de la fonction publique le fait avec les fonctionnaires. À l'École, les jeunes relèvent cependant d'un ensemble de dispositions éparses, législatives et réglementaires, complétées et interprétées par une jurisprudence de plus en plus abondante.

Les libertés dont ils jouissent se manifestent, d'une part, dans l'expression, individuelle ou collective, par la reconnaissance de leur vocation à se réunir, à s'associer ou à publier. Elles s'expriment, d'autre part, dans la participation, pour les collégiens au conseil de classe et pour les lycéens surtout, elles se traduisent à travers diverses instances de dialogue, de consultation ou de concertation. Leurs obligations procèdent à la fois du travail scolaire (assiduité, accomplissement des tâches liées aux études) et de la vie scolaire. De ce chef, il leur revient de respecter les grands principes du service public (laïcité, neutralité), les personnes et les biens. Le règlement intérieur rappelle ces droits et devoirs et les adapte, par une savante alchimie, au sein de l'établissement.

Mais lorsque les mêmes élèves contreviennent aux règles ainsi définies, l'institution sanctionne en proportionnant sa riposte à la faute commise. Par un juste retour des choses, le droit remis en cause renaît.

Le statut de l'élève s'organise dès lors autour de deux concepts : celui, tolérant, des droits et obligations (chapitre 1), celui, coercitif, du droit disciplinaire (chapitre 2).

Chapitre 1

Les droits et obligations

141 La question des droits et obligations des élèves mérite un bref retour sur la relation entretenue entre l'École et le droit. Historiquement, ce rapport apparaît d'abord sous l'angle d'un « droit à l'École ». En effet, les idéaux révolutionnaires imposent, tout au long du XIXe siècle, le principe d'un enseignement public, cela jusqu'aux lois Jules Ferry. Chacun connaît le rôle essentiel de ce ministre dans le développement de l'institution par l'instauration notamment de la scolarité obligatoire. La loi du 28 mars 1882 fixe l'obligation scolaire pour les garçons et les filles à treize ans. La loi du 9 août 1936 la prolonge à quatorze ans. L'ordonnance du 6 janvier 1959 l'étend jusqu'à seize ans. Ce droit à l'École, appelé plus volontiers aujourd'hui « droit à l'éducation » s'affiche donc, avant tout, en fonction de l'obligation scolaire. Réaffirmée par la loi Haby du 11 juillet 1975, une évolution se perçoit dans les objectifs : « *Tout enfant a droit à une formation scolaire qui, complétant l'action de sa famille, concourt à son éducation. Cette formation scolaire est obligatoire entre six et seize ans. Elle favorise l'épanouissement de l'enfant, lui permet d'acquérir une culture, le prépare à la vie professionnelle et à ses responsabilités d'homme et de citoyen* ». Plus récemment les articles 1 et 2 de la loi d'orientation du 10 juillet 1989 relative à l'éducation précisent : « *Le droit à l'éducation est garanti à chacun, afin de lui permettre de développer sa personnalité, d'élever son niveau de formation initiale et continue et de s'insérer dans la vie sociale et*

professionnelle, d'exercer sa citoyenneté ». Ce principe de base du système éducatif français était déjà inscrit dans le préambule de la constitution de 1946, repris en 1958 : « *La nation garantit l'égal accès de l'enfant et de l'adulte à l'instruction, à la formation professionnelle et à la culture* ».

La définition d'un droit à l'École ou droit à l'éducation, sous l'angle de l'obligation scolaire, reste aujourd'hui déterminante. Cependant, le développement du système éducatif depuis la fin des années 1960, a mis l'accent sur ce que l'on désigne aussi par le « droit dans l'école ». Il englobe l'ensemble des dispositions régissant les droits et obligations des élèves mais aussi des personnels de l'Éducation nationale et des parents dans l'établissement scolaire. Pour les premiers, cette évolution juridique qui accompagne le phénomène social de massification de l'enseignement, permet de préciser leurs diverses obligations mais également d'affirmer un certain nombre de leurs droits. Leur formulation dépasse la seule reconnaissance de l'élève en tant qu'usager d'un service public ; elle correspond à l'objectif déclaré de formation du citoyen.

L'approche des droits et obligations des élèves passe par l'examen des sources juridiques qui les définissent (1) puis par l'étude du cadre réglementaire dans lequel ils s'exercent au sein du collège et du lycée (2).

1 Le contenu des droits et des obligations

142 Parmi les nombreuses dispositions légales et réglementaires, le texte fondamental reste, en la matière, la loi d'orientation du 10 juillet 1989, aujourd'hui codifiée ; les articles L. 511-1 et L. 511-2 du Code de l'Éducation confèrent aux élèves des droits (**A**) et rappellent leurs obligations (**B**).

A. Les droits des élèves

143 La relation éducative ne repose plus seulement sur l'autorité pure issue du modèle disciplinaire ; elle exprime l'idée d'un élève, véritable acteur du système éducatif. Considéré comme un sujet et non plus comme un objet, il se voit reconnaître des droits. Le droit à l'éducation procède en effet d'une double mission, de transmission culturelle et de formation civique. Cette dernière implique une responsabilisation croissante des jeunes dans certains domaines. D'où l'émergence de droits nouveaux.

Chez eux, l'affirmation de la citoyenneté résulte de deux phénomènes : d'une part, le besoin d'information et d'expression lié à leur confrontation précoce aux problèmes de société et, d'autre part, la prise en compte de leur maturité, avec une majorité acquise à dix-huit ans. L'évolution du statut de l'élève correspond à des missions nouvelles imposées au système éducatif en particulier par deux lois, celle du 11 juillet 1975 qui prône l'accès à l'autonomie pour une intégration à la société et celle du 11 juillet 1989 qui réaffirme le droit à l'éducation comme garant de l'exercice de la citoyenneté. En raison de cette mutation, les droits et libertés reconnus aux élèves au sein du système éducatif relèvent de deux notions fondamentales : l'expression **(I)** et la participation **(II)**.

I L'expression

144 Le droit d'expression comprend la liberté de chercher, recevoir et diffuser des informations et des idées par tout moyen. Cette liberté revêt une double forme, individuelle ou collective.

a) L'expression individuelle

145 L'article L. 511-2 du Code de l'Éducation[1] pose le principe de la liberté d'expression des élèves sans précision sur son contenu. Le décret du 30 août 1985 prévoit en son article 3-1 que « *le chef d'établissement et le conseil d'administration veillent, en collaboration avec le conseil des délégués pour la vie lycéenne des élèves à ce que la liberté d'expression dont les élèves disposent individuellement et collectivement s'exerce dans les conditions définies par l'article L. 511-2 du Code de l'Éducation* ». Autrement dit « *dans le respect du pluralisme et du principe de neutralité* », d'une part, et « *sans qu'il soit porté atteinte aux activités d'enseignement* », d'autre part. L'exercice de cette liberté d'expression individuelle a, sans aucun doute, posé les plus grosses difficultés avec la délicate question du port de signes d'appartenance religieuse par les collégiennes et les lycéennes.

146 1° ***Le contexte.*** En 1989, la question de la laïcité à l'École sensibilisa l'opinion publique lorsque des jeunes filles, pour

1/ Issu de l'article 10 de la loi d'orientation de 1989.

manifester leur appartenance à la religion musulmane, entendaient venir voilées ou coiffées d'un foulard au sein de leur établissement scolaire. Certains virent dans cette attitude une atteinte aux principes fondateurs de l'École de la République. Des crises éclatèrent régulièrement dont la dernière aboutit à une modification du droit positif.

La « guerre scolaire » continue ! *Au début du XXe siècle, la IIIe République, sous l'influence des mouvements anticléricaux, avait organisé, à travers de nombreuses lois, la sécularisation de l'enseignement public. Mais que recouvre exactement le principe de laïcité ? Le port de signes d'appartenance religieuse par les élèves constitue-t-il une atteinte à ce principe ? Les sanctions disciplinaires prononcées pour ce motif se justifient-elles ? L'article 1er de la Constitution du 4 octobre 1958 consacre, de façon générale, la laïcité de l'État : « La France est une République indivisible, laïque, démocratique et sociale. Elle assure l'égalité devant la loi de tous les citoyens sans distinction d'origine, de race ou de religion. Elle respecte toutes les croyances ». Le préambule de la Constitution du 27 octobre 1946 donne une valeur constitutionnelle à la laïcité de l'enseignement public :* « La nation garantit l'égal accès de l'enfant et de l'adulte (...) à l'instruction. L'organisation de l'enseignement laïque et gratuit à tous les degrés est un devoir d'État ». *Si chacun semble s'accorder sur l'idée sous-jacente au principe* [2]*, sa mise en œuvre au sein des établissements scolaires sépare en deux camps les membres de la communauté éducative. Pour les premiers, attachés à une conception rigide issue de la pratique séculaire à l'École, une stricte neutralité des usagers s'impose, la laïcité impliquant l'accueil égalitaire de l'ensemble des croyances et des cultures. Le port de tout signe distinctif risquerait de réduire à néant le principe même de laïcité. Pour les seconds, adeptes d'une thèse radicalement opposée, la laïcité suppose admission de tous et tolérance. Ce qui, concrètement, exclut toute interdiction d'exprimer ses convictions. Prohiber le port des signes d'appartenance religieuse à l'École équivaudrait à nier l'idée même de laïcité. Ces deux opinions continuent de s'affronter dans les établissements scolaires avec passion. Les dernières modifications législatives provoqueront-elles l'enterrement de la « hache de guerre » ?*

147 Le 27 octobre 1989, le Conseil d'État rendait un avis au gouvernement sur la compatibilité entre le principe de laïcité dans l'enseignement public et le port de signes d'appartenance religieuse[3]. Sur la base de cette interprétation, pendant près de quinze ans, les juridictions administratives tentèrent d'appliquer, de façon pragmatique ces règles, en reconnaissant une liberté d'expression aux élèves, strictement enca-

2/ « *Si la société et l'école forment un même corps, l'école est un espace laïque au service de l'élève. Parce qu'elle brasse plusieurs cultures et religions, elle doit être préservée de l'affrontement et de la décomposition. Ainsi la laïcité a une réelle signification parce qu'elle n'est pas seulement une philosophie mais un système : sur un terrain neutre, ouvert et tolérant, l'adolescent rencontre les autres et leurs différences, découvre, s'exprime, se forme, fait ses choix* », Jean-Claude Amsallem, *Principes généraux de l'enseignement, des fondements juridiques aux applications pratiques*, CRDP Nice, Z'éditions, 1997, p. 146. Voir également sur la question, Claude Durand-Prinborgne, *La Laïcité*, Dalloz, coll. Connaissance du droit, 2e éd., 2004.

3/ Avis CE, 27 octobre 1989, *Laïcité de l'enseignement*, n° 346893, *Les grands avis du Conseil d'État*, n° 22.

drée[4] : « *dans les établissements scolaires, le port par les élèves de signes par lesquels ils entendent manifester leur appartenance à une religion n'est pas par lui-même incompatible avec le principe de laïcité, dans la mesure où il constitue l'exercice de la liberté d'expression et de manifestation de croyances religieuses, mais (...) cette liberté ne saurait permettre aux élèves d'arborer des signes d'appartenance religieuse qui par leur nature, par les conditions dans lesquelles ils seraient portés individuellement ou collectivement, ou par leur caractère ostentatoire ou revendicatif, constitueraient un acte de pression, de provocation, de prosélytisme ou de propagande, porteraient atteinte à la dignité ou à la liberté de l'élève ou d'autres membres de la communauté éducative, compromettraient leur santé ou leur sécurité, perturberaient le déroulement des activités d'enseignement et le rôle éducatif des enseignants, enfin troubleraient l'ordre dans l'établissement ou le fonctionnement normal du service public* ».

148 Le problème demeure sensible malgré la permanence du droit et la constance de la jurisprudence. En 1994, le ministre de l'Éducation nationale nomme une médiatrice afin d'organiser le dialogue entre les élèves musulmans et le corps enseignant. Quelque dix ans plus tard, la question semble pacifiée. Cependant, la polémique éclate à nouveau avec force au printemps 2003[5] prenant une tournure plus dure encore en venant diviser la classe politique.

Le président de la République crée une « commission de réflexion sur l'application du principe de laïcité dans la République »[6]. Dans son rapport[7], la commission opte clairement pour l'adoption d'une loi sur la laïcité qui aboutirait notamment à l'interdiction à l'école de « *tenues et signes manifestant une appartenance religieuse* ». Parallèlement, une mission d'information parlementaire, mise en place[8], conclut également à la nécessité d'une intervention législative en la matière[9].

Au vu de l'ensemble de ces travaux, le président de la République se prononce[10] pour l'interdiction dans les écoles publiques du port de signes et tenues qui manifestent ostensiblement l'appartenance religieuse.

4/ Voir la deuxième édition du présent ouvrage p. 108 et s.

5/ Caroline Brizard, « La troisième affaire du voile a commencé. École : faut-il légiférer ou pas ? », *Le Nouvel Observateur*, 15-21 mai 2003, p. 26.

6/ Commission installée le 3 juillet 2003 sous la présidence de Bernard Stasi.

7/ Remis au président de la République le 11 décembre 2003.

8/ Installée par Jean-Louis Debré, président de l'Assemblée Nationale, le 4 juin 2003.

9/ Rapport n° 1275 sur la question du port des signes religieux à l'école du 4 décembre 2003.

10/ Discours du 17 décembre 2003.

149 2° *L'état du droit positif.* . Un projet de loi, déposé[11] puis adopté, intègre un article L. 141-5-1 au Code de l'Éducation : « *Dans les écoles, les collèges et les lycées publics, le port de signes ou tenues par lesquels les élèves manifestent ostensiblement une appartenance religieuse est interdit* »[12]. Le législateur opte ainsi pour une conception restrictive du principe de laïcité exigeant davantage de neutralité de la part des usagers du service public, encadrant leur liberté d'expression. Ce faisant, l'état du droit se clarifie[13].

150 Les chefs d'établissement n'ont désormais ni à s'interroger sur le caractère « prosélytique » du port du signe religieux en cause, ni à se soucier de savoir s'il entrave une obligation scolaire : il est interdit en soi. L'alinéa 2 du texte précise cependant la nécessité d'entamer un « *dialogue avec l'élève* » préalablement à la mise en œuvre d'une procédure disciplinaire sur ce motif. Afin d'aider les personnels d'éducation dans l'application de cette loi, une circulaire[14] explicite le texte en se référant aux travaux préparatoires de la loi[15].

151 **Le champ d'application de la loi.** « *Les signes et tenues qui sont interdits sont ceux dont le port conduit à se faire immédiatement reconnaître par son appartenance religieuse tels que le **voile islamique**, (...) la **kippa** ou une **croix** de dimension manifestement excessive. La loi est rédigée de manière à pouvoir s'appliquer à toutes les religions et de manière à répondre à l'apparition de nouveaux signes, voire à d'éventuelles tentatives de contournement de la loi* ». Le champ de la liberté d'expression des élèves est ainsi réduit au port des « signes religieux discrets ».

La loi s'applique à l'ensemble des écoles et des établissements d'enseignement publics, y compris à l'égard des élèves inscrits dans des formations post-baccalauréat (classes préparatoires aux grandes écoles, sections de technicien supérieur)[16].

Les règles relatives aux agents du service public demeurent. Les personnels restent soumis à un devoir de stricte neutralité.

11/ Voir *LIJ*, n° 84, avril 2004, p. 35.

12/ Loi n° 2004-228 du 15 mars 2004 « *encadrant, en application du principe de laïcité, le port de signes ou de tenues manifestant une appartenance religieuse dans les écoles, collèges et lycées publics* ».

13/ Claude Durand-Prinborgne, « La loi sur la laïcité, une volonté politique au centre des débats de société », *AJDA*, 2004, p. 704.

14/ Circulaire n° 2004-084 du 18 mai 2004 relative au « respect de la laïcité », *BO* n° 21 du 27 mai 2004 (abrogeant les circulaires antérieures de 1989, 1993 et 1994).

15/ Voir notamment *Laïcité : le débat à l'Assemblée nationale, séances publiques du 3 au 10 février 2004 – Première lecture*, Assemblée nationale, Débats parlementaires, 2004.

16/ TA Grenoble, 25 mai 2005, *E.*, req. 0406566.

Leur liberté de conscience, absolue, ne s'accompagne pas d'une liberté d'expression dans leurs fonctions. Investis en effet d'une mission d'accueil des cultures et des croyances sans distinction aucune, les enseignants, comme tous les agents publics[17], s'engagent à la plus grande réserve. Le port de tout signe distinctif se révèle donc prohibé en ce qui les concerne. L'adulte qui transgresse ce précepte porte atteinte à la liberté de conscience des enfants ainsi qu'au rôle éducatif reconnu aux parents. Le Conseil d'État, récemment amené à se prononcer sur la question, interdit expressément aux maîtres toute manifestation de leur foi à l'École, en se fondant sur la neutralité confessionnelle scolaire[18]. La jurisprudence européenne, tout en adoptant un point de vue moins restrictif, va dans le même sens[19].

Une question n'apparaissant pas dans la circulaire relève de l'évidence : la loi n'autorise pas la mise à l'écart des élèves lors de l'inscription. Les parents devront cependant être informés des règles applicables.

La notion de dialogue. La circulaire du 18 mai 2004 précise que l'exigence légale de « *dialogue* » préalable à toute procédure disciplinaire, ne constitue nullement une négociation. Elle répond au « *souci de convaincre les élèves de l'importance du respect du principe de laïcité* ». En outre, « *le dialogue devra être poursuivi le temps utile pour garantir que la procédure disciplinaire n'est utilisée que pour sanctionner un refus délibéré de l'élève de se conformer à la loi* »[20].

152 La jurisprudence, encore rare, a statué sur cette question à propos d'élèves de confession sikhe, exclus des cours de leur lycée et confinés en salle de cantine pour n'avoir pas retiré le « sous-turban » propre à leur religion. Le tribunal administratif de Cergy-Pontoise, saisi d'un référé-liberté, constate l'absence d'accord amiable entre les élèves et l'administration puis

---

17/ TA Paris, 17 octobre 2002, *Ebrahimian, AJDA*, 2003, p. 99, obs. Marie-Christine de Montecler (à propos d'une assistante sociale dans un centre d'accueil de sans-abri) ; TA Lyon, 8 juillet 2003, *B., AJDA*, p. 1951 ; CAA Lyon, 27 novembre 2003, *N.B.A., AJDA*, 2004, p.154, note Fabrice Melleray.

18/ Avis CE, 3 mai 2000, *Marteaux, AJDA*, p. 602, chron. Mattias Guyomar et Pierre Collin ; *RFDA*, 2001, p. 146, concl. Rémy Schwartz ; *D.*, p. 747, note Geneviève Koubi ; cf. également Didier Jean-Pierre, « Les religions du fonctionnaire : le fonctionnaire et la foi », *AJFP*, mai-juin 2001, p. 31 ; « Service public et religion : du renouveau du principe de neutralité », *AJFP*, 2004, p. 249.

19/ CEDH, 15 février 2001, *Dahlab c/ Suisse, AJDA*, p. 481, note Jean-François Flauss, *RFDA*, 2003, p. 536, note Nicolas Chauvin.

20/ La loi ne limitant pas la durée de la procédure de dialogue, rien n'oblige l'administration à fixer un terme prédéterminé à son application : TA Grenoble, 25 mai 2005, E., *op. cit.*, ce numéro.

énonce : « *si la loi (...) du 15 mars 2004 prévoit, d'une part, que le port de signe ou tenue manifestatnt une appartenance religieuse est interdit dans un lycée et, d'autre part, qu'un dialogue avec l'élève doit précéder la mise en œuvre d'une procédure disciplinaire, ces dispositions ne prévoient aucune exclusion de l'élève avant qu'une telle procédure n'ait été diligentée ; qu'il suit de là que les modalités d'accueil de M. S. au lycée Louise-Michel depuis la rentrée scolaire (...) ne lui permettaient pas d'accéder aux salles de cours ni de bénéficier d'un véritable enseignement, eu égard notamment à leur durée, sans que l'intéressé ait pu présenter sa défense devant un conseil de discipline, alors même qu'il n'était pas allégué en l'espèce un risque de trouble à l'ordre public, constitue au préjudice de M. S. une situation d'urgence nécessitant l'intervention d'une décision de justice dans un délai très bref et une atteinte grave et manifestement illégale aux droits de la défense ; (...) il y a lieu, dans ces conditions, d'enjoindre au proviseur du lycée (...), dans un délai de quinze jours à compter de la notification de la présente ordonnance, de saisir le conseil de discipline de l'établissement du litige qui oppose l'administration scolaire à M. S.* »[21]. Sur le fond, dans une affaire similaire, le tribunal administratif de Melun juge légale la décision d'exclusion définitive d'un lycéen de même confession. Il considère que « *l'interdiction légale (...) pouvait être régulièrement opposée au requérant dès lors qu'en persistant à porter le sous-turban ou* keski sikh, *il adoptait une tenue le faisant reconnaître immédiatement comme appartenant à la religion sikhe, et cela sans que l'administration n'ait à s'interroger sur la volonté de l'intéressé d'adopter une attitude de revendication de sa croyance ou de prosélitisme, ni à établir que l'attitude du requérant était de nature à troubler l'ordre public* ». Et de poursuivre : « *la mesure d'exclusion en litige (...) est la réponse ultime prévue en cas de non-respect de la loi sur la laïcité, et qu'au cours de la phase de concertation qui l'a précédée l'Éducation nationale a proposé au requérant d'abandonner le sous-turban pour porter un filet de protection afin de protéger et de maintenir l'intégralité absolue de sa chevelure tout en respectant les règles d'hygiène et de sécurité* »[22].

Par ailleurs, attendu sur cette question, le juge administratif prend acte des modifications législatives. Le Conseil d'État s'est prononcé en ce sens avec clarté en validant la « circulaire Fillon » du 18 mai 2004[23].

21/ TA Cergy-Pontoise, ord., 21 octobre 2004, *S.*, *AJDA*, p. 2023, note Laureen Melka.

22/ TA Melun, 19 avril 2005, *G.S.*, *AJDA*, p. 917, note Erwan Royer.

23/ CE, 8 octobre 2004, *Union française pour la cohésion nationale*, concl. Rémi Keller, *RFDA*, p.977. Voir également les commentaires de Séverine Brondel, *AJDA*, p.1901; *JDJ*, n° 239, p. 4.

Les juridictions, pour l'heure, ont essentiellement statué au stade du référé. Elles semblent admettre la régularité des exclusions prononcées sur le fondement de la loi du 15 mars 2004. Ainsi, le tribunal administratif de Strasbourg précise que « *pour importantes qu'elles puissent être, les difficultés auxquelles est confrontée* [la requérante] *dans la poursuite de sa scolarité à l'approche du baccalauréat, procèdent moins de l'exécution de la décision individuelle critiquée que des choix, qu'ils soient religieux ou vestimentaires, qu'entend assumer l'intéressée, lorsqu'elle refuse de se conformer à une réglementation* »[24].

153 ***Encore quelques coins de voile à soulever...*** *Après un débat national particulièrement intense, les choix du législateur paraissent à présent admis par tous. La rentrée 2004, date de l'entrée en vigueur du texte, s'est, contrairement aux craintes, déroulée dans une relative sérénité. En effet, cette loi adopte des règles plus claires et plus solides, permettant d'éviter certaines contorsions que les chefs d'établissement devaient pratiquer afin de répondre aux pragmatiques mais parfois subtiles exigences de la jurisprudence du Conseil d'État. L'un des objectifs avancés, éviter le contentieux, semble atteint : même pour « tester » le dispositif, peu, en fin de compte, ont choisi la voie juridictionnelle.*

Cela posé, toute réforme, aussi claire soit-elle, suppose interprétation, interrogation et, en tout état de cause, nouvel équilibre à trouver. Cette redéfinition du principe de laïcité dans les établissements scolaires n'échappe pas à la règle[25]*. À cet égard, un certain nombre de problèmes demeurent en attente de réponses du juge administratif.*

– La question des parents d'élèves. La circulaire du 18 mai 2004 précitée affirme de façon peut-être un peu péremptoire que « la loi ne modifie pas les règles applicables aux parents d'élèves *». Certes, le législateur n'a souhaité viser que les élèves. Cependant le problème se rencontre parfois sur le terrain : en tant que membre de la communauté éducative, participant aux activités scolaires et péri-scolaires, les parents sont-ils entièrement libres d'exprimer leur foi ou sont-ils tenus à une stricte neutralité, comme les personnels de l'établissement ? Deux certitudes cachent une interrogation. Tout d'abord, les père et mère ne sont jamais assimilables aux agents du service public. Il en va ainsi des représentants élus aux conseils d'administration mais également des accompagnateurs d'une sortie scolaire. Ensuite, il n'existe aucune règle juridique solide ayant déjà réglé la question. Seul le juge pourrait apporter un éclairage...*

– La question du « bandana ». Le risque de voir la loi détournée de son objet par le port d'accessoires vestimentaires non nécessairement religieux, tels que le « bandana », a souvent été évoqué lors du débat sur la laïcité. Le problème reste, juridiquement du moins, entier après l'entrée en vigueur du nouveau texte. Une première solution – celle d'abord

24/ TA Strasbourg, ord. réf., 21 février 2005, *Myriam A.*, req. 0500406. Voir aussi quatre ordonnances rendues par la même juridiction le 9 mars 2005 (req. 0500684 ; 0500685 ; 0500688 ; 0500690). Sur le fond, dans le même sens, à propos d'élèves sikhs (trois cousins scolarisés dans le même établissement) : TA Melun, *G.S., R.S., B. S.* req. 05-0766/5, 05-0767/5, 05-0768/5.

25/ Philippe Blondel, « Quelle jurisprudence pour la nouvelle loi sur les signes religieux ? », *in* La laïcité, Dalloz/CNRS, *Archives de philosophie du droit*, Tome 48, 2005, p. 197 ; Olivier Dord, « Laïcité à l'école : l'obscure clarté de la circulaire Fillon du 18 mai 2004 », *AJDA*, 2004, p. 1523.

préconisée – eût été de confier aux chefs d'établissement le soin d'apprécier les motivations profondes des élèves : le port de tel ou tel accessoire révèle-t-il une intention « ostensible » d'expression religieuse ? Toute réponse à cette interrogation, déjà éminemment complexe sur le fond, aboutirait rapidement soit à un contournement de la loi, soit à une discrimination : interdiction du « bandana » aux seules « supposées » musulmanes ou de la casquette aux seuls « vraisemblablement » juifs etc. Une seconde solution – également évoquée – consisterait à interdire tout couvre-chef dans l'enceinte de l'établissement scolaire. Moins discriminatoire, cette option se heurte néanmoins à l'impossibilité de procéder par voie d'interdiction générale et absolue. La vérité, comme souvent, se situe probablement entre les deux. Le règlement intérieur de l'établissement, s'il ne peut proscrire tous les couvre-chefs, à longueur de temps, peut cependant en encadrer l'usage strictement. Il existe en effet une grande latitude de l'administration en la matière. Un outil, le règlement intérieur et un peu de bon sens, devraient permettre d'éviter les contournements de la loi. En tout état de cause, l'appréciation des chefs d'établissement, au cœur du dispositif, demeure soumise au contrôle du juge.

b) L'expression collective

154 À travers la notion d'expression collective, il s'agit d'envisager les droits reconnus, notamment aux lycéens, par le décret n° 91-173 du 18 février 1991 relatif aux droits et obligations des élèves dans les établissements d'enseignement du second degré. Ce texte, pris au lendemain des manifestations lycéennes du premier trimestre de l'année 1990-1991, s'inscrivait dans un contexte de contestation des résultats de l'institution scolaire. Comme le remarque la doctrine[26], l'intérêt de ce décret réside pour l'essentiel dans le concept de droits correspondant en réalité à l'ouverture aux lycéens du bénéfice de libertés publiques : de réunion, d'association, de publication.

155 1° ***La liberté de réunion.*** La liberté de réunion, reconnue en France depuis la loi du 30 juin 1881[27], a été étendue aux mineurs par la Convention internationale sur les droits de l'enfant du 20 novembre 1989. Le décret du 8 octobre 1990 l'intègre à notre droit national. S'agissant des élèves des établissements publics d'enseignement, la réglementation reconnaît cette liberté depuis 1985. L'article 3-3 du décret du 30 août 1985 modifié détermine en effet un régime d'exercice encadré soumis aux principes de neutralité et de laïcité dont le chef d'établissement demeure le garant.

26/ Claude Durand-Prinborgne, « Les droits et obligations des élèves du second degré », Chronique de législation, *AJDA*, 1991, p. 366.

27/ Cf. CE, 19 mai 1933, *Benjamin*, *GAJA*, n° 48, sur la conciliation entre la liberté de réunion et l'ordre public.

156 La qualité des organisateurs et le contrôle du chef d'établissement.

Les organisateurs. Pour les collèges, la mise en œuvre de la liberté de réunion se trouve limitée. L'article 1er du décret du 18 février 1991 indique : « *Dans les établissements publics locaux d'enseignement du second degré, la liberté de réunion s'exerce (...) à l'initiative des délégués des élèves (...) pour l'exercice de leurs fonctions* ». L'unique droit spécifique reconnu aux collégiens par la réglementation s'exprime à l'instigation de leurs seuls représentants et pour le seul exercice de leurs fonctions. Il reste ainsi intrinsèquement lié au droit de participation des élèves aux instances collégiales de l'établissement. Pour les lycées, le régime de la liberté de réunion se révèle plus favorable. Comme au collège les réunions peuvent être organisées à la demande des délégués des élèves pour effectuer leur mission. Mais l'article 3-3 2° du décret du 30 août 1985 prévoit que le droit de réunion s'exerce aussi par le biais d'associations créées par les lycéens ou d'un groupe d'entre eux pour des rencontres contribuant à leur information.

Le contrôle. Le règlement intérieur fixe les modalités d'exercice de ce droit après consultation du conseil des délégués des élèves. Le chef d'établissement autorise chaque réunion sur demande motivée des organisateurs, en veillant à leur tenue en dehors des heures de cours des participants. Il assortit, le cas échéant, son autorisation de conditions tendant à garantir la sécurité des personnes et des biens. Mais le principal ou le proviseur doit surtout prendre garde au thème et/ou à l'intervention de tiers, pour éviter toute atteinte au fonctionnement normal du collège ou du lycée ou aux principes de neutralité et de laïcité. Dans cette appréciation, il peut solliciter l'avis du conseil d'administration. Conformément aux dispositions de la loi n° 79-587 du 11 juillet 1979 modifiée, sa décision interdisant la réunion fera l'objet d'une motivation précise et complète.

157 Les critères de compatibilité d'exercice du droit de réunion avec le principe de neutralité/laïcité. La liberté de réunion constitue une disposition majeure des règlements intérieurs des établissements publics d'enseignement, lesquels doivent nécessairement prévoir de l'encadrer et de l'aménager. Source de contentieux, son aspect sensible touche à l'objet même de la rencontre collective et à l'intervention de personnalités extérieures.

L'objet de la réunion. La circulaire du 6 mai 1991 le définit par rapport à la fonction d'information des élèves comme traitant des « *questions d'actualité, d'intérêt général* ». Le problème essentiel réside dans la conformité de cet objet avec le principe de neutralité. Sur ce point la jurisprudence a évolué; avant l'intervention du législateur, le Conseil d'État a été appelé à se prononcer : « *le proviseur du lycée Paul Valéry a décidé, conformément à la proposition qui lui avait été faite par le conseil d'établissement, d'autoriser la tenue, par des groupements politiques d'élèves, de réunions dans les locaux scolaires, à condition que ces réunions aient lieu en dehors des heures de cours, sans participation extérieure et sous le contrôle d'une commission désignée par le conseil d'établissement; (...) la circonstance que des groupements politiques d'élèves soient habilités à organiser des réunions politiques au sein du lycée est de nature, nonobstant les conditions dont cette autorisation est assortie, à porter atteinte au principe de neutralité auquel doivent se conformer, en la matière, les établissements scolaires (...)* » (confirmation de l'annulation des décisions du proviseur et du recteur)[28].

158 Depuis cet arrêt, le cadre juridique a changé avec la loi du 10 juillet 1989 et le décret du 18 février 1991. La réunion organisée à la demande d'un délégué des élèves, en mai 1991, sur le thème « *Le mouvement lycéen, six mois après* », est jugée régulière car sa tenue répondait à l'obligation de pluralisme inscrite à l'article 3-1° du décret du 30 août 1985[29].

L'intervention de personnes extérieures. Leur participation pose problème lorsque l'objet de la conférence touche à la philosophie, à la morale ou à la politique. Une réunion dans un lycée sur le thème « Égalité et Code de la nationalité », donnant lieu à un débat animé par le président de l'association « SOS racisme », amène polémique et procès. « *Par une décision en date du 29 février 1988 prise après avis du conseil d'administration, le proviseur (...) a autorisé, à la demande du Club des droits de l'homme du Foyer socio-éducatif de cet établissement et du Comité SOS racisme (...), la tenue en dehors des heures d'activité scolaire d'une réunion suivie d'un débat dans l'enceinte du lycée, sur le thème "Égalité et Code de la nationalité"; (...) à cette réunion devait participer le président de SOS racisme; (...) les organisations qui ont pris l'initiative de la réunion ne peuvent être assimilées à des groupements politiques; (...) même s'il avait fait l'objet dans un passé récent de controverses d'ordre politique, le thème retenu concernait un débat d'ordre civique et social; (...) ni la proximité d'une consultation électorale, ni la notoriété de l'engagement politique per-*

28/ CE, 8 novembre 1985, *ministre de l'Éducation nationale c/ Rudent*, *Rec. CE*, p. 316; *AJDA*, p. 745.

29/ TA, Paris, 3 novembre 1993, *CNGA*.

sonnel du principal invité n'étaient de nature à retirer ce caractère à la réunion faisant l'objet de l'autorisation contestée ; (...) ainsi, en accordant cette autorisation, le proviseur (...) n'a pas porté atteinte au principe de neutralité auquel doivent se conformer les établissements scolaires »[30].

Solution confirmée, au mot près, à propos d'une réunion tenue par la même association sur le rôle de l'école dans l'intégration des enfants d'origine étrangère[31]. Quant à la note de service[32] par laquelle le ministre informe les chefs d'établissement de l'organisation d'une semaine internationale d'éducation contre le racisme et les invite à définir les modalités de la participation des élèves à cette rencontre, elle constitue une mesure d'organisation du service non susceptible de contestation devant le juge administratif[33]. Plus récemment, un jugement identique confirme la légalité du déroulement dans un lycée d'un forum pour l'Europe[34].

159 2° ***La liberté d'association.*** La liberté d'association, issue de la loi du 1er juillet 1901, ne s'est pas appliquée pendant près d'un siècle aux élèves des établissements d'enseignement secondaire. L'essentiel du droit associatif en milieu scolaire s'exerçait au sein des foyers socio-éducatifs et des associations sportives, c'est-à-dire au profit d'activités spécifiques et dans un cadre réglementairement défini. La loi d'orientation de 1989 et un décret de 1991 la garantissent aux lycéens ; *a contrario*, les collégiens n'en bénéficient point.

160 **Le champ d'application.** Le décret du 18 février 1991 crée au profit des lycéens un droit autonome d'association en application de la loi de 1901. Échappent au domaine de ce texte, les associations sportives prévues par l'article 9 de la loi n° 84-610 du 16 juillet 1984 et les foyers socio-éducatifs régis par le décret n° 68-968 du 8 novembre 1968. En revanche, de la reconnaissance de cette liberté autonome d'association découle la possibilité, pour des élèves majeurs, de constituer la maison des lycéens organisée par la circulaire n° 91-075 du 2 avril 1991, appelée à remplacer le foyer socio-éducatif dans les lycées. Mais, au-delà de cette structure

30/ CE, 6 novembre 1991, *Ministre de l'Éducation nationale c/ CNGA*, req. 107-115.

31/ CE, 1er mars 1993, *Ministre de l'Éducation nationale c/ association des parents d'élèves de l'enseignement public de Montpellier*, req. 119390.

32/ Publiée au *BOEN* du 15 mars 1990.

33/ CE, 12 janvier 1994, *CNGA*, req. 120087

34/ TA Melun, 25 mars 1997, *C.*, req. 971181.

spécifique, le décret du 18 février 1991 consacre un droit pour les élèves majeurs à créer des associations auxquelles adhèrent, s'ils le souhaitent, les lycéens et les membres de la communauté éducative de l'établissement.

161 **Le régime juridique.** Il comprend une procédure d'autorisation et implique le respect d'obligations quant à l'objet et l'activité de l'association.

L'autorisation de l'association. Les associations créées par les élèves demeurent soumises à l'autorisation du conseil d'administration de l'établissement public local d'enseignement après dépôt, auprès du chef d'établissement, d'une copie des statuts. L'accord se justifie notamment par la situation du siège de l'association, nécessairement implanté sur le domaine public, l'article 8-1 du décret du 30 août 1985 prévoyant la mise à disposition d'un local. Cette occupation peut donner lieu à la recherche d'éventuelles responsabilités vis-à-vis des biens de l'établissement. L'approbation du conseil d'administration consacre un régime juridique plus strict que celui du droit commun des associations : à la déclaration légale (article 5 de la loi de 1901) s'ajoutent une déclaration interne à l'établissement et un régime d'autorisation préalable.

Les obligations de l'association. Le conseil d'administration se prononce notamment sur l'objet de l'association qui ne peut revêtir de caractère politique ou religieux au regard des principes de neutralité et de laïcité. Les activités sont donc culturelles, sociales, scientifiques, de loisirs... Elles doivent être « *compatibles avec les principes du service public de l'enseignement* » et ne pas porter atteinte au bon fonctionnement du collège ou du lycée. De même, elles n'ont pas vocation à se substituer à celles qui sont organisées par l'établissement dans le cadre de la scolarité. En cas de manquement, le chef d'établissement « *invite le président de l'association à s'y conformer* » et, si la faute persiste, le conseil d'administration peut « *retirer l'autorisation après avis du conseil des délégués des élèves* ».

162 3° ***La liberté de publication.*** Les lycéens disposent de la liberté de publication et de diffusion dans les établissements scolaires. Ce principe posé par le décret du 18 février 1991 qui reconnaît l'existence d'une presse lycéenne, comporte des limites. L'exercice du droit de publication, soumis à un double cadre juridique, impose un *distinguo* en fonction du caractère interne ou externe de la diffusion des journaux scolaires.

163 Publications internes à l'établissement. Le décret astreint ce droit à une limite principale : le chef d'établissement a la possibilité de suspendre ou d'interdire la publication au sein du lycée dans l'hypothèse où certains écrits présenteraient un caractère injurieux ou diffamatoire ou en cas d'atteinte grave aux droits d'autrui ou à l'ordre public. Il porte alors cette décision à la connaissance du conseil d'administration. Cette mesure reste néanmoins strictement encadrée par le juge administratif.

Une affaire récente, largement médiatisée, illustre la teneur de ce contrôle. Le proviseur du Lycée Henri IV à Paris décide d'interdire la diffusion au sein de l'établissement du *numéro 2* d'une revue lycéenne « *Ravaillac* », consacré à la sexualité, pour deux motifs. D'une part, les textes et images contenus pourraient heurter la sensibilité des élèves et notamment les plus jeunes d'entre eux. D'autre part, la présentation de photos d'élèves nus sur la couverture, pourrait porter atteinte à la dignité et au respect des personnes. Saisi par le rédacteur en chef du journal, le tribunal administratif de Paris annule la décision du proviseur par un jugement du 21 novembre 2003[35]. L'affaire est ensuite portée devant la Cour administrative d'appel de Paris. Concernant le contenu même du journal, le Commissaire du gouvernement Bruno Cachini[36], relève que « *les textes proposés comportent certes une dimension provocatrice perceptible notamment dans le choix de certains termes assez crus et dans la volonté d'aborder tous les sujets, y compris les plus sensibles tels que l'inceste, mais vous ne pourrez que relever la réelle tenue intellectuelle de l'ensemble, le numéro étant nourri par de nombreuses références à des travaux d'auteurs aussi estimables que Pierre Bourdieu ou Marie-Hélène Bourcier ainsi que par des emprunts littéraires et cinéphiliques exempts de toute forme de vulgarité. Et les quelques plaisanteries lycéennes un peu scabreuses qui agrémentent, ça et là, le numéro, en faisant contrepoids aux articles de fond, ne nous semblent pas excéder les limites de l'acceptable dans le cadre d'un journal lycéen cultivant une certaine insolence. De même, et quoi qu'en dise l'administration, les dessins qui viennent illustrer les différents articles ne nous paraissent nullement relever de la pornographie et témoignent, au contraire, d'une réelle sensibilité artistique avec notamment des emprunts aux techniques des collages surréalistes ou des reprises des détournements de bandes dessinées pratiqués dans le pop-art, ainsi que dans la reproduction d'œuvres existantes, en l'occurrence une lithographie du peintre expressionniste Otto*

35/ *JDJ* n° 236, juin 2004, p. 59, comm. Rémy Fontier.

36/ Conclusions publiées à l'*AJDA* 2004, p. 2397.

Mueller. (...) Ainsi la revue dans son ensemble, ne nous paraît pas correspondre aux critères de définition jurisprudentiels de la pornographie, laquelle se caractérise notamment par l'absence de distance critique de toute intention autre que celle de véhiculer des images outrancières, l'obscénité devenant, en quelque sorte, une fin en soi (...) Aussi, nous pensons que vous devrez considérer que le proviseur de lycée Henri IV a porté une atteinte disproportionnée à la liberté d'expression des élèves et fait une inexacte application des dispositions de l'article 3-4 du décret du 30 août 1985 en considérant qu'il lui appartenait d'interdire la diffusion du journal afin de garantir le respect et la sensibilité d'une partie des élèves ».

Suivant les conclusions de son Commissaire du gouvernement, La Cour annulle la mesure d'interdiction[37]. Il en aurait sans doute été jugé autrement si le chef d'établissement s'était fondé sur les conséquences négatives que risquaient d'avoir cette publication sur « l'organisation et le fonctionnement de l'enseignement, notamment au regard de la nécessité du respect d'une certaine discipline collective de la part des élèves »[38].

Indépendamment de la réprobation administrative, les élèves auteurs de propos injurieux, calomnieux ou diffamatoires engagent leur responsabilité (civile ou pénale) ou celle de leurs représentants légaux (civile) pour les mineurs.

164 **Publications diffusées à l'extérieur de l'établissement.** Par-delà les restrictions propres aux publications internes, s'ajoutent, pour les revues ou périodiques diffusés à l'extérieur du lycée, les contraintes de la loi sur la presse du 29 juillet 1881. Cette législation ancienne impose un certain nombre de formalités supplémentaires, telles la désignation d'un directeur de publication nécessairement majeur, une déclaration au procureur de la République concernant notamment le titre du journal et son mode de publication et le dépôt officiel de deux exemplaires à chaque diffusion. Enfin, s'agissant de la responsabilité pénale d'éventuels auteurs d'injure ou de diffamation, les conséquences de la diffusion vers des tiers méritent attention. En effet, l'établissement scolaire ne répond pas à la définition du lieu public au sens de la loi sur la presse. Les prévenus n'encourent dès lors qu'une contravention pour le journal interne alors qu'ils s'exposent à la requalification des faits en délit de diffamation ou d'injure publique dans une publication colportée plus largement. Le juge répressif

37/ CAA Paris, 7 octobre 2004, *Ministre de l'Éducation nationale c/ Jonathan Desoindre*, *AJDA*, p. 2400.

38/ Concl. Bruno Bachini, *op. cit.*

condamne ainsi un lycéen à une amende de 3 000 francs et à 23 000 francs de dommages-intérêts pour avoir diffusé dans et hors de l'établissement « *une publication intitulée "Tas de çà" comportant une série d'articles émanant d'auteurs différents parmi lesquels seul le prévenu a pu être identifié en raison du fait qu'il a procédé à la duplication et à la distribution de l'ouvrage* »[39].

Le proviseur apprécie au cas par cas le contenu des publications, y compris celles des sites internet d'élèves hébergés par le serveur du lycée. Il ne saurait certes prononcer d'interdiction générale et absolue[40]. Il pourrait cependant engager la responsabilité de l'établissement, sur la base d'une faute[41], s'il n'interdisait pas la diffusion d'écrits qui causeraient un dommage à autrui. Il pourrait engager sa responsabilité pénale et faire l'objet de poursuites, soit du chef de complicité s'il se trouvait à l'origine de faits personnels, positifs et conscients, soit du chef d'auteur principal s'il possédait, juridiquement, la qualité de directeur de publication du journal incriminé.

II La participation

165 Le droit de participation constitue une des modalités de la liberté d'expression des élèves au sein de l'établissement scolaire[42]. Le décret du 30 août 1985 le garantit, dans ses dispositions relatives au conseil d'administration, à la commission permanente et au conseil de discipline. La participation des élèves – ou des parents – apparaît concevable, après les événements de mai 1968. Il appartenait initialement aux organes décisionnels des établissements de décider des conditions de celle-ci. Le Conseil d'État précise quelques années plus tard qu'elle n'établissait pas un droit au profit des élèves. Face au refus d'un conseil d'administration d'admettre leur participation au conseil de classe, la Haute juridiction ne relève pas dans cette décision d'atteinte au principe d'égalité des usagers dans le fonctionnement du service

39/ CA Orléans, 22 novembre 1999, *R. c/ ministère public, D., D., G.*, req. 99/00718 NV n° 99/00902 (arrêt confirmatif, sur la culpabilité, du jugement du TGI de Blois, 27 juillet 1999, req. 856/99, n° 98007769). Dans cette affaire, le proviseur avait notamment été traité de « *vieux con glacial* », une professeure affublée de « *grosse conne* » et un de ses collègues présenté comme « *vieillard sénile* ». Sur le distingo injure-diffamation-outrage, cf. *infra* n° 551, 554 et 555.

40/ CE, 19 mai 1933, *Benjamin, GAJA, op. cit.*, n° 155.

41/ En tant que responsable de l'ordre dans l'établissement (article 8, 2°, d/du décret du 30 août 1985 modifié), « *il veille au respect des droits et des devoirs de tous les membres de la communauté scolaire* ».

42/ Damien Durand, *Délégué flash – mémento guide à l'usage des délégués des élèves et des éducateurs*, 23e éd., CNDP, 2002 ; Jean-Louis Auduc et Jacqueline Bayard-Pierlot, *Le système éducatif français*, 6e éd., CRDP, Créteil, 2001.

public[43]. La loi Haby du 11 juillet 1975 consacre finalement un véritable droit des élèves à la participation, réaffirmé dix ans après par le décret du 30 août 1985.

Selon les vœux du ministre (« *l'apprentissage de la responsabilité est progressif depuis l'entrée en collège jusqu'aux années de lycée* »[44]), le droit de participation des collégiens reste moins étendu que celui des lycéens.

Contribution de M. Jean-Paul de Gaudemar, recteur de l'académie d'Aix-Marseille, ancien directeur de l'enseignement scolaire (2000-2004), recteur des académies de Strasbourg (1991-1997) et de Toulouse (1997-2000).

« Cette émergence du droit de participation des lycéens – et dans une moindre mesure, des collégiens – participe d'une évolution profonde des formes de la vie scolaire. Elle traduit d'abord la volonté de développer des modalités pratiques d'éducation civique – concomitante d'un enseignement renforcé en ce domaine – susceptibles de faire naître une « citoyenneté » lycéenne.

Elle traduit aussi sans doute un mouvement, moins visible mais essentiel, dans la reconnaissance sociale d'un lycéen responsabilisé dans son parcours scolaire, vis-à-vis de sa propre réussite comme de celle de ses camarades. Dans le même temps où l'institution reconnaît sa co-responsabilité dans la prévention du risque scolaire, elle affirme les droits des lycéens comme contrepartie et source possible de nouvelles modalités d'exercice de cette co-responsabilité, notamment pour les élèves majeurs.

C'est donc d'un mouvement de fond qu'il s'agit, que l'on ne saurait réduire à une seule réponse de circonstance à une revendication lycéenne, même si l'origine s'en trouve dans le dénouement de la crise de l'hiver 1990-91.

La création des Conseils Académiques de la Vie Lycéenne alors décidée pour fournir aux académies un lien privilégié de consultation des représentants lycéens a été la première conséquence tangible de ce mouvement. Elle a été prolongée durablement : vers le niveau national avec la création du Conseil National de la Vie Lycéenne présidé par le Ministre et constitué, côté lycéen, par les représentants de chaque Conseil Académique de la Vie Lycéenne ; vers le niveau local avec les Conseils de la Vie Lycéenne qui tendent peu à peu à supplanter dans les faits les conférences des délégués.

Cette forme de démocratie représentative adaptée à l'animation de la vie lycéenne et susceptible, le cas échéant, de prévenir voire de traiter certains conflits s'est donc progressivement instaurée. Pour autant, bien des difficultés demeurent quant à son fonctionnement réel, car le principe de délégation qui préside au modèle retenu n'a pas encore acquis la légitimité nécessaire ni pour tous les responsables d'établissement, ni pour tous les enseignants, ni même à ceux de tous les élèves. On peut d'ailleurs se demander si c'est un effet propre au système scolaire ou si c'est la conséquence d'une crise plus profonde de la démocratie représentative.

43/ CE, 14 novembre 1975, *Ministre de l'Éducation nationale c/ dame Simon et syndicat national des lycées et collèges, Rec. CE*, p. 569.

44/ Circulaire n° 91-052 du 6 mars 1991.

> *C'est probablement l'un des enjeux majeurs des années à venir que de permettre l'avènement d'un élève sujet à part entière de sa scolarité, d'autant mieux conforté dans ses droits et ses modes de représentation qu'il assumera pleinement les obligations et les responsabilités correspondantes. »*

a) Le droit de participation des collégiens

166 Dans les établissements d'enseignement du second degré, en début d'année scolaire et pour un an, chaque classe élit deux délégués avec pour mission de favoriser l'accès aux responsabilités de tous les élèves[45]. Ce couple les informe des différents aspects de la vie de l'établissement et des décisions prises par les organes statutaires (conseil d'administration, conseil de classe...).

S'agissant des collèges, le rôle des délégués et leur participation s'exercent surtout au sein de la classe, par leur fonction d'animation et d'information de leurs camarades et du conseil de classe. Celui-ci constitue la première entité où le délégué va siéger (article 33 du décret du 30 août 1985). Composé de l'équipe pédagogique de la classe (ensemble des enseignants), de deux délégués de parents d'élèves, des deux délégués des élèves, du conseiller principal d'éducation, du conseiller d'orientation et placé sous la présidence du chef d'établissement ou de son représentant, il lui incombe d'examiner le travail et le comportement de chaque élève puis d'évaluer ses résultats scolaires. Dans cette instance, les deux délégués des élèves représentent leurs pairs avec un double objectif : transmettre aux adultes des informations recueillies auprès de leurs camarades, utiles à la compréhension de certaines situations ; écouter pour relayer auprès de leurs condisciples les informations et conseils délivrés par l'équipe pédagogique. À l'échelle de l'établissement, certains délégués (trois ou deux selon que le collège compte plus ou moins de six cents élèves) sont élus parmi l'assemblée des délégués de classe pour représenter leurs homologues au conseil d'administration du collège. L'un d'entre eux siège à la commission permanente, deux au conseil de discipline.

b) Le droit de participation des lycéens

167 Dans les lycées (comme dans les collèges), chaque classe élit en début d'année scolaire, pour un an, deux délégués et deux suppléants. Leur action s'identifie à celle des délégués des

45/ Pierre Jourdan, *Élèves citoyens au collège. Guide des électeurs et des délégués des élèves*, CRDP Grenoble, 2002.

collèges, notamment à travers la participation au conseil de classe. Au plan local, académique ou national la participation des délégués des lycéens dépasse celle des collégiens.

168 1° ***L'échelon de l'établissement.*** Outre la participation au conseil d'administration, à la commission permanente et au conseil de discipline, déjà évoquée pour les délégués de collège, on distingue ici deux autres instances : la conférence des délégués et le conseil des délégués pour la vie lycéenne.

169 **L'assemblée générale des délégués.** L'article 29 du décret n° 85-924 du 30 août 1985 modifié, dans sa rédaction issue du décret n° 2004-563 du 17 juin 2004, prévoit que « *l'ensemble des délégués des élèves est réuni en assemblée générale sous la présidence du chef d'établissement au moins deux fois par an, dont une fois avant la fin de la septième semaine de l'année scolaire. Le ou les adjoints du chef d'établissement et les conseillers principaux d'éducation assistent aux réunions. Au cours de sa première réunion, il est procédé à l'élection a) des représentants des délégués des élèves au conseil d'administration ; b) des trois représentants des délégués des élèves au conseil des délégués pour la vie lycéennes. L'assemblée générale des délégués des élèves constitue un lieu d'échanges sur les questions relatives à la vie et au travail scolaire* ».

170 **Le conseil des délégués pour la vie lycéenne.** La mise en place à titre expérimental dès l'année scolaire 1998-1999 d'un conseil de la vie lycéenne s'inscrit dans le souci d'instaurer un dialogue plus efficace entre lycéens et autres membres de la communauté éducative sur les questions relatives à la vie et au travail scolaires. La souplesse laissée aux établissements dans les modalités retenues commandait cependant le respect de deux principes : une composition à caractère paritaire (dans la représentativité des élèves et des personnels) et un lien étroit entre le conseil de la vie lycéenne et le conseil d'administration. Le décret précité pérennise l'instance sous le nom de « *conseil des délégués pour la vie lycéenne* » (CVL).

Composition. Il regroupe dix lycéens et dix adultes, représentant les personnels et les parents d'élèves. Parmi les premiers, sept sont élus pour deux ans par l'ensemble des élèves de l'établissement, trois sont élus pour un an par la conférence de délégués ; chaque titulaire dispose d'un suppléant. Parmi les seconds, cinq se trouvent désignés au sein des personnels d'enseignement et d'éducation, trois parmi les personnels administratifs, techniques, ouvriers sociaux et de santé et deux chez les parents d'élèves. Les membres adultes du conseil assistent aux réunions à titre consultatif sans prendre part au vote[46].

Fonctionnement. Il se réunit avant chaque séance ordinaire du conseil d'administration sur convocation du proviseur ; en séance extraordinaire à la demande de la moitié de ses membres ou de celle de la conférence des délégués. Le chef d'établissement arrête l'ordre du jour en fonction des questions dont la moitié des membres du Conseil demandent l'inscription.

Attributions. Il formule des propositions sur la formation des représentants des élèves et sur les conditions d'utilisation des fonds lycéens. Sa consultation, obligatoire, affecte trois domaines : celui des études et du temps scolaire, de l'élaboration du projet d'établissement et du règlement intérieur ; celui des modalités générales de l'organisation du travail personnel et du soutien des élèves, de l'information sur l'orientation et les carrières professionnelles ; celui de la santé, de l'hygiène et de la sécurité, de l'aménagement des espaces destinés à la vie lycéenne et des activités sportives, culturelles et périscolaires[47].

171 2° *Les échelons académique et national*

172 **Le Conseil académique de la vie lycéenne.** Le décret n° 91-916 du 16 septembre 1991, modifié par la suite, crée dans chaque Académie un Conseil académique de la vie lycéenne (CAVL) pour instaurer un dialogue entre les représentants de l'administration et les lycéens.

Composition et fonctionnement. Il comprend, au maximum, quarante membres dont la moitié de lycéens. Issus des délégués de lycées et lycées professionnels, ces jeunes gens sont désignés dans le cadre d'assemblées départementales par les délégués représentant leur établissement. L'autre moitié se compose de représentants de l'Éducation nationale nommés par le recteur, de conseillers régionaux, de divers élus, de représentants de parents d'élèves et de différents organismes périscolaires, économiques et culturels. Présidé par le recteur, il se réunit au moins trois fois par an.

Attributions. Instance consultative, il formule des avis sur les questions relatives à la vie matérielle, pédagogique, sociale et

46/ « *Cette disposition a pu choquer les adultes. C'est une des raisons de leur défection* » : Christian Vitali, « L'éducation et le droit », *Éducation et Management*, janvier 2005, p. 10.

47/ Sur un exemple de débat pendant une séance de conseil des délégués pour la vie lycéenne, cf. José Fouque, Isabelle Klépal, Florence Castincaud, *Diriger un établissement scolaire. L'exigence du possible, op. cit.*, p. 91.

culturelle des lycéens et des élèves des établissements régionaux d'enseignement adapté[48]. Sa consultation revêt un caractère obligatoire en ce qui concerne les modalités de répartition des fonds lycéens : fonds d'animation, de vie lycéenne, fonds social.

173 Le Conseil national de la vie lycéenne. L'origine de cette instance (CNVL), procède du décret n° 95-1293 du 18 décembre 1995 modifié depuis.

Composition et fonctionnement. Chaque Conseil académique de la vie lycéenne désigne, pour deux ans, deux représentants, un titulaire et un suppléant. L'ensemble des représentants des CAVL et les trois élus lycéens du Conseil supérieur de l'éducation constituent le CNVL. Il se réunit au moins deux fois par an.

Attributions. Le Conseil national donne son avis tant sur les questions relatives au travail scolaire, à la vie matérielle, sociale, culturelle et sportive dans les lycées que sur la politique éducative menée pour le lycée. Au-delà de son rôle consultatif, il propose chaque année un thème de travail.

À titre d'illustration, lors du CNVL du 24 mai 2004, le ministre a répondu à différentes questions posées par les participants (communication interacadémique sur la vie lycéenne, passeport de l'engagement...), un thème de travail a été abordé (comment prévenir et agir efficacement contre les différentes formes d'intolérance ?), un compte rendu du Conseil européen de la jeunesse consacré à l'analyse du volontariat dans la nouvelle Europe des vingt-cinq a été effectué par les représentants du CNVL ayant participé aux travaux et un premier bilan du programme quinquennal de prévention et d'éducation pour la santé des élèves a été dressé. Un exposé-débat a traité des médias lycéens et trois représentants du CNVL au Conseil national de la jeunesse ont été désignés.

Toujours plus haut ! *Au plan national existe aussi le Conseil supérieur de l'éducation, organisme consultatif créé par la loi d'orientation de 1989. Présidé par le ministre chargé de l'Éducation et composé de 97 membres, il donne des avis notamment sur les objectifs et le fonctionnement du service public de l'éducation. Trois lycéens y sont élus pour un an par les représentants des délégués académiques (décret n° 90-468 du 7 juin 1990 modifié).*

48/ Par exemple, le CAVL d'Aix-Marseille du 1er décembre 2003 a porté sur deux questions : comment améliorer la qualité de vie des élèves à l'école ? et comment lutter efficacement contre la violence et les incivilités ? Celui de la Corse du 9 février 2005 a abordé les thèmes suivants : la communication des délégués élus au sein du conseil, l'enseignement de la langue et culture corses, l'application de la loi Évin, la responsabilisation des jeunes dans l'Académie de Corse...

B. Les obligations des élèves

174 Ces obligations découlent de la reconnaissance de la qualité d'élève. Or, son statut, construit au fil du temps, présente une véritable assise textuelle depuis peu, même si certaines de ces obligations remontent aux lois Ferry. Les textes actuels ont formalisé la matière : la loi d'orientation du 10 juillet 1989 et la réglementation subséquente définissent les sujétions à caractère impératif des élèves. Dans le respect de la hiérarchie des normes, le règlement intérieur de chaque établissement public local d'enseignement complète le modèle juridique. Cet édifice permet de distinguer deux ensembles d'obligations. Celles qui tiennent au travail de l'élève **(I)** et celles qui sont plus largement liées à sa vie dans l'établissement **(II)**.

I Les obligations liées au travail scolaire

175 L'obligation fondamentale inscrite dans le statut de l'élève procède de l'assiduité. Mais au-delà de sa présence régulière, il doit aussi se soumettre à l'exercice effectif du travail demandé.

a) L'assiduité

176 L'article L. 511-1 du Code de l'Éducation[49] rappelle que « *les obligations des élèves (...) incluent l'assiduité* » sans pour autant la définir. La réglementation apporte des précisions sur la notion et la jurisprudence éclaircit certains problèmes spécifiques liés à cette obligation.

177 1° ***La portée de l'obligation d'assiduité.*** L'assiduité qui s'impose à tous les niveaux d'enseignement, s'appréhende dans sa définition et dans ses modalités de contrôle.

178 **La définition.** Les textes la modulent en fonction du degré d'enseignement considéré.

Dans le premier degré. Une distinction s'impose selon l'âge préscolaire ou solaire des élèves, c'est-à-dire avant ou à partir de six ans. En effet, dans les écoles maternelles, l'assiduité s'entend avec une certaine souplesse. Aux termes de la circulaire du 6 juin 1991 l'inscription « *implique l'engagement pour la famille d'une bonne fréquentation souhaitable* ». Cette position bienveillante ne signifie pas absence d'obligation scolaire. Elle permet plutôt, une fois l'élève scolarisé, de ménager les

49/ Issu de l'article 10 alinéa 1er de la loi du 10 juillet 1989.

nécessités du développement de sa personnalité et la préparation à sa formation future. Elle intègre, en même temps, la difficulté à soumettre complètement de très jeunes enfants aux contraintes des rythmes scolaires. À l'école élémentaire en revanche, la circulaire de 1991 conformément au principe de l'obligation scolaire dès six ans, mentionne que « *la fréquentation régulière (...) est obligatoire* ».

Dans le second degré. Dans les collèges et les lycées, l'obligation d'assiduité découle aussi de la loi d'orientation. La réglementation en établit les contours. Ainsi, le décret du 30 août 1985 précise-t-il que « *l'obligation d'assiduité mentionnée à l'article L. 511-1 du Code de l'Éducation (...) consiste, pour les élèves, à se soumettre aux horaires d'enseignements définis par l'emploi du temps de l'établissement; elle s'impose pour les enseignements obligatoires et pour les enseignements facultatifs dès lors que les élèves se sont inscrits à ces derniers* ».

179 Le contrôle de l'obligation d'assiduité. À la suite d'un rapport de janvier 2003 du groupe de travail interministériel présidé par Luc Machard sur les manquements à l'obligation scolaire et à une communication en Conseil des ministres du 26 mars 2003 relative à l'assiduité scolaire et à la responsabilité des familles, le décret n° 2004-162 du 19 février 2004 remanie en profondeur le texte antérieur qui datait de 1966[50]. La circulaire n° 2004-054 du 23 mars 2004[51] vient expliciter le nouveau dispositif relatif au contrôle de l'assiduité scolaire et, en particulier, les modalités de prévention, de suivi et de traitement des absences.

Le contrôle des absences est au premier chef assuré par l'école ou l'établissement scolaire. L'article 5 du décret du 18 février 1966, dans sa rédaction issue du décret du 19 février 2004 précité, dispose que doit être tenu « *dans chaque école et établissement scolaire public ou privé, un registre d'appel sur lequel sont mentionnées, pour chaque classe, les absences des élèves inscrits. Tout personnel responsable d'une activité organisée pendant le temps scolaire signale les élèves absents selon les modalités arrêtées par le règlement intérieur de l'école ou de l'établissement* ». L'absence est immédiatement portée à la connaissance des familles (« *par*

50/ Décret n° 66-104 du 18 février 1966 relatif au « *contrôle de la fréquentation et de l'assiduité scolaires et aux sanctions que comportent au regard du versement des prestations familiales et en matière pénale, les manquements à l'obligation scolaire et du Code pénal* ».

51/ Relative au « *contrôle et* [à la] *promotion de l'assiduité des élèves soumis à l'obligation scolaire* ». Ce texte abroge le titre A.II de la circulaire n° 96-248 du 25 octobre 1996 relative à la « *surveillance des élèves* » et la circulaire n° 96-247 du 25 octobre 1996 relative à la « *prévention de l'absentéisme* ».

tout moyen » précise la susdite circulaire de 2004 : « *appel téléphonique, message écrit sur portable...* »), lesquelles doivent faire connaître à l'administration les motifs du manquement, conformément à l'article L. 131-8 du Code de l'Éducation[52].

Le traitement des absences. Les absences sont ensuite consignées, pour chaque élève non assidu, dans un dossier[53] constitué pour la durée de l'année scolaire. Si les démarches entreprises auprès des familles n'ont pu améliorer l'assiduité, le dossier est transmis à l'inspecteur d'Académie, chargé de son instruction. Conformément à l'article L. 131-8 du Code de l'Éducation, l'autorité académique adresse aux responsables légaux de l'enfant un avertissement. Les parents sont convoqués à un entretien destiné à restaurer la présence du jeune. Cette procédure constitue un préalable obligatoire à la mise en œuvre éventuelle de poursuites pénales.

Si en dépit des dispositions prises l'assiduité scolaire n'est pas rétablie, l'inspecteur d'Académie saisit le procureur de la République qui juge des suites à donner. À cet égard, faisant suite à la loi n° 2004-1 du 2 janvier 2004 ayant abrogé le dispositif de suspension et de suppression du versement des prestations familiales, jugé innefficace et inéquitable, le décret du 19 février 2004 vient renforcer la sanction pénale qui réprime désormais le manquement à l'obligation scolaire, au moyen d'une contravention de 4e classe[54].

180 2° ***L'application de l'obligation d'assiduité par la jurisprudence.*** Depuis quelques années la controverse sur la laïcité, a conduit le juge administratif à se prononcer sur la question de la conciliation entre l'obligation d'assiduité et l'exercice de la liberté religieuse[55]. Deux décisions rendues par la Haute juridiction le 14 avril 1995 illustrent ce débat sur « *le temps de l'école et le temps de Dieu* »[56].

Dans la première affaire, le Consistoire central des israélites de France conteste la légalité d'une disposition décrétale : « *l'obligation d'assiduité (...) consiste, pour les élèves, à se soumettre aux horaires d'enseignement définis par l'emploi du temps de l'éta-*

52/ L'article L. 131-8 vise les seuls motifs réputés légitimes : maladie de l'enfant, maladie contagieuse d'un membre de la famille... En cas de doute sur la légitimité du motif invoqué, l'appréciation relève de l'inspecteur d'Académie.

53/ Distinct du dossier scolaire.

54/ Article R. 624-7 du Code pénal : le montant de l'amende s'élève à 750 euros.

55/ Cette jurisprudence reste opérante malgré la loi du 15 mars 2004 citée *supra* n° 174 et s.

56/ Selon la formule de Yann Aguila, maître des requêtes au Conseil d'État, *RFDA*, p. 585.

blissement ; elle s'impose pour les enseignements obligatoires et pour les enseignements facultatifs dès lors que les élèves se sont inscrits à ces derniers ». Pour les demandeurs cette définition va à l'encontre de l'exercice de la liberté religieuse notamment de l'observance du repos du samedi (shabbat). Le Conseil d'État repousse pareille prétention : « *si les requérants soutiennent que ces dispositions réglementaires portent atteinte à la liberté religieuse garantie aux élèves (...), en donnant à l'obligation de respecter les horaires définis par l'emploi du temps de l'établissement un caractère général et absolu, sans prévoir la possibilité de dérogations fondées sur la pratique religieuse, lesdites dispositions n'ont pas eu pour objet et ne sauraient avoir légalement pour effet d'interdire aux élèves qui en font la demande de bénéficier individuellement des autorisations d'absence nécessaires à l'exercice d'un culte ou à la célébration d'une fête religieuse, dans le cas où ces absences sont compatibles avec l'accomplissement des tâches inhérentes à leurs études et avec le respect de l'ordre public dans l'établissement* »[57]. Cette interprétation permet de moduler l'application de la règle de droit en fonction de deux critères décisionnels incombant aux chefs d'établissements (exécution du travail scolaire/maintien de l'ordre public).

Dans la deuxième affaire, à connotation plus individuelle, le juge administratif considère légale la décision de ne pas inscrire en classe préparatoire un élève qui refuse de s'engager à respecter le règlement intérieur lui imposant une présence le samedi[58]. Pour le Conseil d'État « *les contraintes inhérentes au travail des élèves en classes de mathématiques supérieures font obstacle à ce qu'une scolarité normale s'accompagne d'une dérogation systématique à l'obligation de présence le samedi, dès lors que l'emploi du temps comporte un nombre important de cours et de contrôles de connaissances organisées le samedi matin ; ainsi, le motif tiré de ce que M. K. ne pourrait bénéficier d'une telle dérogation systématique aux prescriptions (...) du règlement intérieur du lycée (...) pouvait légalement être opposé à sa demande d'inscription* »[59].

Le refus de l'administration doit cependant se fonder explicitement sur l'obligation d'assiduité. La décision d'un proviseur motivée par la seule « *impossibilité de déroger au réglement intérieur de l'établissement pour des motifs religieux* » encourt la censure. En effet, « *s'étant abstenu de s'assurer que ladite demande ne compromettrait pas le bon déroulement du cursus scolaire de l'élève,*

57/ CE, 14 avril 1995, *Consistoire central des israélites de France et autres, RFDA*, p. 585 ; *D.*, p. 481, note G. Koubi.

58/ CE, 14 avril 1995, *Koen, RFDA*, p. 585 ; *D.*, p. 481, note G. Koubi.

59/ Même solution à propos d'une demande de dispense d'enseignement obligatoire d'allemand seconde langue (CAA Douai, 18 mars 2004, *L. et G.*, req. 03DA00362).

{le chef d'établissement} a méconnu l'étendue de ses compétences et a entaché sa décision d'erreur de droit »[60].

b) L'obligation d'accomplissement des tâches inhérentes aux études

181 « *L'obligation d'assiduité n'est elle-même que le moyen d'imposer à l'élève de faire des études* »[61]. À laquelle s'ajoutent celles qui sont liées au déroulement de l'enseignement et qui sont mentionnées dans le Code de l'Éducation : « *Les obligations des élèves consistent dans l'accomplissement des tâches inhérentes à leurs études* » (article L. 511-1). Notion affinée par le décret du 18 février 1991 : « *Les élèves doivent accomplir les travaux écrits et oraux qui leur sont demandés par les enseignants, respecter le contenu des programmes et se soumettre aux modalités de contrôle des connaissances qui leur sont imposées* » (article 8). Cette définition n'a suscité aucun conflit notable malgré la proportion croissante, surtout en collège, de jeunes en difficulté qui se soustraient volontiers à tout investissement personnel. De même, dans le débat sur la laïcité, l'obligation particulière de respect du contenu des programmes revêt une importance certaine. Ainsi l'élève qui refuse l'apprentissage d'une partie des matières enseignées au nom de convictions politiques ou religieuses encourt-il une sanction disciplinaire.

Le ministère de l'Éducation nationale s'est prononcé sur l'obligation d'apporter les manuels scolaires en classe. Un recteur proposait d'annuler pour atteinte au principe de gratuité la délibération imposant aux lycéens de se munir en cours des ouvrages inscrits sur la liste de l'établissement. La direction des affaires juridiques comprend cet acte « *au regard du principe d'assiduité et non de gratuité. Dans ce cadre, la disposition contestée paraît être une exigence légitime et opportune qui favorise l'assiduité des élèves, leur participation active ainsi que le respect du programme et l'approfondissement de la matière enseignée* »[62]. Elle ajoute qu'en tout état de cause, une telle décision, ne porte, par elle-même, aucune atteinte au principe de gratuité.

II Les obligations liées à la vie scolaire

182 À côté des obligations liées au travail scolaire, on en distingue d'autres, attachées de façon plus générale à la vie de l'élève

60/ TA Lyon, 13 mai 2003, *S.*, req. 0004983, 0004982, 010913.

61/ Claude Durand-Prinborgne, *Le droit de l'Éducation, op. cit.*, p. 302.

62/ Lettre DAJ-A1, n° 98-665 du 10 décembre 1998, *LIJ*, 32/99, p. 14.

dans l'établissement. Elles concernent le double respect des principes du service public et des personnes et des biens.

a) Le respect des principes du service public

183 Selon l'article L. 511-2 du Code de l'Éducation, « *Dans les collèges et les lycées, les élèves disposent, dans le respect du pluralisme et du principe de neutralité, de la liberté d'information et de la liberté d'expression. L'exercice de ces libertés ne peut porter atteinte aux activités d'enseignement* ».

Le principe de neutralité s'impose à l'activité générale du service public, aux autorités administratives, aux personnels et aux élèves. Il recouvre des dimensions différentes selon le domaine, religieux ou politique.

184 1° ***La laïcité.*** Au tournant du XXe siècle, le mouvement de sécularisation de l'enseignement a été marqué par une série de textes législatifs et réglementaires définissant le principe de laïcité. Principalement issu des lois de séparation des Églises et de l'État de 1905 et rangé par la jurisprudence du Conseil d'État au nombre des principes généraux du droit, le préambule de la Constitution du 27 octobre 1946 le consacre.

Ce principe impose, outre la neutralité des programmes et la laïcisation des maîtres, un enseignement dispensé dans le respect de la liberté de conscience des élèves. Depuis l'intervention de la loi du 15 mars 2004, la liberté d'expression et de manifestation des convictions religieuses des élèves, strictement encadrée, rejoint les obligations imposées aux maîtres[63].

185 2° ***La neutralité.***

La neutralité politique. L'enseignement public se fonde sur des principes de liberté de pensée, d'égalité et de respect des opinions. Cela justifie une vie scolaire à l'abri de la pression idéologique, partant, de toute forme de propagande. Cependant, l'évolution de la conception de l'éducation a remis en cause la vision rigide de cet impératif. En effet, l'éducation passe non seulement par la transmission des connaissances mais aussi par l'apprentissage de la liberté et de la responsabilité c'est-à-dire par la formation de l'élève comme citoyen. Celle-ci se fait par l'information et la réflexion dans les domaines philosophique, économique, social et politique mais aussi grâce à l'exercice des droits et obligations de l'élève, notamment la participation aux instances délibératives.

63/ Cf. *supra* n° 147 et s.

***Une École ouverte sur le monde ?** L'établissement scolaire devrait revêtir une véritable dimension politique pour contribuer au développement de l'esprit critique des jeunes. Mais trop souvent, l'institution néglige cette facette de l'enseignement sous couvert de neutralité. On comprend toutefois la crainte des enseignants de se heurter aux convictions de certains de leurs collègues ou des parents d'élèves, lesquels vont parfois jusqu'au procès pour empêcher d'aborder en classe des sujets sensibles (le racisme, l'Europe, la contraception...). Or la neutralité ne saurait justifier un tel tabou. Au contraire, le principe se caractériserait* « comme autorisant l'information politique (...). *(Il)* reste en réalité la référence indispensable pour fixer le point d'équilibre entre une école qui politiserait tout et permettrait à chacun d'intervenir à tout moment de manière personnelle sur tous les événements et une école qui fermerait les yeux sur le monde »[64]. *Par ailleurs, les structures mises en place par les textes, censées remplir cette mission éducative, font malheureusement souvent office d'alibi.*

La neutralité commerciale[65]. Le principe de neutralité du service public de l'Éducation nationale énoncé à l'article L. 511-2 du Code de l'Éducation s'entend aussi de la neutralité commerciale. De nombreuses circulaires le rappellent d'ailleurs régulièrement[66]. L'une des dernières en la matière prône un « *code de bonne conduite des interventions des entreprises en milieu scolaire* »[67]. Ce texte, qui a donné l'occasion au Conseil d'État de poser le problème de la conciliation entre la neutralité du service public et l'ouverture des activités scolaires au monde économique[68], réaffirme l'interdiction du démarchage au sein des établissements. Il proscrit la diffusion aux sociétés des données personnelles des élèves et de leurs familles et prohibe la publicité sur les distributeurs automatiques de boisson ou d'alimentation.

Sans doute, les échanges noués entre les établissements scolaires et les exploitants privés créent-ils parfois des liens. Mais des difficultés peuvent se poser notamment lorsque l'entreprise utilise l'école, le collège ou le lycée afin de bénéficier des facilités d'accès à une population ciblée et captive envers laquelle elle ne poursuit en fait qu'une stratégie commerciale. Diverses pratiques ont été en leur temps dénoncées par le ministère de l'Éducation nationale. Tel le représentant d'une maison commerciale spécialisée dans la vente de

64/ Obs. sous CE, 8 novembre 1985, *ministre de l'Éducation nationale c/ Rudent*, *op. cit.*, n° 157, *AJDA*, p. 745. Voir aussi, dans le même esprit, concl. Sophie Boissard sur CE, 6 octobre 2000, *Association Promouvoir et autres*, *AJDA*, p. 1060.

65/ Sur cette question cf. également *supra* n° 81.

66/ Circulaires des 19 novembre 1936, 16 avril 1952, 17 décembre 1956, 8 novembre 1963, n° II-67-290 du 3 juillet 1967, n° 76-440 du 10 décembre 1976.

67/ Circulaire n° 2001-053 du 28 mars 2001.

68/ CE, 6 novembre 2002, Molinier, *AJDA*, 2003, p. 994, note Laurence Jégouzo-Viénot.

disques d'enseignement de langues étrangères admis à pénétrer dans les classes durant les heures de cours et à faire remplir par les élèves des fiches indiquant leurs noms et leurs adresses en vue d'une publicité personnelle ultérieure ; ou encore ceux qui, pour arriver à leurs fins, se prévalent d'un prétendu agrément institutionnel... Le principe est difficile à faire respecter tant la pression des entreprises pèse parfois sur la gestion quotidienne des établissements.

La « photo de classe » à l'épreuve des principes. *L'image de la classe immortalisée, qui est proposée chaque année aux familles, doublée d'un cliché individuel des élèves, constitue une vieille tradition. Pourtant, depuis l'origine, cette pratique se heurte, pour partie du moins, au principe de la neutralité commerciale.*

La conduite à tenir obéit à des règles simples : le conseil d'administration (des collèges et des lycées) ou les conseils d'école (dans le premier degré) peuvent autoriser, une fois par an, un photographe professionnel à organiser, en une seule séance, des prises de vue des élèves. Mais seuls les clichés de groupe restent permis. Les prises de vue individuelles sont à proscrire, sauf s'il est procédé, à la demande des familles, à des agrandissements de la photographie de la classe. En tout état de cause, le démarchage de la part de l'artiste soucieux de la promotion de son œuvre se révèle interdit.

Les adeptes du négatif cependant, n'entendent pas abandonner ce marché lucratif et les ministres de l'Éducation nationale successifs ont toujours éprouvé des difficultés à se faire entendre sur ce point. Ainsi les règles figuraient-elles déjà dans une circulaire de 1927[69]*, une de 1950*[70]*, une de 1970*[71] *puis dans une autre de 1971*[72]*. En 1976, le ministre constate à regret* « que dans bien des cas, les instructions (...) ne sont pas respectées avec suffisamment de rigueur »[73]. *En 1983, son attention est à nouveau attirée sur le fait que la réglementation avait* « pu, parfois, être perdue de vue »[74]. *Un texte paru en 2002 montre le peu de progrès réalisés depuis trente ans :* « malgré l'interdiction (...) il s'avère que des professionnels sont trop souvent admis à procéder à des photos individuelles d'élèves »[75].

Depuis, les syndicats représentant les photographes ont été reçus au ministère. L'entretien, fructueux, a débouché sur la promesse des professionnels de préparer « un code de bonne conduite et une charte de qualité de la photographie en établissement scolaire, respectant les principes de neutralité commerciale et prévenant les dérives qui ont pu être parfois observées »[76]. *Une récente circulaire fait la synthèse de cette rencontre, abrogeant les six textes les plus anciens*[77]*. Les principes sont sensiblement les mêmes à quelques nuances près :*

69/ Circulaire du 13 décembre 1927.

70/ Circulaire du 28 juin 1950.

71/ Circulaire n° 70-307 du 24 juillet 1970.

72/ Circulaire n° 71-184 du 21 mai 1971.

73/ Circulaire n° 76-076 du 18 juillet 1976.

74/ Note de Service n° 83-508 du 13 décembre 1983.

75/ Lettre Desco B6 n° 169 du 14 mars 2002.

76/ Communiqué de presse du ministère de l'Éducation nationale du 25 juin 2002.

77/ Circulaire n° 2003-091 du 5 juin 2003.

les photographies individuelles restent proscrites si elles peuvent être réalisées ailleurs qu'à l'école (comme la photo d'identité par exemple). En réalité, le ministre rappelle l'objectif ! La photographie de classe doit, comme son nom l'indique, représenter des élèves, en groupe ou non, dans leur ***environnement de travail****. La circulaire réaffirme en outre la nécessité impérieuse du respect du droit à l'image ; à ce titre, tout cliché d'enfant mineur implique l'autorisation expresse des parents*[78].

Le calumet de la paix entre les photographes et l'Éducation nationale semble allumé. Espérons que la conciliation entre les intérêts commerciaux et les principes du service public ne parte pas trop rapidement en fumée.

b) Le respect des personnes et des biens

186 On retrouve dans la quasi-totalité des règlements intérieurs cette obligation définie par la circulaire du 11 juillet 2000, sous la dénomination « ***respect d'autrui et du cadre de vie*** ». « *L'établissement est une communauté humaine à vocation pédagogique et éducative où chacun doit témoigner une attitude tolérante et respectueuse de la personnalité d'autrui et de ses convictions. Le respect de l'autre et de tous les personnels, la politesse, le respect de l'environnement et du matériel, sont autant d'obligations inscrites au règlement intérieur. Les élèves sont associés aux décisions relatives à l'aménagement des espaces et des lieux de vie destinés à la vie scolaire* ».

Ce même texte aborde le « ***devoir de n'user d'aucune violence*** » dans les termes suivants : « *Les violences verbales, la dégradation des biens personnels, les brimades, les vols ou tentatives de vol, les violences physiques, le bizutage, le racket, les violences sexuelles, dans l'établissement et à ses abords immédiats, constituent des comportements qui, selon les cas, font l'objet de sanctions disciplinaires et/ou d'une saisine de la justice* ». On observera que ce domaine particulier des obligations des élèves déborde le cadre disciplinaire. Au plan pénal, il justifie parfois l'intervention de l'autorité judiciaire.

Contribution de M. Olivier Rothé, procureur de la République près le Tribunal de grande instance d'Aix-en-Provence. *« Évoquer en quelques lignes les relations justice-école c'est d'abord, pour un procureur, souligner ses missions essentielles tant chacune s'exerce dans l'élaboration des dispositifs institutionnels et leur mise en œuvre quotidienne :*

- *rappeler la loi,*
- *favoriser le règlement des conflits par une réponse adaptée,*
- *protéger et aider les victimes,*
- *participer à l'accès au droit et à l'émergence des devoirs,*
- *contribuer à l'édification de la citoyenneté.*

L'œuvre accomplie en quelques années est importante et il est frappant de constater combien la si grande distance entre les deux institutions a été si rapidement réduite.

78/ Sur cette question cf. *supra*, n° 139.

Les éléments d'information et d'analyse ont été mieux partagés pour que la réponse judiciaire aux infractions commises à l'occasion de la vie scolaire se décide en fonction de la gravité de l'acte et du préjudice causé mais également des enjeux : l'autorité de l'enseignant ou du cadre de direction dans sa relation avec l'élève, le respect mutuel élèves-enseignants-cadres ou élèves entre eux ou encore la protection des lieux et des outils d'enseignement. Si les actes les plus graves sont évidemment soumis à la juridiction de jugement, la médiation-réparation pénale s'est imposée comme un mode de réponse privilégiée en ce qu'elle permet tout à la fois le rappel de la norme, la prise de conscience par l'auteur du dommage causé par son acte, la réparation de ce dommage, la reconnaissance de la victime, la réinsertion de l'auteur et le renouement du lien social.

Les conventions éducation nationale-justice-police-gendarmerie ont organisé et régulé les modalités d'intervention et les réponses données.

La protection de l'élève-enfant victime s'est partout renforcée grâce à un travail collectif fait sur le signalement regroupant l'ensemble des détenteurs d'informations et sur le retour des décisions prises mais également grâce à une meilleure prise en compte de l'accompagnement de cet élève victime. Le dispositif est aujourd'hui efficace même si quelques ajustements demeurent ici ou là nécessaires entre le "rien révéler" et le "tout signaler".

L'aide et l'assistance aux enseignants, aux cadres et aux élèves à l'occasion de faits traumatisants survenus dans la communauté scolaire ou dans la vie de l'un de ses membres s'est fédérée et les associations locales d'aide aux victimes interviennent sans délai chaque fois qu'il est nécessaire de soutenir et d'accompagner.

L'éducation à la citoyenneté s'est développée avec le concours des magistrats et des éducateurs de la P.J.J, acteurs d'actions nombreuses telles que la diffusion de l'exposition "13-18, questions de justice", l'organisation de stages dans les juridictions ou encore la tenue de débats au sein des établissements scolaires ou dans les maisons de justice et du droit.

Beaucoup reste à faire, à développer, à affiner.

Prenons garde toutefois à ce que la tendance actuelle à judiciariser et à pénaliser les conflits jusqu'alors du domaine du règlement civil ou de la médiation sociale, ne gagne pas l'école. La normalité, c'est une école qui fonctionne sans l'aide de la justice. La normalité c'est la vie scolaire sans l'intervention judiciaire ».

2 L'expression des droits et des obligations : le règlement intérieur

187 La définition des droits et des obligations des élèves relève de dispositions légales et réglementaires interprétées par la jurisprudence. Leur mise en œuvre requiert un cadre juridique particulier, le règlement intérieur, élaboré dans chaque établissement d'enseignement en fonction des spécificités locales et de la politique éducative exprimée. Ce document, véritable clef de voûte de la vie scolaire, nécessite une analyse dans sa nature (**A**) et dans son contenu (**B**).

A. La nature du règlement intérieur

188 Le règlement intérieur définit clairement les règles de fonctionnement ainsi que les droits et obligations de chacun des membres de la communauté éducative. Il présente une double dimension, éducative et juridique. La première résulte de son élaboration et de son actualisation en concertation avec les acteurs de la communauté éducative, notamment les élèves. L'idée est de les placer dans une situation d'apprentissage de la vie en société, du civisme et de la démocratie et, ainsi, de les responsabiliser. La seconde découle du caractère réglementaire de l'acte. Il précise les règles de fonctionnement, les droits et obligations, tout en se conformant aux textes supérieurs (traités internationaux, dispositions constitutionnelles, législatives et réglementaires, principes généraux du droit). Il s'intègre donc dans une hiérarchie des normes juridiques[79] et concrétise le pouvoir de réglementation autonome de l'établissement public local d'enseignement.

Cette dernière composante impose de définir le règlement intérieur (**I**) avant de s'attacher aux conditions de son élaboration (**II**).

I La définition du règlement intérieur

189 La rédaction d'une résolution déterminant les relations de travail internes au fonctionnement d'un organe ne relève pas de l'exclusivité des établissements publics locaux d'enseignement. Chaque institution dispose en général de son règlement intérieur. Les associations[80], les ordres professionnels[81], les entreprises[82], les prisons[83] et même les assemblées parlementaires[84] usent de cet outil. Dans les collèges et les lycées,

79/ André Maurin, *Droit administratif*, Sirey, coll. Aide-mémoire, 5ᵉ éd., 2005, p. 42-43.

80/ Francis Lemeunier, *Associations. Création, gestion, évolution*, Delmas encyclopédie, 8ᵉ éd., 2000, n° 501 et s., p. 51 ; Robert Matthieu, *Guide pratique et juridique des associations*, Grancher, 2000, p. 46 et s.

81/ Les règlements des barreaux, en particulier, sont établis en application de la loi du 31 décembre 1971 et du décret du 9 juin 1972. Celui d'Aix-en-Provence compte 26 pages.

82/ Art. L. 122-33 et s. C. trav. Voir par exemple, CAA Nantes, 8 novembre 2001, *Société Cogema*, req. 98NT02007, *AJDA*, 2002, p. 264, note Jean-Frédéric Millet.

83/ Olivia Cligman, Laurence Gratiot, Jean-Christophe Hanoteau, *Le droit en prison*, coll. États de droits, Dalloz, 2001, p. 6-7.

84/ Art. 61 al. 1ᵉʳ Const. 4 octobre 1958.

il se définit comme un acte administratif soumis à un contrôle juridictionnel.

a) Un acte administratif

190 Malgré une idée répandue, le règlement intérieur des établissements scolaires ne procède nullement de l'accord des volontés entre les différents membres de la communauté scolaire. Il s'agit bien d'une décision de l'administration répondant en tout point à la définition formelle de l'acte administratif unilatéral. Le fait que chacun des acteurs se voie associé à son élaboration ne lui confère pas pour autant la qualité de contrat, au sens juridique du terme.

191 1° *Un acte administratif unilatéral.* L'acte administratif unilatéral engage la seule autorité administrative et touche aux droits ou aux obligations des usagers, indépendamment de leur consentement. Il règle la conduite de personnes autres que ses auteurs[85].

En premier lieu, il s'agit d'une manifestation de volonté destinée à produire des effets de droit, adoptée unilatéralement, contrairement au contrat, accord bi- ou plurilatéral. L'adjectif unilatéral désigne le type de relation, autoritaire, s'établissant entre l'acte et ses destinataires. Il n'implique pas son adoption par un seul agent. Il signifie simplement que le consentement des administrés ne s'avère pas nécessaire pour que l'acte existe et s'impose à eux. Même lorsque plusieurs volontés concourent à son édiction, celles-ci n'ont pas pour but, comme dans le contrat, de déterminer librement leurs rapports réciproques, mais d'affecter autoritairement la situation d'un ou de plusieurs administrés.

En second lieu, une autorité administrative l'adopte. Le pouvoir d'édiction de l'acte administratif unilatéral, défini par les textes et la jurisprudence, relève d'organes spécialement habilités, agents intervenant pour le compte d'une personne publique (préfet, maire...) ou organes collégiaux (conseil municipal, général, régional...). Dans le cas du règlement intérieur des lycées et collèges, le décret du 30 août 1985 prévoit la compétence du conseil d'administration.

En troisième lieu, l'acte administratif unilatéral touche aux droits et/ou aux obligations des administrés, abstraction faite de leur assentiment. L'acte affecte autoritairement la situation

85/ Georges Dupuis, Marie-José Guédon, Patrice Chrétien, *Droit administratif*, *op. cit.*, p. 162.

de son (ou ses) destinataire(s). Leur agrément n'a juridiquement aucune importance, même lorsque l'autorité administrative « négocie » son édiction en recueillant le consentement préalable des usagers intéressés. Dans ce cas, l'acte n'en demeure pas moins unilatéral.

192 2° ***Un acte distinct du contrat***, par nature multilatéral. Parfois, le règlement intérieur se voit rebaptisé « contrat éducatif » ou « contrat de vie scolaire ». Cette appellation résulte de la volonté de lui conférer un rôle éducatif. Pour que ce règlement apparaisse comme une charte acceptée par la communauté scolaire tout entière, il s'appuie sur une concertation préalable, sur un débat.

Ici, la convention s'entend au sens philosophique : le contrat de vie scolaire, en cohérence avec le contrat social, contribue à la démocratie. L'idée de contrat permet alors d'affirmer un état d'esprit nouveau, privilégiant responsabilité et engagement de chacun des membres de la collectivité. L'appellation ne correspond cependant pas à une réalité juridique : le contrat s'analyse en une convention c'est-à-dire en un accord de volonté faisant naître une ou plusieurs obligations ou bien créant ou transférant un droit portant sur une chose. Son contenu règle les rapports mutuels de ses auteurs. Cette définition s'avère différente de celle précédemment donnée à propos de l'acte administratif unilatéral.

Le règlement intérieur, un « contrat d'adhésion » ? *Les développements précédents porteraient à assimiler l'acte fixant les règles de fonctionnement des établissements scolaires à un contrat dit « d'adhésion ». Ce type de convention, conclu entre deux parties dont l'une ne peut discuter les différentes clauses et n'a que la liberté d'accepter ou de refuser le contenu global de la proposition de convention, venant du « professionnel », laisse une faible marge de manœuvre au « consommateur ». Tel est le cas du contrat de transport ou du contrat d'assurance*[86]*. La ressemblance avec le règlement intérieur frappe. Le fait que l'élève et ses représentants légaux attestent, par leur signature, avoir pris connaissance de ses dispositions ne saurait cependant lui conférer une nature contractuelle. Le Conseil d'État a certes précisé qu'un établissement scolaire pouvait valablement conditionner l'admission définitive d'un élève à son acceptation du règlement intérieur ou à celle de ses parents pour le mineur*[87]*. Toutefois, cette reconnaissance ne procède pas d'un accord de volonté au sens du droit contractuel.*

86/ Dans le contrat de transport en chemin de fer, le voyageur a le choix entre la première et la seconde classe mais ne peut discuter des clauses particulières, tel l'arrêt du TGV en gare de l'Estaque. Il en va de même pour l'assuré qui, dans le contrat d'assurance, ne peut que choisir l'étendue de sa couverture.

87/ CE, 14 avril 1995, *Koen*, *op. cit.*, n° 180.

b) Une décision exécutoire contrôlée par le juge

193 Longtemps classé parmi les mesures d'ordre intérieur non susceptibles de recours, le règlement intérieur constitue depuis une dizaine d'années une véritable décision exécutoire faisant grief aux intéressés.

194 1° *Avant 1992.* Comme leur nom l'indique, les mesures d'ordre intérieur régissent l'organisation et le fonctionnement interne des services. Le juge administratif ne les assimile point aux décisions exécutoires. Supposées ne pas faire grief, elles n'affectent nullement les droits des administrés. Le recours pour excès de pouvoir dirigé contre elles s'avère dès lors irrecevable, le juge administratif se refusant d'en connaître. La notion se justifierait par leur faible influence, limitée à la quotidienneté ordinaire des services et à la volonté de ne pas encombrer les juridictions par des litiges vétilleux; idée exprimée par l'adage latin *de minimis non curat praetor*...[88] L'argument perd, avec le temps, de sa pertinence car, dans la réalité, les répercussions de ces mesures d'ordre intérieur sur la situation des usagers ne sont pas négligeables. La jurisprudence s'efforce ainsi de limiter leur champ d'application parallèlement au développement du droit et des libertés individuelles. Cette évolution s'observe notamment dans le domaine scolaire où l'on qualifie de mesures d'ordre intérieur, les décisions individuelles sans réelle incidence sur la scolarité des élèves telles l'affectation dans un groupe de travaux dirigés[89] ou dans une classe[90]. L'interdiction faite aux élèves de porter des insignes[91] ou de se présenter en classe, vêtu d'un pantalon de ski, sauf par temps de neige[92] échappait au contrôle du juge. Autres temps plus cléments pour les justiciables, autres mœurs : cette solution a été abandonnée depuis bientôt quinze ans[93].

195 2° *Depuis 1992.* L'affaire dite du voile avait permis à la Haute Juridiction de revenir sur sa jurisprudence antérieure en 1992. En acceptant de contrôler un article du règlement

88/ Des affaires insignifiantes, le juge ne s'occupe point. Henri Roland, Laurent Boyer, *Adages du droit français*, *op. cit.*, n° 83, p. 150.

89/ CE, 11 janvier 1967, *Bricq*, *Rec. CE*, p. 88.

90/ CE, 5 novembre 1982, *Attard*, *AJDA*, p. 698.

91/ CE, 21 octobre 1938, *Lote*, *Rec. CE*, p. 786

92/ CE, 20 novembre 1954, *Chapou*, *Rec. CE*, p. 541.

93/ L'École, la prison et l'armée furent longtemps les « fiefs » de ces mesures d'ordre intérieur. Depuis quelques années, le Conseil d'État infléchit considérablement sa jurisprudence en la matière. Voir obs. sous CE, 17 février 1995, *Marie et Hardouin*, *GAJA*, n° 116.

intérieur du collège de Montfermeil interdisant le port du foulard islamique dans l'enceinte de l'établissement, le Conseil d'État opère un revirement : désormais les règlements intérieurs des établissements scolaires ne sont plus considérés comme des mesures d'ordre intérieur mais comme des décisions exécutoires faisant grief[94], dont la validité se conteste dans les deux mois suivant leur publication[95].

Le commissaire du gouvernement, David Kessler, explique dans ses conclusions ce changement de cap : « *C'est plus pour des considérations pratiques, ne pas encombrer les prétoires pour des affaires somme toute mineures, que pour des raisons théoriques, que vous avez fait le choix qui consiste à ne pas contrôler des actes internes aux établissements d'enseignement. Nous pensons néanmoins que de très fortes raisons théoriques et pratiques militent en faveur d'un abandon de cette jurisprudence. (...) Il nous semble d'ailleurs que vous vous êtes déjà largement engagés dans cette voie dès lors que vous avez progressivement accepté de considérer certaines décisions non pas comme des actes internes à l'établissement d'enseignement, mais comme des actes ayant une incidence sur le statut de l'élève. (...) Accepter en l'espèce de contrôler la mesure d'exclusion visant ces trois jeunes filles, sans contrôler le règlement ayant servi de base à cette exclusion, serait pour le moins paradoxal. (...) L'avis a précisé que le règlement intérieur doit, en vertu des textes, définir les droits et les devoirs des membres de la communauté scolaire. L'on ne peut bien évidemment conférer une telle responsabilité aux conseils d'administration des établissements sans en contrepartie accepter de les contrôler par les voies juridictionnelles* »[96]. Le juge concevant l'intérêt à agir de plus en plus extensivement, parents d'élèves[97], lycéens majeurs ou enseignants[98] ne se privent plus d'exercer des recours contre certaines dispositions des règlements intérieurs.

II L'élaboration du règlement intérieur

196 La méthode d'élaboration du règlement intérieur relève de l'initiative des acteurs locaux. La réglementation prône un travail concerté réunissant direction, équipes pédagogiques et

94/ CE, 2 novembre 1992, *Kherouaa*, *Rec. CE*, p. 389, *AJDA*, p. 833, concl. David Kessler. Cette jurisprudence, aujourd'hui dépourvue de pertinence sur le fond, demeure opérante à propos du contrôle juridictionnel des règlements intérieurs; Rémy Fontier, « Le contrôle des règlements intérieurs », *JDJ*, n° 214, avril 2002, p. 15.

95/ TA Marseille, 6 mai 1992, *Laplace*, req. 891023.

96/ *AJDA*, 1992, p. 833.

97/ René Gérard, « Les parents d'élèves et le droit », *Cahiers de l'Éducation*, novembre-décembre 2002, p. 34.

98/ CE, 22 mars 1996, *Paris et Roignot*, *RDP*, p. 893, concl. Rémy Schwartz.

éducatives, délégués-élèves voire délégués de parents. En l'absence de précision textuelle, cette tâche paraît naturellement s'effectuer sous l'autorité du chef d'établissement.

Dans le processus conduisant à l'adoption, des principes conditionnent le rôle des instances.

a) Les principes d'élaboration

197 L'élaboration du règlement intérieur passe par le respect des principes d'autonomie et de légalité.

198 1° ***L'autonomie.*** Le mode de gestion décentralisé des collèges et lycées leur donne une autonomie dans les domaines administratif, pédagogique et financier. Rattachés à une collectivité territoriale depuis 1986, année d'entrée en application des dispositions relatives à la décentralisation dans le système éducatif, ils forment des établissements publics locaux d'enseignement. Leur construction, leur fonctionnement et leur entretien relèvent des départements et des régions. L'État conserve avant tout la responsabilité de l'enseignement.

Ce cadre requiert davantage d'initiative et une administration libre pour mettre en cohérence les objectifs éducatifs nationaux avec les objectifs particuliers de l'établissement scolaire. L'autonomie s'exerce à travers l'instance de concertation, le conseil d'administration et se traduit, au plan pédagogique, par le projet d'établissement, élément fédérateur qui suppose la concertation avec les acteurs du terrain[99].

À côté de l'autonomie financière, administrative et pédagogique, point également une autonomie statutaire, l'élaboration du règlement intérieur renvoyant largement à l'initiative locale.

199 2° ***La légalité.*** Le règlement intérieur s'inscrit au bas de la hiérarchie des normes juridiques et obéit au principe de légalité. La référence aux textes législatifs et réglementaires propres à l'Éducation nationale ne suffit pas. Il importe de tenir compte de l'ensemble du dispositif : droit constitutionnel, droit international, droit administratif, droit pénal, droit civil, droit processuel...[100] Le règlement se trouve alors élaboré au regard de la Constitution, des traités internationaux, des lois et ordonnances, des principes généraux du droit, de la jurisprudence, des décrets, des arrêtés et des circulaires dont la valeur se révèle supérieure. Ainsi le règlement inté-

99/ Gérard Bourliaud, « Autonomie et contrôle des EPLE », *RDS*, n° 12, 1995, p. 8.

100/ Cf. *supra* n° 1.

rieur instituant une sanction de confiscation « *dont l'application serait automatique et la durée susceptible de recouper toute l'année scolaire* » porte-t-il une atteinte disproportionnée au droit de propriété[101].

b) Les instances

200 Une fois mis au point en concertation avec les divers acteurs de la communauté éducative, le projet de règlement est soumis à l'examen et à l'adoption du conseil d'administration en application de l'article 16 du décret du 30 août 1985 modifié : « *En qualité d'organe délibératif, le conseil d'administration, sur le rapport du chef d'établissement, (...) adopte le règlement intérieur* ». Les règles à suivre rappelées à l'article 17 du même texte, appartiennent au droit commun : « *le chef d'établissement fixe les dates et heures des séances. Il envoie les convocations, accompagnées du projet d'ordre du jour et des documents préparatoires, au moins dix jours à l'avance, ce délai pouvant être réduit à un jour en cas d'urgence. Le conseil d'administration ne peut siéger valablement que si le nombre des membres présents, en début de séance, est égal à la majorité des membres composant le conseil. Si ce quorum n'est pas atteint, le conseil d'administration est convoqué en vue d'une nouvelle réunion, qui doit se tenir dans un délai minimum de huit jours et maximum de quinze jours ; il délibère alors valablement quel que soit le nombre des membres présents. En cas d'urgence, ce délai peut être réduit à trois jours* ». Le chef d'établissement et le conseil d'administration forment ainsi les deux acteurs principaux de la procédure.

Le règlement intérieur, acte relatif au contenu et à l'organisation de l'action éducatrice au sens de l'article 15-12 de la loi du 22 juillet 1983, relève du contrôle administratif prévu par ce texte. Obligatoirement transmis au recteur, il ne devient exécutoire qu'à l'expiration d'un délai de quinze jours à compter de sa date de réception par l'autorité académique. Pendant cette quinzaine, elle peut annuler les dispositions qui se révéleraient contraires aux lois et règlements ou qui porteraient atteinte au fonctionnement du service public de l'enseignement.

B. Le contenu du règlement intérieur

201 Sur le fond, le règlement intérieur permet la régulation de la vie de l'établissement et des rapports entre ses différents acteurs.

101/ TA Strasbourg, 12 octobre 2004, *Zarebski*, *AJDA*, 2005, p. 561, concl. Antoine Gille.

Il doit contenir, conformément à l'article 3 du décret du 30 août 1985 modifié, les règles applicables à tous les membres de la communauté éducative et comporter les modalités de mise en application des libertés et droits dont bénéficient les élèves. L'objet du règlement intérieur présente en conséquence un caractère double.

Dans sa forme, ce document normatif, organisé en articles regroupés par chapitres ou titres en fonction des thèmes traités, se veut éducatif et informatif. Jusqu'à la circulaire du 11 juillet 2000, les règlements intérieurs montraient des différences d'un établissement scolaire à un autre en fonction de leur propre histoire. Depuis leur version initiale, les règlements intérieurs s'apparentaient souvent à un catalogue d'interdits, cela en raison d'un empilement historique de dispositions en l'absence de révision de l'ensemble du document. Plus récemment, par souci éducatif, le règlement paraît se structurer autour des notions de droits et d'obligations des élèves [102]. La circulaire du 11 juillet 2000 s'inscrit dans l'harmonisation des contenus des règlements intérieurs des lycées et collèges alors que, parallèlement, de nouveaux textes concernant les procédures disciplinaires en imposent la refonte [103]. La circulaire du 11 juillet 2000 distingue des composantes successives regroupées ici autour de deux axes relationnels : à l'intérieur de l'établissement (**I**) et vers l'extérieur (**II**).

I Les relations à l'intérieur de l'établissement

202 Elles s'expriment à travers, d'une part, les principes généraux du service public d'éducation et d'autre part, les règles plus concrètes régissant la vie de l'établissement.

a) Les principes du service public d'éducation

203 La circulaire rappelle les valeurs fondamentales du service public et dresse la liste des principes spécifiques à respecter dans l'établissement : gratuité de l'enseignement, neutralité et laïcité, travail, assiduité et ponctualité, tolérance, égalité des chances et de traitement entre filles et garçons, garanties de protection contre toute forme de violence psychologique, physique ou morale et devoir de chacun de n'user d'aucune

102/ Gérard Mamou, *La charte du civisme scolaire – Le règlement intérieur*, CRDP de Bourgogne, 1993.

103/ Jean-Yves Langanay, « Le règlement intérieur : nouveaux enjeux pour l'école », *JDJ*, n° 214, avril 2002, p. 20.

violence. Le respect mutuel (adultes – élèves, élèves entre eux) constitue également l'un des fondements de la vie collective. Ces grands principes, comme ceux qui sont relatifs aux droits de l'enfant, institués par la Convention internationale du 20 novembre 1989, devraient inspirer tout règlement intérieur.

b) Les règles de vie dans l'établissement

204 Le règlement intérieur permet de réguler la vie dans l'établissement et les rapports entre les différents membres de la communauté scolaire par des dispositions explicites. Il précise aussi les conditions d'exercice des droits et obligations des élèves, comporte un développement consacré à la discipline et prévoit des mesures positives d'encouragement.

De curieuses règles de vie en cours de Sciences de la Vie et de la Terre.

Un professeur avait élaboré un règlement interne à sa classe, ci-dessous reproduit, qui fut très mal perçu par les élèves et les parents.

FAUTES	SANCTIONS
Oubli de matériel ou d'exercices	*Copier autant de fois deux pages du livre de SVT que d'objets ou exercices oubliés*
Bavardages, dispersion... pendant le cours	*Copier deux pages du livre de SVT*
Cours incomplet, sale, ne respectant pas les consignes de présentation données en classe	*– Classeur à refaire pour le cours de SVT suivant* *– Zéro sur dix en note de classeur*
Cours non rattrapé après une absence	*Cours à rattraper pour le cours suivant* *Six pages du livre de SVT à copier*
Manque de respect (envers le professeur, un camarade ou autre personne du collège	*Quatre heures de retenue avec travail de SVT à faire*
Dégradation de matériel communautaire (livre, table...)	*– Nettoyage du matériel concerné* *– Deux heures de retenue avec travail à faire*
Non-respect de l'hygiène collective (crachat par terre...)	*Deux heures de retenue avec travail de SVT à faire*
Non-respect du règlement intérieur du collège (chewing-gum, portable, baladeur...)	*Une copie intégrale du règlement intérieur du collège*
Tentative de copie pendant un contrôle	*Zéro au contrôle sans appel possible*
Punition non-rendue au cours prévu	*Punition doublée pour le cours suivant*

À la suite des récriminations des parents d'élèves, le conseil d'administration de l'établissement rappela à juste titre à ce professeur « apprenti juriste », qu'il ne pouvait pas aller au-delà du règlement intérieur du collège en envisageant, notamment, d'autres sanctions. On peut observer, en outre, que ce document ne respecte pas les prescriptions de la circulaire n° 200-105 du 11 juillet 2000 relative à l'organisation des procédures disciplinaires[104] *qui interdit d'infliger aux élèves des « lignes » et des « zéros de conduite »...*

104/ Cf. *infra* n° 213 et s.

205 1° *L'organisation de la vie dans l'établissement.* Les prescriptions touchent au fonctionnement de l'établissement, à l'aménagement de la vie scolaire et des études et aux règles de sécurité.

206 **Le fonctionnement** recouvre les horaires, l'usage et les conditions d'accès aux locaux, les espaces communs, l'utilisation des matériels mis à disposition, les modalités de surveillance des élèves, les mouvements de circulation et le déplacement des collégiens et lycéens vers les installations extérieures, les récréations et inter-classes, le régime des sorties des internes, demi-pensionnaires et externes, le service de la demi-pension et de l'internat et la conduite des soins et des urgences.

207 **La vie scolaire et les études** portent sur la gestion des retards et des absences, l'utilisation du carnet de correspondance, l'évaluation et les bulletins scolaires, les formes de contrôle des connaissances, les modes d'accès et de fonctionnement du centre de documentation et d'information, l'organisation des études et l'usage de certains biens personnels (téléphone ou ordinateur portable, baladeur...).

208 **La sécurité** conduit à l'interdiction des tenues incompatibles avec certains enseignements, de nature à compromettre la sécurité des personnes voire à contrevenir aux règles d'hygiène ou encore susceptibles de causer des troubles dans le fonctionnement de l'établissement ; du port d'armes ou d'objets dangereux ; de l'introduction et de la consommation de produits stupéfiants ou alcooliques et de l'usage du tabac.

209 2° *L'exercice des droits et obligations des élèves.* Les droits et obligations, exposés par la loi d'orientation sur l'éducation du 10 juillet 1989 et le décret du 18 février 1991, sont précisés par les circulaires n°s 91-051 et 91-052 du 6 mars 1991. Ils varient selon qu'il s'agit d'un collège ou d'un lycée.

Des cheveux bleus, blancs... et rouges ? *Il arrive aux jeunes supporters de l'Olympique de Marseille, grisés par les résultats de leur équipe, de décider de porter haut les couleurs de leur club, par exemple en se teignant les cheveux et en y ajoutant quelques paillettes. D'autres élèves, succombant au satanisme, adoptent le piercing et les ongles noirs... Encore, certains – ou plutôt certaines – pour des raisons supposées liées à l'esthétique, préfèrent le « string apparent »... Ces comportements agacent, irritent, troublent et parfois même énervent le surveillant, le conseiller principal d'éducation, l'adjoint au chef d'établissement, le proviseur et les enseignants ! Ils y voient une attitude provocatrice qui, à défaut de susciter des vocations, nuit à l'image du collège ou du lycée. En outre, les personnels d'éducation peuvent être amenés à s'inquiéter car si la spécificité vestimentaire traduit chez l'adolescent une affirmation et un* *moyen comme un autre de se distinguer, certains excès révèlent un mal-être qui mérite l'attention des adultes.*

Pourtant, juridiquement, la marge d'intervention de l'établissement scolaire s'avère relativement réduite, ces questions touchant à des libertés fondamentales. Il est en effet loin le temps où les lycées de France pouvaient interdire aux filles le port du pantalon sans craindre le moindre reproche sur le terrain de la discrimination [105]*. Or, la problématique demeure la même à propos des choix, aussi marginaux soient-ils, de certains jeunes quant à leur apparence physique : au nom de quel principe pourrait-on interdire « parce-que-c'est-comme-ça », un piercing au sourcil, des cheveux rouges, une mini-jupe trop courte ou un maquillage extravagant ?*

Ces conduites ne sauraient être considérées comme répréhensibles en tant que telles. En revanche, le chef d'établissement pourra, au cas par cas, opposer à l'élève des limites, dans l'hypothèse de menaces à l'ordre public pour le collège ou le lycée ou encore dans la perspective d'un risque pour l'hygiène et la sécurité.

Une fois de plus, face aux « gothiques » [106]*, aux « skaters »* [107] *aux « racailles »* [108] *ou autres « cagoles »* [109] *de tous poils, la réaction du pédagogue doit prendre en compte à la fois l'intérêt collectif de la communauté éducative, l'intérêt individuel de l'élève... et la règle de droit.*

210 Les modalités.

Concernant les **droits**, les collégiens disposent, par l'intermédiaire de leurs délégués, de la possibilité de s'exprimer et de se réunir ; les lycéens des droits d'expression individuelle et collective, de réunion, d'association et de publication. Ces droits s'exercent dans le respect du pluralisme, des principes de neutralité et d'autrui. Au-delà de ce rappel, le règlement intérieur précise également, selon les élèves, différentes particularités : modalités d'exercice du droit de réunion, spécialement les conditions d'obtention de l'autorisation du chef d'établissement ; modalités d'affichage dans l'établissement, en application du droit d'expression collectif ; modalités de diffusion des publications lycéennes ; modalités de création et de fonctionnement des associations déclarées ayant leur siège dans l'établissement.

Quant aux **obligations** incombant aux élèves, la circulaire du 11 juillet 2000 en évoque certaines. L'assiduité (participation au travail scolaire, soumission aux horaires d'enseignement, au contenu des programmes et aux modalités de contrôle des connaissances). Le respect des tiers et du cadre

---

105/ CE, 20 octobre 1954, *Chapou, Rec. CE*, p. 541.

106/ Ongles noirs, piercings, bracelets avec pics, croix en pendentif.

107/ Habits larges, pantalons qui tombent, piercing à l'arcade, sous la lèvre.

108/ Jogging dans les chaussettes, casquette relevée, couleurs vives.

109/ « *Racaille* » fille, habits très moulants, piercing au nez.

de vie (attitude tolérante, considération de la personnalité d'autrui et de ses convictions, égard de l'autre, de l'environnement...) ; le corollaire impliquant le non-usage de la violence physique et/ou morale.

211 La discipline et les mesures positives d'encouragement. Le règlement intérieur comporte un développement consacré à la discipline des élèves qui mentionne la liste des sanctions et punitions encourues, les mesures de prévention, d'accompagnement et de réparation envisagées. Tout manquement nécessite explication ; à charge pour le mineur fautif – ou le jeune majeur – de s'exprimer, de se justifier quitte à se faire assister.

Afin d'encourager les initiatives des collégiens et des lycéens, la circulaire prévoit la mise en valeur des actions impliquant civisme, engagement au sein de l'établissement, esprit de solidarité et de responsabilité. Elle renvoie à chaque règlement intérieur le soin de définir ce mode de sanction positive, conformément au projet pédagogique en vigueur. Dans l'esprit du texte, la valorisation des démarches des élèves dans différents domaines – sportif, artistique, associatif – doit renforcer leur sentiment d'appartenance à l'établissement et développer leur participation à la vie collective.

II Les relations entre l'établissement et les familles

212 Le rappel à la loi opéré par la circulaire du 11 juillet 2000 laisse présager quelque difficile cohabitation : « *Les parents d'élèves ou responsables légaux ont des droits et des devoirs de garde, de surveillance et d'éducation définis par les articles 286 à 295 et 371 à 388 du Code civil, relatifs à l'autorité parentale* ». Dialogue et partenariat entre école et familles s'établiraient alors sur un principe de responsabilité. Le règlement intérieur deviendrait un support dans les rapports de coopération avec les parents, notamment par les informations apportées sur le fonctionnement de l'établissement, l'organisation de contacts avec l'équipe enseignante et éducative. Porté à la connaissance des parents, en début d'année, le règlement intérieur leur permet de prendre conscience de la volonté affichée de prévention. Ce qui ne prive point pour autant l'administration de mettre en place un arsenal répressif.

Chapitre 2

Le droit disciplinaire

213 Le régime disciplinaire des élèves constitue la pierre angulaire du droit scolaire : arme pour l'institution, il oblige au respect des règles d'organisation de la vie collective ; garantie contre l'arbitraire, il protège nos jeunes par des procédures juridiquement encadrées[1].

Les textes modernes affichent clairement une autre ambition. Ils considèrent le droit disciplinaire comme un moyen essentiel d'éducation des élèves à la citoyenneté, pour reprendre une expression maintenant consacrée. Une circulaire[2] précise à cet égard que « *l'élaboration* (du règlement intérieur de l'établissement scolaire), *son actualisation, associent tous les membres de la communauté éducative. Les élèves (...) sont tenus au respect de ces règles, qui déterminent à la fois leurs droits et leurs obligations. Ils apprennent ainsi à exercer progressivement les responsabilités individuelles et collectives de tout citoyen* ». Une autre[3] ajoute que « *la cohérence, la transparence et l'effectivité du régime des sanctions sont (...) des conditions indispensables à l'acceptation par l'élève des conséquences de la transgression qu'il a commise et à l'instauration d'une valeur formatrice et pédagogique de la sanction, qui s'inscrit*

1/ André Maurin, « Le droit disciplinaire des élèves dans les collèges et lycées », *Actualité Juridique famille*, n° 2/2004, p.50 ; Joëlle Pralus Dupuy, *Discipline*, Rép. pén. Dalloz.

2/ Circulaire n° 97-085 du 27 mars 1997.

3/ Circulaire n° 2000-105 du 11 juillet 2000.

ainsi dans la mission éducatrice de l'école ». Cette conception n'a cependant pas toujours prévalu. Si aujourd'hui, cette pédagogie par le droit paraît naturelle, certains acteurs du système éducatif ont longtemps toléré une « *pédagogie par les coups* »[4].

Ouvrez vos manuels d'histoire. *Pendant de longues décennies, la punition des élèves fut laissée à l'appréciation souveraine des maîtres, lesquels usaient volontiers d'une certaine forme de violence, physique et morale, sur les enfants. La pratique des châtiments corporels s'est ainsi prolongée jusqu'à la fin du* XIX*e* *siècle. La* férule, *palette de bois ou de cuir avec laquelle on frappait la main des désobéissants, les* verges *ou le* fouet *constituaient le lot quotidien des élèves à cette époque. D'autres peines, plus infamantes, avaient une visée d'ordre moral. Ainsi infligée, pour ne prendre qu'un exemple, la* « punition du jambon » *consistait à immobiliser l'écolier en position de « mi-flexion », bras en croix, avec une pile de livres dans chaque main. Les textes en vigueur au* XIX*e* *siècle faisaient pourtant déjà obstacle à de tels procédés*[5]*. Mais l'institution opposa une véritable résistance au droit. Le « supplice scolaire », fondé sur une méthode pédagogique, chasse gardée du maître, ne pouvait se voir remis en cause par un quelconque règlement.*

La tendance n'a pu s'inverser qu'avec de nouveaux courants idéologiques, radicalement contraires à ceux des partisans de la « violence pédagogique » et surtout grâce à une véritable volonté politique. Sous l'impulsion de familles, sans doute, pour qui « le seuil de tolérance s'abaisse, le tacitement accepté devient explicitement intolérable »[6]*, les ministres de l'instruction publique, à partir de la Monarchie de Juillet (1830-1848), réagissent fermement contre les susdites pratiques et, peu à peu, la justice se trouve saisie de ce type d'affaires.*

Même si le châtiment corporel, dans ses formes les plus extrêmes disparaît de l'école dans les années 1900, certains gardent pourtant en mémoire des réactions brutales de nos instituteurs et professeurs. Il faudra attendre encore longtemps, peut-être après 1968, pour qu'un véritable droit disciplinaire s'introduise dans l'enseignement public.

214 La conception contemporaine du droit disciplinaire repose sur le double objectif de la sanction : assurer l'ordre scolaire et adresser un message éducatif. Son respect se justifie de lui-même, mais son prononcé échappe très rarement au contrôle du juge administratif. L'engagement de la responsabilité de l'État apparaît à chaque violation des droits des élèves.

Qu'elle touche un écolier ou un lycéen, qu'elle intervienne pour un fait bénin ou une faute grave, la sanction implique le respect d'un certain nombre de conditions incompressibles. Ces exigences procèdent de la légalité des règles communes au

4/ Expression de Jean-Claude Caron in « Le temps des châtiments corporels », *Les collections de l'histoire*, 1999, n° 6, p. 58.

5/ Par exemple un règlement de 1834 affirmait que « *Les élèves ne pourront jamais être frappés* » ou encore un autre de 1887 affichait : « *Il est absolument interdit d'infliger aucun châtiment corporel* » (*sic*).

6/ Jean-Claude Caron, « Le temps des châtiments corporels », *op. cit.*

droit disciplinaire (1). Des procédures spécifiques tiennent compte par ailleurs de l'âge de l'élève et de la gravité de sa faute (2).

1 Les règles communes au droit disciplinaire

215 La sanction disciplinaire justifiée et proportionnée à la faute commise (**A**) conduira celui qui l'applique à respecter scrupuleusement les droits reconnus aux élèves (**B**).

A. Les conditions de fond : faits justifiables et adéquation

216 La démarche induit une appréciation matérielle et objective, quant au comportement de l'élève (**I**), morale et subjective quant à l'adéquation de la sanction à la faute commise (**II**).

I L'appréciation du comportement de l'élève

217 Tous les comportements ne présentent pas un caractère répréhensible. Pour aboutir à une sanction, il importe que les faits reprochés au jeune soient d'abord définis et ensuite qualifiés de fautifs.

a) Les faits

218 L'organe ou l'agent compétent pour sanctionner se trouve dans l'obligation de s'assurer que l'acte imputé au mineur (ou au majeur) s'avère incontestable, qu'il a été commis par un élève en cette qualité et qu'il n'a pas, déjà, été réprimé.

219 1° ***Les faits doivent être établis.*** L'exactitude matérielle des faits reprochés à l'élève demeure une condition substantielle de légalité de la sanction. L'apparente évidence de cette donnée ne va pas sans poser parfois des difficultés sur le terrain.

La commission des faits ne coïncide généralement pas avec la présence du principal ou du proviseur. Souvent, un membre du corps enseignant ou un personnel administratif lui signale un comportement de nature à entraîner une punition. Dès lors, avant de se prononcer (dans un sens ou dans l'autre), il importe d'établir la réalité des événements incriminés même si ceux-ci ne font aucun doute. Juridiquement traduit, cela signifie que le chef d'établissement a la charge de rapporter la preuve matérielle des faits par la constitution d'un dossier le plus précis possible sur l'incident à l'origine de la demande de sanction. Il comportera notamment des témoignages, des attestations, des rapports, des aveux...

Le tribunal administratif, amené à contrôler la légalité d'une sanction disciplinaire, montre une particulière vigilance sur ce point. Ainsi, « *lorsque les reproches formulés à l'encontre d'un élève ne résultent que d'allégations et de témoignages dénués de valeur probante et ne s'accompagnent pas de preuves matérielles, les faits reprochés ne peuvent pas être considérés comme établis* ». Dans le cas d'espèce, manquait au dossier, le procès-verbal de gendarmerie démontrant la participation du collégien à la détérioration du véhicule d'un professeur [7]. En revanche, le caractère contestable des témoignages produits par une mère d'élève et la possession, par l'administration, de differentes pièces concordantes, autorisent la juridiction [8] à considérer que « *les faits reprochés {au lycéen} doivent être tenus pour établis* ».

Cette exigence d'exactitude matérielle des faits va même plus loin. Non seulement l'administration doit être en mesure d'établir les griefs formulés contre l'élève mais encore faut-il que ces preuves soient légalement obtenues. Ainsi dans l'exemple d'une élève surprise en train de vendre du canabis dans son établissement, le tribunal administratif annule-t-il la sanction d'exclusion définitive prononcée en se fondant sur l'irrégularité de la fouille subie par la jeune fille après ses aveux. La Cour administrative d'appel censure ce jugement, la sanction étant fondée, en l'espèce, non sur des faits révélés par la fouille mais sur la vente de stupéfiants établie antérieurement. *A contrario*, la découverte de l'existence du trafic de l'élève au moyen de la seule fouille irrégulière, n'aurait pas permis à l'administration d'envisager légalement des sanctions [9].

Du prétoire à la cour... de récréation. *À la suite de l'exclusion définitive du collège d'un élève ayant fait preuve de désobéissance et manifesté une attitude irrespectueuse à l'égard de l'adjoint au chef d'établissement, ses parents, contestent, devant le juge administratif, la matérialité des faits reprochés à leur fils.*

7/ TA Rouen, 13 mars 1998, *T.*, req. 961060.

8/ En l'espèce, menace d'un « camarade » avec un couteau au cours d'une séance de travaux pratiques : TA lyon, 30 septembre 2003, *M.*, *JDJ*, n° 234, avril 2004, p. 60.

9/ CAA Bordeaux, 26 novembre 2002, *Ministre de la Jeunesse, de l'Éducation nationale et de la Recherche c/ C.*, req. 00BX00284.

> *Le commissaire du gouvernement constate d'abord que figurent au dossier plusieurs rapports dressés par la victime (*« principal intéressé »*), par le conseiller principal d'éducation et par deux surveillants, présents au moment des faits. Apparaissent ensuite, longuement détaillées, les circonstances qui ont émaillé l'affaire, scrupuleusement confrontées aux comportements ultérieurement reprochés à l'élève.*
>
> *Bien que les faits ne fissent en apparence aucun doute, un contrôle particulièrement poussé dissèque leur matérialité : sur sept pages de conclusions de ce magistrat, cinq s'attachent à leur analyse. Sans ces rapports établis à la diligence du chef d'établissement, la sanction eût peut-être encouru l'annulation à cause du caractère douteux de la matérialité des faits*[10].

Si l'administration constate l'impossibilité de prouver les griefs formulés contre l'élève, aucune sanction n'intervient.

220 Mais une situation particulière se présente lorsque ce dernier fait l'objet de poursuites pénales à raison des mêmes faits. Dans cette hypothèse, le décret du 18 décembre 1985 dispose que « *(...) l'action disciplinaire peut, en cas de contestation sérieuse sur la matérialité de ces faits ou de leur imputation à l'élève en cause, être suspendue jusqu'à ce que la juridiction saisie se soit prononcée* ». Dans cette attente, le chef d'établissement peut, « *en cas de nécessité avérée (...) à titre conservatoire*[11]*, interdire l'accès de l'établissement à (l')élève* ». Cette procédure s'applique s'il existe des « poursuites pénales » au sens de la jurisprudence. La notion s'entend de l'ensemble des actes accomplis par le ministère public ou la victime (l'ouverture d'une information judiciaire, le renvoi de l'élève devant un tribunal, la constitution de partie civile de la victime...). Le simple dépôt d'une plainte contre un collégien ou un lycéen, suivi du déclenchement d'une enquête par les services de police ne caractérise pas, ou du moins pas encore, des « poursuites pénales »[12]. Ce renvoi ponctuel de l'établissement scolaire du prévenu (commission d'un délit) ou du contrevenant (commission d'une contravention) ne constitue nullement une sanction disciplinaire. Tact et mesure s'imposent toutefois dans l'utilisation de cette « suspension provisoire », susceptible de porter atteinte aux intérêts du jeune et de sa famille. En effet, les délais de la justice pénale dépassant souvent le calendrier de l'année scolaire, l'élève ainsi écarté se trouvera, de fait, exclu définitivement, sa situation non

---

10/ TA, Montpellier, 8 avril 1999, *Miloud*, req. 99543, concl. Fernandez.

11/ La mesure conservatoire peut se définir comme la décision, motivée par l'urgence, prise à titre provisoire (dans l'attente d'une décision définitive). « *Acte juridique (...) qui nécessaire et urgent requiert un minimum de pouvoir (...)* » : Gérard Cornu, *Vocabulaire juridique*, Association Henri Capitan, Quadrige, PUF, 2000, p. 205.

12/ Par analogie aux règles applicables aux agents publics : CE, 9 novembre 1993, *M.V.*, req. 74235.

réglée pour autant au plan disciplinaire. Cette pratique se justifiera seulement si la présence de l'intéressé dans l'établissement menace de troubler l'ordre ou le bon déroulement du service public. L'appréciation de ce type de situation par le principal ou le proviseur n'échappe pas au contrôle juridictionnel. C'est pourquoi, dans l'intérêt de la communauté éducative, l'administration préférera une autre solution, le juge admettant la légalité de la décision d'un chef d'établissement de ne pas suspendre l'action disciplinaire à l'encontre d'un élève, malgré une procédure pénale en cours, qui s'appuie sur les mêmes faits [13]. Jurisprudence (fondée sur le principe de l'indépendance des procédures disciplinaire et pénale), seulement transposable si la matérialité des faits est établie. Dans le cas d'espèce, les aveux d'un élève portant sur sa détention de produits stupéfiants justifient une sanction du conseil de discipline avant sa condamnation par un tribunal.

Une Cour administrative d'appel juge dans le même sens à propos d'un collégien pénalement poursuivi, notamment pour actes de violence et de racket à l'encontre de l'un de ses camarades. Elle précise que « *l'administration n'était pas tenue de suspendre la procédure disciplinaire, en raison de l'existence de poursuites pénales ; (...) eu égard à l'indépendance des procédures pénale et disciplinaire, la décision en litige {exclusion définitive de l'élève du collège} n'a pas porté atteinte à la présomption d'innocence* » [14].

Enfin, la circonstance que le procureur de la République décide finalement de ne pas donner suite à la plainte déposée contre l'élève, ne prive pas l'administration de la possibilité d'engager une procédure disciplinaire, dès lors que les faits (« *brimades, notamment de nature sexuelle, sur un de ses camarades* ») sont matériellement établis [15].

221 2° ***Les faits doivent avoir été commis par un élève.*** Cette condition se dédouble. Non seulement l'imputabilité des faits s'attache à un élève en particulier mais encore faut-il qu'il les ait commis en cette qualité. La précision paraîtra à certains superflue ; la question se pose cependant régulièrement.

13/ TA Strasbourg, 29 août 1997, *R.*, req. 961297.

14/ CAA Lyon, 13 janvier 2004, A., req. 01LY02675.

15/ TA Toulouse, 1er février 2005, *Esnault c/ rectrice*, req. 03383 ; Sur l'indépendance des procédures disciplinaire et pénale, voir Frédéric Garron, « Les rapports juridiques entre les procédures répressives », *Revue pénitentiaire et de droit pénal*, juillet 2002, n° 2, p. 315.

On ne saurait sanctionner un collégien ou un lycéen étranger à des comportements fautifs. Autrement dit, l'administration s'interdira de lui imputer des faits perpétrés par d'autres. Par exemple, la sanction d'un élève dont la présence compromet la sécurité et la tranquillité dans l'établissement se justifie. Elle ne se conçoit plus lorsque l'origine de la situation de tension provoquée s'explique essentiellement par l'attitude agressive des parents [16].

222 Selon les dispositions de l'article 8 du décret du 30 août 1985, les attributions du principal ou du proviseur en matière disciplinaire s'analysent en **un pouvoir de police limité à l'enceinte du collège ou du lycée**. À cet égard, l'élève ne relève du règlement intérieur de l'établissement public local d'enseignement que durant le « temps scolaire » et pendant la période où il s'y trouve. Ces deux éléments méritent cependant attention, certaines situations intermédiaires s'appréciant finement.

Tout d'abord, le « temps scolaire » correspond à la durée pendant laquelle les enfants sont placés sous la surveillance d'un membre de l'enseignement. Pour la jurisprudence, l'obligation de surveillance commence dès l'entrée de l'élève dans l'établissement et cesse dès sa sortie [17]. Mais quel sort réserver aux pédagogues parfois amenés à raccompagner un enfant chez lui ? Dans ce cas, le « temps scolaire » s'étend, pour expirer lorsque l'agent public abandonne la surveillance effective de l'élève [18]. Il en va de même des activités parascolaires encadrées par les membres de l'enseignement. Question également délicate à propos des services annexes d'hébergement : les longs moments passés à l'internat et à la demi-pension font partie intégrante de la scolarité [19]. Tous les actes commis par les élèves pendant ce « temps scolaire » relèvent de la discipline interne de l'établissement.

Ensuite, les faits ne sont sanctionnables que si leur commission intervient dans « l'enceinte » scolaire. Pourtant, certains actes « extérieurs » relèvent du droit disciplinaire, comme les fautes commises « aux abords ». Les contours de la zone res-

16/ TA Versailles, 14 août 1996, *Vidal*, *Rec. CE*, p. 919 ; dans le même sens, TA Versailles, 1er octobre 2002, *Deverre*, req. 9901497.

17/ Cass. 2e civ., 3 octobre 1990, *Bertrand*, *Bull. civ.* 2, n° 178.

18/ Cass. 2e civ., 17 octobre 1990, *Bull. civ.* 2, n° 199.

19/ Lettre DAGIC A1 n° 95-015 du 11 janvier 1995, *LIJ*, 64/95.

tent flous[20] : un chef d'établissement ne peut bien évidemment se désintéresser des élèves sitôt la grille d'enceinte franchie[21]. Pourtant, aucune définition juridique n'en précise les limites. Le législateur, saisi de la question en matière de prévention des atteintes de nature sexuelle touchant les enfants et des violences en milieu scolaire, fait certes référence aux « *abords* »[22]. Mais si ces allusions donnent à la notion une assise légale, la délimitation ne s'impose pas clairement. Une fois encore, la question reste à l'appréciation du chef d'établissement, et cela toujours sous le contrôle du juge. Par ailleurs, certains agissements, même distants dans l'espace et dans le temps, relèvent parfois d'une sanction. La jurisprudence considère depuis longtemps comme tels les faits qui ne sont pas dépourvus de tout lien avec l'appartenance de l'élève à l'établissement[23]. Par exemple, à propos d'un collégien auteur d'une agression sexuelle à l'égard d'une jeune fille. Le tribunal soutient « *qu'il résulte des pièces du dossiers que les faits reprochés à Gaëtan C. se sont déroulés dans un autocar scolaire (...) après les cours ; que si ces faits ont eu lieu à l'extérieur du collège, ils ont été commis par des élèves du collège à l'encontre d'une élève du même collège dans un cadre lié à cet établissement ; que ces faits étaient susceptibles d'interférer gravement dans son fonctionnement ; que dès lors le recteur pouvait, comme il l'a fait, prendre la décision litigieuse {exclusion définitive}* »[24]. Quant au jeune malintentionné, surpris avec une hache dans un lycée auquel il n'appartient pas, il comparaît à juste titre devant le conseil de discipline de son établissement d'origine. Le tribunal considère, dans le cas d'espèce, la faute commise, non détachable de sa qualité d'élève[25].

223 3° ***Les faits ne doivent pas avoir été déjà sanctionnés.*** La règle découle d'un principe juridique ancien, aux termes duquel nul ne peut être puni deux fois en raison des mêmes faits. Applicable à l'ensemble des sanctions (disciplinaires mais

20/ Dominique Dumont, « Les abords de l'établissement scolaire. Approche du statut juridique de la périphérie des locaux d'enseignement », *LIJ*, 38/99, p. 19.

21/ Sur une infraction qualifiée de « *violence sans incapacité dans un établissement scolaire ou aux abords à l'occasion de l'entrée ou la sortie des élèves* » (article 222-13 C. pén.), voir TGI Aix-en-Provence, 13 mars 2003, *Ministère public, V., c/ P.*, req. 1121-03, n° 02509725.

22/ Art. 222-12, 222-13, 222-18, 227-18-1, 227-19, 227-21, 227-22, 433-5 C. pén.

23/ CE, 5 juin 1946, *Delert*, *Rec. CE*, p. 161. Dans le même sens, TA Amiens, 7 octobre 2004, *C.*, *AJDA*, 2005, p. 743.

24/ TA Amiens, 7 octobre 2004, *Daniel C. c/ recteur*, *AJDA*, 2005, p. 743.

25/ TA Rouen, 28 septembre 1993, *Akaba*, req. 93566.

aussi pénales)[26], elle s'exprime par un adage latin, *non bis in idem*, signifiant « pas deux fois sur la même chose »[27].

Ainsi, un chef d'établissement ne se trouve point habilité à réunir un conseil de discipline à l'encontre d'un élève auteur d'insultes à l'encontre d'un professeur après une exclusion de trois jours qui a déjà puni cette faute. L'organe collégial ne saurait alors prononcer de sanction à peine de nullité, et ce, même si le corps enseignant estime, à tort ou à raison, la première sanction insuffisante. Cette dernière, du simple fait de son prononcé, devient définitive[28]. À cet égard, il convient de distinguer la sanction disciplinaire d'exclusion temporaire de la mesure conservatoire prévue à l'article 6 du décret n° 85-1348 du 18 décembre 1985. La seconde, nullement destinée à punir l'élève, assure le maintien de l'ordre dans l'établissement.

En revanche, « *le comportement d'ensemble d'un élève qui a témoigné, les mois précédents, d'une inaptitude certaine à s'intégrer harmonieusement dans la vie du collège (...) est de nature à fonder une sanction (...) sans que puisse être alléguée la circonstance que certains faits révélateurs de ce comportement ont déjà été sanctionnés auparavant* »[29].

b) Le caractère fautif des faits

224 La notion de faute a été remarquablement conceptualisée par les rédacteurs du Code civil, en 1804[30]. Le droit disciplinaire en général ne repose sur aucun autre fondement : pour générer une riposte juridique, les faits reprochés doivent présenter ce caractère fautif. Au sein de l'établissement, cette particularité résulte de la violation, par un élève, des règles applicables. Peut ainsi donner lieu à sanction « *tout manquement au règlement intérieur* »[31] (article 3, alinéa 2 du décret du 30 août 1985). Or, si celui-ci comporte obligatoirement les règles de

---

26/ CE, 9 mai 1994, *Hjli*, *AJ*, p. 75, obs. F. Julien-Laferrière ; CE, 23 avril 1958, *Commune de Petit-Quevilly*, *AJ*, 2, p. 383 ; cf. aussi, Emmanuel Roy, « Condamnations pénales et radiations des cadres », *LIJ*, 41/92, p. 1.

27/ « *Il signifie qu'une décision pénale définitive empêche que les faits délictueux qui en ont fait l'objet ne donnent lieu à une nouvelle poursuite* », Henri Roland, Laurent Boyer, *Adages du droit français*, 4e éd., Litec, n° 267, p. 534.

28/ TA Caen, 7 octobre 2003, *L. et H.*, req. 03582.

29/ TA Versailles, 8 octobre 1996, *Boudart*, req. 961201 ; 961439 ; 963057. Dans le même sens, TA Grenoble, 26 janvier 2005, *M.*, req. 0404796.

30/ Art. 1382 C. civ. : « *Tout fait quelconque de l'homme qui cause à autrui un dommage oblige celui par la faute duquel il est arrivé à le réparer* ».

31/ Pour le premier degré il convient de se référer au règlement type départemental et au règlement intérieur de l'école.

la vie scolaire ainsi que les sanctions encourues, les fautes punissables ne font pas forcément l'objet d'une énumération exhaustive. Il revient au chef d'établissement d'apprécier au cas par cas si l'élève a effectivement commis une faute au sens de la réglementation. Le juge administratif, saisi, contrôlera cette appréciation.

225 1° ***La qualification des fautes par le chef d'établissement.*** Il n'existe aucune définition préétablie de la faute. La qualification appartient au seul chef d'établissement qui dispose comme tout support des grandes lignes de la réglementation nationale et du règlement intérieur.

Sa liberté de choix sera peut-être pour lui une source d'embarras. Le manque de directives en la matière lui fera craindre de commettre des injustices ou de voir sa responsabilité engagée ; certains parents ou élèves appréhendent quant à eux le « directeur-dictateur ». Pour autant, pareille latitude demeure indispensable dans le système éducatif. Claude Durand-Prinborgne souligne à juste titre que « *l'automaticité serait ici contraire à ce qu'est le droit disciplinaire et à la souplesse nécessaire pour des raisons d'opportunité liées à la vie scolaire. Elle serait techniquement impossible à mettre en œuvre par les rédacteurs des textes qui ne sauraient tout prévoir et tout modifier* » [32]. En effet, si seules les fautes préalablement arrêtées s'avéraient punissables, le chef d'établissement ne s'adapterait ni aux nouvelles technologies susceptibles de troubler la bonne marche du service public (par exemple, l'utilisation des téléphones mobiles en classe [33]), ni à l'imagination sans bornes des élèves en la matière !

Mais son pouvoir d'appréciation reste encadré dans des limites dictées par les textes et la jurisprudence. Ainsi le juge administratif annule-t-il l'exclusion d'une élève de classe préparatoire aux grandes écoles motivée par le retard accumulé du fait d'une hospitalisation de près de deux mois [34]. Parfois plus délicate, cette qualification s'opère par référence aux règles de droit. À cet égard, la connotation fautive que revêt la transgression d'une règle morale ou civique ne suffit pas. Seule une véritable étude de la qualification juridique des

32/ Claude Durand-Prinborgne, *Le droit de l'Éducation*, *op. cit.*, p. 310.

33/ Sur cette question, cf. Lettre DAJ-A1 n° 00-250 du 11 mai 2000, *LIJ*, 46/2000, p. 17. Le règlement intérieur ne saurait interdire aux élèves d'en posséder un ne s'agissant point d'un objet toxique ou dangereux les interdictions générales et absolues étant proscrites. Il peut, en revanche contrôler, voire prohiber son usage.

34/ TA Strasbourg, 10 juin 1997, *Laurent c/ recteur*, req. 96347.

faits détermine quelle obligation (nécessairement consignée dans un texte) se voit transgressée.

Qui vole un œuf... ou l'absence de qualification juridique des faits et l'illégalité de la sanction prononcée. *À l'occasion d'une manifestation en l'honneur du centenaire d'un collège, un professeur subit des blessures à l'œil après avoir reçu un œuf projeté par un élève dans la foule. L'enquête menée par le principal aboutit à l'identification du seul comparse mais pas à celle de l'élève lanceur. La répression s'abat immédiatement sur le « fournisseur d'œufs » pour les avoir «* introduits dans l'enceinte de l'établissement *».*

Si le fait de glisser des œufs dans un cartable pour les acheminer au collège s'avère, on en convient, inhabituel voire inapproprié, cette seule circonstance ne saurait être qualifiée de faute. Le juge, saisi, aurait certainement annulé la sanction comme prise sur des faits non fautifs au regard de la réglementation.

Les juridictions contrôlent, au cas par cas, les qualifications données par les chefs d'établissement aux actions ou aux omissions répréhensibles. Elles font apparaître en pointillé les limites à ce pouvoir tant redouté des uns et des autres.

226 2° ***Le contrôle du juge : quelques exemples de faits reconnus comme fautifs.*** La lecture des décisions de justice permet de distinguer deux types de fautes des élèves. Elles procèdent soit de la violation d'une obligation scolaire, soit d'un comportement répréhensible. Dans l'un ou l'autre cas, le travail de qualification de la faute par le principal ou le proviseur varie.

Dans l'hypothèse de la violation d'une obligation scolaire, en particulier celle qui touche à l'assiduité, la qualification de la faute ne revêt pas de complexité particulière. Le chef d'établissement se contente de constater la transgression, sanctionnable en soi. La légalité de la sanction découle de l'absentéisme, incompatible avec l'obligation d'assiduité[35].

En cas de comportement répréhensible, l'observation brute des faits ne suffit pas. Encore faut-il s'assurer que la conduite de l'élève contrevient à l'une de ses obligations. L'appréciation du chef d'établissement s'exerce en deux temps : déterminer les faits reprochés à l'élève et qualifier la faute.

Une opération à double détente :

■ **Les faits :** *au cours d'une bousculade à la cantine du collège, un élève donne un coup de poing à une camarade et, quelques instants plus tard, à un autre.*

35/ TA Nancy, 25 avril 1995, V., req. 941489 ; CE, 28 octobre 1996, *Van-Hulle*, req. 170560 ; TA Nice, 12 juillet 1994, *Alzina*, req. 901571.

Qualification de la faute : *comportement violent de l'élève. (« La circonstance que ces faits se sont déroulés à l'occasion d'une bousculade au cours de laquelle l'une des élèves avait antérieurement giflé l'intéressé ne saurait leur enlever leur caractère répréhensible »)* [36].

■ **Les faits :** *des garçons fréquentant une classe de troisième font usage dans l'établissement de répliques de pistolets pour intimider des condisciples de sixième. Après avoir été reconnus par eux, les élèves fautifs les menacent.*

Qualification de la faute : *usage d'armes au sein de l'établissement; menaces. (Le juge considère en l'espèce que même s'agissant de jouets, les pistolets à air comprimé s'apparentent à de véritables armes. Ils répondent à la définition de l'article 132-75 du Code pénal dès lors qu'ils peuvent blesser, voire, dans certains cas, tuer)* [37].

■ **Les faits :** *un lycéen transporte un morceau de résine de cannabis.*

Qualification de la faute : *détention de produit stupéfiant* [38].

■ **Les faits :** *une altercation oppose le principal adjoint à une collégienne. Alors qu'il lui demandait de regagner sa classe, l'élève lui oppose un refus violent.*

Qualification de la faute : *contestation inadmissible envers la personne chargée d'assurer l'autorité au collège* [39].

■ **Les faits :** *un élève surpris à plusieurs reprises en train de manipuler un couteau, un briquet, un spray, se rend par ailleurs coupable d'injures envers le principal, de menaces et de violences envers d'autres élèves.*

Qualification de la faute : *« comportement d'ensemble constant de (l'élève) qui a témoigné les mois précédents une inaptitude certaine à s'intégrer harmonieusement dans la vie du collège et a gravement perturbé, à plusieurs reprises le fonctionnement de la classe et de la communauté éducative »* [40].

II L'adéquation de la sanction à la faute commise

227 Le Bulletin Officiel de l'Éducation Nationale du 4 novembre 1999 relatif à « *la prévention des conduites à risques* », souligne que la sanction « *permet à l'élève d'identifier l'interdit, d'apprendre la frustration, les limites, d'être rassuré sur son appartenance au groupe. La sanction et son barème doivent être connus, modulables, appliqués et expliqués* ».

La réglementation vient ainsi préciser, de manière globale, les sanctions disciplinaires encourues. Il importe aussi qu'elles répondent justement à la faute reprochée.

36/ CAA Paris, 21 décembre 1999, *Taga Fosso*, req. 97PA01530.

37/ TA Montpellier, 27 octobre 1999, *Bénédic*, req. 991472.

38/ TA Strasbourg, 29 août 1997, *R.*, *op. cit.*, n° 220.

39/ TA, Montpellier, 8 avril 1999, *Miloud*, *op. cit.*, n° 219.

40/ TA Versailles, 8 octobre 1996, *Boudart*, *op. cit.*, n° 223. Dans le même sens, TA Paris, 16 janvier 2004, *U.*, req. 0107962/7.

a) Les sanctions disciplinaires encourues

228 La rédaction du décret du 30 août 1985 issue de celle du décret n° 2000-620 du 5 juillet 2000 présente un caractère strict quant aux sanctions infligées aux élèves. Dans son libellé initial, le texte admettait la création de mesures originales par le règlement intérieur de chaque établissement. Aujourd'hui, « *il ne peut être prononcé de sanction ni prescrit de mesures de prévention, de réparation et d'accompagnement que ne prévoirait pas le règlement intérieur* » [41]. La jurisprudence considère cependant que les sanctions prévues par décret peuvent s'appliquer même si cet acte, interne au collège ou au lycée, ne les rappelle pas [42]. La circulaire du 11 juillet 2000 distingue les punitions scolaires des sanctions disciplinaires proprement dites [43]. Par ailleurs, le décret du 30 août 1985 permet de prévoir dans le règlement intérieur de l'établissement des mesures alternatives d'accompagnement et de réparation.

229 1° ***Les punitions scolaires et les sanctions disciplinaires.*** Les punitions scolaires s'analysent en des mesures mineures sans ou avec peu d'effets sur la scolarité de l'élève. À cet égard, elles seront vraisemblablement considérées comme des mesures d'ordre intérieur, non sujettes à recours car elles ne font pas grief. En d'autres termes, elles se révèlent dépourvues de conséquences sur le statut de l'élève. Cependant, cette catégorie d'« actes » qui échappe, pour l'heure, au contrôle juridictionnel tend à s'amenuiser ; dans ces conditions, il n'est pas impossible de voir un jour le juge accepter de contrôler la légalité de quelques heures de retenue. Prévues au règlement intérieur, ces sanctions peuvent être prononcées directement par l'ensemble des agents de l'établissement en charge des élèves (personnels de direction, surveillants, enseignants...). Les autres membres de la communauté éducative (personnels administratifs, parents d'élèves, élèves...) demanderont aux personnes précédemment nommées d'infliger la punition. La circulaire du 11 juillet 2000 précitée en donne une liste indicative pour la rédaction des règlements intérieurs : « *inscription sur le carnet de correspondance ; excuses orales ou écrites ; devoir supplémentaire assorti ou non*

41/ Art. 3, al. 3, *D.* n° 85-924, 30 août 1985.

42/ TA Lyon, 1er mars 2000, *de Fatima Francisco*, req. 9802318 ; CAA Lyon, 5 novembre 2002, *Essakaki, Kourrad et Rajal c/ ministre de la jeunesse, de l'Éducation nationale et de la recherche*, req. 99LY770.

43/ Ce subtil distinguo pourrait, avec le temps, ne pas avoir les effets juridiques escomptés. Pour la doctrine, punition et sanction sont deux termes parfois synonymes (Gérard Cornu, *Vocabulaire juridique*, *op. cit.*, p. 695, 792). Rien ne permet d'affirmer que le juge s'attachera à la sémantique du ministre.

d'une retenue; exclusion ponctuelle d'un cours; (...) retenue pour faire un devoir ou un exercice non fait ». La mesure d'exclusion ponctuelle de cours mérite réflexion. Décidée en considération de l'intérêt général pour préserver le déroulement normal des activités de la classe, sa généralisation ou sa répétition aurait un effet préjudiciable sur la scolarité de l'élève. Elle rendrait certainement recevable le recours au juge administratif susceptible de requalifier la punition en véritable décision faisant grief[44]. Mais tant qu'elle conserve un caractère isolé, la décision de l'enseignant constitue une mesure d'ordre intérieur[45].

La circulaire n° 2004-176 du 19 octobre 2004 précise par ailleurs « *les moyens d'action à la disposition des enseignants en matière disciplinaire* ». Le texte pose pour postulat que « *le caractère spécifique de l'acte pédagogique et des missions des enseignants implique que l'autorité de ceux-ci soit respectée partout où elle s'exerce* ». Dès lors, l'enseignant pourra lui-même infliger une punition à un élève ou à un groupe[46] d'élève(s) fautif(s). Il en informe alors le chef d'établissement.

230 Les sanctions disciplinaires proprement dites se définissent comme des mesures coercitives destinées à réprimer les manquements les plus graves au règlement intérieur. Avec une incidence variable sur la scolarité de l'élève. Le décret du 30 août 1985 établit quatre sanctions classées par ordre croissant : l'avertissement; le blâme; l'exclusion temporaire de l'établissement ou de l'un de ses services annexes d'une durée maximum d'un mois assortie ou non d'un sursis; l'exclusion définitive assortie ou non d'un sursis. Une double précision s'impose.

En premier lieu, concernant le sursis. La circulaire du 11 juillet 2000 indique qu'en cas d'application, « *la sanction est prononcée, mais elle n'est pas mise en exécution dans la limite de la durée du sursis en cas de sursis partiel. (...)* ***la récidive n'annule pas le sursis. Elle doit donner lieu à l'engagement d'une nouvelle procédure disciplinaire*** ». Simple rappel du principe de légalité. En effet, si la récidive impliquait un sursis mécaniquement annulé, cela reviendrait à opposer à l'élève une sanction automatique sans la garantie d'une procédure disciplinaire. Toutefois la règle ôte au sursis son effet pratique : on

44/ Lettre DAJ-A1 n° 01-124 du 22 mars 2001, *LIJ*, 56/2001, p. 18.

45/ TA Cergy-Pontoise, 6 février 2003, *Nasri c/ recteur* et *El Moukkadam c/ recteur, op. cit.*, req. 00355776.

46/ La précision donnée ici par le texte ne saurait cependant remettre en cause le principe de l'individualisation de la peine et se comprendre comme un « retour » aux punitions collectives...

peut dans ces conditions s'interroger sur l'utilité de pareille prescription qui empêche l'administration de tirer les conséquences d'une récidive. Il apparaît plus simple, et en même temps moins abstrait pour l'élève, de prononcer à son encontre une mesure de prévention (comme par exemple un avertissement verbal ou une mise en garde).

En second lieu, concernant l'exclusion des services annexes d'hébergement (demi-pension/internat). Le chef d'établissement, compétent pour la prononcer jusqu'à hauteur de huit jours, devra pour une durée supérieure réunir un conseil de discipline[47]. Il semble, cependant, que ces questions ne s'apprécient pas exclusivement à la lumière du droit. Se pose ici le problème de l'hébergement de l'élève pendant le temps d'application de la peine et de la privation du suivi des enseignements. Il ne faudrait pas en effet que cette exclusion se transformât en un renvoi déguisé de l'établissement[48].

231 2° ***Les mesures de prévention, de réparation et d'accompagnement.*** L'arsenal disciplinaire mis à disposition du chef d'établissement paraît, de prime abord, limité : hormis le cas de l'avertissement et du blâme, soit il exclut l'élève quelques jours (huit au plus), soit il réunit un conseil de discipline. L'objectif visant à assurer l'ordre scolaire se trouve partiellement atteint, mais la plupart du temps, le fautif perçoit mal la mesure, dépourvue de caractère concret. Souvent, le but éducatif de la sanction échoue. C'est pourquoi la circulaire précitée du 27 mars 1997 apporte des précisions sur la création de procédures *alternatives* au sein des établissements scolaires. Ce texte spécifie que « *le recours au conseil de discipline demeure indispensable. Cependant, dans un certain nombre de situations, il peut ne pas toujours constituer la réponse la plus appropriée. Il apparaît opportun – et certains établissements l'ont déjà expérimenté – de mettre en place des formules souples, alternatives au conseil de discipline, notamment dans le cas d'attitudes et de conduites perturbatrices répétitives d'élèves qui manifestent ainsi une incompréhension, parfois un rejet des règles collectives. Ces modalités d'intervention (...) peuvent se révéler efficaces, à deux conditions : elles ne constituent en aucun cas une mesure substitutive à l'application d'une sanction indispensable dans le cas d'une faute particulièrement lourde ; elles n'excluent pas le recours, en cas d'échec toujours*

47/ TA Paris, 5 novembre 2003, *B.*, req. 0301756/7.

48/ L'exclusion des services annexes d'hébergement pour raison disciplinaire ne se confond pas avec le renvoi pour défaut de paiement des frais scolaires, mesure pour laquelle une procédure spécifique est prévue à l'article 4 du décret n° 85-934 du 4 septembre 1985 modifié.

possible, à la convocation du conseil de discipline. Elles doivent être inscrites dans le règlement intérieur ». Le décret du 30 août 1985 dans sa rédaction du 5 juillet 2000 apporte une base réglementaire à ces dispositions.

232 **Les mesures de prévention.** Afin de prévenir la survenance d'une faute, le règlement intérieur de l'établissement peut prévoir la confiscation à l'élève d'un **objet présentant un caractère dangereux ou à l'usage prohibé**. Mais prudence ! La mesure envisagée, il conviendra de déterminer le temps de la saisie et les conditions dans lesquelles la remise de la chose à l'élève ou à ses parents s'effectuera. Pour faire obstacle à une récidive, il peut organiser le prononcé de mises en garde, d'observations orales ou encore envisager l'obtention d'un engagement écrit de l'élève...

233 **Les mesures de réparation.** Les recommandations invitent à de nombreuses mesures originales telles que la réparation des dégradations commises, le nettoyage des graffitis ou « tags » dans les locaux de l'établissement. Ou encore, divers « travaux d'intérêt collectif » comme le balayage des feuilles mortes dans la cour de récréation, la surveillance des parcs de stationnement... À l'intérieur de cette liste non exhaustive, la seule restriction imposée aux chefs d'établissement s'exprime dans les tâches confiées aux élèves, « *exemptes de tout caractère humiliant ou dangereux* ». Ce qui rejoint la Convention internationale des droits de l'enfant[49] interdisant en son article 37 tout traitement dégradant. En outre, l'article 28 relatif au droit de l'éducation précise en son alinéa 2 que « *les États parties prennent toutes les mesures appropriées pour veiller à ce que la discipline scolaire soit appliquée d'une manière compatible avec la dignité de l'enfant en tant qu'être humain* ». Par ailleurs, la circulaire du 11 juillet 2000 indique que « *l'accord de l'élève et de ses parents s'il est mineur, doit être au préalable recueilli. En cas de refus, l'autorité disciplinaire prévient l'intéressé qu'il lui sera fait application d'une sanction* ». L'idée à retenir implique la primauté de la portée symbolique et éducative de la démarche sur le souci de réparation du préjudice. En tout état de cause, la jurisprudence semble considérer ces mesures comme non susceptibles de recours[50].

49/ Convention des Nations Unies du 20 novembre 1989 dite « Convention de New-York », ratifiée par la France le 7 août 1990, *JO*, 12 octobre 1990, p. 12363.

50/ TA Lyon, 1er mars 2000, *de Fatima Francisco, op. cit.*, n° 228.

234 **Les mesures d'accompagnement** de la sanction. Les acteurs éducatifs sont attachés à l'une d'elles, l'« exclusion[51]-inclusion[52] ». De réalisation souvent difficile, elle consiste à garder l'élève exclu dans l'enceinte de l'établissement. Elle suppose un investissement supplémentaire (mobiliser pour un élève, de surcroît pénible, plusieurs professeurs pour lui proposer des sujets et les corriger, un surveillant à plein-temps) pénalisant les personnels. Ce « travail d'intérêt scolaire » se trouve parfois exigé de l'élève interdit d'accès à l'établissement. La circulaire précitée rappelle que « *cette période ne doit pas être (...) un temps de désœuvrement, afin d'éviter toute rupture avec la scolarité. L'élève est alors tenu de réaliser des travaux scolaires tels que leçon, rédaction, devoirs et de les faire parvenir à l'établissement (...). Un élève momentanément écarté (...) reste soumis à l'obligation scolaire* ».

235 La forme quelquefois prise par le prononcé de ces mesures présente aussi une originalité. Certains établissements créent un « groupe de suivi de situations » (composé d'enseignants, d'une assistante sociale, de l'infirmière scolaire, du conseiller principal d'éducation, du chef de travaux et du chef d'établissement) chargé, après un entretien avec l'élève fautif et sa famille d'arrêter un « dispositif d'accompagnement » rattaché à l'établissement ou à des partenaires extérieurs (éducateurs spécialisés...). D'autres mettent en place un « conseil d'éducation » ou une « commission de discipline »[53], sorte d'intermédiaire entre le prononcé – sec – de sanctions abstraites par le principal ou le proviseur et la réunion – lourde – du conseil de discipline.

L'organisation singulière de la procédure disciplinaire dans un collège.

Le règlement intérieur d'un établissement des Hautes-Alpes prévoit un « système numérique pour la gestion du comportement des élèves ». Il consiste à donner à chaque collégien un capital de « points » en début d'année. Un processus de retrait tient compte de son comportement.

Extrait de ce règlement intérieur : « À l'entrée au collège, chaque élève se voit attribuer un capital de 10 points. Dès qu'un élève perd 4 points, la famille est (...) avertie (...). Lorsqu'un élève perd 7 points, la famille est (...) convoquée (...) et une exclusion éventuelle de deux jours est prononcée (ou non) par le principal (...) ; tout élève ayant perdu ses dix points (risque de se voir exclure huit jours) (...). S'il repasse dans l'année scolaire le seuil des dix points ***(il est susceptible d'être traduit devant le conseil de discipline)*** (...).

51/ Des cours.

52/ Dans l'établissement : salle de permanence ou Centre de Documentation et d'Information.

53/ À propos de ces instances parallèles, la circulaire du 11 juillet 2000 est venue préciser qu'« *il est souhaitable que l'ensemble des membres de la communauté éducative soit représenté dans ces commissions, y compris les personnels ATOSS* ».

Un élève ayant déjà perdu des points (...) se voit attribuer un point par période de quatre semaines effectives de cours (...). Le chef d'établissement, en vertu de ses pouvoirs administratifs (...), se réserve le droit d'intervenir à tous les niveaux du dispositif en cas de nécessité ».

Cette procédure originale implique cependant une utilisation prudente. Elle ne pourrait par exemple aboutir à des sanctions automatiques fondées sur la seule perte de « points ». Un tel protocole, pas forcément incompatible avec la réglementation, doit respecter toutes les règles ici exposées notamment celles relatives à la motivation de la sanction, au caractère justifiable des faits reprochés, aux droits de la défense... Le risque est grand, dans ce cas de figure, de transgresser, de bonne foi, le principe de l'individualisation des sanctions. La circulaire du 11 juillet 2000 rappelle qu'« on ne sanctionne pas uniquement en fonction de l'acte commis mais également et surtout s'agissant de mineurs, en considération de la personnalité de l'élève et du contexte de chaque affaire. (...) la réponse apportée en fonction de la gravité des faits reprochés ne doit pas aboutir à une tarification des sanctions ».

236 Une autre question se pose à propos des établissements qui envisagent l'affichage en leur enceinte des sanctions disciplinaires appliquées aux élèves. Selon l'interprétation de l'administration centrale, « *le règlement intérieur de chaque établissement peut prévoir expressément que le chef d'établissement puisse décider de rendre publiques* [lesdites sanctions]. *Il n'y a point d'obstacle juridique à ce que cette possibilité comporte non seulement (...) l'énoncé des faits constitués et la sanction infligée, mais également la désignation nominative de l'élève* »[54]. Encore que l'apposition des simples initiales du patronyme et du prénom de ce dernier réponde mieux à la fonction de cette mesure et paraisse plus conforme au respect du droit du mineur. Certains chefs d'établissement préfèrent, à cet égard, l'affichage dans la seule salle des professeurs, à titre d'information.

b) La proportionnalité

237 Il revient à l'autorité investie du pouvoir de sanction – chef d'établissement ou conseil de discipline – de déterminer l'existence de la faute et de juger de sa gravité mais aussi de prononcer une mesure adaptée à la situation. Ce qui implique, au plan pédagogique, une responsabilité considérable. L'éducateur, soucieux de l'équité, se doit de moduler la sanction en tenant compte des circonstances et de la personnalité de l'élève.

Si à la lumière des jugements, il apparaît que nos magistrats apprécient souvent avec la même sévérité que l'administration les faits soumis à leur censure, le contrôle juridictionnel n'en demeure pas moins très fouillé. Le contrôle est ici qua-

54/ Lettre DAJ-A1 n° 99-101 du 1er mars 1999, *LIJ*, 34/99, p. 11.

lifié de « normal »[55] : le juge ne se contente pas de vérifier que l'administration n'a pas commis « d'erreur manifeste »[56] dans l'appréciation de la situation de l'élève. Il pousse l'investigation plus loin en contrôlant la proportionnalité de la sévérité de la sanction par rapport à la faute commise[57].

Contrôle « normal », appréciation... « inhabituelle ». *Le 10 octobre 2003, un élève de sixième du collège Montaigne à Paris fait volontairement chuter un camarade de sa classe dans un escalier avant de le frapper alors qu'il se trouve à terre. Un autre élève, sans participer directement à cette violence, traite la jeune victime de « bouffon » et de « sale juif ». Le conseil de discipline de l'établissement prononce à l'encontre des deux élèves, auteurs des brimades, la sanction d'exclusion définitive du collège, mesure confirmée par le recteur le 7 janvier 2004. Sur recours des parents, le tribunal administratif annule lesdites sanctions*[58]. *La Cour administrative d'appel de Paris*[59], *sur conclusions contraires, confirme les jugements entrepris.*

Dans ses conclusions, le commissaire du gouvernement[60] *fixe d'abord le cadre du contrôle du juge :* « il ne s'agit pas (...) de se substituer, dans son appréciation aux personnels qui ont en charge la mission d'éduquer les élèves mais seulement de relever, dans le cadre de son contrôle de proportionnalité les cas où la sanction contestée serait inadéquate au point de dénaturer toute démarche éducative qui la sous-tend ». *Ce postulat posé, le magistrat relève deux séries d'éléments qui, selon lui, justifieraient le maintien des sanctions contestées. Sur la violence physique perpétrée, tout d'abord,* « il ne faut pas négliger que le fait de pousser une personne dans un escalier constitue une mise en danger physique d'autrui très grave ». *Sur les insultes, ensuite,* « on peut sans nul doute objecter que les propos racistes ou antisémites tenus par des enfants de onze ans relèvent plus de l'inconscience et de l'immaturité que d'une vision du monde construite et que les querelles médiatiques qui se sont développées à l'occasion de cette affaire dépassaient sans doute la mesure des faits qui s'étaient effectivement déroulés dans l'enceinte du collège Montaigne. Il reste toutefois que les insultes à caractère raciste et antisémite sont clairement interdites par la réglementation et qu'elles ne peuvent pas être proférées dans l'enceinte d'un établissement scolaire. Il s'agit d'un interdit fondamental qu'il revient à la communauté éducative d'assumer et de garantir en toute responsabilité. La sanction sur ce point peut contribuer à faire prendre conscience à des enfants en âge d'intégrer cet interdit de ne plus l'enfreindre ».

55/ Voir en ce sens CE, 27 novembre 1996, *Ligue islamique du Nord et Époux Chabou et autres, Rec. CE*, p. 461 ; CE, 6 avril 1998, *Oka Beaunoir*, req. 164672 ; CAA Paris, 21 décembre 1999, *Taga Fosso*, req. 97PA01530. Sur la définition des techniques de contrôle des juridictions administratives, voir infra, Lexique, au mot « contrôle ».

56/ Certaines décisions cependant, par exception, ne se placent point dans la ligne jurisprudentielle habituelle et bornent leur contrôle à l'erreur manifeste d'appréciation : TA Lyon, 30 septembre 2003, *op. cit.*, n° 219 ; CAA Bordeaux, 26 novembre 2002, *Ministre de l'Éducation nationale*, req. 00BX00284.

57/ Étude du Conseil d'État, « *Le pouvoir de l'administration dans le domaine des sanctions disciplinaires* », Documentation française, 1995, p. 64.

58/ TA Paris, 24 mai 2004, *D. et M.*, *JDJ*, n° 238, octobre 2004, p. 51.

59/ CAA Paris, 11 août 2004, *Ministre de l'Éducation nationale c/ consorts D. et Ministre de l'Éducation nationale c/ consorts M.*, (2 espèces), *AJDA*, p. 2176, note Bernard Toulemonde.

60/ M. Frédéric Beaufaÿs, que les auteurs remercient pour la communication de ses conclusions.

Nonobstant, la Cour administrative d'appel confirme la solution adoptée par les premiers juges en considérant que si les agissements reprochés « dont aucune pièce du dossier n'établit la répétition justifiaient une sanction allant jusqu'à l'exclusion temporaire de l'établissement, ils n'impliquaient cependant pas, en eux même, que soit immédiatement appliquée (...) la sanction la plus sévère ».

Cette affaire a fait couler beaucoup d'encre et a même suscité quelque colère[61]*. En tout état de cause au-delà de la polémique, il convient de relever que le raisonnement des magistrats parisiens illustre ici de façon exemplaire le contrôle « entier » exercé sur les sanctions disciplinaires des élèves. La solution retenue et l'appréciation faite en l'espèce demeurent cependant isolées.*

Ce contrôle de proportionnalité est effectué que la sanction procède de l'exclusion définitive ou non.

238 1° ***La sanction d'exclusion définitive.*** Priver l'élève de sa place dans le collège ou le lycée se révèle lourd de conséquences. Cela peut provoquer sa sortie définitive du système éducatif ou, s'agissant d'un mineur de seize ans, soumis à l'obligation scolaire, sa réinscription dans un autre établissement, souvent éloigné de son domicile.

Cette sanction s'applique lors de la violation d'une obligation scolaire ou à propos d'un comportement portant atteinte aux personnes ou aux biens.

239 **La sanction de la violation d'une obligation scolaire.** Parmi les obligations incombant aux élèves, l'une d'elles revêt une importance primordiale : l'assiduité. Son non-respect peut entraîner l'exclusion définitive, sous le contrôle du juge administratif. La sanction suprême se justifie pour de nombreuses absences motivées par des raisons de convenance personnelle des parents d'un élève et liées à des difficultés de transport[62]. Pareillement pour un garçon qui, outre son absentéisme systématique du cours d'éducation physique et sportive cumule pendant l'année de nombreuses absences sans motif médical[63] ; le juge considère au surplus que la profession de médecin de la mère ne conférait pas à ses mots d'excuse un caractère médical d'autant qu'elle s'opposait à l'examen de son fils par un médecin scolaire. Encore, à propos des absences permanentes du cours de mathématiques d'un lycéen de terminale D, quand bien même ses parents

61/ Ligue des droits de l'Homme, « Un beau gachis au lycée Montaigne », *JDJ*, n° 236, juin 2004, p. 8.

62/ CE, 28 octobre 1996, *Van Hulle, op. cit.*, n° 226.

63/ TA Nancy, 25 avril 1995, *V., op. cit.*, n° 226.

les autorisaient en lui fournissant des justificatifs [64]. Même solution concernant l'abstention d'une collégienne d'assister au cours de technologie puis à l'étude organisée pour remplacer le cours [65]. Encore, les absences au cours d'éducation physique et sportive d'un jeune garçon de sixième « justifiées » par les parents pour des motifs de pure convenance personnelle [66]. Enfin au sujet des absences répétées d'un élève qui totalisait « *pour la seule période du 9 septembre 1997 au 26 janvier 1998, 85 demi-journées d'absence dont 34 étaient injustifiées* » [67].

Une autre catégorie de faute se révèle très sévèrement punie : la fraude aux examens. Ainsi en a-t-il été jugé à propos d'un élève de terminale, exclu définitivement de son lycée pour ce motif : « *nonobstant par ailleurs le fait que d'autres élèves qui s'étaient rendus coupables des mêmes faits n'aient pas fait l'objet de la même sanction, le requérant qui avait fait l'objet {au mois de mai précédent} d'une mesure d'exclusion définitive assortie d'un sursis, n'est pas fondé à soutenir que la sanction (...) prononcée à son encontre est disproportionnée* » [68].

240 La sanction d'un comportement portant atteinte aux personnes ou aux biens. Les faits et leur caractère établis, le prononcé de l'exclusion définitive intervient lorsque cette sanction apparaît proportionnée à la faute commise. Favorable à l'administration, la jurisprudence ne relève, la plupart du temps, aucune inadéquation entre l'attitude répréhensible et la réponse la plus dure de l'institution. Le juge statue de la sorte dans les espèces suivantes :

- un collégien convaincu d'injures graves à l'égard du personnel et des élèves de l'établissement, de refus d'obéissance aux ordres donnés, de menaces répétées, d'insultes, de crachats, de provocation et d'incitation à la violence [69] ;

64/ TA Besançon, 23 mars 1989, *Lacroix*, req. 15549.

65/ TA Strasbourg, 4 décembre 2001, *Rekeb c/ recteur*, req. 0103939 ; les circonstances de l'espèce – incident ayant opposé l'élève à son professeur – expliquent probablement la sévérité du juge dans cette affaire.

66/ TA Nantes, 27 mars 2003, *P., Cahiers de l'Éducation*, juillet-août 2003, p. 30.

67/ CAA Marseille, 12 mars 2002, *Ministre de l'Éducation nationale c/ Gasmi*, req. 01MA00207. Dans le même sens pour 78 demi-journées d'absence dont seulement 26 étaient justifiées par des certificats médicaux, TA Cergy-Pontoise, 6 février 2003, B. *et C. c/ recteur*, req. 011919.

68/ TA Amiens, 5 décembre 2002, *F. c/ recteur*, req. 021548.

69/ TA Lyon, 13 juillet 1994, *Berazi*, req. 9401344.

- une collégienne désobéissante, au comportement irrespectueux, diffuse de fausses informations ayant contribué à l'organisation d'une manifestation de ses pairs au cours de laquelle le principal adjoint se trouve violemment pris à partie[70] ;

- un élève de troisième, en compagnie de deux coreligionnaires, use de faux pistolets – à air comprimé – pour menacer certains enfants de sixième, touchés par les projectiles, des billes de résine. Après avoir été reconnus par les jeunes choqués et blessés, le trublion et ses comparses se livrent à de nouvelles menaces à leur encontre[71] (sur le terrain de l'adéquation de la sanction d'exclusion définitive aux faits, on observe que la nature même de ces répliques d'armes dangereuses, susceptibles de blesser ou de tuer, n'a sans doute pas laissé indifférent le juge administratif qui confirme la sanction prise par le conseil de discipline) ;

- un lycéen vole le téléphone portable appartenant à un camarade[72] ;

- un élève de CAP, malgré des observations réitérées, persiste dans son comportement agressif à l'égard tant des enseignants que de ses congénères et fait preuve d'absentéisme (ici, la sanction prononcée se fonde sur un comportement et sur la violation d'une obligation scolaire)[73] ;

- un lycéen se livre à la vente de cannabis[74] ou même consomme du haschich[75] dans l'enceinte de l'établissement.

Globalement, la jurisprudence apprécie d'une manière identique à l'administration les fautes commises par les élèves ; elle en opère néanmoins un contrôle. S'il existe une inadéquation entre les faits et la sanction, le juge prononce l'annulation de cette sanction. Ainsi le fait-il à propos du renvoi d'un collégien apprenti-sorcier : malgré l'interdiction, il introduit un briquet dans l'établissement puis le prête à un camarade, lequel utilise l'objet pour faire brûler une balle de tennis. Pour le tribunal, « *la sanction d'exclusion définitive* [du propriétaire du briquet et non du jeune pyromane] *est*

70/ TA Montpellier, 8 avril 1999, *Miloud, op. cit.*, n° 219.

71/ TA Montpellier, 27 octobre 1999, *Bénédic, op. cit.*, n° 226.

72/ TA Amiens, 7 octobre 2004, *G.*, req. 0200529.

73/ CE, 6 mai 1998, *Oka Beaunoir*, req. 164672.

74/ CAA Bordeaux, 26 octobre 2002, *AJDA*, 2003, p. 457.

75/ TA Melun, 4 mars 2004, *J.*, req. 03-234/1 et 03-946/1.

disproportionnée au regard des faits à la suite desquels elle a été prise » [76].

241 2° ***Les sanctions autres que l'exclusion définitive.*** Mesures de moindre gravité, elles débouchent plus rarement sur du contentieux. Elles restent cependant possibles dès l'instant où la sanction prise à l'encontre d'un élève lui fait grief c'est-à-dire porte atteinte à son statut juridique, lui cause des torts [77]. Tel est le cas de l'exclusion temporaire quelle que soit sa durée. L'avertissement, en revanche, s'analyse en une mesure d'ordre intérieur, insusceptible de recours contentieux [78].

En tout état de cause, les dispositions administratives prises, doivent, elles aussi, se révéler proportionnées aux fautes commises.

Les parents d'un écolier sollicitaient par exemple du juge administratif l'annulation de la décision du directeur d'école prononçant, après avis du conseil des maîtres, l'exclusion de leur fils pour une durée de trois jours, en raison notamment de son comportement insolent et menaçant. Le tribunal rejette la demande car il ne relève aucune disproportion dans l'appréciation de l'autorité investie du pouvoir disciplinaire. Le conseil d'État confirme cette décision [79].

Les conditions de fond tenant à la justification et à l'adéquation de la sanction à la faute acquises, l'autorité disciplinaire veille alors à prendre en considération les droits reconnus aux élèves.

On efface l'ardoise... et on recommence ? *L'oubli ou le pardon interviennent régulièrement après chaque élection présidentielle. De portée générale, la loi n° 2002-1062 du 6 août 2002 amnistie certains faits commis avant le 17 mai 2002 et vise aussi les frasques de nos jeunes collégiens et lycéens, punies par leurs établissements* [80]*. Mais la clémence pré-*

76/ TA Versailles, 1er octobre 2002, *Deverre*, *op. cit.*, n° 221. Sur cette question, voir aussi CAA Paris, 11 août 2004, *Ministre de l'Éducation nationale c/ consorts D. et ministre de l'Éducation nationale c/ consorts M.*, *op. cit.* et les développements sous le n° 237.

77/ À l'inverse des mesures mineures touchant à la vie intérieure d'un service sont supposées ne pas faire grief et sont dés lors insusceptibles de recours (décision d'un chef d'établissement scolaire affectant un élève dans une classe : CE, 5 novembre 1982, *Attard*, *Rec. CE*, p. 374, *op. cit.*, n° 194, ou le changeant de classe, ce qui le prive de participer à un projet d'échange avec une classe de Norvège : TA Caen, ord. réf., 24 septembre 2004, *S. c/ recteur*, req. 0401983).

78/ TA Lyon, 13 mai 2003, *S.*, req. 0004983, 0100913 ; TA Marseille, 10 novembre 2004, *Ayoun*, req. 0200831.

79/ TA Versailles, 6 avril 1993, *Perna*, req. 924192 ; CE, 9 mai 1994, *Perna*, req. 150379.

80/ Lettre DAJ-A1 n° 96-621 du 9 avril 1996, *LIJ*, 5/96, p. 22.

sidentielle ne concerne que les fautes non contraires à la probité, aux bonnes mœurs et à l'honneur[81]*. L'application du texte conduit l'administration à considérer les sanctions prononcées en raison de ces agissements comme n'étant jamais intervenues. Interdiction est ainsi faite d'en rappeler l'existence ou d'en laisser subsister la mention dans un document quelconque. De même, la publication de la loi met un terme aux procédures en cours. Le Conseil d'État a cependant précisé que l'amnistie s'attache seulement à la sanction et non aux faits commis*[82]*. Les agissements répréhensibles des élèves peuvent donc être pris en considération pour l'avenir sans référence aux sanctions appliquées. En revanche, contrairement aux dispositifs de 1981 et 1988, la loi de 2002 ne comporte pas de mesures prévoyant la réintégration dans le collège ou le lycée du bénéficiaire de l'amnistie : un élève exclu pour des faits amnistiés depuis leur commission, ne tire de cette circonstance aucune légitimité à réinscription dans son établissement d'origine. Cependant, l'effacement de la sanction du dossier scolaire, implique pour l'élève en cause une inscription, « normale », en fonction du secteur dans lequel il réside*[83].

B. Les conditions de forme : le respect des droits de l'élève

242 L'administration obéit, d'une part, au principe général des droits de la défense (I) et, d'autre part, à la loi portant sur la motivation de ses actes (II).

I Les droits de la défense

243 Le principe dit des droits de la défense, posé par le Conseil d'État en 1944 et 1945[84], a aujourd'hui valeur constitutionnelle. Comme il est imposé par les principes fondamentaux reconnus par les lois de la République[85], aucun texte ne saurait y porter atteinte Dès lors, le juge administratif s'attache à le faire scrupuleusement respecter. Nul, fonctionnaire ou agent de l'État, élève majeur ou mineur, ne peut être frappé d'une sanction, s'il ne se trouve, au préalable, en mesure de se défendre utilement au sujet des griefs retenus contre lui.

Bien avant l'édiction d'une réglementation en la matière, la juridiction administrative suprême s'était prononcée sur l'applicabilité des droits de la défense en cas d'exclusion définitive d'un enfant d'un établissement d'enseignement[86].

81/ Par exemple, art. 11 L. n° 2002-1062 du 6 août 2002.

82/ CE, 4 février 1963, *Chevallier*, *Rec. CE*, p. 524.

83/ Lettre DAJ A1 n°02-285 du 29 août 2002, *LIJ*, 68/2002, p. 21.

84/ CE, 5 mai 1944, *Dame veuve Trompier-Gravier*, GAJA n° 61 ; CE, 26 octobre 1945, *Aramu*, *Rec. CE*, 213.

85/ Cons. const., 76-70 DC, 2 décembre 1976, *RJC.*, I-41, 19 et 20 janvier 1981, 80-127 DC, *RJC*, I-91.

86/ CE, 8 juillet 1936, *Dame veuve Hoarau*, *Rec. CE*, 743 ; 26 janvier 1966, *Davin*, *Rec. CE*, p. 60.

Le décret du 18 décembre 1985 affine les modalités d'application de ces droits. Seule la théorie des formalités impossibles y fait éventuellement échec.

a) Les modalités d'application

Elles se déclinent dans le temps : avant et après le prononcé de la sanction.

244 1° ***Avant le prononcé de la sanction.*** Le chef d'établissement [87] a l'obligation de préciser à l'élève :

245 les **griefs** reprochés (exemples : coups de poings et de pieds portés pendant la récréation sur un camarade de classe entraînant une fracture du nez avec déplacement de la cloison nasale ; outrage [88] à l'encontre de la professeure de mathématiques pendant le cours du lundi de 14 heures à 15 heures : « *ton devoir, tu peux te le mettre au cul, t'es qu'une grosse merde* ») ;

246 sa faculté de prendre connaissance du **dossier** dans son intégralité. Pour les illustrations précédentes, dans le premier cas, compte rendu de l'incident établi par le conseiller principal d'éducation, témoignage écrit de deux élèves ayant assisté à la bagarre, certificat médical objectivant les blessures, récépissé du dépôt de plainte... ; dans le second cas, rapport de l'enseignante, témoignage d'élèves présents dans la salle, demande de protection juridique des fonctionnaires adressée par la victime au recteur d'Académie... ; dans tous les cas, les renseignements relatifs à l'état civil de l'élève et de sa famille, son cursus scolaire comprenant éventuellement bulletins trimestriels et avis d'orientation, les informations sur son comportement dans l'établissement. Le juge considère la procédure suivie devant le conseil de discipline entachée d'irrégularité dès l'instant où « *le dossier remis aux membres du conseil (...)* (ne comprenait pas) *des pièces remises pour* (la défense de l'élève) *et* (contenait), *lors de la séance (...) des lettres (...) dont les défenseurs de l'élève n'avaient pas été mis en mesure de prendre connaissance lors de la consultation du dossier* » [89]. L'ensemble de ces données doit être communiqué au collégien ou au lycéen

---

87/ Le chef d'établissement appelé à prendre seul une sanction est lui aussi tenu, *dans une certaine mesure* au respect des droits de la défense.

88/ Sur cette infraction, voir *infra* n° 556.

89/ TA Basse-Terre, 2 décembre 1997, *Matilla-Maillo*, req. 952863. Ce jugement est par ailleurs particulièrement contestable en ce qu'il a jugé recevable une requête directement portée devant lui, alors que la saisine préalable de la commission d'appel rectorale présente un caractère obligatoire.

dans un « délai raisonnable » [90] avant l'édiction de la sanction, ni prématurément, pour qu'il dispose des moyens pour préparer efficacement sa défense, ni tardivement [91], pour que la portée pédagogique de la réaction de l'institution soit opérante car un prononcé tardif se heurterait à de l'incompréhension ;

247 la possibilité de présenter sa **défense** par écrit, oralement ou en se faisant assister de « *la personne de son choix* » (parent, allié, professionnel du droit ou non...). Il s'agit ici d'une option défense personnelle/défense assistée [92] exercée librement par le mis en cause. Faute de texte (notamment à propos des sanctions prononcées par le chef d'établissement), le principe des droits de la défense, nonobstant applicable, n'impose pas à l'administration d'inviter l'élève ou ses représentants légaux à se faire assister d'un avocat [93]. Sa présence n'est cependant nullement prohibée.

248 La minorité de l'élève n'exonère pas l'administration de l'obligation d'effectuer la même communication « *aux personnes qui exercent à son égard la puissance parentale ou la tutelle* » afin de leur permettre la production d'observations [94].

Toute demande de report motivée, fondée sur une cause sérieuse (santé, indisponibilité ponctuelle de l'avocat...) mérite réflexion : sa prise en compte doit conduire à une fixation ultérieure de la date du conseil de discipline. Le refus d'accéder au déplacement du jour de l'audience ferait grief et exposerait à un contrôle (commission d'appel, tribunal administratif).

L'élève, son représentant légal et, le cas échéant, son conseil sont entendus, de même que toute personne susceptible de témoigner à décharge.

La procédure présente un caractère contradictoire qui permet notamment au mis en cause de connaître les pièces figurant au dossier et de répliquer aux éventuels témoignages pour organiser efficacement sa défense.

90/ Il s'agit de l'expression consacrée depuis longtemps par la jurisprudence administrative.

91/ CE, 12 juin 1992, *Caisse primaire d'assurance maladie de Paris et autres*, req. 78484.

92/ Cass., 22 janvier 1991, *X c/ syndicat professionnel de l'office national des détectives*, req. 8811472; cette jurisprudence est transposable à la procédure disciplinaire des élèves.

93/ TA Marseille, 29 mai 2002 *Hounze, op. cit.*, n° 1.

94/ CE, 26 janvier 1966, *Davin, op. cit.*, n° 243.

La production d'un mandat de représentation, attestant que l'avocat agit au nom de l'élève n'obéit à aucune prescription textuelle et apparaît superfétatoire. Ainsi, la décision rectorale confirmative de l'exclusion définitive d'un élève de terminale encourt l'annulation pour avoir subordonné la recevabilité du recours devant la commission académique à la présentation d'un mandat par l'avocat de l'élève. Le tribunal administratif de Paris juge cette décision entachée d'un vice de procédure[95] car aucun texte ne réglemente de la sorte l'intervention d'un professionnel du droit devant cette instance. Le commissaire du gouvernement Houist dans ses conclusions précise qu'« *aux mandataires légaux est reconnu un privilège qui est celui d'être dispensé d'avoir à produire un mandat spécial justifiant de leur saisine par la partie qu'il représente. Cette dispense est un usage ancien fondé sur le principe du respect par le juge de l'indépendance des avocats qui est illustré par l'adage selon lequel l'avocat doit être cru sur sa robe. Ce privilège qui s'impose au juge s'impose aussi à l'autorité administrative (...). Force est donc d'admettre que le refus d'instruire le recours dont* [le recteur] *était saisi repose sur un motif erroné en droit,* [l'avocat de l'élève] *représentant tout à fait légalement son client sans que l'on puisse exiger de lui la production d'un mandat* ».

L'expérience montre que les auxiliaires de justice rencontrent de nombreuses difficultés pour se faire entendre à l'occasion de la réunion des conseils de discipline[96]. Le principe du contradictoire interdit toute entrave à la défense de l'élève : s'il fait le choix d'un avocat, ce dernier doit s'exprimer.

Tout cela vaut, bien évidemment, pour les deux niveaux de comparution : conseil de discipline, commission d'appel. Ainsi une convocation par lettre datée du 17 juin 2003 en vue de la commission académique d'appel tenue le 27 juin 2003 « *parvenue au plus tôt le 27 juin 2003, soit le jour même de la réunion de la commission, (...) n'a pas (...) mis à même* [le requérant] *de préparer sa défense* »[97].

249 2° ***Après le prononcé de la sanction.*** En application de l'article 6 du décret du 18 décembre 1985, la famille ou l'élève majeur

95/ TA Paris, 25 novembre 1998, *Bicanic*, req. 985476, concl. Houist.

96/ Jean-Luc Rongé, « La défense des mineurs face au tribunal, à l'aide sociale, à la prison et même à l'école », *JDJ*, n° 206, juin 2001, p. 21 ; Jean-Marie Salzard, « J'ai assisté un élève en conseil de discipline », *JDJ*, n° 214, avril 2002, p. 12 ; Jean-Luc Rongé, « Le dépit et le bon sens », *JDJ*, n° 214, avr. 2002, p. 13. Voir aussi Marie-Joëlle Gros, « Conseil de discipline à l'école de la justice – Les élèves sont de plus en plus souvent défendus par un avocat. Une évolution qui a du mal à passer », *Libération*, 15 juin 2004.

97/ TA Nice, 22 juin 2004, *G.P. c/ recteur*, *JDJ*, n° 243, mars 2005, p. 59.

doivent être informés de la possibilité « *de faire appel de la décision du conseil de discipline auprès du recteur (...) dans un délai de huit jours* ».

Le recours formé directement devant le tribunal administratif contre la décision du conseil de discipline s'avère irrecevable. L'éventuelle saisine du juge implique obligatoirement l'action préalable devant la commission académique [98] qui ne concerne pas les décisions d'exclusion temporaire prises par le chef d'établissement. Celles-ci font grief et sont, sans qu'il soit besoin de s'adresser à un organe intermédiaire, immédiatement portées devant la juridiction.

Bien qu'aucun texte ne le mentionne expressément, la sanction prise par le chef d'établissement seul (exclusion temporaire inférieure à huit jours) comportera aussi les voies et délais de recours, comme toute décision administrative défavorable. Le défaut de cette mention, dans ce cas, suspend le délai d'appel mais ne rend pas illégale la décision du principal ou du proviseur.

b) Les formalités impossibles

250 La méconnaissance des formalités substantielles précédemment énoncées s'analyse en un vice entachant la régularité et par suite la légalité de la décision intervenue au cours de la procédure. La jurisprudence admet cependant une exception à cette règle, dictée par les nécessités pratiques. On l'appelle la théorie des formalités impossibles. Dès lors, si la mauvaise volonté patente de l'élève ou de sa famille empêche le déroulement des débats, l'administration a la possibilité de passer outre. Ainsi, les parents d'un élève dûment informés d'une procédure disciplinaire en cours qui refusent de laisser leur enfant comparaître devant le conseil de discipline ne sauraient contester la mesure provisoire prise par le chef d'établissement de ne plus y admettre cet élève jusqu'à sa comparution ; elle ne constitue pas une sanction disciplinaire [99]. Cette théorie s'appliquerait dans le cas où à défaut de preuve de la convocation devant le conseil de discipline le mis en cause ne se présenterait point. Il appartiendrait au chef d'établissement de constater l'absence et de convoquer à nouveau, en respectant le délai de huit jours, ledit conseil. Cela l'autoriserait, dans un second temps, à l'issue de la deuxième défaillance, nonobstant l'absence de l'élève ou de son représentant, à sta-

98/ CE, 13 mai 1992, *Boudil et autres, R D publ.*, 1993, p. 826.

99/ CE, 1er décembre 1971, *Ministre de l'Éducation nationale c/ H.*, req. 82073.

tuer au fond en toute légalité c'est-à-dire à prendre une sanction par défaut sans l'exercice des droits de la défense.

Pour éviter l'utilisation de cette théorie, soumise au contrôle du juge administratif, le principal ou le proviseur établira la preuve de la réception de l'information sur la tenue du conseil de discipline, notamment par la voie de la recommandation postale. Il sera bien inspiré de préciser sur la convocation, qu'en cas d'empêchement majeur et justifié, il conviendra de le tenir dûment informé. À défaut de réponse de l'élève ou de la famille, il tiendra pour acquis l'acquiescement et fera délibérer la formation disciplinaire.

II La motivation de la sanction

251 Aux termes de la loi n° 79-587 du 11 juillet 1979, « *les personnes physiques (...) ont le droit d'être informées sans délai des motifs des décisions individuelles défavorables qui les concernent* ». Celles qui sont prises par le chef d'établissement, le conseil de discipline (ou départemental) et par la commission académique, n'échappent pas à cette règle. La motivation comporte « *l'énoncé des considérations de fait et de droit qui constituent le fondement de la décision* » [100]. Ce texte rappelle les caractéristiques de la motivation : « *écrite, claire et précise* », « *concise et complète* », « *adaptée aux circonstances de l'affaire* ». Quant à la motivation par référence, elle est « *en principe exclue* ».

Cette exigence implique de résumer, dans le corps du compte rendu et dans le dispositif, les faits reprochés à l'élève, éventuellement leur antériorité ou leur répétition ainsi que les mises en garde prononcées. La nature injurieuse des propos, même choquante, se trouvera spécifiée, les menaces seront inventoriées et précisées, les blessures occasionnées détaillées ; tout ceci dans l'espace et dans le temps. Bref, il conviendra d'opposer rigueur et exactitude à laconisme et généralités. Toute sanction dont la motivation s'avérerait ambiguë, incertaine, vague ou obscure ferait courir le risque d'une annulation par le juge administratif pour le motif de voir craindre un examen superficiel de la situation.

La forme occulte parfois le fond. *Une principale prononce l'exclusion pour trois jours du collège d'un élève de quatrième. Le tribunal juge que le chef d'établissement qui « s'est borné à indiquer que [l'élève] aurait eu une "***conduite inadmissible tant dans***

100/ Circulaire du 28 septembre 1987.

le collège qu'aux abords de celui-ci", sans définir plus précisément les faits incriminés, ni relater les circonstances dans lesquelles ils se seraient déroulés et sans citer les dispositions du décret n° 85-924 du 30 août 1985 confiant au chef d'établissement la responsabilité de l'ordre dans son établissement et celle de veiller au respect des droits et devoirs de tous les membres de la communauté scolaire ainsi que d'assurer l'application du règlement intérieur, ni même se référer au règlement intérieur propre au collège (...) **ne satisfait pas aux exigences de la loi** (...) **du 11 juillet 1979** »[101]. *Cet exemple, significatif, montre la rectitude attendue par les juridictions des autorités dépositaires du pouvoir de sanctionner les élèves. En l'espèce, alors qu'il apparaît difficile de contester le caractère fautif des faits reprochés au collégien ayant tenu tête de façon insolente à la principale, la sanction encourt l'annulation pour défaut de motivation. La forme, approximative, vient anéantir le fond, incontestable.*

Le rappel de la disposition du règlement intérieur enfreinte par l'élève remplit l'obligation de motivation en droit de la décision. La jurisprudence semble cependant moins stricte qu'à propos de la motivation portant sur les faits : « *la seule absence de mention du règlement intérieur du collège (...) ne saurait, en l'espèce, constituer une irrégularité substantielle, dans la mesure où (ce texte) est communiqué en début d'année aux parents d'élèves* »[102].

252 Au-delà de la notion de gestion de qualité, l'étude attentive et minutieuse de chaque dossier constitue un gage protecteur vis-à-vis de l'élève et de sa famille. Il importera encore de faire expressément état de la sanction retenue dont l'adéquation au comportement fautif fait, aussi, l'objet d'un contrôle juridictionnel. Cependant, certaines jurisprudences méritent une interprétation prudente. Dans une première affaire, le recteur indique simplement que « *les faits reprochés – contestation inadmissible envers la personne devant assurer l'autorité du collège – sont des faits graves de nature à être sanctionnés eu égard au règlement intérieur* ». Sans expliciter les circonstances du déroulement de ces faits (désobéissance, insolence, comportement irrespectueux envers le principal adjoint, contribution active à l'organisation d'une manifestation de nombreux élèves de l'établissement au cours de laquelle ce fonctionnaire avait été violemment pris à partie, notamment par jet de pierres, murs du collège couverts d'insanités et toilettes détériorées) et sans citer les dispositions précises du règlement intérieur non respectées. « *Dans les circonstances de l'espèce* », précise le tribunal[103], cette motivation répond aux

101/ TA Marseille, 26 octobre 2000, *Messahel, op. cit.*, n° 1.

102/ TA Marseille 29 mai 2002, *Hounze, op. cit.*, n° 1.

103/ TA Montpellier, 8 avril 1999, *Miloud, op. cit.*, n° 219.

exigences de la loi dès lors que l'élève « *qui a assisté, avec sa mère et son conseil, à la séance de la commission académique d'appel (...) n'ignorait pas la nature exacte des faits ayant donné lieu à la sanction litigieuse* ». Dans une deuxième affaire, le juge administratif se satisfait de la motivation « *vente de cannabis dans l'établissement* »[104]. Ici encore la gravité des faits explique sans doute son indulgence. Mais il considère insuffisamment motivée, la décision rectorale qui se borne à indiquer que « *les faits sont avérés* »[105].

2 Les procédures spécifiques au droit disciplinaire

253 Si toute sanction répond nécessairement aux conditions précédemment énumérées pour intervenir légalement, elle prend aussi en considération, de manière spécifique, l'âge de l'élève sanctionné et la gravité de sa faute. L'utilisation de ces critères dans les procédures suivies, varie selon la scolarité de l'élève fautif : premier degré (**A**) ou secondaire (**B**).

A. La discipline dans le premier degré

254 Le régime coercitif à l'école se caractérise à la fois par la souplesse de son élaboration et par la précision des recommandations au plan national. La circulaire n° 91-124 du 6 juin 1991 modifiée donne à l'inspecteur d'Académie, directeur des services départementaux de l'Éducation nationale des « *directives générales pour l'établissement du règlement type départemental des écoles maternelles et élémentaires* ». En application de l'article 9 du décret n° 90-788 du 6 septembre 1990, ce fonctionnaire arrête le texte pour sa circonscription territoriale après consultation du conseil de l'Éducation nationale. Ce règlement-type, destiné à encadrer la rédaction du règlement intérieur de chaque école du département, laisse toute latitude juridique aux inspecteurs d'Académie puis à chaque établissement scolaire pour adapter aux nécessités locales la réglementation applicable en matière disciplinaire. La

104/ CAA Bordeaux, 26 novembre 2002, *Ministre de la Jeunesse, de l'Éducation nationale et de la Recherche c/ M.C., op. cit.*, n° 219.

105/ TA Rouen, 17 décembre 2002, *Vénardy c/ recteur*, req. 00566.

plupart des règlements-types se bornent, cependant, à reprendre textuellement ou en substance les instructions du ministre.

La circulaire de 1991 aborde la matière disciplinaire en son chapitre III : « *vie scolaire* » sous la dénomination « *récompenses et sanctions* ». Les écoles maternelles et élémentaires quoique traitées séparément connaissent un certain nombre de prescriptions communes.

– L'esprit qui anime les maîtres ne diverge point en primaire et en maternelle : toutes les mesures destinées à assurer l'ordre et la sécurité au sein de l'école tiennent compte de l'épanouissement individuel de l'enfant et de sa réussite scolaire.

– « *Le maître s'interdit tout comportement, geste ou parole qui traduirait indifférence ou mépris à l'égard de l'élève ou de sa famille, ou qui serait susceptible de blesser la sensibilité de l'enfant* ». De même, « *les élèves, comme leurs familles, doivent s'interdire tout comportement, geste ou parole qui porterait atteinte à la fonction ou à la personne du maître et au respect dû à leurs camarades ou aux familles de ceux-ci* ».

– Certaines « peines » ne s'appliquent pas à l'école : ainsi, « *tout châtiment corporel est strictement interdit* » ; par ailleurs, « *un élève ne peut être privé de la totalité de la récréation à titre de punition* ».

Mais, ne serait-ce qu'en raison de l'âge des enfants, la réaction de l'école au comportement de l'élève diffère à la maternelle **(I)** et au primaire **(II)**.

I L'école maternelle

255 L'école maternelle accueille des enfants de deux à six ans, qui, à cet âge, apprécient mal la portée véritable d'une punition. Aussi, la circulaire de 1991 demande-t-elle aux inspecteurs d'Académie d'interdire le prononcé de sanctions pour les élèves scolarisés en maternelle. Cela n'empêche pas cependant la prise de deux mesures : *l'isolement et le retrait provisoire de l'école*.

D'une part, l'élève « *momentanément difficile* » a vocation à se trouver placé en isolement surveillé « *pendant le temps, très court, nécessaire à lui faire retrouver un comportement compatible avec la vie du groupe* ».

D'autre part, quand « *le comportement d'un enfant perturbe gravement et de façon durable le fonctionnement de la classe et traduit une évidente inadaptation au milieu scolaire* », le retrait provisoire de l'école, éventuellement décidé, suit la marche suivante :

– la situation de l'enfant est soumise à l'examen de l'équipe éducative[106] à laquelle participent nécessairement « *le médecin chargé du contrôle médical scolaire et/ou un membre du réseau d'aides spécialisées* » ;
– à l'issue de la réunion, le directeur de l'école prend en accord avec l'inspecteur de l'Éducation nationale, une décision après un entretien avec les parents.

La circulaire précise, dans cette hypothèse, que « *des contacts fréquents doivent être maintenus entre les parents et l'équipe pédagogique de façon à permettre dans les meilleurs délais* (la) *réinsertion* (de l'élève) *dans le milieu scolaire* ». Elle reste muette sur la durée de cette mesure mais l'esprit du texte semble conduire à limiter le temps d'éloignement de l'école. Le juge, saisi, contrôlerait l'appréciation faite par l'administration au cas d'espèce.

Certains départements envisagent d'autres dispositions. Par exemple le règlement-type des Alpes-Maritimes prévoit que lorsque le comportement d'un enfant perturbe gravement et durablement le fonctionnement de la classe, il revient à l'équipe éducative d'arrêter « *un protocole d'adaptation à la vie scolaire comprenant, éventuellement, une réduction du temps de scolarisation, en accord avec l'inspecteur de l'Éducation nationale* ».

Petits mais précoces! *Roméo avait agressé physiquement à plusieurs reprises d'autres élèves dans son école maternelle. La directrice estime, à la suite d'un incident grave au cours duquel l'impertinent moleste deux de ses camarades, qu'il présente un danger constant pour ses congénères et que la surveillance particulière imposée par son comportement, se révèle incompatible avec le bon fonctionnement de l'école. Une mesure de retrait provisoire est alors décidée.*

Saisi d'une demande des parents, le tribunal administratif[107] *considère qu'un directeur d'école peut* « demander aux parents (...) de retirer provisoirement leur enfant de l'établissement si le comportement de cet élève est tel qu'il compromet gravement la poursuite des activités pédagogiques ou met en danger la sécurité des autres élèves ». *Pour le juge, l'espèce répond à cette situation :* « compte tenu de l'urgence qui s'attachait à ce que soit empêché le renouvellement d'incidents dangereux, la directrice était fondée à demander immédiatement aux parents de l'élève en cause de ne plus le présenter à l'école sans s'en être préalablement entretenu avec eux et sans attendre d'avoir obtenu l'accord de l'inspecteur de l'Éducation nationale; (...) au demeurant cet accord fut immédiatement sollicité et obtenu ».

106/ « *l'équipe éducative (...) comprend le directeur d'école, le ou les maîtres et les parents concernés, les personnels du réseau d'aides spécialisées intervenant dans l'école, éventuellement le médecin chargé du contrôle médical scolaire, l'infirmière scolaire, l'assistante sociale et les personnels médicaux ou paramédicaux participant à des actions d'intégration d'enfants handicapés dans l'école* » (art. 21, Décret n° 90-788 du 6 septembre 1990).

107/ TA Paris, 21 juin 1995, *Nsimba-Vangawete*, req. 94137563.

Autre affaire et autre juridiction. Ici, le tribunal correctionnel[108] *statue indépendamment de la légalité de la décision : l'exclusion de l'élève de cinq ans, justifiée par son comportement violent, ne constitue point une voie de fait.*

II L'école primaire

256 Le texte de 1991 aborde avec précision la discipline des élèves des écoles élémentaires. Il envisage les fautes susceptibles de sanctions, les peines applicables et prévoit quatre situations.

En premier lieu, en cas de travail insuffisant « *le maître ou l'équipe pédagogique de cycle décidera des mesures appropriées* ».

En deuxième lieu, pour « *les manquements au règlement intérieur de l'école, et, en particulier, toute atteinte à l'intégrité physique ou morale des autres élèves ou des maîtres* », des réprimandes portées ou non à la connaissance des familles se verront prononcées.

En troisième lieu, « *un enfant difficile ou dont le comportement peut être dangereux pour lui-même ou pour les autres* », a vocation, provisoirement et sous surveillance, à se trouver isolé de ses camarades.

En quatrième lieu, « *dans le cas de difficultés particulièrement graves affectant le comportement de l'élève dans son milieu scolaire* », ce dernier peut faire l'objet d'un changement d'école selon la procédure suivante :

– la situation de l'enfant est soumise à l'examen de l'équipe éducative qui comprend « *le directeur d'école, le ou les maîtres et les parents concernés* »[109] ; dans ce cas, la participation à cette réunion du « *médecin chargé du contrôle médical scolaire et/ou un membre du réseau d'aides spécialisées* » présente un caractère obligatoire ;

– une période probatoire peut être arrêtée ;

– si à l'issue de cette phase, on ne constate aucune amélioration dans le comportement de l'enfant, le changement d'école relève de la compétence de l'inspecteur de l'Éducation nationale, sur proposition du directeur, après avis du conseil d'école ;

108/ TGI Bobigny, 24 septembre 2002, *X*, req. 02/01886.

109/ Décret du 6 septembre 1990, article 21. La présence des parents d'élèves à une réunion de ce type constitue une formalité substantielle. La décision de changement d'école d'un enfant est, par suite, décidée au terme d'une procédure irrégulière en l'absence de convocation des père et mère à la réunion de l'équipe éducative (TA Marseille, 30 octobre 2003, *Pirola*, req. 002286).

– la famille, obligatoirement consultée sur le choix de l'établissement d'accueil, a la possibilité de faire appel de la décision devant l'inspecteur d'Académie.

Une procédure un peu particulière. *Le règlement départemental des Bouches-du-Rhône prévoit une autre situation qui autorise le prononcé du changement d'école. Selon son article 3.2.3,* « lorsque la famille d'un élève se trouve gravement en conflit avec l'équipe pédagogique de l'école où il est inscrit, l'inspecteur d'Académie (...) peut prendre (...) après consultation de l'équipe éducative et de l'inspecteur de l'Éducation nationale responsable de l'école, la décision d'inscrire l'élève dans un groupe scolaire différent afin de lui assurer toutes les garanties de sérénité dans les rapports du milieu familial avec le milieu scolaire, indispensables pour le succès de l'action éducative ».

La maman d'une fillette scolarisée dans une école élémentaire marseillaise avait, à plusieurs reprises, manifesté un comportement agressif à l'égard du corps enseignant. L'inspecteur d'Académie décida alors d'un changement d'école de l'élève. Le Tribunal administratif, saisi de cette affaire, donna raison à l'administration, au motif que la procédure de l'article 3.2.3. avait été régulièrement suivie. De plus, l'attitude de cette mère d'élève « était de nature à gravement troubler la sérénité de cet établissement scolaire ainsi que le bon déroulement de la scolarité de l'enfant »[110].

Cette procédure appelle cependant un tempérament. Exercée sans précaution (ce qui n'était pas le cas dans l'affaire précitée), elle pourrait conduire à prendre une mesure à l'encontre d'un élève à cause du comportement de ses parents... Ce qui va à l'encontre du principe général en vertu duquel on ne saurait subir une sanction pour des fautes imputables à autrui[111].

Le règlement-type départemental envisage parfois d'autres mesures. Dans les Alpes-Maritimes, l'inspecteur d'Académie, à la demande de l'inspecteur de l'Éducation nationale, exclut temporairement l'élève de l'école s'il le juge nécessaire.

En tout état de cause, les sanctions visant à l'écarter, provisoirement ou non, font grief, qu'elles soient prononcées dans une école primaire ou dans une école maternelle. Cela ouvre le droit aux parents d'en demander l'annulation au tribunal administratif. Bien que très peu saisi du sujet, il contrôle ce type de « sanctions » en refusant la qualification de « mesure d'ordre intérieur »[112]. Concernant la décision de changement d'école des élèves du primaire, l'appel devant l'inspecteur d'Académie constitue probablement un préalable obligatoire

110/ TA Marseille, 7 mars 2003, *Marcelin*, req. 00-0288. Dans le même sens, voir TA Marseille, 30 octobre 2003, *Audibert*, req. 00-2404, à propos d'un changement d'école maternelle : la mesure prise, sans entendre les parents, est légale, le règlement départemental n'imposant point cette formalité à l'inspecteur d'Académie.

111/ TA Versailles, 14 août 1996, *Vidal, op. cit.*; cf. également *supra*, n° 221.

112/ TA Paris, 21 juin 1995, *Nsimba-Vangawete, op. cit.*, n° 255; CAA Paris, 12 novembre 1998, *consorts Vasquez-Mora*, req. 96PA04500.

à la saisine du juge, ledit appel étant expressément prévu par la circulaire de 1991 précitée[113].

257 Les procédures disciplinaires des élèves du premier degré restent cependant rarissimes. Une enquête effectuée auprès des inspections académiques fait ressortir un très faible nombre mesures de changement d'école porté à la connaissance de l'administration au cours de ces dernières années. L'information ne renseigne pas sur l'état réel des sanctions prononcées[114] mais porte à penser que les familles s'en accommodent. Situation différente dans le second degré.

B. La discipline dans le second degré

258 Pour intervenir légalement, les sanctions disciplinaires doivent se fonder dans tous les cas sur un règlement intérieur exécutoire (soit quinze jours après sa transmission aux autorités académiques qui, pendant ce délai, peuvent en prononcer l'annulation), porté à la connaissance des membres de la communauté éducative (par voie d'affichage dans l'établissement et par voie de notification individuelle pour les élèves et leurs parents). Prescriptions propres à l'Éducation nationale.

Régimes dérogatoires. *Tous les élèves n'obéissent pas aux règles fixées par les décrets des 30 août et 18 décembre 1985.*

Les établissements secondaires de l'Agriculture *relèvent du Code rural (articles R.811-5 et suivants). Régi par des dispositions souvent plus précises en matière disciplinaire, le régime présente cependant de grandes similitudes avec celui qui est applicable dans l'Éducation nationale tant dans la mise en œuvre de l'action que dans la définition de la faute et des sanctions. Il existe ainsi un conseil de discipline dans chaque établissement, convoqué par son directeur qui, au terme d'une procédure contradictoire, prononce l'avertissement avec inscription au dossier, l'exclusion temporaire ou définitive du lycée. Cette dernière sanction peut faire l'objet d'un recours dans un délai de huit jours auprès du directeur régional chargé de l'Agriculture qui décide après avis d'une commission régionale. La formalité se révèle substantielle : le directeur et lui seul prononce l'exclusion. La décision prise par la commission elle-même est annulée comme entâchée d'incompétence*[115].

Les établissements secondaires de la Défense. *En vertu d'un arrêté ministériel de la Défense du 26 mai 1983, un* « conseil de discipline est consulté pour examiner le

113/ Voir en ce sens l'opinion de Claude Durand-Prinborgne, *Le droit de l'éducation, op. cit.*, p. 307. Mais le juge ne s'est pas encore prononcé sur la question.

114/ Il faudrait pour cela interroger l'ensemble des Inspecteurs de l'Éducation nationale ayant en charge une circonscription, voire l'ensemble des écoles...

115/ CAA Bordeaux, 17 février 2004, *Mayeneris, AJDA*, p. 1612.

cas d'un ou plusieurs élèves ayant commis une faute, particulièrement grave, de nature à entraîner une exclusion partielle ou définitive ». *À l'issue d'une procédure contradictoire où l'élève, entendu, est défendu par un officier, le conseil décide au scrutin secret, sans la présence des délégués élèves de classe, de l'avis à émettre. L'exclusion temporaire relève du commandant du lycée, l'exclusion définitive du ministre de la Défense. La compétence du conseil de discipline, ici réservée aux cas les plus graves, implique a priori un régime moins drastique que celui de l'Éducation nationale. En réalité, tout dépend de l'appréciation des autorités militaires de la faute* « particulièrement grave ». *Un recours gracieux ou hiérarchique reste possible mais ne présente pas de caractère obligatoire à défaut d'avoir été prévu par les textes. La contestation des sanctions ressortit, en tout état de cause à la compétence des tribunaux administratifs. Quant aux étudiants des écoles militaires de l'enseignement supérieur, ils sont soumis à des règles différentes. Aux termes de la loi du 15 mars 2005 modifiée portant statut général des militaires, ces jeunes gens se trouvent dans une situation statutaire et réglementaire. Ils relèvent, par suite, du régime disciplinaire applicable aux militaires.*

Les établissements privés hors contrat ou sous contrat d'association avec l'État. *Les élèves scolarisés dans ces établissements contesteront la validité des sanctions prononcées à leur encontre devant le tribunal de grande instance, le lien les unissant aux associations* [116] *étant de droit privé. Par une formule générale, le Tribunal des conflits* [117] *indique que si les établissements privés* « participent à la mission de service public de l'enseignement, ils ne sont investis d'aucune prérogative de puissance publique ; (...) dès lors, les litiges mettant en cause la responsabilité de ces établissements (...) relèvent de la compétence de l'ordre judiciaire ». *Ainsi, le Conseil d'État dénie-t-il aux mesures disciplinaires des établissements privés, le caractère d'acte administratif* [118]. *La juridiction civile (tribunal d'instance ou tribunale de grande instance) sera donc seule compétente pour traiter des différends survenant entre les parents et l'établissement :* « le contrat passé entre l'association familiale du lycée et (...) les représentants légaux de leur fille mineure (...) est un contrat de droit privé » [119]. *Le juge judiciaire – comme le juge administratif – exige que les faits reprochés à l'élève constituent un manquement au règlement intérieur* [120]. *De même, il veillera au respect des droits de la défense* [121]. *À titre d'illustration, le Tribunal de grande instance* [122] *a examiné le bien fondé de l'exclusion définitive et immédiate d'un élève de terminale prise par le directeur, après avis unanime du conseil de discipline, aux motifs d'un prétendu trafic de drogue et de résultats insuffisants. Il contrôle également son caractère abusif sur la forme, l'élève n'ayant été entendu ni par le conseil, ni par le directeur et ce, en violation de l'article 6 de la Convention européenne de sauvegarde des droits de l'homme. Cette circonstance l'a en effet empêché de présenter sa défense et de s'expliquer. Des dommages-intérêts peuvent être alloués à l'élève pour le préjudice moral qu'il a subi sur le fondement de l'article 1382 du Code civil (en l'espèce 5 000 F)*

116/ Il s'agit la plupart du temps de la structure juridique utilisée.

117/ T. confl., 27 novembre 1995, *Le Troadec*, req. 2963.

118/ CE, 26 mai 2004, *M. et Mme B.*, req. 259682.

119/ TGI Lyon, ord. réf., 10 février 1997, cité in Ferdinand Bellangier, *Le chef d'établissement privé et l'État*, Berger-Levrault, coll. Éducation nationale, préface Bernard Toulemonde, 2e éd., 2001, p. 244.

120/ TGI Nanterre, 21 juin 1995, cité in Ferdinand Bellangier, *Le chef d'établissement privé et l'État, ibid.*

121/ CA Pau, 14 mai 1970, cité in Ferdinand Bellangier, *Le chef d'établissement privé et l'État, ibid.*

122/ TGI Saintes, 30 avril 1991, *Roy c/ Institut Notre-Dame de Recouvrance*, Juris-Data n° 51774.

ainsi qu'à ses parents au titre de la responsabilité contractuelle (en l'espèce 1 F). L'exclusion définitive de deux jeunes de 4ᵉ, pour s'être « embrassés et caressés » *dans les toilettes de leur établissement, a en revanche été jugée justifiée*[123].

Ces singularités posées, le droit applicable aux élèves des collèges et des lycées dépendant du ministère de l'Éducation nationale, varie selon la nature de la sanction infligée. Légère, elle induit une procédure simplifiée **(I)**; grave, elle implique des garanties procédurales **(II)**.

I Les sanctions prononcées par le chef d'établissement

259 Aux termes de l'article 8-2°-e du décret du 30 août 1985, le chef d'établissement rend seul trois types de sanctions, l'avertissement, le blâme, l'exclusion temporaire de huit jours maximum et celles, plus douces, prévues au règlement intérieur. Sa compétence se limite au prononcé de ces mesures. La non prise en considération de cette règle, vicie la sanction. Édictée par une autorité incompétente, elle encourt l'annulation au contentieux, même envisagée au règlement intérieur. Ainsi, les dispositions y figurant, qui habilitent le principal à infliger seul une mesure de radiation des effectifs d'un collégien pour des absences prolongées ou répétées et non-justifiées, sont illégales. Une telle sanction revêtant nécessairement un caractère disciplinaire, s'apparente à une exclusion définitive prononcée par le seul conseil de discipline[124].

Une élève attaque le refus opposé par le proviseur de l'inscrire en classe de première, nonobstant son autorisation d'admission. Le juge considère qu'une telle décision, nullement fondée sur des motifs tenant au niveau scolaire de la requérante ou aux capacités d'accueil du lycée s'analyse en une exclusion définitive prise à titre de sanction disciplinaire. La mesure non décidée par le conseil de discipline de l'établissement se voit censurée puisque émanant d'une autorité incompétente[125].

La même élève fait l'objet, au cours de l'année, d'une exclusion définitive à cause de son absence à un contrôle de connais-

123/ TGI Troyes, 6 avril 1994, *École de Sainte-Maure*, req. 466/94.

124/ TA Châlons-en-Champagne, 23 septembre 1996, *Naciri, Rec. CE*, p. 919.

125/ TA Paris, 26 décembre 1994, *P.*, req. 9409719/3 et 9408975/3.

sances pour s'être placée « *de son propre chef* » en dehors du lycée. Le tribunal annule la sanction pour des motifs identiques[126].

Le juge adopte une attitude similaire concernant la question du port du « foulard islamique »[127] : sont annulées pour incompétence les décisions prises par le proviseur consistant à refuser à deux élèves l'accès aux salles de classe aussi longtemps que celles-ci refuseraient de l'ôter[128].

260 Le silence des textes sur le prononcé de ces sanctions n'exonère pas le chef d'établissement du respect des droits de l'élève : droits de la défense et motivation de la décision. Cette exigence s'avère remplie lorsque, à propos d'une exclusion de deux jours, le mis en cause « *a eu la possibilité de s'exprimer et de s'expliquer sur les faits* (reprochés) *qu'il a reconnus, en présence de sa mère qui avait été convoquée par le principal* »[129].

Quand le règlement intérieur de l'établissement édicte des règles spécifiques au prononcé de ce type de sanction, leur violation engage la responsabilité de l'administration. Le tribunal statue ainsi à l'égard de l'exclusion d'une jeune élève reçue préalablement par le conseiller principal d'éducation et non par le chef d'établissement comme le prévoyait ledit règlement[130].

De toute manière, le juge administratif considère depuis longtemps les mesures d'exclusion comme faisant grief c'est-à-dire de nature à engendrer un contrôle juridictionnel[131]. Les élèves et leurs familles peuvent également contester la sanction, avant tout procès, devant les autorités académiques. En effet, le chef d'établissement prend ces décisions en qualité de représentant de l'État. Ce qui autorise un recours hiérarchique, devant l'inspecteur d'Académie, contre la décision d'un principal de collège et, devant le recteur,

126/ TA Paris, 15 novembre 1994, *P.*, req. 9500001/7.

127/ Cf. *supra* n° 145 et s.

128/ TA Cergy-Pontoise 6 février 2003, *Nasri c/ recteur* et *El Moukkadam c/ recteur, op. cit.*, n° 229. Cf. également CE, 20 mai 1996, *Ministre de l'Éducation nationale c/ Ali, Rec. CE*, p. 187. Ces jurisprudences, bien qu'antérieures à la loi n° 2004-228 du 15 mars 2004, demeurent d'actualité : seul le conseil de discipline est compétent pour exclure des élèves ne respectant point lesdites dispositions législaives.

129/ TA Marseille, 29 mai 2002, *Hounze, op. cit.*, n° 1.

130/ TA Nancy, 24 octobre 1995, *Ersfeld*, req. 95111.

131/ TA Nice, 12 juillet 1994, *Alzina, op. cit.*, n° 226; TA Versailles, 14 août 1996, *Vidal, op. cit.*, n° 221. L'avertissement, en revanche, simple mesure d'ordre intérieur, est insusceptible de recours contentieux (*Cf. supra* n° 241).

contre la décision d'un proviseur de lycée. Contrairement à la saisine de la commission académique contre la décision du conseil de discipline, le recours hiérarchique n'obéit à aucune obligation réglementaire. Cela rend le recours pour excès de pouvoir devant le juge administratif recevable, même en dehors de toute contestation préalable de la sanction devant l'administration.

II La procédure devant le conseil de discipline

261 Le conseil de discipline ramène chacun d'entre nous à nos peurs d'enfant et représente dans l'imaginaire collectif l'arme la plus terrifiante dont dispose l'école. On n'ose penser que certains élèves, particulièrement indisciplinés, sans doute des marginaux, puissent démentir ce postulat et se complaire dans leur passage en conseil de discipline, transformant l'épreuve en une sorte de « baptême du feu » ou en un « suicide scolaire ». Heureusement, la réalité quantitative efface partiellement l'image véhiculée par cette sorte de tribunal qui touche concrètement une faible proportion d'élèves. Mais le conseil de discipline demeure aujourd'hui l'autorité au pouvoir de contrainte décisif, habilitée à exclure définitivement le jeune de l'établissement. On comprend dans ces conditions la crainte provoquée par sa réunion et ses décisions. Paradoxalement, devant cette instance, la garantie des droits de l'élève se manifeste avec éclat. De ce fait, faire comparaître un collégien ou un lycéen devant un conseil de discipline devient pour le chef d'établissement un véritable « parcours du combattant » lié aux prescriptions réglementaires nombreuses et lourdes.

262 Saisine. Le principal ou le proviseur, compétent pour saisir le conseil de discipline, demeure souverain dans l'appréciation de l'utilité de poursuivre disciplinairement un élève. Cependant, selon l'article 6 alinéa 2 du décret du 18 décembre 1985, « *lorsque le chef d'établissement, saisi par écrit d'une demande (...) émanant d'un membre de la communauté éducative, décide de ne pas engager de procédure disciplinaire, il lui notifie sa décision motivée* ». *Négative, elle « ne porte pas atteinte aux droits ou aux prérogatives des enseignants »* [132] dans la plupart des cas. Cette jurisprudence mérite cependant tempérament. Tout refus du principal ou du proviseur n'exprime pas nécessairement l'intérêt général. Dans certaines hypothèses extrêmes

132/ CE, 10 juillet 1995, *Laplace*, *AJDA.*, p. 849, note Francis Mallol.

où l'enseignant se trouve directement victime du comportement de l'élève, la décision de ne pas donner suite apparaîtra préjudiciable. Ce qui conduirait peut-être le juge administratif à ne plus considérer le recours du professeur comme irrecevable mais à l'examiner au fond [133], avec pour conséquence probable une dégradation des relations hiérarchiques.

La réunion du conseil dans un autre établissement scolaire ou dans les locaux de l'inspection académique se décide après avis de l'équipe éducative, en raison des troubles que provoquerait sa tenue dans l'établissement même. Cette délocalisation demeure sans influence sur la composition et sur les compétences du conseil. La seule modification affecte le lieu de séance.

263 **Composition**. Aux termes du I de l'article 31 du décret du 30 août 1985 [134], « *le conseil de discipline de l'établissement comprend : 1°/ le chef d'établissement ; 2°/ l'adjoint au chef d'établissement ; 3°/ un conseiller principal d'éducation ou un conseiller d'éducation désigné par le conseil d'administration sur proposition du chef d'établissement ; 4°/ le gestionnaire de l'établissement ; 5°/ cinq représentants des personnels dont quatre représentant les personnels d'enseignement et d'éducation et un représentant des personnels administratifs, sociaux et de santé, techniques, ouvriers et de service ; 6°/ trois représentants des parents d'élèves dans les collèges et deux dans les lycées ; deux représentants des élèves dans les collèges et trois dans les lycées* ». Les représentants des personnels sont élus chaque année en leur sein par les membres du conseil d'administration appartenant à leur catégorie respective (au scrutin proportionnel au plus fort reste pour les personnels d'enseignement et au scrutin uninominal à un tour pour les personnels ATOSS). À chaque membre élu, un suppléant est désigné dans les mêmes conditions. Deux grands blocs [135], eux-mêmes divisés en deux sous-groupes, se dégagent. L'administration (équipe de direction et représentants des personnels) composée de neuf fonctionnaires, reste majoritaire par rapport à ce que l'on désigne en droit processuel sous le vocable de « l'autre partie » (trois représentants de parents d'élèves et deux représentants des élèves dans les collèges et inversement

133/ TA Strasbourg, 30 juillet 1996, *Martin*, req. 95 479. Voir également dans ce sens, l'opinion de Francis Mallol sous CE, 10 juillet 1995, *Ibid.*

134/ Dans sa rédaction issue du décret n° 2004-412 du 10 mai 2004.

135/ La circulaire n° 2004-176 du 19 octobre 2004 y voit, quant à elle, une « composition tripartite » : direction, représentants des personnels et usagers.

dans les lycées)[136]. Le décret du 10 mai 2004 précité revient sur la composition issue du décret du 5 juillet 2000. Il « *réintroduit la présence de l'adjoint au chef d'établissement dont le rôle en matière disciplinaire est traditionnellement important ; (...) accroit par ailleurs le nombre de représentants des personnels enseignants, qui passe de deux à quatre, ce qui contribue à réaffirmer leur autorité* »[137].

Une difficulté se pose parfois lors de la traduction d'un élève devant le conseil de discipline en début d'année, avant la mise en place de l'instance. Dans cette hypothèse, le conseil siège valablement dans sa composition arrêtée au titre de l'année scolaire précédente. Le principal ou le proviseur convoque alors l'ensemble des membres, y compris ceux affectés dans un autre établissement[138]. La présence au moins de la moitié de ceux-ci satisfait aux règles relatives au quorum (article 7 du décret du 18 décembre 1985 modifié).

Le respect du principe d'impartialité : les incompatibilités de certains membres du conseil de discipline. *L'impartialité, condition fondamentale de la régularité des décisions administratives, se trouve depuis longtemps élevée au rang des principes généraux du droit*[139]. *Elle constitue également une exigence protégée par l'article 6 de la Convention européenne des droits de l'homme. Le conseil de discipline des établissements scolaires veille à ce que sa composition réponde aux exigences de ce principe. Il requiert en l'occurrence l'impartialité absolue*[140]. *Concrètement, il s'agit pour l'instance qui s'apprête à siéger, de contrôler si ses membres pourront se prononcer en toute objectivité sur l'élève en cause. Afin d'assurer l'effectivité du principe, le décret du 18 décembre 1985 envisage des situations d'incompatibilités ponctuelles, nécessitant le remplacement des membres concernés ; au-delà, la jurisprudence exige le respect du principe même dans des hypothèses non visées par le texte.*

1. Les incompatibilités prévues par les textes

En vertu de l'article 4 du décret du 18 décembre 1985, ne peuvent siéger à la séance du conseil de discipline et doivent par suite être remplacés par leur suppléant :

136/ Cette composition rappelle l'échevinage, mode de formation des juridictions prud'homales par exemple où l'on trouve deux blocs de magistrats : les représentants des salariés d'un côté et les représentants des employeurs de l'autre. On retrouve ce type de composition dans les tribunaux de commerce ou les tribunaux paritaires des baux ruraux. Contrairement aux juridictions précitées, le conseil de discipline pourrait être qualifié d'« échevinage inégalitaire ».

137/ *Ibid.*

138/ En cas de changement d'un membre de droit (chef d'établissement, adjoint, conseiller principal d'éducation, gestionnaire etc.), le nouveau titulaire du poste le remplace automatiquement.

139/ CE, 4 mars 1949, *Trèbes, S.*, 1950, III, p. 21 ; CE, 29 avril 1949, *Bourdeaux, Rec. CE*, p. 488.

140/ Éric Mitard, « L'impartialité administrative », *AJDA*, 1999, p. 478. Sur ces questions, voir aussi René Chapus, *Droit du contentieux administratif*, Montchretien, Domat droit public, 11ᵉ éd., 2004, nº 1140, p. 970 ; Charles Debbasch, Jean-Claude Ricci, *Contentieux administratif*, Dalloz, coll. Précis, 8ᵉ éd., 2001, p. 166 ; Gilles Darcy, Michel Paillet, *Contentieux administratif*, Armand Colin, coll. Compact, 2000, p. 171.

– le parent de l'élève traduit devant ledit conseil;
– le membre à l'origine de la comparution de l'enfant;
– l'élève, objet d'une procédure disciplinaire[141] *ou déjà sanctionné par une exclusion*[142].

Par ailleurs, l'article 3 du même décret prévoit que dans certaines affaires déterminées « si la nature des accusations le justifie et que les deux tiers au moins des membres du conseil le demandent, les délégués de classe qui ne sont pas majeurs se retirent dudit conseil ». *Le texte a sans doute voulu protéger les mineurs de problèmes délicats, relatifs notamment aux mœurs.*

2. Les incompatibilités issues de la jurisprudence

Dans un arrêt du 5 mai 1995, le Conseil d'État, par une formule lapidaire mais sans équivoque, réaffirme la généralité du principe : « il ne ressort pas des pièces du dossier que les membres du conseil (...) aient manqué à l'impartialité à laquelle est tenue toute autorité administrative »[143]. *De même, dans l'affaire déjà évoquée du collège Montaigne à Paris*[144], *le commissaire du gouvernement conclut que les déclarations du recteur à la presse, antérieurement à la tenue de la commission d'appel, ne sont pas contraires au principe d'impartialité. L'expression s'entend comme imposant à l'administration une objectivité de toute circonstance, que certaines situations aient été ou non prévues par les textes. Le juge administratif examine l'ensemble des pièces du dossier et déduit, in concreto, la neutralité de l'instance. Le chef d'établissement ne saurait ainsi se limiter à la seule application des cas prévus à l'article 4 du décret du 18 décembre 1985.*

À titre indicatif, plusieurs situations nécessiteraient une réaction :
– le chef d'établissement impliqué à titre personnel dans l'affaire soumise au conseil de discipline[145]*;*
– un membre du conseil victime ou témoin;
– un membre qui présente un lien étroit avec la fille ou le garçon convoqué[146]*;*
– un membre connu pour être « sous l'influence » de l'élève traduit (racket, violences...);
– un membre qui a manifesté une animosité notoire vis-à-vis du mis en cause.

Il appartient au principal ou au proviseur de veiller à cette impartialité et de prendre à cet égard les mesures utiles (se faire remplacer, convoquer les suppléants, ne pas recueillir les témoignages des membres impliqués...).

264 Compétence. Le Conseil de discipline prononce toutes les sanctions figurant au règlement intérieur. Il décide seul cependant, de l'exclusion de l'élève de l'établissement ou de l'un de ses services annexes pour une durée supérieure à huit jours.

141/ L'élève ne peut siéger dans cette hypothèse, « *jusqu'à l'intervention de la décision définitive* ». Si celle-ci n'est pas une sanction d'exclusion, même temporaire, il recouvre sa qualité de membre.

142/ Dans ce cas, il ne peut plus siéger « *jusqu'à la fin de l'année scolaire* ».

143/ CE, 5 mai 1995, *Bourruchaga*, *Rec. CE*, p. 197.

144/ CAA Paris, 11 août 2004, *op. cit.* n° 237.

145/ Dans cette hypothèse et selon le degré d'implication du principal ou du proviseur dans l'affaire, mieux vaut qu'il confie la présidence du conseil de discipline à son adjoint. Si cela s'avérait impossible, le chef d'établissement siégerait mais limiterait son rôle à la présidence sans pouvoir être entendu comme témoin.

146/ Frère, sœur, parents... *Cf.* Lettre DAJ-A1 n° 00-315 du 9 juin 2000, *LIJ*, 47/2000, p. 12.

À cet égard, si le conseil opte pour un renvoi temporaire, la durée n'excédera pas un mois. Si la faute commise mérite une sanction plus sévère, il prononcera la radiation définitive. Cette restriction à la compétence du conseil de discipline tient probablement compte de l'intérêt des élèves. En effet, le renvoi définitif oblige l'administration à re-scolariser l'élève. La règle induit comme conséquence de ne point laisser le jeune en dehors du système éducatif pendant plus d'un mois. Au-delà, son inscription dans un autre établissement scolaire présente un caractère obligatoire.

Ce formalisme, comme la procédure et les voies de recours, vise à protéger l'élève.

a) Le déroulement de la procédure

265 1° ***Préalablement à la séance.*** La comparution d'un collégien ou d'un lycéen devant le conseil de discipline, implique le respect de certaines formalités.

266 **Primo, le dossier disciplinaire de l'élève doit être soigneusement préparé.** Ce document, comprendra le cursus scolaire du mis en cause, le rapport du chef d'établissement et éventuellement des photographies (des dégradations commises par exemple). Lu par le président en début de séance, il regroupe les motifs des poursuites et mentionne notamment l'identité du fautif, son âge, sa classe. Les faits y sont détaillés (circonstances, date, lieu, étapes de la procédure d'enquête). Le compte rendu des événements se termine par la qualification de la faute reprochée à l'élève. Le respect du caractère individuel de la procédure impose, dans l'hypothèse de la traduction de plusieurs élèves devant le conseil en raison des mêmes faits, l'établissement d'un rapport par personne physique, ce qui revient à proscrire tout document commun. La constitution du dossier disciplinaire exprime le préalable indispensable au déclenchement de la procédure. En effet, les élèves en cause, leurs représentants légaux ou, le cas échéant, le défenseur, auront vocation à consulter ce dossier avant le jour de la séance. Aucun ajout ou retrait de pièce ne pourra ensuite intervenir sans qu'ils en soient avisés.

267 **Secundo, le chef d'établissement doit convoquer les membres qui siégeront au conseil de discipline et les personnes qui seront entendues.** La convocation rappelle de façon précise les circonstances et énumère les faits reprochés à l'élève. Seuls les motifs figurant sur ce courrier pourront être invoqués lors du déroulement de la séance et justifier, le cas échéant, une sanction. En premier lieu, dès la décision prise de saisir le conseil de discipline, le principal ou le proviseur en fixe la date. Il adresse à chacun des membres ne tombant pas sous le coup d'une incompatibilité la convocation par pli recommandé avec accusé de réception au moins huit jours avant la séance. Pour le calcul de ce délai, il convient d'exclure le jour d'envoi et le jour de la séance [147]. La remise des convocations en main propre se conçoit pour des membres exerçant dans le collège ou le lycée. Le chef d'établissement a l'obligation, dans ce cas, de leur faire signer un reçu portant la date de retrait du document. Le délai précité de huit jours présente un caractère impératif. En effet, pour le tribunal, « *la procédure étant une garantie des droits de la défense, le délai de convocation de l'élève en cause (...) constitue une formalité substantielle qui, faute d'avoir été respectée, entache d'illégalité la décision (...)* » [148]. En second lieu, le chef d'établissement convoque les personnes entendues obligatoirement d'une part, et, à titre consultatif d'autre part. Parmi les premières, figurent l'élève en cause et ses parents, sa minorité ne faisant point obstacle à une indispensable convocation ; le défenseur potentiel du mis en cause (avocat ou non), pour autant que l'administration connaisse son nom (la présence spontanée d'un conseil à l'ouverture des débats n'a pas à être discutée) ; **celui ou celle qui est à l'origine de la comparution de l'élève** ; **les témoins** éventuels. Parmi les secondes, apparaissent **deux professeurs** de la classe de l'élève, les **deux délégués** de classe ainsi que tous ceux qui sont aptes à fournir des éléments d'information sur l'affaire. La convocation de l'ensemble de ces participants obéit aux mêmes formes que celles touchant aux membres du conseil.

268 2° ***Pendant la séance.*** La procédure impose l'observation de formalités. La séance, non publique, s'ouvre par la signature d'une feuille d'émargement des membres présents. Les règles de quorum fixées à l'article 7 du décret du 18 décembre 1985 modifié s'appliquent à la situation : le président vérifie la présence d'au moins la moitié des membres composant le conseil puis désigne, parmi eux, un secrétaire de séance. En l'absence de quorum, le chef d'établissement procède à une nouvelle convocation pour une séance ultérieure, dans un délai compris entre huit et quinze jours.

147/ Par exemple : pour un conseil de discipline fixé le 20 mai, les convocations seront adressées le 11 mai au plus tard.

148/ TA Paris, 20 décembre 1989, *Charon, op. cit.*, n° 249.

L'élève, introduit devant le conseil avec ses représentants légaux[149] et l'éventuel défenseur, prend connaissance du rapport qui motive la réunion et la proposition de sanction. Après lecture de cette sorte d'acte d'accusation, le conseil entend successivement l'élève, ses parents, le défenseur, les témoins et les personnes convoquées à titre consultatif. Le respect du principe du contradictoire implique la nécessaire audition de tiers, cités par la défense, qui bénéficiera de la parole en dernier[150].

Les personnes juridiquement étrangères au conseil se retirent pour le laisser délibérer. Aux termes de l'article 7 alinéa 7 du décret du 18 décembre 1985, « *la décision (...) est prise en présence des seuls membres ayant voix délibérative* ». Le président organise le vote qui porte sur une seule sanction à la fois. Les membres se prononcent sur celle proposée, à bulletin secret, à la majorité des suffrages exprimés[151]. En cas de partage des voix, le président a voix prépondérante.

269 3° ***Après la séance.*** La décision arrêtée par le conseil de discipline une fois notifiée, produit des effets et fait l'objet d'un suivi.

270 **Notification de la sanction.** Le président rappelle l'élève, ses représentants légaux et le défenseur ; il les informe solennellement de la décision prise. Celle-ci, confirmée par pli recommandé avec accusé de réception le jour même, précise les considérations de fait et de droit à l'origine de la sanction[152] ainsi que les voies et délais de recours dont dispose l'élève. Un procès-verbal de séance établi « *mentionne les noms du président, du secrétaire de séance, des membres du conseil et des autres personnes qui ont assisté à la réunion. Il rappelle succinctement les griefs invoqués à l'encontre de l'élève en cause, les réponses qu'il a fournies aux questions posées au cours de la séance, les observations présentées par le défenseur qu'il a choisi et la décision prise par les membres du conseil après délibération. Le procès-verbal, signé du président et du secrétaire de séance, demeure aux archives de l'établissement* » (article 7 alinéa 11). Ce document est communicable aux personnes intéressées. Tout refus d'en délivrer copie à l'élève ou à ses parents relève de l'illégalité.

149/ En cas de non présentation de l'élève ou de ses représentants légaux, cf. *supra* n° 250.

150/ CE, 1er décembre 1993, *Commune de Saint-Cyprien*, req. 129048.

151/ « *Les abstentions, les bulletins blancs et nuls ne sont pas comptés* » (art. 7 al. 8).

152/ Il convient d'observer à cet égard que la sanction ne peut être motivée par d'autres griefs que ceux initialement reprochés à l'élève et ce, à peine de nullité de la décision prise.

271 **Effets de la sanction.** La décision est sans délai exécutoire et ce même en cas de recours (hiérarchique/juridictionnel). Par ailleurs, aux termes de l'article 5 du décret du 18 décembre 1985, « *lorsqu'une sanction d'exclusion définitive est prononcée (...) à l'encontre d'un élève soumis à l'obligation scolaire, le recteur ou l'inspecteur d'Académie (...), selon le cas, doit en être informé immédiatement et (...) aussitôt pourvoir à son inscription dans un autre établissement ou centre public d'enseignement par correspondance* ». Cette exigence concerne seulement le mineur de seize ans, exclu définitivement. En effet, ni les textes, ni la jurisprudence n'exigent de l'administration la rescolarisation d'un élève qui n'est plus soumis à l'obligation scolaire[153]. Ainsi en a-t-il été jugé à propos d'un jeune majeur de terminale ayant donné sa « démission » à l'issue d'une absence de deux mois puis demandé sa réintégration dans le lycée. Le tribunal considère que « *par ses absences répétées et les troubles qu'il a occasionnés dans le lycée, {l'élève} a failli aux obligations d'assiduité (...). C'est à bon droit que l'inspecteur d'Académie a décidé de ne pas le réinscrire (...) après qu'il a donné sa démission* »[154].

L'élève temporairement évincé pourrait souffrir dans sa scolarisation. Dans le cas, par exemple, d'une exclusion d'un mois de l'établissement, sa scolarité s'en trouverait gravement perturbée et l'administration pourrait se voir reprocher de bafouer la règle relative à l'obligation scolaire. En l'absence de jurisprudence on notera que le fait, pour le conseil de discipline, de ne pouvoir prononcer d'exclusion temporaire au-delà d'un mois vient atténuer les risques d'annulation sur ce terrain. Les autorités académiques, nécessairement informées des décisions prises par les conseils de discipline, veilleront au respect de cette obligation.

Préjudice irréparable ? *Les parents d'un élève exclu définitivement estiment que l'exécution de cette décision entraînerait un préjudice et des troubles dans les conditions d'existence de leur fils, difficilement réparables. Pour ces raisons, ils demandent au tribunal administratif de suspendre provisoirement la décision. Le juge considère toutefois que* « les conséquences susceptibles de résulter pour le jeune G. de l'exécution totale ou partielle de la décision prononçant son exclusion du collège (...) ne sauraient présenter un caractère irréversible (...) du moment qu'il a été scolarisé dans un autre établissement du département ; que notamment

153/ TA Amiens, 5 décembre 2002, F. *c/ recteur, op. cit.*, n° 239.

154/ TA Lille, 13 février 2003, *T. c/ recteur*, req. 01-4876 ; ce jugement doit cependant être appréhendé avec prudence, compte tenu du contexte de l'affaire. En effet, la jurisprudence traditionnelle ne reconnaît aucune valeur juridique à la notion de « démission » des élèves. Sur ce dernier point, cf. *supra* n° 259.

les contraintes liées aux déplacements quotidiens qu'il doit effectuer (...), pour sérieuses qu'elles soient, ne suffisent pas à permettre de regarder le préjudice en découlant comme irréversible »[155]. A contrario, *le fait de ne point « rescolariser » un élève exclu, même temporairement, pourrait lui causer un préjudice de cette nature.*

272 **Suivi de la sanction.** Comme précédemment indiqué, le droit disciplinaire des élèves se caractérise par un double aspect, répressif et éducatif. À cet égard, il importe que l'autorité scolaire observe attentivement et continûment la sanction. Ce qui aide l'élève à l'accepter et surtout à réintégrer une scolarité normale. Le droit est *a priori* absent de ce dispositif de suivi[156]. Des conséquences juridiques affectent cependant certaines mesures de ce type. Ainsi, la possibilité d'assortir les sanctions de « mesures d'accompagnement », se double de la création d'un registre des sanctions. Chaque collège ou lycée s'est vu recommander de l'établir pour y consigner les faits, les circonstances et les mesures prises, sans mention de l'identité de l'élève. Ce répertoire facilitera l'émergence d'une politique coercitive cohérente au sein de l'établissement. Par ailleurs, hormis l'exclusion définitive, les sanctions s'effacent automatiquement au bout d'un an du dossier administratif de l'élève. L'administration veillera au respect de cette règle car ce dossier, comme tout document administratif, peut faire l'objet, à tout moment, d'une consultation de l'élève ou de ses représentants légaux. À cette occasion, si celle-ci se produit plus d'une année après l'intervention de la sanction, ils pourront non seulement exiger le retrait de la mention mais également soulever cet argument pour contester les éventuelles sanctions infligées au-delà de la date du retrait non opéré.

Une question se pose parfois à propos de l'exclusion définitive d'un élève : après pareille sanction, peut-on le scolariser de nouveau dans le même établissement ? En cas de mesure non assortie du sursis, la réinscription dans le collège ou le lycée d'origine s'avère impossible, même plusieurs années après[157]. En effet, aux termes de l'article 5 du décret du 18 décembre 1985, la rescolarisation se fait aussitôt mais « *dans un autre établissement ou centre public d'enseignement à distance* ». Par ailleurs, si le décret n° 90-484 du 14 juin 1990 relatif à l'orientation et à l'affectation des élèves prévoit que « *tout*

155/ TA Versailles, 8 octobre 1996, *Boudart*, *op. cit.*, n° 223.

156/ Il s'agit avant tout de dialogue et de médiation. Il est bon à cet égard que le juriste ne s'en mêle point.

157/ Lettre DAJ A1 n° 02-285 du 29 août 2002, *op. cit.*

élève admis dans un cycle de formation doit pouvoir parcourir la totalité de ce cycle dans l'établissement scolaire », ce droit s'exerce « *sous la seule réserve des dispositions réglementaires relatives aux procédures disciplinaires* ».

Une création récente, le conseil de discipline départemental. « Il est apparu que, dans certains cas particulièrement difficiles (...) le fait de réunir dans sa composition habituelle le conseil de discipline risque d'entraîner un accroissement des violences ». *La décision d'instaurer un conseil de discipline départemental saisi en lieu et place du conseil de discipline de l'établissement par le principal ou par le proviseur dépositaire de l'« opportunité des poursuites », devrait répondre à cette attente. Le décret du 5 juillet 2000, en son article 31-III, encadre la réunion de cette instance. Il s'agit des cas de poursuites disciplinaires* « pour des faits d'atteinte grave aux personnes ou aux biens (...) à l'encontre d'un élève qui a déjà fait l'objet d'une sanction d'exclusion définitive de son précédent établissement ou est l'objet de poursuites pénales ». *Cette formation présidée par l'***inspecteur d'Académie***, directeur des services départementaux de l'Éducation Nationale ou son représentant comprend onze membres :* **deux représentants des personnels de direction, deux représentants des personnels d'enseignement, un représentant des personnels administratifs, un conseiller principal d'éducation, deux représentants de parents d'élèves, deux représentants des élèves**. *Le recteur d'Académie les nomme tous parmi les personnes composant les conseils de discipline des établissements du département. La procédure observée en l'espèce est rigoureusement identique à celle suivie devant les conseils de discipline des établissements.*

b) Les voies de recours contre la décision du conseil de discipline

273 1° ***Le recours hiérarchique auprès du recteur d'Académie.*** Selon l'article 31-I du décret du 30 août 1985[158], « *toute décision du conseil de discipline de l'établissement ou du conseil de discipline départemental peut être déférée au recteur de l'Académie, dans un délai de huit jours à compter de sa notification, soit par le représentant légal de l'élève, ou par ce dernier s'il est majeur, soit par le chef d'établissement. Le recteur d'Académie décide après avis d'une commission académique* ». La saisine de celle-ci s'analyse en un *recours administratif préalable obligatoire*. Ainsi, « *les décisions prises par le conseil de discipline des établissements publics locaux d'enseignement ne peuvent être attaquées directement devant le juge de l'excès de pouvoir, mais doivent faire l'objet d'un recours préalable devant le recteur* (...) »[159]. Pour tout appel interjeté, la réunion de la commission chargée de donner son avis au recteur

158/ Dans sa rédaction issue du décret n° 2004-885 du 27 août 2004.

159/ TA Amiens, 21 novembre 1990, *Antar*, req. 901280. Voir également CE, 13 mai 1992, *Boudil*, *op. cit.*, n° 249.

s'avère obligatoire. S'en affranchir équivaudrait à entacher d'illégalité sa nouvelle décision sur la situation de l'élève [160].

L'article 8 du décret du 18 décembre 1985 donne la liste des six personnes siégeant à la commission académique. Elle comprend « *outre le recteur ou son représentant,* ***un inspecteur d'Académie, un chef d'établissement, un professeur et deux représentants des parents d'élèves,*** *nommés pour deux ans par le recteur. Un suppléant est nommé dans les mêmes conditions pour chacun des membres de la commission à l'exception de son président* ». Le quorum requis pour les délibérations de la commission est de la moitié de ses membres, soit, en l'occurrence trois personnes [161]. La représentation du recteur reste possible mais nul ne peut assister aux débats si sa présence n'obéit pas à une prescription textuelle.

Même si les textes ne l'envisagent pas, la commission académique d'appel peut décider de l'audition du chef d'établissement à l'origine de la procédure disciplinaire. Dans cette hypothèse, elle doit entendre le principal ou le proviseur, non pas à huis-clos mais en présence de l'élève, dans le respect du principe du contradictoire [162].

Que diable allait-elle faire dans cette galère ? *Après l'exclusion définitive d'un élève de son établissement, ses parents déféraient cette décision au recteur. La sanction confirmée, ils contestaient devant le juge administratif, la composition de la commission académique :* « Considérant que *(le requérant)* soutient qu'aux termes de l'article 8 du décret du 18 décembre 1985 (...) la commission académique d'appel comprend (...) six personnes; que cependant, une septième personne était présente, ce qui a eu pour effet de vicier la procédure (...); Considérant qu'il ressort des pièces du dossier que Mme E., proviseur en poste au service gestionnaire rectoral de tutelle en matière de vie scolaire, a assisté à la séance de la commission (...); que la seule présence continue au sein de la commission de ce fonctionnaire qui n'en faisait pas légalement partie, alors même qu'il est soutenu en défense qu'une telle présence a été passive, a eu pour effet d'entacher d'irrégularité l'avis émis par cet organisme » [163]. *Pour le commissaire du gouvernement cette solution se justifie, car* « s'agissant de la présence d'un membre de l'administration dans une structure disciplinaire dont il n'est pas membre, la jurisprudence est assez stricte; (...) le Conseil d'État tient compte de l'indépendance dont l'organisme administratif doit bénéficier à l'égard des influences extérieures et recherche, dans chaque cas, si les conditions nécessaires au respect de ce principe sont remplies judicieusement; il n'est pas nécessaire pour que la procédure soit tenue pour irrégulière, que l'atteinte à l'indépendance de

160/ TA Lille, 26 avril 2001, *Rogeaux et Wonterghem c/ recteur*, req. 99-1826. Le décret du 27 août 2004 précité reprend à son compte la jurisprudence en disposant que « *la juridiction administrative ne peut être régulièrement saisie qu'après mise en œuvre des dispositions de l'alinéa précédent* [saisine du recteur] ».

161/ TA Amiens, 12 septembre 2002, *M. et Mme Bauduin c/ recteur*, req. 021158.

162/ Lettre DAJ A1, n° 04-070 du 16 février 2004.

163/ TA Marseille, 19 décembre 1996, *Stokx*, req. 964505, concl. Ferulla.

la commission soit démontrée ; il suffit que les faits relevés aient seulement été de nature à la rendre possible ».

274 La commission ressortit aux règles procédurales du conseil de discipline mais le texte du 18 décembre 1985 précité précise que « *la décision du recteur doit intervenir dans un délai d'un mois à compter de la date de réception du recours* ». Il convient de noter que le « *recteur régulièrement saisi en appel de la décision d'un conseil de discipline (...) ne saurait laisser naître une décision implicite de rejet en gardant le silence pendant le délai d'un mois (...), pour prendre sa décision. (Il) est en effet tenu de statuer sur un tel appel après consultation d'une commission académique. Cette consultation qui constitue pour l'élève une garantie, revêt donc le caractère d'une formalité substantielle* »[164]. Mais si le recteur se trouve dans l'obligation de réunir la commission, sa décision ne semble pas enfermée dans les trente jours fixés par le décret. Dans l'affaire précitée[165], le requérant invoquait ce moyen. Pour le commissaire du gouvernement « *il n'apparaît absolument pas qu'un tel délai soit prescrit à peine de nullité de l'acte* ». Le Conseil d'État a depuis tranché[166] : « *La circonstance que le recteur n'ait, en définitive, pas statué (...) dans le délai d'un mois prévu par le décret (...) est sans incidence sur la légalité de sa décision attaquée dès lors que ce délai n'a pas été imparti à l'autorité administrative à peine de nullité* ». Cependant, si le dépassement ne constitue pas en soi une illégalité, la commission reste tenue de statuer dans un « délai raisonnable ».

275 En appel, le recteur peut soit confirmer la décision du conseil de discipline, soit la réformer, soit annuler la sanction, au fond ou pour vice de procédure. Quelle que soit la solution retenue, la décision de la commission purge les irrégularités éventuelles et prend juridiquement la place de l'acte anéanti. Pour le juge, « *le recours devant le recteur d'Académie (...) doit être formé, dans tous les cas, avant tout recours contentieux ; (...) dès lors les décisions prises par le recteur de l'Académie se substituent à celles du conseil de discipline et (...) par suite, les vices dont seraient entachées les décisions du conseil de discipline sont sans influence sur*

164/ TA Nantes, 4 octobre 1989, *Dando*, req. 89856.

165/ TA Marseille, 19 décembre 1996, *Stokx, op. cit.*, n° 273.

166/ CE, 20 octobre 1999, *Ministre de l'Éducation nationale c/ Ait Ahmad, op. cit., AJDA* 2000, p. 165, concl. Rémy Schwartz, note Frédérique De La Morena. Dans le même sens, cf. TA Poitiers, 27 février 2001, *Abbou c/ recteur*, req. 01792 et 011677.

la légalité des décisions rectorales »[167]. Par ailleurs, elles aussi, doivent être motivées au sens de la loi du 11 juillet 1979.

Contribution de M. Michel Treuil, géochimiste, recteur des Académies de Grenoble (1989-1992) et d'Aix-Marseille (1998-2000).

« Le président de la commission académique est a priori *considéré comme un juge administratif face à deux entités ; celle constituée par les représentants de l'Éducation nationale et celle qui se solidarise autour de l'enfant et de sa famille pour obtenir la révision de la décision du conseil de discipline. Le piège est alors évident, car toute prise de position, allant nécessairement dans le sens de l'une ou de l'autre partie, risque d'accroître la rupture du pacte éducatif qui doit lier l'élève, la communauté éducative et l'institution scolaire dans l'intérêt de l'ensemble des jeunes et du devenir de notre société. Lorsque la commission est réunie, chacun des intervenants ressent alors la fragilité de la décision du recteur : l'enfant, dont une sanction trop sévère peut compromettre la scolarité, les personnels de l'établissement, qui éprouvent quotidiennement des difficultés parfois insurmontables à se faire respecter dans l'exercice de leurs fonctions et qui peuvent recevoir cette décision comme un désaveu de leur action, le recteur qui se doit de penser avant tout à la magistrature morale qu'il exerce. Ce recours revêt cependant une importance primordiale : son caractère obligatoire avant l'engagement de toute procédure juridictionnelle préserve le pacte éducatif de la Nation et permet de ne pas sombrer définitivement dans le consumérisme d'École simplement régulé par le recours au droit. En présidant cette commission, le recteur a certes pour devoir de vérifier que la règle de droit n'a pas été bafouée. Mais, au-delà, le sens de sa mission l'oblige à tout faire pour que l'action éducative au profit du collégien ou du lycéen ne soit pas compromise. Cet engagement confère à cette réunion la capacité à délivrer un message apte à conforter la qualification et la force de la communauté éducative dans l'intérêt de nos enfants. La portée de ce message est fonction de la qualité du dialogue qui s'organise au sein de la commission, de la sincérité et de la pertinence des solutions étudiées et préconisées, de cette complicité qui se noue ou se renoue avec l'enfant et ses proches autour des exigences généreuses de l'école. Si ces dernières ne sont pas respectées, alors des décisions sont prises en considération des petites complaisances adoptées pour satisfaire les intérêts, ménager les susceptibilités et faire régner la paix scolaire. Car, au-delà du droit, l'éthique éducative est source de dévouement qui se concrétise par une reprise acceptable de la scolarité et des liens permettant de dépasser l'événement en vue de l'amélioration de la qualité de la vie scolaire. Lorsque le juge se prononce, il est trop tard. L'audace des uns ou la prudence des autres sont stimulées, l'élan de la générosité est rendu plus frileux, les valeurs de l'école s'estompent derrière le juste commerce de nos services et de nos savoirs. Au sein de l'École, c'est le respect de l'acte éducatif qui doit régler la vie scolaire. Le recours au droit fournit les repères et le refuge ultime des règles citoyennes communes. Ce recours n'a de sens et d'efficacité réelle que s'il encourage tous les partenaires à œuvrer d'une manière solidaire au renforcement de l'ambition éducative de la Nation ».*

167/ TA Montpellier, 27 octobre 1999, *Bénédic, op. cit.*, n° 226 ; dans le même sens cf. CAA Lyon, 19 décembre 1997, *Ministre de l'Éducation nationale c/ Kourrad*, req. 96LY02608 ; CAA Marseille, 14 avril 2002, *Ministre de la Jeunesse, de l'Éducation nationale et de la recherche c/ Gasmi, op. cit.*, n° 239 ; TA Grenoble, 16 novembre 2000, *R.*, req. 993145 ; TA Marseille, 30 janvier 2001, *Youssef*, req. 97-2110 ; TA Strasbourg, 4 décembre 2001, *Rekeb c/ recteur, op. cit.*, n° 239 ; TA Poitiers, 27 février 2002, *Abbou c/ recteur, op. cit.*, n° 274 ; TA Amiens, 5 décembre 2002, *F. c/ recteur, op. cit.*, n° 239.

276 2° ***Recours juridictionnel devant le tribunal administratif.*** À l'issue de la procédure d'appel reste la possibilité pour l'élève, ou ses représentants légaux s'il est mineur, de porter la décision prise par le recteur devant le tribunal administratif dans un délai de deux mois, à peine de forclusion. Le contrôle du juge, « entier »[168], implique la vérification de la qualification juridique des faits et l'adéquation de la sanction à la faute commise. La juridiction ne se contente pas, en effet, de statuer sur le respect des règles de forme ; elle vérifie le caractère juste de la sanction infligée. En cas d'annulation, l'administration exécutera le jugement en effaçant toute trace de la procédure dans le dossier scolaire de l'élève. Une décision d'exclusion de trois jours d'un collège « *implique nécessairement que l'autorité administrative* » procède à cette suppression[169]. La censure juridictionnelle d'une exclusion définitive peut également avoir pour conséquence la réintégration de l'élève dans son établissement d'origine. Obligation cependant théorique eu égard à la durée du procès. Un collégien exclu en cours d'année obtiendrait, le cas échéant, gain de cause devant le tribunal un ou deux ans plus tard ; son retour n'aurait dès lors plus de sens, compte tenu de la modification probable de sa situation entre-temps (abandon des études, scolarisation en lycée...). À supposer la chose encore possible, l'intérêt de changer à nouveau de milieu scolaire resterait à démontrer.

Revenir à tout prix ? *Dans un contentieux précédemment évoqué*[170]*, la décision rectorale confirmative d'exclusion définitive d'un élève de terminale se trouve censurée pour vice de procédure. Le requérant assortit son recours d'une demande de réintégration. Le commissaire du gouvernement Houist conclut à cet égard que* « la réintégration (...) ne constitue pas une conséquence nécessaire de l'annulation de la décision rectorale. À la suite de cette annulation il appartiendra seulement au recteur de poursuivre la procédure qu'il a illégalement interrompue en convoquant *(l'élève en cause)* devant la commission académique et en statuant à nouveau sur le cas de celui-ci ».

L'intervention du juge administratif, de plus en plus fréquente dans ce genre d'affaire, prend toute sa dimension avec les nouvelles procédures d'urgence, en vigueur depuis le 1er janvier 2001 : quelques jours seulement après le prononcé de la sanction, le tribunal peut en neutraliser les effets par la suspension de son exécution.

168/ CE, 6 mai 1998, *Oka Beaunoir*, *op. cit.*, n° 240.

169/ TA Marseille, 26 octobre 2000, *Messahel*, *op. cit.*, n° 1.

170/ TA Paris, 25 novembre 1998, *Bicanic*, *op. cit.*, n° 248.

La demande en ce sens dirigée contre la décision d'un conseil de discipline est recevable alors même que la commission d'appel n'a pas encore statué. Le requérant doit seulement justifier avoir formé son recours administratif dans les délais [171]. La suspension de la sanction, éventuellement prononcée, prend effet immédiatement, jusqu'à la décision du recteur.

Selon le Code de justice administrative (article L. 521-1), il appartient au juge des référés d'ordonner la suspension de l'exécution d'une décision administrative « *lorsque l'urgence le justifie et qu'il est fait état d'un moyen propre à créer, en l'état de l'instruction, un doute sérieux quant à sa légalité* ».

En matière disciplinaire, la condition liée à l'urgence s'observe lorsque l'élève, après son exclusion, se trouve privé de scolarisation. En revanche, elle n'apparaît plus lorsque le jeune fait l'objet d'une inscription dans un nouvel établissement scolaire [172] de même lorsque c'est pour y suivre la même formation [173] et, *a fortiori*, lorsque l'élève fait l'objet d'une sanction avec sursis [174].

Le référé-liberté, en revanche, se trouve voué à l'échec en la matière : aux termes de l'article L. 521-2 du Code de justice administrative le juge peut prononcer une injonction à l'encontre de l'administration s'il constate une atteinte à une liberté fondamentale. Or il a été jugé qu'« *une mesure d'exclusion d'un élève pour motif disciplinaire ne peut être regardée comme portant* [une telle atteinte] » [175].

277 L'illégalité d'une sanction disciplinaire peut également engager la responsabilité de l'État. Au-delà du prononcé de l'annulation de la sanction, le tribunal administratif, saisi en ce sens, alloue éventuellement des dommages-intérêts à la famille du mineur, en réparation du préjudice subi. La procédure dite de plein contentieux présente des subtilités et des contraintes par rapport à la simple demande d'annulation de l'acte. Pour être recevable, la requête en indemnisation, implique une demande préalable auprès de l'administration. Seul son rejet amène le juge à en connaître. Au surplus, contrairement au

171/ CE, 12 octobre 2001, *Société produit Roche*, req. 237376 ; TA Besançon, 12 juin 2002, *Toure c/ recteur*, req. 020649.

172/ TA Amiens, 30 décembre 2002, *Ben Hariz c/ recteur*, req. 022695.

173/ TA Marseille, 12 mars 2003, *Wissan Marroun*, req. 0300863.

174/ TA Versailles, 12 février 2004, *H. et F.*, req. 04672 ; dans le même sens, TA Dijon, 9 avril 2004, *Bastia*, req. 040619.

175/ CE, 29 novembre 2002, *M.A.*, req. 247518, *JDJ*, n° 236, comm. Jean-Luc Rongé, p. 62.

recours dit de l'excès de pouvoir, le contentieux indemnitaire nécessite la représentation du requérant par un avocat. Pour nos juridictions [176], l'annulation de la sanction disciplinaire ne coïncide pas nécessairement avec le versement d'indemnités, dans la mesure notamment où les conclusions qui y tendraient seraient irrecevables pour défaut de présentation par ministère d'avocat. Par ailleurs la jurisprudence n'accepte pas systématiquement le principe de l'indemnisation. La condamnation de l'administration au paiement de dommages-intérêts n'intervient qu'en cas de sanction injustifiée au fond. Le juge rejette ainsi la demande d'indemnité lorsque la mesure est seulement atteinte d'un vice de forme [177] : son annulation n'interdit nullement à l'administration de lui substituer une décision dans le même sens, cette fois, régulière.

Cela posé, même dans l'hypothèse d'une sanction illégale au fond, il appartient aux requérants, pour prétendre à une indemnisation, de rapporter la preuve du lien entre l'illégalité fautive et le préjudice qui en résulte. La Cour administrative d'appel de Douai rejette ainsi la demande d'une élève exclue définitivement de son établissement car la sanction n'apparaît pas à l'origine directe des difficultés scolaires invoquées [178].

Il convient enfin de mentionner la latitude du juge administratif de condamner les requérants en cas d'abus de leur droit à saisir la justice. Si, par exemple, la sanction attaquée, manifestement justifiée, s'insère dans une procédure à l'évidence, aucunement entachée d'irrégularité. Au contentieux [179], les parents demandaient l'annulation d'une sanction prononcée à l'encontre de leur fils. Le tribunal administratif rejette leurs prétentions et les condamne à payer une amende de 3 000 francs pour requête abusive. Saisi en appel, le Conseil d'État confirme le jugement sur le fond et porte l'amende à 5 000 francs.

Paradoxe. *La première rentrée du troisième millénaire pourrait être marquée par la singularité. Alors que le fond traduit un durcissement, la manière et la forme paraissent susciter malaise et doute chez les enseignants. Chacun connaît l'importance attachée par les personnels de l'Éducation nationale aux circulaires. Ces textes s'inscrivent pourtant au bas de la*

176/ TA Paris, 15 novembre 1994, *P., op. cit.*, n° 259.

177/ CAA Paris, 12 novembre 1998, *Consorts Vasquez-Mora, op. cit.*, n° 256.

178/ CAA Douai, 17 octobre 2002, *Antar c/ ministre de la Jeunesse, de l'Éducation nationale et de la Recherche*, req. 00DA00509.

179/ TA Versailles, 6 avril 1993, *Perna, op. cit.* et CE, 9 mai 1994, *Perna, op. cit.*, n° 241.

hiérarchie des normes juridiques. Il n'empêche qu'ils imprègnent la culture administrative et sont souvent perçus comme un signe fort du ministre. La circulaire du 11 juillet 2000 n'échappe pas à la règle. Abondamment commentée dans l'ensemble des établissements scolaires, notamment lors du réexamen du règlement intérieur [180]*, elle se caractérise par la complexité (elle évoque quatre principes généraux du droit, une ordonnance, deux décrets dont l'un plusieurs fois modifié et trois circulaires) et par son côté comminatoire (le verbe devoir y est constamment conjugué et le verbe proscrire s'y trouve employé à diverses reprises). À cela s'ajoute la difficulté à saisir le vocabulaire utilisé (on peut notamment y lire :* « Inscrites dans un cadre légal, les sanctions ne sauraient s'appliquer de façon rétroactive » *ou encore le principe de légalité* « permet en outre de proscrire en matière de punition scolaire et de sanction disciplinaire les pratiques individuelles et marginales (...) susceptibles de contredire le projet éducatif de l'établissement et de générer de l'incompréhension chez les élèves »*). Sur le terrain, les personnels d'éducation, relayés par les syndicats, y voient un renforcement du droit des élèves au détriment de celui des enseignants qui n'auraient que des obligations. Mais surtout, on comprend mal le formalisme exacerbé qui ne pourra – regrette-t-on – que conduire au renoncement de l'adulte face au comportement insolent ou violent de l'enfant* [181]*. En vérité, cette réaction démontre une nouvelle fois une profonde méconnaissance du droit. Le seul exemple du zéro rend le juriste perplexe. L'interdiction d'infliger cette note ne vaut que pour la sanction d'un comportement répréhensible ou une absence injustifiée. Le « zéro de conduite » en somme... Évidemment, son attribution demeure justifiée s'il s'agit d'apprécier le niveau scolaire de l'élève. La circulaire, vécue comme restreignant le pouvoir de sanction, ne fait ici que rappeler l'un des quatre cas d'ouverture du recours pour excès de pouvoir : le détournement de pouvoir. Bien avant l'été 2000, l'élève qui s'adressait au juge administratif pour demander l'annulation d'une note nulle pour inconduite notoire avait de sérieuses chances de voir son recours aboutir. En effet, le pouvoir (de donner zéro) utilisé dans un but (la sanction) autre que celui pour lequel il est conféré (la pédagogie) est depuis plus d'un siècle* [182] *sanctionné par nos juridictions. Dans cette optique seront vraisemblablement considérés comme prohibés les zéros pour fraude ou tricherie, pour absences calculées (refus délibéré de participer à un contrôle par exemple). Ces méfaits s'analysent plus en un comportement disciplinairement répréhensible que comme l'aboutissement d'une tâche devant faire l'objet d'une notation. Le travail non rendu sans excuse valable* [183]*, la remise d'une copie blanche ou évidemment un exercice aux résultats objectivement nuls, autorisent, en revanche, son emploi* [184]*. Le juge administratif s'est d'ailleurs indirectement prononcé sur la question en annulant la décision d'une commission d'appel qui s'opposait au passage d'un élève en classe de 1re S, en se fondant notamment sur des notes « zéro » venues sanctionner des retards* [185].

180/ Notamment par le biais de la presse syndicale : voir, à titre indicatif, *Bulletin mensuel SNCL* (*FAEN*), n° 462, septembre 2000.

181/ Voir le témoignage de Dominique Arnoult, « une jeune femme professeur de lettres depuis quatre ans. Nous n'avons plus les moyens de pression sur les élèves », *La Provence*, 3 février 2001, p. 30.

182/ CE, 26 novembre 1875, *Pariset*, *GAJA*, n° 4.

183/ L'élève excusé ne peut se voir attribuer un zéro pour ses absences ou pour n'avoir pas remis un devoir (TA Melun, 4 septembre 2001, *Lebras c/ recteur*, req. 013518/5).

184/ TA Montpellier, 8 juin 2000, *Roque*, req. 981837.

185/ TA Paris, 14 septembre 2000, *Niang*, *op. cit.*, n° 52. Dans le même sens, cf. CE, 18 décembre 1968, *Brunne*, *Rec. CE*, p. 658.

Le décalage ainsi observé entre une réalité juridique ancienne et son vécu contemporain, par les acteurs de la base, a probablement pour origine l'antinomie constatée entre le régime disciplinaire dans les établissements scolaires, coercitif, et les récentes prescriptions insistant sur le caractère éducatif attaché à toute sanction, qui doit viser à la « responsabilisation et à l'autonomie de l'élève ». *Claude Durand-Prinborgne, dans son* Droit de l'Éducation[186], *souligne justement que* « la contradiction véritable est en réalité plus profonde et inéluctable et la difficulté à la résoudre est au cœur de riches réflexions sur la vie scolaire, elle est entre la fonction sociale de la sanction du manquement, acte de protection du groupe et d'un intérêt général, et sa fonction individuelle d'éducation de l'auteur du manquement ». *La phraséologie officielle du ministre de l'Éducation nationale s'inscrit dans la même optique :* « le conseil de discipline n'est pas un tribunal mais une instance éducative »[187]. *Ce rappel constant de la mission première de l'école ne doit cependant point masquer la réalité. La procédure disciplinaire, résultant du droit positif, est plus marquée par son caractère coercitif que par sa volonté d'« éduquer ». Les récentes modifications textuelles accentuent encore l'ambiguïté. La circulaire du 11 juillet 2000 expose ainsi en préambule qu'*« il a paru utile de renforcer les réponses apportées par les établissements (...) en vue d'éviter un recours systématique aux procédures de signalements à la justice qui, à terme, risquent de ne plus produire les effets escomptés ». *Une approche sémantique du régime disciplinaire des élèves porte à penser que l'on assiste à une « pénalisation » de la matière. On parle désormais de* « comportements violents » *voire* « inadaptés » *(à quand la référence aux* « comportements déviants » *?). Il s'agit pour l'administration* « d'assurer la justice ». *Le chef d'établissement dispose de* « l'opportunité des poursuites », *expression jusque-là exclusivement réservée au procureur de la République. Il est également question de* « prévention », *de* « réparation », *de* « récidive »... *Par ailleurs, le régime lui-même fait plus qu'emprunter au droit pénal : le règlement intérieur constitue une sorte de code répressif définissant fautes et sanctions; les principes directeurs de la procédure disciplinaire sont ceux de la procédure pénale (légalité, contradictoire, proportionnalité, individualisation des sanctions...) ; le principal ou le proviseur apparaît comme un représentant du parquet (en ce qu'il jouit de l'*« opportunité des poursuites »*) et comme un juge du siège*[188] *(en tant que titulaire du pouvoir de sanction jusqu'à huit jours d'exclusion et en tant que président du conseil de discipline). Le conseil de discipline, peut quant à lui assortir ses décisions d'un* « sursis » *(concept éminemment lié au droit pénal) et plus encore, prononcer des* « mesures alternatives ». *Comme un tribunal correctionnel condamnerait un prévenu à des « travaux d'intérêt général »... Enfin, la règle selon laquelle les sanctions autres que l'exclusion définitive sont automatiquement effacées du dossier scolaire de l'élève, rappelle celle des mentions portées au casier judiciaire. Ces éléments permettent d'avancer, contrairement à l'idée espérée, que le conseil de discipline est bien un tribunal et la procédure disciplinaire une procédure au caractère coercitif nettement marqué. D'ailleurs cela doit-il à ce point émouvoir ? On oppose, semble-t-il à tort cet état de fait au caractère éducatif de la sanction. C'est oublier les fonctions traditionnelles de la peine en droit pénal : l'intimidation (dissuasion), la rétribution (punition) mais aussi la resociali-*

186/ *Op. cit.*, p. 308.

187/ Circulaire du 12 décembre 1989, « *laïcité, port de signes religieux par les élèves et caractère obligatoire des enseignements* » (texte aujourd'hui abrogé).

188/ Il cumule les fonctions de la magistrature dite debout (le procureur, qui se lève pour requérir, ne prononce pas la peine, il poursuit) et de la magistrature dite assise (le juge, qui prend la décision dans cette position, se prononce sur la culpabilité).

sation (réadaptation). Ne s'agit-il pas exactement de l'effet attendu d'une sanction disciplinaire et ne retrouve-t-on pas ici le « caractère éducatif » invoqué ? L'analogie a certes ses limites. La population scolaire ne saurait se confondre avec la population pénale et malgré ce glissement du régime disciplinaire, les enjeux restent très différents. Aussi faut-il espérer que l'ambition de la « sanction éducative » portera ses fruits et ne se traduira point par un « effet zéro », pour reprendre l'expression qui qualifie l'échec de la fonction « sociale » de la peine. Pour ce faire, il serait sans doute utile que les deux objectifs de la sanction (éducation et pédagogie) fussent pleinement assumés par l'autorité réglementaire. Mais il conviendrait également que les personnels d'éducation pussent comprendre, et surtout accepter, que toute forme de répression – disciplinaire ou pénale – ne saurait s'affranchir du droit. À défaut, l'ambiguïté des textes continuera d'accroître l'incompréhension des protagonistes, au profit des tribunaux et au détriment des élèves. Ce type de démarche aventureuse préfigure les risques de la vie scolaire.

Deuxième partie

Les risques de la vie scolaire

278 La vie scolaire présente des risques pour l'ensemble de la communauté éducative. Elle suppose l'étude de ceux encourus par les élèves, tels les accidents qui impliquent des réponses institutionnelles (titre 1) ; de ceux encourus par les personnels, en tant que victimes ou mis en cause (titre 2).

Titre I

Les risques pour les élèves

279 La « dangerosité » de l'école, du collège ou du lycée provient des accidents, liés à la scolarité, qui se produisent un peu partout, à l'intérieur comme à l'extérieur. Avec cependant des lieux plus redoutables que d'autres, le laboratoire et surtout l'atelier. L'éducation physique et sportive demeure toutefois la discipline d'enseignement dont les pratiques engendrent les risques les plus fréquents[1]. Ici, quelques activités comme la natation, les lancers ou la gymnastique restent particulièrement exposées. Certaines agressions entre élèves ajoutent à l'inquiétude des parents.

Pour essayer d'endiguer ces phénomènes, l'administration prévient. Et pas seulement par des circulaires informatives ! Elle développe notamment une politique de promotion de la santé et dispense au quotidien des soins aux élèves malades ou souffrant des pathologies découlant des faits malheureux précités. Elle garantit aussi, pour leur sécurité, des conditions d'accueil et organise un service de surveillance efficace. Nonobstant, lorsque l'incident survient, il peut conduire à la mise en cause de l'État. Succède alors à la prévention, la répa-

1/ Circulaire n° 2004-138 du 13 juillet 2004 relative aux « *risques particuliers à l'enseignement de l'EPS et au sport scolaire* », *B.O.* n° 32, 9 septembre, p. 1773. Au collège et au lycée, plus de 50 % des accidents surviennent pendant ces activités : *Observatoire national de la sécurité des établissements scolaires et d'enseignement supérieur*, Rapport annuel 2004, p. 18 et 20.

ration avec toutes les questions de responsabilités, administratives ou civiles, qui se posent.

Pour mieux appréhender les risques encourus par les élèves, il convient, dans un premier temps de dresser le constat (Chapitre 1) et, dans un second temps, d'examiner la réponse (Chapitre 2).

Chapitre 1

Le constat : accidents et agressions

280 ***La prise en charge des situations de crise[2]. Contribution de M. Gérard Lopez, psychiatre.***

« La gestion de la « violence scolaire » nécessiterait une meilleure formation des enseignants ; elle est un impératif pédagogique et devrait se fonder sur l'explication des cas concrets se produisant au sein de l'École : critique du sexisme et de tous types d'exclusion notamment.

La gestion des situations de crise entraînées par un accident, une catastrophe collective ou la révélation d'un acte grave commis dans un établissement ou par un de ses membres, est devenue une nécessité sociale depuis la création d'une cellule d'urgence médico-psychologique (CUMP) après l'attentat du 25 juillet 1995. Dès 1997, l'Éducation nationale a prévu une Assistance psychologique à la communauté scolaire[3] : « (...) après qu'une procédure judiciaire de violences sexuelles à caractère pédophile vient de se déclarer dans une école, un collège ou un lycée (...) »*. Il devrait en être de même lorsqu'un événement imprévu perturbe le bon fonctionnement d'un établissement scolaire. Il s'agit d'organiser une réunion d'information (débriefing) organisée par la CUMP ou l'Éducation nationale selon le type d'événement. Cette réunion n'a pas vocation à être « psychothérapeutique » : elle est destinée à permettre une reconnaissance forte et à donner du sens à l'événement vécu. Quels que soient les impératifs institutionnels, la transparence et l'exigence de vérité sont indispensables pour : 1) dédramatiser et normaliser les réponses initiales au stress traumatique ; 2) prévenir ou atténuer les troubles post-traumatiques ; 3) offrir la possibilité d'une prise en charge thérapeutique et d'un accompagnement socio judiciaire ultérieur si cela était nécessaire ».*

2/ Gérard Lopez, Serge Portelli, Sophie Clément, *Les droits des victimes : victimologie et psychotraumatologie*, Dalloz, coll. États de droits, 2003.

3/ Instruction concernant les violences sexuelles, circulaire n° 97-175 du 26 août.1997, *BOEN*, n° 5, 4 septembre 1997.

Quantitativement, la moyenne annuelle des accidents à l'école, au collège et au lycée se situerait dans une fourchette oscillant entre 35 000 et 50 000 [4]. En termes de comparaison, on rapprochera ce nombre de celui des communes ou de celui des avocats. Ce qui peut apparaître considérable. Mais ces événements imprévisibles survenant pendant la scolarité se révèlent peu nombreux par rapport à l'ensemble des accidents affectant les enfants. Pour les fillettes et garçonnets de 5 ans, ils représentent 5 %. Pour la tranche d'âge comprise entre 5 et 15 ans, ce taux passe à 14 %. Il retombe à 6 % pour les adolescents de plus de 16 ans [5]. Ce qui peut sembler insignifiant.

Qualitativement, tous les accidents ne génèrent pas un arrêt de principe de la Cour de cassation ou du Conseil d'État. D'abord parce qu'ils n'empruntent pas systématiquement la voie contentieuse, les assureurs réglant transactionnellement la plupart des litiges. Ensuite, parce que les voies de recours paraissent assez peu utilisées à l'encontre des jugements de première instance, souvent définitifs. Démonstration de la satisfaction, même relative, des justiciables. La plupart des décisions émanent des juridictions civiles (tribunal d'instance, tribunal de grande instance, tribunal des affaires de sécurité sociale). Parfois des juridictions administratives (tribunal administratif). Plus rarement des juridictions répressives (tribunal de police, tribunal correctionnel). Le juge, face à une situation particulière frappant l'École, se doit de répondre par oui ou par non à la question suivante : la responsabilité du maître, de l'État ou de toute autre personne est-elle engagée ? La solution, appelée en droit, le dispositif, intervient après une analyse, lapidaire ou fouillée, de la relation entre le dommage subi et la faute éventuellement commise. D'où découlent des motifs. L'étude de ceux-ci, quels que soient le degré ou la nature de la décision, apporte une source précieuse d'enseignements juridiques donnés en l'occurrence par nos magistrats. La jurisprudence évoque l'accidentologie dans la vie scolaire en général (1) et dans le cours d'éducation physique en particulier (2).

4/ *Rapport du groupe de travail sur la responsabilité civile des membres de l'enseignement*, ministère de la Justice, ministère de l'Éducation nationale, 2001, p. 5 : 148 669 accidents recensés de 1996 à 1999, soit en moyenne 37 167 par an. Robert Chapuis, Jean-Marie Schléret, L'*Observatoire national de la sécurité des établissements scolaires et d'enseignement supérieur, op. cit.* n° 279, fait état dans son rapport annuel 2004 de 53 589 accidents (année scolaire 2003-2004) : 24 879 en primaire, 16 203 au collège, 12 507 au lycée.

5/ Premier rapport précité, p. 5 ; les accidents domestiques représentent, grosso modo, 60 % des accidents de la vie courante ; les accidents scolaires seulement 10 %. En 2003-2004, 1 à 2 % de ces derniers ont entraîné une hospitalisation supérieure à 48 heures ; 14 se sont révélés mortels.

1 L'accidentologie dans la vie scolaire en général

281 La vie scolaire rythmée dans le temps par une alternance de travail et de détente, de discipline et de jeux se traduit par une occupation de l'espace. Franchissement du portail, moments passés avec d'autres dans la cour de récréation, emprunt de circulations ou autres couloirs conduisant aux salles de classes, aux laboratoires ou à l'atelier... Les accidents se produisent partout, à l'extérieur, lors du passage des portes, notamment chez les jeunes enfants (**A**), et à l'intérieur de l'établissement (**B**).

A. Les accidents survenus à l'extérieur

282 Les accidents liés à la vie scolaire dans la cour de récréation résultent du choc plus ou moins violent entre, d'une part, un élève – condition *sine qua non* – et, d'autre part, des biens (**I**) tels que les structures lourdes, les petits objets, la végétation, le sol... ou des personnes (**II**), habituellement un condisciple, exceptionnellement un enseignant[6].

I Les accidents liés à la présence de biens

283 Les comportements ludiques qui aboutissent à la rencontre malheureuse de l'élève avec un meuble, c'est-à-dire toute chose matérielle qui peut-être déplacée[7] ou un immeuble, par destination le plus souvent[8], recouvrent deux grands types d'attitudes.

Chacun d'entre nous sait pour avoir usé ses fonds de culottes ou son blue-jean – affaire de génération – sur les bancs de l'école que certains « jeux », sans faire l'objet d'une interdiction formelle, présentent quelques risques, pour celui qui s'y adonne et pour les autres. Ces actions souvent soudaines impliquent coup d'œil malicieux et passage à l'acte rapide : ni vu, ni connu et rires des camarades, dommages parfois graves et larmes des familles. On regroupera cette manière de se

6/ CA Nancy, 29 avril 1998, *Belkessa c/ Personnettaz*, req. 045639 : lors d'une séance de gymnastique, une fillette de quatre ans surgit, par-derrière, dans les jambes de l'institutrice, qui déséquilibrée et voulant éviter l'enfant tombe sur le coude.

7/ Gérard Cornu, *Vocabulaire juridique*, *op cit.*, p. 551.

8/ Art. 525 al. 1er C. civ.

comporter sous le vocable de jeux spontanés, à séparer des jeux proposés qui, eux aussi, même supposés paisibles provoquent parfois des blessures.

a) Les jeux spontanés

284 Se suspendre à la barre transversale des buts de football ou à la branche du marronnier planté dans la cour appartient à la même démarche; somme toute assez physique. Projeter un capuchon de stylo avec un élastique ou lancer une boule de neige sur un camarade relève d'une autre approche; mentale cette fois.

285 1° ***Les suspensions.*** Elles impliquent des choses tantôt artificielles, tantôt naturelles.

286 **Les structures fixes.** L'utilisation détournée des portiques et des installations servant à certains sports génère des traumatismes souvent importants.

En marge de ces développements car l'affaire ne se produit pas ici à l'extérieur, le tribunal met hors de cause l'État à propos de la chute d'un enfant monté sur une structure de jeux installée dans la classe. En raison de l'absence d'une collègue, l'institutrice se trouvait confrontée à la nécessité à la fois de surveiller seule les élèves d'un « *âge tendre* », mais sans doute turbulents pour certains, et d'accueillir les nouveaux arrivants. Aucune faute personnelle n'est démontrée à son encontre [9].

Même conclusion, toujours à la maternelle, lorsque la fillette tombe d'un agrès. La maîtresse avait explicitement donné la consigne, parfaitement compréhensible et assimilable par les enfants, de ne pas sauter du sommet du portique [10]. À l'inverse, le muret séparant la cour de récréation en deux, demeure potentiellement attractif et dangereux pour de jeunes enfants qui sont tentés d'y monter. Il suppose la présence continue d'un éducateur à proximité afin de les en écarter systématiquement [11]. Le juge utilise un raisonnement proche à propos de la chute d'une collégienne qui, pendant le cours d'éducation physique et sportive, escaladait un grillage pour aller récupérer une balle lancée en dehors du terrain de sport. Pour le tribunal, cette installation présentait une

9/ TGI Angers, 7 septembre 1998, *Martin c/ préfet du Maine-et-Loire*, req. 09700197.

10/ TGI Nanterre, 7 mai 1999, *Chebbah c/ préfet des Hauts-de-Seine*, req. 8887/98.

11/ TGI Béthune, 28 mars 1995, *Negroes c/ préfet du Pas-de-Calais*, req. 93/187.

dangerosité certaine ; aucun panneau ou note à l'intention des usagers n'en interdisaient l'accès ; il était fréquent, par ailleurs, et connu de tous, administration, enseignants, élèves, que les balles ayant abouti dans cet espace clos entre deux grillages soient récupérées de la sorte. La faute de surveillance était ainsi suffisamment établie. Si interdiction il y avait vraiment eu, celle-ci n'avait été formulée qu'après que la victime eut atteint le sommet du grillage [12].

Une question plus délicate s'est posée à différentes reprises à propos de la suspension à la barre transversale de la cage de football ou de handball ; la pièce bascule et provoque de graves blessures pour l'élève déjà plus grand.

La Cour [13] relève que le professeur, organisateur d'une épreuve de relais à l'issue de laquelle il notait les performances, n'avait pas prévu d'utiliser les cages amovibles récemment placées et fixées sur le terrain. L'accident s'explique par une brusque décision ou impulsion de la jeune fille. Aucune mesure de surveillance ou de vigilance n'eût pu prévenir l'action particulièrement rapide de la victime. Prévention délicate, voire impossible dans une situation proche où l'élève qui jouait à « chat perché » pensait se trouver à l'abri en s'accrochant à la même structure métallique : en se livrant à ce jeu, sous la direction d'un enseignant, et en se suspendant à cette occasion à la cage de buts de handball à l'origine de l'accident, la jeune victime (11 ans) ne commet pas d'imprudence fautive [14]. La jurisprudence condamne cependant l'État dans une affaire voisine. Le but mobile, dépourvu d'ancrage, tombe sur la tête d'un sportif âgé d'une dizaine d'années. Ici l'enseignant avait fait déplacer l'engin pour l'installer le long du mur, sans fixation. En application du règlement intérieur du gymnase le matériel devait être positionné aux endroits indiqués. Par ailleurs, la désobéissance de l'élève à l'interdiction formulée par le pédagogue ne constituait pas pour ce dernier une circonstance imprévisible ou irrésistible [15].

287 La chute du poteau de basket-ball amène aussi son lot de responsabilités. Du collège privé [16] tout d'abord, qui connaissant la dangerosité de la pratique consistant à se suspendre, par

12/ TGI Saint Denis, 11 juin 2002, *Reboullet c/ préfet de la Réunion*, req. 00/01365.

13/ CA Douai, 16 janvier 1997, *Préfet du Pas-de-Calais c/ Union générale du Nord*, req. 95/04305.

14/ TA Marseille, 18 décembre 2001, *Francou*, req. 97-3749, 00-4548.

15/ CA Orléans, 22 mars 1999, *Préfet d'Indre-et-Loire c/ Moreau*, req. 480.

16/ TGI Orléans, 27 novembre 1998, *CPAM c/ préfet du Loiret*, req. 9500780.

jeu, donne pour instruction – insuffisante – de l'interdire. L'établissement se devait de mettre en place un dispositif prohibant l'accès à cet élément ou d'instaurer une surveillance diligente pour éviter ces comportements à risque. De l'État, de la Région devant le juge administratif[17] et de l'intendant devant le juge répressif[18] ensuite, dans une affaire fortement médiatisée. Un élève de seconde du lycée Paul Éluard de Saint-Denis avait trouvé la mort en se suspendant au cercle, faisant tomber l'ensemble sur lui. Le tribunal administratif de Paris considérait dans un premier temps que les imprudences de la victime (usage anormal de la structure en dehors des enseignements d'éducation physique), constitutives d'une faute, exonéraient pour moitié les deux personnes morales de leur responsabilité.

La Cour administrative d'appel censure cette décision et met en cause les deux seules collectivités publiques. La première pour n'avoir pas normalement entretenu, en sa qualité de maître de l'ouvrage public, un équipement à sa charge. Le second parce que le chef d'établissement, en ne prenant pas ou en ne faisant pas exécuter les mesures préventives qui s'imposaient en raison de la chute d'un panneau identique, quinze jours avant l'accident, avait commis une faute dans l'organisation du service public et dans l'exercice de sa mission de sécurité (article 8, 2°, c) du décret du 30 août 1985 modifié).

Pour exonérer le lycéen de toute responsabilité, la Cour retient d'une part, que sa présence sur le terrain de sport, même en dehors des cours, ne constitue pas une faute en l'absence d'une interdiction édictée par le proviseur ou par les professeurs. D'autre part, estime qu'en s'appuyant sur le cercle pour déposer le ballon, il n'avait pas anormalement usé de l'ouvrage dès lors que cette pratique s'inscrit dans le jeu de basket-ball.

La chambre correctionnelle de la cour d'appel relaxe le chef d'établissement et confirme la condamnation de deux mois d'emprisonnement avec sursis prononcée à l'encontre de l'intendant pour homicide involontaire. Par sa longue présence dans le lycée, il « *connaissait l'état de délabrement des installations sportives et n'ignorait pas qu'elles ne faisaient l'objet d'aucun contrôle régulier* ». Après la chute du premier poteau, il lui appartenait, eu égard à la gravité de l'incident, jamais arrivé

17/ CAA Paris, 23 novembre 1995, *Villaret*, req. 94PA01302.

18/ CA Paris, 12 janvier 1996, *Villaret*, req. 95/00210, Juris-data n° 020061.

jusqu'alors, de faire effectuer par un technicien des vérifications approfondies.

Indépendance des instances administrative et pénale. *Dans le premier procès, la cour* ***administrative*** *d'appel reproche au chef d'établissement de ne pas avoir mis en place les mesures conservatoires s'imposant après l'effondrement initial. Sa faute dans l'organisation du service engageait la responsabilité de l'État. Dans la seconde procédure, la cour d'appel statuant en matière* ***correctionnelle*** *relaxe la même personne physique au motif qu'il existe un doute « plus que sérieux » sur sa connaissance de la chute du premier poteau. Or la responsabilité générale en matière de sécurité* « ne peut entraîner une déclaration de culpabilité pénale que si une faute personnelle de négligence a été commise »*; non retenue ici, le proviseur, diligent dans le passé, ignorant le danger immédiat.*

La Cour d'appel de Paris [19], statuant cette fois-ci en matière civile dans une autre espèce, n'a reconnu aucune faute personnelle, ni des institutrices, ni du directeur de l'école. Une jeune fille avait été blessée par l'effondrement d'un panneau de basket installé dans une cour annexe de l'école, passage obligé pour accéder à certaines salles de classe. Rien dans les déclarations ne prouvait la survenance du sinistre due aux sollicitations des fillettes et à un défaut de surveillance. Le chef d'établissement avait interdit cet espace aux jeux. Rien ne démontrait non plus que les membres de la communauté éducative disposaient des moyens de se rendre compte de l'extrême fragilité du système de fixation de la structure et des risques immédiats de chute spontanée.

La multiplicité et la gravité de ce type d'accidents ont conduit à l'interdiction, par arrêté du 18 août 1993, de la commercialisation et de la mise à disposition des usagers des matériels de cette nature non pourvus d'un dispositif de fixation au sol. Il prévoit également l'obligation de rendre inaccessible au public tout équipement non fixé. En application de ce texte, la circulaire n° 94-121 du 18 mars 1994 prescrit qu'« *il convient, sans délai de s'assurer que tous les buts amovibles (...) disposent bien de systèmes fiables de fixation au sol* ».

288 Les arbres. Les élèves qui grimpent aux arbres, pendant la récréation, en descendent parfois plus vite que prévu... et se retrouvent à terre, contusionnés. La responsabilité de l'État est retenue lorsque les institutrices mal placées ne disposent pas d'une vue globale pour surveiller la cour alors que l'arbre, facile à escalader, possède des pousses vertes facilement cas-

19/ CA Paris, 17 février 1995, *Préfet de Paris c/ Peyre, De Grolee, Virville*, req. 94-4189.

sables[20]. De même, lorsqu'en jouant dans la cour, un enfant de cinq ans se blesse en heurtant une branche basse d'un conifère. Ici aussi, la faute de l'enseignante s'explique par l'absence de surveillance efficace et un manque d'attention[21]. La solution diffère quand l'élève possesseur d'un ballon coincé dans le branchage, retire sans autorisation un balai dans la remise du matériel de nettoyage, le lance à la verticale et le reçoit dans l'œil. Les instituteurs étaient certes occupés, l'un au téléphone, l'autre auprès d'un infirme indisposé. L'accident procédait toutefois du geste imprudent de la victime qui avait envoyé l'ustensile dans les airs après l'avoir pris, de sa propre initiative, dans le local de rangement[22]. Mais la ramure, même à terre, reste dangereuse. Et poussent quelques ramifications... juridiques le jour où l'élève est blessé à l'œil par un morceau de bois lancé par un camarade. Les enfants se trouvaient dans la cour, sous l'autorité du directeur de l'école maternelle. Au sol, une jonchée de branches apportées par le grand vent. À raison de leur très jeune âge et dans le contexte ludique de la récréation, l'utilisation intempestive, maladroite et dangereuse de tels bâtons constituait un risque prévisible qu'un maître normalement diligent devait prévenir. Il pouvait soit retirer les branchages, soit contourner ou déplacer l'aire de jeux, sans que ces obligations ne dépassent pour autant celles du cadre de la surveillance[23].

289 2° ***Les projections.*** Dans la cour ou en classe, les enfants font preuve d'une imagination débordante en matière de projectiles. Qu'il s'agisse de pierres[24] de bâtons[25], de billes[26] ou d'avions en plastique, propulsé avec un élastique[27], ces lan-

20/ CA Aix-en-Provence, 13 octobre 1998, *Préfet des Alpes-Maritimes c/ Limousis*, req. 94/13600 (enfant âgé de huit ans).

21/ CA Amiens, 8 novembre 1994, *Préfet de l'Aisne c/ De-Witte*, *LIJ*, n° 63/94, p. 9.

22/ CA Aix-en-Provence, 19 avril 1995, *Préfet des Alpes-Maritimes c/ Ben Barka*, req. 936528.

23/ TGI Créteil, 7 novembre 2000, *Samassa c/ préfet du Val-de-Marne*, req. 00/00410.

24/ TGI Aix-en-Provence, 4 juin 1986, *Noet*, cité *in Les accidents scolaires relevant de la loi du 5 avril 1937 et leur contentieux*, Ministère de l'Éducation nationale, de l'enseignement supérieur et de la Recherche, Organisation scolaire et universitaire, CNDP, Réédition juin 1997, p. 163.

25/ TGI Metz, 15 janvier 1997, *Sakane c/ Wolters et préfet de la Moselle*, req. 1.3445/95.

26/ TGI Soissons, 25 février 1987, *Leclere*, cité *in Les accidents scolaires relevant de la loi du 5 avril 1937 et leur contentieux*, *op. cit.*, p. 162.

27/ TGI Lyon, 17 octobre 1986, *Renouf* ; l'élastique du classeur peut aussi servir à projeter un capuchon de stylo (TGI Créteil, 27 octobre 1982, *Bouache*) ou encore des boulettes de papier mâché entourées de ruban adhésif (TI Montpellier, 9 octobre 1995, *CPAM c/ préfet de l'Hérault*, req. 195/3005) ou une agrafe métallique (Cass. 2e civ., 10 octobre 1973) citées *in* Philippe Chiaverini, Jean-Claude Crabarie, *Les accidents d'élèves : responsabilité et réparation*, DAI Publications, Université Jean Moulin, 1981, p. 162.

cers qualifiés d'événements soudains et imprévisibles s'effectuent en un temps très bref et n'offrent guère la possibilité à une surveillance, même diligente, de réagir. Un maître vigilant ne peut ni prévoir, ni faire obstacle à ce type de comportement. Ce qui attire parfois l'ire du juge qui qualifie l'agissement de l'adolescent de sottise navrante révélant une absence totale de respect pour ses camarades[28]. Bien entendu, s'il résulte d'un témoignage que le lancer dure, et que l'institutrice en discussion avec un parent ne voit pas l'accident se produire, la responsabilité de l'État se trouve engagée. Il appartient en effet à la maîtresse d'intervenir dès le premier jet de l'objet. Pour ce faire, il lui revient de surveiller l'ensemble des enfants sans se laisser distraire[29].

290 Élément déjà plus naturel, la boule de neige provoque aussi quelques dégâts. L'acte isolé et soudain du lanceur, que seule une personne placée près de lui aurait pu arrêter, ne laisse apparaître aucun défaut de surveillance[30]. Pas plus démontré lorsque le demandeur invoque une faute commise par le « personnel » de l'établissement scolaire, terme pour le moins générique[31]. Exceptionnellement, la jurisprudence tempère ces règles en fonction des éléments de la cause : *« ce jeu a été pratiqué de manière abusive et déréglée par les garçons, qui, selon l'expression de la directrice, ont « bombardé » les filles, les contraignant à chercher un refuge d'ailleurs inefficace derrière des arbres ou dans un escalier, que l'attaque en laquelle a dégénéré le jeu n'a pas été soudaine, ni momentanée, mais s'est prolongée avant l'accident litigieux pendant un temps suffisant pour que les surveillantes aient pu se trouver en mesure d'intervenir pour ramener cet amusement à une intensité normale exempte de danger »*[32]. Pour avoir toléré ces violences et ne point avoir prémuni la jeune fille contre un accident prévisible, les maîtres se sont vu attribuer une faute engageant la responsabilité de l'État.

La boule de neige : la jurisprudence se refroidit. *En 1970, pour la Cour d'appel d'Aix-en-Provence, le lancer de boules de neige dans la cour de récréation* « ne présente pas en lui-même un caractère dangereux susceptible de le faire interdire (...) s'il est pratiqué dans

28/ TI Montpellier, 9 octobre 1995, *CPAM c/ préfet de l'Hérault, op. cit.*, n° 289.

29/ CA Grenoble, 15 mai 1995, *Faure c/ Aguerra et préfet de l'Isère*, req. 93/4973.

30/ CA Aix-en-Provence, 7 juin 1990, *Jacinto*, cité *in Les accidents scolaires relevant de la loi du 5 avril 1937 et leur contentieux, op. cit.*, p. 161.

31/ TGI Metz, 30 novembre 1994, *Jacoby c/ préfet de la Moselle*, req. 1.15/94.

32/ CA Aix-en-Provence, 11 février 1970, *Jamet*, cité *in* Philippe Chiaverini, Jean-Claude Crabarie, *op. cit.*, p. 158.

les conditions normales et dépourvues de violence ». *Quelques flocons plus tard (vingt hivers très exactement), la même juridiction qualifie le même jeu, par ailleurs* « défendu aux élèves », *de* « dangereux »[33]. *Il est vrai que d'apparence naturelle et anodine, il provoque des accidents. Certains se souviennent sans doute avoir lancé – ou reçu – une boule de neige simplement mêlée à des graviers ou confectionnée avec un caillou...*

b) Les jeux proposés

291 La balle est le jeu traditionnel des cours de récréation. D'autres jeux, plus élaborés, offrent aux enfants la possibilité d'utiliser des engins à roue. Des structures raffinées – ne serait-ce que par la terminologie employée – complètent le tableau supposé ludique de cet espace qui perd de sa quiétude au moment de l'accident.

292 1° ***Les jeux de balles.*** À propos d'un collégien blessé à l'œil par la balle de tennis lancée par un camarade, la Cour de cassation[34] rappelle la nécessité de rechercher une faute personnelle à la charge d'un enseignant déterminé. Ce jeu, même s'il s'éloigne du tennis pratiqué sur un court, ne constitue pas une activité dangereuse[35]. L'absence de faute d'un enseignant particulier n'empêche point pour autant de retenir la responsabilité propre d'une institution privée[36] pour un défaut de mesures préventives nécessaires dans l'organisation du service.

S'amuser avec une balle provoque parfois des gestes malheureux – doigts dans l'œil – et subits, que n'aurait pu empêcher le personnel de surveillance[37]. Le jeu de ballon (la dimension seule le distingue de la balle) peut parfois lui aussi dégénérer. Le dommage causé en l'occurrence à un enfant de sept ans, bousculé pendant la partie, ne constitue pas un événement imprévisible. Il appartenait à l'institutrice, pour rendre sa surveillance efficace, d'anticiper et de veiller à ce que le divertissement adopté par les enfants, naturellement turbulents et parfois brutaux, ne devînt pas dangereux. La vigilance commandait de les calmer et de leur rappeler quelques règles de prudence[38].

33/ CA Aix-en-Provence, 7 juin 1990, *Jacinto*, et 11 février 1970, *Jamet*, *op. cit.*, n° 290.

34/ Cass. civ., 29 mars 2001, *État c/ Felloni*, *Bull. civ.*, II, n° 69, p. 46.

35/ TGI Nîmes, 9 septembre 1994, *Thome c/ préfet du Gard*, req. 1031/92.

36/ CA Nîmes, 2 octobre 1996, *Bresson c/ Thome et Institution Saint-Stanislas et préfet du Gard*, req. 454A.

37/ TGI Paris, 30 septembre 1999, *Menil c/ préfet de Paris*, req. 98/21057.

38/ CA Paris, 6 novembre 2000, *Préfet du Val-de-Marne c/ Yosri*, req. 1999/07508.

Le jeu particulier consistant à envoyer la balle en l'air pour la rattraper avec la bouche tourne en l'espèce au drame. Alors qu'elle s'était logée dans la gorge de la victime, le médecin appelé par l'école constate un arrêt cardio-vasculaire. Pour écarter la responsabilité du préfet, le Tribunal[39] prend acte de la surveillance assurée par deux enseignants postés non loin du jeune garçon au moment de l'accident. Aucun élément du dossier ne montrait que l'enfant avait préalablement joué de cette façon-là. Au contraire, selon les dires d'un camarade, le jeu d'envoi – dangereux – débutait. Ce qui rendait toute intervention impossible.

293 2° ***Les véhicules porteurs.*** Un **tricycle,** spécialement adapté pour de jeunes enfants, ne constitue pas, à l'évidence, un objet dangereux. Ce jeu considéré comme normal n'engage pas la responsabilité de l'État en cas de chute[40] ou en cas de choc, *a fortiori* lorsque trois maîtres correctement positionnés dans la cour ne constatent ni désordre, ni chahut préalablement au heurt[41]. Pas plus que l'accident uniquement imputable à un malheureux concours de circonstances. Un enfant poussait un **chariot de bois** dans la cour de récréation. Un ballon heurte le jouet qui se renverse et le blesse à la main. Tout un chacun peut être à la merci de ce type de désagrément, y compris un parent, souligne le tribunal[42], sans pouvoir intervenir, sinon en surprotégeant l'enfant et en le plaçant dans un cocon. Mais le juge retient la faute de l'enseignant à propos de l'initiation à la **bicyclette** pratiquée dans une école maternelle et soldée par une chute sur le cadre du vélo. En organisant une activité collective pour de jeunes enfants maîtrisant mal l'équilibre et munis d'un engin à risque fourni par l'établissement scolaire, activité exécutée en groupe avec une surveillance à distance de deux adultes pour l'ensemble de la classe, l'État manque à son obligation de pourvoir aux moyens de mise en œuvre des mesures de sécurité normales et adaptées à l'apprentissage en question[43].

La trottinette semble, à ce jour, ne pas avoir roulé jusqu'au prétoire...

39/ TGI La Rochelle, 25 septembre 2001, *Mahevas c/ préfet de la Charente-Maritime*, req. 00/00547.

40/ TGI Lyon, 8 juin 1998, *Beuzon c/ préfet du Rhône*, req. 96/14415.

41/ CA Aix-en-Provence, 10 décembre 2003, *Houche c/ préfet des Bouches-du-Rhône*, req. 2003/833.

42/ TGI Angers, 30 mai 1994, *Baulin c/ préfet de Maine-et-Loire*, req. 9202923.

43/ TGI Béthune, 15 septembre 1998, *Stefek c/ préfet du Pas-de-Calais*, req. 97/00534.

294 3° *Les structures de jeux.* De nombreux blocs-modules utilisés en extérieur permettent aux petits de ramper, d'enjamber, de sauter, de glisser ou de se cacher. Les décrets n° 94-699 du 14 août 1994 et n° 96-1136 du 18 décembre 1996 fixent les exigences et prescriptions de sécurité relatives aux équipements d'aires collectives de jeux parfois dangereux.

Les chutes de ces structures ne conduisent nullement à retenir la responsabilité de l'État. Dans le cas du toboggan, parce que « *à moins de suivre l'enfant* <u>*sur*</u> *l'engin* » quel que fût le positionnement de l'adulte, latéral ou médian, il ne permettait pas de prévenir ce type d'accident, difficile à détecter en l'absence de cris, de chahut ou de bousculade[44]. Dans une affaire proche, une écolière, bousculée, était tombée de l'appareil : l'institutrice présente dans la cour n'a pu que constater la chute imparable vue sa soudaineté[45]. La responsabilité de l'État est également dégagée lorsque la chute de l'enfant est due à un vice de conception de la structure de jeu[46]. Dans le cas de la **cage à écureuil**, parce que la maîtresse de service tenue à une surveillance active de la cour n'avait point pour consigne de prêter une attention particulière à une structure ne générant pas une activité dangereuse[47]. Dans le cas de la **cage à grimper** parce que l'enquête montrait des enfants répartis en trois groupes jouant normalement au moment de l'accident ; des enfants se trouvant sous la garde de quatre institutrices, chacune disposant d'un secteur de contrôle ; un espace surveillé, avec la maîtresse postée à moins de deux mètres du jeu, face à l'enfant ; un défaut de preuve de bavardage des adultes les conduisant à délaisser leur tâche ; un nombre d'enfants, sur ou autour de la structure – une quinzaine au plus – n'impliquant pas une délimitation ; aucun fait majeur de nature à laisser prévoir une bousculade justifiant une intervention anticipée de la surveillante ; une action si soudaine et d'une durée si brève rendant impossible toute intervention matérielle ; des diligences rapides prises pour soigner le jeune, blessé au coude[48].

44/ CA Dijon, 24 janvier 1992, *Mannequin*, req. 289/91, n° 103. C'est le juge qui souligne la préposition.

45/ TGI Brest, 1er décembre 1993, *Le Borgne et MAAF c/ préfet du Finistère*, req. 9201367. Cf. aussi CA Aix-en-Provence, 23 novembre 1999, *Gouala c/ préfet des Bouches-du-Rhône*, req. 687 ; CA Poitiers, 18 septembre 2001, *Robert c/ préfet de la Vienne*, req. 581.

46/ TA Marseille, 18 février 2003, *Duval*, req. 99-1437 (responsabilité de la commune, dûment informée de cette défaillance).

47/ TGI Lyon, 2 février 1998, *Clément c/ préfet du Rhône*, req. 96/08440.

48/ CA Reims, 10 juillet 1982, *Toussaint*, cité *in Les accidents scolaires relevant de la loi du 5 avril 1937 et leur contentieux*, *op. cit.*, p. 163.

Jurisprudence proche à propos d'un **pont de bois.** L'adjonction de cordes supplémentaires, effectuée à la demande du personnel enseignant, répondait à un souci de sécurité tout en présentant des dangers lors des sauts ou des descentes latérales parfois observés. La commune, à l'origine d'un vice résultant de la modification d'un ouvrage public, se révèle seule condamnée[49]. Encore, dans une instance où un élève tombe du haut d'un **jeu en bois**. L'institutrice chargée de surveiller la cour avait averti les enfants du danger constitué par le mode d'utilisation du jeu et leur avait interdit de sauter du haut de l'escabeau qu'il comportait[50].

Mais la loi du 5 avril 1937 s'applique à propos d'un accident survenu à une enfant de deux ans et demi, tombée de l'échelle du **pont de singe**. La victime comptant parmi les plus jeunes élèves de l'école, l'enseignante aurait dû faire preuve d'une vigilance toute particulière en raison de la vulnérabilité des petits et de leur maladresse[51]. Solution voisine à propos d'une chute de **tourniquet**. Eu égard à leur âge, les risques d'accidents des enfants sont multipliés par leur faible poids, par la vitesse de l'engin et par leur propension à retirer leurs mains de la barre d'accrochage[52].

Assigner par pneumatique ? *Un enfant jouait sur un gros pneu dans la cour de récréation. Il avait lourdement chuté sur le sol. La mise hors de cause de l'État s'explique par la présence de deux institutrices sur le site, à deux endroits à partir desquels elles pouvaient avoir une vue d'ensemble. La structure en caoutchouc ne présentait pas de danger particulier justifiant une surveillance plus rapprochée[53]. Mais les juges ont reconnu la responsabilité de l'État à propos d'un accident survenu à un écolier qui avait reçu un corps étranger dans l'œil provenant d'un pneu utilisé à usage de balançoire. L'équipement se révélait ici, à la différence de la précédente affaire, passablement usagé et dangereux, exposant à des risques particuliers[54].*

II les accidents liés à la présence de personnes

295 Ces accidents surviennent entre élèves, essentiellement dans la cour. On les classera en deux grandes catégories : ceux qui

49/ TA Paris, 25 février 1992, *Mannina*, req. 9007662/6.

50/ TI Marseille, 26 février 1996, *Dubois c/ préfet des Bouches-du-Rhône*, req. 491/95.

51/ TGI Marseille, 26 juin 1995, *Icard c/ préfet des Bouches-du-Rhône*, req. 583.

52/ TI Charleville Mézières, 5 septembre 1994, *Gardan et CPAM c/ préfet des Ardennes*, req. 94014, confirmé par CA Reims, 26 février 1998, req. 167.

53/ CA Riom, 14 janvier 1999, *Prévost c/ préfet du Puy-de-Dôme*, req. 98/01041.

54/ TGI Dax, 23 mars 1997, *Buc c/ préfet des Landes*, req. 9601270.

sont involontaires, la plupart du temps subis ; ceux qui sont au contraire volontaires, c'est-à-dire provoqués.

a) les accidents subis

296 La meurtrissure relève ici de la réunion des jeux, de la course et/ou de la distraction. La liberté de mouvement mal maîtrisée concerne les élèves joueurs et les élèves dissipés.

297 1° *Les élèves joueurs.* Le **jeu du béret**[55], activité à valeur éducative, implique rapidité d'exécution nécessitant une présence et une vigilance immédiates. Le **jeu** dit **de la « tape »** se révèle courant (sans jeu de mots !) à l'école. Il amène course, poursuite, écarts, gestes des bras et des mains pour transmettre la « tape » ou pour y échapper. Comme il n'est pas dangereux, le tribunal considère qu'il n'incombait pas aux maîtres d'y mettre fin[56]. Jugement identique porté sur le jeu de **badminton** lorsque le volant, lancé par un enfant, blesse le camarade à l'œil. La partie ne présente pas de caractère de risque ou de dangerosité obligeant son organisation sous le contrôle d'un professeur d'éducation physique. La présence d'un agent communal, pour surveiller une dizaine d'élèves, ne révèle pas une insuffisance de précautions ou une méconnaissance des conditions de sécurité[57]. Le **jeu de cachette**, supposé innocent, recèle parfois quelque péril, lorsqu'involontairement poussée dans les toilettes, alors qu'elle pensait s'y dissimuler, une fillette heurte le mur et chute. En ne réglementant pas l'accès aux sanitaires durant la récréation à des enfants de onze ans et en les laissant organiser en ces lieux un jeu de « trap-trap », les instituteurs commettent une imprudence de nature à engager la responsabilité de l'État[58]. Quant au ***jeu de ronde***, il occasionne en l'espèce le bris d'une incisive d'une écolière de CM2, heurtée par la montre d'un de ses camarades. Aucune attestation ne faisait état de cris anormaux ou de disputes précédant l'incident. Les fillettes n'utilisaient pas d'objets dangereux et se livraient à une simple danse circulaire. Ce qui met hors de cause l'État[59].

55/ TGI Aix-en-Provence, 27 avril 2000, *Ibdri c/ préfet des Bouches-du-Rhône*, req. 99/00970.

56/ TGI Toulouse, 13 juin 2000, *Alby c/ préfet de la Haute-Garonne*, req. 468.

57/ TA Orléans, 15 novembre 2000, *Pavard c/ État*, req. 96.110 et 97.820.

58/ TI Marseille, 27 mars 1998, *Chevassu c/ École La Grognarde, Campello, MAE, CPAM et préfet des Bouches-du-Rhône*, req. 11-97/1159, 1443, 1600, 1548.

59/ CA Paris, 26 janvier 1994, *Préfet du Val-de-Marne c/ Forge, Servajean, Mutuelle du Mans*, req. 92/19425.

298 2° ***Les élèves dissipés.*** Le dynamisme de nos chers petits, habitués à courir, combiné à leur insouciance naturelle conduit de temps à autre à des heurts mutuels. Le tête-à-tête insolite fait d'autant plus mal que, sous l'effet du choc, les élèves chutent parfois. La Cour de cassation[60] rappelle que la responsabilité de l'État n'est pas engagée de plein droit au sens de l'article 1384 alinéa 1 du Code civil : la faute du maître doit être prouvée.

La collision brutale de deux bambins – le plus jeune (4 ans) revenait des toilettes, le plus « âgé » (7 ans) regagnait sa classe – ne révèle aucune faute : ni la présence simultanée d'élèves des écoles maternelle et élémentaire, ni les ordres donnés à eux de se réunir près de leur classe, ni les soins diligents apportés par le directeur, après l'accident, n'autorisent la mise en cause de l'État[61]. Au demeurant, le fait de laisser courir, pour se détendre, de jeunes enfants dans une cour de récréation n'implique pas en soi un défaut de surveillance ou d'encadrement, quand le choc s'ensuivant ne résulte pas d'un jeu présentant un danger particulier[62]. Pareillement, le juge judiciaire ne relève pas de faute de négligence ou d'imprudence de l'enseignant, lorsque le heurt survient entre collégiens bondissant au-dessus des flammes du traditionnel feu de la Saint-Jean[63], entre sportifs en herbe au cours d'une partie de ballon[64], entre garçons à l'ardeur juvénile, agités ou affamés, pressés de rejoindre la cour de récréation à midi[65], entre élèves de cinquième, sur le trajet séparant le gymnase du collège, à la fin du cours de sport[66] ou entre petites filles dont l'une joue à la marelle et l'autre saute[67].

Quant au tribunal administratif, appelé à statuer sur le choc de mitrons d'un jour s'adonnant à la pâtisserie lors d'une activité organisée par le foyer socio-éducatif, sortis puis entrés brusquement dans la cuisine, il considère cette formation,

60/ Cass. 2e civ., 16 mars 1994, *X c/ Institution Saint-Dominique* et *Quero c/ préfet des Pyrénées-Atlantiques*, req. 433P (deux arrêts).

61/ Cass. 2e civ., 2 mars 1994, *Préfet des Landes c/ Iribarne-Haza*, req. 1928 ; CA Agen, 6 septembre 1995, *Préfet des Landes c/ Iribarne-Haza*, req. 756 (arrêt de renvoi).

62/ TGI Marseille, 26 septembre 1995, *Spataro c/ préfet des Bouches-du-Rhône*, req. 858 ; TGI Marseille, 18 mai 1989, *Gebrael*, cité *in Les accidents scolaires relevant de la loi du 5 avril 1937 et leur contentieux*, *op. cit.*, p. 161.

63/ TGI Bordeaux, 2 avril 1996, *Frugion c/ préfet de la Gironde*, req. 3133/94.

64/ TGI Saint-Nazaire, 5 février 1996, *CPAM des Pays de Loire c/ Favreau et préfet de Loire-Atlantique*, req. 83.

65/ TGI Grasse, 21 novembre 1994, *Sidiquian c/ Blanc et préfet des Alpes-Maritimes*, req. 158.

66/ TGI Alençon, 10 octobre 2000, *Laine c/ préfet de l'Orne*, req. 97/00491.

67/ TGI Tarascon, 15 septembre 2000, *Dupouy c/ préfet des Bouches-du-Rhône*, req. 00/00231.

suivie par treize élèves âgés d'environ douze ans, encadrés par un professeur, ni dangereuse, ni contraire à l'ordre public[68].

b) Les accidents provoqués

299 **La poussée**, action volontaire et violente, à l'origine du dommage – souvent dentaire – n'engage pas la responsabilité de l'État eu égard à son caractère soudain et imprévisible[69]. La **bousculade**, avec pour conséquences des projections au sol, n'entraîne pas plus la mise en cause de l'administration[70], *a fortiori* lorsque l'accident, dû à un heurt involontaire, n'est précédé d'aucune attitude agressive ou de méchanceté de la part des élèves[71]. Chacun connaît le **croche-pied**, geste dangereux devenu la spécialité de certains garnements. Quel que soit le degré de surveillance, le croc-en-jambe présente un caractère peu visible[72], inopiné et soudain[73] qui ôte toute possibilité d'en empêcher les conséquences dommageables. La responsabilité des parents relève, quant à elle, d'une présomption[74].

La faute résultant de la mauvaise organisation du service invoquée dans ce type d'affaire[75] est écartée : l'événement malheureux, certes survenu lors d'une journée de grève, sans que les parents aient été prévenus, ne résulte ni d'un chahut, ni d'une perturbation importante génératrice de risques, non maîtrisée en temps utile. L'absence très courte de surveillance (accompagnement d'un élève souffrant à l'infirmerie) au moment des faits ne révèle aucune dysfonctionnement de nature à engager la responsabilité de l'État. En effet, la chute

---

68/ TA Clermont-Ferrand, 13 juin 2000, *Esbelin c/ recteur*, req. 98245.

69/ CA Aix-en-Provence, 31 mai 1994, *Préfet des Bouches-du-Rhône c/ Portelli*, req. 045228. Dans le même sens, TGI Béziers, 26 août 1994, *Castellani c/ préfet de l'Hérault*, req. 11.9401598; TGI Paris, 28 juin 1995, *Lavielle c/ Pinson et préfet de Paris*, req. 6382.1994; TGI Lyon, 23 novembre 1995, *Plazanet c/ préfet du Rhône*, req. 94/18028; TGI Thonon-les-Bains, 3 décembre 1998, *Pilc c/ préfet de la Haute-Savoie*, req. 9801023; TI Marseille, 28 octobre 1994, *Bouras c/ préfet des Bouches-du-Rhône*, req. 93/4757; TI Mulhouse, 12 décembre 1995, *CPAM c/ Azur et préfet du Haut Rhin et Simonin*, req. 11.93.04593.

70/ CA Montpellier, 10 octobre 1996, *Préfet de l'Hérault c/ Bouba et Vaillant*, req. A961004064; CA Aix-en-Provence, 18 juillet 2000, *Préfet des Bouches-du-Rhône c/ Avis*, req. 97/12526; TGI Amiens, 7 février 1996, *Henocque c/ préfet de la Somme*, req. 643; TGI Bourg-en-Bresse, 27 novembre 1997, *Monnet-Colmiche c/ préfet de l'Ain*, req. 95/02761.

71/ TGI Marseille, 26 septembre 1995, *Spataro c/ préfet des Bouches-du-Rhône, op. cit.*, n° 298.

72/ CA Aix-en-Provence, 22 janvier 1985, *Bonvento*, cité *in Les accidents scolaires relevant de la loi du 5 avril 1937 et leur contentieux, op. cit.*, p. 164.

73/ TGI Épinal, 23 janvier 1996, *Alexandre*, cité *in Les accidents scolaires relevant de la loi du 5 avril 1937 et leur contentieux, op. cit.*, p. 164.

74/ CA Paris, 8e, 3 mars 1998, *Taufin c/ Jacquard*, req. 023293.

75/ TA Besançon, 28 septembre 1995, *Artemoff c/ recteur*, req. 950429.

provoquée inopinément, découle de l'initiative regrettable mais imprévisible d'un autre élève.

300 Les **altercations,** les **rixes** et les **agressions** se produisant dans un laps de temps très bref rendent impossible l'intervention de l'enseignant. La jurisprudence, abondante et constante; déboute les parents de leur action en responsabilité contre l'État [76] et retient parfois la leur. Ainsi en a-t-il été jugé à propos de la mère de l'auteur du dommage, dès lors que celui-ci, vivant avec elle, effectue un geste indiscutablement dangereux. Son âge, 15 ans, montre à l'évidence qu'il avait conscience de ses actes [77]. Certains tribunaux s'appliquent à motiver leurs décisions :

- torsion du bras non précédée de désordre ou de chahut que le professeur de français aurait laissé s'instaurer sans y mettre fin [78];

- intervention de l'enseignant renvoyant à sa place un élève ayant donné une gifle à un camarade qui récidive en appliquant un coup de poing : faute d'avoir été avisé de l'agressivité naturelle de l'auteur du dommage, aucune raison n'imposait au pédagogue l'exclusion de la classe du trublion juste après la première agression [79];

- caractère soudain et imprévisible du mouvement de l'élève soulevant et repoussant violemment un de ses condisciples, qui ne permettait pas au professeur d'éducation physique et sportive d'envisager une parade [80];

- enfants ne s'adonnant pas à des jeux considérés comme dangereux par nature et qu'il convenait d'interdire [81].

301 Pour compléter ce sombre tableau on citera le **jet de pierre** de l'élève qui, au nord [82] comme au sud [83] se solde par la mise hors

---

76/ CA Amiens, 18 octobre 1994, *Préfet de l'Oise c/ Derobert Masure*, req. 555/92; CA Dijon, 19 octobre 1994, *Belkacem c/ préfet de la Côte d'Or*, req. 1193/93; CA Aix-en-Provence, 5 juin 1996, *Ben Messaoud c/ Sedki et préfet des Bouches-du-Rhône*, req. 395; CA Versailles, 13 mars 1998, *Genest c/ Bidault*, req. 041879; TGI Aix-en-Provence, 13 août 2002, *Aires c/ association école privée mixte Sainte Geneviève*, req. 01/01685.

77/ TGI Toulouse, 15 février 2001, *Hanne c/ préfet de la Haute-Garonne*, req. 88.

78/ TGI Marseille, 21 mai 1996, *Schillaci c/ préfet des Bouches-du-Rhône*, req. 426.

79/ TGI Aix-en-Provence, 15 juillet 1988, *Raffah c/ préfet des Bouches-du-Rhône*, req. 96/07/188.

80/ TGI Angers, 6 février 1998, *Ben-Salem c/ préfet de Maine-et-Loire*, req. 09700096.

81/ TI Marseille, 28 octobre 1994, *Comberton c/ société Maison d'enfants les mouettes et préfet des Bouches-du-Rhône*, req. 93/5171.

82/ TGI Pontoise, 20 décembre 1996, *Berton c/ Dhier et préfet du Val-d'Oise*, req. 951795.

83/ TGI Nîmes, 10 mai 1996, *Lafage c/ Mathe et école Notre-Dame et préfet du Gard*, req. 374/93.

de cause de l'État. Au motif, pour cette dernière décision, que le lancer du caillou ne suffit pas à caractériser une inattention de la part des enseignants, aucun d'entre eux ne pouvant conserver à la vue un groupe d'enfants de manière constante. On fera également état de l'**étreinte**, un peu trop appuyée, qui provoque la chute [84] ou comprime la cage thoracique [85]. On s'étonnera de la **morsure** [86], acte heureusement unique, isolé, soudain et rapide qui s'était produit au cours d'une banale récréation... On s'attardera enfin sur le **comportement bizarre** d'un lycéen qui en stage de géologie tombe lourdement en dévalant un sentier de montagne. L'intéressé, pour une raison inexpliquée, s'était mis à courir très rapidement dans la descente en poussant des cris de terreur. Après avoir trébuché, il heurtait un rocher et se blessait à la tête. La cause de la chute procède du comportement imprévisible de l'adolescent. Le coureur fou n'avait pas respecté les règles élémentaires de prudence applicables à une randonnée en moyenne montagne [87].

302 Tous ces comportements (bousculades, poussées, rixes...) conduisent le juge à refuser l'application de la loi du 5 avril 1937 ; en d'autres termes, à repousser l'action en responsabilité contre l'État. Quelques très rares décisions isolées et sans doute difficilement transposables ont toutefois retenu celle-ci.

D'abord, pour le tiers, dans un différend opposant deux pugilistes qui se solde par un échange de coups de poing. Ici la dispute avait duré un certain temps. La tâche de l'institutrice, occupée à vérifier la fermeture de la porte des toilettes, n'apparaissait pas de nature à l'absorber au point de gêner une attention suffisante à l'égard des élèves.

Ensuite, pour la moitié, dans une bagarre éclatant entre deux garçons dont l'un y laisse quatre dents. La maîtresse, absente de sa classe pendant quelques minutes pour porter au directeur de l'école des documents, avait cependant donné aux adolescents des consignes de maintien au calme. Son départ, même bref, non motivé pour des raisons impérieuses, laissait la classe sans surveillance [88].

84/ CA Douai, 5 avril 2001, *Pannetier c/ préfet du Nord*, req. 1997/05252.

85/ TGI Créteil, 27 mars 2001, *Joffre c/ préfet du Val-de-Marne*, req. 01/159.

86/ TGI Nice, 2 mars 1994, *Ghibert c/ préfet des Alpes-Maritimes*, req. 49/94.

87/ TGI Melun, 24 octobre 2000, *Baby c/ préfet de Seine et Marne*, req. 00/00477.

88/ TI Chateauroux, 21 juillet 1995, *Verneuil c/ Couette et préfet de l'Indre*, req. 119500390.

Enfin, pour la totalité, dans une agression survenue à proximité du terrain de basket. La surveillante avait quitté son poste pour ouvrir les portes aux externes, sans s'assurer de la continuité de la prise en charge du service par sa collègue[89].

Les équipements d'intercommunication... ou les accidents de portes.

La difficulté dans la classification de ces ouvrages résulte de leur vocation à servir l'extérieur (portail) comme l'intérieur (porte d'entrée ou de communication). Quel que soit leur emplacement, le traumatisme de la main par écrasement, assez fréquent dans les accidents touchant les jeunes enfants, s'observe lors des fermetures brutales de portes sur les doigts des victimes. L'absence de surveillance au moment du franchissement de l'ouvrage qui cause l'accident ne suffit pas à établir une mauvaise organisation ou un fonctionnement défectueux du service public de l'enseignement[90]. Ce qui explique la saisine des juridictions de l'ordre judiciaire.

Tantôt l'enseignant lui-même ferme par inadvertance la porte sur les doigts de l'élève. Que l'instituteur ait en charge des petits âgés de cinq ans[91] ou des plus grands[92] ne change rien. Il devait, avant de repousser le battant, vérifier qu'il pouvait le faire sans risque pour autrui. Son geste traduisait un défaut d'attention répréhensible. À moins de démontrer l'impossibilité de prévoir la présence de l'enfant à proximité immédiate du portail, la petite fille (2 ans) se trouvant par ailleurs sous la proche surveillance de sa mère[93].

Tantôt un camarade se trouve à l'origine du dommage. La surveillance effectuée par des agents communaux[94] ou par des animateurs de la ville de Paris[95], lors de l'interclasse du déjeuner ne permet pas de retenir l'existence d'une faute personnelle du maître. Mais le tribunal reproche un défaut de surveillance aux deux institutrices au courant de la non-fermeture à clef du portail. Cela justifiait une présence à proximité pour empêcher aux enfants de l'actionner. Au demeurant, depuis l'accident, un boîtier « pompier » permettait de clore les lieux de façon permanente. Ni le nombre d'enfants et la surface à surveiller, ni le geste de l'auteur du dommage (qui ne présentait pas de caractère soudain et imprévisible) ne faisaient échec à la mise en cause de l'État[96]. Pareillement à propos de l'accident survenu à une fillette dans les toilettes dont la porte, dépourvue de dispositif anti-pince doigt, se referme brusquement sur sa main, sous l'action d'un camarade. Il appartenait à l'institutrice, compte tenu de l'âge des enfants, d'organiser un passage individuel en ces lieux ou de prévoir la présence d'un accompagnateur pouvant, sinon empêcher que l'enfant glisse et se rattrape au chambranle de la porte, du moins veiller à ce qu'un autre jeune élève ne pénètre à cet instant dans les toilettes et referme brusquement la porte[97].

89/ CA Versailles, 17 novembre 1995, *préfet des Yvelines c/ Cardot*, req. 666.

90/ TA Paris, 5 mars 1991, *Layadi*, req. 8901583/6.

91/ TI Châteaulin, 20 décembre 1993, *Prat c/ préfet du Finistère*, req. 19100165.

92/ CA Reims, 19 février 1997, *Préfet de la Marne c/ Hecquet*, req. 1545.

93/ TA Marseille, 8 mars 2003, *Friga*, req. 992772.

94/ Cass. 2e civ., 12 décembre 1994, *État c/ Descoust*, req. 92-20.667, n° 1147.

95/ TGI Paris, 22 juin 1995, *Coriatt c/ Julieno et préfet de Paris*, req. 36338-1993.

96/ TGI Versailles, 21 septembre 1999, *Oleszkiewicz c/ préfet des Yvelines*, req. 9805181.

97/ TGI Evry, 20 septembre 2002, *Bouillaguet c/ préfet de l'Essonne*, req. 405.

Tantôt plusieurs élèves, parfois sous la poussée, coincent ou écrasent les petites mains. Ces comportements génèrent parfois des partages de responsabilité. Pour moitié entre l'État et la victime tout d'abord. Dans cette affaire[98]*, le local à cartables anormalement ouvert ne bénéficiait d'aucune surveillance. Le surveillant d'externat a fait preuve de légèreté en se contentant de contrôler les allées et venues des élèves en d'autres endroits, sans remarquer les enfants, au moins au nombre de trois, dont l'un manœuvrait la porte du local en question. La victime, en s'amusant à entrer et à s'enfermer à plusieurs reprises dans un lieu à l'accès interdit pendant les heures de récréation, a également commis une faute. Pour un quart à la charge de l'école privée et trois quarts à la charge de la commune*[99]*. Ici le vantail de la barrière métallique de la cour a, sous le poids des enfants qui jouaient dessus, écrasé la main d'une fillette. Le défaut d'entretien de l'ouvrage (roulette défectueuse) apparaît comme la cause directe et déterminante du sinistre. Mais la défaillance dans la surveillance, même minime, justifie ce fractionnement. Ces comportements engagent aussi la responsabilité de l'État. Ainsi en a-t-il été jugé à propos d'un petit garçon qui en voulant éteindre la lumière des toilettes plaçait sa main entre la porte et le chambranle. Sous la poussée il subit des blessures. L'absence de contrôle des écoliers à cet endroit se révélait imputable à une mauvaise organisation de la surveillance par les institutrices, les jeunes enfants s'étant trouvés livrés à eux-mêmes pendant la courte période précédant la sortie*[100]*. Encore faut-il démontrer la faute du maître ou du directeur. Ainsi la fermeture brutale d'une porte à double battant sous l'effet de la poussée d'un groupe d'enfants constitue en l'espèce*[101]* un événement subit que le corps enseignant ne pouvait prévenir.*

Tantôt, hypothèse plus rare, la porte de type va et vient[102]* se referme spontanément. L'État se trouve en l'occurrence responsable. L'attention de l'institutrice portait davantage sur l'arrivée des enfants accompagnés que sur ceux, laissés par leurs parents, avant l'entrée en classe. L'attitude de la victime, glissée derrière l'ouverture, n'avait rien d'inattendu compte tenu de son jeune âge. Quant au mouvement de la porte, prévisible, il pouvait se révéler techniquement neutralisé. Sa singularité constituait une donnée que la maîtresse se devait de prendre en compte dans la conception de sa mission.*

Spécificité des situations, âge des enfants... Ces paramètres conduisent parfois à retenir la faute de l'administration. Dans une affaire comparable[103]* un élève avait eu la phalange de l'index sectionnée, en tentant, avec des camarades, de récupérer une bille tombée dans un caniveau : sa grille de protection était retombée sur sa main. La maîtresse absente quelques instants pour aller répondre à l'étage au téléphone n'avait pas été en mesure d'intervenir lorsque les jeunes garçons, livrés à eux-mêmes, avaient soulevé la lourde structure métallique.*

98/ TGI Pontoise, 12 novembre 1999, *Maazouz c/ préfet du Val d'Oise*, req. 98/8089.

99/ CA Rennes, 9 octobre 1996, *Groupama Bretagne c/ Mutuelle Saint-Christophe*, req. 049326.

100/ CA Amiens, 10 décembre 1997, *Préfet de Côte-d'Or c/ Thomas*, req. 1875/96. Dans le même sens, cf. CA Aix-en-Provence, 19 décembre 2001, *Gargiulo c/ préfet des Bouches-du-Rhône*, req. 784.

101/ TGI Tours, 21 septembre 2000, *Bois et commune d'Avoine c/ préfet de l'Indre-et-Loire*, req. 487.

102/ CA Caen, 18 novembre 1997, *Préfet de la Manche c/ Lebas et école privée sainte Geneviève de Saint-Lô*, req. 9601190.

103/ CA Colmar, 26 septembre 1997, *Préfet du Bas-Rhin c/ Hoerth*, req. 2A9505274. Voir également, une instance identique, TI Toulouse, 23 février 1998, *Zamparutti c/ préfet de la Haute-Garonne*, req. 11 97-003571 et une instance voisine, TI Ajaccio, 18 novembre 2003, *Martelli c/ préfet de la Corse-du-Sud*, req.692.2003 (dalle de béton).

Solutions inverses à propos d'une part, d'un collégien dont la main est écrasée lors de la retombée du pied du banc en pierre qu'il s'amusait, avec des camarades, à soulever pour aplatir un fromage ! Ici la surveillance habituelle, effectuée à l'entrée de la cour ne permet pas au maître d'externat de porter son regard sur tous les élèves en même temps. Le jeu dangereux auquel se livraient les galopins n'a pas provoqué d'attroupement. Le rassemblement de trois élèves dans une cour de récréation n'attire pas particulièrement l'attention, surtout s'il ne se prolonge pas suffisamment pour faire l'objet d'un repérage[104]*. D'autre part, concernant un garçonnet de classe maternelle qui, en manoeuvrant une vanne d'arrosage dans la cour de récréation, sectionne le bout de l'index de son compagnon de jeu qui avait introduit son doigt dans le robinet : l'existence d'un tuyau à cet endroit ne constitue pas un danger pour les élèves, même petits*[105]*.*

Mais l'ouverture brusquement rabattue ne blesse pas seulement l'extrémité des membres supérieurs; elle peut aussi affecter les yeux. Un enfant qui « claque la porte derrière lui » *au moment où son camarade le suit dans sa course provoque un accident dû à ce comportement. Son discernement se révélait suffisant pour qu'il ne se rendît compte de la dangerosité de son geste*[106]*. Sa soudaineté ne permet pas de retenir à la charge du personnel enseignant l'existence d'une faute de nature à avoir contribué à la réalisation du dommage. Solution similaire à propos d'une collégienne qui, regagnant le vestiaire, est heurtée au visage par la porte d'entrée refermée brusquement sur elle à la suite de la projection d'un élève sur l'un des battants*[107]*.*

B. Les accidents survenus à l'intérieur

303 Beaucoup moins fréquents que dans la cour de récréation ou lors de la leçon d'éducation physique et sportive, ces accidents concernent accessoirement les locaux banalisés **(I)** et principalement les locaux spécialisés **(II)**.

I Les accidents dans les locaux banalisés

304 Ils surviennent tantôt dans les circulations tantôt dans la classe.

a) Les accidents affectant les circulations

305 Ils apparaissent peu nombreux. Pendant l'interclasse, une élève s'était blessée en tombant dans un **escalier** après avoir été bousculée par un condisciple. L'enseignant qui, son cours

104/ CA Versailles, 26 juillet 2000, *CPAM des Hauts de Seine c/ préfet, agent judiciaire du Trésor, Lancia*, req. 200/96, 235/96.

105/ CA Nîmes, 5 novembre 2002, *Mancebon c/ préfet de Vaucluse*, req. 392.

106/ CA Angers, 21 janvier 1987, *Descheres, Abeille Paix c/ Eon et commissaire de la République de Maine-et-Loire*, req. 1721/83.

107/ TGI Aix-en-Provence, 5 septembre 1984, *Duthu c/ préfet des Bouches-du-Rhône*, req. 1655/83.

achevé, n'assure pas la prise en charge par son collègue suivant, en abandonnant sans surveillance de jeunes élèves commet une faute. La prévention de ce type d'accident, envisageable, impliquait de ne pas laisser seuls les enfants en haut des marches[108]. De même, révèle un défaut d'organisation du service de l'enseignement primaire l'absence de la maîtresse ou d'adultes pour encadrer les élèves dont l'un se blesse alors qu'il se laissait glisser sur la rampe d'un escalier de l'école[109]. Pareillement, l'institutrice qui, postée sur le **palier**, sépare la classe et autorise l'un de deux groupes d'enfants âgés de neuf ans à descendre sans surveillance pour se rendre en récréation, engage la responsabilité de l'État après une chute de près de neuf mètres dans la cage d'escaliers[110]. Démarche juridique différente et solution contraire dans un accident mortel à la suite du basculement par-dessus la rambarde des escaliers menant à la sortie des salles. Le maître en charge d'une vingtaine d'enfants s'était déplacé de la fin du rang à son début pour ouvrir la porte. Eu égard au faible nombre d'élèves et à la nécessité de surveiller leur sortie, la présence d'une seule personne n'est pas constitutive d'un défaut d'organisation du service, laissé à l'appréciation du tribunal administratif[111]. Un collégien (15 ans) qui courait dans le **couloir** au mépris des consignes du règlement intérieur avait percuté l'un de ses pairs (12 ans) sortant d'une salle d'étude. Le rapport d'enquête établi par le principal indiquait que le « coureur » croyant être poursuivi par des camarades s'était précipité dans le dégagement du bâtiment principal. Un surveillant se trouvait dans la cour principale, l'autre dans la cour annexe. Aucune faute en relation directe avec le dommage n'a été ici commise[112].

b) Les accidents dans la classe

306 Dans la classe même, lieu traditionnel réservé à la réflexion, les accidents sont rares[113]. Hormis les projectiles précédemment

108/ Cass. civ., 8 juillet 1998, *Préfet des Bouches-du-Rhône c/ Hierro*, req. 944P.

109/ TA Rouen, 14 juin 2004, *Martello c/ État*, req. 0201866 (la faute de la victime atténue cependant pour moitié la responsabilité de l'État).

110/ TGI Rennes, 15 mars 1994, *Bruchet c/ préfet d'Ille-et-Vilaine*, req. 2357/93.

111/ TA Lyon, 22 septembre 1992, *Tonnaire*, req. 89 42877. La saisine du juge judiciaire aurait impliqué de la part de cette juridiction une approche différente : existait-il une faute de l'instituteur ?

112/ TGI Bordeaux, 17 octobre 1988, *Mandron*, req. 7190/87, 1264/98.

113/ Certaines situations (altercation entre deux élèves, portes refermées par l'enseignant...) se révèlent transposables à la salle de classe. Voir à ce sujet *Les accidents scolaires relevant de la loi du 5 avril 1937 et leur contentieux, op.cit.*, p. 167-173.

examinés, on citera un accident mortel survenu dans une salle où l'activité était loin d'être studieuse. Deux instituteurs, organisateurs d'une fête qui se déroulait pendant le temps et à la place du travail se trouvaient le premier occupé à filmer les enfants, le second sur le seuil de sa propre salle attenante : ni l'un, ni l'autre, ne pouvaient prêter attention à la fenêtre ouverte située à deux ou trois mètres d'eux. L'autorisation donnée aux élèves de monter et de danser sur les tables les exposait à un danger. La faute de surveillance, doublée du non-respect de l'obligation de faire régner l'ordre et la bonne tenue de la classe, prive du caractère imprévisible la chute par la fenêtre de la victime qui était juchée sur le mobilier[114].

II Les accidents dans les locaux spécialisés

307 Les locaux spécialisés s'entendent des lieux généralement clos comportant des matériels spécifiques à la nature de la pédagogie utilisée. Selon l'article D. 412-5 du Code de la sécurité sociale, « *est considéré comme atelier ou laboratoire (...), tout lieu dans lequel est dispensé un enseignement pratique qui expose les élèves et les étudiants à des risques d'accident du fait de l'utilisation, de la manipulation ou du contact de matériels, matériaux ou substances nécessaires à l'enseignement* ». Les élèves de l'enseignement technique et ceux de l'enseignement général pour leurs travaux dans les bâtiments ou les salles en question, bénéficient d'un régime particulier en matière d'accidents.

Le nombre de ceux-ci semble faible, approximativement 700 par année[115], comparativement à l'effectif scolaire, 5 600 000, potentiellement exposé. Dans ces affaires, le juge amené à apprécier la faute inexcusable de l'employeur relève différents manquements : formation à la sécurité inexistante, défaut de vérification des bonnes conditions d'accueil dans le milieu professionnel, emploi de l'élève en dehors des stipulations de la convention de stage, conscience qu'avait éprouvée le chef d'entreprise de l'existence du danger, appareils dangereux confiés à des jeunes inexpérimentés, dispositifs de sécurité inadéquats...

Les accidents ci-après décrits et analysés par la jurisprudence civile (tribunal des affaires de sécurité sociale) et/ou pénale

114/ CA Paris, 18 juin 1997, *Lebgaa c/ préfet de la Seine-Saint-Denis*, req. 96-05438-0.

115/ *Le rapport du groupe de travail sur la responsabilité civile des membres de l'enseignement* précité fait état, p. 6, avec certaines précautions oratoires, de 2545 accidents de ce type de 1996 à 1999.

(tribunal de police ou correctionnel) se sont produits tantôt dans le collège ou le lycée, tantôt en stage à l'extérieur. Même dans cette dernière hypothèse, les circonstances de l'espèce se révèlent transposables aux équipements de l'établissement scolaire, avec toutefois la réserve suivante : l'adolescent paraît dans une situation plus sécurisante à l'école que dans l'entreprise. D'abord, grâce à l'installation de commissions d'hygiène et de sécurité dans les collèges et lycées, relayées par la présence des « *agents chargés de la mise en œuvre des règles d'hygiène et de sécurité* » et nommés par les chefs de service (article 4 du décret n° 82-453 du 28 mai 1982). Ensuite, par la conclusion d'un accord-cadre national pour l'enseignement de la prévention des risques professionnels[116]. L'administration, notamment consciente de l'accueil d'un public fragile et moins gênée par des dépenses parfois coûteuses, compterait un nombre moindre d'accidents dans ses ateliers et dans ses laboratoires.

a) Les accidents en ateliers

308 Ils abritent, en fonction de leur destination, des machines à bois, des machines-outils ou des installations électriques[117].

309 1° ***Les ateliers de la filière bois.*** Outil tranchant à grande vitesse, particulièrement dangereux, la scie circulaire expose à de graves blessures aux mains. L'absence de dispositifs protecteurs, conduit à retenir la faute inexcusable de l'employeur si l'élève, soit se révèle jeune et peu expérimenté[118], soit ne commet aucune faute[119]. À supposer la victime non-néophyte, l'inobservation des dispositions des articles R. 234-12 et R. 234-22 du Code du travail[120] la fait considérer comme illégalement affectée à son poste. La société qui l'accueillait, substituée à l'établissement scolaire, manque dès lors à son obligation de surveillance. Cela, malgré les particularités du tissu économique local dépourvu de grandes entreprises spé-

116/ Accord entre le ministère de l'Éducation nationale et la caisse nationale de l'assurance maladie des travailleurs salariés, conclu le 1er février 1993. Ce dispositif fait suite au constat établi par le rapport Ceccaldi d'un certain accroissement des accidents du travail en particulier chez les jeunes salariés.

117/ Sur la sécurité des enseignements dispensés lors de l'utilisation des machines-outils, cf. Antony Taillefait, *Gestion du patrimoine scolaire. Bâtiments et mobilier*, préface Jean-Bernard Auby, coll. Éducation Nationale, Berger-Levrault, 1998, n° 604 et s., p. 191.

118/ CA Paris, 26 mars 1993, *Lycée technique Les Pannevelles c/ agent judiciaire du Trésor*, req. 9243363.

119/ TASS Dijon, 4 octobre 1994, *Demey c/ agent judiciaire du Trésor*, req. 6053.

120/ Interdiction d'employer des mineurs de 18 ans au travail notamment « *d'alimentation en marche des scies* » sauf autorisation de « *l'inspecteur du travail, après avis favorable du médecin du travail* » et accord du professeur ou du moniteur d'atelier (cf. *infra*, n° 446).

cialisées en menuiserie offrant aux stagiaires des conditions de prise en charge d'une meilleure qualité, argument retenu en première instance (faute inexcusable retenue)[121].

310 La reconnaissance de la faute inexcusable de l'État, ministère de l'Éducation nationale, à la suite de l'accident dont a été victime un élève amputé de la troisième phalange de l'index, s'appuie sur la réunion de plusieurs critères : dispositif de sécurité inadéquat sur la dégauchisseuse, défaut de surveillance ou de contrôle empêchant la prise de mesures salvatrices, gravité de ces manquements dérivant d'une omission volontaire, danger auquel le lycéen se trouvait exposé et inexistence de cause justificative[122]. Le manque de protection d'une machine de ce type dans sa partie non travaillante[123] ou encore l'absence de vérification du réglage de son équipement protecteur[124] conduisent aux mêmes constatations (faute inexcusable retenue).

Dans une autre instance, la victime inscrite en seconde année de CAP avait déjà reçu un enseignement sur les règles de sécurité et l'utilisation de ce type de machine. Ensuite le rappel des consignes intervenait avant chaque opération sur la dégauchisseuse. L'élève n'avait pas attendu la présence du professeur pourtant exigée préalablement à tout maniement. Enfin la main avait été happée par l'arbre de coupe à la suite d'un rejet expliqué à la fois par le passage du tasseau plein champ et non le long du guide et par le positionnement défectueux du protecteur. L'accident résultait plus d'une mauvaise application des règles de sécurité par le jeune que d'une perte alléguée d'équilibre liée à la présence de paraffine sur le sol (faute inexcusable non retenue)[125].

311 L'enquête menée par la caisse primaire d'assurance maladie et un courrier de l'inspection du travail montrent la participation de l'élève à une formation liminaire spéciale à la sécurité et la proximité immédiate du professeur lors de la survenance de l'accident sur une toupie (faute inexcusable non retenue)[126].

121/ CA Riom, 23 février 1999, *Dauy c/ agent judiciaire du Trésor*, req. 98/01716.

122/ TASS Paris, 18 septembre 1995, *Beltzer c/ agent judiciaire du Trésor et ministre de l'Éducation nationale*, req. 40672/95.

123/ TASS Caen, 20 juin 2003, *M. C. c/ agent judiciaire du Trésor*, req. 02.131.

124/ TASS Besançon, 15 décembre 2003, *Huguet c/ agent judiciaire du Trésor*, req. 239/2003 (faute inexcusable du lycée professionnel privé retenue ; État mis hors de cause).

125/ TASS Pau 28 mai 2001, *Boulalah c/ agent judiciaire du Trésor*, req. 11053.

126/ TASS Nanterre, 8 septembre 1999, *Gomez c/ agent judiciaire du Trésor*, req. 62402/98.

312 Un élève en stage au Canada travaillait sur une ponceuse rotative équipée d'un papier abrasif qui, se décollant soudainement de son disque support, le blesse à l'œil. Le permis de travail délivré visait la profession d'employé de service clientèle. L'entreprise ne devait pas le faire exercer en atelier de menuiserie et il appartenait au lycée de vérifier les conditions d'accueil et de sécurité proposées (faute inexcusable retenue)[127].

313 2° ***Les ateliers de mécanique et de productique.*** Un professeur avait confié à un élève âgé de 18 ans un travail de réglage sur une fraiseuse, contrevenant ainsi aux règles de sécurité. Cette opération s'effectue normalement sur une machine arrêtée. La mise en route pour une raison indéterminée provoquait la brusque saisie de son vêtement de travail entraîné par la rotation de l'appareil. Le chef d'établissement se devait d'assurer la sécurité des élèves, en interdisant l'utilisation d'une machine non conforme et en prenant toutes précautions pour qu'un tel accident ne se produise. En l'espèce, la combinaison happée soulignait l'anormalité de la situation. La connaissance du danger existait par ailleurs depuis la rédaction, quatre ans auparavant, d'un rapport de l'inspection du travail, faisant déjà remarquer l'absence d'une protection pour les organes mobiles (faute inexcusable retenue)[128].

La manche de la veste d'un lycéen accroché par la fraiseuse sur laquelle il usinait avait entraîné et happé son bras. Deux de ses camarades, pour lui porter secours, tentaient vainement d'actionner le bouton d'arrêt immédiat de la machine. Le juge judiciaire relève le caractère exceptionnel de la gravité de la faute tenant à la mise à disposition d'un élève d'un établissement d'enseignement professionnel d'une fraiseuse au dispositif d'arrêt d'urgence défaillant. La conscience du danger chez l'auteur de cet acte négatif (omission involontaire) devait être d'autant plus aiguë que l'utilisateur de la fraiseuse, un jeune élève, par définition peu expérimenté, s'avérait plus enclin que quiconque à la maladresse ou à l'inattention (faute inexcusable retenue)[129]. Dans une affaire similaire, la juridiction administrative atténue toutefois la responsabilité de l'État de moitié, dans la mesure où la victime, dotée d'une certaine expérience professionnelle, ne pouvait ignorer les risques auxquels elle s'exposait en approchant ses

127/ TASS Melun, 27 avril 2001, *Crocicchia c/ CPAM, lycée technique du bois, recteur de Besançon*, req. 98.663

128/ TASS Valence, 10 février 1999, *Lamchachty c/ agent judiciaire du Trésor*, req. 970780.

129/ CA Versailles, 6 juin 1995, *Belkacemi c/ agent judiciaire du Trésor et président du Conseil régional d'Île de France*, req. 368

mains de la machine dans une tenue comportant des manches flottantes[130].

314 La **poinçonneuse-cisailleuse** sur laquelle travaillait un lycéen en entreprise avait, à cause de la rotation de la couronne, emporté son bras, une tige filetée à usage de poignée ayant accroché le gant de sa main droite. L'intéressé ne pouvait ni atteindre le bouton d'arrêt coup de poing en façade, ni actionner le boîtier marche-arrêt à l'arrière de la machine. La double absence de dispositif protecteur et d'arrêt d'urgence, ainsi que le port de vêtements inadaptés car trop grands, caractérisaient la faute inexcusable (faute inexcusable retenue)[131].

Même cause et effets identiques lors de la réalisation d'une pièce par un élève dont la manche s'accroche au système d'entraînement de la machine. Le blouson insuffisamment serré au poignet, le programme de protection inexistant et la surveillance défaillante des enseignants qui ont confié à l'élève la tâche imprudente de polir la pièce en rotation, conduisent à retenir la responsabilité de l'État (faute inexcusable retenue)[132].

315 Lors de sa quinzième journée en entreprise, un stagiaire utilisateur d'un tour se blessait à la main. La faute inexcusable de l'État, substitué à l'employeur, découle de la banalisation de la manœuvre effectuée au sein tant de la société que du lycée, l'intéressé ayant été incomplètement informé du grand danger représenté par pareille opération (faute inexcusable retenue)[133].

316 L'éclatement du foret d'une **perceuse** sur laquelle usinait un élève lui cause des blessures. Le juge judiciaire condamne l'utilisation par la jeune victime d'un outil de caractère dangereux sans prise de mesures spéciales de protection, de surveillance voire d'information de risques. Le port de lunettes de protection s'imposait en l'espèce, même en l'absence de textes particuliers concernant les perceuses (faute inexcusable retenue)[134]. Dans le droit fil de cette jurisprudence, une autre cour d'appel[135] écarte l'éventuelle imprudence de la victime

130/ CAA Lyon, 4 juillet 1991, *Ministre de l'Éducation nationale c/ Billong*, req. 89LY01297, 90LY00571.

131/ TASS Lyon, 16 octobre 1998, *Kara c/ LEP Les canuts de Vaulx-en-Velin*, req. 2522/98.

132/ TASS Côtes d'Armor, 17 novembre 1998, *Guillemot c/ agent judiciaire du Trésor*, req. 2176.97.

133/ CA Chambéry, 25 février 1999, *Ducrétet-Pajot c/ agent judiciaire du Trésor*, req. 97/02562.

134/ CA Orléans, 11 février 1993, *Agent judiciaire du Trésor c/ Bal et CPAM du Loir-et-Cher*, req. 2178/91.

135/ CA Angers, 26 octobre 1993, *Agent judiciaire du Trésor c/ Daviau*, req. 662.

qui effectuait une opération de perçage pendant les épreuves pratiques du CAP. Son émotivité et ses difficultés scolaires requéraient une vigilance accrue. L'absence de souci constant des formateurs et examinateurs de parer aux risques inhérents aux travaux accomplis par les élèves sous leur autorité et l'irrespect des règles de sécurité se révélaient à l'origine du sinistre (faute inexcusable retenue).

317 3° ***Les ateliers d'électrotechnique et d'électronique.*** Un stagiaire de seconde année de baccalauréat professionnel remplaçait en compagnie de l'employé d'une entreprise extérieure les courroies d'un **ventilateur**. Alors qu'il vérifiait leur tension, l'appareil se remettait en marche et happait sa main. La cause déterminante de l'accident réside dans la réparation effectuée hors coupure du courant électrique. Rien ne permet d'imputer à quiconque cette omission ; son caractère volontaire n'est par ailleurs pas démontré (faute inexcusable non retenue)[136].

318 Lors d'un cours de physique appliquée dispensé à des élèves, l'un d'eux trouvait la mort par électrocution. À la fin de la première partie de la leçon consacrée au rôle et au fonctionnement théorique d'un **transformateur**, le professeur avait décidé, conformément au programme, une expérimentation. En raison du manque de matériel et de temps l'enseignant effectuait deux montages. Après avoir vérifié la conformité de l'installation sur la première table il la mettait sous tension pour permettre aux élèves de relever les valeurs données par les appareils de mesure. La victime débranchait les câbles d'alimentation électrique du dispositif sans autorisation et sans actionner, au préalable, le bouton de mise hors tension.

Le Tribunal correctionnel[137] a condamné pour homicide involontaire à une peine d'emprisonnement avec sursis le professeur (12 mois) et le chef de travaux (15 mois) dans les termes suivants. « *Le fait que la manipulation à l'origine de l'accident fasse partie du programme de terminale génie-électronique ne dispensait pas l'enseignant de prendre toutes les précautions nécessaires afin de limiter (...) les risques d'accident ; en cas de doute sur la possibilité réelle de limiter ces risques, il appartenait au professeur soit de différer ce type d'expérimentation dans l'attente de la mise à disposition d'appareils conformes admettant des cordons de sécurité, soit de pro-*

136/ TASS Douai, 8 septembre 1994, *Capillon c/ agent judiciaire du Trésor*, req. 175.93.

137/ TGI Évry, 11 mai 1999, *ministère public c/ Sanz, Marinier, Dumartin*, req. 9532810002, n° 163. Ce jugement a été rendu sous l'empire de la loi de 1996, cf. *infra*, n° 617 et s.

poser aux élèves un montage différent comportant moins de risques même si ce type de montage était moins satisfaisant au niveau des résultats obtenus ». L'imprudence du pédagogue consistait en l'organisation d'une manipulation risquée mettant en jeu une tension de 400 volts. Il lui incombait en sa qualité de responsable du bon fonctionnement de sa classe, de la discipline et de la sécurité, de tout mettre en œuvre pour éviter une mise en danger de ses élèves par leur éventuel contact avec des cosses non protégées.

Pour le chef de travaux, le tribunal relève qu'il « *avait en charge le respect des règles de sécurité, notamment dans la salle (...) où a eu lieu l'accident ; (...) il a donc considéré de sa seule autorité de ne plus avoir à s'occuper du matériel et des installations de ladite salle ; (...) il n'est (...) pas intervenu dans le domaine de la mise en conformité des locaux et du matériel pédagogique par rapport aux normes de sécurité et d'hygiène (rôle qui lui incombait aux termes de son statut précisé par la circulaire no 91-306 du 21 novembre 1991) ; il a participé aux réunions du comité d'hygiène et de sécurité des (...) et (...) qui ont clairement mis en évidence les problèmes spécifiques liés à la vétusté du matériel qui pouvait présenter des risques sérieux (...) des élèves* ». En prétendant, de sa propre initiative, ne plus être chargé par le proviseur de la surveillance du local en cause et, par conséquent, ne plus se sentir concerné par le suivi du matériel et des équipements s'y trouvant, le chef de travaux a largement failli à sa mission.

Basculement de choses lourdes lors de stages en entreprises. *Un élève utilisait un pont roulant pour accrocher, soulever, déplacer et reposer au sol une poutre de 900 kg. En fin de manœuvre, celle-ci bascula et le blessa aux jambes. La Cour*[138] *ne retient aucune violation des règles de sécurité concernant le matériel à l'origine de l'accident du jeune homme qui connaissait par différentes expériences le maniement et le fonctionnement de l'engin (faute inexcusable non retenue). La chute d'un* ***poste à souder*** *et de sa bouteille de gaz occasionnera de graves blessures au lycéen qui travaillait en atelier. La faute inexcusable procède, d'une part, de la conscience du chef d'entreprise que des contrôles approfondis concernant la conformité des machines n'avaient pas toujours été réalisés, d'autre part, du non-respect de l'obligation générale de sécurité. Un examen aurait en effet permis de détecter le risque que faisait courir le poste à souder pourvu de roulettes inadéquates. Aucun dispositif adapté n'empêchait le glissement des bouteilles de gaz reliées à lui par un simple lien métallique peu solide (faute inexcusable retenue)*[139].

Chute. *Un stagiaire tombe d'une* ***passerelle*** *large d'environ 1,50 m, dépourvue de barrières de sécurité, sur laquelle il s'activait avec l'électricien de l'entreprise. L'employeur,*

138/ CA Toulouse, 14 juin 1996, *Combes c/ société ACMR et agent judiciaire du Trésor*, req. 625.

139/ TASS Vesoul, 12 janvier 2000, *Zlatko c/ agent judiciaire du Trésor*, req. 142/98.

reconnu à l'origine d'une faute inexcusable est condamné[140]. *La conscience qu'il avait du péril constitué par cette zone dangereuse du chantier (la saisine de l'architecte ne suffisait pas à le décharger de sa responsabilité), la désignation par ses soins de l'élève inexpérimenté, l'omission d'interdire le travail sur cette structure ou de s'assurer de la réinstallation des barrières, l'inadéquation et l'inefficacité de la formation du stagiaire aux règles de sécurité caractérisaient cette faute (faute inexcusable retenue).*

Transport. *Le déplacement d'une* ***presse*** *blessait un élève sollicité pour apporter son concours à l'opération. La cour d'appel de Chambéry condamne l'entrepreneur à une contravention pour blessures involontaires mais le tribunal des affaires de sécurité sociale de cette même ville déboute le demandeur. Il ressort en effet du dossier pénal que la faute ne présente pas un caractère exceptionnel de gravité. La conscience du danger n'existait pas chez le chef d'entreprise; il ne pouvait imaginer que deux des employés de la société de manutention demanderaient au stagiaire de les aider (faute inexcusable non retenue)*[141].

*À l'inverse, l'****accident*** *suivant, se produit au lycée. Un professeur de génie mécanique et productique décide de transférer, pour les besoins des travaux pratiques, avec l'aide d'une dizaine d'élèves, une machine de 1 300 kg, depuis l'atelier de maintenance jusqu'à l'atelier d'automatisme, séparés de 70 m environ. À mi-parcours, l'engin sanglé et tracté avec une corde passe sur une cavité, perd de sa stabilité, tombe et écrase la jambe d'un adolescent. Cinq raisons conduisent le juge à retenir la faute inexcusable.* Primo, *aucun des intervenants participant à l'opération ne possédait la capacité physique ou les compétences techniques idoines.* Secundo, *le procédé de transport se révélait totalement inadapté pour un outil de ce poids.* Tertio, *il ne comportait aucun équipement facilitant sa manutention.* Quarto, *le matériel de levage ne disposait pas d'une puissance suffisante (500 kg).* Quinto, *il existait un manque de précision et de discernement quant à la nature du cheminement à utiliser et quant aux possibilités de recourir à un matériel adapté, disponible dans un établissement scolaire voisin (faute inexcusable retenue)*[142]. *Par ailleurs, dans cette même affaire, le Tribunal correctionnel de Chalon-sur-Saône condamne par jugement du 28 juin 1993, le professeur pour blessures involontaires avec une ITT supérieure à trois mois à une peine de trois mois d'emprisonnement avec sursis pour infraction aux règles de sécurité édictées par le Code du travail.*

b) Les accidents en laboratoires

319 Ces locaux souvent étranges et fascinants recèlent aussi bien éprouvettes et alambics (salle de chimie) que balances et verres gradueurs (cuisine). Mais la ressemblance ne s'arrête pas aux ustensiles. Une manipulation malheureuse conduit ici ou là à l'accident; immédiat pour le chimiste, pendant la digestion pour le goûteur. Quant à l'eau de javel, produit de la soude et du chlore, elle sert à désinfecter salades, carottes et sols... des cuisines.

140/ TASS Montbéliard, 19 avril 1999, *Abdellaoui c/ agent judiciaire du Trésor*, req. 51.99.

141/ TASS Chambéry, 27 juin 1996, *Porte c/ société Artal et agent judiciaire du Trésor*, req. 503.96.

142/ TASS Chalons-sur-Saône, 25 septembre 1995, *Merlin c/ agent judiciaire du Trésor*, req. 5280.

320 1° ***La salle de chimie.*** La brûlure d'un étudiant par un jet d'**acide sulfurique** émanant d'une machine sur laquelle il s'activait provient d'un défaut de fabrication de celle-ci, défaut dont l'entreprise ne pouvait pas avoir conscience (faute inexcusable non retenue)[143].

321 Quant à l'expérience curieuse et malheureuse de trois apprentis-chimistes (versant du **méthanol** sur le sol pour observer sa réaction au contact d'une flamme), elle montre une faute de la victime brûlée. L'attitude du professeur s'occupant de huit élèves employés à diverses tâches ne révèle aucun défaut de surveillance. Malgré sa position, dos tourné à l'imprudent lors de l'exercice, rien ne permet d'affirmer qu'en regardant vers les trois jeunes gens, il eût pu l'empêcher. Un élève âgé de 17 ans et 10 mois, informé par sa scolarité antérieure, est suffisamment responsable de ses actes pour qu'on n'exige pas de l'établissement scolaire une surveillance personnelle permanente (faute inexcusable non retenue)[144].

322 Considéré également fautif le lycéen du même âge qui conserve un flacon et s'intoxique après l'inhalation volontaire de **trichloréthylène**. Il n'ignorait pas que cette pratique pouvait présenter des conséquences graves. Son comportement, n'était pas seulement imprudent et maladroit, il révélait également un caractère particulièrement délibéré (faute inexcusable non retenue)[145].

323 2° ***La cuisine.*** D'initiation ou d'application, la cuisine est équipée de matériels professionnels soumis à de strictes règles de sécurité : trancheurs de pain, machines à jambon ou essoreuses à salade n'ont aidé jusqu'ici qu'à des préparations culinaires aux saveurs raffinées. D'autres petits instruments électriques ont suscité le goût... pour le procès.

324 Alors qu'il hachait du persil avec un **robot coupe**, un collégien retira le couvercle pour ajouter des ingrédients. Bousculé par un stagiaire et déséquilibré, il vit son coude heurter la manette de fonctionnement qui réactiva la mise en marche du système et le blessa. Il appartenait au chef d'entreprise de faire régulièrement vérifier le programme de sécurité défectueux de l'appareil, avant de le confier à des jeunes inexpérimentés (faute inexcusable retenue)[146].

143/ CA Paris, 23 septembre 1994, *Agent judiciaire du Trésor c/ Guerton*, req. 93/43867.

144/ CA Aix-en-Provence, 8 mars 1994, *Chaize c/ LP Blériot*, req. 92/9324.

145/ TASS Côte-d'Armor, 24 octobre 2001, *Duval c/ agent judiciaire du Trésor*, req. 106700.

146/ TASS Beauvais, 24 novembre 1994, *Petit c/ Craeye*, req. G320.92.

325 Un garçon âgé de 15 ans, chargé de ciseler des échalotes avec un couteau éminceur, les avait introduites, par curiosité et pour gagner du temps dans un **hachoir mixeur,** une main posée au fond de la cuve, l'autre placée sur la position « impulsion ». Ce qui remit l'appareil en marche. L'enquête pénale[147] ne démontrait pas que le restaurateur avait connaissance du dysfonctionnement du cutter mélangeur mais révélait une faute d'imprudence commise par l'élève, déterminante dans la réalisation du dommage (faute inexcusable non retenue)[148].

326 Un élève rinçait une **sorbetière** en état de marche, son index placé dans l'ouverture de l'appareil. Le dispositif de sécurité non installé par l'autre apprenti au moment de l'accident (bout du doigt sectionné)[149], l'attention de l'utilisateur attirée sur la nécessité de mettre en œuvre cette procédure et son embauche dans le restaurant depuis plus d'un mois, montraient la commission d'une faute par la victime (faute inexcusable non retenue)[150].

Au-delà de ces décisions, coupures avec des instruments tranchants, brûlures liées à la cuisson et glissades sur le sol mouillé occasionnent les accidents les plus fréquents dans les métiers de la bouche. Seule, la dernière cause pourrait se trouver à l'origine de quelques revers fâcheux sur un court ou sur un tatami !

2 L'accidentologie spécifique au cours d'éducation physique et sportive

327 ***Contribution de Mme Capucine Vigel, agrégée d'éducation physique et sportive (EPS) et personnel de direction dans l'académie de Nice.***

« La problématique de l'accidentologie en cours d'éducation physique et sportive (EPS) est au cœur de l'identité même de cette discipline d'enseignement et l'EPS se décline à tra-

147/ Qui a notamment abouti à une condamnation du restaurateur pour blessures involontaires à une amende de 5 000 francs par le Tribunal correctionnel de Cherbourg le 15 octobre 1996 (non-respect de l'article R. 234-12 du Code du travail).

148/ CA Caen, 27 mai 1999, *Bodiou c/ agent judiciaire du Trésor,* req. 973308.

149/ Là encore, le Tribunal de police d'Ilkirch avait retenu le principe de la responsabilité pénale du gérant du restaurant.

150/ TASS Bas-Rhin, 10 décembre 1997, *Mlis c/ agent judiciaire du Trésor et SARL restaurant « Au vieux couvert »*, *LIJ*, 22/98, p. 7.

vers trois grands objectifs : le développement des capacités nécessaires aux conduites motrices ; l'acquisition, par la pratique, des compétences et des connaissances relatives aux activités physiques sportives et artistiques (APSA) ; l'accès aux connaissances relatives à l'organisation et à l'entretien de la vie physique. Les instructions officielles de 1985 précisent également que "l'EPS participe de façon spécifique à l'éducation à la santé, à la sécurité, à la solidarité, à la responsabilité et à l'autonomie... elle contribue à l'éducation à la citoyenneté". *Dès lors, une réflexion s'impose sur la spécificité de l'EPS qui ne saurait se confondre avec une simple pratique sportive. Les APSA en constituent le support mais son originalité réside dans les apprentissages moteurs. Un traitement de l'activité physique et sportive codifiée peut et doit donc intervenir afin qu'elle devienne un support d'apprentissage. L'EPS s'articule alors autour de deux nécessités : les conditions à respecter pour que les élèves ne courent pas de danger, mais aussi la prise de risque dans l'apprentissage de la sécurité. Car il n'existe pas d'apprentissage sans prise de risque*[151]. *L'enjeu pour le chef d'établissement réside dans l'estimation du contexte sécuritaire d'enseignement de l'EPS, lié à l'intention éducative d'apprentissage de la sécurité et de la confiance en soi. Si le champ des APSA était relativement bien déterminé jusqu'à ces dernières années, on peut s'interroger sur l'émergence des pratiques à risque dans la sphère éducative. La multiplicité des APSA rend parfois inclassables ces pratiques innovantes. Est-ce leur caractère de nouveauté ou la part de risque qu'elles comportent qui en constitue l'intérêt ? Est-ce un effet de mode, de démagogie pédagogique ou une réelle gestion du risque ou bien encore... l'apprentissage des sensations, érigeant le risque en valeur ? L'institution est de toute façon confrontée au contexte sécuritaire de leur enseignement. Depuis la loi d'orientation du 10 juillet 1989, l'ensemble des textes régissant l'EPS s'attachent de manière récurrente à souligner l'obligation* "d'apprendre à agir en sécurité pour soi, pour les autres dans les activités et milieux les plus divers". *Un véritable devoir sécuritaire s'impose sur les plans pédagogique et administratif. L'obligation inscrite dans la circulaire de juin 1972 de faire approuver le projet pédagogique par l'autorité hiérarchique renforce la responsabilité du principal et du proviseur, qui doit avoir un regard sur les APSA, supports proposés. Le chef d'établissement, en l'occurrence garant de la pédagogie, doit informer du caractère de dangerosité des activités au sein du collège ou du lycée. Cela doit être l'occasion d'un véritable pilotage partagé avec l'inspecteur pédagogique. Par ailleurs, l'article 40 de la loi du 6 juillet 2000 précise que le chef d'établissement signe une convention tripartite d'utilisation des équipements et installations sportifs mis à la disposition de l'EPLE, avec la collectivité territoriale de rattachement et le propriétaire. Quant à celui qui enseigne cette matière, il lui appartient de signaler au gestionnaire toute défectuosité des équipements et de s'assurer de l'existence d'un cahier de suivi des matériels ou autres aménagements. L'enseignement de l'EPS ne pouvant se dissocier d'un apprentissage de la gestion du risque et de la sécurité, il apparaît dès lors comme un véritable impératif de s'appuyer sur la note de service n° 94-116 du 9 mars 1994 qui délimite l'appréciation de son contexte sécuritaire. Elle* "attire l'attention des enseignants quant à l'engagement de leur responsabilité" *à partir de quatre éléments : l'évaluation des conditions matérielles, que ce soit l'état des équipements comme l'organisation des lieux, les consignes données aux élèves, la maîtrise du déroulement du cours, le caractère dangereux ou non de l'activité enseignée. La circulaire n° 2004-138 du 13 juillet 2004*

151/ Didier Delignières, « Risque préférentiel, risque perçu et prise de risque », *Revue EPS*, 1991 *L'apprentissage moteur.*

rappelle, dans la continuité de la note de service précitée, "les fondements de la spécificité de l'action des enseignants chargés de l'EPS, les risques qui y sont liés ainsi que les attitudes et interventions permettant d'y répondre...". *Néanmoins, il convient de distinguer le risque objectif, le danger réel encouru par l'élève, du risque subjectif, la perception du danger, qui, en réalité, ne révèle pas de caractère de dangerosité. Ce dernier est formateur. Il importe également de faire la différence entre la notion de* ***risque****, inhérente à l'enseignement de l'EPS et celle de* ***danger****,* "inacceptable sur le plan aussi bien éducatif qu'institutionnel"[152]. *L'idée de risque implique un double effort de réflexion des professeurs d'EPS : l'apport du risque subjectif dans l'apprentissage de cette matière, d'une part, et une réelle maîtrise du risque objectif dans son enseignement, d'autre part. Une véritable nécessité de mesurer ces concepts pèse sur le chef d'établissement car le risque n'existe pas seulement en EPS. On le retrouve dans tous les jeux spontanés se déroulant dans la cour, ainsi que dans les jeux proposés par l'association sportive et/ou le foyer socio-éducatif ».*

Les instructions ministérielles, l'applicabilité des textes, la mise en place des programmes bref la pesanteur administrative et pédagogique ne doivent point faire oublier la réalité du terrain. Terrain éducatif certes mais aussi terrain de jeu et terrain de sport pour des enseignants d'une matière très particulière, l'éducation physique – autrefois appelée gymnastique –. Nombreux considèrent qu'elle a notamment pour objectif le développement des capacités motrices des jeunes. Pour eux, autre logique, le support incontournable permettant la finalisation des objectifs assignés à cette discipline demeure le sport. Pratiqué par des débutants, comme souvent à l'école, des amateurs ou des professionnels, il s'analyse alors en une activité physique, ludique et réglementée[153]. Sa division en grandes classifications ne satisfait pas forcément[154]. La première oppose sports individuels et sports collectifs, quelques-uns uns d'entre eux (le cyclisme) s'exerçant toutefois isolément ou en équipe. La seconde différencie sports de nature et sports artificiels, certains (l'escalade) s'exécutant cependant sur une paroi rocheuse ou sur une structure spécifique, le mur. La troisième correspond à des sous-catégories : sports aériens, mécaniques, équestres, nautiques...

Carton jaune pour un classement. *Certaines activités nouvelles trouvent difficilement place dans une catégorie de pratiques sportives. Ainsi, l'****acrosport***[155] *qui consiste en la réalisation d'un enchaînement de figures statiques ou dynamiques combinées à des éléments*

152/ Jean Eisenbeis, Yves Touchard (sous la direction de), L'éducation physique et sportive à l'école – L'éducation à la sécurité, *Éditions Revue EPS*, 1995.

153/ Jean Yves Lassalle, *La violence dans le sport*, coll. Que sais-je ? PUF, 1997, p. 4 et 5.

154/ Michel Bouet, *Signification du sport*, Éd. Universitaires, 1973, spéc., p. 65 et s.

155/ Catherine Huot-Monéta, Myriam Socié, « Acrosport. De l'école... aux associations », *Éditions Revue EPS*, 1998, p. 15.

individuels (de souplesse, chorégraphiques...) offre deux décisions allant dans des sens opposés. Lors d'un exercice d'appui tendu renversé (équilibre sur les mains), l'enseignant pareur, déséquilibré par l'élan de l'élève ne peut empêcher une mauvaise sortie en roulade. La chute d'un adolescent de cet âge (17 ans) et de cette stature (1,80 m, 66 kg) constitue un risque inhérent à la pratique de toute activité physique et sportive[156]*. L'exercice d'équilibre consistant à faire monter un élève sur les épaules d'un camarade apparaît périlleux et montre, après une chute arrière, l'imprudence du professeur*[157]*. Entre art martial et danse, la* ***capoeira***[158]*, venue d'Angola et du Brésil, propose notamment des rondes spéctaculaires. Les* ***activités du cirque***[159] *(acrobatie, main à main, monocycle, rouleau américain, balle à grains rebondissante, diabolo, massue, bâton du diable, assiettes chinoises...) n'ont pas encore pénétré dans le prétoire. La* ***course d'orientation*** *ne semble avoir généré, pour l'instant, que quelques pertes d'élèves... vite*[160] *retrouvés avant que nos cours et tribunaux ne s'en mêlent. La* ***planche à roulettes*** *a provoqué, après la chute, un jugement d'incompétence. Pour la juridiction administrative*[161]*, l'accident survenu à l'adolescent, sans surveillance du professeur, ne relevait d'aucun défaut, ni de conception du tremplin, ni d'entretien de cet ouvrage, ni de l'organisation du service. À supposer avérée l'absence de tapis au sol autour de la structure, cette faute de l'enseignant chargé de la direction et de la surveillance des exercices d'éducation physique en cause, ressortirait, en vertu de la loi du 5 avril 1937, à l'examen du juge judiciaire. Les* ***patins à roulettes*** *comportent, pour des enfants d'une douzaine d'années, un caractère de dangerosité certaine. Surtout lorsque l'instituteur, plutôt téméraire, pratique retourné, sans aucune visibilité et sans être en mesure de prévenir un événement aussi prévisible que la chute d'une fillette bousculée*[162]*. Le* ***skate-board****,* a fortiori *s'il se prolonge par un saut de tremplin, nécessite la présence d'un tapis autour de celui-ci, précaution essentielle et indispensable pour la sécurité des adolescents*[163]*.*

Enfin, que dire de cette séance où une ***élève*** *se trouve* ***mordue par un chien****? Il appartenait au pédagogue d'intervenir immédiatement et de prendre toutes mesures adéquates pour faire sortir l'animal du gymnase dans des conditions de sécurité maximale pour la classe. Au lieu de cela, il avait lui-même caressé le canidé et autorisé les élèves à l'imiter. Ce qui le fait manquer à son obligation de prévoyance et de surveillance*[164]*.*

Ces réserves rappelées, les prochains développements, qui concernent la vision du juge sur le sport enseigné ou prati-

156/ CA Rennes, 29 octobre 1997, *Panaget c/ préfet d'Ille-et-Vilaine*, req. 529-9607151.

157/ TGI Avranches, 1er juillet 1999, *Chancey c/ préfet de la Manche*, req. 98/00589.

158/ Jean-Jacques Petit, « La capoeira. Une activité originale pour une pédagogie différenciée », *Revue EPS*, n° 230, 1991, p. 34.

159/ Stéphane Barbeaux, « Découverte du cirque en toute liberté », *Éditions Revue EPS*, n° 285, septembre-octobre 2000, p. 67.

160/ Adverbe peut-être mal choisi, l'auteur s'inquiétant « *du temps consacré pour retrouver les égarés* » : Daniel Regeard, « Course d'orientation. Devenir plus autonome dans un milieu plus vaste », *Revue EPS*, n° 270, mars-avril 1998, p. 37.

161/ CAA Nancy, 26 décembre 1991, *Messaoui*, req. 90NC00290.

162/ TGI Bobigny, 26 novembre 1998, *Mussard c/ préfet de Seine Saint-Denis*, req. 16800/97.

163/ TGI Valenciennes, 31 mars 1995, *Messaoui c/ préfet du Nord*, req. 1846/93.

164/ TGI Cherbourg, 12 mai 1997, *Boileau c/ préfet de la Manche*, req. 9600869.

qué dans les établissements scolaires[165], respecteront une classification dichotomique[166] qui distingue ici la nature (**A**) et l'artifice (**B**).

A. Les accidents dans les sports de nature[167]

328 Ils supposent, théoriquement, un affrontement avec ou sur un terrain naturel. Les contentieux portent essentiellement sur la baignade et sur les sports d'altitude. Le terme nature s'entend ici par rapport à la notion de profondeur en ce qui concerne l'eau (**I**) et en relation avaec la hauteur en ce qui concerne la roche, nue ou recouverte de neige (**II**).

I Les accidents liés aux activités nautiques

329 Qu'il s'agisse de natation ou de navigation, les accidents survenus dans un milieu naturel présentent quasi systématiquement un côté tragique, l'immersion prolongée provoquant la noyade ou des séquelles souvent gravissimes.

a) La natation

330 L'eau et ses drames présentent également un aspect procédural complexe lié à la diversité à la fois des régimes de responsabilité[168], des juridictions appelées à en connaître et des personnes physiques et/ou morales que les ayants droit de la victime choisiront d'attraire, c'est-à-dire d'assigner devant le tribunal supposé compétent. Claude Durand Prinborgne[169] donne un exemple à l'aide d'un arrêt du Conseil d'État[170]. Le décès par noyade d'un élève, au cours d'une séance de natation scolaire peut conduire à plusieurs actions en justice. Contre l'État, d'une part, soit devant les juridictions de l'ordre judiciaire en cas de faute du personnel enseignant sur

165/ Frédérique Thomas-Bion, *Cadre juridique en EPS et recueil de jurisprudence*, Préface Alain Hébrard, avant-propos Baba Nabé, Ed. Revue EPS, dossier n° 59 : 148 décisions de justice analysées sous forme de fiches.

166/ Sur un plan plus original, en 26 parties, qui suit l'ordre alphabétique, cf. Jacques Mestre, « Le sport à travers certaines décisions de justice », *Les publications commerciales*, 29 juin, 13, 20 et 27 juillet 1984.

167/ Les activités physiques de pleine nature (APPN) selon la terminologie technique. La « pleine nature », groupe de mots peu heureux du point de vue sémantique, rappelant sans doute le « plein air ».

168/ Claude Durand-Prinborgne, *Le droit de l'Éducation, op. cit.*, p. 366.

169/ La circulaire n° 2004-139 du 13 juillet 2004 sur « *l'enseignement de la natation dans les établissements scolaires du premier et du second degré* » y fait référence. Elle rappelle également la qualification attendue de l'encadrement, son taux, les règles de surveillance et de sécurité dans les bassins et sur les plages et les conditions matérielles (température, fréquentation, surface) des établissements de bains.

170/ CE, 10 juin 1988, *Metnaoui, Rec. CE*, p. 235

le terrain de la loi du 5 avril 1937, soit devant les juridictions de l'ordre administratif pour défaut d'organisation du service public de l'enseignement. Contre la Commune d'autre part, devant le tribunal administratif, soit pour faute de surveillance du maître-nageur, soit pour méconnaissance des règles de sécurité dans la piscine, soit en considération du défaut d'aménagement de l'ouvrage municipal.

331 Les illustrations malheureuses suivantes montrent ainsi des responsabilités exclusives, partagées, voire éclatées.

332 **Responsabilité de la commune.** Dans une piscine municipale, la noyade d'un enfant de sept ans, en dehors de la présence des maîtres nageurs, conduit à retenir la responsabilité de la commune. D'abord en tant qu'employeur, en se fondant sur des fautes de service commises par ses deux agents. Ensuite à raison du défaut d'organisation de la sécurité du bassin. Il importe certes à l'État, mis hors de cause, de veiller à la compétence professionnelle et pédagogique des intervenants extérieurs et à la sécurité générale des activités ainsi confiées à des personnels non enseignants. Mais il ne lui appartient pas de fixer, au-delà des exigences éducatives, le mode de fonctionnement des installations et l'organisation des services dont il fait usage[171]. L'existence d'une convention État/Commune, portant mise à disposition du stade nautique de la ville et du personnel d'encadrement, ne privait pas le maître nageur, même agréé par l'inspecteur d'Académie, de son appartenance à la fonction publique territoriale. Ce qui ne lui conférait pas la qualité de membre de l'enseignement public au sens de la loi du 5 avril 1937[172].

333 **Responsabilités partagées entre l'État et la Société gestionnaire de la piscine municipale.** Le premier parce que l'institutrice a négligé de compter ses élèves à la fin de la séance de natation. La seconde parce que les trois maîtres nageurs n'avaient pas assuré de façon continue la surveillance du bassin[173].

334 **Responsabilités réparties entre la commune, la victime et l'État :** la Commune, du fait du retard, imputable aux

171/ TA Lille, 18 décembre 1997, *Debril-Thierry*, req. 942963.

172/ CA Douai, 12 mars 1998, *Préfet du Pas-de-Calais c/ Debril*, req. RG95/09797.

173/ CA Versailles, 17 mars 1995, *Préfet des Hauts-de-Seine c/ Seck et Société Forest Hill Développement*, req. 180.

maîtres nageurs municipaux, apporté à l'examen complet du bassin après la disparition de l'élève (80 %) ; la victime, désobéissante, pour avoir plongé à nouveau malgré le signal de fin de baignade (20 %) ; l'institutrice, négligente, pour n'avoir ni informé les maîtres nageurs des risques particuliers encourus par l'élève atteint de troubles épileptiques, ni compté les enfants à l'issue du cours. Cette faute exonère de moitié la part de responsabilité de la commune (État 40 %, Commune 40 %, victime 20 %)[174].

335 **Responsabilité de l'État non retenue.** Les différentes personnes chargées de la surveillance de la piscine municipale étaient soit des préposés de l'association (privée, le centre aéré le V...) soit des employés municipaux. Aucun n'ayant la qualité de membre de l'enseignant public, la loi du 5 avril 1937 ne reçoit point ici application[175].

336 **Absence de responsabilité.** Découverte inanimée vers dix heures dans la piscine où elle suivait un cours de natation scolaire, une collégienne décédait sept heures plus tard. Au moment où sa camarade l'apercevait immobilisée sur le ventre, le maître nageur plongeait pour la transporter hors du bassin. Les témoignages concordants des enfants et des professeurs établissent que la victime ne s'est pas débattue et n'a pas crié. L'enquête ne révèle aucune faute de surveillance imputable aux enseignants, correctement positionnés. L'intervention du maître nageur s'effectue rapidement. L'accident présente un caractère subit et affecte une excellente nageuse. Les soins, immédiats et attentifs, viennent des maîtres nageurs, des pompiers et d'un médecin[176].

337 **Responsabilité pénale de l'enseignant**[177]. Une élève de sixième ne sachant pas nager avait sauté dans l'eau pour effectuer un exercice de natation, en compagnie de camarades, dans un bassin profond de quatre mètres. Sa disparition remarquée quatre minutes plus tard permettait le seul constat du décès.

174/ CAA Bordeaux, 4 avril 1991, *Brun, Savoir*, 1991/3, p. 58.

175/ CA Montpellier, 1er décembre 1992, *Préfet de l'Hérault c/ Di Maria*, req. 913512 et 923451.

176/ CA Metz, 3 octobre 1989, *Verboggio et autres c/ commissaire de la République de Moselle*, req. A.IV 1368/87 et I 4786/86.

177/ La loi du 10 juillet 2000 portant modification de l'article 121-3 du Code pénal, cf. *infra*, n° 603 et s., n'était pas applicable dans cette instance, l'arrêt datant de 1991. Sur différentes affaires pénales, toutes antérieures à la réforme sur les délits non intentionnels, cf. Baba Nabé, Claude Bouquin, « Les responsabilités de l'enseignant d'EPS dans la pratique des activités physiques et sportives scolaires », préface Bernard Toulemonde, *Éditions Revue EPS*, n° 51, 2000, p. 29-30.

Il appartenait au professeur (condamné à trois mois d'emprisonnement avec sursis) de diriger et de maîtriser le déroulement des évolutions et de s'assurer personnellement et individuellement du niveau acquis en natation par ses élèves. En outre, l'obligation de vigilance des maîtres nageurs, tenus sur le bord du bassin à une surveillance particulière et directe des enfants, s'exerce (mal en l'occurrence) malgré la responsabilité directe des enseignants à l'égard des groupes scolaires[178].

338 **Responsabilité de l'État.** Un élève effectuant un plongeon percutait un camarade qui remontait à la surface après avoir exécuté le même exercice. Il appartenait au professeur de mener la séance de natation en autorisant les nageurs à plonger sous sa seule et stricte surveillance. Il aurait dû, en l'espèce, donner le signal du saut après la réapparition du garçon hors de l'eau et dans le respect d'une distance suffisante pour éviter toute collision avec l'exécutant suivant[179].

De même, il revenait à l'enseignant d'assurer la sécurité des élèves évoluant dans le bassin sous sa surveillance, en arrimant sur son socle de fixation un rouleau de flotteurs d'un poids de vingt-cinq kilos[180]. L'abstention de toute initiative du maître avait provoqué la chute de la chose et la blessure de la jeune nageuse.

339 **Absence de faute inexcusable mais imprudence des surveillants.** Lors d'une promenade au bord d'une rivière, un interne de l'enseignement technique bravait l'ordre de ne pas se tremper au-dessus du genou, essayait en vain de traverser le cours d'eau et se noyait. La faute inexcusable de l'employeur n'est pas ici retenue car le jeune homme, bon nageur, décide de passer outre à l'interdiction. L'accident provient essentiellement de l'indiscipline de la victime. L'imprudence qu'ont pu commettre les maîtres d'internat en autorisant une baignade sans danger particulier mais difficile à surveiller efficacement, ne saurait mettre en œuvre ce régime de responsabilité[181].

340 **Responsabilités réparties entre l'État et la victime.** Cette affaire étonnante ne concerne pas le cours d'éducation

178/ CA Grenoble, 26 septembre 1991, *Ahoudjo N'da.*

179/ TGI Strasbourg, 24 juillet 1995, *Augelmann c/ préfet du Bas-Rhin,* req. 9406012.

180/ Cass. Civ. 2e, 23 octobre 2003, *Poinsot c/ préfet des Alpes-Maritimes, Bull. civ.,* n° 8, p. 269, *D.,* n° 11, 18 mars 2004, p. 728, notes Serge Petit et Yannick Dagorne-Labbe.

181/ CA Paris, 20 mai 1998, *Désir c/ agent judiciaire du Trésor,* req. 4768.

physique et sportive. Elle procède cependant de la même approche du juge en matière de répartition des responsabilités. À l'occasion d'un voyage scolaire, un élève s'était blessé, la nuit, en dehors de la présence des accompagnateurs en plongeant dans un bassin d'eau de faible profondeur. Les enseignants, parfaitement informés de la sortie nocturne des mineurs, qui ne prononcent pas son interdiction nonobstant le jeune âge (14 ans) des enfants, ainsi livrés à eux-mêmes sans encadrement, commettent une faute de surveillance (80 % à la charge de l'État). Le garçon qui plonge inconsidérément dans un bassin, avec seulement 50 centimètres d'eau et visiblement non destiné aux ébats nautiques de ce type, fait preuve d'un comportement fautif imprévisible, de nature à exonérer partiellement l'État de sa responsabilité (20 % à la charge de la victime)[182].

b) La navigation

341 Deux décisions concernent le **canoë-kayak**. L'une met hors de cause l'État dans l'accident mortel d'un accompagnateur bénévole au motif que la noyade, consécutive à un malaise, trouvait son origine dans la seule imprudence de la victime dépourvue de gilet de sauvetage[183]. L'autre condamne l'État, les enseignants n'ayant pas su appréhender, lors de la descente de la Loire, l'importance des difficultés pouvant se présenter et assurer les meilleures conditions de sécurité. L'organisation de la sortie relevait certes de l'association sportive du collège. Mais seul l'État succombe pour ne pas apporter la preuve que les professeurs d'éducation physique de l'établissement agissaient comme préposés de l'association et encore moins que le stage proposé aux élèves procédait de son initiative[184].

342 La pratique de la voile peut également tourner au drame[185]. Une affaire transposable à l'enseignement du second degré touche ici une étudiante de la faculté des sciences et de sport[186]. En position de barreuse, elle glisse et tombe à l'eau. Son équipier la hisse puis, au moment où il y parvient, réalise un empannage d'urgence pour éviter une collision avec la digue

182/ CA Poitiers, 2 juin 1998, *Préfet de la Charente-Maritime c/ Geoffroy*, req. 672.

183/ CAA Nantes, 24 janvier 1996, *Maron-Garnier*, req. 93NT00623.

184/ Cass. 2e civ., 20 novembre 1996, *Préfet de L'Indre-et-Loire c/ Crépeau*, req. 94.19.688.

185/ Cf. *infra*, n° 624.

186/ TGI Marseille, 28 juin 2001, *Cabry c/ préfet des Bouches-du-Rhône*, req. 2000/2368.

proche. Lors de la manœuvre, la victime percutée à la tête par la bôme chute à nouveau dans la mer. Le jour des faits, les vingt participants se trouvaient répartis en doublettes sur dix petits dériveurs avec, à bord, un débutant accompagné d'un skipper plus expérimenté. Deux pneumatiques motorisés et le bateau du moniteur diplômé du centre municipal de voile assuraient la sécurité et l'encadrement du groupe. Toutes les personnes portaient un gilet. L'embarcation du moniteur avait rapidement récupéré et ramené la blessée à terre afin de prévenir les secours. Défaut de surveillance non rapporté en l'espèce.

*Le **char à voile**, mode de « navigation » essentiellement terrestre, conduit parfois à des situations proches, à savoir le heurt du crâne par la bôme de l'engin manœuvré par un camarade. S'agissant d'un cours initiatique, le tribunal relève ici l'imprudence du professeur. Connaissant la force du vent et l'inexpérience des élèves, il ne pouvait attendre d'eux des manipulations correctes*[187].

II Les accidents liés aux activités d'altitude

343 Certains membres de la communauté éducative parlent plus volontiers pendant les vacances de Noël ou de printemps, des sports d'hiver. À l'école et lors des sorties scolaires, escalade, ski, luge, patinage ou raquettes donnent aux tribunaux l'occasion de « surfer » sur les manières de dispenser ces enseignements.

344 **L'escalade** relève des activités atypiques. D'abord en ce qu'elle se pratique jusqu'à une certaine altitude, sans neige ; au-delà, le grimpeur entre dans le monde de l'alpinisme. Ensuite parce que la réglementation résulte ici de directives[188] et de recommandations[189]. L'escalade appartient aux exercices spécifiquement dangereux, en raison des risques de chute à hauteur plus ou moins élevée. Cependant, dans la plupart des accidents, c'est l'erreur d'inattention qui se révèle fatale.

187/ TGI Bordeaux, 19 janvier 1999, *Leclabart c/ préfet de la Gironde*, req. 4346/97-244/98.

188/ Directives sur « *Le port de casque lors des activités statuaires de la Fédération française de montagne et d'escalade* » approuvée par l'AG du 17.01.1999, Besançon.

189/ « *Recommandation pour la pratique de l'escalade sur SAE et sites sportifs* », nd ; « Recommandations fédérales sur la gestion des équipements de protection individuelle (EPI) », nd ; Lettre du ministre de l'Éducation nationale DESCO n° 01-038 du 26 septembre 2001 valant recommandation sur la gestion du matériel (contrôle sur la qualité et la sécurité des équipements). L'observatoire national de la sécurité des établissements scolaires et d'enseignement supérieur a réalisé un document (« *L'escalade en milieu scolaire. Ce qu'il faut savoir sur les structures artificielles d'escalade, SAE* ») dépourvu de valeur réglementaire. « *Il vise à donner aux chefs d'établissement et aux enseignants quelques références qui leur apportent aide et conseil* ».

L'apprentissage insiste sur la concentration maximale aux moments clefs de la séance : mise en place des matériels adéquats, préconisation du port du casque [190], vigilance croisée des intervenants, répétition « à blanc » de la gestuelle décisive... Néanmoins, cette discipline qui suscite de nombreux contentieux, obéit à des règles incontournables.

Elle réclame, tout d'abord, un cycle d'initiation. Six séances paraissent suffisantes pour comprendre les consignes de sécurité, d'autant que la victime était assurée par un camarade dont la manœuvre faisait elle-même l'objet d'une surveillance du professeur [191]. Ce même petit nombre de séances initiatiques ne prive point toutefois l'enseignant de vérifier le bouclage correct du baudrier du grimpeur [192] ou le verrouillage du mousqueton [193], geste simple pour un professionnel, parfois malaisé pour un néophyte qui utilise à tort un mousqueton classique au lieu d'un mousqueton à vis [194], rendant sans effet la surveillance dont il pensait bénéficier. Pour ces raisons, tous ces errements engagent la responsabilité de l'État.

Elle commande ensuite la présence d'un tapis de protection en position adéquate pour amortir totalement les éventuelles chutes [195], indispensable en cas d'escalade de blocs, sans corde, malgré la proximité du « pareur ».

Elle appelle encore une vérification, depuis le sol, des installations techniques particulières nécessaires à son exercice, notamment l'accrochage normal des cordes [196] et l'attache du baudrier des élèves [197], avant que ceux-ci ne commencent l'exercice ou au moment de pratiquer une descente en rappel. Ici la faute grave de surveillance du responsable d'atelier [198] réside dans le défaut d'assurance du participant qui, sans en avoir été empêché, descend à son initiative. Lors de la rentrée

---

190/ CA Grenoble, 10 décembre 2003, *Roux c/ préfet de l'Isère*, req. 902. Cet arrêt relève des fautes commises par la victime mais déclare l'État responsable pour moitié du dommage : la lycéenne qui grimpait en tête, ne bénéficiait pas d'une assurance « en moulinette » et n'avait qu'une expérience réduite de l'escalade (4e séance). Un équipement de protection aurait sensiblement amorti le choc du crâne sur le sol.

191/ TGI Nanterre, 24 novembre 1999, *Demaumont c/ préfet des Hauts-de-Seine*, req. 97-14803.

192/ CA Reims, 18 mars 1998, *Préfet de la Marne c/ Brady et autres*, req. 231.

193/ TGI Versailles, 29 mai 2001, *Carre c/ préfet des Yvelines*, req. 2000/01295.

194/ TI Palaiseau, 24 avril 2001, *Pierrefitte c/ préfet de l'Essonne*, req. 01-237.

195/ TGI Lyon, 22 avril 1997, *Sanchez c/ préfet du Rhône*, req. 94/18162.

196/ CA Nancy, 22 juin 1999, *Corazza c/ préfet des Vosges*, req. 1597/99.

197/ TGI Versailles, 18 décembre 1996, *Lafon c/ préfet des Yvelines*, req. 9507234.

198/ Cass. 1re civ., 6 mars 1996, *La Union et le Phénix espagnol, IBM c/ Moufle, Normand, CPAM*, req. 93.18647 (accident survenu dans un centre de vacances ; solution transposable à la vie scolaire).

2001, le ministre de l'Éducation nationale a donné pour consigne de ne pas utiliser de matériel de sécurité loué ou prêté, cela en application de l'article L. 233-5 II du Code du travail qui subira vraisemblablement quelques modifications. Faire monter un enfant ou un adolescent, même doué de facilités, à six mètres, sans l'assurer, avec des matelas déplacés constitue, pour un professeur occupé de plus à un autre atelier, un manquement à son obligation de prudence car il ne veille pas aux conditions matérielles du cours, en particulier à l'organisation des lieux[199]. Mais la traversée latérale du mur d'escalade effectuée sur la première rangée de prises pour les pieds n'impose pas de protection particulière au moyen de cordes, eu égard à la faible hauteur[200].

Le grimper « en moulinette », qui implique un amarrage double et un coéquipier « assureur », présente par ailleurs, selon les juges, un caractère de plus grande dangerosité. Cela explique leur sévérité dès qu'ils décèlent une méconnaissance manifeste des règles de sécurité (corde dangereusement attachée, passée dans une seule dégaine accrochée à un spit[201] non prévu pour l'escalade en moulinette)[202] ou qu'ils constatent la mise en œuvre de moyens de sécurité inefficaces pour limiter les risques de chute (absence d'une corde d'assurance supplémentaire ou d'un mousqueton à fermeture automatique)[203].

La « tyrolienne » enfin, exercice complexe qui consiste à progresser à l'aide des bras et des jambes le long d'une corde horizontale tendue sous le plafond du gymnase, réclame d'indispensables précautions. Commet dès lors une négligence le professeur qui ne prévoit pas de manière suffisante une erreur de manipulation d'un adolescent lors de l'accrochage à la « tyrolienne », laissant ainsi reposer sa sécurité sur des actes accomplis par ce seul élève[204].

345 Quelques décisions abordent des attitudes particulières du jeune au cours de ce sport. ***Dissipation et imprudence.*** Un élève

199/ TGI Albertville, 7 novembre 2000, *Avanzi c/ préfet de la Savoie*, req. 2000/0347.

200/ TA Marseille, 29 mai 2001, *Bello*, req. 972644.

201/ Cheville auto-foreuse.

202/ TGI Versailles, 11 février 1997, *Gaigne c/ préfet des Yvelines*, req. 9508665.

203/ CA Lyon, 2 avril 1997, *Préfet de la Loire c/ Odouard*, req. 658.

204/ TGI Chalon-sur-Saône, 28 juin 2002, *Magnien c/ préfet de Saône-et-Loire*, req. 1161. Au pénal, le tribunal correctionnel écarte la violation d'une obligation de sécurité ou de prudence prévue par la loi ou le règlement ou l'exposition d'autrui à un risque d'une particulière gravité qu'il ne pouvait ignorer : le professeur avait vérifié manuellement le harnachement destiné à assurer la sécurité de l'élève.

qui sautait d'un mur d'escalade pendant la récréation tombe sur un de ses camarades. En entreprenant cet exercice original sans s'assurer de son côté périlleux, l'auteur du dommage commet une faute (article 1382 du Code civil). Mais la victime, connaissant la destination parfois détournée de l'ouvrage normalement réservé à l'escalade, fait preuve de quelque imprudence en jouant à proximité du mur (responsabilités « partagées » : 80 % sanctionnent l'attitude active et 20 % l'attitude passive)[205]. ***Indiscipline.*** Un garçon âgé de quinze ans avait pu sortir irrégulièrement de l'établissement muni de son matériel d'escalade. Comme il parvenait au sommet d'une paroi rocheuse, sa coéquipière relâcha la corde supposée l'assurer, provoquant sa chute. Pour le Conseil d'État[206], la victime disposait à son âge, du discernement nécessaire pour apprécier la prise de risque en quittant sans autorisation et contrairement au règlement intérieur le lycée, aux fins de pratiquer l'escalade sans encadrement. ***Maladresse.*** Après un cours d'escalade dispensé par le professeur d'éducation physique, un élève qui portait le matériel tomba et se blessa. La chute subite, inattendue et incompréhensible, à proximité de l'enseignant, ne s'explique ni par le poids, ni par l'encombrement des objets transportés[207]. Ce qui pose une question plus large touchant à l'ensemble des activités physiques.

Un coup de main et on accuse le coup. *Pour le juge administratif, le transport, par un élève, à la demande d'un professeur, de l'un des poteaux utilisés pour un match de* **volley-ball** *ne révèle aucune faute dans l'organisation ou le fonctionnement du service. Ce concours apporté par la jeune fille à l'exécution du service public affecte un usager de celui-ci et ne dépasse pas la contribution demandée à l'occasion de sa participation à l'exercice scolaire sportif, contrepartie des avantages que lui procure l'École. Ce qui n'a pu lui conférer la qualité de collaborateur occasionnel du service public de l'Éducation nationale*[208].

Le juge judiciaire qui, lui, recherche la commission d'une faute par un membre de l'enseignement, arrive, sur le fond, à des conclusions similaires. Recourir à l'aide volontaire ou non d'élèves de douze ans pour installer un tapis de ***gymnastique****, fût-il lourd, ne constitue pas une faute* « mais, au contraire, un acte éducatif et pédagogique parfaitement normal ». *Il appartient seulement au professeur de s'assurer de la coordination des opérations d'installation et de veiller à la sécurité des enfants sans que la survenance d'un accident lui soit* ipso facto *imputée. Dans cette espèce, un tapis de 60 à 80 kg a été descendu des barres parallèles par huit collégiens et le maître, sans encombre. Ce poids théorique de 7 à 9 kg à supporter par enfant ne présentait rien d'excessif. D'autant que posé au sol, le tapis poussé ou tiré pour lui faire fran-*

205/ TGI Saintes, 4 mars 1999, *Bruggeman c/ préfet de la Charente-Maritime*, req. 97/2620.

206/ CE, 23 juillet 2003, *David B.*, *AJDA*, p. 2274, concl. Isabelle De Silva.

207/ TGI Saint Brieuc, 10 janvier 1995, *Queffeulou*, req. 904/93.

208/ TA Nantes, 5 décembre 1991, *Bédier*, req. 89.1032.

chir la porte se trouvait plus facile à manipuler. Pendant le transport, la lourde protection de sol basculait, tombait sur le jeune qui, de plus, recevait sur lui un camarade victime d'une chute. L'accident, sérieux, résulte de circonstances indéterminées[209].

Solution identique lorsque la sollicitation d'élèves de onze ans porte sur une aide, naturelle et pédagogique, pour l'installation d'ateliers de ***gymnastique****. Le déplacement de l'appareil de barres parallèles monté sur roulettes qui s'effectuait pour la sixième fois, justifiait l'absence de l'enseignant*[210]*. Même jugement pour le tribunal de grande instance de Saint-Brieuc*[211] *qui prend en compte la charge et le volume des objets déplacés dans la manutention de matériel d'escalade.*

Une lycéenne (enseignement professionnel) apporte, dans une espèce un peu différente, son aide au bon déroulement du cours d'éducation physique, en essayant de tendre le câble du filet de ***volley-ball*** *au moyen d'une manivelle. Verrouillée par un clapet, cette manivelle, brusquement libérée, vient frapper la jeune fille à la bouche. Le système de blocage du bras métallique ne comportait pas de sécurité empêchant un retour brusque. Aucune surveillance étroite de ce genre de manœuvre réalisée par des élèves qui, même habitués à l'effectuer pouvaient manquer de savoir-faire ou d'esprit d'adaptation, ne venait compenser cette carence. Les responsables de l'établissement, à l'origine d'une omission volontaire d'une exceptionnelle gravité, conduisent le tribunal des affaires de sécurité sociale à reconnaître la faute inexcusable de l'employeur*[212]*. Non plus en début mais en fin de séance cette fois-ci, un gros élastique utilisé* « de manière discutable » *à la place d'un filiet de volley-ball est décroché et lâché par un élève. Certes, quelqu'un crie* « attention »*. Trop tard cependant, compte tenu de la proximité de la victime blessée à l'œil. Il incombait au professeur de détendre ce cordage de fortune de manière à neutraliser personnellement le risque au milieu des enfants par ce dispositif dangereux. Faute certes ténue mais qui se conjugue avec une erreur d'équipement commise par le collège révélant ainsi une insuffisance de précautions prise par l'adulte*[213]*. Autre accident de ce type, celui survenant à un élève qui saute par-dessus un banc et heurte une manivelle amovible servant au système de relevage des panneaux de* ***basket****. Il entraîne la responsabilité de l'État à raison des deux tiers du dommage pour faute de négligence et de surveillance (avoir laissé le siège à l'entrée du vestiaire et la poignée tournée vers le bas) ; un tiers du préjudice reste à la charge de l'élève âgé de 14 ans au discernement suffisant pour appréhender le risque de son geste*[214].

346 Une jeune fille avait été blessée lors d'une sortie de **ski** organisée par son lycée. Pendant que les professeurs aidaient les débutants à chausser leurs skis, l'élève peu expérimentée décida, une fois équipée, de rejoindre des camarades qui, désobéissant aux consignes, se trouvaient plus bas. L'appréciation

209/ TGI Saumur, 26 mars 1999, *Verry c/ caisse primaire d'assurance maladie et préfet de Maine-et-Loire*, req. 09800040/118.

210/ TGI Saumur, 12 juin 1998, *Bertaud c/ préfet du Maine-et Loire*, req. 09700288.

211/ 10 janvier 1995, *Queffeulou*, *op. cit.*, n° 345.

212/ TASS Lyon, 15 novembre 2000, *Mariche c/ État*, req. 1945/00.

213/ CA Colmar, 24 octobre 2003, *Préfet du Haut-Rhin c/ Marguet*, req. 2B00/03872.

214/ TGI Caen, 3 septembre 1997, *Rousseau c/ préfet du Calvados*, req. 267.

approximative d'une courbe l'avait projetée sur un arbre bordant la piste. Les enseignants avaient agi avec une grande improvisation dans la répartition de leurs tâches respectives et dans les directives données aux enfants puis dans le contrôle apporté à leur exécution. L'absence d'organisation avait permis à certains élèves de s'élancer seuls sur la neige et à l'accident de se produire. La victime ne se voit reprocher aucune faute : compte tenu de son âge et de l'inorganisation, elle avait pu mal interpréter les ordres donnés [215].

C'est encore l'inexpérience de la collégienne qui prévaut dans un accident de téléski. Le juge retient la responsabilité de l'État car, en raison des risques inhérents à la pratique du ski, le professeur se devait de proportionner les difficultés présentées à leurs capacités respectives. Il a manqué de discernement dans l'organisation de l'activité en faisant prendre un remonte-pente à la skieuse débutante, l'infrastructure exigeant de l'usager un rôle actif et de l'adresse [216].

347 Mais les enseignants ne commettent aucune faute de surveillance lorsqu'à la fin de la séance de **luge**, ils sifflent le rassemblement : quatre contrevenants dont la victime, effectuent, cependant, une dernière descente malheureuse. Rien ne prouvait que les adultes en charge de la surveillance aient eu la possibilité d'empêcher cette mauvaise inspiration [217]. Quant à la mise hors de cause du Préfet dans un accident (engelures aux doigts faisant suite à des chutes répétées et à un refroidissement important lors d'une sortie de ski proposée à des enfants d'une école primaire par une association), elle résulte de la survenance de l'accident hors temps scolaire [218].

348 La **patinoire** semble n'avoir généré, outre la chute, qu'une décision procédurale [219].

349 La **boule de neige** enfin trouve sa place dans les développements consacrés aux accidents survenus lors des projections dans la cour de récréation... [220]

215/ Cass. 2e civ., 16 novembre 1994, *État c/ Cros*, req. 1077D.

216/ TGI Thonon-les-bains, 25 juin 1998, *Dahan c/ préfet de Savoie*, req. 9401964.

217/ TGI Sarreguemines, 3 juillet 1996, *Berg c/ préfet de la Moselle*, req. 1.95/857.

218/ TGI Grasse, 3 mai 1995, *Amoros c/ préfet des Alpes-Maritimes*, req. 94 03552.

219/ CA Versailles, 19 décembre 1996, *Agent judiciaire du Trésor c/ Escard*, req. 610 : en vertu de la loi du 5 avril 1937, seul le préfet du département et non l'agent judiciaire du Trésor doit être assigné.

220/ Cf. *supra*, n° 1 et 290.

350 Les **raquettes** ne provoquent pas seulement du plaisir. Le drame ci-après décrit ne concerne qu'indirectement l'Éducation nationale mais les solutions retenues par le juge sont transposables aux sorties scolaires.

La catastrophe dite « des Orres ». *Le 23 janvier 1998, une avalanche se déclenchait aux environs de 13 h 15 sur le territoire de la commune des Crots (Hautes-Alpes) au niveau de la crête du Lauzet, emportant sur son passage 32 personnes dont 26 adolescents novices en sport de montagne. Onze d'entre elles furent tuées (9 enfants, 2 adultes) et 17 blessées (dont 3 avec une ITT supérieure à 3 mois). Toutes les victimes mineures, élèves de 4e S au collège privé Saint-François d'Assise de Montigny-le-Bretonneux (Yvelines) effectuaient une randonnée en raquettes. Pour organiser cette sortie, l'Union Nationale des Centres Sportifs de Plein Air – UCPA – avait fait appel à des salariés de son association : un guide de haute montagne, un accompagnateur de moyenne montagne, qualification raquettes, deux moniteurs de ski et deux accompagnateurs BAFA. S'ajoutaient à ces professionnels une enseignante de mathématiques et un professeur d'éducation physique, tuteurs des enfants.*

Ce procès, fortement médiatisé comme les affaires de la Calade et du Drac[221]*, est caractérisé par la longueur, de l'audience (26, 27, 28, 29 octobre 1999), du délibéré (deux mois et demi, lecture du 13 janvier 2000), du jugement (62 pages) et de la liste des parties à l'instance, civiles (88 et 2 associations civilement responsables), mises en cause (14 personnes morales et 4 personnes physiques), victimes directes ou ayants droit (11 morts, 3 blessés graves, 14 blessés sérieux). Le Tribunal correctionnel de Gap a indemnisé l'ensemble des parties civiles à hauteur de 6 894 320 francs (soit 1 051 032 euros), hors intérêts (le préjudice corporel – 540 000 francs, soit 82 322 euros – chiffré à titre provisionnel présentera un caractère définitif après expertise médicale ; plusieurs parties civiles ont interjeté appel sur les intérêts civils) et a condamné le guide de haute montagne dans les termes suivants :* « L'accident est indubitablement dû à l'imprudence de M. F. lequel bien qu'il se soit rendu compte de la présence d'une couche de neige dure, qui n'était autre qu'une plaque à vent, a néanmoins progressé dessus, suivi d'un élève puis a, à nouveau, transité dessus pour la contourner et faire une trace afin d'éviter la progression des randonneurs ; (...) la marche à deux reprises sur la plaque à vent a eu un effet de surcharge et a généré le mécanisme de rupture, lequel s'est déclenché quelques minutes après sur plusieurs dizaines de mètres de large ; (...) M. F. a été négligent dès sa première progression sur la plaque à vent qu'il avait détectée, la prudence lui imposait de chasser immédiatement à droite et de faire une nouvelle trace de contournement ; (...) la cause certaine de ce terrible accident réside dans cette manœuvre imprudente du guide ; (...) les décès survenus par hypothermie ou asphyxie sont en partie liés à la fatigue des enfants mais aussi au fait qu'ils étaient partiellement dévêtus sous le soleil au zénith, et encore à l'arrivée tardive des secours, ces derniers étant toutefois intervenus dans les meilleurs délais compte tenu de l'éloignement de la crête et avec des moyens importants, (...) l'ensemble de ces éléments peut constituer des facteurs aggravants de l'accident mais en aucune manière sa cause ; (...) dès lors les autres prévenus doivent être relaxés, les griefs allégués à leur encontre ne caractérisant pas des fautes pénales puisqu'ils ne constituent pas les causes certaines de l'accident ; M. F. étant retenu dans les liens des préventions, eu égard

221/ Cf *infra*, n° 620 et 625.

aux éléments de personnalité recueillis, il y a lieu de le condamner à une peine d'emprisonnement de 2 ans assortie du sursis simple pour les délits et à une amende de 8 000 francs au titre des contraventions »[222]. *Ce jugement a fait l'objet d'un appel puis d'un pourvoi en cassation, notamment à l'égard du professeur d'éducation physique et sportive relaxé. La cour de cassation confirme cette décision relevant que l'enseignant avait accompli les diligences normales dans la préparation et la surveillance du séjour à la montagne de la classe dont il était responsable*[223].

B. Les accidents dans les sports artificiels

351 Ils nécessitent la présence d'aménagements, tantôt mobiliers (sable rapporté, engins, agrès...), tantôt immobiliers (salles spécialisées, aires, terrains, stades...) et se pratiquent individuellement (**I**) ou collectivement (**II**).

I Les accidents liés aux activités individuelles

352 La jurisprudence les aborde à peu près toutes, qu'elles soient athlétiques, gymniques ou de combat.

a) Les sports athlétiques

353 Courses, sauts, lancers conduisent le juge à quitter le prétoire pour le stade.

354 1° ***La course.*** La chute d'un élève participant au cross des écoles, survenue peu après le départ, dans une pente, montrait la mauvaise appréhension de l'importance des difficultés par les personnels d'encadrement. Ce qui ne permettait pas d'assurer les meilleures conditions de sécurité compte tenu de la configuration du parcours retenu. Pour retenir la faute des professeurs, le juge judiciaire relève le défaut de sollicitation d'accord parental pour la participation des enfants à la manifestation. Cette carence met les organisateurs dans l'impossibilité de fournir l'identité de ceux d'entre eux qui ont heurté la victime et empêche l'intervention de leurs assureurs[224].

355 Pendant une **course d'endurance**, un collégien victime d'un malaise cardio-respiratoire, décédait peu après. L'essoufflement de la jeune victime, qui s'était précédemment manifesté dans la pratique du chant et de la flûte en cours de

---

222/ TGI Gap, 13 janvier 2000, *Berthelot et autres c/ Forte, Poudevigne, Jacques, Wadel*, req. 98000313, n° 58.

223/ Cass. crim., 26 novembre 2002, *Bull. crim.*, 2002, n° 211, p. 781.

224/ CA Paris, 31 mai 2001, *Préfet de l'Essonne c/ Gourguet*, req. 1999/16465.

musique ou pendant les courses de fond, lors des séances d'éducation physique, n'impliquait pas de concertation entre les professeurs sur son état de santé. En effet, aucun élément dans son dossier scolaire (certificat médical mentionnant un antécédent cardiaque ou contre-indication à la pratique du sport) ne laissait présager l'accident[225].

356 Mais commet une double faute le professeur qui, à l'issue d'une **course de vitesse**, autorise un élève victime d'une chute, à regagner seul le collège distant de trois kilomètres du stade. Par omission, pour n'avoir pas surveillé un échauffement musculaire préalable à une épreuve de sprint impliquant un effort court et violent. Par action, pour avoir laissé l'adolescent effectuer une longue marche à pied susceptible d'aggraver un traumatisme mal évalué[226]. De même est fautive l'insistance d'une pédagogue à faire courir la victime : avertie par un certificat médical du risque encouru, elle « *n'avait rien voulu savoir* »[227].

357 Quant à l'enfant qui court, se prend le pied dans un trou, trébuche et butte contre un trottoir, ses représentants légaux n'apportent pas la preuve d'une faute du professeur de gymnastique par la production de deux témoignages et d'une photographie du raccord de goudronnage. « *Une cour n'est pas une salle de classe et il appartient aux usagers de porter attention à la nature du sol, particulièrement lorsqu'ils courent... De surcroît, la dégradation était récente et on ne peut exiger ni du personnel enseignant, ni de la direction, qu'ils veillent à ce que tous les lieux extérieurs aux bâtiments et où les élèves sont appelés à se rendre conservent constamment une surface rigoureusement plane et sans la moindre imperfection* »[228].

358 Deux autres décisions sur la course concernent la procédure : mise hors de cause de l'État dans l'accident intervenu dans un établissement privé sous contrat simple (arrivée non contrôlée provoquant un heurt avec des plaques adossées au mur du fond de la salle)[229], ou pour la demande d'expertise médicale[230] qui ne rouvre pas les délais dans une affaire prescrite.

225/ CAA Nantes, 30 avril 1998, *Prévost*, req. 95NT00036.

226/ CA Rennes, 28 septembre 1994, *Préfet des Côtes d'Armor c/ Mauviel*, req. 415.

227/ CA Douai, 29 janvier 2004, *Duplouy c/ préfet du Nord*, req. 03/02382.

228/ CA Toulouse, 26 mai 1987, *Gérard c/ commissaire de la République du Tarn*, req. 2571/85, n° 651.

229/ TI Bourgoin-Jallieu, 9 avril 1996, *Monnin c/ préfet de l'Isère*, req. 11-95.010481.

230/ CA Aix-en-Provence, 18 mai 1995, *Ménard c/ préfet des Alpes-Maritimes*, req. 385.

359 2° *Le saut.* Le **saut en hauteur** pose surtout problème sur le plan de la réception de l'exécutant. Commet une faute de surveillance, l'enseignant qui :

- néglige de déplacer les petits tapis de calage moins nombreux à gauche qu'à droite lors du saut d'une élève gauchère[231] (il lui appartenait de réaménager l'aire de réception, tout en corrigeant la technique utilisée);

- ne dispose pas les tapis de telle sorte que les élèves ne puissent ni chuter hors de ceux-ci, ni en glisser[232], ni encore rebondir après le saut alors que la course d'élan n'avait provoqué aucune remarque[233].

Mais si l'élève retombe à côté du tapis – conforme à la réglementation en vigueur – alors que l'élan se prend en quelques secondes, il ne saurait être reproché au professeur de n'avoir pas tenté de stopper le saut dévié de la victime[234]. De même, aucune faute n'est établie à l'encontre du moniteur d'éducation physique qui fait pratiquer le saut dans un bac à sable destiné à amortir les chutes[235]. Au contraire, l'organisation de la séance en deux ateliers permet difficilement l'exercice d'une surveillance immédiate et vigilante de la part de l'enseignant. Sa navette d'un groupe à l'autre pour détecter les erreurs et expliquer la technique du saut n'apparaît pas une mesure suffisante, notamment compte tenu de l'âge moyen des élèves (13 ans)[236].

360 Des principes similaires prévalent pour le **saut en longueur**. L'État pris en la personne du préfet est déclaré responsable si le sautoir se révèle insuffisamment préparé, le sable n'ayant pas été ratissé sur toute la surface[237]. Mais la preuve de la faute, non rapportée, ne permet pas de déterminer avec certitude la cause de la chute de l'élève à partir des documents produits[238].

231/ Cass. 1re civ., 22 mars 1995, *Fondanayche c/ préfet de la Sarthe*, req. 422 D; CA Caen, 19 décembre 1996, req. 9501581.

232/ TGI Marseille, 30 mai 1995, *La Plagne c/ préfet des Bouches-du-Rhône*, req. 504.

233/ TGI Toulouse, 30 mars 1999, *Larrue c/ préfet de la Haute Garonne*, req. 294.

234/ CA Bordeaux, 15 mai 1995, *Jollant c/ préfet de la Gironde*, req. 91001238.

235/ TGI Marseille, 23 novembre 1987, *Gaubert*, cité *in Les accidents scolaires relevant de la loi du 5 avril 1937 et leur contentieux*, *op. cit.*, p. 177.

236/ CA Aix-en-Provence, 10 juin 1997, *Préfet des Bouches-du-Rhône c/ Maire et Garden*, req. 458.

237/ TI Aix-en-Provence, 14 mars 1996, *Ferrari c/ préfet des Bouches-du-Rhône*, req. 1195.01800.

238/ TGI Saint-Étienne, 13 septembre 1994, *Journiac c/ préfet de la Loire*, req. 9201263.

Coup de pompe(s) pour un drôle d'équipage ! *La modification du jour du cours de gymnastique par l'institutrice, sans information préalable des parents, conduit certains élèves à se présenter dans une tenue inadéquate. L'un d'entre eux exécute un saut en hauteur en vêtements et chaussures de ville, tombe et se blesse. Il appartenait à l'enseignante, en l'état de la difficulté créée par le changement inopiné d'emploi du temps, de s'assurer que l'équipement vestimentaire de l'enfant lui permettait d'effectuer les activités sportives prévues*[239]*. Un apprenti-basketteur qui jouait sans... baskets, s'était fait accidentellement marcher sur le pied par un de ses camarades. Le tribunal retient la responsabilité du professeur : il lui appartenait d'infliger à l'inconscient une sanction (adaptée). En l'obligeant ou même en l'autorisant à participer au match en compagnie d'équipiers et d'adversaires chaussés, il méconnaissait les règles de sécurité les plus élémentaires*[240].

361 3° *Le lancer* qui consiste à projeter, dans un secteur déterminé, des engins codifiés [241], **javelot**, **disque**, **poids** ou **marteau** présente, par nature, un caractère dangereux. Concernant cette dernière activité, cependant, il n'existe, semble-t-il, aucune jurisprudence, du moins à l'école, vraisemblablement parce qu'elle présente des difficultés naturelles pour un enseignement collectif; de même pour certains engins non codifiés à vocation pédagogique (barres, haltères, ballondes [242], cerceaux...). La propulsion d'un objet pointu, dur et lourd, génère une activité à hauts risques et implique une triple exigence. *Primo,* la surveillance du lieu et de l'état du matériel sportif [243], placé de préférence dans un endroit sûr, de manière à éviter toute utilisation inopinée (javelot). *Secundo*, l'encadrement des compétiteurs [244] dont l'insuffisance s'analyse en un défaut d'organisation du service (javelot). *Tertio*, et surtout, des consignes strictes transmises par le professeur.

Ne commet pas de faute celui qui délimite nettement les aires de projection, donne toutes les instructions de sécurité habituelles [245] pour ce type d'épreuve (poids) et crie « *attention* » pour tenter d'empêcher l'action soudaine du lanceur. De même à propos de l'élève qui enfreint ces instructions, prodiguées antérieurement à la distribution du matériel (disque) et répétées par un autre condisciple. Cela rend inopérante

239/ TI Marseille, 15 décembre 1994, *Talmon c/ préfet des Bouches-du-Rhône*, req. 923.

240/ TI Melun, 22 juillet 2003, *Chagot c/ préfet de Seine-et-Marne*, req. 1181.

241/ La codification ne s'entend point ici au sens juridique : il s'agit de la forme, de la dimension et du poids précis des engins, prévus par les règlements et lancés lors des compétitions organisées par les fédérations d'athlétisme.

242/ Petits *medecine-balls* ou balles lestées, munis d'une poignée souple (lanière de cuir).

243/ TA Nancy, 6 mai 1997, *UAP c/ ministre de l'Éducation nationale et Commune de Pagny-sur-Moselle*, req. 96-474 et 961437.

244/ CE, 10 février 1997, *Mailehako, Gaz. Pal.* 2, pan. adm. P. 157, par Philippe Graveleau.

245/ TGI Lyon, 26 mai 1994, *Poncet c/ Gaiffe et préfet du Rhône*, req. 91/14060.

l'action en responsabilité dirigée contre l'État[246]. Solution identique lorsque le jeune, à l'origine du dommage, au mépris des consignes de sécurité imposées et mises en place, réalise une volte et lance le disque en direction de ses camarades[247] ou, par un geste imprévisible et maladroit, le lâche prématurément[248]. Mais le professeur qui laisse ses élèves se rendre sur l'aire de lancer, sans leur donner la moindre instruction, commet une imprudence en n'assistant pas le groupe qui est sur le point d'entreprendre l'exercice (poids) ou en n'interdisant pas de commencer celui-ci avant son retour[249].

Initiation ne rime plus forcément avec propulsion car de plus en plus d'éducateurs paraissent répugner à enseigner ces disciplines, en particulier le javelot et le disque, eu égard à leur dangerosité.

Étranges projections... *Des solutions jurisprudentielles proches de celles précédemment rappelées prévalent pour le lancer, plus rare, du* ***frisbee*** *: l'auteur de l'accident contrevenant à l'interdiction du professeur de jouer avec cet objet l'avait, nonobstant, dérobé dans le cartable d'un camarade et lancé brusquement vers la victime. Le caractère soudain et imprévisible du geste rendait impossible l'intervention de l'enseignante[250]. Et encore plus exceptionnel du jet de* ***caillou*** *! Qui ne constitue plus vraiment un sport mais un moyen pédagogique pour l'apprentissage du lancer du javelot. Observation faite qu'il existe des balles de mousse ou de tennis, préférables... au caillou. Dans cette instance particulière, le projectile utilisé provenait d'une zone à l'accès prohibé. Mais l'interdiction habituellement transgressée ne conférait pas au jet un caractère inopiné car n'importe quel élève disposait de cette facilité : ramasser une pierre et la projeter au loin. Un acte de surveillance pouvait éviter l'accident, prévisible[251].*

b) Les sports gymniques et artistiques[252]

362 Dans ces disciplines (trampoline, saut de cheval, poutres, barres), l'aide et la parade jouent un rôle essentiel. La première suppose un contact direct par une intervention pendant la phase délicate du geste : l'aide autorise la manipulation du débutant en le guidant dans sa trajectoire, voire en le « portant ».

246/ CA Aix-en-Provence, 10 janvier 1995, *Préfet des Alpes-Maritimes c/ Galego*, req. 9111875.

247/ CA Montpellier, 20 octobre 1994, *Aussenac c/ CPAM des Pyrénées Orientales et État.*

248/ TGI Poitiers, 17 octobre 1997, *Chantreau c/ préfet de la Vienne*, req. 97-573 (responsabilité du père du lanceur fautif, pour l'acte commis par son fils).

249/ TGI Nanterre, 29 juin 1994, *Lipskier c/ préfet des Hauts-de-Seine*, req. 13091/92.

250/ CA Versailles, 22 février 1994, *SNCF c/ Pirola*, req. 142.

251/ TGI Béthune, 18 janvier 1994, *Société de secours minière de la Haute Deule c/ Letor et autres*, req. 972/91.

252/ Certains rangent dans ce type d'activités l'acrosport, le cirque et la capoeria (voir *supra* n° 327).

La seconde nécessite une exécution de la figure par le seul sportif, le pareur se trouvant prêt à intervenir si le risque de non-réussite du mouvement augmente.

363 1° *Le trampoline.* La toile tendue et soutenue par des ressorts permet au gymnaste de se recevoir, après un saut parfois périlleux. Plusieurs types de techniques impliquent des réceptions variées sur l'appareil, le mini-trampoline autorisant des prises d'impulsion. Leur utilisation ne fait l'objet d'aucune interdiction réglementaire et n'implique pas de référence aux règles de sécurité prévues par la Fédération française de trampoline et de sports acrobatiques[253]. Il appartient au professeur d'éducation physique, tenu à une obligation de sécurité, d'évaluer les risques inhérents pour prendre des mesures préventives. Certains sauts nécessitent la présence soit de l'enseignant lui-même[254], soit d'un élève expérimenté, apte à comprendre les consignes[255] de façon à participer activement à la sécurité de ses camarades[256]. La parade consiste à disposer les jeunes gens autour du trampoline pour repousser vers son centre celui qui en « sort ».

Commet une faute le maître qui, soit ne se trouve pas à proximité de l'élève pour l'aider à exécuter une figure[257], soit ne prend pas en compte la situation particulière de la victime, en lui faisant réaliser un exercice pour lequel il connaît l'insuffisance de sa préparation[258]. Il va sans dire que les tapis de réception doivent être correctement disposés pour absorber l'énergie cinétique du sauteur (salto-saut périlleux avant, avec réception sur deux tapis écartés par suite de l'antériorité immédiate d'un autre exercice)[259].

364 Le travail en ateliers, eu égard à la dangerosité notamment de l'apprentissage, entraîne parfois la responsabilité du professeur[260], sauf prise de précautions pour un exercice ne présentant pas de difficulté particulière. Ainsi en a-t-il été jugé

253/ CA Paris, 17 janvier 1991, *Stankiewiez c/ préfet de Seine-et-Marne*, req. 89.13632 (mini-trampoline).

254/ TGI Aix-en-Provence, 18 février 1998, *Burgio c/ préfet des Bouches-du-Rhône*, req. 97/04268 (présence) ; TGI Annecy, 16 mars 1995, *Leroy*, req. 9001010 (absence).

255/ TI Dunkerque, 10 juin 1998, *Proix c/ préfet du Nord*, req. 11.97.00552.

256/ TGI Nantes, 10 février 1998, *Huet c/ préfet de Loire Atlantique*, req. 299/96.

257/ TGI Thonon-les-Bains, 25 mars 1999, *Herbaud c/ préfet de la Haute-Savoie*, req. 9900318.

258/ CA Versailles, 12 octobre 1995, *Gibert c/ préfet des Hauts-de-Seine*, req. 401.

259/ TGI Versailles, 7 octobre 1999, *Rouillard c/ préfet des Yvelines*, req. 1998/05992 Dans le même sens, TGI Soissons, 12 mars 1992, *Byrka*.

260/ TGI Marseille, 4 octobre 1999, *Imbert c/ préfet des Bouches-du-Rhône*, req. 451.

dans une affaire montrant deux disciplines mises en place dans le même temps : trampoline pour les garçons, handball pour les filles. L'institutrice qui se trouvait à égale distance des deux activités en cours dans un lieu unique était parfaitement en mesure d'en suivre simultanément le déroulement[261]. La solution juridictionnelle prend en compte les circonstances de l'espèce : lieu, effectifs, âge, niveau, condition physique des élèves... et parfois même leur propension au chahut. Ainsi l'enseignant occupé auprès des autres agrès n'exerçait-il pas la surveillance de nature à éviter la naissance et le développement du tumulte : alors qu'elle se trouvait sur le trampoline pour récupérer ses chaussures lancées par des camarades, une élève heurtée par un condisciple chutait de l'appareil[262].

365 2° ***Le saut de cheval***[263]. Exercice dangereux, il nécessite, pour les enseignants, une prise de précautions renforcées par rapport aux règles habituellement suivies pour la pratique de ce sport par des élèves non entraînés[264] sur un appareil peu familier. Dès lors que la consigne précise est donnée par le professeur (un seul utilisateur à la fois et attendre son tour), aucune faute ne peut être retenue à la charge de l'enseignant dans la mise en œuvre de l'activité : l'accident d'un jeune collégien qui, s'élançant vers le cheval d'arçon, avant que son camarade ait quitté le tapis de réception, trouve son origine dans le non-respect de la consigne par la victime[265]. Aucune norme obligatoire ne concerne le réglage de la hauteur du cheval d'arçon. Il paraît logique de l'effectuer en tenant compte de la taille et de l'habilité des gymnastes d'une heure. Mais une mauvaise chute peut s'expliquer par la maladresse de la victime, aggravée sans doute par la peur de l'obstacle, dès lors que sa taille, 1,76 m, n'appelle pas une position basse du matériel[266]. L'épaisseur des tapis et la surface importante de leur couverture, la vigilance du professeur par sa présence

261/ CA Aix-en-Provence, 21 novembre 2000, *Burgio c/ préfet des Bouches-du-Rhône*, req. 762. Dans le même sens, cf. CA Rouen, 29 octobre 1997, *Hébert c/ préfet de la Seine-Maritime*, req. 9600770; TGI Montluçon, 15 mars 1991, *Berthon c/ préfet de l'Allier et Caisse de mutualité sociale agricole du Puy-de-Dôme*, req. 408/90, n° 91.

262/ CA Douai, 28 juin 2001, *Préfet du Nord c/ Boulet*, req. 1999/05171.

263/ Encore appelé saut de mouton, à ne pas confondre avec le cheval d'arçon, discipline essentiellement pratiquée par les garçons dont l'agrès comporte deux poignées.

264/ Cass. 2e civ., 13 mars 1991, *État c/ Lardiere et autres*, req. 9010375; CA Grenoble, 16 septembre 1992, *Lardiere c/ CPAM Vienne et préfet de l'Isère* (arrêt de renvoi), *LIJ*, 41/92, p. 9.

265/ CA, Aix-en-Provence, 5 février 2003, *Préfet des Bouches-du-Rhône c/ Ech-Chihi*, req. 00/01551.

266/ TGI Béziers, 6 avril 1987, *Guy c/ préfet de l'Hérault*, req. 255/86, n° 446.

auprès de l'agrès constituent autant de moyens à mettre en œuvre pour assurer la sécurité des élèves [267]. On peut penser que l'un d'entre eux expérimenté et délégué à cette fin s'acquittera de cette mission [268]. En situation d'examen – le baccalauréat en l'espèce – le candidat qui choisit et prépare l'épreuve n'exigeant aucune précaution particulière et qui se blesse en exécutant une figure, voit son action en responsabilité rejetée [269]. Mais en anticipant sur les séquences du même examen et en les faisant effectuer par l'élève sans s'assurer de son aptitude à les mener à bien en dehors de toute parade, le professeur s'expose au risque d'une chute [270].

Un arsenal... de précautions. *L'organisation de l'**activité physique en ateliers** (fractionnement en plusieurs groupes se livrant à des exercices différents) n'entraîne pas systématiquement la responsabilité de l'État, substituée à celle de l'enseignant. L'option d'une surveillance générale rend inopérant tout reproche à propos de consignes de sécurité données à des élèves âgés de 17 ans. Les diligences nécessaires et raisonnables s'affichent ici. Ainsi s'apprécie l'organisation en six ateliers : sol, poutre, barres asymétriques, barres parallèles, barres fixes et saut de cheval. À ce dernier exercice, cinq élèves s'entraînent : l'un exécute le saut et les quatre autres parent [271]. Mais encore faut-il que la prévoyance s'adapte aux exercices proposés comportant des difficultés ou des dangers particuliers. Par exemple, si l'enseignant n'avait ni prévu, ni mis en poste quelqu'un pour la réception des élèves travaillant aux agrès. De plus, même confirmée et expérimentée, la jeune gymnaste (12 ans) ne se trouvait pas à l'abri d'une chute [272]. Les juridictions portent sur les ateliers une appréciation au cas par cas. Elles les acceptent et parfois même les justifient : la séparation de la classe en deux sous-ensembles favoriserait le calme et par suite le bon déroulement de chacune des activités [273] (agrès et jeux de ballon). Il en va ainsi de la division d'un cours de sixième, en deux groupes, les élèves effectuant simultanément un saut de cheval après prise d'impulsion sur un trampoline. La dangerosité de l'exercice implique la présence du professeur auprès de l'exécutant. Cela* « afin de lui adresser toutes recommandations utiles, de corriger ses erreurs éventuelles, de le "sécuriser" et le cas échéant de le retenir en cas de déséquilibre ». *Aucun autre jeune enfant ne pouvait le suppléer dans cette tâche essentielle. Le tribunal [274], qui observe en outre la mauvaise disposition des tapis de réception, retient à la charge de l'enseignant* « une insuffisance de surveillance et une négligence dans la mise en place des sécurités passives », *à l'origine de la blessure.*

267/ TGI Laon, 6 mai 1997, *Allonsius c/ préfet de l'Aisne*, req. 1410/95.

268/ TGI Marseille, 24 septembre 1996, *Maresni c/ préfet des Bouches-du-Rhône*, req. 738.

269/ CA Paris, 27 mai 1994, *Jurkovic c/ préfet de Paris*, req. 9213630.

270/ TGI Avignon, 28 septembre 1994, *Chaouat c/ préfet de Vaucluse*, req. 2801/94.

271/ TGI Angers, 17 février 1997, *Barlier c/ préfet du Maine et Loire*, req. 650.

272/ CA Douai, 10 novembre 1994, *Préfet du Nord c/ Rasmont*, req. 93/05984 (5 élèves s'exerçant au cheval d'arçon, les autres, surveillés, pratiquant des exercices au sol).

273/ TGI Nanterre, 7 mai 1999, *Chebbah c/ préfet des Hauts-de-Seine*, *op. cit.*, n° 286.

274/ TGI Marseille, 22 juin 1998, *Benkraouda c/ préfet des Bouches-du-Rhône*, req. 3003/97.

Les conséquences, souvent graves, des accidents de saut sur des victimes d'un jeune âge conduisent les cours et tribunaux à prononcer des condamnations lourdes à la charge de l'État[275]. La plupart du temps, l'action en responsabilité contre celui-ci s'exerce devant les juridictions de l'ordre judiciaire sur le fondement de la loi du 5 avril 1937. Cependant, la faute née d'une surveillance défectueuse ou d'une méconnaissance des risques et des exigences relatives à la sécurité trouve parfois son fondement dans un défaut d'organisation du service, de la compétence du tribunal administratif[276].

366 3° *La poutre.* Le caractère particulier des exercices effectués sur la poutre requiert du professeur une surveillance directe et suffisante pour prévenir tout geste intempestif, malencontreux ou dangereux. Sa vigilance implique aussi qu'il tienne à distance raisonnable les autres élèves pour ne pas gêner le pratiquant et éviter tout choc avec ce dernier[277]. Il ne peut se contenter du rappel de certaines consignes de sécurité (parade, sanglage des tapis) puis s'en remettre à l'esprit d'initiative et au sens des responsabilités d'adolescents[278]. La prudence élémentaire lui commande, surtout en l'absence de rembourrage de la poutre, de rester auprès des enfants durant ce type de manœuvre et tout particulièrement pendant la réalisation des sauts[279] ou même d'un travail d'équilibre. Ainsi, l'institutrice seule avec trente et un écoliers, occupée à surveiller simultanément ceux qui font des roulades et ceux qui évoluent à la poutre ne peut faire face aux risques représentés par les exercices[280].

La surveillance visuelle, insuffisante, amène le juge à considérer cette imprudence à l'origine du dommage[281]. Une barre élevée à une hauteur de deux mètres ne contrevient ni aux prescriptions techniques, conformes aux préconisations du fabriquant, ni à la réglementation académique autorisant la pratique de ce sport selon les modalités en cause. Elle n'en génère pas moins un exercice dangereux, requérant une surveillance particulière à l'égard de jeunes gens âgés de douze

275/ CA Grenoble, 16 septembre 1992, *Lardiere c/ CPAM de Vienne et préfet de l'Isère, op. cit.*, n° 365.

276/ TA Caen, 6 juillet 1993, *Allemandou*, req. 91687.

277/ CA Nancy, 3 février 1997, *Préfet de Meurthe et Moselle c/ Merzouk*, req. 309/97.

278/ TGI Avignon, 10 janvier 2000, *Marion c/ préfet de Vaucluse*, req. F96/02626.

279/ Civ., 5 novembre 1998, *Préfet du Val d'Oise c/ Mattern*, req. 1208P-B.

280/ TGI Lyon, 28 février 2000, *Borel c/ préfet du Rhône*, req. 1996/12788.

281/ TGI Marseille, 27 mars 1998, *Janoyer c/ préfet des Bouches-du Rhône*, req 249.

ans environ. Même si l'accident se produit en fin d'année, période laissant augurer une certaine maîtrise des jambes tendues pour sauter de la poutre, le maître (en surveillance de l'autre atelier) ne pouvait parer à la chute d'un enfant obéissant, seulement déséquilibré[282].

L'étourderie d'un garçon qui glisse sur le sol à proximité de la poutre, bouscule malencontreusement sa camarade et la fait tomber, n'entraîne pas forcément la faute de l'instituteur en l'absence de preuve[283]. La même maladresse de celui qui en descendant blesse un condisciple, conduit en revanche à retenir la responsabilité de l'État si, au moment de l'accident, le professeur est occupé à surveiller un autre groupe d'élèves[284]. La peur de la jeune fille lors de l'accomplissement d'un exercice chronométré comportant le franchissement d'une poutre, impose une vigilance accrue de l'enseignant qui, connaissant cette angoisse, ne se dégage point de ses obligations en chargeant une autre élève de se trouver à proximité[285].

Un mot de dispense. *Une jeune fille, dispensée d'éducation physique, tenait, à la demande du professeur, le tapis de réception utilisé pour la séance de gymnastique. Un de ses camarades la heurta en effectuant l'exercice. Le tribunal[286] retient la responsabilité de l'État car si l'élève pouvait assister au cours en qualité de spectatrice, il ne lui revenait pas de servir d'assistant au pédagogue en prenant une part active à la leçon.*

367 4° *Les barres.* Les **barres parallèles** exigent attention soutenue et vérification, dès le début de l'exercice, d'une bonne position des mains placées au milieu des barres et non à leur extrémité[287]. Le professeur doit aussi veiller à se trouver très près de l'endroit où le garçon effectue une roulade pour pouvoir diminuer le risque inhérent à cet exercice, et à utiliser des tapis, de préférence épais, pour permettre d'effectuer des balanciers[288].

368 Les **barres asymétriques** requièrent coordination, adresse certaine et force musculaire incontestable de la part des filles.

282/ TGI Nanterre, 16 mars 2001, *Coisplet c/ préfet des Hauts-de-Seine*, req. 00/03831.

283/ TI Agen, 13 avril 1995, *Gruel c/ préfet du Lot-et-Garonne*, req. 326.

284/ TGI Briey, 24 mars 1994, *Merzouk c/ préfet de Meurthe-et-Moselle*, req. LJ87/94.

285/ TGI Strasbourg, 30 avril 2001, *Bouhaben c/ préfet du Bas-Rhin*, req. 98/06377. Sur la question de la peur éventuellement manifestée par un élève, voir aussi TGI Valence, 29 décembre 1998, *Ramond c/ préfet de la Drôme*, req. 9504048.

286/ TI Arras, 19 décembre 1997, *Jeanpetit c/ préfet du Pas-de-Calais*, req. 11.97.00016.

287/ TGI Besançon, 22 février 1996, *Poulot c/ préfet du Doubs*, req. 942029. On notera que certains exercices d'adaptation aux barres parallèles s'exécutent en partant de leur extrémité.

288/ TGI Pontoise, 15 février 1994, *Cartron c/ préfet du Val-d'Oise*, req. 93/4161.

Dès lors qu'elle n'est pas une gymnaste confirmée, il appartient au professeur de surveiller l'exercice avec une vigilance accrue [289] et de prendre les précautions nécessaires pour parvenir à une réception sur le tapis qui soit la plus sûre possible [290]. *A fortiori*, lorsque l'exercice, bien que prévu par les instructions pédagogiques, présente des difficultés, corroborées par des chutes précédentes : départ « appui barre supérieure » suivi d'une rotation avant autour de celle-ci puis d'une réception « jambe sur barre inférieure » avec une sortie « cochon pendu » [291]. Mais la responsabilité de l'État est écartée si l'adolescente lâche brusquement la barre à laquelle elle se trouvait suspendue : le caractère soudain de la chute empêchait à la fois le professeur placé face à elle et l'élève disposé en parade de l'éviter [292].

D'autres activités gymniques *ont provoqué accident d'abord, jurisprudence ensuite. La* ***roulade*** *(même arrière), exercice simple, ne nécessite pas la présence continue du professeur. L'événement fâcheux relève de l'inattention et de la maladresse du jeune (12 ans) qui n'a pas attendu la fin de la cabriole du camarade pour commencer la sienne* [293]*. Les échauffements systématiques par ailleurs proposés et pratiqués avant les exercices, traduisent une absence de faute de l'enseignante qui, du reste, n'oblige pas une élève souffrante ou blessée à travailler* [294]*.*

Le ***poirier*** *(mal paré) exécuté sur un tapis entraîne une chute malheureuse due surtout à l'inhabileté de l'exécutante – 17 ans – qui oublie, malgré les conseils prodigués, de s'enrouler en tombant, pour éviter l'impact* [295]*.*

La ***roue*** *ne comporte aucune complexité particulière surtout si la jeune fille – 15 ans et demi – pratique de façon intensive la danse moderne depuis des années et se trouve ainsi dotée de qualités d'équilibre et de souplesse permettant sa réalisation sans parade* [296]*. Cependant, lorsque le cours porte sur des enchaînements gymniques, plus précisément de roues avant et arrière, le professeur doit, d'une part disposer les tapis de façon à éviter les obstacles prévisibles et, d'autre part, se mettre en mesure de recevoir les élèves en cas de chute* [297]*.*

289/ TGI Nice, 16 octobre 1995, *Pierzchalski c/ préfet des Alpes-Maritimes*, req. 539/95 (était organisé, au même moment un exercice de trampoline tout aussi potentiellement dangereux).

290/ TGI Montargis, 12 avril 1995, *Budillon c/ préfet du Loiret*, req. 9400529.

291/ TGI Melun, 9 octobre 2001, *Godeau c/ préfet de Seine-et-Marne*, req. 01/00398.

292/ TGI Nantes, 29 septembre 1998, *Goutreau c/ préfet de Loire-Atlantique*, req. 4915/97.

293/ TI Martigues, 21 décembre 1988, *Lombardo c/ Mekemeche, CPAM et préfet des Bouches-du-Rhône*, req. 1426/87, n° 1914.

294/ TGI Grenoble, 16 novembre 1995, *Capellaro c/ préfet de l'Isère*, req. 420.

295/ TGI Saint-Brieuc, 30 janvier 1990, *Minier c/ préfet des Côtes-du-Nord*, req. 359/89.

296/ TGI Lyon, 16 juillet 1990, *Maretti c/ commissaire de la République du département du Rhône*, req. 89/11165.

297/ CA Pau, 24 février 2003, *Préfet des Pyrénées-Atlantiques c/ Chauvier*, req. 677/03.

*Le **grimper à la corde à nœuds** ne présente pas, pour un élève âgé de treize ans, de difficultés exceptionnelles. Une surveillance aussi attentive soit-elle ne peut éviter, si l'élève lâche la corde, sa chute sur le sable, matériau approprié au sol d'une aire de grimper [298]. De même, aucune faute ne pèse sur l'institutrice qui, se trouvant sous la corde pour assurer la réception des enfants, prend toutes les précautions d'usage en l'espèce [299]. Nulle pièce du dossier ne vient confirmer l'état d'épuisement de la victime évoqué dans la déclaration d'accident effectuée par ses parents. En l'absence de dispositif de protection, il appartient toutefois au professeur de rester près de la corde pour surveiller la progression d'un jeune enfant inexpérimenté et lui porter secours, en cas de défaillance [300].*

*Le **trapèze** doit se trouver à une hauteur adaptée à de jeunes enfants (ici, moins de deux mètres pour une fillette de six ans) et comporter une structure de réception (ici, deux tapis de 20 cm d'épaisseur, de 2,50 m de longueur et de 2 m de largeur). L'accident résultait certes de l'adaptation d'un exercice préconisé par des instructions pédagogiques mais procédait, avant tout, d'une mauvaise réception de la filette au sol [301].*

c) Les sports de combat

369 La **lutte**, activité qui n'est pas jugée spécialement dangereuse [302] – surtout lorsque les exercices proposés, tirés d'un ouvrage édité par le ministère de l'Éducation nationale, s'adressent à des jeunes enfants – n'exclut pas un geste imprévisible. Sauf en cas de chahut, l'accident (heurt mutuel de têtes) ne révèle aucune faute de surveillance imputable au maître. Elle se pratique dans une salle spécialisée munie de tapis de sol destinés à amortir les chocs [303]. L'aménagement correct de l'aire de réception réclame la présence de tapis assemblés bord à bord. Leur écartement, au fur et à mesure des exercices, commande un réajustement [304].

Des consignes verbales du professeur, non entendues par l'un des débutants et non comprises par son adversaire, rendent difficile l'arrêt du combat en cas de besoin alors que le nombre de pratiquants ne permet pas une surveillance efficace de chaque groupe [305].

Mais lorsque l'enseignant exécute une démonstration, la technique du geste implique maîtrise et prudence : le blocage du

298/ TGI Marseille, 17 octobre 1995, *Puech c/ préfet des Bouches-du-Rhône*, req. 5461/94.

299/ TGI Lens, 24 octobre 1996, *Zimoch c/ préfet du Pas-de-Calais*, req. 19501056.

300/ TGI Nantes, 22 mars 1995, *Glemot c/ préfet de Loire-Atlantique*, req. 2404/94.

301/ TI Evreux, 26 mars 2003, *H. c/ préfet de l'Eure*, req. 11-02-000780.

302/ TI Montbelliard, 21 août 1996, *Ammari c/ préfet du Doubs*, req. 119500406.

303/ CA Lyon, 20 décembre 1995, *Préfet de l'Ain c/ Trichard*, req. 656.

304/ TGI Reims, 4 avril 2000, *Lepage c/ préfet de la Marne*, req. 161.

305/ TGI Nancy, 14 décembre 1994, *Benboubaker c/ préfet de la Moselle*, req. 9200604.

bras de la victime qui retombe violemment au sol constitue une faute. Une parade correctement réalisée permet normalement d'éviter l'accident[306].

Quant à la déclaration d'accident, elle mérite attention et précision. La seule indication laconique « *l'élève C. O. s'est fracturé la jambe en faisant un combat de lutte, lors d'une rencontre interclasses* » ne suffit pas à démontrer la faute prétendument commise. Le demandeur n'établit, en effet, ni l'absence du professeur ou son désintérêt pour les phases de combat, ni sa négligence dans ses explications données sur les dangers possibles. Vu leur âge, les élèves pouvaient les concevoir[307].

370 La **boxe française**, sport de combat plus dangereux, nécessite des protections particulières. Des élèves dépourvus de celles-ci et s'entraînant en binômes empêchent une surveillance efficace et individuelle[308] (faute du professeur).

371 La pratique du **judo** implique certains aléas résultant notamment de la condition physique des participants. Au cours d'une séance d'entraînement en vue d'une compétition, un jeune ceinture marron effectuait, sur des élèves placés en ligne, une prise faisant partie du programme d'admission à la ceinture orange défini par la Fédération, blessant l'un d'eux. La victime, ceinture jaune, maîtrisait suffisamment, à ce niveau, la technique de la chute. La différence de poids et de sexe avec le gradé compte peu dans un art martial où la force pure ne se révèle pas déterminante. Par ailleurs, l'échauffement préalable s'était déroulé, comme les projections, en présence d'un professeur de judo. La différence de motivation entre la débutante et le compétiteur n'impliquait aucune obligation particulière de la part du maître « *qui a certainement expliqué l'exercice et la prise pratiquée* »[309].

Les risques d'accidents en lutte et en judo notamment, proviennent en général de chutes résultant des projections mal contrôlées, exécutées en position debout. Les blessures survenues dans ces circonstances peuvent aussi bien affecter celui qui fait l'action que celui qui la subit.

306/ TI Nantes, 18 mars 1997, *Berasaluce c/ préfet de Loire-Atlantique*, req. 196-002956.

307/ CA Amiens, 6 juin 1989, *Chadli c/ préfet de l'Aisne*, req. 651.

308/ CA Dijon, 19 avril 1994, *Préfet de la Côte d'Or c/ Bonnet*, req. 647. Ce jugement est transposable au **taekwondo**, art martial de plus en plus enseigné.

309/ TGI Marseille, 20 septembre 2001, *Castaldo c/ préfet des Bouches-du-Rhône*, req. 1999/11346, (ce jugement est frappé d'appel).

Le vestiaire, lieu de concentration et de récupération... *Quelques affaires viennent faire douter du côté également convivial de ces locaux abritant d'inoubliables débuts de troisièmes mi-temps.*

L'un des élèves, qui se changeait après le cours, porte un coup de genou dans le bas-ventre de son condisciple, lui occasionnant de sérieuses blessures. Les intimés [310] *ne démontrent aucun défaut de surveillance allégué à l'encontre du professeur-femme logiquement demeurée à l'extérieur, mais à proximité immédiate du vestiaire « garçons ». L'existence d'un chahut dégénérant résulte de leurs seules affirmations, l'unique témoignage direct faisant au contraire état de jeunes gens se rhabillant paisiblement. Aucune mesure de surveillance ne pouvait ici prévenir ou empêcher un geste fautif inconsidéré, d'une brutalité gratuite* [311].

Toujours dans le même site supposé tranquille, un collégien avait lancé une chaussure au visage de l'un de ses camarades. Pourchassé, l'assaillant s'échappait et refermait violemment la porte dont la poignée se fichait dans le bras du poursuivant. L'auteur du dommage appelait alors le gardien posté dans le hall et apercevait son professeur d'éducation physique qui sortait d'un bureau après y avoir déposé la liste de présence. Le procès-verbal de gendarmerie sur lequel figurait l'emplacement de l'enseignant au moment de l'accident confirmait l'impossibilité d'une surveillance utile de cet endroit. En s'éloignant des vestiaires où quelque quatre-vingts élèves se mettaient en tenue de sport, sans s'assurer de la continuité de leur prise en charge par un de ses collègues ou par un surveillant, le professeur manque à son obligation [312].

La faute résulte parfois d'un simple écart, même minime par rapport au comportement qu'aurait observé, dans des circonstances similaires, un maître diligent. Dans une affaire, dramatique, le professeur quitte les élèves pour se changer et déposer leurs portefeuilles en lieu sûr. Un collégien éteint la lumière : un de ses camarades lance au hasard un ballon qui heurte la victime dont l'arrière du crâne cogne, par contrecoup, un portemanteau. La Cour constate que l'enseignant a laissé momentanément seuls des jeunes gens âgés de treize ans. Il lui appartenait de revêtir sa tenue de sport avant leur prise en charge et de veiller au dépôt des objets de valeur lors de l'intercours précédent. S'agissant d'un public naturellement enclin au jeu et aux débordements que cela suppose, la survenance d'un chahut ne présentait aucun caractère imprévisible » [313].

Situation approchante conduisant cette fois le tribunal [314] *à ne pas accéder aux prétentions des parents (ici condamnés à hauteur des deux tiers pour ceux de l'auteur et du tiers pour ceux de la victime désobéissante). Deux élèves quittent sans autorisation le lieu de déshabillage pour se rendre aux toilettes. L'un d'entre eux referme violemment la porte sur l'index – partiellement sectionné – de son camarade. Le fait de laisser des garçons âgés d'une quinzaine d'années, seuls dans des vestiaires, pour changer de tenue ne constitue pas nécessairement une faute dès lors que l'enseignant reste à proximité, dans une pièce annexe, et se trouve en mesure d'intervenir en cas de chahut. Or le comportement des acteurs ne laissait nullement présager l'accident, soudain et imprévu.*

310/ Tel est le nom des défendeurs (ceux qui se défendent, en l'occurrence les parents de l'auteur du dommage) en appel.

311/ CA Douai, 28 septembre 1995, *Verrons c/ Revel et préfet du Nord*, req. 93/10050.

312/ CA Douai, 10 mai 2001, *Préfet du Pas-de-Calais c/ Detres*, req. 99000373.

313/ CA Besançon, 19 octobre 2004, *Ahlen c/ préfet du Jura*, req. 702.

314/ TGI Versailles, 13 septembre 2001, *Gallot c/ préfet des Yvelines*, req. 2000/09159.

II Les accidents liés aux activités collectives

372 Le premier de ces sports, le football, se pratique essentiellement avec les pieds. Volley-ball, basket-ball, handball, avec les mains. Le rugby se joue avec toutes les parties du corps. D'autres activités impliquent, outre un objet rond, l'utilisation d'un instrument pour le diriger.

a) Le football

373 Les juridictions considèrent l'exercice du football dans une cour de récréation [315] comme une activité normale [316], voire banale [317], ne nécessitant aucune surveillance particulière [318] et dont les protagonistes acceptent le risque [319]. Il leur permet d'exprimer un besoin de dépense physique naturelle dans des conditions à la fois organisées et éducatives.

Rarement interdit par le règlement intérieur, ce sport implique des contacts physiques [320] excluant toutefois brutalité, agressivité ou violence [321]. Il se pratique à l'aide d'un ballon, accessoire jugé non dangereux et non prohibé [322]. Le coup de pied lui est normalement destiné mais peut aussi atteindre, d'une manière imprévisible et brutale, la jambe de l'adversaire [323]. Cependant jouer au football avec un ballon de handball, de dimension plus réduite, présente alors un caractère de dangerosité [324] lorsqu'il est projeté avec le pied. On observera à titre critique que le référentiel bondissant – tel que nos technocrates mal inspirés le nomment – lorsqu'il est très gonflé passe à un état de dureté inquiétant. On remarquera aussi qu'un ballon de football réglementaire peut devenir redoutable parce que trop gros pour des garçonnets. C'est pourquoi il existe des tailles de ballons correspondant aux catégories d'individus, benjamins, minimes, cadets...

315/ Même s'il ne s'agit pas du terrain le plus approprié : Cass. 2e civ., 2 mars 1994, *Préfet de l'Isère c/ Lozano*, req. 321P.

316/ Cass. 2e civ., 16 octobre 1991, *État c/ Dumont*, MAE, Geffroyd, req. 9015251.

317/ TI Montmorillon, 12 avril 2001, *Robineau c/ préfet de la Vienne*, req. 11-00-124.

318/ CA Aix-en-Provence, 19 janvier 1995, *Ninanne c/ Masini et préfet des Alpes-de-Haute-Provence*, req. 25.

319/ TGI Montpellier, 13 décembre 1994, *Bourgeat c/ Mazet et préfet de l'Hérault*, req. 3268/93.

320/ CA Caen, 22 janvier 1998, *Hammouche c/ préfet de l'Eure*, req. 9603353.

321/ CA Nîmes, 6 novembre 1997, *Mehache c/ préfet du Gard*, req. 582-96.

322/ CA Aix-en-Provence, 11 février 1994, *Gendaud c/ préfet du Gard*, req. 92/3880.

323/ Cass. civ., 15 avril 1999, *Poilane et Caisse maladie régionale des Pays de la Loire c/ préfet de Loire-Atlantique*, req. 616D.

324/ Cass. 2e civ., 14 janvier 1998, *Préfet de l'Isère c/ Lozano*, req. 22D.

La partie se déroule, sous l'arbitrage préconisé d'un maître, de préférence entre enfants d'âge semblable[325]. La présence, parmi les joueurs, d'un adulte qui tire violemment et blesse le jeune gardien de but à la stature physique encore fragile représente un défaut de maîtrise qualifié de manque de prudence et de modération[326].

374 Dans les établissements d'enseignement technique, la preuve de la survenance de l'accident, pendant le temps et sur le lieu de travail, pose parfois problème. En effet, les sportifs et tout particulièrement les footballeurs exposés aux traumatismes bénins (ecchymoses, contractures, élongations...), souvent sans suites médicales, découvrent l'aggravation de leur état de santé les jours suivants. Dès lors, l'élève qui chute après avoir glissé sur le ballon, qui ressent un claquement au niveau du genou et quitte le terrain, puis consulte le lendemain un médecin diagnostiquant une lésion méniscale, bénéficie de la présomption d'imputabilité de l'accident au travail[327].

375 Les journalistes, rarement en mal d'images, qualifient volontiers les pelouses des grands stades de « billards ». Nos chères têtes blondes, maladroites ou malmenées, s'affalent rarement sur du gazon. La couleur gris-noir de l'asphalte prédominant dans la cour du collège ou du lycée, plus dure sera la chute. On comprend pourquoi la jurisprudence s'intéresse à la surface utilisée. Un terrain inadapté[328] doit jouer un rôle causal dans l'accident : la pluie peut le rendre glissant, son étroitesse favoriser le contact physique entre jeunes[329]. Quant à celui qui, de longue date mal entretenu, est pelé et laisse apparaître des pierres en saillie, il se trouve à l'origine des blessures au genou de l'élève, même si la chute n'a pas été provoquée par l'état du sol[330].

325/ CA Rouen, 23 novembre 1994, *Hammouche c/ préfet de l'Eure*, req. 9300981.

326/ TGI Avignon, 12 octobre 1994, *Crestey c/ préfet de Vaucluse*, req. 3421/94.

327/ TASS Manche, 11 janvier 2001, *Ait Hammou c/ CPAM de la Manche*, req. 71/00. Cette jurisprudence est transposable aux autres activités sportives : pour le volley-ball, TASS Paris, 13 novembre 2000, *Zerrougui c/ CPAM de Paris*, req. 4.

328/ Inadapté (revêtement) paraît différent d'inapproprié (dimension). Cass. 2e civ., 16 octobre 1991, *État c/ Gendaud*, *JCP*, n° 50, IV, p. 440.

329/ Les blessures apparaissent consécutives au seul coup porté derrière le genou et ne découlent nullement de la nature de la surface asphaltée : Cass. 2e civ., 1er avril 1998, *Bouche c/ préfet du Nord*, req. 516D.

330/ CA Bordeaux, 24 avril 2001, *Couniot c/ ensemble scolaire privé de Saint-Genes et préfet de la Gironde*, req. 98/04152.

b) Le volley-ball, le basket-ball et le handball

376 Le **volley-ball**, sport non dangereux, a une valeur pédagogique certaine sur les plans physique et psychologique ; il contribue au développement collectif et individuel des adolescents par leur socialisation et leur épanouissement [331]. L'échauffement entraîne rarement d'accident. Il n'empêche que, lors de cette phase préparatoire à la séance, une élève de sixième chute dans des circonstances « *pas claires vu le peu d'éléments fournis* ». Et le juge de relever que « *rien ne permet d'établir que le sol était anormalement glissant ; que la présence d'un filet de volley-ball est tout à fait normale sur un terrain de sport ; qu'effectuer un footing dans la cour de récréation n'a rien d'anormal et de dangereux* » [332]. Pendant la rencontre, le contact entre participants – interdit par les règles, pouvant cependant se produire près du filet – susceptible de provoquer la blessure n'est pas à exclure. Sa survenance ne surprend pas et s'inscrit dans l'acceptable dès lors que le choc ne résulte ni d'une brutalité volontaire, ni d'un coup porté de façon déloyale ou dans des conditions créant un risque anormal. Cette activité révélant cependant certaines (rares) phases de jeu dures (telles la récupération basse par plongeon), commet une faute le professeur qui laisse jouer au volley-ball une collégienne dispensée de sport violent [333].

377 Le **basket-ball** relève de la même logique : l'élève âgé de vingt ans, bousculé puis renversé à l'occasion d'une passe, se trouve débouté de son action en responsabilité engagée contre l'adversaire – joueur devenu plaideur – pour n'avoir pas apporté la preuve d'un acte de violence délibérée [334]. Pareillement, le choc et les blessures qui s'ensuivent lors d'un tir au panier effectué dans une phase régulière ne résultant pas du comportement agressif du défenseur, permettent d'écarter la responsabilité de l'État. Le pédagogue venait d'expliquer les règles du jeu aux participants peu nombreux, âgés d'une quinzaine d'années et n'avait pu intervenir compte tenu de la soudaineté du geste [335]. On notera au passage qu'un coup de

---

331/ TGI Metz, 18 septembre 1985, *Bichwiller et CPAM c/ Schlick, Mutuelle St Christophe et préfet de Moselle*, req. 13972/82-708/84.

332/ CA Aix-en-Provence, 10e ch. civ., 23 janvier 2003, *Sailhan c/ association école Chevreuil et autres*, req. 00/01490, n° 42.

333/ TGI Nancy, 19 février 1992, *Pellegrin*, req. 394.

334/ TGI Bobigny, 24 septembre 1996, *Lafdil c/ préfet de Seine-Saint-Denis*, req. 63172/93.

335/ TGI Bobigny, 12 octobre 2000, *Martinet c/ préfet de Seine Saint-Denis*, req. 99/11534.

coude donné par le professeur à une élève lors d'un match de basket-ball, sauf à établir son côté volontaire, n'apparaît point constitutif d'une faute[336]. Dans le droit fil de cette conception, l'attitude de l'auteur du dommage, réputé non turbulent, n'appelant pas une surveillance particulière, qui bouscule involontairement son camarade en suspension et le blesse, ne concourt pas à la faute de l'enseignant[337].

378 Le **handball** constitue encore une activité physique normale, dépourvue de caractère dangereux[338] dont deux gestes techniques ont mené au contentieux.

Le dribble tout d'abord, défini comme la conduite du ballon par rebonds successifs pour se déplacer ou éviter l'adversaire s'analyse en un exercice ne nécessitant aucune précaution particulière. Il rend imprévisible le choc soudain entre deux élèves, *a fortiori* si un joueur essayait d'éviter le contact avec l'autre et si la consigne était d'esquiver toute collision[339].

Le tir ensuite, geste de l'attaquant correspondant à une action de jeu fondamentale, ne saurait engager la responsabilité de l'enseignant quand le ballon projeté blesse un élève spectateur placé à proximité des buts[340]. Étant souligné que le pédagogue sera inspiré de faire évacuer la surface sise derrière ou à côté des cages.

Toutefois, le professeur-arbitre commet une faute par manque d'autorité, pour n'avoir pas adopté une attitude ferme vis-à-vis d'un adolescent connu pour son caractère indiscipliné et turbulent qui, lors du match, porte un coup de poing à son « camarade »[341].

Le handball se pratique certes sur une surface dure observable dans la plupart des cours de nos établissements scolaires[342]. Cependant la présence d'une plaque de verglas met en péril la sécurité et l'intégrité physiques des joueurs : il appartenait au professeur soit de renoncer au match, soit d'organiser une nouvelle activité physique plus adaptée à l'état glissant des

---

336/ TI Marseille, 4 août 1997, *Bouras c/ préfet des Bouches-du-Rhône*, req. 11-97-819.

337/ TGI Angers, 8 janvier 2001, *Boumier c/ préfet du Maine-et-Loire*, req. 99/02139.

338/ Cass. 2e civ., 14 décembre 1988 *Arndt c/ État*, req. 87-18199.

339/ TGI Lyon, 16 février 1998, *Mahrougi c/ préfet du Rhône*, req. 95/22621.

340/ CA Douai, 16 décembre 1999, *Préfet du Nord c/ Oukaid*, req. 97/03625.

341/ CA Amiens, 6 janvier 1998, *État c/ Guilpain* (responsabilité partagée par moitié entre d'une part, l'État et d'autre part, l'auteur du coup et son représentant légal).

342/ Cass. 2e civ., 14 décembre 1988, *Arndt c/ État, op. cit.*, no 378.

lieux[343]. Toute intempérie (pluie, neige) de nature à entraîner des difficultés dans la maîtrise des déplacements courus et/ou sautés provoquerait sans doute la même réaction du juge.

c) Le rugby

379 Ce jeu nécessite un esprit d'équipe affirmé. Pratiqué dans tous les établissements scolaires de France, y compris les écoles, ce sport physique ne présente pas, selon le juge, de danger particulier[344]. À moins d'interdire aux adolescents toute activité corporelle entraînant le moindre risque, on ne peut reprocher à des enfants de douze à quinze ans de se livrer, pendant l'interclasse méridien, à une partie de rugby[345]. Le surveillant ou l'arbitre n'est tenu qu'à une obligation de moyen[346]. Quelle que soit sa rudesse, le placage effectué dans des conditions réglementaires, apparaît aux yeux des magistrats comme une péripétie habituelle du jeu[347] dont le heurt fortuit entre deux élèves fait partie intégrante[348]. Mais un terrain inadapté, parsemé de trous et couvert d'herbes hautes, rend cette activité sportive dangereuse car elle implique des déplacements rapides, sans contrôle permanent de la position des pieds de la part des joueurs[349].

d) Les sports collectifs particuliers

380 Moins connus mais sans doute plus dangereux pour des pratiquants novices figure d'abord le **hockey sur gazon**. Des élèves âgés de quinze ans disposent d'un discernement suffisant pour y jouer, même s'il impose un minimum d'adresse, de respect des autres et de conscience du danger. Le professeur-arbitre occupait en l'occurrence une position lui permettant d'assurer une surveillance constante et active des protagonistes. L'un d'entre eux fut atteint subitement par la crosse, manœuvrée par un camarade dans un élan de tir. Un équipement spécial s'imposait ici pour le seul gardien de but. La victime, au vu du croquis dressé, semble avoir été joueur de champ... Aucune faute ne pèse sur l'enseignant,

343/ CA Nancy, 7 décembre 1994, *État c/ Louis*, req. 2578/94.

344/ TGI Amiens, 22 février 1990, *Routier* cité *in Les accidents scolaires relevant de la loi du 5 avril 1937 et leur contentieux*, *op. cit.*, p. 174.

345/ TGI Tours, 6 juin 1996, *Levert c/ préfet de l'Indre-et-Loire*, req. 9400596.

346/ CA Orléans, 26 octobre 1998, *GMF et autres c/ préfet de l'Indre-et-Loire*, req. 2012.

347/ Cass. 2e civ., 10 mai 2001, *Levert c/ préfet de l'Indre-et-Loire*, req. 881FS-P-B.

348/ TGI Amiens, 22 février 1990, *Routier*, *op. cit.*, n° 379.

349/ CA Saint-Denis, 10 novembre 1995, *État c/ Burgaud*, req. 851/95.

exonéré au demeurant de toute responsabilité en raison de la façon soudaine dont s'est produit l'accident [350]. Effet identique lorsqu'il a matériellement le temps de présenter les consignes soit en début de partie, soit antérieurement à l'organisation du jeu [351] ou encore lorsque les deux arbitres (le règlement de ce sport les impose en couple lors d'un match), ne remarquent aucun comportement anormal des participants [352]. La remise de crosses potentiellement dangereuses à des enfants de sept à huit ans conduit cependant le juge à relever un défaut de prévoyance du maître [353], sachant qu'il existe, aujourd'hui, des crosses pédagogiques en caoutchouc pour les débutants.

381 À propos du **hockey sur glace**, le palet en plastique ne diminue pas la dangerosité de cette activité même pratiquée à titre initiatique. L'utilisation d'un équipement de protection, évite les conséquences d'un choc entre l'objet rond et la bouche de l'élève [354]. Conclusions similaires à propos d'une fracture de la rotule imputable à l'absence de maintien et de protection de cette articulation par une genouillère [355].

382 Ensuite le **base-ball**. La sévérité du juge qui retient la faute du professeur s'observe d'une manière passive et active. D'abord pour n'avoir pas fourni aux jeunes joueurs inexpérimentés un équipement de protection pour les yeux [356]. Ou encore pour avoir omis de répéter systématiquement, aux adolescents, les consignes de sécurité afférentes à un exercice dangereux : la victime touchée au visage se tenait trop près du batteur [357]. Ensuite, pour avoir laissé jouer un élève avec une batte en bois humide et glissante alors qu'un condisciple se trouvait à moins de trois mètres de lui, sans protection corporelle, en particulier sans casque [358]. La désobéissance d'une joueuse âgée de treize ans qui, après avoir changé de groupe et mal-

350/ TGI Lyon, 20 février 1987, *Dulac c/ préfet du Rhône*, req. 4745.85, 7701.86, 7947.86.

351/ TGI Limoges, 15 janvier 1998, *Bost c/ préfet de la Haute-Vienne, Durigon, MSA Dordogne, Groupama*, req. 96/00279.

352/ TGI Mende, 19 mars 1997, *Boyer c/ Tesseidre et association collège privé Sacré-Cœur*, req. 95/127 et 96/130.

353/ TGI Saverne, 14 septembre 1994, *Holtz c/ préfet du Bas-Rhin*, req. 658/93.

354/ TGI Rouen, 23 mars 2001, *Mendras c/ préfet de la Seine-Maritime*, req. 1999/06038.

355/ TGI Rennes, 29 janvier 2002, *B. c/ préfet de l'Ille-et-Vilaine*, req. 37/2002.

356/ TI Poissy, 11 février 1997, *Delafosse c/ Loisnel, préfet des Yvelines*, req. 11.96.00623.

357/ TGI Béziers, 18 novembre 2002, *Py c/ préfet de la région Languedoc-Roussillon*, req. 02/807.

358/ TGI Saint-Gaudens, 18 janvier 2000, *Coulom c/ préfet de la Haute-Garonne*, req. 33.

gré les règles de sécurité expliquées par l'enseignant, pénètre dans le périmètre réservé au batteur, exonère toutefois l'État de sa responsabilité[359]. On trouve également, de nos jours, des battes de plastique recouvertes de mousse pour l'apprentissage de ce sport.

383 Le **tennis** encore, sport pas forcément individuel, trouvera deux développements. Sous la responsabilité de l'institutrice, un enfant s'exerçait parmi d'autres sur un court à lancer la balle au-dessus du filet. La raquette d'un de ses camarades l'atteignit au visage. Le juge retient la faute de l'organisatrice de la leçon pour avoir disposé les novices en ligne de cinq. Ce placement les privait de l'espace indispensable autour d'eux pour effectuer ici des mouvements amples liés à leur inexpérience[360]. Cependant, le coup de raquette involontaire résultant du geste désordonné du voisin n'entraîne pas systématiquement la mise en cause de l'État. Même si les élèves, trop nombreux sur un espace insuffisant, jouaient au coude à coude, ramasser une balle pendant une partie de tennis en passant derrière un camarade « *ne revêt aucun caractère fautif* ». Dès lors, les père et mère du mineur, auteur des blessures, répondent du préjudice subi par le fait de leur fils[361].

384 Le **golf** enfin, occupation moins fondée sur le collectif, en principe paisible, recèle quelque péril. Une collégienne de seize ans se rapprochait du joueur, qui s'apprêtait à frapper la balle, malgré l'ordre donné du maintien d'une certaine distance. Ce qui lui valut un coup de club dans l'œil. Le professeur, éloigné pour ramasser les balles, se mettait dans l'impossibilité de vérifier le respect de ses consignes de sécurité[362].

Crosses, battes, raquettes et clubs, maladroitement détournées de leur utilisation naturelle se muent en instruments redoutables.

385 Le constat dressé pour les accidents se double d'un aperçu de violences particulières. *La réaction de l'Institution face à trois types de comportements délictueux – parfois criminels – semble marquer la*

359/ Partage pour moitié de celle-ci entre l'auteur du coup de batte et la victime imprudente : TGI Marseille, 2e civ., 3 mai 2005, *M. c/ M., GMF, CPAM des Bouches-du-Rhône, École Saint-Joseph les Maristes, préfet des Bouches-du-Rhône...*, req. 465, nº 022618.

360/ TGI Arras, 18 novembre 1998, *Thellier c/ préfet du Pas-de-Calais*, req. 9701714.

361/ TGI Aix-en-Provence, 23 septembre 1999, *Bouvier c/ Corbière, MAIF, CPAM, préfet des Bouches-du-Rhône*, req. 98/04244.

362/ CA Toulouse, 31 janvier 1994, *Préfet de l'Ariège c/ Raynaud*, req. 5304/92.

fin de la langue de bois à l'École. Le **racket** *consiste à obliger un élève, sous la menace ou l'intimidation, à remettre de l'argent ou des effets personnels, encore à exécuter une tâche ingrate (porter le cartable) ou des devoirs supplémentaires. L'article 312-1 du Code pénal punit l'extorsion de sept ans d'emprisonnement et de 100 000 euros d'amende. L'article suivant aggrave ces sanctions, en particulier lorsque l'infraction atteint une personne vulnérable. Mais le racket peut aussi recevoir la qualification de vol, défini comme « la soustraction frauduleuse de la chose d'autrui » (article 311-1 du Code pénal). La victime présente un profil solitaire « au visage d'ange » ; oscillant entre culpabilisation et honte, elle n'ose pas dénoncer son agresseur. La confidentialité, voire le secret de ces affaires*[363] *qui se produisent aux abords du collège ou du lycée, parfois à l'extérieur, complique la tâche de la police de proximité, en particulier des îlotiers, ainsi que celle des établissements*[364].

Le **bizutage** *se définit comme l'ensemble des brimades et épreuves soumises à titre d'initiation à un nouvel arrivant, avant de l'admettre dans le groupe scolaire ou universitaire. Il repose sur le chantage, la peur, l'humiliation et l'exténuation physique*[365]*. Longtemps, des circulaires*[366] *peu appliquées tentaient d'en limiter les excès. Les tribunaux, rarement saisis, se fondaient sur diverses infractions telles les violences physiques ou sexuelles*[367]*. Mais le plus souvent, ils éludaient la question. Ainsi, l'exclusion d'un élève de l'école du service de santé des armées pour insuffisance des résultats scolaires ne révèle aucune erreur manifeste d'appréciation du ministre de la Défense, malgré la réalité du bizutage invoquée par le requérant*[368] *! La pratique a également pu, pendant des années, bénéficier de la loi du silence au sein de l'Éducation nationale. Sa banalisation renforçait l'idée selon laquelle seuls des dérapages graves et accidentels se révélaient répréhensibles. Sous l'impulsion notamment de la ministre chargée de l'enseignement scolaire*[369]*, la loi n° 98-468 du 17 juin 1998 crée*

363/ Voir cependant quelques articles dans la presse « La mise en examen de trois élèves suscite stupeur et interrogations au collège Jules Ferry de Mantes-la-Jolie », *Le Monde*, 25 janvier 2000, p. 10; « Un racketteur de 19 ans condamné à neuf mois de prison par le Tribunal correctionnel de Grasse », *Le Monde*, 10 février 2000, p. 34; « J'étais mal dès que je m'approchais du collège », *La Provence*, 22 juin 2002, p. 26.

364/ « *Nous conseillons aux élèves de venir au lycée sans beaux habits et sans bijoux* » (suggestions de deux chefs d'établissement), *La Provence*, 14 mars 2002, p. 28.

365/ Sur l'ensemble de la question, cf. Cédrik Bréan, *Le bizutage*, mémoire DEA droit pénal et sciences criminelles, Université de droit, d'économie et des sciences politiques d'Aix-Marseille, 1999-2000.

366/ 1928, 1944, 1989, 1992, 1995, 1997.

367/ CE, 28 avril 1971, *Centre Universitaire de Vincennes, Rec. CE*, p. 302.

368/ CE, 6 novembre 1998, *Le Gall*, req. 119522, *AJFP*, mai-juin 1999, p. 22, obs. J. M.

369/ Cour de justice de la République, 16 mai 2000, *Royal c/ Jeanjean*, Pansieri, *AJFP*, juillet-août, p. 46. La ministre a aussi dénoncé des faits. Ici l'attitude de professeurs ayant facilité des actes de bizutage, la Cour les juge réels et déboute les plaignants de leur action en diffamation.

un délit spécifique de bizutage défini aux articles 225-16-1 et suivants du Code pénal. Désormais, sont réprimés de six mois d'emprisonnement et de 7 500 euros d'amende tous les « actes humiliants ou dégradants ». *L'article 225-16-2 double ces peines lorsqu'ils affectent une personne fragile physiquement et mentalement. L'article 225-16-3 évoque ici la responsabilité des personnes morales. Il vise les structures scolaires et universitaires ne prenant pas de mesures répressives contre le bizutage et les mouvements associatifs estudiantins qui participent activement à ces pratiques.*

Les **violences sexuelles** *en milieu scolaire s'entendent tout d'abord des infractions commises sur les enfants par les personnels enseignants ou administratifs*[370]*. La pédophilie sort progressivement de la culture du silence (circulaire n° 97-175 du 26 août 1997) ; le ministère de l'Éducation nationale met en place, en 1999, une mission de suivi et de bilan des affaires de violences sexuelles sur mineurs. Elles concernent ensuite les atteintes entre élèves au sein des établissements. Ici le comportement fautif d'un enfant très jeune d'une école maternelle (introduction d'un bâton dans « les fesses » de sa camarade) entraîne la responsabilité des parents sur le fondement de l'article 1384 alinéa 4 du Code civil*[371]*. Un récent rapport*[372] *fait état de 576 faits de violences de ce type, en 1999, dont 12 % de viols. Souvent, enfin, l'École s'avère le lieu de révélation d'infractions touchant les mineurs dans leur famille ou leur entourage proche. L'article 40 du Code de procédure pénale fait obligation aux fonctionnaires d'informer le procureur de la République des crimes et délits qu'ils connaissent. À défaut, ils encourent des poursuites pour non-assistance à personne en péril ou non-dénonciation à l'autorité judiciaire d'atteintes sexuelles sur mineurs*[373]*. Les auteurs s'exposent à des sanctions disciplinaires*[374] *souvent précédées de mesures conser-*

370/ Par exemple, Cass. crim., 3 octobre 2001, *G.*, req. K00-87.915 F-D (confirmation d'une peine d'emprisonnement de dix-huit mois avec sursis pour agressions sexuelles aggravées commises par un instituteur).

371/ TGI Grenoble, 10 mai 2001, *P. c/ préfet de l'Isère*, req. 233.

372/ Nicole Belloubet-Frier, alors Rectrice de l'Académie de Toulouse, « 30 propositions pour lutter contre les violences sexistes et sexuelles dans les établissements scolaires », 27 juin 2001. Prenant en compte les conclusions de ce rapport, le ministre de l'Éducation nationale propose un guide intitulé « Repères pour la prévention et le traitement des violences sexuelles », janvier 2002 (50 p.).

373/ Claire Roca, « Secret de la confession, secret professionnel et atteintes sexuelles sur mineur », *Petites affiches*, 6 avril 2001, n° 69, p. 10.

374/ Par exemple, l'exclusion temporaire d'un proviseur de ses fonctions de personnel de direction pour une durée de deux ans, pour avoir eu un comportement « affectif » équivoque à l'égard de certains adolescents scolarisés dans son lycée. Le Tribunal administratif valide la sanction alors même que, sur le plan pénal, l'affaire avait été classée sans suite (TA Versailles, 6 décembre 2002, *P.* req. 01299). D'autres sanctions, du quatrième groupe, entraînent la sortie de la fonction publique : André Maurin, *Droit administratif, op. cit.* p. 245 et jurisprudence citée p. 241.

vatoires telle la suspension[375]*. L'article 222-45 du Code pénal permet d'interdire au prévenu l'exercice d'une activité professionnelle impliquant un contact avec des mineurs. L'article 227-25 punit le fait d'exercer sans violence ou contrainte des atteintes sexuelles sur un mineur de 15 ans, de cinq ans d'emprisonnement et de 7 500 euros d'amende. La peine peut être doublée lorsque l'infraction se révèle commise par une personne abusant de l'autorité que lui confère sa fonction (art. 227-26 CP), tel l'enseignant. Le crime de viol (art. 222-23 CP) entraîne une peine de quinze ans de réclusion criminelle. Le tout, sans préjudice des dommages-intérêts éventuellement alloués dans la perspective d'une réparation.*

375/ Sur les difficultés d'application de l'article 30 de la loi du 13 juillet 1983 à des situations de cette nature, cf. CAA Lyon, 19 juin 2001, *Ministre de l'Éducation nationale c/ O., AJFP*, mars-avril 2002, p. 40, concl. Joël Berthoud, comm. Rémy Fontier.

Chapitre 2

La réponse : prévention et réparation

386 Face aux accidents et aux agressions, l'administration se mobilise pour que ces fléaux ne deviennent pas une fatalité. Le danger se prévoit et se traite. Études, bilans, commissions, observatoires de tous ordres permettent de mieux appréhender les personnes et les sites touchés. Connaître les faits, mutualiser l'information, identifier les correspondants, intervenir rapidement, renforcer l'accompagnement des victimes, forment autant de dispositifs de coordination et d'action souvent appropriés. Les académies et les établissements prennent de nombreuses initiatives relayées parfois par d'autres services publics. Mais les moyens les plus lourds relèvent de l'État. La prévention nécessite un encadrement collectif des élèves. Leur santé et leur sécurité constituent aujourd'hui une préoccupation majeure (1). Cependant, lorsque l'incident, l'accident ou l'acte violent cause un (ou des) dommage(s), la réparation implique la recherche de responsabilités (2).

1 La prévention : l'encadrement collectif des élèves

387 Santé et sécurité vont souvent de pair. Le bon état physiologique d'un élève passe par une disposition d'esprit confiante et tranquille qui le porte à se sentir à l'abri du danger. L'organisation des conditions matérielles, économiques et juridiques propres à créer une telle condition implique toutefois une approche globale. Santé **(A)** et sécurité **(B)** deviennent, à l'École, de véritables enjeux.

A. La santé

388 Si l'on se réfère à la définition donnée par l'OMS en 1946, lors de sa création, « *la santé est un état complet de bien-être physique, mental et social et ne consiste pas seulement en une absence de maladie ou d'infirmité* ». Par ailleurs, l'article 24 alinéa 1er de la Convention internationale des droits de l'enfant, stipule la reconnaissance par les États « *du droit de l'enfant de jouir du meilleur état de santé possible* ». L'École, à qui l'on confie chaque jour des milliers d'élèves, ne peut, dans ce contexte juridique international, rester indifférente à la question. À cet égard, trois circulaires du 12 janvier 2001 (n° 2001-012, 2001-013 et 2001-014) rappellent cette exigence et précisent les missions des personnels de santé dans les établissements scolaires. Plus encore, la circulaire n° 2003-210 du 1er décembre 2003 affirme que « *la promotion de la santé en faveur des élèves est (...) indissociable de la politique éducative globale* » qui s'inscrit désormais à l'école dans « *un programme quinquennal, défini en termes d'objectifs prioritaires, de stratégies d'action et d'évaluation* ». Pour atteindre ce but et prévenir les risques, l'institution développe une politique ambitieuse de promotion de la santé **(I)** ; par l'intermédiaire d'un service de médecine, elle dispense au quotidien des soins aux usagers malades ou victimes d'accidents **(II)**.

I La promotion de la santé

389 La prise de conscience d'impératifs de santé publique a fait du ministère chargé de l'instruction, la structure la mieux placée pour impulser une politique sanitaire préventive. L'ordonnance n° 45-2407 du 18 octobre 1945 [1], texte fondateur en la matière, institua une visite médicale obligatoire au cours de la sixième année de l'enfant, au moment de son entrée dans le système éducatif. Il s'avéra, toutefois, nécessaire d'aller plus loin : en assurant à chaque jeune, dans un premier temps, des conditions d'accueil irréprochables sur le

1/ Complétée par le décret n° 46-2698 du 28 novembre 1946.

plan sanitaire et, dans un second temps, une véritable éducation à la santé.

a) Les garanties sanitaires

390 L'école, le collège et le lycée excluent toute faille en matière d'hygiène. L'élève attend de son établissement la garantie d'un accompagnement sanitaire exemplaire qui passe, pour la sécurité de chacun, par la double prévention des risques alimentaires et des troubles de la santé.

391 1° ***La prévention des risques alimentaires***[2]. La population scolaire, de la maternelle à la terminale, se voit proposer un service de restauration. Le respect d'une réglementation particulière relative aux locaux, aux denrées et à leur préparation préserve la sécurité de tous. L'hygiène alimentaire devient au fil des ans un enjeu important. Comme le souligne la circulaire du 6 mars 1968[3] « *la croissance, le développement d'un être humain, et par voie de conséquence, sa santé, son équilibre, sa résistance et ses perspectives de vie, dépendent en grande partie de son alimentation* ». Celle des jeunes conditionne leur avenir et doit « *être sous tous ses aspects, l'objet d'un soin très attentif* ». Pourtant, dans la circulaire n° 2001-118 du 25 juin 2001, le ministre de l'Éducation nationale s'inquiète en ces termes : « *des enquêtes ont montré que les repas des élèves n'étaient pas toujours satisfaisants* ». Pour y remédier, l'administration rappelle les besoins nutritionnels des enfants et adolescents et formule des recommandations en matière de régime alimentaire. Deux ans après, selon une enquête du Centre de recherche et d'information nutritionnelles publiée à l'occasion d'un colloque tenu en juin 2004 à Paris sur « *l'alimentation de l'enfant et de l'adolescent* » (voir le résumé des communications sur www.cerin.org), des améliorations se confirment mais de nombreux critères demeurent insatisfaisants[4].

(Pas) tous privés de dessert ! *Au nom de la lutte contre l'obésité*[5]*, l'article 30 de la loi n° 2004-806 du 9 août 2004 relative à la politique de santé publique décide que* « les distributeurs automatiques de boissons et de produits alimentaires payants et accessibles aux

2/ Sur cette question, Frédérique Brocal Von Plauen, « La responsabilité de l'État et le risque alimentaire et sanitaire : entre prévention et précaution », *AJDA*, 2005, p. 522.

3/ Modifiée par les circulaires du 16 mai 1969, du 18 novembre 1974, n° 78-058 du 3 février 1978, du 13 août 1979, n° 3 et n° 81-322 du 3 septembre 1981, et par la note n° 8155 du 12 novembre 1987.

4/ Séverine Bounhal, « Enquête dans les restaurants scolaire », *Valeurs mutualistes*, n° 233, sept.-oct. 2004, p. 27.

5/ Un rapport parlementaire rendu public au printemps 2004, fait état d'une augmentation de 17 % de l'obésité infantile en vingt ans. Aujourd'hui, un enfant sur dix serait obèse.

élèves sont interdits dans les établissements scolaires à compter du 1er septembre 2005 ». *Ces dispositions rendent caduques l'ensemble des conventions passées entre les établissements scolaires et les sociétés commerciales exploitant lesdits distributeurs. En effet, la loi, par nature supérieure aux contrats, s'oppose à la poursuite de leur exécution, faute d'objet (article 1108 du Code civil)*[6]. *Le législateur entend cependant combattre la gourmandise des seuls élèves. Les adultes conservent en effet le droit d'ingurgiter sucreries et autres douceurs, dès lors que les appareils ne sont pas accessibles aux jeunes.*

392 L'actualité renforce, en outre, l'importance de la pression qui pèse sur les responsables de la restauration collective. Dans le premier degré, ce service relève de la commune, soit directement[7], soit par la caisse des écoles[8], soit par une association[9]. Des personnels de la ville encadrent les élèves pendant le temps de cantine[10]. Dans le second degré, le collège ou le lycée peut disposer d'un « service annexe d'hébergement »[11] ou bien une société de restauration assure les repas[12]. Quelle que soit la formule retenue, la certitude de servir une nourriture saine constitue une préoccupation majeure du principal ou du proviseur. Certes, la plupart des accidents survenus au réfectoire renvoient à des questions de surveillance et d'encadrement d'élèves : agitation, jeux avec les couverts, usage détourné des portes... Pour autant, le risque alimentaire existe. C'est « *grâce aux efforts constants accomplis en matière d'hygiène des locaux et de personnels, et de formation des agents concernés* » que « *les toxi-infections alimentaires collectives restent relativement rares en milieu scolaire* »[13].

393 La circulaire du 6 mars 1968 précitée, toujours en vigueur, constitue un bon guide sur les mesures de prophylaxie à prendre en matière d'hygiène alimentaire, pour éviter ou limiter les

6/ En ce sens, voir Frédéric Garron, *La caducité du contrat* (Étude de droit privé), Presses universitaires d'Aix-Marseille, 2000, n° 82 à 105.

7/ En régie directe.

8/ Établissement public dépendant de la commune.

9/ Après avis donné par le conseil d'école, le maire et l'inspection académique.

10/ Sur l'accès à la cantine municipale d'élèves du premier degré public souffrant d'allergies et d'intolérances alimentaires, voir Lettre DAJ-A1, n° 03-012 du 16 janvier 2002, *LIJ*, 73/2003, p. 23.

11/ Décret n° 85-934 du 4 septembre 1985.

12/ Lettre DAJ-A1 n° 456 du 27 novembre 2001, *LIJ*, 61/2002, p. 15.

13/ Circulaire n° 90-290 du 26 octobre 1990 relative aux « *accidents alimentaires collectifs en milieu scolaire* ». Optimisme ministériel pas toujours partagé. Les auteurs de *La sécurité dans le cadre scolaire* (Bernadette Engerrand, Francis Louis, préface Jean-Marie Schléret, Hachette Éducation, 1997, p. 216), révèlent que les toxi-infections alimentaires collectives en milieu scolaire affectent un nombre très important d'individus : « *les 57 foyers (...) survenus en 1993 en restauration scolaire ont touché 3 759 personnes, en majorité des élèves* ».

troubles liés aux denrées. Parmi les aliments le plus souvent incriminés, figurent viandes, œufs, crèmes, lait cru, fromages frais, conserves, salaisons, poissons, coquillages et crustacés, milieux favorables à la prolifération des germes pathogènes. La survenance d'une intoxication, constitutive d'un fonctionnement défectueux du service public, engage la responsabilité de l'État [14]. Plus spécifiquement, la viande de cheval et les gibiers disparaissent des menus. La viande hachée, nécessairement fraîche, se prépare sur place par le personnel de l'établissement. Depuis 1996, à la suite de la découverte de la transmission de l'encéphalopathie spongiforme bovine (ESB) de la vache à l'homme, les abats ne trouvent plus place dans les réfectoires. Quant aux œufs, ils sont forcément de poule [15], en coquille, frais ou extra-frais... Cette restriction conduirait certains instituteurs à refuser les gâteaux préparés par les parents à l'occasion des fêtes qui jalonnent l'année en maternelle ! Par ailleurs, la confection des repas, l'hygiène corporelle des personnels de cuisine, la propreté des locaux et du matériel utilisé méritent des contrôles scrupuleux.

394 Sous ce rapport, **la légionellose**, infection pulmonaire grave, préoccupe les professionnels de l'hygiène. Ces bactéries se multiplient facilement dans les réseaux d'eau chaude sanitaire ou dans les systèmes de climatisation. Les risques et la prévention de la maladie intéressent de nombreux établissements scolaires [16].

Une indigestion de règles. *La maîtrise des risques alimentaires passe par l'application de normes sévères avec pour objectif d'assainir toujours et encore. Conformément à la Directive 93-43 CEE du Conseil du 14 juin 1993, le ministère de l'Économie et des Finances réglemente, par arrêté du 9 mai 1995, l'hygiène des aliments remis directement au consommateur. Plus récemment, le ministère de l'agriculture et de la pêche fixe dans un arrêté du*

14/ CE, 20 octobre 1976, *Caisse des écoles d'Alfortville, Rec. CE,* Tables p. 1116 (contexte déjà ancien) ; TA Strasbourg, 28 septembre 1993, *Syndicat intercommunal du Canton de Wintzenheim c/ ministre de l'Éducation nationale*, req. 901860 ; CAA Douai, 3 juin 2002, *Ministre de l'Éducation nationale c/ CPAM de Lille, Haute-Savoie, Roubaix et Valenciennes*, req. 99DA20381, 99DA20384, *AJDA*, p. 918, note Jérôme Michel : une mayonnaise servie à la cantine contenait des germes de salmonelle. On notera par ailleurs que le juge judiciaire impose aux organisateurs de colonies de vacances, en ce qui concerne l'alimentation, une obligation de résultat : Cass. 1re civ., 2 juin 1981, *Association familiale des centres de vacances de Bourg-en-Bresse et autre, CCPAM de l'Ain, Dalloz*, IR, p. 406.

15/ La circulaire exclut les œufs de cane pouvant être porteurs de germes issus de la vase des eaux polluées des étangs et marais.

16/ Circulaires de la Direction générale de la santé n° 97-311 du 24 avril 1997, n° 98-771 du 31 décembre 1998 et du ministère de l'Environnement du 23 avril 1999 ; « Les légionelles en milieu du travail », *Le point des connaissances sur...*, INRS, ED 5012, 2001.

29 septembre 1997 les conditions d'hygiène applicables dans les établissements de restauration collective à caractère social. Ce texte, à la vocation prophylactique déjà exprimée par la circulaire de 1968, emprunte une méthode importée des États-Unis : la HACCP[17]*, qui signifie en français* « analyse des dangers et maîtrise des points critiques ». *Il s'agit d'exhiber les problèmes susceptibles de se poser afin de réagir et surveiller en permanence l'application des mesures de salubrité. L'article 5 de cet arrêté reprend la méthode en sept points, de l'étude et l'évaluation des risques alimentaires potentiels d'une opération jusqu'à la définition, la mise en œuvre et le suivi des procédures spécifiques de vérification.*

395 Face aux accidents d'origine alimentaire, une réaction rapide et adéquate des personnels s'impose. Le chef d'établissement, en cas de suspicion d'un foyer de toxi-infection alimentaire, doit alerter la Direction départementale des affaires sanitaires et sociales, noter l'heure de survenance et la nature des symptômes et conserver un repas témoin pendant quarante-huit heures. En même temps, la prise en charge des enfants victimes de ce type de pathologie commande une intervention urgente. L'appel à un médecin se double, le cas échéant, d'un transfert des sujets touchés dans un établissement hospitalier.

La garantie d'un accueil sécurisé dans les établissements scolaires suppose également une prévention des troubles de la santé des élèves.

396 2° ***La prévention des troubles de la santé.*** La protection de la santé publique implique le suivi médical des élèves tout au long de leurs études. Ce contrôle permanent prévient les troubles individuels mais surtout collectifs. De récentes dispositions visent en outre à l'amélioration du bien-être de chaque enfant pendant le temps scolaire.

397 **Le suivi médical.** Dès après la seconde guerre mondiale, la question fit l'objet d'avancées décisives. En imposant certaines vaccinations et en instituant une visite médicale obligatoire, la législation marque le départ d'une véritable politique de santé en faveur des élèves. Du reste, des mesures prophylactiques conduisent à écarter provisoirement de l'établissement, élèves et enseignants atteints de maladies contagieuses.

398 • Les vaccinations et les bilans de santé.

17/ *Hazard analysis and critical control point.*

Mais où se cache le droit applicable ? *Le droit positif passe par des chemins parfois tortueux. Si tout un chacun éprouve quelque sensibilité à un titre ou à un autre aux questions des vaccinations, rares sont ceux qui connaissent avec précision les fondements de la réglementation ! Les parents le tiennent du pédiatre, lequel s'en souvient probablement d'un cours de médecine. Quant aux responsables des établissements scolaires, ils ne possèdent, sans doute, plus que quelques notes prises à l'IUFM. Or, une fois n'est pas coutume, la lecture du recueil des lois et des règlements leur viendra difficilement en aide ! Et pour cause, de multiples textes épars, souvent anciens, « prescrivent » un droit complexe faisant peser de nombreuses obligations sur les parents, sur les chefs d'établissements et sur les personnels de santé scolaire : une ordonnance (en 1945), trois décrets (en 1946, 1952 et 1965) pas moins de 25 articles du Code de la santé publique lui-même refondu récemment*[18]*. Quant aux circulaires et notes de service émanant à la fois du ministre de l'Éducation nationale et du ministre de la santé, on ne les compte plus. Si l'on ajoute la jurisprudence, on ne s'étonnerait pas que Diafoirus lui-même y perdît son latin ! La seule solution, paradoxale, pour clarifier cette réglementation serait de la refondre... dans un nouveau texte.*

399 **Les vaccinations obligatoires.** Le Code de la santé publique impose la vaccination des enfants contre certaines maladies. La loi contraint les parents à exécuter cette mesure. L'obligation concerne la vaccination **antidiphtérique**, **antitétanique** (art. L. 3111-2 C. santé publ.), **antipoliomyélitique** (art. L. 3111-3 C. santé publ.) et le **BCG** (art. L. 3112-1 C. santé publ.). Lorsque les familles, par choix personnel refusent de la remplir, l'accueil des enfants à l'école pose problème. Le décret n° 52-247 du 28 février 1952 prévoit le contrôle de l'institution scolaire en la matière. Deux circulaires, du 6 juin 1991 (n° 91-124) pour le premier degré et du 26 juin 1968 (n° IV-68-275) pour le second degré, conditionnent l'admission et l'inscription des élèves à la justification de leur vaccination. La jurisprudence précise les conséquences de cette réglementation en légitimant le refus d'inscription d'un enfant préalablement à la satisfaction des prescriptions textuelles[19]. Est pareillement fondée l'interdiction de la pratique du sport à un élève dont la situation vaccinale (tétanos) apparaît, lors d'un contrôle médical réalisé en cours d'année, incompatible avec cette activité[20] (risque de contamination tellurique en cas de plaie).

400 Cependant, l'absence de vaccination se justifie parfois médicalement par une contre-indication. L'accès à l'établissement scolaire ne saurait par suite être prohibé dans l'hypothèse de

18/ Loi n° 2004-806 du 9 août 2004.

19/ CE, 4 juillet 1958, *Graff*, *Rec. CE*, p. 414 ; CE, 16 octobre 1960, *Époux Gachet*, *Rec. CE*, Tables, p. 1011.

20/ TA Lyon, 21 mars 1996, *Chautemps*, req. 9501035.

la production d'un tel certificat[21]. Le médecin de santé scolaire peut informer les autorités responsables de l'établissement des risques encourus par une personne non vaccinée et déconseiller certaines activités scolaires. Cette information constitue un simple avis médical ne faisant pas grief. Par suite, elle échappe au recours contentieux[22]. Par ailleurs, la contre-indication définitive et absolue de toute vaccination, contrevient à la réglementation. Dans ce cas, le médecin de santé scolaire ou le chef du service départemental des vaccinations[23] effectue un examen de contrôle[24].

Cela précisé, l'administration ne peut s'en tenir au simple constat de la non-vaccination de l'enfant ou de la non-présentation du certificat de contre-indication médicale pour exclure l'élève. En effet, une obligation d'information des parents pèse sur les responsables des établissements scolaires. Elle leur laisse un délai de trois mois pour régulariser la situation (article 3 du décret du 28 février 1952). Dès lors, l'exclusion d'élèves fondée sur le caractère général des certificats médicaux de contre-indication vaccinale, sans mise en demeure des parents de bénéficier d'un répit pour satisfaire aux exigences du Code de la santé publique, apparaît illégale. Il appartient, en outre, au directeur d'école, avant de prendre cette mesure, d'attirer l'attention des père et mère sur l'irrégularité des certificats médicaux excipés[25].

L'information donnée aux père et mère mérite objectivité : est justifiée la sanction prononcée par l'inspecteur d'Académie à l'encontre d'une institutrice qui présente la vaccination sous un angle particulièrement défavorable. Le tribunal administratif juge les faits de l'espèce constitutifs d'un manquement aux obligations de réserve et de neutralité des fonctionnaires ; les parents, incités à se soustraire à leurs devoirs, subissent l'influence des convictions personnelles de l'enseignante[26].

401 Un autre vaccin se révèle obligatoire pour les étudiants inscrits soit dans des établissements préparant à l'exercice des professions de santé, soit en BTS – analyses biologiques biochimie

21/ CE, 4 juillet 1958, *Graff, op. cit.*, n° 400.

22/ TA Lyon, 16 novembre 2004, *Praz et Pierre*, req. 9904673 et 0001387.

23/ Lettre DAJ-A1 n° 96-781 du 5 décembre 1996, *LIJ*, 12/97, p. 12

24/ TA Grenoble, 20 janvier 1965, *Dubois, Rec. CE*, p. 719.

25/ TA Lyon, 22 octobre 1997, *Plaza et Couturier, op. cit.*; TA Lyon, 17 août 1998, *Tavel*, req. 9401898-3.

26/ TA Melun, 27 mars 2001, *S.*, req. 983248/5.

biotechnologie[27]. L'article L. 3111-4 du Code de la santé publique leur impose la vaccination contre l'hépatite B. La réglementation ne souffre ici d'aucune exception : la contre-indication médicale au vaccin écarte nécessairement le futur praticien de l'enseignement auquel il aspire. L'impossibilité de se prémunir contre les risques infectieux entrave sa mise au contact de patients ou de produits susceptibles de lui transmettre la maladie.

Encore des piqûres ! *Sans être imposés, certains vaccins font l'objet de fortes recommandations en particulier celui contre l'hépatite B, proposé aux élèves de sixième dès 1994. Une véritable campagne, lancée depuis, devrait se poursuivre jusqu'en 2009. En 1997, le taux de couverture vaccinale global atteignait déjà 73 %* [28]*. L'administration conseille également les vaccins contre la rougeole, les oreillons, la rubéole et la typhoïde-paratyphoïde A et B et plus récemment contre la méningite.*

402 **Les bilans de santé.** À l'instar du droit de la fonction publique conditionnant l'accès au fonctionnariat à certaines capacités physiques, le décret du 26 novembre 1946 interdit l'admission à l'école des filles et garçons non porteurs d'un certificat d'aptitude. La circulaire du 6 juin 1991 rappelle cette obligation. À la maternelle « *les enfants dont l'état de santé et de maturation physiologique constaté par le médecin de famille est compatible avec la vie collective en milieu scolaire peuvent être admis* (dans l'école) ». Une question se pose ici : la présentation du carnet de santé peut-elle remplacer celle du certificat du médecin de famille ? Il semble que les mentions figurant sur le carnet remplissent également l'objet du certificat : constater l'état de santé de l'enfant et sa maturation physiologique. S'il n'appartient pas au directeur d'école d'exiger la communication de ce carnet confidentiel (rappelé par la note de service n° 81-316 du 1er septembre 1981), rien ne fait obstacle à sa substitution au certificat médical si les parents en expriment le désir. Au primaire, « *le directeur procède à l'admission (...) sur présentation par la famille (...) du certificat médical d'aptitude prévu à l'article premier du décret (...) du 26 novembre 1946* ».

Au-delà de cet examen médical d'entrée dans la vie scolaire, le texte fondateur de 1945 instaure un bilan de santé obligatoire avant les six ans de l'élève. Nécessité aujourd'hui reprise à l'article L. 541-1 alinéa 1er du Code de l'Éducation : « *au*

27/ Arrêté du 6 février 1991 ; note de service n° 93-077 du 12 janvier 1993.

28/ Bernadette Engerrand, François Louis, *La sécurité dans le cadre scolaire*, *op. cit.*, p. 321.

cours de leur sixième année, tous les enfants sont obligatoirement soumis à une visite médicale. Cette visite, à laquelle les parents ou tuteurs sont tenus, sur convocation administrative, de présenter les enfants, ne donne pas lieu à contribution pécuniaire de la part des familles ».

Le bilan se fixe notamment pour objectif de détecter rapidement les difficultés pour aider efficacement la jeunesse la plus fragile. La transmission de ce document par les structures propres à la protection maternelle et infantile assure le suivi prioritaire des enfants nécessitant une attention particulière. L'apparition de problèmes conduit à aviser les familles. Toute défaillance à cet égard engagerait la responsabilité de l'État[29]. Par ailleurs, la loi n° 2002-73 du 17 janvier 2002 de modernisation sociale ajoute un alinéa à l'article L. 541-1 du Code de l'éducation. Il précise qu'à l'occasion de la visite obligatoire « *un dépistage des troubles spécifiques du langage est organisé. Les médecins de l'Éducation nationale travaillent en lien avec l'équipe éducative et les professionnels de santé afin que, pour chaque enfant, une prise en charge et un suivi adaptés soient réalisés* ».

Bientôt peut-être... *Les circulaires du 12 janvier 2001 prévoient l'organisation « progressive » d'un nouveau bilan de santé pour les élèves de cycle 3 (fin de scolarité primaire), dans les zones d'éducation prioritaire, en particulier pour tous ceux qui sont signalés par les infirmières ou par l'équipe éducative.*

403 Un second contrôle médical global, réalisé au collège pour les adolescents de troisième, se propose de « *repérer les signes d'appel de mal-être, de diagnostiquer les psychopathologies et de donner tout conseil relatif à la scolarité en amont des procédures d'orientation. Ce bilan permet également (...) d'aider l'élève à construire son projet de vie en tenant compte des éventuelles inaptitudes liées à des problèmes médicaux* » (circulaires du 12 janvier 2001).

404 En dehors de ces procédures obligatoires, l'article L. 541-1 alinéa 2 du Code de l'Éducation prévoit la pratique d'examens complémentaires tout au long de la scolarité, sur l'initiative des médecins scolaires ou à la demande d'un élève, de sa famille, de l'équipe éducative ou de l'infirmière.

405 • **L'éviction des personnes contagieuses.** Les garanties en matière de santé ne se limitent pas au suivi médical individuel des élèves. En effet, à l'école, chaque usager doit pouvoir

29/ TA Versailles, 12 juillet 1989, *Friboulet*, req. 84-8931 ; CAA Lyon, 6 juin 1996, *Taleb Djelassi c/ ministre de l'Éducation nationale et hospices civiles de Lyon*, req. 95LY577.

évoluer sans risquer de contracter une maladie. Un arrêté du 3 mai 1989 fixe les mesures de prophylaxie à prendre et la liste des pathologies en cause. L'établissement scolaire écarte ainsi les malades, élèves ou personnels, atteints des affections contagieuses suivantes : **coqueluche, diphtérie, méningite à méningocoque, rougeole, oreillons, rubéole, fièvres typhoïde et paratyphoïde, dysenterie amibienne ou bacillaire, gale, syndrome grippal épidémique, poliomyélite, infections à streptocoques hémolytiques du groupe A, teignes et tuberculose respiratoire**. Ne subissent point en revanche une telle éviction les sujets porteurs d'**infections par le virus du SIDA** ou d'**hépatite B** et de **pédiculose**. L'éloignement concerne les seules personnes malades[30] ; celles qui sont au contact seront, le cas échéant, vaccinées, revaccinées ou dépistées. Le médecin de l'Éducation nationale, responsable de la mise en place de ce dispositif s'assure de l'efficacité des déclarations auprès de la direction départementale de l'action sanitaire et sociale. Il dispose ici d'un rôle de conseil vis-à-vis du directeur d'école ou du chef d'établissement.

406 ***Lorsque l'École se gratte la tête !*** *Moins dangereux mais plus fréquents, les poux envahissent le cuir chevelu des enfants et empoisonnent la vie des adultes, père, mère et professeurs. La circulaire n° 77-050 du 7 février 1977 après avoir exclu l'idée de l'éviction des élèves porteurs de parasites, préconise le dialogue : réunions avec les associations de parents d'élèves, information des jeunes... Mais* « dans les cas particuliers où ces efforts resteraient sans effet, il appartient au chef d'établissement ou au directeur d'école de saisir les services sociaux qui ont en charge leurs élèves pour que ces services interviennent au domicile des familles, afin de provoquer traitements et désinfections nécessaires ».

407 **L'amélioration de la qualité de vie des élèves.** Les circulaires du 12 janvier 2001 insistent sur la nécessité de consacrer « *un effort particulier (...) dès la maternelle, à la recherche sur les facteurs qui peuvent affecter le comportement de l'élève en milieu scolaire particulièrement en ce qui concerne l'ergonomie et l'étude de l'environnement de l'enfant* ». Les médecins de l'Éducation nationale ont ainsi pour mission de « *mettre en place des actions permettant d'améliorer la qualité de vie des élèves* ». Le contrôle portera sur les locaux scolaires (bruit, atmosphère, éclairage), les instal-

30/ En outre, seuls les malades visés par l'arrêté du 3 mai 1989 sont concernés. Une circulaire rappelle à cet égard que ne peuvent se voir refuser l'accès des établissements scolaires les enfants porteurs d'un plâtre : « *une telle attitude peut d'autant moins se justifier que les mêmes enfants se voient autoriser à réintégrer l'école immédiatement après l'ablation du plâtre alors que c'est précisément à ce moment que se situe une brève période de plus grande fragilité* » (Circulaire n° 76-135 du 7 avril 1976). Pratique heureusement abandonnée aujourd'hui.

lations sportives et sanitaires, les internats et la restauration collective.

Dans le même ordre d'idée, à la suite d'interventions émanant de parlementaires, de parents d'élèves et d'enseignants, le ministre, ému du poids parfois excessif des cartables des enfants, rédige une note le 17 octobre 1995. Il préconise d'inciter les pédagogues à limiter leurs demandes en matière de fournitures, d'apprendre aux élèves à remplir leurs sacs en fonction des besoins de la journée, de mettre à leur disposition des casiers fermant à clé.

Au-delà, l'accession à la santé en milieu scolaire suppose l'application d'un véritable programme d'éducation.

Pour une intervention de l'École dans le domaine de la Prévention. Contribution de M. Jean-Louis San-Marco, professeur à la faculté de médecine de Marseille, Université de la Méditérannée (Aix-Marseille II).

« Une conception très médicale sépare aujourd'hui encore la prévention en trois parties : primaire, secondaire et tertiaire selon le moment où elle intervient... par rapport à la maladie ! En forçant à peine le trait cela limite les champs de la prévention à la vaccination, au dépistage et au ramassage des blessés... ! Cette division, malgré son médicalocentrisme, ou à cause de lui, est universellement admise... quelle que soit la restriction du champ qu'elle implique.

La prévention, protection de la santé, a pourtant tout à gagner à être rapportée à la santé. Et dans cet ordre d'idées on peut proposer une autre partition, couvrant un domaine beaucoup plus large. Cela donne d'abord une prévention universelle, *destinée à l'ensemble de la population; laquelle nous intéressera particulièrement ici ! À côté d'elle on trouve une* prévention orientée, *selon les risques encourus par la population concernée (jeunes et accidents, personnes âgées et chutes...) et une* prévention ciblée *destinée aux malades, pour les faire participer à leur traitement (diabétiques, asthmatiques... : c'est l'éducation thérapeutique des malades chroniques).*

Outre l'argument de cohérence et le lien que cette présentation établit ou rétablit entre prévention et santé, cette présentation a l'énorme avantage d'élargir le champ de la prévention. Celle-ci devient le domaine de la gestion de sa santé par chaque individu, quel que soit le niveau de sa santé. Le sujet ne subit plus, comme dans le soin; plus qu'acteur il devient auteur de sa santé. C'est la participation de chacun à la gestion de sa santé *qui fait la prévention.*

*Dans ce cadre élargi la prévention universelle ne se limite plus à des gestes médicaux plus ou moins imposés et « extérieurs » comme les vaccinations, si efficaces soient-elles : elle aboutit à la gestion de sa santé par chacun d'entre nous et passe pour cela par l'*éducation pour la santé.

Cela gêne certains médecins. Surtout cela ne cadre pas (pas encore ?) avec la représentation majoritaire dans notre société des problèmes de santé : cette éducation ne peut qu'être étrangère aux médecins. S'adressant à la population générale, elle doit être intégrée à l'éducation générale. Elle ne peut avoir lieu qu'à l'école.

> *Nous vivons une époque où l'on fait porter bien des charges à l'école et les enseignants peuvent rechigner devant cette charge nouvelle. Mais elle n'en est pas vraiment une. Il n'est en effet pas question de leur demander d'intégrer dans leur enseignement des notions sanitaires, encore moins médicales. Il faut par contre leur demander d'avoir conscience de la dimension sanitaire de leur mission, quand ils s'efforcent de transformer leurs jeunes élèves en adultes responsables. C'est la définition même de l'éducation. L'introduction de l'éducation pour la santé, non dans les* programmes *mais dans* l'esprit *de l'éducation, permettra l'émergence d'une génération d'adultes responsables, aussi, de leur santé. L'éducation générale a tout à gagner à cette dimension nouvelle. Cette préoccupation l'aidera à remplir mieux encore sa mission. Elle n'est pas vraiment nouvelle pour nombre d'enseignants mais elle gagnera à être une nouvelle fois rappelée à tous ».*

b) L'éducation à la santé

408 La santé à l'école ne s'analyse pas seulement en une préoccupation matérielle; elle intègre aussi une valeur. Le décret n° 84-119 du 21 décembre 1984 confie au ministère de l'Éducation nationale, la responsabilité des actions de promotion de la santé en faveur des élèves. Pendant leur cursus, ils reçoivent une formation visant à les sensibiliser au domaine sanitaire qui s'articule essentiellement autour de l'éducation à la sexualité et de la lutte contre certains comportements dépendants.

1° ***L'éducation à la sexualité.*** L'article 22 de la loi n° 2001-588 du 4 juillet 2001 relative à l'interruption volontaire de grossesse et à la contraception crée une section 9 au Code de l'éducation relative à l'éducation à la santé et à la sexualité. L'article unique de cette section (L. 312-16) dispose qu'« *une information et une éducation à la sexualité sont dispensées dans les écoles, collèges et lycées à raison d'au moins trois séances annuelles et par groupe d'âge homogène* ».

Une circulaire n° 2003-027 du 17 février 2003 précise les modalités d'application de la loi : à l'école, l'éducation à la sexualité suit la progression des contenus fixée par les programmes. Elle indique que les trois séquences prévues par le Code de l'éducation doivent se comprendre comme un « *ordre de grandeur à respecter globalement* ». Le principal et le proviseur inscrivent ainsi, dès la rentrée scolaire, lesdites séances dans l'horaire global annuel des élèves. Cet enseignement[31], assuré par une équipe de personnes volontaires (enseignants, per-

31/ Au-delà de l'éducation à la sexualité figurant au programme de sciences et vie de la terre (SVT) et de vie sociale et professionnelle (VSP).

sonnels d'éducation, sociaux et de santé), bénéficie du soutien éventuel d'intervenants extérieurs[32].

Deux questions ont par ailleurs touché la barre des tribunaux; l'une se rapporte à la prévention du SIDA, l'autre à l'information des élèves sur la contraception.

409 La prévention du SIDA. En 1996, le ministre de l'Éducation nationale tente d'aborder de front le problème de la prévention du SIDA en milieu scolaire. Or, pour une raison strictement formelle[33], le Conseil d'État annule le texte[34]. Il faut attendre deux années pour la parution d'une nouvelle circulaire. Le 19 novembre 1998, la lutte contre le SIDA s'inscrit dans une action globale : « *au-delà de l'information autour de la sexualité et du SIDA, il est nécessaire de développer une véritable éducation à la sexualité et à la responsabilité. Les objectifs sont de prévenir les comportements à risques mais, surtout, de faire évoluer les attitudes de fond qui sont à l'origine de ces comportements et de contribuer à l'épanouissement personnel* ». La création pour les classes de quatrième et troisième de « *séquences d'éducation à la sexualité, obligatoires à raison de deux heures au minimum dans l'année scolaire* » affine le dispositif. Cette circulaire (n° 98-234), déférée à la censure du Conseil d'État par l'association « *promouvoir* », aboutit au rejet de la requête[35]. Pour la Haute Assemblée, les dispositions du texte « *ne méconnaissent pas les principes de neutralité et de laïcité; (elles) portent sur des activités d'enseignement à des fins éducatives et pédagogiques (et) n'ont ni pour objet, ni pour effet de porter atteinte aux convictions religieuses et philosophiques tant des élèves que de leurs parents ou des enseignants ». Ces « séquences d'éducation à la sexualité* » n'affectent pas plus l'exercice de l'autorité parentale et l'action éducative des familles prévues à l'article 371-2 du Code civil.

410 L'information en matière de contraception. Dans une lettre adressée le 29 décembre 1999 aux proviseurs et principaux, la ministre déléguée chargée de l'enseignement scolaire, annonçait le lancement d'une campagne nationale de sensibilisation des jeunes à la contraception. L'opération se traduisait notamment par la distribution de dépliants sur la question, dès la troisième. Cette déclaration provoque le

32/ Voir aussi Question écrite n° 30.337 du 15 décembre 2003, *J.O.A.N. (Q.)*, n° 7, 17 février 2004, p. 1267.

33/ Défaut de consultation du Conseil supérieur de l'Éducation prévue à l'article 1er du décret n° 90-468 du 7 juin 1990.

34/ CE, 29 juillet 1998, *Confédération nationale des associations familiales catholiques et autres*, req. 180-803.

35/ CE, 18 octobre 2000, *Association « Promouvoir » et autres, op. cit.*

courroux de la même association « *promouvoir* » qui y voit une atteinte à la neutralité de l'enseignement public et à l'autorité parentale. Le Conseil d'État rejette ce nouveau pourvoi[36] car le principe de laïcité[37] ne forme point obstacle à une information des lycéens et collégiens sur la contraception, dans un but de santé publique. Le juge précise toutefois que cette campagne exclut toute idée d'incitation des jeunes à adopter un comportement sexuel particulier. Les brochures en cause ne sauraient en effet comporter de mentions susceptibles d'entamer la liberté de conscience des élèves ou de méconnaître la liberté des parents d'élever leurs enfants mineurs dans un sens conforme à leurs convictions. Le Conseil d'État suit ainsi les conclusions du commissaire du gouvernement[38] : « *les missions imparties à l'école par le législateur sont (...) très larges. L'objectif qui lui est assigné n'est pas seulement de transmettre les savoirs fondamentaux, mais plus largement d'ouvrir les élèves sur le monde qui les entoure (...). Dans ces conditions (...) les problèmes liés à la sexualité et à la contraception peuvent et même doivent être évoqués dans l'enceinte scolaire (...). L'école est souvent le seul lieu où ces thèmes puissent être abordés de façon neutre (...). Cela ne signifie pas, bien sûr, que n'importe quel discours puisse être tenu aux élèves. Dans ces matières, sans doute plus que dans toute autre, les membres de la communauté éducative doivent veiller à ce que le contenu de l'information qu'ils donnent aux élèves, ne soit pas de nature à heurter leurs convictions ou à les choquer* ».

Accouchement difficile pour un ministre-sphinx. *L'absence du collège ou du lycée de jeunes élèves enceintes qui entreprennent une démarche d'**interruption de grossesse** sans en avertir leur famille pose problème. Seule une faute – prouvée – conduirait à la mise en cause de la responsabilité du chef d'établissement ou de tout autre personnel pour défaut d'information des parents.*

Selon la direction de l'enseignement scolaire, embarrassée et prudente[39], « l'administration de l'établissement scolaire, qui n'a pas à être informée de la démarche éminemment personnelle de l'intéressée, n'a pas de raison de ne pas signaler une absence qui serait liée à une interruption volontaire de grossesse. Dans le cas où l'administration aurait eu connaissance du motif de l'absence, il ne lui appartient pas non plus, à l'évidence, d'en informer quiconque, y compris les parents ». *Alors, que faire ? L'énigme reste entière...*

36/ CE, 6 octobre 2000, *Association « Promouvoir » et autres*, req. 216901, 217801 et 218213.

37/ Dont le principe de neutralité est le corollaire.

38/ Concl. Sophie Boissard sur CE, 6 octobre 2000, *Association « Promouvoir » et autres, op. cit.*, n° 54.

39/ Lettre n° 280 DESCO B4 du 17 juin 2002 (adressée aux recteurs, aux inspecteurs d'Académie, aux inspecteurs de l'Éducation nationale et aux personnels de santé).

411 2° ***La lutte contre les comportements dépendants.*** Elle concerne, bien entendu, toutes les drogues[40]. Ces dernières années marquent toutefois une action plus soutenue encore contre les produits toxiques, licites à l'extérieur des établissements, au premier rang desquels figurent le tabac et l'alcool.

412 **La lutte contre le tabagisme**[41]. Le temps où élèves et enseignants arpentaient parfois les couloirs du lycée ou la cour de récréation, cigarette aux lèvres, n'apparaît pas si lointain. En 1991, la loi dite « loi-Évin »[42] interdit de fumer « *dans les lieux affectés à un usage collectif, (...) sauf dans les emplacements expressément réservés aux fumeurs* ». L'application de ces prescriptions dans les collèges et lycées résulte du décret n° 92-478 du 29 mai 1992[43]. L'interdiction s'étend à tous les espaces, bâtis et non-bâtis, fréquentés par les élèves. La circulaire n° 2000-106 du 11 juillet 2000[44] la rappelle et encourage les principaux et les proviseurs à proposer aux conseils d'administration d'inclure cette proscription dans le règlement intérieur. Ce dernier précise le caractère général de la règle. Par suite, fait l'objet d'une censure la disposition qui interdit de fumer dans les seules installations sportives. Le tribunal administratif considère sa rédaction contraire aux textes en ce qu'elle autorise implicitement le tabagisme dans les lieux non-couverts de l'établissement[45]. Dès lors que l'interdiction est clairement formulée, son non-respect par les élèves peut conduire à une sanction disciplinaire[46].

413 Le décret de 1992 prévoit toutefois des dérogations. D'une part, la mise à disposition des lycéens fumeurs de salles spécifiques sous réserve du respect de certaines règles. Les locaux doivent être désolidarisés de ceux des collèges et ne pas concerner les salles affectées à l'enseignement, au travail et aux réunions. En outre, seuls les élèves de plus de seize ans y accèdent.

40/ Jean-Louis San-Marco, Alain Brémond, *Pour l'Éducation à la santé. À propos des conduites à risques. Guide à l'usage de la communauté éducative*, Académie d'Aix-Marseille, préface Jean-Paul de Gaudemar, 21 pages, 2005 ; Jean-Louis San-Marco, Alain Brémond, *Les produits psychotropes. Comment aborder avec les jeunes les problème de drogue. Guide pratique à l'usage des familles et éducateurs*, Conseil général du Var, 2003.

41/ Sur cette question, voir Sylvain Mary, « L'application de la loi Évin en milieu scolaire », *LIJ*, n° 78, octobre 2003, p. 50.

42/ L. n° 91-32, 10 janvier 1991, insérée à l'article L. 3511-7 C. santé publ.

43/ Inséré dans le Code de la santé publique aux articles R. 355-28-1 à R. 355-28-13.

44/ Relative au règlement intérieur dans les établissements public locaux d'enseignement, voir *supra* n° 187 et s.

45/ TA Lyon, 15 février 2001, *Joumard, JDJ*, n° 229, novembre 2003, p. 62 comm. Rémy Fontier.

46/ TA Paris, 20 juin 2003, *B. c/ lycée Louis-le-Grand*, req. 0216995 : en l'espèce, exclusion d'un internat.

Impératif à la mise en œuvre délicate, voire impossible... D'autre part, des pièces peuvent également être réservées aux personnels amateurs de cigares ou autres pipes. Le conseil d'administration de l'établissement public décide des locaux en question en tenant compte des conditions d'utilisation, d'aération et de ventilation. Ces lieux présentent nécessairement un caractère propre. Est annulée la décision d'un proviseur désignant comme « salle fumeurs » celle qui est destinée à l'ensemble des professeurs[47]. Une telle affectation ne constitue un droit, ni pour les adultes, ni pour les jeunes. Dans le même lycée, où cigarette rime avec requête, un syndicat exige un autre espace clos à l'usage des enseignants fumeurs. Le proviseur refuse, suivi sur recours hiérarchique par le recteur. Saisi à nouveau, le tribunal administratif rejette ces prétentions au motif que les dispositions de l'article R 355-28-8 du code de la santé publique se bornent à offrir la possibilité d'ouvrir pareil local mais « *ne sauraient (...) créer de telles obligations à l'encontre des gestionnaires de ces établissements* »[48].

Une signalisation claire rappelle, au sein des collèges et des lycées, l'interdiction de fumer. Il appartient aux principaux et proviseurs de la faire observer. Cette obligation ne saurait se traduire par de simples évocations formelles. Le non-respect de la loi engage la responsabilité de l'État[49]. Le juge administratif considère en effet qu'en se contentant de mentionner l'interdiction et d'apposer une affiche en ce sens, sans mettre un terme à la consommation de tabac, « *l'administration, qui pouvait légalement exercer son pouvoir hiérarchique à l'égard des contrevenants, n'a pas épuisé sa compétence* »[50].

Par ailleurs, la « loi Évin » ne se limite pas au respect de cette prohibition. Les articles L. 355-25 et L. 355-26 du Code de la santé publique répriment pénalement les annonces publici-

---

47/ TA Marseille, 19 novembre 1994, *SGEN CFDT c/ proviseur du Lycée Joliot Curie d'Aubagne*, req. 94-1158, 94-3053.

48/ TA Marseille, 11 mai 2000, *Syndicat SGEN-CFDT*, req. 95-3050.

49/ De même que la responsabilité civile et pénale des personnes physiques : T. pol. Dijon, 19 février 2004, *Ministère public, L., Association « les droits des non-fumeurs » c/ Q., JDJ*, 2005, n° 243, p. 55, comm. Rémy Fontier (fonctionnaire condamné à trois amendes de 400 euros pour « *absence d'emplacement réservé aux fumeurs dans les locaux...* », « *non-respect des normes de ventilation* », « *absence de signalisation* » et à 2 700 euros de dommages-intérêts au profit des deux parties civiles ainsi que 900 euros au titre de l'article 475-1 du C. pr. pén.

50/ TA Marseille, 26 juin 2003, A. req. 996149 : *AJFP*, janv.-févr. 2004, p. 6, note Rémy Fontier. Condamnation de l'État à verser 1 500 euros à une enseignante souffrant d'allergie, exposée à la fumée de cigarette dans la salle des professeurs du lycée malgré les rappels à l'ordre du proviseur.

taires en faveur du tabac : « *la seule présence d'une marque (...) dans un environnement de communication et son caractère public, constituent une publicité par nature interdite* »[51]. Les établissements scolaires se trouvent doublement concernés par l'interdiction : outre les dispositions législatives précitées, le principe de neutralité scolaire exclut toute approche commerciale. L'administration fera preuve de vigilance face aux sollicitations de professionnels pour intervenir en milieu scolaire.

414 **La lutte contre l'alcoolisme.** L'alcool, comme le tabac, compte au nombre « *des fléaux sociaux* » ou tout du moins reconnus sous ce vocable par le Code de la santé publique. Le ministère de l'Éducation nationale relève à cet égard que « *les enquêtes récentes menées auprès des jeunes de quatorze à dix-neuf ans mettent en évidence une augmentation particulièrement préoccupante des comportements de consommation excessive dans cette tranche d'âge* »[52]. Dans une optique préventive d'éducation à la santé, la communauté scolaire participe à la sensibilisation et à l'information des adolescents sur ces dangers[53]. Plus concrètement, la lutte contre les comportements alcooliques se caractérise ici par l'interdiction : l'École, par la loi et les règlements, demeure un espace sans alcool. Le directeur, le principal ou le proviseur garant de l'hygiène et de la sécurité des élèves, doit respecter et faire respecter l'arsenal juridique faisant de son établissement une zone pénalement protégée.

415 • La protection contre la consommation. Le Chapitre IV du Code des débits de boissons énumère les « *zones protégées* » excluant l'implantation des débits de boissons. L'article L. 49 du même Code précise que « *les préfets peuvent prendre des arrêtés pour déterminer (...) les distances auxquelles les débits de boissons à consommer sur place ne pourront être établis autour des (...) établissements d'instruction publique et établissements scolaires privés ainsi que tous établissements de formation ou de loisirs de la jeunesse;* (des) *stades, piscines, terrains de sports publics ou privés* ».

De plus, les mineurs de 16 ans ne disposent pas de la capacité d'accéder seuls aux débits de boissons et, *a fortiori*, d'y consommer (même accompagnés). Les abords de l'établissement – de même que son enceinte – se trouvent ainsi protégés contre

51/ Alain Hazan, note sous Cass. Crim., 29 juin 1999, *Comité national contre le tabagisme c/ Le Picard et autres*, *Gaz. Pal.*, 22 et 23 mars 2000, p. 36-41.

52/ Circulaire n° 99-135 du 20 septembre 1999.

53/ Circulaire n° 96-158 du 31 mai 1996.

l'absorption d'alcool. La circulaire du 6 mars 1968 précitée, rappelle en son article 31 que « *l'eau est la seule boisson hygiénique recommandable à table* ». Pour en tirer comme conséquence que « *ne sera servie* (aux élèves des écoles, collèges et lycées) *aucune boisson alcoolisée, même s'il s'agit de vin coupé à l'eau, de bière ou de cidre* ».

416 • La protection contre l'incitation à la consommation. Tout d'abord, les mineurs sont protégés par le Code pénal contre les incitations des adultes. L'article 227-19 réprime « *le fait de provoquer directement à la consommation habituelle et excessive de boissons alcooliques* ». L'alinéa suivant précise : « *lorsqu'il s'agit d'un mineur de quinze ans ou que les faits sont commis à l'intérieur d'un établissement scolaire ou éducatif ou à l'occasion des entrées ou des sorties des élèves, aux abords d'un tel établissement, l'infraction (...) est punie de trois ans d'emprisonnement et de 75 000 euros d'amende* ». Le non-respect des prescriptions de la circulaire du 6 mars 1968, précédemment évoquée, interdisant la vente ou le service de boissons alcoolisées au sein de l'école, du collège ou du lycée, exposerait les fonctionnaires placés à la tête de ces entités à des poursuites sur ce fondement.

Ensuite, les jeunes sont tout particulièrement protégés contre les incitations commerciales. L'article L. 17 du Code des débits de boissons interdit la publicité directe ou indirecte de l'alcool dans les publications destinées à la jeunesse. De même, l'article L. 20 dudit Code proscrit la remise, la distribution ou l'envoi à des mineurs de « *prospectus, buvards, protège-cahiers ou objets quelconques nommant une boisson alcoolisée ou en vantant les mérites ou portant la marque ou le nom du fabriquant* ».

Illustration tragique. *Durant une nuit de septembre 1998, vers deux heures, à l'occasion d'une sortie organisée par un lycée, une élève de dix-sept ans fait une chute mortelle du haut d'une falaise. Les enquêtes judiciaire et administrative reconstituent le déroulement de la soirée. Deux enseignants, une surveillante et le conseiller principal d'éducation en charge du groupe vont se coucher, laissant les adolescents jouer aux cartes sur le site. Sitôt les adultes partis, ils sortent de leurs sacs, bouteilles de spiritueux et cigarettes de cannabis. Certains quittent les lieux et deux d'entre eux s'isolent dans un pré après avoir franchi des barbelés. La jeune fille tombe, peu après, de l'abrupt et décède de ses blessures. L'autopsie pratiquée révélera sur elle un taux sanguin d'alcoolémie de 1,80 gramme pour mille. Les quatre accompagnateurs mis en examen se voient reprocher un défaut de surveillance mais surtout un exemple néfaste montré à table pendant le repas précédant le drame. Là, boissons alcoolisées et fermentées ont été bues tant par les pédagogues que par leurs cadets. Le Tribunal de grande instance d'Aurillac*[54] *ne*

54/ TGI Aurillac, 22 juin 2000, *JDJ*, n° 205, mai 2001, p. 51, obs. Rémy Fontier.

retient pas la responsabilité pénale[55] *des premiers mais déplore et blâme* « le climat de laxisme *(des adultes)* qui, pour certains, en apportant du vin et du cidre au gîte, d'autres en tolérant que les élèves en consomment, ont gravement enfreint la réglementation interne à l'Éducation nationale. Au titre de cette faute professionnelle et donc de façon tout à fait pertinente, *(ils)* ont fait l'objet d'avertissements par le ministère de l'Éducation nationale ».

La politique préventive présente, comme souvent, des insuffisances. Elle n'empêche ni les dysfonctionnements physiques, physiologiques ou psychiques, ni les traumatismes fortuits. La réaction face aux accidents, dommages ou maladies des élèves nécessite la présence, dans l'enceinte même de l'établissement, d'un service de soins.

II L'organisation des soins

417 **Les besoins s'expriment quantitativement.** Selon une enquête récente, chaque année les infirmeries enregistrent près de dix millions de passages, souvent spontanés[56], d'élèves. Par-delà l'attente croissante des enfants, le droit impose aux écoles, collèges et lycées de faire face à toutes les situations. Les défaillances engagent éventuellement la responsabilité de la puissance publique. À cet effet, des personnels de santé occupent des postes dans les établissements. L'assurance des soins requiert cependant l'engagement de la communauté éducative tout entière.

a) Les personnels de santé

418 À la rentrée 2004, on dénombrait 1 249 médecins et 6 686 infirmières[57]. Le taux d'encadrement reste encore éloigné des vœux des enfants : l'affectation d'une infirmière dans chaque établissement[58].

419 1° *Les missions.* Aux termes de l'article L. 913-1 du Code de l'Éducation, médecins et infirmières scolaires font partie intégrante de la communauté éducative et participent, à ce titre, au fonctionnement des établissements (conseils d'administration et conseils de classe pour le second degré, conseils

---

55/ Principalement eu égard au comportement irresponsable des jeunes, majeurs pour la plupart, ayant bu immédiatement des alcools forts à l'insu de leurs accompagnateurs.

56/ Frédéric Jésu, « Droits de l'enfant et santé – quelques carrefours à fréquenter », *JDJ*, n° 178, octobre 1998, p. 23.

57/ Pour ce dernier mot, l'emploi systématique du féminin s'explique par la présence rare des hommes dans cette profession (3 % seulement).

58/ Article 1er de la proposition de loi du Parlement des enfants de 1997.

d'école pour le premier degré...). Leurs missions sont précisées dans les circulaires du 12 janvier 2001[59]. Les médecins de l'Éducation nationale assument l'ensemble des examens et contrôles nécessaires aux élèves. Les infirmières scolaires affectées en établissement[60] s'affichent tout au long des études des jeunes, comme leurs référents santé et sont chargées d'« *organiser les urgences et les soins (...), réaliser le suivi de l'état de santé des élèves, mettre en place des dispositifs adaptés en cas d'événements graves survenant dans la communauté scolaire (...) agir en cas de maladies transmissibles, (...) intervenir en urgence auprès d'enfants ou d'adolescents en danger (...)* ». La presse[61] présente souvent les choses différemment. L'infirmière, véritable confidente, « *soigne aussi bien les bobos que les bleus à l'âme (50 % des consultations). Les élèves peuvent lui confier leurs inquiétudes ou leurs angoisses : sexualité, problèmes de drogue ou difficultés familiales* ».

420 2° ***Le secret professionnel.*** Du fait de la nature de leurs fonctions, médecins et infirmières se trouvent, en vertu des articles 4 du Code de déontologie médicale et L. 481 du Code de la santé publique, tenus au secret médical. Concrètement, il leur revient de taire, dans l'exercice de leur activité professionnelle, ce qu'on leur confie mais également ce qu'ils voient, entendent ou comprennent. L'article 226-13 du Code pénal réprime « *la révélation d'une information à caractère secret par une personne qui en est dépositaire soit par état ou par profession* », d'un an d'emprisonnement et de 15 000 euros d'amende. Peu importe le défaut d'intention de nuire[62] ou même le caractère louable des raisons de la divulgation. Le délit est constitué dès que la personne dévoile en toute conscience[63] l'information confidentielle apprise par elle. Cela reste vrai pour les constatations, même sans incidence, faites sur un tiers[64] (révélation de la non-contraction d'une maladie par un élève par exemple). Pareillement en cas d'événement rapporté, connu indépendamment[65] ou déjà répandu

59/ Ces textes ne portent atteinte ni aux prérogatives ni aux droits des médecins de l'Éducation nationale qu'ils tiennent des dispositions statutaires, notamment de celles issues du décret n° 91-1195 du (CE, 5 mai 2003, *Syndicat des médecins scolaires et universitaires et syndicat national autonome des médecins de santé publique de l'Éducation nationale*, req. 231567, 231803, 231804, 231805).

60/ Le plus souvent dans plusieurs EPLE ou en poste mixte collège(s)/école du secteur de recrutement.

61/ Jeohan Bonillo, « Ces personnages-clés qui aident votre enfant à l'école », *La Provence*, 2 septembre 2002.

62/ Cass. crim., 27 juin 1967, *Bull. crim.*, n° 194.

63/ Cass. crim., 7 mars 1989, *Bull. crim.*, n° 109.

64/ Cass. crim., 9 novembre 1901, *Dr. pénal*, 1902-1, p. 235.

65/ CA Versailles, 30 avril 1990, *D.*, IR, p. 178.

par la rumeur publique[66] : sa confirmation par un professionnel autorisé transforme un fait, encore sujet à controverse, en vérité indiscutable.

421 La jurisprudence qualifie la règle, très forte, de « *générale et absolue* » et « *il n'appartient à personne* (d'en) *affranchir* (ceux qui y sont tenus) »[67]. La rigueur du principe souffre cependant de quelques exceptions. D'abord l'article 226-13 précité ne s'applique pas « *lorsque la loi impose ou autorise la révélation du secret* »[68]. Ce dernier cas, source fréquente de doutes et d'incertitudes pour les personnels de santé scolaire, les laisse souvent seuls face à leur conscience. Ainsi, d'un côté, le Code pénal les exclut de l'obligation de dénonciation de crimes, privations, mauvais traitements ou atteintes sexuelles pour des mineurs de quinze ans[69]. Mais de l'autre, il les délie de leur secret professionnel[70].

La jurisprudence confirme ensuite explicitement cette latitude. Les professionnels cités en justice pour une affaire de ce type sont « *libres de fournir leur témoignage sans s'exposer à aucune peine ; il en découle nécessairement que, dans le même cas, les personnes ainsi autorisées à témoigner sont également libres de ne pas le faire* »[71]. Le ministre de l'Éducation nationale, conscient de la difficulté, reconnaît que « *dans la réalité des faits, la conduite à tenir n'est pas toujours aisée* »[72]. D'autant que, libérés du secret et affranchis de l'obligation de dénonciation, ces fonctionnaires obéissent toujours aux dispositions réprimant la non-assistance à personne en danger[73].

b) L'assurance des soins

422 L'article 57 du décret du 30 août 1985 modifié dispose que « *les modalités d'organisation de la médecine de soins dans les EPLE relèvent de la compétence et de la responsabilité de ces établissements* ». Le principal ou le proviseur définit, en concertation avec l'infirmière du collège ou du lycée et le médecin de

66/ TGI Paris, 5 juillet 1996, *D.*, 1998, Somm., p. 86, obs. Massis.

67/ Cass. crim., 8 avril 1998, *Bull. crim.*, n° 138.

68/ Art. 226-14 C. pén., modifié par la loi n° 2004-1 du 2 janvier 2004.

69/ Art. 434-1 et 434-3 C. pén.

70/ Art. 226-14 1°/et 2°/C. pén.

71/ Cass. crim., 14 février 1978, *Bull. crim.*, n° 56.

72/ Circulaire n° 97-175 du 26 août 1997.

73/ Art. 223-6 ; 223-16 et s. Cette infraction ne fait pas pour autant renaître l'obligation de dénonciation prévue aux articles 434-1 et 434-3 (Cass. crim., 7 novembre 1990, *Bull. crim.*, n° 372).

l'Éducation nationale, les besoins en tenant compte des circonstances locales (paramètres sociaux, économiques, nature des risques liés aux enseignements dispensés, environnement hospitalier, temps de présence des personnels de santé dans l'établissement...). Le dispositif se trouve soumis au conseil d'administration puis transmis à l'autorité académique pour information. Les écoles maternelles et élémentaires ne jouissent point de cette autonomie ; pour autant la problématique demeure et le service de soins implique une organisation à l'identique.

La santé contaminée par le droit. *Le manque de personnel de santé à temps complet dans chaque établissement scolaire n'engage pas la responsabilité de l'administration à la différence du fonctionnement défectueux du service de soins*[74]*. Ainsi, le non-dépistage des maladies contagieuses dans les écoles, collèges et lycées*[75] *conduit à retenir la faute de la puissance publique lorsque la victime établit l'aggravation de sa pathologie du fait de l'absence d'adoption par l'administration d'un tel examen*[76]*. De même, lorsque les lésions résultent d'une exposition excessive aux rayons X imputable à la défectuosité des appareils de radiologie utilisés dans les services de médecine préventive et d'hygiène scolaire*[77]*. Par ailleurs, les modalités des soins d'urgence, en cas d'accident, fournissent quelques exemples jurisprudentiels. La mauvaise appréciation de la gravité s'analyse en une faute dans l'organisation du service de nature à engager la responsabilité administrative. A été jugé en ce sens l'accident subi par un élève auquel l'établissement se borne à procurer des soins sommaires et à le renvoyer à son domicile sans prévenir les parents. Les radiographies révèlent une entorse cervicale justifiant une incapacité totale de six semaines*[78]*. Ce faisant, le personnel prive l'enfant de la possibilité d'obtenir un diagnostic utile*[79]*. Ou encore lorsqu'un jeune garçon se plaignant d'une douleur au bas-ventre, le collège n'engage nulle mesure permettant une prise en charge rapide*[80]*. En revanche, aucune faute n'entoure l'accident d'une élève blessée au dos alors qu'elle effectue un salto avant au mini-trampoline. Le juge judiciaire observe qu'après la chute, la jeune fille conduite à l'infirmerie s'entend conseiller de consulter un médecin si les douleurs persistent. Le praticien appelé par la famille ne diagnostiquera aucun traumatisme de nature à justifier un transfert vers un centre hospitalier. La rapidité de réaction des personnels présents dans l'établissement face à un accident révèle l'absence de défectuosité du service de soins. Appréciation identique dans une affaire dramatique où un élève décédera des suites d'un*

74/ CAA Nantes, 30 décembre 1998, *Prevost*, req. 95NT00036.

75/ Dépistage rendu obligatoire, au moins tous les deux ans pour les personnes se trouvant habituellement au contact des élèves, par l'article L. 192 du Code de la santé publique.

76/ Preuve non rapportée en l'espèce. TA Pau, 22 juin 1994, *N.*, req. 90/1353.

77/ CE, 18 février 1991, *Raton*, req. 77-105.

78/ TA Versailles, 12 juillet 1989, *Friboulet*, *op. cit.*, n° 402.

79/ CAA Lyon, 6 juin 1996, *Taleb Djelassi*, *op. cit.*, n° 402.

80/ CAA Lyon, 30 mars 2000, *Collège Jean Vilars et M. Vilard*, req. 98LY02942 et 97LY02946. La tardiveté du diagnostic eut pour conséquence l'ablation d'un testicule de l'enfant. Sur des faits similaires, cf. TA Marseille, 23 avril 2002, *Mazzola*, req. 97-7550.

malaise cardio-respiratoire pendant sa participation à une course d'endurance : l'enfant immédiatement transporté par les agents du collège sur une civière dans un local reçoit les premiers soins d'un médecin retraité voisin, cela avant l'arrivée du service médical d'urgence et de réanimation. Eu égard à la rapidité de l'appel et de l'intervention des secours, l'administration ne commet aucune faute[81]. *Pareillement, des parents reprochaient au lycée d'avoir laissé leur fils, gravement blessé dans son enceinte, partir seul dans le véhicule des pompiers. Selon eux, cette négligence aurait retardé l'admission de l'adolescent dans un établissement spécialisé. Le juge judiciaire écarte l'argument considérant qu'*« il n'appartenait pas à l'enseignant chargé d'une classe d'accompagner un enfant à l'hôpital »[82].

423 Cela posé, soigner les élèves au sein des établissements scolaires n'engendre pas forcément une situation de tout repos... Des difficultés considérables tiennent à la présence ou non d'un personnel de santé, à l'appréciation de l'urgence et aux possibilités d'administrer certains médicaments. La crainte de l'ensemble des personnels s'accroît avec la forte pénalisation des procès des accidents scolaires. Des initiatives réglementaires ou contractuelles cherchent à éclaircir la situation en tenant compte, d'une part, des modalités générales d'organisation et, d'autre part, des particularités nécessitant une implication lourde de l'institution dans les soins à prodiguer.

424 1° ***Les modalités générales d'organisation.*** Une circulaire du 20 mars 1986 (n° 86-144) et surtout un protocole national signé le 29 décembre 1999 apportent un soutien aux responsables des établissements. La clarification porte essentiellement sur la place des médicaments à l'école et la gestion des urgences.

425 **Les médicaments détenus dans les établissements.** Le protocole distingue les médicaments en vente libre en pharmacie de ceux nécessitant une prescription médicale. D'une manière générale, aucun de ces derniers ne se conserve dans les infirmeries sans ordonnance. La responsabilité de l'infirmière touche à l'ensemble des produits pharmaceutiques utilisés par elle-même ou par un médecin. Une armoire à pharmacie réglementaire équipée d'une fermeture de sécurité et d'un compartiment à toxiques assure leur protection. L'infirmière, habilitée à effectuer les actes relevant de sa compétence, peut prodiguer aux élèves les premiers soins, administrer les

81/ CAA Nantes, 30 décembre 1998, *Prevost, op. cit.* Voir dans le même sens CE, 26 février 1975, *Époux L.*, req. 92965. Voir à ce sujet n° 426.

82/ TGI Versailles, 13 septembre 2001, *Gallot c/ préfet des Yvelines, op. cit.* Voir *infra* n° 426.

médicaments nécessitant une prescription médicale écrite (nominative, qualitative et quantitative, datée et signée).

Quel que soit le type de produit employé, « *il est nécessaire de procéder à un interrogatoire rigoureux avant une prise de médicaments afin d'éliminer toute contre-indication* ». L'infirmière accomplit certains actes uniquement sur prescription d'un médecin, soit dans le cadre du protocole d'urgence du projet d'accueil individualisé, soit après appel du SAMU (le 15). Il reste possible, pour le médecin régulateur, de demander à titre conservatoire, en attendant l'arrivée des urgentistes, d'effectuer une injection, une prise médicamenteuse ou un geste technique.

426 **La gestion de l'urgence.** La circulaire du 20 mars 1986 précitée recommande aux principaux et aux proviseurs[83] de « *s'assurer de façon permanente du concours d'un établissement hospitalier (...) permettant un accueil sans délai ni formalité* ». La situation diffère toutefois selon la présence ou non d'un personnel de santé dans l'établissement. En la présence de l'infirmière scolaire, échoit à celle-ci de déterminer selon l'état de santé de l'élève s'il relève d'une hospitalisation de soins médicaux ou de soins infirmiers. Hors sa présence, les soins d'urgence dépendent, le cas échéant, des personnels titulaires de l'attestation de formation aux premiers secours ou du certificat de sauvetage-secourisme du travail. À défaut de personnels possédant de tels titres, il appartient à chacun de porter secours aux personnes en danger. Le protocole national précité – comme en son temps la circulaire de 1986 – conseille d'obtenir l'avis téléphonique du SAMU[84]. Les consignes précises à tenir en cas d'urgence doivent être affichées dans l'établissement, obligatoirement doté d'une trousse de premiers secours.

Si un élève malade ou blessé faisait l'objet d'une évacuation vers une structure de soins par un transport sanitaire (SAMU, SMUR-SDIS), il reviendrait simplement au principal ou au proviseur d'informer les parents de ce transfert de garde et d'indiquer le cas échéant aux personnels soignants ou aux pompiers le nom du praticien choisi par la famille et figurant sur la fiche de renseignements remplie en début

83/ Le même conseil peut être utilement suivi par les directeurs d'école.

84/ Le médecin régulateur du « 15 » peut apporter une réponse appropriée à toutes les demandes : conseiller téléphoniquement (24 heures/24), prescrire le transport éventuel de l'élève vers une structure de soin par ambulance ou ordonner l'intervention sur place du service médical d'urgence et de réanimation (SMUR).

d'année. Aucune obligation d'accompagnement dans le véhicule médicalisé ne pèse sur l'établissement public local d'enseignement. Rien n'empêche cependant, sous réserve de l'accord du transporteur, la présence d'un membre de la communauté éducative qui dispenserait un soutien psychologique à l'enfant[85].

Une pilule difficile à avaler. *Le protocole national comportait un chapitre spécifique à la contraception d'urgence afin de prévenir les grossesses non désirées des jeunes élèves. Cette* « pilule du lendemain », *à disposition dans les établissements scolaires, provoqua quelques remous et la grogne de certains parlementaires :* « l'indigence du dispositif sanitaire scolaire en France (...) ne permet pas des contacts quotidiens des soignants avec les jeunes filles, si bien que l'on ne voit pas comment (la pilule) pourrait être administrée en moins de vingt quatre heures (...). Enfin, on ne peut que regretter l'absence de débat préalable avec les associations familiales et les représentants des jeunes gens pour évaluer la pertinence de l'intervention publique dans une situation qui relève de l'intimité de la personne : les jeunes filles et leurs familles adhèrent-elles à ce projet ? »[86]. *Plus encore, une dizaine d'associations et de nombreux particuliers sollicitèrent du Conseil d'État l'annulation de cette mesure autorisant les infirmières scolaires à délivrer la pilule NorLevo. La Haute Assemblée*[87] *donne raison aux requérants au motif que le contraceptif appartient à la catégorie de ceux médicalement prescrits, distribué par les seules pharmacies ou les centres de planification ou d'éducation familiale, conformément à l'article L. 5134-1 du Code de la santé publique. La ministre chargée de l'enseignement scolaire ne pouvait en conséquence la proposer aux élèves par le biais des infirmières scolaires*[88]. *À la suite de cet accroc juridictionnel, le Parlement décide de légaliser la possibilité. Ainsi, la loi n° 2000-1209 du 13 décembre 2000 vient compléter le Code de la santé publique :* « dans les établissements d'enseignement du second degré, si un médecin ou un centre de planification ou d'éducation familiale n'est pas immédiatement accessible, les infirmières peuvent à titre exceptionnel et en application d'un protocole national déterminé par décret, dans les cas d'urgence et de détresse caractérisée, administrer aux élèves mineures et majeures une contraception d'urgence. Elles s'assurent de l'accompagnement pédagogique de l'élève et veillent à la mise en œuvre d'un suivi médical ». *Le décret n° 2001-258 du 27 mars 2001, dote le dispositif d'une application*[89].

427 2° ***Les projets d'accueil individualisé et les injections médicamenteuses.*** L'organisation générale des soins dans l'établisse-

85/ Voir aussi CAA Nantes, 30 décembre 1998, *Prévost, op. cit.*, n° 422.

86/ Question écrite, n° 43.717 du 20 mars 2000, *JOAN*, 6 novembre, p. 6366.

87/ CE, 30 juin 2000, *Association Choisir la vie et autres, AJDA*, p. 729, concl. Sophie Boissard, *op. cit.*, n° 54.

88/ Voir l'opinion divergente de la Lettre d'information juridique du ministère de l'Éducation nationale : « *C'est bien parce que ce médicament avait reçu une autorisation de mise sur le marché sans prescription médicale (c'est-à-dire en vente libre) que la ministre avait pris la décision attaquée* », *LIJ*, 48/2000, p. 10.

89/ Depuis, un nouveau texte a même établi la gratuité de cette pilule et permet sa délivrance par les pharmaciens aux mineures qui en font la demande (Décret n° 2002-39 du 9 janvier 2002).

ment s'avère parfois insuffisante ou plus exactement inadaptée à certaines situations. Les enfants atteints de troubles chroniques ou soumis à un traitement relativement long ne pourraient dans ce seul cadre, suivre une scolarité normale. C'est pourquoi, conformément à l'article L. 111-1 du Code de l'Éducation, des modalités spécifiques d'accueil voient le jour. L'élaboration des projets d'accueil individualisé favorise la scolarisation de ces jeunes. Initialement définis par les circulaires n° 93-194 du 22 juillet 1993 et n° 99-181 du 10 novembre 1999, ces programmes caractéristiques retrouvent de la vigueur grâce à une nouvelle circulaire n° 2003-135 du 8 septembre 2003[90]. Cependant, aucune mesure contraignante ne vient à l'appui de ces suggestions. Le pouvoir d'organisation du service détenu par le chef d'établissement lui permet, en fonction des circonstances, de refuser les propositions des parents[91]. Mis au point à la demande des familles, en concertation avec le médecin de l'Éducation nationale, ses confrères (généraliste ou spécialiste) traitant les enfants et sous la responsabilité du directeur d'école, du principal ou du proviseur, ces projets d'accueil autorisent la prise en charge par l'établissement scolaire de malades chroniques. Pour ces derniers, il paraît souhaitable d'apporter une aide aux parents dans l'exécution d'ordonnances médicales prescrivant un traitement ou des soins. Le projet revêt nécessairement la forme écrite. Il définit les mesures particulières à déployer tels les aménagements d'horaires, les dispenses de certaines activités, le régime alimentaire spécifique éventuel mais surtout les modalités de la prise en charge médicale[92]. Le document énumère les prescriptions médicales et donne la liste des personnels de l'établissement habilités à les administrer à l'enfant. L'accord conclu avec la famille envisage nécessairement les situations d'absence de l'infirmière par nature fréquentes. L'action des personnels non médicaux se limite aux traitements médicamenteux par voie orale ou inhalée ou par voie d'injection[93].

428 La constitution rapide d'un état de choc peut mettre la vie de ces enfants en danger en cas de non-administration d'un traite-

90/ Qui abroge et remplace le texte antérieur.

91/ CE, 20 février 2002, *Miller*, req. 220191.

92/ Sur les modalités pratiques, cf. « Mise en place d'un projet d'accueil individualisé », Catherine Laurent, *Cahiers de l'Éducation*, juillet-août 2001, p. 6.

93/ Lettre DAJ-A1, n° 00-559, 30 novembre 2000, *LIJ*, 51/2001, p. 17.

ment rapide avant même l'arrivée des secours d'urgence [94]. D'où l'éventualité, prévue par le texte, de l'intervention d'urgence d'un personnel non médical. Aux termes du projet d'accueil individualisé, le médecin traitant prescripteur et celui de l'Éducation nationale établissent un protocole de soins d'urgence qui précise les signes et symptômes de la maladie, les mesures à prendre et les informations à fournir au médecin urgentiste. Dans l'hypothèse où il autoriserait un adulte de la communauté éducative autre que l'infirmière à pratiquer une « auto » injection, le médecin de l'Éducation nationale devrait assurer la formation des personnels chargés d'accueillir l'enfant bénéficiaire du projet d'accueil. La question n'emporte point pour autant l'unanimité, une partie de la communauté éducative lui réservant même un accueil hostile par crainte de voir sa responsabilité engagée [95]. Le conseil national de l'ordre des médecins a émis sur ce point un avis favorable [96] en précisant nonobstant que « *tous les membres de la communauté éducative doivent prendre conscience que le médecin prescripteur n'a prévu cette éventualité que dans des situations exceptionnelles mettant en danger la vie d'un enfant* ».

Le « social ». *Pour inciter les jeunes à un comportement respectueux d'eux-mêmes et de leur santé, des prises en charge adaptées, dans le domaine de l'éducation à la vie sociale se sont développées peu à peu, notamment par la prévention, en particulier de la violence et de la maltraitance d'une part, et des conduites à risques, d'autre part. Favoriser les apprentissages, le projet personnel et la réussite scolaire, veiller au bien-être et à l'épanouissement des jeunes, préserver l'équilibre, l'intégrité, l'autonomie de décision, la responsabilité, la dignité des personnes, défendre le droit des jeunes et des plus démunis afin que les ignorances, les dysfonctionnements ou les abus ne puissent faire obstacle à l'accès au droit et à la responsabilité, constituent les missions du service social de l'Éducation nationale. Elles contribuent par là à une meilleure sécurité des élèves* [97].

94/ Le traitement préconisé par les allergologues dans ces situations est l'injection d'adrénaline par le produit ANAPEN. Elle pourra le cas échéant être étendue à d'autres produits s'ils reçoivent les autorisations d'utilisation par les autorités sanitaires.

95/ Sur cette question, cf. Pierre Taudou, « PAI et injections médicamenteuses en milieu scolaire, aspects juridiques », *Alim'inter, le journal de l'allergie alimentaire*, n° 3, mai 2001, p. 89-102; *LIJ*, 63/2002, p. 16 : « *un fait remarquable depuis que les PAI sont rédigés dans les établissements, il n'y a pas eu à notre connaissance de procès en responsabilité les concernant, alors qu'on le sait, la jurisprudence des accidents scolaires est particulièrement abondante. Ceci tient peut-être à la jeunesse du PAI (...) cela tient aussi à la qualité du cadre proposé par la circulaire ainsi qu'aux précautions qui sont prises par les équipes de terrain* ». Impression confirmée par le même auteur, « Structures légales des projets d'accueil individualisé (PAI) », *Revue française d'allergologie et d'immunologie clinique*, n° 45, 2005, p. 264.

96/ Avis du 31 août 2000, *LIJ*, 51/2001, p. 18 et 19. L'avis favorable porte sur les seuls « auto-injectables ».

97/ Circulaire n° 91-248 du 11 septembre 1991 sur les missions et le fonctionnement du service social de l'Éducation nationale et circulaire n° 95-181 du 28 juillet 1995 sur les missions et fonctions des conseillers techniques de service social.

B. La sécurité

429 L'actualité quotidienne témoigne de l'attente sécuritaire croissante des citoyens. L'École n'échappe pas au mouvement, surtout lorsque s'y ajoute une justification temporelle liée au temps de la scolarité. La scolarisation, devenue au fil des décennies un véritable fait social[98], se distingue par son caractère obligatoire. La recherche, par les parents d'élèves, d'établissements scolaires entièrement sécurisés apparaît, dans ces conditions, légitime : légalement contraints de confier leurs enfants à l'administration pendant un temps non négligeable de leur vie, ils sont en droit d'attendre d'elle une prise en charge sans faille.

Si la loi ne répond pas toujours de façon exhaustive à l'expectative parentale[99], la sécurité des élèves n'en demeure pas moins un enjeu capital pour l'institution scolaire.

430 Certes, la question relève pour une bonne part de spécialistes chargés de veiller au respect des normes en vigueur. En matière de construction, les techniciens installeront alarmes, issues de secours, appliqueront les règles de prévention des risques électriques ou d'incendies... Mais l'obligation d'assurer la sécurité des élèves ne se limite pas à cela. Les acteurs du système éducatif préposés à la garde des enfants ne pourront jamais se retrancher derrière une quelconque conformité pour dégager leur responsabilité dans la survenance d'un accident. Par exemple, la circonstance qu'une porte battante à l'entrée des toilettes d'une école maternelle ne présente aucun danger selon les normes en vigueur, ne met pas à l'abri des blessures un jeune élève si son camarade, sans surveillance, la referme violemment sur ses doigts[100] ; ou encore le positionnement d'une prise de courant à une hauteur réglementaire n'annule point le risque qu'un enfant échappe à la vigilance du maître, monte sur une chaise et s'électrocute... La sécurité ne se décline pas seulement à travers la réglementation. Elle reste, surtout, affaire d'hommes.

Le droit oblige chacun des adultes travaillant à un titre ou à un autre dans l'enceinte d'un établissement scolaire à une obligation de surveillance et de vigilance.

98/ Bernadette Engerrand, François Louis, *La sécurité dans le cadre scolaire, op. cit.*, p. 9.

99/ Cf. *infra* n° 474 et s.

100/ Cf. *supra*, n° 302.

431 La loi du 5 avril 1937, intégrée à l'article 1384 du Code civil qui sanctionne les défaillances dans l'encadrement des élèves, demeure le texte de référence en la matière. Par ailleurs, la loi du 10 juillet 1989 d'orientation sur l'éducation établit un autre fondement : l'article 14 (article L. 912-1 du Code de l'Éducation) dispose : « *les enseignants sont responsables de l'ensemble des activités scolaires des élèves* ». Son article 15[101] précise : « *les personnels administratifs, techniques, ouvriers, sociaux, de santé et de service (...) contribuent à l'accueil et au cadre de vie et assurent la sécurité, le service de restauration, la protection sanitaire et sociale et, dans les internats, l'hébergement des élèves* ». Enfin, de façon plus générale, un principe, issu d'une vieille jurisprudence[102], veut qu'aucun dommage ne soit causé aux usagers de l'administration du fait de la mauvaise organisation de ses services ou d'un défaut dans l'entretien des ouvrages publics.

Ainsi, l'École, gardienne de nos enfants doit, d'une part, garantir la réunion des conditions matérielles de l'accueil **(I)**, d'autre part, organiser un service de surveillance des élèves **(II)**.

I La surveillance des locaux et des équipements scolaires

432 Pour assurer l'effectivité de la sécurité des élèves présents dans l'enceinte d'une école, d'un collège ou d'un lycée, le bon état des locaux et du matériel se révèle impératif. La loi a opéré en la matière un partage des compétences entre les établissements scolaires et les collectivités territoriales de rattachement. Certaines activités, dangereuses, obéissent à des règles spécifiques.

a) Les règles générales

433 Les locaux et les équipements scolaires sont en France la propriété des collectivités locales depuis les lois de décentralisation de 1983 et 1984. En qualité de propriétaires, l'entretien relève de leur compétence. Les établissements scolaires mais aussi l'ensemble des personnels travaillant en leur sein, ont, nonobstant un rôle déterminant à jouer dans la surveillance de leur état de fonctionnement.

434 1° ***La compétence des collectivités territoriales.*** Concernant les écoles du premier degré, l'article L. 214-4 du Code de l'Édu-

101/ Art. L. 913-1 du Code de l'Éducation.

102/ Sur le principe de la responsabilité administrative, voir notamment T. confl., 8 février 1873, *Blanco*, *GAJA* n° 1.

cation pose : « *la commune a la charge des écoles publiques. Elle est propriétaire des locaux et assure la construction, la reconstruction, l'extension, les grosses réparations, l'équipement et le fonctionnement* ». L'article L. 212-5 ajoute : « *sont (...) des dépenses obligatoires (pour la commune), dans toute école régulièrement créée : (...) 3°) l'entretien ou la location des bâtiments et de leurs dépendances ; 4°) l'acquisition et l'entretien du mobilier scolaire ; le chauffage et l'éclairage des classes* ».

Aux termes des articles L. 213-2 et L. 214-6, le département et la région ont respectivement en charge, dans les mêmes conditions précitées, les collèges et les lycées.

En définitive, les collectivités locales doivent assurer les dépenses d'investissement et de fonctionnement des établissements, à l'exception des dépenses pédagogiques qui demeurent à la charge de l'État[103]. Elles assument à l'égard des biens meubles et immeubles des établissements relevant de leur compétence, l'ensemble des obligations d'un propriétaire. De la pose du crépi à la fourniture du gaz et de l'électricité, du curage des canalisations aux frais de chauffage, rien ne leur échappe, sauf peut-être le remplacement d'une ampoule grillée ou la réfection d'un carreau de vitre brisée[104]. Les obligations initialement financières de ces personnes morales, ne sont pas sans incidence sur les compétences en matière de sécurité au sein des établissements scolaires. Les collectivités deviennent des acteurs essentiels de la vie scolaire.

435 Un accident survenu à un élève du fait d'un défaut d'entretien des locaux ou des équipements scolaires, engage nécessairement la responsabilité de la collectivité territoriale de rattachement dès lors que le bien en cause répond à la définition juridique de l'ouvrage public[105]. Toutefois, malgré l'absence de prise en charge directe de la maintenance du matériel, le rôle des établissements et de leurs personnels en matière de sécurité s'avère décisif.

436 2° ***La compétence des établissements scolaires.*** La question relève du bon sens : la collectivité territoriale, d'une manière générale, a en charge la sécurité des biens meubles et immeubles des établissements scolaires, mais n'occupe pas

---

103/ Décret n° 85-264 du 25 février 1985.

104/ Le décret n° 87-712 du 26 août 1987 donne en son annexe une liste des menus remplacements et des travaux d'entretien qui présentent le caractère de « réparations locatives ».

105/ Cf. *infra* n° 503 et s.

effectivement le site. Seuls les personnels affectés ou mis à disposition peuvent repérer les risques potentiels. Les textes, puis la jurisprudence, imposent aux directeur, principal ou proviseur une véritable obligation de sécurité.

437 **Les fondements de l'obligation de sécurité.** ***Pour le premier degré.*** L'article 2 alinéa 1er du décret n° 89-122 du 24 février 1989 prescrit au directeur de veiller « *à la bonne marche de l'école* ». Par ailleurs, l'article 11 du décret n° 90-788 du 6 septembre 1990 précise que la sécurité des élèves « *doit être assurée en tenant compte de l'état des locaux et du matériel scolaires et de la nature des activités proposées* ». La circulaire du 6 juin 1991 confie « *l'ensemble des locaux scolaires (...) au directeur, responsable de la sécurité des personnes et des biens* ». Plus explicite encore, la circulaire du 18 septembre 1997 rappelle que « *l'aménagement et l'entretien des espaces extérieurs réservés aux élèves, ainsi que l'installation et l'entretien des matériels mis à leur disposition relèvent de la compétence des municipalités. Il appartient, cependant, au directeur d'école d'être vigilant en matière de sécurité de locaux, de matériels et espaces auxquels les élèves ont accès. Les enseignants qui auront remarqué un risque apparent, dans leur classe ou en d'autres lieux, susceptible de mettre en danger leurs élèves, en informent le directeur de l'école* ». ***Pour le second degré.*** L'article 8, 2°, c) du décret du 30 août 1985 commande au principal ou au proviseur agissant en tant que représentant de l'État, de prendre « *toutes dispositions, en liaison avec les autorités administratives compétentes, pour assurer la sécurité des personnes et des biens, l'hygiène et la sécurité de l'établissement* ». Par ailleurs, l'article 16-7 c) du même texte prévoit que le conseil d'administration, en sa qualité d'organe délibératif du collège ou du lycée, sur le rapport du chef d'établissement, « *délibère sur les questions relatives (...) à la sécurité* ». Cette instance peut, à cet égard, « *décider la création d'un organe compétent composé notamment de représentants de l'ensemble des personnels de l'établissement pour proposer les mesures à prendre en ce domaine* ».

Le transfert des compétences au profit des collectivités territoriales de rattachement, ne déresponsabilise nullement des questions de sécurité les personnes physiques et/ou morales, qui sont au cœur de l'événement susceptible de se produire.

438 **Le contenu de l'obligation de sécurité.**

439 **• Les obligations inhérentes aux « établissements recevant du public ».** Selon le Code de la construction et de l'habitation, l'établissement scolaire répond à la définition de l'« établissement recevant du public » (ERP). Il obéit à ce titre à un certain nombre de sujétions en matière de sécurité (articles R. 123-2 à R. 123-55 du Code de la construction et de l'habitation) destinées à prévenir les risques d'incendie et de panique[106]. Deux arrêtés du ministère de l'intérieur du 25 juin 1980 et du 4 juin 1982, portent, en application de l'article R. 123-12, « règlement de sécurité »[107]. Le chef d'établissement en demeure le garant. La commission de consultation départementale de la protection civile et de la sécurité – ou une sous-commission spécialisée – instituée par l'article R. 123-35 du Code précité vérifie la conformité aux prescriptions et normes de sécurité applicables aux ERP. Cette instance effectue, régulièrement, de véritables inspections sur le site. Leur fréquence dépend de la catégorie à laquelle appartient l'établissement. Chaque visite donne lieu à un procès-verbal transmis au préfet, à l'autorité académique, à la collectivité locale et au chef d'établissement. Par ailleurs, le gestionnaire du collège ou du lycée tient, obligatoirement, en vertu de l'article R. 123-51 du Code de la construction et de l'habitation un carnet – ou registre de sécurité. Figurent dans ce document le nom des personnes chargées d'encadrer et de guider les usagers en cas d'évacuation rapide, les consignes à suivre en cas d'incendie, les contrôles effectués par la commission de sécurité, les principaux incidents survenus dans le passé... Un arrêté du 19 juin 1990 – en cours de modification – fixe notamment les conditions dans lesquelles l'établissement peut être fermé, totalement ou partiellement, pour défaut de conformité des locaux aux règles de protection.

440 • Les obligations générales de surveillance de l'état d'entretien des locaux.

L'obligation d'alerter. Les collectivités locales chargées de la rénovation des établissements scolaires doivent être informées de toute défectuosité constatée afin d'engager les travaux nécessaires dans les plus brefs délais. Ce devoir d'alerte implique une surveillance quotidienne et active des personnels *in situ* obligeant le directeur d'école, le principal ou le proviseur à effectuer des visites régulières. Ce fonctionnaire décèlera les risques apparents éventuels : la détérioration des

106/ Lettre DAJ-A1 n° 98-666 du 10 décembre 1998, *LIJ*, 31/99, p. 13.

107/ « Les clés de la sécurité », observatoire national de la sécurité des établissements scolaires.

portes et des fenêtres, des escaliers, des installations électriques, des extincteurs mais encore la vétusté des auvents, les fissures dans les murs, le mauvais état des fixations des appareils au sol, des installations dans la cour de récréation devenues dangereuses (les jeux pour les enfants, les bancs...), une haie d'épineux mal taillés ou l'arbre centenaire menaçant de tomber... La liste ne présente aucun caractère d'exhaustivité. Il n'est pas exigé du chef d'établissement de devenir un « spécialiste de la sécurité ». Mais sa vigilance, sans relâche, marquera ces opérations. Il peut, dans le doute, solliciter une aide extérieure par la saisine de la commission locale de sécurité ou le recours à une expertise. Dès la constatation d'une défectuosité de cet ordre, la collectivité locale doit en être avisée sans délai. Ce signalement initial prendra toute forme[108] avant de se révéler impérativement confirmé par écrit[109]. Le défaut ou le retard dans cette annonce entraîne éventuellement la faute de l'État en cas d'accident.

La preuve par neuf. *La* ***forme écrite*** *du signalement des défectuosités à la collectivité de rattachement revêt une importance primordiale, surtout lorsque les personnels des établissements connaissent bien leur correspondant à la Commune au Département ou à la Région. Nonobstant, un courrier s'impose.*

Un élève de CM2 s'était blessé sur une pointe métallique dépassant d'un mur en jouant au football dans la cour de récréation. La directrice de l'école avait, d'une part, avisé la mairie de cette défectuosité avant l'accident par téléphone mais sans confirmation écrite et, d'autre part, interdit en vain aux enfants de jouer à proximité de l'ouvrage. La ville de son côté ne fit point diligence. Lorsque les parents demandèrent réparation du préjudice subi par leur fils, la directrice, de bonne foi, ne put justifier qu'elle avait informé le propriétaire du bâtiment. Ce dernier, en l'occurrence la commune, également bien intentionnée, ne trouva aucune trace d'une demande d'intervention à ce propos. Seule la responsabilité de l'État pouvait être engagée, l'absence de signalement écrit constituant, en l'espèce, un défaut dans l'organisation du service.

441 Cela posé, le simple fait d'informer la collectivité ne suffit pas. L'établissement scolaire n'a point encore, ce faisant, entièrement rempli son obligation au regard de la sécurité. Il lui revient, avant l'exécution des travaux, de prendre les mesures provisoires de nature à prévenir les accidents.

Le devoir de protéger. Le constat d'un risque pour la sécurité des élèves implique l'intervention du chef d'établissement avec les moyens dont il dispose. Prendre toutes les mesures

108/ Courrier électronique, télécopie, téléphone, tam-tam ou pigeon voyageur...

109/ Le chef d'établissement ou le directeur en informe, dans le même temps, l'autorité académique.

conservatoires qui s'imposent implique : l'interdiction faite aux élèves d'accéder aux endroits jugés dangereux; la fixation d'un périmètre de sécurité au besoin avec des barrières; l'exécution si nécessaire de réparations de fortune afin d'éviter l'aggravation de la défectuosité; l'éclairage des parties à risque fréquentées en soirée, par les adolescents. La responsabilité de l'État s'observe dans une affaire où une élève se blesse à cause d'une porte mal conçue. Le juge judiciaire relève qu'il appartenait à l'institutrice de donner et de faire respecter des instructions permettant le déplacement en bon ordre des enfants en raison notamment du fait que le trajet emprunté comportait un couloir rendu dangereux par ladite porte[110].

442 L'urgence et la gravité pourront parfois rendre insuffisantes, voire inopérantes, pour assurer la sécurité des élèves, ces mesures conservatoires relevant du quotidien. L'article 9 du décret du 30 août 1985 précité donne la possibilité, « *en cas de difficultés graves* », au principal ou au proviseur[111] de « *prendre toutes dispositions nécessaires pour assurer le bon fonctionnement du service public. S'il y a urgence* (il) *peut : interdire l'accès de ces enceintes ou locaux à toute personne relevant ou non de l'établissement; suspendre des enseignements ou autres activités au sein de l'établissement. Le chef d'établissement informe le conseil d'administration des décisions prises et rend compte à l'autorité académique, au maire, au président du conseil général ou du conseil régional et au représentant de l'État dans le département* ». Ces dispositions, applicables aux établissements publics locaux d'enseignement visent sans doute également les écoles du premier degré. Si elles n'entrent point dans le champ d'application du décret de 1985, les directeurs d'école, comme les chefs d'établissement au sens strict, n'échappent pas à la protection des personnes et des biens. Au demeurant, la circulaire du 18 septembre 1997 précise qu'« *en cas d'urgence, le directeur ou les enseignants prennent sans délai les mesures d'interdiction qui s'imposent puis engagent la procédure écrite* » auprès de la commune. S'il apparaît par exemple qu'une aile de l'école, du collège ou du lycée menace de s'écrouler, le directeur ou le chef d'établissement a le droit – voire le devoir – d'interdire l'accès aux salles touchées par le danger, quitte à empêcher le bon déroulement des cours. Dans le même ordre d'idées,

110/ CA Angers, 26 juin 2000, *Préfet de la Mayenne c/ Alcock*, req. 504.

111/ Ce personnage, au moins « bilingue », parle aussi bien chauffage avec le président du département ou de la région que programmes pédagogiques avec l'inspecteur d'Académie ou le recteur !

ces fonctionnaires doivent refuser de prodiguer les enseignements en cas de carence ou d'absence de conditions de sécurité. À titre d'illustration, une jeune élève s'était blessée en heurtant une porte vitrée lors d'une séance d'éducation physique, organisée dans l'ancienne cantine de l'école, en l'absence de salle de sport proprement dite. Le tribunal administratif a retenu la faute de l'administration, aucun cours ne devant être donné dans des locaux inadaptés [112].

Cas extrême. *Le maire, garant de l'ordre public* [113] *peut prononcer la fermeture de l'établissement scolaire. Mais dans l'hypothèse d'une défaillance de l'autorité communale, le préfet du département s'y substitue parfois. Une affaire relativement récente éclaire une situation, heureusement rare, liée à l'implantation d'un groupe scolaire sur l'ancien site d'une usine d'extraction de radium. Or, malgré les travaux réalisés par la commune, une étude montrait que les personnes fréquentant les lieux étaient exposées à des doses supérieures à la valeur limite fixée par les autorités européennes. Bien que mis en demeure par le préfet, le maire refuse de fermer l'école arguant des travaux réalisés. Une semaine plus tard, le représentant de l'État prononce, par arrêté, la fermeture de l'école en lieu et place du maire, défaillant. Pour le juge administratif, le préfet applique à bon droit l'article L. 2215-1 du Code général des collectivités locales* [114] : « compte tenu du principe de précaution qui s'impose en matière de santé publique *(il n'avait pas fait)* une utilisation excessive de ses pouvoirs de police municipale en fermant le groupe scolaire » [115].

b) Les règles spécifiques

443 Certaines activités scolaires nécessitent l'utilisation de matériels spécifiques représentant un danger pour la sécurité des élèves. Par suite, le respect de règles plus contraignantes s'impose. Cela concerne notamment les machines mises à la disposition des élèves dans les ateliers et les équipements sportifs.

444 1° ***Les équipements d'ateliers.*** Domaine de la vie scolaire particulièrement dangereux, le nombre d'accidents y est proportionnellement moins important que pour le secteur du sport. Mais ils impliquent souvent des conséquences très lourdes

---

112/ TA Versailles, 11 décembre 1992, *Lopez c/ commune de Viroflay*, req. 86-6659.

113/ Traditionnellement, on entend par ordre public la salubrité, la sûreté et la tranquillité.

114/ « *La police municipale est assurée par le maire, toutefois : (...) Le représentant de l'État dans le département peut prendre, pour toutes les communes du département ou plusieurs d'entre elles, et dans tous les cas où il n'y aurait pas été pourvu par les autorités municipales, toutes mesures relatives au maintien de la salubrité, de la sûreté et de la tranquillité publiques. Ce droit ne peut être exercé par le représentant de l'État dans le département à l'égard d'une seule commune qu'après une mise en demeure au maire restée sans résultat* ».

115/ TA Melun, 21 décembre 1999, *Commune de Nogent-sur-Marne c/ préfet du Val-de-Marne*, req. 983424/3.

rendant considérable l'enjeu pour la sécurité. On trouve des machines dans les ateliers des lycées professionnels, des lycées techniques, des sections technologiques des lycées polyvalents, des sections d'éducation spécialisées des collèges, des classes de quatrième et troisième technologiques et des établissements régionaux d'enseignement adapté ; on en rencontre encore dans les laboratoires, les salles de travaux pratiques et les cuisines des établissements d'enseignement général.

La clarification des normes de sécurité applicables date d'une décennie : pèse sur les établissements une obligation de contrôle de la sécurité de ces équipements ; il existe par ailleurs une soumission particulière à la prudence vis-à-vis des mineurs travaillant sur ces outils dangereux.

445 Le contrôle de la sécurité des équipements des ateliers.

L'application des normes de sécurité. Depuis l'intervention de la loi n° 91-1 du 3 janvier 1991, « *les ateliers des établissements publics dispensant un enseignement technique ou professionnel sont soumis aux dispositions des chapitres II, III, et IV* (du titre III) » du Code du travail, relatives à l'hygiène et à la sécurité dans le travail. Ces règles fixent les normes techniques de sécurité auxquelles doivent répondre les machines utilisées dans les ateliers. Le décret n° 93-40 du 11 janvier 1993 [116] qui assure la transposition de la directive n° 89/655/CEE du 30 novembre 1989 [117] impose une mise en conformité de l'ensemble des parcs de machines aux normes européennes. Il appartient à la collectivité de rattachement de procéder à cette régularisation. La date butoir du premier janvier 1997 prévue par les textes n'a pas, semble-t-il, toujours été respectée. Une note d'information publiée au Bulletin officiel de l'Éducation nationale du 26 décembre 1996 contient d'ailleurs un ensemble de recommandations sur l'attitude à adopter dans une telle situation. Dans l'attente, il incombe aux chefs d'établissement d'assurer la sécurité des personnes et des biens [118].

Le suivi de l'état des équipements. La problématique de la surveillance des machines ne se différencie pas de celle de l'en-

116/ Intégré aux articles R. 33-14 à R. 33-31 du Code du travail.

117/ *JOCE* L. 393 du 30 décembre 1989.

118/ « Sécurité des ateliers des établissements dispensant un enseignement technique et professionnel. – Conséquences juridiques d'une éventuelle absence de mise en conformité avec les nouvelles prescriptions techniques de sécurité au 1er janvier 1997 », *LIJ*, 11/97, p. 1.

semble des biens de l'établissement : entretien courant, identification des défectuosités, signalement des désordres à la collectivité... Cependant, intervient également l'inspecteur du travail qui peut visiter les lieux [119], le collège ou le lycée agissant ici ès qualités d'employeur. Les manquements aux règles de sécurité signalés au principal ou au proviseur imposent une réplique : quelles mesures – après consultation du conseil d'administration et, pour les lycées, information des membres du conseil des délégués des élèves et de la commission d'hygiène et de sécurité – entend-t-il prendre pour y remédier ? (fermeture partielle ou totale des ateliers par exemple). L'inspecteur du travail conserve la possibilité de saisir l'autorité académique, la collectivité locale, voire le préfet, s'il estime que, nonobstant ses mises en garde, les conditions de sécurité ne sont toujours pas remplies.

La commission d'hygiène et de sécurité. *Le décret n° 91-1194 du 27 novembre 1991 pris en application de l'article 30 de la loi n° 91-1 du 3 janvier 1991 prévoit sa mise en place obligatoire dans les établissements scolaires dispensant un enseignement technique. Cette instance représente l'ensemble des membres de la communauté éducative : les personnels de l'établissement (le principal ou le proviseur, le gestionnaire, le conseiller principal d'éducation, le chef de travaux, un représentant des personnels administratifs, techniques, ouvriers et personnels de service [120] et deux enseignants), la collectivité territoriale de rattachement [121], les parents d'élèves [122] et les élèves [123]. Elle a pour mission la promotion de la formation à la sécurité et l'amélioration des conditions d'hygiène et de sécurité dans le collège ou le lycée. Elle émet des avis sur les désordres éventuellement constatés lors de visites des locaux et a vocation à solliciter un contrôle de l'inspecteur du travail qui est tenu, dans cette hypothèse, de répondre à l'invitation. Cette commission peut également trouver place dans les établissements d'enseignement général, mais son installation, souhaitable, présente alors un caractère facultatif.*

446 L'accès des élèves aux machines dangereuses. Comme précédemment indiqué, la mise en conformité des machines, le respect des normes de sécurité et le contrôle quotidien de leur état de fonctionnement s'inscrivent dans la prévention des accidents en atelier. Il n'empêche que faire travailler des adolescents sur ce type d'appareils les expose à des dangers.

119/ De sa propre initiative, sur demande du chef d'établissement ou sur celle de la Commission d'hygiène et de sécurité (art. 2 et 3, *D.* n° 91-1162, 7 novembre 1991).

120/ Deux dans les établissements de plus de six cents élèves.

121/ Un représentant.

122/ Deux représentants désignés au sein du Conseil d'administration.

123/ Désignés au sein du conseil des délégués des élèves.

Les textes et la jurisprudence se révèlent particulièrement exigeants en l'espèce.

Les règles du Code du travail. Les articles R. 234-11 et suivants du Code du travail interdisent l'usage de certaines machines aux jeunes travailleurs. Ainsi les mineurs ne peuvent-ils être employés au « *travail des cisailles, presses de toute nature, outils tranchants, autres que ceux mus par la force de l'opérateur lui-même. Au travail d'alimentation en marche des scies, machines à cylindres, broyeurs, malaxeurs, mus mécaniquement* ». Le non-respect de cette interdiction constitue une infraction pénale. Ainsi en a-t-il été jugé pour l'employeur qui avait recruté un jeune de moins de dix-huit ans pour effectuer des travaux en élévation, en méconnaissance de l'article R. 234-18 [124], ou pour celui qui les a occupés à des tâches les exposant à la silice libre, en infraction à l'article R. 234-20 [125]. Les chefs d'établissement présentant quelque motif d'inquiétude sur ce point, bon nombre d'enseignements auraient souffert de carences en l'absence d'exception. L'article R. 234-22 du Code du travail prévoit donc la possibilité d'une dérogation à l'interdiction du travail des jeunes sur ces machines dangereuses. Il précise que « *les élèves fréquentant les établissements d'enseignement technique (...) peuvent être autorisés à utiliser au cours de leur formation professionnelle les machines ou appareils dont l'usage est proscrit* (par le Code du travail). *Ces autorisations sont accordées par l'inspecteur du travail, après avis (...) favorable du médecin chargé de la surveillance des élèves ; en outre, une autorisation du professeur ou du moniteur d'atelier est requise pour chaque emploi. L'autorisation est réputée acquise si l'inspecteur du travail n'a pas fait connaître sa décision dans un délai de deux mois à compter de la réception de la demande complète, envoyée par lettre recommandée (...) et comportant l'avis favorable du médecin et du professeur (...)* ». Ces dérogations individuelles, consenties pour une année à chacun des élèves en fonction de leurs aptitudes propres, excluent toute décision collective. Encourt l'annulation la décision de l'inspecteur du travail portant refus d'accorder l'autorisation à l'ensemble des élèves en raison de la prétendue non-conformité du parc de machines du lycée [126]. En outre, l'autorisation du professeur constitue une formalité substantielle pour l'accord de dérogation de l'inspecteur du travail. Sur ce point, l'alinéa 2 de l'article

124/ Cass. Crim., 4 janvier 1983, *D.*, p. 256, note Seillan.

125/ CA Douai, 28 janvier 1982, *D.*, 1983, p. 81, note H. Fenaux.

126/ TA Paris, 12 octobre 2000, *Lycée Fesnel*, req. 0001466.

R. 234-22 ajoute : « *des mesures doivent être prises pour assurer l'efficacité du contrôle exercé par le professeur* ». L'organisation d'une ou plusieurs séances de tests, en début d'année, aidera sans doute les enseignants à jauger la capacité d'un élève à utiliser ces machines.

Un parapluie qui ne préserve pas des pépins. *Certains enseignants hésitent à donner l'****autorisation*** *prévue à l'article R. 234-22. Pour justifier leur scepticisme sur cette obligation réglementaire, ils avancent l'argument suivant : la plupart du temps, la demande de se prononcer sur la capacité d'un élève à* ***utiliser une machine dangereuse*** *s'exprime, en début d'année, à une date où ils ne le connaissent pas. En filigrane apparaît la crainte de l'engagement de leur responsabilité en cas d'accident pour avoir autorisé un mineur à travailler sur une machine dangereuse. Dans plusieurs lycées et collèges, les enseignants ont même refusé en bloc de signer ces autorisations, imaginant leur inaction propice à éviter toute remontrance. Loin de les protéger, cette attitude passive les place, au contraire, en position délicate ; en l'absence d'aval du professeur, l'inspecteur du travail n'accordera pas à l'élève la dérogation. Dans cette hypothèse, en cas d'accident, le reproche de laisser le jeune sur un appareil en méconnaissance des dispositions du Code du travail serait sans doute encouru. En réalité, cette peur, dénuée de fondement, ne résiste pas à l'analyse. Dans l'esprit du texte, le contrôle concret et individualisé des élèves, directement par leur professeur, permet seulement d'éclairer l'inspecteur du travail. En tout état de cause, seul ce dernier prend la responsabilité d'autoriser ou non l'utilisation de la machine. Au surplus, l'alinéa 3 de l'article R. 234-22 prévoit ces dérogations* « révocables à tout moment si les conditions qui les ont fait accorder cessent d'être remplies ». *À charge pour le chef de travaux ou ses collègues pédagogues de porter à la connaissance de l'inspecteur du travail toute situation nouvelle de nature à le faire revenir sur l'autorisation consentie. Par ailleurs, ces personnels, directement ou par le biais de leur chef d'établissement, ont la possibilité d'interdire ponctuellement à un élève l'accès à ce type d'outil, eu égard à son comportement.*

447 Au-delà de ces contraintes réglementaires, nos cours et tribunaux se révèlent très pointilleux en la matière et sanctionnent toujours l'absence de prise en compte de la dangerosité des appareils mis à disposition des élèves.

Les exigences de la jurisprudence. De nombreux exemples confirment la rigueur des juges sur ces questions qui retiennent la faute inexcusable de l'employeur [127] : à propos, notamment, de la carence dans la vérification du programme de sécurité d'un robot-coupe confié à des stagiaires inexpérimentés [128], de la défaillance du dispositif d'arrêt d'urgence d'une fraiseuse [129], du défaut de prise de mesures de protec-

127/ Cf. *infra*, n° 525 et s.

128/ TASS Beauvais, 24 novembre 1994, *Petit c/ Craeye, agent judiciaire du Trésor, op. cit.*, n° 324.

129/ CA Versailles, 6 juin 1995, *Belkacimi c/ agent judiciaire du Trésor et président du Conseil régional de l'Île-de-France, op. cit.*, n° 313.

tion sur une scie circulaire[130] ou encore de l'absence de surveillance et d'information sur les risques relatifs à l'utilisation des perceuses[131].

448 2° ***Les équipements sportifs.*** À l'instar du travail en atelier, les cours d'éducation physique et sportive sont les activités scolaires qui présentent le plus de risques pour les élèves. Les installations sportives obéissent en conséquence à des règles spécifiques, adaptées. La réglementation impose des précautions quant au lieu de pratique de l'activité, mais également quant aux installations et équipements nécessaires.

449 **Le lieu de l'activité physique et sportive.**

Les règles applicables. La loi sur le sport n° 84-610 du 16 juillet 1984 insiste sur la nécessité de prévoir la construction d'emplacements propres à l'activité physique et sportive. Si l'école ou l'établissement public local d'enseignement dispose de tels immeubles bâtis et/ou non bâtis, il appartient à la collectivité territoriale de rattachement, comme pour toute construction scolaire, d'en assurer « *les grosses réparations, l'équipement et le fonctionnement* »[132]. Si l'établissement n'offre pas de terrain ou local approprié, la pratique du sport s'effectuera dans un stade ou un gymnase extérieur. Une convention doit, dans cette hypothèse, être conclue avec un organisme susceptible de mettre à disposition les équipements nécessaires. Mais en aucune manière, l'établissement ne peut pallier cette insuffisance en enseignant l'éducation physique dans un lieu inadapté. Que le cours se déroule sur un site dépendant directement de l'école, du collège ou du lycée ou dans un bâtiment spécialisé (gymnase, piscine...), doivent être respectées les règles générales applicables aux établissements recevant du public.

La surveillance de l'état du lieu de l'enseignement. Un accident survenu dans un lycée de Bobigny en 1993 a fortement marqué l'opinion publique[133] et conduit l'administration, en 1994, à la rédaction d'une note de service importante (n° 94-116 du 9 mars 1994). Elle recommande aux personnels des établissements scolaires un certain nombre de

130/ CA Paris, 26 mars 1993, *Lycée technique Les Pannavelles c/ agent judiciaire du Trésor, op. cit.*, n° 309.

131/ CA Orléans, ch. Soc., 11 février 1993, *Agent judiciaire du Trésor c/ D.*, req. 662.

132/ Art. L. 214-4, L. 213-2 et L. 214-6 du Code de l'Éducation.

133/ Cf. *infra*, n° 616, l'affaire dite du « panneau de basket ».

comportements concernant l'exercice du sport par les élèves. Il appartient notamment au professeur de veiller à la réunion des conditions de sécurité pour le déroulement des jeux programmés. Le texte précise que « *l'organisation des lieux d'enseignement doit offrir de bonnes conditions de réalisation des activités enseignées. Sur ce point, les dispositions à prendre relèvent plus d'un jugement raisonné que d'une énumération de consignes. Les accidents survenus témoignent malheureusement de négligences difficilement compréhensibles. Sans entrer dans le détail, on se contentera d'évoquer ici quelques exemples de configurations dangereuses par nature et, par conséquent, à proscrire : en natation, un bassin, dont la hauteur d'eau était insuffisante, n'était pas adapté à des exercices de plongeon ; en athlétisme, une course de vitesse organisée en gymnase, dont la ligne d'arrivée se situait à deux mètres d'une cloison vitrée, constituait un cadre dangereux* ». Dès l'instant où le cadre même de l'activité ne répond pas aux conditions normales de sécurité, le professeur en avise le chef d'établissement sans délai afin de lui permettre de prendre les mesures appropriées : procéder aux petites réparations, faire intervenir la collectivité de rattachement ou l'organisme propriétaire du terrain de sport en cause, suspendre les enseignements en cas de péril grave et imminent...

450 Les installations et équipements sportifs.

Bien choisir les équipements. La collectivité locale procède à l'acquisition d'équipements sportifs conformes aux spécifications requises par la normalisation (normes de la série S 52 de l'AFNOR[134]). Leur respect n'assure pas le risque zéro dans la pratique du sport. Mais il garantit une certaine forme de qualité du matériel utilisé. Lorsque le collège ou le lycée a recours à des équipements sportifs extérieurs, la passation de conventions[135] entre l'établissement, sa collectivité de rattachement et le propriétaire des équipements présente un caractère obligatoire[136]. Un contrôle régulier des matériels nécessaires à la pratique du sport s'assure de leur non-dangerosité pour les élèves utilisateurs.

Bien surveiller le matériel. La note de service du 9 mars 1994 le dit explicitement : « *Avant le cours d'éducation physique et spor-*

134/ Par exemple, NF S 52-304 pour les anneaux ; NF S 52-305 pour le cheval d'arçon ; NF S 52-306 pour la poutre ; NF S 52-313 pour les poteaux et filets de volley-ball...

135/ Art. 40, L. n° 84-610, 16 juillet 1984 modifiée par L. n° 2000-627, 6 juillet 2000.

136/ La Commission « équipements sportifs » de l'observatoire national de la sécurité des établissements scolaires et d'enseignement supérieur a élaboré une convention-type disponible sur le site http://www.education.gouv.fr/syst/ons/conv.htm

tive, l'enseignant doit vérifier le bon état du matériel et des équipements utilisés pour l'enseignement ». Le professeur, « *particulièrement à même d'avoir une opinion raisonnée sur ce point* » qui constate une défectuosité ou une inadaptation des équipements mis à la disposition des collégiens et lycéens en avise immédiatement par écrit le chef d'établissement. Ce dernier veillera à leur remise en état ou à leur remplacement.

Les juridictions condamnent le défaut de vigilance en matière de sécurité. À propos de :

- *l'absence de tapis de réception lors d'un exercice de barres parallèles*[137] *ou lors d'une séance d'initiation à la lutte*[138] *;*
- *l'utilisation d'un tapis de réception à l'épaisseur insuffisante pour la pratique du saut de cheval d'arçon*[139] *;*
- *l'emploi, dans un gymnase, de matelas de mousse simplement adossés contre un mur, sans dispositifs de fixation*[140] *;*
- *le manque de précaution prise à l'égard d'un poteau de basket-ball malgré l'effondrement d'un portique identique, sur le même terrain*[141]*, deux semaines auparavant.*

Si dans la plupart des services publics la réunion des conditions matérielles de l'accueil suffit à garantir la sécurité des usagers, l'École, s'oblige encore à organiser leur surveillance.

II L'organisation du service de surveillance des élèves

451 Souvent nombreux, parfois très jeunes, les élèves ne pourraient évoluer en sécurité au sein des établissements sans l'encadrement des adultes. À cet égard, la loi du 5 avril 1937 impose aux personnels de l'enseignement public de surveiller petits et grands placés sous leur responsabilité. Il s'agit de façon générale, pour les maîtres, de faire preuve de vigilance et de prendre les mesures préventives nécessaires pour anticiper tout risque de désordre[142].

Sur le terrain, écoliers, collégiens et lycéens n'engendrent pas les mêmes besoins de surveillance. La jurisprudence exige ainsi

137/ TGI Pontoise, 15 février 1994, *Cartron c/ préfet du Val d'Oise, op. cit.*, n° 367.

138/ CA Lyon, 20 décembre 1995, *Préfet de l'Ain c/ Trichard, op. cit.*, n° 369.

139/ Cass. 2e civ., 13 mars 1991, *État c/ Lardière et autres, op. cit.*, n° 365.

140/ CAA Nancy, 11 juin 1991, *Caisse primaire d'assurance maladie de Montbeliard*, req. 89NC00753.

141/ CAA Paris, 23 novembre 1995, *Villaret, op. cit.*, n° 287.

142/ « *L'enseignant doit savoir apprécier en professionnel le danger d'une situation, il doit prévoir les risques très rapidement* », Michèle Mouchoux, « Le traitement contentieux des accidents scolaires », *La revue administrative*, 1993, p. 464.

une surveillance graduée en fonction de leur âge, de l'activité exercée et de leur comportement. Si bien que le surveillant se voit contraint d'apporter une réponse collective et individuelle aux besoins d'encadrement des jeunes.

De la pédagogie, encore et toujours ! *Aujourd'hui, la sécurité constitue un enjeu primordial dans la société tout entière. Il importe, pour chaque institution, de répondre à l'attente croissante des citoyens en la matière, de leur garantir une vie en collectivité dépourvue du moindre dommage. À l'École, cette question prend une dimension particulière ; tout risque d'accident doit certes être écarté par la surveillance vigilante des élèves. Mais le respect de cette obligation par les adultes devient ici, une fois n'est pas coutume, prétexte à enseignement : pour les enfants, se sentir surveillé en classe, au réfectoire ou dans la cour de récréation suppose une leçon d'éducation à la citoyenneté. À cet égard, la phraséologie utilisée par les textes se révèle significative : inutile de s'attendre à de simples recommandations aux personnels sur les modalités de la surveillance lorsque le ministre explique que* « l'établissement scolaire, de par sa mission de formation et d'éducation, contribue à l'apprentissage de la responsabilité par les élèves. Les modalités de la surveillance (...) participent au projet global de formation de l'établissement »*. Et de prôner leur traduction* « sous la forme de règles simples et précises, dont la justification puisse être facilement perçue par les intéressés »*. L'objectif demeurant* « que les élèves assurent eux-mêmes progressivement, la prise en charge de certaines de leurs activités » *(Circulaire n° 96-248 du 25 octobre 1996). Et plus loin, ces vœux* « s'attachent particulièrement à conjuguer l'impératif de surveillance des élèves et la nécessité d'apprentissage progressif de la responsabilité et de l'autonomie »*. Exercée par les enseignants et subie par les élèves, cette surveillance ne se caractérise pas par sa simplicité.*

Si l'obligation de surveillance se dégage d'abord et avant tout de la jurisprudence relative aux accidents scolaires, des circulaires sont venues en définir les grandes lignes. Celles du 6 juin 1991 puis, plus spécifiquement, du 18 septembre 1997 fixent les modalités générales de la prise en charge des enfants scolarisés dans le premier degré. Une autre, du 25 octobre 1996, concerne les élèves du secondaire.

a) La surveillance des élèves dans le premier degré

452 Assurer la sécurité des élèves des écoles maternelles et élémentaires passe par une surveillance de chaque instant. Le champ de cette surveillance est large ; il tranche avec son régime qui, lui, est particulièrement strict.

453 1° *Le champ de la surveillance.* La circulaire du 18 septembre 1997 souligne : « *c'est au directeur qu'il incombe de veiller à la bonne organisation générale du service de surveillance qui est défini en conseil des maîtres* ». Celui-ci « *a compétence pour émettre des avis et présenter des suggestions en matière de protection et de sécurité des enfants dans le cadre scolaire et périscolaire* ». Il n'empêche que la sécurité des enfants et, par suite, leur surveillance relèvent de tous. Aucun fonctionnaire ne peut se décharger de cette mission au motif que le statut ne l'en investirait point.

454 Premiers concernés, **les personnels enseignants** qui sont préposés à l'accueil, à la sortie des élèves et à leur surveillance attentive durant la classe. Pendant la récréation, l'ensemble des instituteurs et professeurs des écoles, de même que le directeur déchargé de classe, sont tenus, par roulement décidé en conseil d'école, de surveiller. La même obligation de vigilance pèse sur eux lors des sorties organisées. Des **intervenants extérieurs** – le plus souvent des personnels communaux – complètent cette action en particulier à la cantine mais apportent aussi leur aide aux enseignants dans les classes des plus petits. D'autres personnes offrent également leur concours ponctuel et bénévole. Les parents d'élèves participent ainsi à l'encadrement des sorties ou contribuent à l'action éducative.

Reste à déterminer le cadre temporel et spatial du service de surveillance.

455 **En premier lieu, le cadre temporel.** Selon la circulaire du 18 septembre 1997, « *L'obligation de surveillance doit être exercée de manière effective et vigilante pendant la totalité du temps scolaire c'est-à-dire pendant toute la durée au cours de laquelle l'élève est confié à l'institution (...)* ».

Dans certains cas cependant, plus aucune obligation de surveillance ne pèse sur l'institution. Ainsi, lors du service de cantine, de garderie ou dans le temps d'étude surveillée, les enfants se trouvent confiés à des agents communaux. Pendant ces périodes qui dépossèdent le directeur d'école de l'organisation du service de surveillance[143], la responsabilité en incombe à la commune. La remarque reste vraie lorsque les membres de l'enseignement acceptent de remplir eux-mêmes cette tâche : leur intervention ne concerne plus l'État. Ils agissent alors ponctuellement en qualité d'agent de la ville.

456 **En second lieu, le cadre spatial.** La surveillance s'effectue avant tout dans l'enceinte de l'école. La circulaire de 1997 précitée

143/ Cass., 12 septembre 1994, *Descout*; CA Poitiers, 17 décembre 1996; CA Aix-en-Provence, 20 janvier 2000, *Préfet des Bouches-du-Rhône c/ Lamacq et CPAM des Bouches du Rhône*, req. 63.

insiste sur son caractère continu « *quels que soient l'activité effectuée et le lieu où elle s'exerce (...). Partout où les élèves ont accès, que ce soit à l'intérieur ou à l'extérieur des locaux scolaires, dans les cours de récréation, les aires de jeux et autres lieux d'accueil* ». Cette exigence est évidemment transposable aux actions dirigées vers l'extérieur. La surveillance des transports scolaires, en revanche, n'incombe pas à l'école : « *l'organisation générale de la sécurité et de la surveillance (...) relève de la responsabilité du conseil général ou, par délégation, de l'organisateur secondaire qu'il a désigné. En revanche (...) la municipalité (...) est responsable de la sécurité sur la voie publique et en particulier de l'aménagement des aires de stationnement des cars scolaires. Par conséquent, les enseignants et le directeur n'assurent pas la surveillance de la montée et de la descente des cars. Toutefois, si le directeur constate des facteurs de risques notamment au niveau des aires de stationnement des véhicules, il se rapproche des services municipaux afin de rechercher les moyens d'une sécurité optimale pour les élèves* ».

457 2° ***Le régime de la surveillance.***

Surveiller sans frapper! *La prise en charge des enfants et des adolescents ne constitue pas une mince affaire. Assurer leur sécurité au quotidien relève même parfois de la gageure. Mais faut-il s'acquitter de cette tâche à tout prix, au risque d'en venir aux mains ? Certains adultes, excédés, perdent leur sang-froid et deviennent eux-mêmes agresseurs. Pour la jurisprudence, constante, donner un coup révèle une faute :* « les enseignants ne disposent pas sur leurs élèves d'un droit de correction physique susceptible de les exonérer de leur responsabilité »[144]. *De fait, l'État se trouve, dans ces hypothèses, systématiquement condamné à réparer le préjudice subi par l'élève : à propos par exemple de la réaction d'une institutrice qui, exaspérée par le comportement d'un enfant, lui saisit la tête, la secoue et lui occasionne un préjudice corporel :* « une telle action est constitutive de violences illégitimes dans la mesure où un instituteur doit s'abstenir de porter la main sur la tête d'un enfant de six ans »[145]. *De même, la réponse physique du professeur à une attitude moqueuse et insolente est qualifiée de fautive : après avoir effectué un saut en longueur, le jeune avait fait mine de s'essuyer les mains sur le dos du survêtement de l'enseignant. Pour la cour d'appel, ce dernier, porteur d'un râteau, n'aurait pas dû se retourner et frapper l'élève avec...*[146]. *Dans un autre contentieux, un collégien arrogant, refusant d'obéir à son professeur de sport, reçut de ce dernier une bourrade appuyée. Pour sa défense, l'État arguait d'une légère tape en réponse au comportement provocateur du mineur. Le tribunal a cependant condamné le préfet :* « quelle que soit la force, un coup porté (...) est une faute (...) le comportement de l'enfant ne justifie en aucun cas le geste

144/ TGI Verdun, 30 avril 1998, *Ryckelynck c/ préfet de la Meuse*, req. 9700628. Sauf lorsque le juge constate « *l'insignifiance des traces relevées sur l'élève* » TI Poitiers, 16 mai 2003, *A*, req. 11-02-n° 757.

145/ CA Metz, 2 mai 1996, *Righy c/ préfet de la Moselle*, req. A.II.1839/95.

146/ CA Lyon, 22 février 1996, *Préfet de l'Ain c/ Farias*, req. 643. La Cour déclare par ailleurs ce professeur coupable du délit de coups et blessures, violences et voies de fait volontaires avec arme (le râteau) ayant entraîné une ITT de plus de huit jours.

du professeur »[147]. *Du reste, la liberté pédagogique des éducateurs trouve ici ses limites. Un galopin fait un croche-pied à l'un de ses camarades, lors d'un cours d'éducation physique et sportive. Le professeur le réprimande et le pousse afin de lui faire prendre conscience des effets de son geste. Il tombe et se blesse. Malgré les motivations supposées pédagogiques de la riposte, la juridiction estime l'action à l'origine des blessures dont le garnement a été victime*[148]. *Par ailleurs, la maladresse n'exonère pas plus l'État de sa responsabilité. Ainsi en a-t-il été jugé de l'incident au cours duquel un adolescent fut* « malencontreusement blessé à la bouche » *par un maître d'internat*[149]. *Enfin, le juge pénal, lorsqu'il se trouve saisi de ces affaires à la suite de plaintes des parents, s'inscrit dans une logique proche. Il condamne un professeur d'éducation physique pour son comportement brutal (giffles et coup sur la tête) à l'endroit de quatre élèves de sixième*[150]. *Il inflige une amende à un instituteur exerçant dans une classe de maternelle qui* « afin de mettre un terme au comportement agressif du jeune (...) qui importunait ses petits camarades (...) fait le simulacre de mordre le doigt de l'enfant » *et lui occasionne ainsi une plaie*[151]. *La règle s'énonce simplement : l'agent public, en général, ne porte pas la main sur les élèves.*

La jurisprudence semble pourtant accepter une exception en dégageant la notion de « nécessité impérieuse » qui justifierait l'intervention physique des surveillants, tel le geste commandé par le besoin impératif de mettre fin à une altercation physique[152]. *Mais encore faut-il, pour le maître, adapter sa réponse au chahut auquel il veut mettre fin*[153]. *Cette condition est remplie, lorsque l'instituteur de remplacement, présent dans la cour de récréation, se mêle à une rixe pour ramener l'ordre et heurte l'élève qui est à l'origine de la perturbation. Le tribunal juge en l'espèce* « que l'on ne peut assimiler cette intervention à une faute dans la mesure où la faute de l'instituteur aurait été de laisser s'instaurer le désordre ébauché »[154]. *Dans cette hypothèse, la réplique physique doit constituer* « une défense légitime et proportionnée », *par exemple, à une attaque verbale injurieuse et injustifiée. Dans cette espèce, les hauts magistrats de la Cour de cassation*[155], *dans un langage plus châtié que celui utilisé dans la cour de récréation, rappellent que la mineure de quinze ans* « a chu sur son séant » *en essayant de forcer le passage en jetant son cartable dans la direction du professeur. Vexée, la malapprise l'avait traité de* « bâtard, fils de pute, connard (...) Le léger coup donné à la jambe de l'élève a été une riposte proportionnée à cette attaque ». *Dans une autre affaire, en revanche, pour légitime et nécessaire qu'elle fût en son principe, l'intervention d'un maître des-*

147/ TI Marseille, 19 juin 2000, *Petit c/ préfet des Bouches-du-Rhône*, req. 99/1937. Dans le même sens, T. pol. Loche, 5 octobre 1994, *Giron et préfet de l'Indre-et-Loire*, req. 47/94.

148/ CA Rouen, 1er décembre 1994, *Ministère public c/ Osmont et préfet de la Seine-Maritime*, req. 94.

149/ TGI Beauvais, 6 mars 1995, *Champereau c/ préfet de l'Oise*, req. 94/400.

150/ CA Grenoble, 19 mai 2000, *M., Ministère public, B.*, req. 99/01070, n° 808.

151/ CA Bourges, 26 juin 1997, *D., Ministère public*, req.97/00289.

152/ *A contrario*, TGI Verdun, 30 avril 1998, *Ryckelynck c/ préfet de la Meuse*, *op. cit.*, n° 457. Voir dans le même sens CA Metz, 2 mai 1996, *Righy c/ préfet de la Moselle*, *op. cit.*, n° 457 : la Cour considère qu'un enseignant ne peut porter la main sur un enfant « *à moins d'y être contraint par une nécessité impérieuse* ».

153/ TGI Rouen, 14 octobre 1994, *Vauchel c/ préfet de la Seine-Maritime*, req. 11.94.00039. « *La réponse trop brutale au chahut du jeune élève constitue le fait dommageable engageant la responsabilité de l'État* ».

154/ TGI Strasbourg, 28 juin 1988, *Hass.* Jugement confirmé par la Cour d'appel de Colmar le 12 novembre 1993.

155/ Cass. Crim., 18 juin 2002, *X. c/ Y.*, req. 01-88062, juris-data n° 015532.

tinée à prévenir un dommage causé à une jeune enfant, « a été quelque peu disproportionnée » *aux yeux de la cour d'appel :* « la réponse de l'instituteur au comportement (...) n'a pas été appropriée et, au contraire, a excédé ce qui était strictement nécessaire dans un but éducatif ; (...) les gifles infligées à l'enfant, loin d'être inoffensives, ont été, par leur vigueur, de nature à porter atteinte à la santé de l'élève turbulent »[156]. « La lente disparition du droit de correction dans la discipline scolaire »[157] *porte toutefois à penser que, face à l'impétuosité parfois excessive des enfants, les maîtres répondront par la sagesse, en faisant la preuve... d'un sang froid de plus en plus froid !*

Concrètement, au-delà de l'obligation de vigilance pesant sur chacun des adultes, le directeur, maître d'œuvre de la surveillance au sein de l'école, contrôle scrupuleusement pour ce faire les absences et les mouvements des enfants présents.

458 **Le contrôle des absences.** L'exigence trouve d'abord son fondement dans l'obligation de scolarisation des élèves ; l'absence non justifiée entraîne parfois des sanctions pécuniaires à l'égard des parents. Elle trouve également sa justification dans l'obligation de surveillance. Le texte de 1997 prescrit aux enseignants de s'assurer de la présence des enfants pendant toute la durée du temps scolaire. « *Les élèves absents sont signalés au directeur de l'école* » qui, s'il « *n'a pas été préalablement avisé de l'absence d'un élève (...) en avertit sans délai sa famille* ». Celle-ci doit justifier de cette situation[158]. Toute défaillance avérée en la matière entraînerait la responsabilité de l'État. Malgré le chagrin éprouvé par certains nostalgiques des douces heures de l'enfance où « le chemin des écoliers » ne menait pas seulement en classe, le droit positif impose une chasse sans indulgence à « l'école buissonnière ».

459 **Les mouvements d'élèves.** Une fois comptés les absents, il convient de veiller sur les présents. La surveillance comprend alors, d'une part, la gestion de l'accueil et de la sortie des élèves dans l'enceinte des locaux et, d'autre part, les déplacements à l'extérieur de l'école.

460 • L'accueil et la sortie des élèves.

L'accueil. La concision caractérise la circulaire. À l'école maternelle ou à l'école élémentaire, les enfants sont pris en charge par les maîtres dix minutes avant le début de la classe.

156/ CA Pau, 24 avril 1996, *S., Ministère public*, req. 96/00138, n° 314/96.

157/ Gaël Henaff, *LIJ*, n° 95, mai 2005, p. 20.

158/ Sur cette question voir aussi la circulaire n° 2004-05 du 23 mars 2004 précitée et développements sous le n° 179.

Auparavant, ils demeurent sous la responsabilité de leurs parents. Dès lors la surveillance ne présentera aucune défaillance, si un accident survient à l'élève déposé devant l'école une demi-heure avant l'ouverture. Tout au plus la circulaire recommande-t-elle, « *de ne pas envoyer (les) enfants trop tôt avant l'heure d'accueil afin de ne pas les laisser seuls trop longtemps* ».

La sortie. Il convient de distinguer l'école maternelle de l'école élémentaire.

À la maternelle, les enfants non confiés à un service de garderie sont nécessairement remis à leurs parents ou aux personnes préalablement choisies, nommément, par écrit et présentées au directeur. Il n'existe pas d'âge minimum à respecter. Le directeur ne peut dès lors refuser par principe que le « grand frère » ou la « grande sœur », à peine plus âgé, l'accueille à la sortie de l'école. Toutefois, si le fonctionnaire juge la personne ainsi désignée trop jeune ou estime de façon plus générale qu'elle « *ne présente pas les qualités souhaitables* », il lui appartient d'écrire aux parents pour exprimer ses inquiétudes. Il ne s'opposera pas à l'obstination de ces derniers. Selon la jurisprudence judiciaire, « *l'obligation de surveillance (...) à la sortie de l'école prend fin d'une part lorsque la sortie de tous les élèves s'est normalement effectuée, d'autre part lorsque la personne venue chercher l'enfant est présente et qu'a donc été en quelque sorte transférée la charge de surveiller l'enfant* »[159]. Lorsqu'un service de garderie municipale accepte ponctuellement d'accueillir un élève, ce dernier bénéficie d'une présomption de surveillance. En cas de dommage, la responsabilité de la commune peut être recherchée si le fonctionnaire ou l'agent territorial n'assure pas la surveillance des jeunes enfants « *pour les besoins d'une activité éducative* » mais est « *seulement chargé de veiller sur ceux-ci après la classe, dans l'attente de leurs parents* »[160].

Au primaire, la sortie s'effectue sous la surveillance des maîtres dans la limite de l'enceinte des locaux scolaires. En cas d'absence, en fin de classe, des représentants légaux et sur leur demande, la prise en charge des enfants s'effectuera, le cas échéant, par un service de cantine à midi ou d'études surveillées le soir. La possibilité demeure pour eux de sortir seuls. Le silence de la circulaire sur le sujet n'empêche point

159/ Ch. Blaevoet, obs. sous Cass. 2e civ., 18 juin 1964, *Fioretta c/ agent judiciaire et autres*, *JCP*, éd. G., II, n° 13865.

160/ TGI Lyon, 29 juin 1983, *Forgas*, *LIJ*, novembre 2002, n° 69, p. 22.

pour autant les parents d'informer l'école de cette tolérance. Le règlement type départemental des écoles élémentaires ou le règlement intérieur de l'école prévoit parfois la possibilité pour les élèves de quitter les locaux scolaires à la sortie des classes à la condition que la continuité de leur surveillance ou de leur garde par un adulte soit assurée. En l'absence de telles dispositions, aucune obligation ne pèse sur les maîtres de veiller à la permanence de la prise en charge et de la surveillance de leurs élèves rendus aux familles.

La circulaire du 6 juin 1991 prescrit en outre que « *l'exclusion temporaire d'un enfant, pour une période ne dépassant pas une semaine, peut être prononcée par le directeur après avis du conseil d'école, en cas de négligence répétée ou de mauvaise volonté évidente des parents pour reprendre leur enfant à la sortie de chaque classe* ». Au-delà de ces indications textuelles, le règlement de l'école prévoit les modalités d'accueil et de remise aux parents de leur fille ou de leur fils.

461 • Les déplacements d'élèves touchent aux sorties individuelles ou en groupe.

Les déplacements individuels pendant le temps scolaire en dehors de la classe impliquent une autorisation préalable du directeur. L'hypothèse recouvre les besoins de soins médicaux prodigués hors de l'établissement ou la nécessité de suivre des enseignements spécifiques en d'autres lieux. Dans ces cas, l'accompagnement de l'enfant s'effectue nécessairement avec un adulte, parent ou toute autre personne présentée au directeur par la famille. L'accompagnateur le prend en charge et, au retour, le ramène en classe.

Les déplacements en groupe. Fréquemment, durant la scolarité, les classes sont conduites à l'extérieur de l'école pour y effectuer des visites, assister à des représentations ou même subir des consultations médicales collectives (dépistage, vaccination). Durant ces sorties, la surveillance se fait de façon constante à l'aller, pendant les séances et au retour. Une circulaire du 18 septembre 1997 (n° 97-176) fixe avec précision les conditions d'organisation de ces sorties[161].

Plus lâches dans le secondaire que dans le premier degré, les modalités de la surveillance ne s'en révèlent pas moins complexes.

161/ Cf. *supra*, n° 57 et s.

b) La surveillance des élèves du second degré

462 L'avancement en âge des enfants rend moins pesante la contrainte des adultes, des plages de liberté se trouvant peu à peu concédées aux adolescents. En outre, parmi les enjeux de l'institution scolaire, figure « *l'apprentissage de la responsabilité par les élèves* » (circulaire du 25 octobre 1996). Aussi le strict encadrement laisse-t-il place à une certaine forme d'autonomie. Au fur et à mesure, la surveillance de l'individu s'efface pour s'exercer plus précisément sur la liberté octroyée à l'élève. Les modalités de la surveillance, fixées par le règlement intérieur de l'établissement, s'adaptent et s'inscrivent dans ce contexte.

463 À l'instar de la situation applicable dans le premier degré, nul n'échappe à la sécurité dans les collèges et les lycées. Le service de surveillance face à des usagers plus libres de leurs mouvements et plus nombreux affecte diverses personnes. Les **enseignants** en charge des élèves durant la classe proprement dite s'assurent de leur présence et veillent au bon déroulement du cours. L'interclasse s'inscrit dans le même type de contrôle. Leur obligation touche encore les déplacements sur le lieu d'une activité scolaire ou les sorties à l'extérieur de l'établissement. Collèges et lycées disposent également de **personnels de surveillance et d'éducation**, dont les assistants d'éducation[162], notamment affectés à cette tâche. Leur mission s'accomplit pour l'ensemble des adolescents en dehors de la classe : les temps libres entre les cours, les récréations, la cantine... Les conseillers d'éducation et conseillers principaux d'éducation veillent notamment à l'organisation du service des surveillants et à l'application du règlement intérieur. Enfin, comme dans le premier degré, des **collaborateurs bénévoles**, tels que les parents d'élèves apportent parfois, ponctuellement, leur concours à l'administration.

Ça suffit ! Arrêtez ce chahut ! *La jurisprudence relative aux accidents scolaires renvoie l'image d'une École marquée depuis des lustres par des querelles, disputes, altercations, bousculades, bagarres ou autres agressions. Les jeunes batailleurs se poussent contre les vitres, se renversent sur le bitume ou dans les escaliers, se jettent des pierres, des craies ou encore des bâtons. Les blessures occasionnées par ce chahut présentent souvent un caractère de gravité. Elles affectent tout particulièrement les yeux mais n'épargnent pas non plus les*

162/ Catégorie de personnels (contractuels de droit public) créée par la loi n° 2003-400 du 30 avril 2003 (articles L. 916-1 et L. 916-2 du Code de l'Éducation). Le décret 2003-484 du 7 juin 2003 fixe les conditions de recrutement de ces assistants d'éducation. Cf. également note de Jean-Éric Schoettl sous cons. const., 2003-471 DC, 24 avril 2003, *Petites affiches*, 20 mai 2003, n° 100, p. 18.

autres parties du corps ; poignets, nez ou dents cassés achèvent sinon les belligérants, du moins la mêlée... Ces conséquences dramatiques, parfois irrémédiables[163]*, soulignent l'importance d'une surveillance efficace pour assurer la sécurité des élèves : anticiper et savoir réagir face au chahut prévient bon nombre d'accidents. Le juge judiciaire dégage au fil des affaires plusieurs pistes en la matière. Face au désordre qui s'instaure, le surveillant doit prendre* « les précautions immédiates et nécessaires »[164] *qui éviteront la dégénérescence de la situation. Ces mesures appellent cinq conseils.*

1) Renforcer la surveillance – ou demander qu'elle le soit – lorsque les effectifs le permettent. *Ainsi l'afflux massif des élèves au moment de la reprise des cours provoque souvent bousculades et altercations*[165]*.*

2) Ne pas s'absenter en cas de désordre ou de risque de chahut. *Au réfectoire, deux collégiens se disputaient. Alors que la surveillante avait quitté les lieux à la suite d'un appel venu de l'extérieur, l'un des protagonistes portait des coups à son camarade. Le juge relève la faute de l'agent public pour avoir laissé les enfants seuls pendant cinq minutes au moment même où un conflit éclatait*[166]*. Cette précaution s'impose également lorsque, en dehors de tout débordement, on connaît le caractère particulièrement agité des élèves*[167] *ou le désordre qui règne habituellement dans un lieu déterminé*[168]*. La suggestion reste vraie, même si un besoin de surveillance se fait ressentir ailleurs. Commet ainsi une faute l'institutrice qui, cessant d'exercer son contrôle sur l'intégralité des lieux pour regrouper quelques enfants à l'opposé de la cour, ne s'assure pas qu'elle peut le faire en toute quiétude, notamment en imposant aux élèves d'arrêter leurs jeux et de se mettre en rang*[169]*.*

3) Se donner les moyens d'intervenir. *Le surveillant posté à cinquante mètres d'un groupe d'enfants en train de chahuter et de se battre, et qui s'interdit de la sorte toute possibilité d'intervenir en restant placé de cette façon, engage la responsabilité de l'État*[170]*.*

4) Agir. *Certains tribunaux voient dans l'immixtion dans une rixe* « l'essence même de *(la)* mission de surveillance »[171]*. Doivent faire l'objet d'une interposition physique ou au moins d'une sollicitation verbale du maître, le chahut qui se déclenche lors d'une période d'attente dans un aéroport afin d'éviter son amplification fatale*[172]*, l'animation entre élèves sus-*

163/ À cet égard, la jurisprudence admet la possibilité d'allouer à la victime d'un accident scolaire, en plus de la réparation de son préjudice corporel, une indemnité pour perte de chance. Tel pourrait être le cas d'un enfant, très bon élève, dont les résultats baissent sensiblement en raison de l'accident, empêchant ainsi la poursuite de ses études dans de bonnes conditions. *A contrario*, Cass. 2e civ., 9 novembre 1983, *Association La Ronde folklorique et autre c/ M. Poisse*, *Bull.*, II, n° 175, p. 122.

164/ CA Versailles, 15 mars 1996, *Préfet du Val-d'Oise c/ Nouard*, req. 4093/95.

165/ *A contrario*, CA Pau, 28 avril 1994, *Simon c/ préfet des Landes*, req. 93000551.

166/ TI Vesoul, 13 septembre 1995, *Cakici c/ préfet de la Haute-Saône*, req. 348.

167/ TGI Pontoise, 19 novembre 1996, *Van-Brockhoven c/ Grillot et préfet du Val-d'Oise*, req. 954354 ; 95/8093.

168/ CA Aix-en-Provence, 19 décembre 2001, *Gargiulo c/ préfet des Bouches-du-Rhône*, *op. cit.*, n° 302 (en l'espèce, les toilettes du collège).

169/ CA Paris, 4 avril 1997, *Préfet de l'Essonne c/ Salgues*, req. 95-12 582.

170/ TI Béziers, 7 avril 1995, *Kouba c/ Vaillant et préfet de l'Hérault*, req. 11.9 500,900.

171/ *Ibid.*

172/ CA Versailles, 15 mars 1996, *Préfet du Val d'Oise c/ Nouard*, *op. cit.*, n° 463.

ceptible de provoquer une bousculade[173] le début d'une bagarre d'enfants au comportement réputé difficile[174] ou la bataille de polochons dans un dortoir[175]. En résumé, il importe de ne jamais laisser s'organiser le désordre sans intervenir[176].

5) Surveiller les zones interdites. *Un écolier lance un caillou dans l'œil de son condisciple qui subit des blessures. Le projectile provient d'une zone interdite fréquentée toutefois habituellement par les enfants. Pour le juge judiciaire, le jet en question ne présente pas de caractère inopiné, n'importe quel écolier ayant le loisir de ramasser une pierre et de la projeter. Un acte de surveillance aurait évité l'accident. L'ignorance des circonstances du drame démontre une négligence ou une inattention des maîtres[177].*

L'âge fondant le critère de la « nouvelle autonomie » des élèves, la situation diffère au collège et au lycée.

464 1° *La surveillance des élèves au collège.*

465 **Le champ de la surveillance.** Le principe rejoint en l'occurrence celui du primaire : la surveillance couvre la totalité du temps scolaire mais seulement le temps scolaire. À cet égard, le principal n'a pas à faire assurer la surveillance des élèves empruntant les transports scolaires durant la période qui sépare leur descente du car et le franchissement du seuil de l'établissement. Seuls les transporteurs, la collectivité territoriale ou, le cas échéant, le maire de la commune qui aurait failli dans son pouvoir de police peuvent voir leur responsabilité engagée[178]. Au collège, la difficulté procède de la variabilité de l'emploi du temps. L'obligation de surveillance, modulable, ne simplifie pas la tâche du service de « vie scolaire » supposé connaître l'organisation de la journée de chaque enfant. Plusieurs critères peuvent modifier le champ de la surveillance. Tout d'abord, le régime des élèves. Pour les externes, le temps scolaire recouvre la demi-journée du matin et de l'après-midi ; pour les demi-pensionnaires la journée entière. La vigilance de surveillants au portail permet le filtrage, en milieu de matinée, des seuls externes autorisés à sortir (ou même plus tôt s'ils n'ont plus de cours avant

173/ TI Longwy, 16 novembre 1994, *CPAM c/ Margueritat et Martins et préfet de Meurthe-et-Moselle*, req. 11.92.00365.

174/ CA Caen, 22 octobre 1992, *État français c/ Société La Normandie*, juris-data n° 049955.

175/ Cass. 2e civ., 30 novembre 2000, *État français c/ consorts G.*, req. 1243F.D.

176/ *A contrario*, Cass. 2e civ., 29 janvier 1997, *Belkacem c/ préfet de la Côte-d'Or*, req. 94D ; TGI Meaux, 9 mai 1995, *Henquel c/ Bouchet et préfet de Seine-et-Marne*, req. 699/93.

177/ CA Douai, 16 octobre 1997, *Préfet du Pas de calais c/ Baslam et société de secours minière de la haute deule et Leto*, req. 94/03574.

178/ CAA Nantes, 19 octobre 1994, *SIVOM et Blangy-sur-Bresle*, req.93NT00001.

la fin de la demi-journée). Les demi-pensionnaires demeurent sous la responsabilité de l'établissement pendant la pause méridienne. Ensuite, les modifications prévisibles dans l'emploi du temps, connues des parents, décalent d'autant l'obligation de surveillance. Un professeur, par exemple, signale son absence la semaine suivante sur le carnet de correspondance. Ses élèves privés de cours de huit heures à dix heures pourront rejoindre le collège en milieu de matinée. Faute d'une telle information préalable, la surveillance, habituelle, commence à huit heures, nonobstant l'absence de l'enseignant. Cette situation se complique si les élèves n'entrent pas dans l'enceinte du collège. Après comptabilisation des absents, il conviendra d'informer les parents, sur-le-champ (par téléphone), afin de s'assurer de leur connaissance de la situation. Le règlement intérieur peut, par ailleurs, prévoir la possibilité pour les parents d'autoriser leurs enfants à quitter l'établissement en cas d'absence inopinée d'un enseignant en fin de période scolaire (la demi-journée pour les externes, la journée pour les demi-pensionnaires). Il arrive aussi que les parents eux-mêmes sollicitent l'autorisation d'absence de leur fils ou fille. Dans ce cas, le titre 1.1 de la circulaire n° 2004-054 du 23 mars 2004 précitée[179] relative au « *contrôle et promotion de l'assiduité des élèves soumis à l'obligation scolaire* » prévoit que « *sur demande écrite des parents (...) le principal de collège peut, à titre exceptionnel et en cas de nécessité, autoriser l'élève à s'absenter sur le temps scolaire, à condition d'être accompagné. Ces absences peuvent être justifiées pour permettre aux élèves de bénéficier de certains soins ou rééducations qui ne pourraient l'être de manière opportune à d'autres moments. Ces situations sont examinées au cas par cas* ». Enfin, les modifications du champ de la surveillance, en fonction de l'emploi du temps du jeune, ne concernent que le début et la fin des périodes scolaires. En effet, comme le rappelle la circulaire de 1996, « *en aucun cas, les élèves ne peuvent être autorisés à quitter l'établissement durant les temps libres* » inclus dans la journée. Les « trous » dans l'emploi du temps n'éteignent point l'obligation de surveillance.

Une question particulière se présente de plus en plus fréquemment avec la mise en place du paiement de la demi-pension au ticket. Les parents précisent alors par écrit, en début d'année, les jours de la semaine où l'élève mange à la cantine. Il a tantôt la qualité d'externe tantôt celle de demi-pension-

179/ Ce texte abroge et remplace le titre A II de la circulaire n° 96-248 du 25 octobre 1996 (cf. *supra* n° 179).

naire. Dans ce cas, l'obligation de surveillance du principal durant la pause méridienne ne s'exerce que les jours fixés, à l'avance, par les parents[180].

466 Le régime de la surveillance.

Attention, objet dangereux. *Certains comportements parfois détestables d'Outre-Atlantique franchiraient-ils l'océan ? La lecture de quelques décisions de justice rappelle étrangement ces affaires venues d'Amérique où l'introduction d'armes dans l'enceinte des établissements scolaires a irrémédiablement conduit au drame. Les dommages causés ou subis par les élèves à la suite de rixes ou d'agressions lourdes se comptent certes en bien moins grand nombre que ceux résultant de l'accidentologie de type « classique »*[181]*. La présence d'objets dangereux dans nos écoles, collèges et lycées, à l'origine chaque année d'événements douloureux et préoccupants pour les responsables, ne demeure point pour autant une hypothèse d'école... La sécurité commande vis-à-vis de ces choses souvent prohibées une attention particulière. Encore faut-il les reconnaître pour adapter efficacement la surveillance.*

1) Qu'est-ce qu'un objet dangereux ? *Question plus complexe qu'il n'y paraît ! Tous ne le sont pas par nature mais tous peuvent le devenir. La jurisprudence, riche en la matière, les classe en deux grandes catégories*[182]*. Une première, naturelle, chacun accordant ce caractère d'abord aux armes*[183] *frauduleusement introduites dans l'établissement scolaire. Ce qui se constata dans un collège, avec l'usage «* ***d'étoiles chinoises*** *»*[184] *provoquant une grave blessure à l'œil d'un élève*[185]*. Ou encore d'une* ***hache*** *avec laquelle un lycéen entendait pénétrer dans un établissement voisin*[186]*. Certains instruments également à vocation pédagogique présentent, par essence, une dangerosité patente, en particulier le* ***couteau*** *nécessaire au cours de cuisine*[187] *ou le* ***bâtonnet*** *manié par un enfant qui devait préfigurer un mirliton lors de la répétition d'une fête scolaire*[188]*. Une seconde catégorie indirecte, désigne l'objet qui n'est pas dangereux par sa vocation même, mais qui le devient à*

180/ Lettre DAJ-A1, n° 02-344 du 21 novembre 2002, *LIJ*, 72/2002, p. 18.

181/ Cf. *supra*, n° 281 et s.

182/ Dominique Dumont, « Les objets dangereux dans les établissements scolaires », *LIJ*, 9/96, p. 1.

183/ L'article 132-75 du Code pénal en donne une définition précise : « *est une arme tout objet conçu pour tuer ou blesser. Tout autre objet susceptible de présenter un danger pour les personnes est assimilé à une arme dès lors qu'il est utilisé pour tuer, blesser ou menacer ou qu'il est destiné, par celui qui en est porteur, à tuer, blesser ou menacer. Est assimilé à une arme tout objet qui, présentant avec l'arme définie au premier alinéa une ressemblance de nature à créer une confusion, est utilisé pour menacer de tuer ou de blesser ou est destiné, par celui qui en est porteur, à menacer de tuer ou de blesser* ».

184/ Objets montrés dans certaines scènes de sports de combat, au cinéma, demandant adresse et dextérité, qualités pas toujours remarqués chez les adolescents dans la cour de récréation ! Leur qualification « *d'armes blanches de sixième catégorie* » résulte du décret du 6 mai 1995.

185/ CA Douai, 22 septembre 1994, *Préfet du Nord c/ époux Yousfi et Singer*, req. 92/09503.

186/ TA Rouen, 28 septembre 1994, *Akaba*.

187/ Cass. 2e civ., 7 juin 1990, *État français c/ M.P.*, req. 89-14.118.

188/ Cass. 2e civ., 1er mars 1972, *Préfet de la Sarthe c/ Mutuelle Française Accidents, Drome et Grégoire*, *Bull.*, II, n° 62, p. 48.

cause d'un usage anormal. Ont ainsi provoqué l'accident, le **compas**[189], *l'***outil de manucure**[190], *l'***équerre**[191] *ou plus simplement le* **caillou** *ramassé par quelque garnement dans la cour de récréation*[192].

2) Comment adapter la surveillance ? *La présence plus ou moins normale de ces meubles (certes peu encombrants mais ainsi appelés en droit !) à l'école mérite une prise en compte dans la surveillance des élèves. L'apprenti maniant le couteau de cuisine est potentiellement plus dangereux que son camarade plongé dans la lecture d'un livre de recettes*[193]. *La vigilance du professeur ou du chef de travaux s'attardera sur le premier. La question s'avère délicate à propos des objets dangereux par nature, introduits à l'insu des membres de la communauté éducative. La prévention des risques pourrait conduire le règlement intérieur d'un établissement scolaire à prévoir, dans certains cas extrêmes, la fouille des élèves ou tout du moins de leurs effets personnels (sacs, cartables...). Il n'existe aucun obstacle juridique à en envisager la possibilité. De nombreuses institutions conditionnent l'accès de leur service à certaines vérifications de ce genre. De plus, le chef d'établissement, tenu d'assurer la sécurité des personnes et des biens, prend, à ce titre, s'il le juge utile, des mesures plus ou moins contraignantes à l'égard des élèves. Il n'apparaît cependant pas possible de procéder à une fouille forcée, sans le consentement des intéressés ; une telle pratique s'analyserait sans doute en une voie de fait sanctionnée par les juridictions de l'ordre judiciaire. Mais la question, apparemment jamais soumise en tant que telle à nos cours et tribunaux, mérite une approche prudente en ce qu'elle touche aux libertés individuelles. En tout état de cause, si la fouille des élèves et de leurs affaires n'apparaît pas par principe illégale, sa pratique ne se confond nullement avec l'obligation de surveillance pesant sur les personnels de l'établissement scolaire*[194]. *Ainsi en a-t-il été jugé dans l'affaire précédemment citée de l'accident causé par un outil de manucure : le tribunal de grande instance a considéré que l'objet n'aurait pu être remarqué qu'en cas de fouille systématique des élèves par la maîtresse* « ce qui n'entre pas dans le cadre de ses obligations »[195]. *La jurisprudence, constante en la matière, ne retient pas la responsabilité de l'État lorsque les enfants introduisent les objets dans l'établissement en cachette et les dissimulent jusqu'au moment de l'accident*[196]. *Il n'empêche, les décisions prises à l'égard des élèves (telles les sanctions disciplinaires) sur la base de faits révélés par une fouille irrégulière, encourent l'annulation par le juge administratif*[197].

189/ Cass. 2e civ., 11 octobre 1989, *X c/ association de gestion L'école du Sacré-Cœur et autres, Bull. civ.*, II, n° 169, p. 86.

190/ TGI Tours, 11 décembre 1992, *Maréchal c/ préfet de l'Indre-et-Loire*, req. 1078/92.

191/ Cass. 2e civ., 4 mars 1987, *Institution Saint-Charles c/ Stolarz, préfet de l'Aisne et autres*, req. 85-14.554, n° 274.

192/ TGI Béthune, 18 janvier 1994, *Société de Secours Minière de la Haute Deule c/ Letor et autres, op. cit.*, n° 361.

193/ Appellé dans le jargon technique de l'Éducation nationale « recueil de fiches techniques culinaires ».

194/ Philippe Dhennin, « Prohibition des fouilles à corps d'élèves ou de leurs effets personnels », *LIJ*, n° 84, avril 2004, p. 32.

195/ TGI Tours, 11 décembre 1992, *Maréchal c/ préfet de l'Indre-et-Loire, op. cit.*, n° 466.

196/ Cass. 2e civ., 11 octobre 1989, *op. cit.*, ce numéro.

197/ *A contrario*, CAA, Bordeaux, 26 novembre 2002, *Ministre de la Jeunesse, de l'Éducation nationale et de la Recherche c/ C., op. cit.*, n° 219.

467 • **Le contrôle des absences.** Comme dans le primaire, cette exigence procède d'un double fondement, l'obligation scolaire et la sécurité des élèves. Au collège, ce contrôle s'exerce tout au long de la journée, les enfants évoluant seuls d'un cours à l'autre. Ainsi les adultes doivent-ils s'assurer de leur présence lors des enseignements, des études surveillées ou dirigées, des activités péri-scolaires et à la cantine pour les demi-pensionnaires ou internes. Chaque catégorie de personnel responsable (professeurs, surveillants, aides éducateurs...) signale au chef d'établissement l'élève manquant à l'appel. « Dès le repérage de l'absence, les familles sont informées *le plus rapidement possible par tout moyen (appel téléphonique, message écrit sur portable...) et invitées à faire connaître au plus vite le motif de l'absence* »[198].

468 • **Les déplacements d'élèves.** Pendant le temps scolaire, certaines activités ne se déroulent pas forcément dans l'enceinte même du collège, comme le cours d'éducation physique et sportive dispensé à la piscine, au gymnase ou au stade ou encore des leçons d'éducation musicale suivies au conservatoire. Dans ces hypothèses, les élèves se déplacent jusqu'au lieu de leur activité. Un membre du personnel de l'établissement encadre nécessairement ces mouvements. Toutefois, si l'activité se déploie en début ou en fin de temps scolaire, le règlement intérieur peut prévoir une autorisation des responsables légaux de l'élève pour s'y rendre ou en revenir seul. La circulaire précise que le parcours habitation – lieu de l'activité « *est alors assimilé au trajet habituel entre le domicile et l'établissement* ». À défaut de l'accord parental, le collège encadre obligatoirement le déplacement. Cette souplesse implique cependant du responsable de l'activité une vigilance particulière : contrôle de la présence des élèves au collège, mais aussi sur les lieux de l'activité.

469 2° ***La surveillance des élèves au lycée.*** De la seconde à la terminale, le régime se caractérise par la souplesse. L'obligation de surveillance pesant sur les personnels de l'établissement, non éteinte, s'analyse plus en un contrôle des libertés accordées. Le règlement intérieur en définit les conditions. Conformément à la circulaire de 1996, il lui appartient de fixer « *les modalités de mise en œuvre de l'autodiscipline durant les temps libres inscrits à l'emploi du temps* ». Sont ainsi envisageables des sorties libres entre les cours sous la condition

198/ Circulaire n° 2004-054 du 23 mars 2004 précitée.

de l'acceptation des parents pour les mineurs. Par ailleurs, de nombreux élèves, majeurs, disposent de la capacité de justifier de leurs absences ou de signer les diverses autorisations de sortie. Ce relâchement de la surveillance simplifie la vie des lycéens mais complique celle des personnels de l'établissement, chargés de leur sécurité. En effet, cette liberté graduée implique, paradoxalement, du service de surveillance de nombreuses vérifications au portail du lycée : l'élève souhaitant sortir est-il majeur ? Dispose-t-il d'une autorisation dûment signée ? Le motif de la sortie est-il pédagogique ? Personnel ? La jurisprudence, heureusement, prend largement en compte l'âge et la maturité des lycéens dans l'appréciation des responsabilités.

La fugue. *Certains élèves semblent comparer leur scolarisation à une expérience carcérale. Tel Antoine Doisnel, ces jeunes n'ont de cesse de vouloir « faire le mur » pour aller mieux vivre leurs « quatre cents coups ». Cette attitude, sans doute compréhensible pour l'adolescent en mal de liberté, engendre l'angoisse des adultes. En effet, des escapades, souvent innocentes, conduisent parfois des enfants à la mort. Pourtant, la jurisprudence paraît peu encline à reprocher ces accidents aux établissements scolaires et préfère retenir la seule faute du fugueur. De fait, la position des juridictions administratives et judiciaires, confrontées à ces hypothèses reste constante : la circonstance qu'un élève quitte son école, son collège ou son lycée sans autorisation de sortie, ne suffit pas, à elle seule, à établir l'insuffisance d'encadrement. Ainsi en a-t-il été jugé dans une affaire où un enfant de neuf ans s'échappait de la cour de récréation en franchissant un muret. Renversé par une motocyclette, il décéda de ses blessures. Pour la Cour d'appel, l'espèce ne révélait pas de négligence des personnels de l'école lors d'une surveillance normalement assurée. Elle retient la seule faute de la victime qui avait* « entrepris délibérément de tromper la surveillance des enseignants en enjambant, conscient de l'interdiction, le mur de clôture »[199]. *Solution* a fortiori *identique pour des élèves de lycée, âgés de seize ans, de qui l'on peut légitimement attendre* « une auto-surveillance minimale »[200]. *D'autres situations dégagent la responsabilité de l'État. Un élève de quinze ans et demi, quitte le lycée sans autorisation pour aller pratiquer l'escalade avec des camarades en dehors de tout encadrement et fait une grave chute. Pour les parents, la défectuosité du contrôle à la sortie avait permis à leur fils de partir irrégulièrement. Le juge estime toutefois que le défaut d'organisation du service à l'origine de l'équipée ne pouvait s'analyser comme la cause directe de l'événement tragique*[201]. *De même, lorsque le comportement général du jeune ne justifiait pas une surveillance particulière. Un signalement plus rapide de son absence n'aurait pu, en tout état de cause, empêcher l'accident de se produire*[202]. *En revanche, le carac-*

199/ CA Paris, 28 mai 1996, *Compagnie d'assurance l'Équité c/ préfet de Seine-Saint-Denis*, req. 94.13.681.

200/ CA Grenoble, 20 mars 1995, *Mourier*, req. 284.

201/ TA Nancy, 28 novembre 1995, *B.*, req.94.359 (confirmé par CAA Nancy, 3 décembre 1998, *op. cit.*, n° 345, puis par CE, 25 juillet 2003, *Petites affiches*, 2004, n° 57, p. 6, concl. Isabelle de Silva).

202/ TA Rouen, 24 mars 1995, *Menant-Février*, req. 93.135.

tère tardif de l'alerte donnée, soit plus d'une heure après la constatation de la disparition d'un élève, est jugé fautif car ce délai rendait plus difficile les recherches et favorisait la réussite de l'escapade irréfléchie[203]*. La responsabilité de l'État se trouve également retenue lorsqu'un surveillant facilite la fugue d'un collégien en lui indiquant, au portail, l'absence d'un professeur et le laisse s'éloigner sans lui demander d'entrer dans l'enceinte de l'établissement*[204]*. Jurisprudence similaire lorsqu'une directrice d'école laisse perdurer une surveillance habituellement insuffisante permettant aux enfants d'escalader le mur délimitant la cour puis d'accéder au toit-terrasse d'un bâtiment voisin*[205].

Deux spécificités relatives aux modalités de la surveillance s'ajoutent à celles qu'il convient d'observer au collège.

470 Les déplacements d'élèves.

Les déplacements de courte distance. Selon la circulaire du 25 octobre 1996, « *le règlement intérieur peut prévoir que les élèves accompliront seuls les déplacements de courte distance entre l'établissement et le lieu d'une activité scolaire, même si ceux-ci ont lieu au cours du temps scolaire* ». Ici, les parents ne donnent plus leur accord pour ces courts déplacements, réguliers et nécessaires au travail scolaire. Ils prennent acte de l'information *via* le règlement intérieur. De même, aucune obligation ne pèse sur le lycée pour organiser l'accompagnement des élèves. Selon la circulaire, « *il convient d'aviser les élèves qu'ils doivent se rendre directement à destination (...) même s'ils se déplacent en groupe, chaque élève est responsable de son propre comportement. Ces déplacements, (...) effectués de fait collectivement, ne sont donc pas soumis à la surveillance de l'établissement* ».

Les sorties d'élèves pour les besoins d'une activité scolaire. Les travaux effectués par les lycéens (enquêtes, recherches personnelles...) les amènent parfois à se déplacer hors de l'établissement durant le temps scolaire. La circulaire de 1996 autorise ces sorties sans accompagnateur mais pose un certain nombre de conditions assez strictes. Il incombe au proviseur d'organiser ces mouvements en groupe ou individuels. Il veille à prendre « *toutes les dispositions nécessaires pour assurer la sécurité des élèves* ». Concrètement, le chef d'établissement donne son agrément au plan de la sortie, lequel organise le déplacement[206], fixe les horaires et détermine les itinéraires empruntés. Au-delà de ces prévisions, un document spéci-

203/ CA Nîmes, 17 mars 1994, *Préfet de Vaucluse c/ Oragui*, req. 296.

204/ TGI Aix-en-Provence, 3 juillet 2001, *Sarron c/ Ribero et préfet des Bouches-du-Rhône*, req. 00/01569.

205/ CA Caen, 5 décembre 2001, *Préfet de la Seine-Maritime*, req. 01/981.

206/ « *À pied, à cheval, en voiture... ou en bateau à voile* » (Jacques Prévert).

fique, établi à son initiative, comprend la liste nominative des élèves participant à la sortie ainsi que les adresse et numéro de téléphone de leurs parents, les coordonnées du lycée et de la clinique ou de l'hôpital le plus proche. L'un des membres composant le groupe, désigné comme « *responsable* », reçoit outre ce document, les instructions écrites du proviseur précisant la conduite à tenir en cas d'accident. En tout état de cause, seul le chef d'établissement autorise ou refuse la sortie, sa décision intervenant parfois au dernier moment. En effet, contrairement à l'hypothèse précédemment évoquée – les courts déplacements – les élèves restent, durant ces sorties, sous la responsabilité du lycée.

471 **Une application particulière des règles relatives à la surveillance : les TPE et les PPCP**[207]. L'année 2000 a été marquée par la mise en place de dispositifs pédagogiques visant à favoriser l'autonomie des lycéens dans l'accomplissement d'un certain nombre d'activités : les travaux personnels encadrés (TPE)[208] et les projets pluridisciplinaires à caractère professionnel (PPCP). Les premiers consistent en la réalisation d'une production personnelle par les élèves, portant sur au moins deux disciplines[209]. Les seconds, concernant l'enseignement professionnel, débouchent en principe sur un objectif ou une séquence de service[210]. Ces pédagogies novatrices ont soulevé, de la part de la communauté éducative, de nombreuses questions portant sur les responsabilités applicables. Le cœur des inquiétudes touchait à ce temps laissé aux lycéens sans aucune surveillance des adultes. En effet, les heures dégagées dans l'emploi du temps pour cette « discipline » nouvelle amènent les élèves à réaliser leur travail à l'intérieur de l'établissement avec ou sans la présence de l'enseignant. Dès lors, quelle conduite tenir en terme de surveillance ? En réalité, la situation n'induit aucune innovation : TPE et PPCP s'inscrivent, à cet égard, directement dans les sillons de la circulaire du 25 octobre 1996. Sans doute pour

207/ Les développements qui suivent sont transposables, pour une large part, aux « itinéraires de découvertes » instaurés dans les collèges (arrêté du 14 janvier 2002, circulaires n° 2002-074 et 2002-160 des 10 avril et 2 août 2002).

208/ Pour plus de précisions, voir le site Internet http://www.eduscol.education.fr. Le dispositif, reconduit pour les classes de première (Note de Service n° 2004-061 du 27 avril 2004) a été supprimé pour les classes de terminale à compter de la rentrée 2005 (arrêtés du 9 décembre 2004, JO du 17 décembre 2004).

209/ Une avalanche de textes est venue préciser les modalités de mise en œuvre de ces « travaux personnels encadrés » : circulaire n° 2000-009 du 13 janvier 2000; note de service n° 2000-031 du 25 février 2000; note de service n° 2000-086 du 15 juin 2000; Arrêté du 19 juin 2000; circulaire n° 2001-007 du 8 janvier 2001; circulaire n° 2001-083 du 11 juin 2001; note de service n° 2001-80 du 19 septembre 2001.

210/ Circulaire n° 2000-094 du 26 juin 2000; circulaire n° 2001-172 du 5 septembre 2001.

apaiser les craintes des différents acteurs du récent dispositif, deux textes ont voulu prendre de front la question. Ils relèvent avec subtilité que leur « *mise en œuvre a suscité de nombreuses interrogations auxquelles la circulaire* (de 1996) *n'apporte pas toutes les réponses souhaitées compte tenu de la spécificité des modalités d'organisation qu'ils impliquent* » (Circulaire du 26 juin 2000 et du 8 janvier 2001). Il s'agit pourtant d'appliquer strictement les règles dégagées en 1996. Plusieurs situations méritent distinction.

472 • Le travail des élèves à l'intérieur de l'établissement. Le proviseur détermine les lieux où les élèves se rendent : centre de documentation et d'information du lycée, salles spécialisées ou banalisées... comme pour tous les autres cours. Les lycéens appelés à travailler seuls – pendant les heures prévues à cet effet – demeurent soumis au règlement intérieur. Mais rien n'empêche le chef d'établissement d'affecter un personnel expressément chargé d'assurer leur surveillance. Cela s'avère parfois nécessaire. Ainsi le comportement difficile de certains adolescents, générateur de risque pour la sécurité des personnes et des biens, conduira à instaurer une surveillance spécifique. Même précaution lorsque les élèves se trouvent pour la réalisation de leur travail, en salle informatique, en laboratoire de langue ou en atelier.

473 • Le travail des élèves à l'extérieur de l'établissement. L'une des spécificités des TPE et des PPCP permet aux lycéens de ne pas se limiter aux ressources propres de l'établissement. Ils ont donc vocation à se rendre seuls ou en petits groupes sur des sites extérieurs afin d'y réaliser enquêtes, sondages ou autres travaux. Nouvelle dans son approche pédagogique, cette situation a pourtant été expressément prévue par la circulaire de 1996 : les textes du 8 janvier et du 5 septembre 2001 y font d'ailleurs référence : « *en ce qui concerne les activités rendues nécessaires par l'élaboration* (des TPE ou du PPCP) *qui se déroulent à l'extérieur de l'établissement, les instructions de la circulaire* (susmentionnée) *doivent être mises en œuvre* ».

Trois précisions cloront ces développements. Tout d'abord, lorsque les élèves quittent l'établissement pour mener leurs recherches en dehors de l'horaire prévu à l'emploi du temps, les parents sont informés de cette modification ponctuelle. Ensuite, si les lycéens prennent l'initiative de poursuivre le travail à l'extérieur, sur leur temps personnel, ils engagent leur propre responsabilité. Une affaire antérieure à l'entrée en vigueur de ces deux dispositifs montre la réaction du juge dans cette situation. Une jeune fille fut blessée par une arme alors qu'elle cheminait régulièrement après ses cours vers la mairie, accompagnée de camarades de classe, avec un objectif pédagogique. Le juge judiciaire énonce « *que si le professeur d'éducation civique avait au début de l'année donné à ses élèves une liste d'exposés dont la répartition entre eux devait être faite ultérieurement, il ne leur avait pas demandé de se rendre à la mairie ce jour-là* ». Et de poursuivre « *les élèves en y allant avaient agi de leur propre initiative* ». Pour conclure « *la démarche de la victime, même si elle se rattachait au projet éducatif du professeur, n'impliquait pas de la part de celui-ci une obligation de surveillance* »[211]. Enfin, d'une manière générale, aucune « autorisation de sortie » n'apparaît nécessaire même s'il semble souhaitable d'informer les familles et les élèves des modalités de ces actions et des responsabilités encourues.

2 La réparation : les responsabilités

474 ***Simple billet d'humeur sur le droit de la responsabilité scolaire à l'aube du XXIe siècle. Contribution de M. Jean-Louis Bergel, professeur à l'Université Paul Cézanne, (Aix-Marseille III), avocat au barreau de Marseille.***

« L'école dans le prétoire... Les "hussards de la République" face à leurs juges. Les élèves face à leurs maîtres... Les élèves auteurs et les élèves victimes des dommages qu'ils causent ou qu'ils subissent... Les enseignants sous la protection de l'État... L'État sous le coup de sa Justice... La boucle est bouclée... Comment dérouler ce fil d'Ariane ? Comment trancher les responsabilités et réparer les dommages qui se produisent au cours d'activités scolaires ou parascolaires ?

Tout juriste rêve de choisir son juge, d'alléger la charge de la preuve, de trouver une stratégie imparable, d'obtenir tout ce qu'il demande, de choisir le fondement le plus efficace, de parvenir au plus tôt au but recherché. Mais la loi est impérieuse, les procédures sont lentes et la justice est incertaine...

Le paradis du juriste serait d'échapper au Droit, plus précisément de pouvoir librement construire son argumentation et sa stratégie. Les plaideurs veulent obtenir gain de cause, parfois aussi étancher leurs passions, voire régler leurs comptes. Tout n'est pas que raison !! Parfois, la pression médiatique et le poids de l'opinion publique harcèlent la justice...

211/ Cass. 2e civ., 3 octobre 1990, *Bertrand, op. cit.*, n° 222.

La fameuse loi du 5 avril 1937 mettant l'instituteur à l'abri derrière le paravent de l'État, devenu la cible exclusive des victimes, véritable responsable pour autrui et à coup sûr débiteur solvable de la réparation des dommages, n'a pourtant pas tout réglé de manière uniforme. L'État a le dos large lorsqu'il protège tout le monde. Mais cela ne suffit pas toujours et ne règle pas tout... Certes, la loi trace la voie. Mais la jurisprudence ouvre des pistes. Le droit positif évolue. L'émergence de la responsabilité pénale des personnes morales, l'extension des droits de la partie civile, les métamorphoses de la responsabilité administrative offrent maintenant de nouvelles perspectives.

L'usage de la plainte avec constitution de partie civile ou de la citation directe devant les juridictions répressives peut répondre à un certain goût du sensationnel, à une volonté de dissuasion de l'adversaire, à des solutions plus rapides. La lenteur des contentieux administratifs et les limites du dommage réparable et du montant de la réparation, en droit administratif, peuvent détourner certains plaideurs des juridictions administratives.

Le développement du référé et des procédures d'urgence, palliatif provisoire des lenteurs excessives de la justice, tend à détourner les parties des procédures traditionnelles et à se contenter de "provisions", d'ailleurs parfois substantielles...

Les justiciables risquent de subir les aléas de l'inertie des institutions ou, au contraire, les bouillonnements de l'opinion face à tel accident dramatique ou à tel odieux fait divers... Les avocats peuvent avoir la tentation du spectaculaire, pourquoi pas un certain esprit de lucre ou simplement préférer le refuge de la routine. Mais ils éprouvent le plus souvent une saine volonté de répondre sereinement et efficacement aux légitimes aspirations de leurs clients par les procédures les plus appropriées selon les circonstances, fût-ce au détriment de la réflexion juridique et de la pure orthodoxie procédurale. Quant à l'universitaire, pénétré de principes juridiques et attiré par la recherche de développements nouveaux du droit et de réformes parfois impossibles, il éprouve souvent une certaine amertume devant les expédients de la pratique.

Les élus, pour leur part, tremblent maintenant devant les risques de poursuites. Les pouvoirs publics, enfin, payent pour autrui mais, par négligence ou par frilosité, reculent souvent devant des actions récursoires contre les fonctionnaires dont la responsabilité personnelle est engagée ou des tiers responsables...

Ce constat n'est pas du dépit. Ce qui compte, c'est de préserver la sécurité de l'école et de l'écolier et de garantir à leurs victimes, la réparation des dommages scolaires. Malgré ces turbulences éventuelles, le système juridique actuel semble y parvenir. C'est le résultat qui compte.

Tant pis pour les puristes, si c'est l'opportunité qui commande et si tous les chemins mènent à Rome... »

L'École, comme tout lieu de vie, génère accidents et dommages. Le « constat » effectué au chapitre précédent apparaît à cet égard souvent préoccupant, parfois effrayant. Cette impression appelle cependant quelque nuance. Les accidents, par rapport à la population scolaire, ne concernent qu'une infime proportion d'élèves. Mais quand bien même les statistiques prouveraient le caractère marginal de la question, les interrogations des parents sur la couverture des risques accidentels encourus par leurs enfants en milieu scolaire n'en demeureraient pas moins légitimes. La matière se révèle malheureusement très complexe[212]. La nature juridique de l'établissement scolaire ne suffit pas, en effet, à déterminer quel type de responsabilité, civile ou administrative, s'applique lorsqu'un dommage survient en l'espèce.

Une première difficulté résulte de la diversité des responsables. Les victimes devront, pour obtenir indemnisation, se retourner, selon les cas, contre l'État, le lycée, le collège ou sa collectivité territoriale de rattachement. Une deuxième complication procède de la diversité des juridictions susceptibles d'intervenir et de la pluralité des régimes de responsabilité applicables. Une exception légale à la loi des 16 et 24 août 1790 a ainsi confié au juge judiciaire le contentieux relatif aux dommages causés ou subis par les élèves du fait d'une faute de surveillance de la part d'un membre de l'enseignement public. Cependant, tous les dommages ne trouvent pas la source de leur réparation dans ce régime spécifique. Par exemple l'absence totale de surveillance engage dans certaines hypothèses la responsabilité de l'État, au titre de la mauvaise organisation du service, devant le tribunal administratif. Par ailleurs, si l'accident résulte d'un défaut d'entretien normal de l'ouvrage public, la mise en cause de la collectivité propriétaire s'exerce toujours devant le juge administratif, mais sur le fondement de la responsabilité pour dommages de travaux publics. Encore, dans le cas d'un tiers à l'origine de l'accident, la responsabilité civile de droit commun, en application des articles 1382 et 1383 du Code civil, trouve à s'appliquer. Enfin, si le dommage affecte un élève de l'enseignement technique ou de l'enseignement général lors des cours en laboratoire, en atelier et pendant les stages, la législation relative aux accidents du travail s'applique et le tribunal des affaires de sécurité sociale examine ce type de contentieux.

Trois juges différents – aux prises avec pas moins de cinq régimes distincts – se répartissent ainsi le soin de réparer les dommages causés à l'occasion d'une activité scolaire[213]. Il va sans dire que la victime, contrainte au choix du terrain juridique, risque de se tromper et, par voie de conséquence, d'échouer dans son action[214]. En outre, la complexité s'accentue à cause de l'imprécision des limites entre ces régimes et l'existence

---

212/ Cf. Frédéric Séval, « Les responsabilités des chefs d'établissement », *Savoir*, 3 (4), oct.-déc. 1991, p. 682. Voir aussi Hubert Destrallet, « Les accidents à l'école », *Le Particulier*, n° 957, septembre 2002, p. 66 et s.

213/ N'est point évoqué ici la responsabilité pénale des personnels n'ayant pas pour objet l'indemnisation des victimes. Le juge répressif peut néanmoins se prononcer sur les intérêts civils des victimes en faisant notamment application de la loi du 5 avril 1937, si le préfet est régulièrement attrait devant lui.

214/ L'expérience montre que cette remarque vaut aussi pour certains avocats.

de situations où, pour un même accident, plusieurs fondements à la réparation restent possibles[215].

De l'accident à l'indemnisation ou le parcours du combattant. *Les difficultés auxquelles se heurtent les familles pour obtenir réparation des dommages survenus en milieu scolaire ne sauraient être minimisées. L'épreuve consiste à repérer et comprendre la multiplicité des interventions administratives à l'occasion d'un accident. La première autorité concernée demeure le directeur d'école ou le chef d'établissement chargé de rédiger la déclaration d'accident; la deuxième, l'inspecteur d'Académie, qui centralise, au niveau du département l'ensemble des déclarations; la troisième, le recteur, chargé d'instruire les dossiers – amiables et contentieux; la quatrième, le cas échéant, le préfet, responsable en vertu de la loi du 5 avril 1937; la dernière – et non la moindre –, le ministre de l'Éducation nationale, compétent par nature pour toutes les questions touchant de près ou de loin la vie scolaire. Le nombre de ces organes administratifs en charge des dossiers, plus ou moins longtemps dans leurs services, entraîne parfois des dysfonctionnements. Mais surtout, cela complique considérablement la tâche des victimes qui, bien souvent, ne joindront jamais l'interlocuteur idoine[216]. Si par impossible elles le trouvent, les délais d'indemnisation demeurent longs : une fois la demande régulièrement acheminée au rectorat, ses services doivent solliciter les pièces auprès de l'inspecteur d'Académie ou de l'établissement scolaire, accepter la responsabilité de l'État, faire une proposition à la victime, l'inviter à signer un acte de désistement et, si la faute d'un enseignant est à l'origine de l'accident, transmettre le dossier au préfet, lequel procédera enfin au paiement[217]. Nombre de demandeurs, dans ce contexte, pensent préférable et plus simple d'opter pour la voie judiciaire; mais les requérants se heurtent alors aux difficultés juridiques de la matière, sans oublier la longueur, le coût et les aléas de la justice...*

Ce parcours du combattant pourrait cependant être évité par la souscription d'une assurance scolaire : les victimes rapidement indemnisées abandonneraient à la compagnie d'assurance les affres d'un éventuel procès. Or, selon une récente étude, les assureurs semblent rechigner à prendre pleinement en charge ces dossiers[218]. Les combattants n'ont pas fini de (par)courir...

En définitive, les victimes sont indemnisées, en cas d'accident, soit au regard des fautes commises par l'administration (A), soit en raison d'un risque particulier encouru par les élèves (B).

A. Les fautes de l'administration

475 La surveillance des jeunes constitue une obligation forte des établissements scolaires. Les parents sont en effet en droit

215/ Cf. *supra* n° 330 et s.

216/ Et ce, d'autant plus que chacune des autorités précitées ne sait pas toujours qui fait quoi !

217/ Et s'ouvrent alors les délais de paiement liés aux règles de la comptabilité publique : contrôle financier, mandatement...

218/ *Rapport du groupe de travail sur la responsabilité civile des membres de l'enseignement*, remis aux ministres de la Justice et de l'Éducation nationale le 18 avril 2001, *op. cit.*

d'attendre de l'École une prise en charge de leurs enfants exempte de défaillance. En conséquence, les fautes commises à ce titre, causes d'accidents, ouvrent un droit à réparation. Mais toutes les négligences dans l'encadrement des élèves ne sont pas de même nature. Tantôt elles incombent à un fonctionnaire particulier ; tantôt elles revêtent un caractère collectif. À cet égard, la loi et la jurisprudence donnent deux fondements à la responsabilité de l'État : les fautes dites des « instituteurs » (I) ou les fautes de l'administration dans son ensemble (II).

I La faute des « instituteurs »

476 Applicable depuis le vote de la loi du 5 avril 1937, ce régime de responsabilité, aujourd'hui intégré à l'article L. 911 alinéa 4 du Code de l'Éducation, présente un double objet. Destiné, en premier lieu, à organiser la réparation civile des dommages causés ou subis par les élèves en raison d'une faute de surveillance, il protège, en second lieu, les agents fautifs contre d'éventuelles condamnations pécuniaires, par un mécanisme de substitution[219].

Ouvrez vos manuels d'histoire ![220] *Le régime de responsabilité des enseignants, voté à la hâte, sous la pression en 1899 puis en 1937, fut, toutefois, le fruit d'une longue évolution. Il n'était point pour autant aussi protecteur à l'origine : d'abord parce que les maîtres devaient répondre de la réparation des dommages sur leur patrimoine propre, ensuite, à cause de la présomption de leur faute lorsqu'un accident se produisait. Le principe même d'une responsabilité spécifique des personnels d'éducation n'apparaît véritablement qu'en 1804 lors de l'adoption du Code civil. Elle restera cependant formelle – parce que jamais appliquée – jusqu'en 1868. À cette date, la situation des enseignants s'améliore ; ils trouvent une place dans la société où leur rôle s'amplifie. Ils rendent naturellement des comptes et deviennent véritablement responsables.*

Le régime en vigueur à l'époque se dédouble. Les instituteurs sont d'abord soumis à une responsabilité directe de leur fait personnel. La Cour de cassation condamne ainsi en 1889 une maîtresse d'école qui, en guise de punition, avait attaché une élève à une table, puis répandu sur elle de l'eau froide[221]*. Ils sont ensuite soumis à une responsabilité indirecte, du fait d'autrui. La Cour d'appel d'Agen retient en 1869, sur ce fondement, la responsabilité d'un*

219/ Des critiques s'élèvent régulièrement contre ce texte. Une thèse, en cours d'achèvement (Marjorie Brusorio, *La responsabilité civile des enseignants en cas d'accident scolaire*, Droit, Université Paul Cézanne d'Aix-Marseille, 2005) tend à démontrer l'inadaptation, notamment pour les victimes, du régime de responsabilité mis en place par la loi de 1937 et propose son abandon au profit d'autres systèmes comme l'assurance.

220/ L'essentiel des références et des propos ici développés viennent de Henri Chadelaud, *La responsabilité civile des enseignants*, Thèse droit, Université de Haute-Normandie, 1979, dact.

221/ Cass. crim., 18 janvier 1889, *D.*, G., V°, coups et blessures, n° 75.

> *instituteur dans un accident ayant causé la mort d'un élève des suites d'un coup de pied au ventre porté par l'un de ses camarades* [222]. *Cohérent et accepté par tous, ce dispositif va cependant provoquer un malaise dans le milieu éducatif en raison de deux décisions excessives. Ainsi la condamnation du directeur d'école Leblanc en 1892 :* « par le seul fait que des coups volontaires ont été portés à un enfant dans l'intérieur de l'école, le directeur (...) doit être déclaré civilement responsable du délit, quelles que soient d'ailleurs sa vigilance habituelle, son honorabilité reconnue et l'impossibilité où il paraît s'être trouvé d'empêcher les coups portés à la victime » [223]. *Trois ans plus tard, un arrêt du même genre* [224] *provoque la colère des enseignants. Ces jurisprudences isolées à l'époque, mettent en lumière l'inadaptation du régime d'alors ; certains facteurs rendent en effet la tâche des enseignants de plus en plus délicate, accroissant ainsi les risques d'accidents* [225]. *En 1899 puis en 1937, le législateur met un terme à la présomption de responsabilité pesant sur les maîtres. La substitution de l'État était née.*

La victime, dès lors qu'elle se situe sur le terrain de la loi du 5 avril 1937, doit, pour faire l'objet d'une indemnisation, actionner la procédure et rapporter les preuves nécessaires à l'application du régime[226].

a) La mise en mouvement du régime

477 L'action de la victime met en mouvement le mécanisme de substitution de responsabilité prévu par la loi du 5 avril 1937.

478 1° ***L'action en réparation.*** La procédure d'indemnisation relève aujourd'hui de la circulaire n° 94-239 du 29 septembre 1994. Avant cette date, les services de préfecture assuraient la gestion de ces dossiers, en liaison avec l'administration centrale du ministère de l'Éducation nationale. Mais, en raison de l'augmentation des demandes, les services académiques déconcentrés ne pouvaient plus ignorer ce contentieux. Plus proches des établissements scolaires, il appartient désormais aux recteurs, mieux à même de défendre les intérêts de l'État sur ces questions, d'instruire les demandes d'indemnisation amiables ou contentieuses pour le compte des préfets des départements de l'Académie.

479 **La demande amiable ou contentieuse.** Le recteur saisi d'une requête en indemnisation amiable examine la responsabilité de l'État dans le cas d'espèce. S'il estime la requête non fon-

222/ CA Agen, 23 juin 1869, *S.*, II, p. 253.

223/ T. corr. de la Seine, 23 janvier 1892, *op. cit.*, n° 2.

224/ CA Limoges, 1er mai 1895, *op. cit.*, n° 2.

225/ La croissance des effectifs scolaires et l'intégration de travaux manuels dans les programmes.

226/ Luc Grynbaum, « L'enfant, l'école et la responsabilité civile », *Actualité Juridique famille*, n° 3/2004, p. 84.

dée, il la rejette en adressant une copie de sa réponse au préfet, ce dernier pouvant postérieurement être assigné en justice pour cette même affaire. Si au contraire la demande s'avère fondée, le recteur mène avec la partie lésée une négociation et indique au préfet le montant de la réparation afin qu'il procède au paiement[227]. La victime, cependant, peut préférer se situer d'emblée sur le terrain judiciaire. Selon l'article 2 de la loi de 1937, l'action, portée devant le tribunal d'instance ou de grande instance[228] du lieu du dommage, s'exerce contre le préfet du département. Lorsque les parents engagent la procédure, ils ne le font essentiellement au nom de l'enfant et accessoirement à titre personnel pour l'indemnisation d'un préjudice qui leur serait propre[229]. Concrètement, le requérant, par l'intermédiaire d'un huissier de justice, délivre l'assignation à la préfecture. Le représentant de l'État constitue avocat dans les quinze jours et adresse le dossier au recteur pour instruction. Il appartient ensuite au tribunal de décider du principe de la responsabilité de l'État en l'occurrence et, le cas échéant, du montant de l'indemnisation.

480 **Les conditions de recevabilité.** L'action vise le préfet du département où s'est produit l'accident[230]. La victime ou ses ayants droit[231] l'introduit dans les trois ans qui suivent[232], devant le tribunal territorialement compétent[233]. Par ailleurs, le juge de la loi de 1937 ne saurait accueillir les demandes concernant les accidents trouvant leur origine non pas dans la faute d'un enseignant mais dans un défaut d'organisation du service ou dans la défectuosité du matériel[234]. Faire état de « *la surveillance des maîtres* », sans préciser lesquels, ne suffit pas

227/ Sur des crédits délégués aux préfectures à cet effet par l'administration centrale du ministère de l'Éducation nationale.

228/ En fonction des seuils de compétence.

229/ Cass. 2e civ., 26 mars 1966, *Bull. civ.*, II, 422-29, *JCP*, II, n° 14835, note Bigot ; CA Amiens, 20 juin 1997, *Préfet de l'Oise, Héron*, req. 9601578.

230/ Irrecevabilité, par suite, des actions portées contre l'Agent judiciaire du Trésor, le recteur, l'inspecteur d'Académie, le chef d'établissement ou l'enseignant.

231/ Irrecevabilité des demandes émanant des compagnies d'assurance agissant directement ou de tiers appelant l'État en garantie sur ce fondement. Cf., notamment, CA Paris, 19 mai 1995, *Dumeige*, *LIJ*, 68/95 ; TGI Perpignan, 4 novembre 1996, *Font et les courriers catalans*, req. 1820/96.

232/ La prescription est rouverte au profit de l'élève victime, à sa majorité, pour une nouvelle période de trois ans. Sur la question de la prescription Cf., par exemple, CA Versailles, 26 juin 1998, *Azur Assurances et commune de Boulogne-Billancourt*, req. 49.

233/ Voir TGI Marseille, 26 novembre 1998, *Ibdri*, req. 738-975/97, se déclarant territorialement incompétent au profit du tribunal de grande instance d'Aix-en-Provence, l'accident s'étant produit à Vitrolles.

234/ TI Marseille, 2 septembre 1996, *Francou*, *op. cit.*

pour engager la responsabilité de l'État sur le fondement de la loi de 1937[235]. « *Le défaut de surveillance invoqué (...) s'apparente non pas à une mise en cause de tel ou tel surveillant mais à une mise en cause de l'organisation du service de surveillance* »[236].

La séparation s'impose également au juge administratif. Saisi d'une demande tendant à la reconnaissance d'un défaut d'organisation du service alors que seule la faute d'un enseignant est en cause, il se doit de la rejeter comme portée devant une juridiction incompétente : « *le législateur a (...) entendu instituer une responsabilité générale de l'État (...) pour tous les cas où un dommage (...) causé à un élève, trouve son origine dans la faute d'un membre de l'enseignement et qu'il n'est dérogé à cette règle que dans le cas où le préjudice peut être regardé comme indépendant du fait de l'agent, soit que ce préjudice ait son origine dans un dommage afférent à un travail public, soit qu'il trouve sa cause dans un défaut d'organisation du service* »[237].

Cette obligation faite au juge ne semble cependant pas toujours lui plaire. Une fois saisi, il répugne souvent à se déclarer incompétent. Certaines décisions montrent en effet qu'il prononce à regret l'irrecevabilité. Ainsi en est-il dans une affaire où deux élèves majeurs, internes, subissent des blessures à la suite de l'explosion d'un engin confectionné pendant leur temps libre, en dehors de toute surveillance. Le fondement de la responsabilité ne peut, à l'évidence, relever ici du juge judiciaire. À cet égard, la Cour d'appel de Metz, tout en affirmant qu'il ne lui appartient pas d'en discuter, précise avec soin l'absence de défaut dans l'organisation du service : « *le proviseur de l'établissement a expliqué que le mercredi après-midi, il n'y avait pas classe et que les internes avaient des activités libres de 13 h 30 à 18 h 30 ; (...) les deux élèves étant majeurs, ceux-ci avaient la possibilité d'accéder à toutes les activités libres ; (...) deux surveillants, un conseiller d'éducation et le chef d'établissement restaient en principe présents les mercredis après-midi, mais sans exercer de surveillance particulière* ». La juridiction, qui a clairement fait le travail du juge administratif, conclut nonobstant que « *sauf à enfreindre le principe de séparation des pouvoirs, {elle} ne saurait discuter de cette organisation par le biais d'une prétendue faute des enseignants* »[238].

235/ CA Montpellier, 14 mai 1998, *Hagemann*, req. 96/0004352

236/ CA Douai, 29 octobre 1998, *Association les petits chanteurs à la Croix de Bois*, req. RG96/07274. Dans le même sens, TI Avranches, 30 mars 1994, *Groupama Assurances*, req. 19300133

237/ TA Grenoble, 24 décembre 2002, *Kécir*, req. 9802377.

238/ CA Metz, 23 mai 2002, *SA Nationale suisse c/ préfet de la Moselle, M. D. et M. M.*, req. 99/02970.

481 2° ***Le mécanisme de substitution.*** Conformément à l'article 2 alinéa premier de la loi de 1937, lorsque la faute des enseignants est prouvée, la responsabilité de l'État se substitue à la leur. Ce « transfert » de responsabilité, présente l'avantage pour la victime, d'avoir pour interlocuteur l'État, payeur. Une responsabilité personnelle des agents engendrerait probablement de nombreux cas d'insolvabilité. Le dispositif évite de plus aux instituteurs et professeurs de se trouver inquiétés ou cités comme témoins. Mesure pas toujours saine ou adaptée à toutes les situations : le tribunal discute de la faute d'un enseignant sans que ce dernier ait son mot à dire. Le dialogue – même judiciaire – permettrait, sans doute, une meilleure compréhension par les familles des circonstances de l'accident.

482 **L'action récursoire.** La substitution de responsabilité ne s'analyse toutefois point en un régime d'impunité au profit des enseignants. En effet, l'État condamné peut, en application de l'article 2 alinéa 3 de la loi, se retourner contre son fonctionnaire aux fins d'obtenir le remboursement des sommes versées pour son compte. L'action dite récursoire, laissée à l'opportunité de l'administration, relève du juge judiciaire. Dans les faits, cette procédure ne s'initie quasiment jamais. Les rares cas intéressent des affaires de mœurs pour lesquelles, par principe, l'État n'accepte pas de couvrir, même seulement financièrement, de tels agissements.

b) Les conditions d'application du régime

483 Sur le long chemin de l'indemnisation, la victime rencontre plusieurs obstacles. Le premier concerne la réunion des conditions d'application du régime; le second, l'éventuelle cause d'exonération permettant à l'État d'échapper à la condamnation.

484 1° ***La mise en œuvre de la responsabilité de l'État.*** Il s'agit pour l'usager lésé d'établir que le dommage subi trouve son origine dans la faute personnelle d'un membre de l'enseignement public.

485 **Le dommage doit être subi ou causé par un élève.** L'auteur du dommage s'entend de la victime elle-même (accident survenu lors d'un jeu, enfant tombant dans la cour de récréation...), d'un condisciple (heurt, bagarre...) ou de l'enseignant (injures, gifles, coups et blessures...). Le dommage peut également émaner d'un écolier, d'un collégien ou d'un lycéen et atteindre le professeur ou un tiers. La majorité de l'élève ne constitue pas un obstacle à l'application de la loi.

486 L'élève, auteur ou victime, doit être sous la « surveillance effective » d'un « membre de l'enseignement » au moment de la commission du dommage.

487 • La notion de surveillance effective. L'obligation de surveillance n'existe que durant le « temps scolaire », interprété largement par la jurisprudence. *A minima*, l'obligation commence dès que l'élève pénètre dans l'établissement et cesse dès qu'il en sort [239]. Mais si l'enseignant accepte la responsabilité de raccompagner l'enfant chez lui, le « *temps scolaire est étendu jusqu'à ce que le professeur n'ait plus l'élève en charge* [240] ». Même observation à propos des soirées et nuits en internat [241]. Par ailleurs, pour la loi, le régime trouve aussi à s'appliquer « *toutes les fois que pendant la scolarité ou en dehors de la scolarité avec une finalité d'éducation morale ou physique non interdite par les règlements les enfants ou jeunes gens confiés ainsi aux membres de l'enseignement public se trouvent sous la surveillance de ces derniers* ». Le temps scolaire comprend non seulement les activités scolaires proprement dites mais également les activités parascolaires encadrées par des membres de l'enseignement public. Des accidents qui se produisent à l'occasion de sorties scolaires répondent à ces critères [242]. Sont en revanche exclus du champ d'application de la loi, les dommages causés dans les transports scolaires [243] ou après la classe lorsque les élèves se trouvent sous la surveillance d'un centre de loisirs organisé par la commune [244]. Pareillement pour les accidents survenus lors d'activités UNSS [245] ou les dommages subis par l'élève d'un GRETA pendant un stage en entreprise [246].

Cela posé, la survenance d'un accident dans le temps scolaire ne suffit pas pour engager la responsabilité de l'État. Encore

239/ Cass. 2e civ., 3 octobre 1990, *Bertrand, op. cit.*, n° 222. Il est probable que l'obligation demeure lorsque les enfants se trouvent aux abords immédiats, lors de la sortie des classes, au portail.

240/ Cass. 2e civ., 17 octobre 1990, *op. cit.*, n° 222.

241/ T. enfants Blois, 30 juin 1996, *Bordiec*, req. 3406/93TE13/96.

242/ Cf., entre autres, CA Besançon, 19 avril 1994, *Roy*, req. 2132/92 ; TGI Tours, 22 septembre 1994, *Bétuel*, req. 2373/92 ; TGI Saint-Étienne, 2 avril 1997, *Alfieri*, req. 9600215 ; CA Douai, 18 juin 1998, *Préfet du Nord*, req. 96/03991.

243/ TA Versailles, 2 avril 1996, *Société Cars Lepages*, req. 89596.

244/ TGI Toulon, 6 novembre 1995, *André*, req. 838.

245/ Cass. 2e civ., 20 novembre 1996, *Préfet de l'Indre-et-Loire c/ Crépeau, op. cit.*, n° 341 ; CA Grenoble, 3 juin 1997, *Treille*, req. 00003823/95.

246/ TGI Charleville, 13 octobre 1995, *Quaegebeur*, req. 548/95.

faut-il, à ce moment-là, que la charge de la surveillance des élèves incombe effectivement à l'enseignant. Ce qui ne s'observe point à propos de celui qui, pendant la récréation, confie les enfants à une autre personne habilitée [247] ou du directeur d'école occupé, dans son bureau, à des tâches administratives. En définitive, pour faire prospérer l'action, il importe de mettre en évidence la faute d'un instituteur déterminé [248].

488 • La qualité de « membre de l'enseignement public ». La jurisprudence étend peu à peu la notion. Elle considère comme tel, non seulement les enseignants du premier et du second degré [249] mais également tous les personnels investis d'une mission d'encadrement des élèves : directeur d'école, chef d'établissement, adjoint, conseiller ou conseiller principal d'éducation, surveillants d'externat et maîtres d'internat. L'inventaire s'étendra probablement aux aides éducateurs lorsque nos cours et tribunaux statueront sur ce point. Par ailleurs, l'article 10 du décret du 22 avril 1960 assimile aux « instituteurs publics » les enseignants des établissements privés sous contrat d'association avec l'État [250]. La jurisprudence admet encore l'applicabilité de la loi de 1937 aux établissements d'enseignement militaire [251]. En revanche, les personnels administratifs (dits personnels ATOSS) n'entrent pas dans la catégorie des membres de l'enseignement au sens de l'article L. 911-4 du Code de l'Éducation en ce qu'ils ne participent à aucune mission d'encadrement à l'égard des élèves. La question se pose néanmoins : les textes considèrent de plus en plus ces personnels comme faisant partie intégrante de la communauté éducative, leurs missions statutaires les rapprochant des élèves. Par exemple, les infirmières scolaires interviennent directement auprès d'eux à propos de l'éducation à la santé. La position des juridictions évoluera vraisemblablement de ce chef.

Jusqu'à une période récente, la liste des « bénéficiaires » de la loi de 1937 s'arrêtait là. La qualité de membre de l'enseigne-

247/ Cass. 2e civ., 4 février 1981, *Gaz. Pal.*, 2, pan., p. 206.

248/ Cass. 2e civ., 17 juillet 1991, B., II, n° 232; 16 mars 1994, *X c/ Institution Saint-Dominique, op. cit.*, n° 298.

249/ Mais aussi les professeurs stagiaires (TGI Angers, 14 mars 1995, *Feuvrais*, req. 09301856) ou ceux employés par une municipalité (TI Paris, 22 juillet 2004, *Sarovier c/ préfet de Paris*, req. 04877).

250/ Voir par exemple TGI Lyon, 11 mai 1995, *Peillon*, req. 94/18023; CA Bourges, 14 décembre 1998, *Préfet du Cher*, req. 1149 (à propos du service de l'internat; l'État a cependant formé un pourvoi en cassation contre cette décision). Cf. *infra* n° 531.

251/ CAA Lyon, 27 juin 2002, *Roussel c/ État*, req. 02LY00197.

ment se caractérisait « *au triple point de vue du rattachement à l'État, du devoir de surveillance et de la mission d'enseignement* »[252]. Dès lors, le texte ne s'appliquait ni aux agents communaux (ASEM, surveillants de cantine[253]...), ni aux collaborateurs bénévoles (parents d'élèves...), ni aux intervenants extérieurs (moniteurs de sport, maîtres nageurs...). Deux décisions récentes du Tribunal des conflits remettent cependant en cause cet ordonnancement. La loi de 1937 trouve ainsi à s'appliquer à propos d'un accident survenu à un enfant, lors d'une classe de neige, placé sous la surveillance d'un moniteur communal participant à l'encadrement[254]. La compétence judiciaire se trouve également admise pour l'action indemnitaire de la victime d'un accident advenu au cours d'une activité d'initiation à l'escalade, organisée pendant le temps scolaire, avec le concours de deux sapeurs pompiers de la ville[255]. La Cour de cassation[256] a pris acte de cette jurisprudence qui semble aujourd'hui s'étendre à toutes les situations.

489 **Le dommage doit être la conséquence directe d'une faute de l'enseignant dans la surveillance de l'élève.**

490 • L'identification de la faute. Il n'existe pas de définition préétablie, le juge dégageant la notion en fonction des circonstances. Il reste cependant possible de poser quelques lignes directrices. L'obligation de surveillance passe d'abord par **l'âge de l'élève**. Alors que le « petit » commande une attention accrue[257], le « grand » autorise un certain relâchement[258]. **Le comportement des enfants** module encore l'encadrement : l'élève « difficile » n'appelle pas la même vigilance que celui qui ne pose pas problème[259]. En conséquence, l'accident sur-

252/ *Les accidents scolaires relevant de la loi du 5 avril 1937 et leur contentieux, op. cit.*, p. 12.

253/ TGI Grasse, 1er avril 1994, *Raiola*, req. 34.

254/ T. confl., 15 février 1999, *Époux Martinez, D.*, inf., p. 118.

255/ T. confl., 19 novembre 2001, *Gracia c/ État et autres*, req. 3266.

256/ Cass. civ. 2e, 13 décembre 2001, *Hundsinger*, req. V 9918-239, n° 1940FS-P+B (accident d'une fillette de neuf ans au cours d'un exercice de gymnastique organisé par son école sous la responsabilité d'un moniteur d'éducation physique et sportive, employé par la commune).

257/ TGI Marseille, 26 juin 1995, *Icard c/ préfet des Bouches-du-Rhône, op. cit.*, n° 294, à propos de l'accident d'une élève de deux ans. Cf. TGI Lyon, 3 décembre 2001, *M.C. c/ préfet du Rhône*, req. 00/05035. Voir aussi TI Ajaccio, 18 novembre 2003, *Martelli, op. cit.*, n° 302.

258/ CA Bordeaux, 11 janvier 1979, Léglise, cité *in Les accidents scolaires relevant de la loi du 5 avril 1937 et leur contentieux, op. cit.*, p. 190 ; TGI Melun, 4 février 1997, *Moya*, req. 93/97. Mais pas toujours : la responsabilité de l'État est retenue pour avoir organisé un combat entre des garçons de quinze ou seize ans « *dont il est bien connu qu'ils ne font pas tous preuve de la plus grande douceur* » (TGI Angers, 14 mars 1995, *Feuvrais, op. cit.*, n° 488) ; dans le même sens, Cf. CA Orléans, 4 mai 1998, *Préfet de l'Indre-et-Loire, Genty*, req. 949.

259/ TGI Aix-en-Provence, 29 mai 1996, *Pétrolèse*, req. 4278/95.

venu à un jeune, mordu par un chimpanzé lors d'une sortie scolaire dans un zoo engage la responsabilité de l'État dans la mesure où l'effronté, inscrit dans une classe dite de perfectionnement, avait fait part à son institutrice de son intention de « *serrer la main aux singes* »[260]. De même à propos d'une élève « *reconnue par les instituteurs comme étant très désobéissante* »[261]. L'**activité exercée**, plus ou moins dangereuse, constitue encore un critère important. Ainsi, « *un enseignant spécialisé en sciences naturelles* (ne pouvait) *ignorer que le terrain d'une carrière est par essence friable et que les risques d'éboulement sont sérieux ; (...) il devait donc exercer une surveillance particulièrement étroite et constante* »[262].

491 La notion de faute varie en fonction du « bon sens »[263], première des qualités que l'on s'attend à rencontrer chez une personne raisonnable. D'une manière générale, le juge reproche l'inattention du maître. Dès lors, le dommage résultant du jet d'un petit morceau de contreplaqué dans l'œil d'un enfant au cours de la récréation révèle une « *présence insuffisamment vigilante* » de l'enseignant, insuffisance traduite par « *l'absence d'interruption en temps opportun* » d'un jeu de nature à dégénérer en brutalité[264]. Certains auteurs voient dans l'évolution de la jurisprudence une conception de plus en plus large de la faute de surveillance et s'interrogent, de ce fait, sur l'utilité du maintien de ce régime[265].

Un peu de jugeote ! *Selon nos magistrats, manquent de* ***bon sens*** *:*

- *l'instituteur apportant du thé dans la classe et qui en renverse sur un enfant*[266] *;*
- *l'enseignant qui, lors d'une promenade sur un sentier étroit, près d'un ravin, laisse un élève, sans lui donner de consigne, écrire sur un bloc-notes tout en marchant*[267] *;*
- *le professeur ne s'apercevant pas de la sortie d'un élève de la salle, un couteau à la main*[268] *;*

260/ CA Douai, 18 juin 1998, *Préfet du Nord, Baha, op. cit.*, n° 487.

261/ CA Paris, 26 septembre 1995, *Laifaoui*, req. 94-8086.

262/ TGI Tours, 22 septembre 1994, *Bétuel, op. cit.*, n° 487. Dans le même sens, à propos d'un professeur d'éducation physique et sportive confiant aux élèves le soin de ranger le matériel, TGI Albi, 18 juin 1997, *Barjou*, req. 9501046.

263/ Le juge fait, sur ces questions, encore référence au vieux standard juridique du « bon père de famille », directement issu de la tradition bourgeoise du XIXe siècle, s'appliquant au bon administrateur des affaires domestiques.

264/ TGI Saint-Jean d'Angely, 24 avril 1991. Jugement cité par Michèle Mouchoux, « Le traitement contentieux des accidents scolaires », *op. cit.*, p. 464.

265/ Serge Petit et Yannick Dagorne-Labbe, « Faute personnelle de l'enseignant », *recueil Dalloz*, n° 11, 18 mars 2004, p. 728, notes sous Cass. civ. 2e, 23 octobre 2003, *op. cit.*, n° 338.

266/ TGI Beauvais, 23 novembre 1995, *Héron*, req. 94.34.

267/ TGI Bonneville, 29 janvier 1997, *Neynaud*, req. 9600175.

268/ Cass. 2e civ., 7 juin 1990, *État français c/ M. P., op. cit.*, n° 466.

- *la surveillante laissant trois jeunes enfants grimper ensemble sur le même lit*[269] *;*
- *l'institutrice abandonnant la surveillance des élèves à une stagiaire moins qualifiée qu'elle*[270]*.*
- *le personnel d'encadrement d'une classe de découverte qui après l'accident d'une élève ne s'interroge nullement sur la nécessité de consulter un médecin, malgré les doléances de la victime pendant les quatre jours suivants*[271] *;*
- *la maîtresse qui ne remarque pas l'absence d'un garçonnet après la récréation, le faisant ainsi totalement échapper à sa surveillance pendant un laps de temps d'environ dix minutes*[272] *;*
- *l'instituteur qui n'affecte pas clairement un adulte accompagnateur identifié à la sécurité d'un élève au cours de la visite d'une station d'épuration, alors que l'enfant avait défavorablement attiré l'attention sur lui à plusieurs reprises*[273] *;*
- *le professeur qui ne voit pas un élève positionné à côté de la porte au moment où il donne l'ordre à un de ses camarades de la fermer*[274]*.*

492 À l'inverse, un acte ou un fait concrétisant la vigilance, dégage la responsabilité de l'État. Ce qui s'observe chez l'enseignant donnant des consignes aux élèves avant la survenance du dommage. L'interdiction de s'approcher d'une clôture[275], de jouer avec des fléchettes[276] ou l'obligation de descendre d'un endroit dangereux[277] dédouane en conséquence l'administration de sa responsabilité. Le simple respect des règles de sécurité peut encore caractériser l'absence de faute : ainsi en a-t-il été jugé de l'observation du règlement intérieur de l'établissement[278] ou de l'application scrupuleuse des circulaires[279].

Au demeurant, si la plupart des actes dommageables reprochés aux enseignants s'analysent comme des imprudences, d'autres

---

269/ CA Caen, 26 novembre 1996, *École Notre-Dame de Carnetan*, req. 656.

270/ TGI Charleville-Mézière, 6 mars 1998, *Maiurano c/ préfet des Ardennes*, req. 2062/95.

271/ TI Avranches, 13 novembre 2002, *Landrin c/ préfet de la Manche*, req. 01-000465. Dans cette affaire, la mère de l'élève déposait également une plainte pour non-assistance à personne en péril. Par ordonnance du 2 février 2001, le juge d'instruction rendait un non lieu pour absence de charge suffisante contre un membre déterminé du personnel d'encadrement.

272/ TGI Lyon, 17 mars 2003, *Caetano c/ préfet du Rhône*, req. 02/07975. Dans cette affaire, dramatique, l'élève avait été retrouvé pendu à l'essuie-main des toilettes de l'école. Il décédera peu après son admission à l'hôpital.

273/ TGI Orléans, 6 janvier 2004, *Malon c/ préfet du Loiret*, req. 02/02427.

274/ TGI Marseille, 21 mai 2004, *Bourges*, req. 322/04.

275/ TGI Saint-Étienne, 2 avril 1997, *Alfiéri, op. cit.*, n° 487.

276/ TGI Nantes, 15 juin 1995, *Del-Valle*, req. 3983/92.

277/ CA Besançon, 19 avril 1994, *Roy, op. cit.*, n° 487.

278/ T. enfants Blois, 30 mai 1996, *Bordiec, op. cit.*, n° 487 ; TGI Nantes, 15 juin 1995, *Del-Valle, op. cit.*, n° 492.

279/ TI Beaune, 24 juillet 1996, *Tournier*, req. 457/95 ; TI Montreuil-sous-Bois, 18 avril 2000, *Mme Jean-Baptiste et M. Tixier*, req. 11-99-000428.

types de fautes déclenchent l'application du régime, tels la brutalité de l'instituteur, les attentats à la pudeur ou encore des propos diffamatoires.

493 • Les preuves. La victime soucieuse d'engager la responsabilité de l'État ne saurait se contenter de faire état de la matérialité d'un accident scolaire ou de la réalité d'un préjudice. Il lui revient d'établir la preuve de la faute, de son lien avec le dommage mais encore du lien entre l'accident et le dommage. En effet, la Cour de cassation précise que « *l'obligation de surveillance pesant sur les instituteurs est de moyens et non de résultat, dont le manquement doit être démontré par la victime* »[280].

La preuve de la faute. La loi de 1937 se révèle explicite : « *en ce qui concerne les instituteurs, les fautes, imprudences ou négligences invoquées contre eux comme ayant causé le fait dommageable devront être prouvées, conformément au droit commun, par le demandeur, à l'instance* ». La jurisprudence, constante, confirme cette exigence[281]. L'absence de preuve entraîne irrémédiablement le rejet de la demande. Par exemple lorsque les circonstances mêmes de l'accident restent indéterminées[282] ou quand aucun élément ne démontre l'apparition d'un chahut ou d'un désordre dans le rang justifiant l'intervention de l'institutrice[283].

La preuve du lien de causalité. La faute, même prouvée, doit constituer la cause – exclusive ou partagée – du dommage pour engager la responsabilité de l'État. Ce qui ne se constate point lorsque les demandeurs n'établissent pas en quoi une surveillance de l'écolier par la maîtresse aurait empêché l'accident[284]. La responsabilité n'est pas davantage engagée lorsque les requérants ne rapportent pas la preuve du lien de causalité entre l'accident et le dommage. Faute d'établir avec certitude le lien entre la chute de leur fille, survenue à l'occasion d'un cours de gymnastique, et le trouble visuel dont

280/ Cass., 2e civ., 27 mars 2003, *Benjamaa*, req. 360FSD.

281/ Cass. 2e civ., 29 mars 1973, B. II, no 123; 2 février 1994, *Préfet des* Landes, B. II, no 44; CA Lyon, 13 décembre 1995, *Bounoua*, req. 650; TGI Valenciennes, 18 février 1998, *Porte*, req. 96/01053; CA Nîmes, 5 novembre 2002, *Mancebon c/ préfet du Vaucluse*, req. 392. 392; TGI Tarascon, 7 avril 2005, *Zedghaoui*, req. 04/1324.

282/ TGI Marseille, 19 novembre 1998, *Macagne*, req. 717; TGI Pointe-à-Pitre, 14 avril 1994, *Pichaud*, req. 1252/93; TI Chateauroux, 5 avril 1996, *Texier*, req. 11.9600188; CA Aix-en-Provence, 23 janvier 2003, *Sailhan*, req. 00/01490.

283/ CA Aix-en-Provence, 4 janvier 2001, *Centre Espéranza, État français c/ CPAM des Bouches-du-Rhône, Soléri et Masseboeuf*, req. 3.

284/ TI Aubagne, 23 octobre 2001, *Spenatto*, req. 11.01.000288.

elle s'est trouvée atteinte [285], leur action en indemnisation échoue.

Certaines décisions de justice, cependant, semblent moins exigeantes en la matière. Ainsi, à propos des dommages provoqués par le jet d'un morceau de plastique par un élève, le tribunal considère que si ce geste « *reste imprévisible, la simple présence* (au pied de l'escalier de la cantine) *d'un morceau de plastique contondant {en forme de pistolet} caractérise une faute de surveillance de la part des maîtres d'école dès lors qu'il était visible, exposé à la vue et au passage des élèves* » [286].

494 2° ***Les exonérations et les atténuations de la responsabilité de l'État.*** Si le juge exige de l'enseignant vigilance et bon sens, en contrepartie, il exonère l'État de sa responsabilité quand une surveillance accrue n'aurait rien changé dans la survenance du sinistre. En outre, à supposer que le dommage trouve sa source ailleurs que dans la faute du surveillant, nos cours et nos tribunaux procèdent à un partage de responsabilité.

495 **Les causes d'exonération.** Selon l'expression populaire, « à l'impossible nul n'est tenu ». Le droit emprunte l'adage [287] et exonère l'État de sa responsabilité si l'accident ne peut se prévoir ou si la victime elle-même le provoque par son comportement.

496 • Le cas fortuit et la force majeure. La jurisprudence, constante, ne se révèle pas rare dans ce domaine. Le fait soudain, imprévisible et irrésistible met l'État hors de cause : « *eu égard à la soudaineté de l'acte litigieux, il n'a pu être retenu de faute de surveillance de la part de l'enseignante qui surveillait normalement les enfants dans la cour de récréation, le geste fautif a été rapide et n'aurait pu être empêché que par une personne placée près de l'enfant et ayant le regard placé sur lui ; rien ne permettait de penser que le jeune P. allait lancer une boule de neige au visage de son camarade, alors que ce jeu dangereux avait été défendu aux élèves et que l'auteur de l'accident ne s'était pas signalé par une turbulence particulière* » [288]. Selon les mêmes critères, le juge qualifie d'« *acte unique, isolé, soudain et rapide qui s'est produit à l'improviste* » [289] la morsure d'un enfant par un camarade. Comme il estime

285/ TGI Lille, 24 avril 1996, *Decubber et Detrille*, req. 91/2256.

286/ TGI Marseille, 13 février 2003, *Dimalta*, req. 2001/08711, n° 106.

287/ Henri Roland, Laurent Boyer, *Adages du droit français*, , n° 18, p. 25, *op. cit.*

288/ CA Aix-en-Provence, 7 juin 1990, *Jacinto, op. cit.*, n° 290.

289/ TGI Nice, 2 mars 1994, *Ghibert c/ préfet des Alpes-Maritimes, op. cit.*, n° 301.

souvent imprévisibles, inopinées et soudaines[290] les agressions entre élèves. Mais le cas fortuit s'observe aussi en dehors de toute dispute, chahut ou activité dangereuse[291].

497 • Le fait de la victime. La faute de l'élève ou un comportement dangereux exonère l'État, au moins partiellement de sa responsabilité. Le juge statue ainsi à propos d'un interne qui chute de sa chambre d'environ trois mètres, après avoir laissé tomber ses clés sur une terrasse située en contrebas et tenté de descendre en enjambant le parapet d'une fenêtre. Cette conduite constitue, pour le tribunal, tout à la fois un acte d'indiscipline et une imprudence grave, à l'origine exclusive du dommage[292]. Il en va de même concernant le jeune qui méconnaît les consignes de son professeur en cours d'éducation physique et sportive[293]. En revanche, le fait pour un élève de tenir les mains dans les poches au moment de l'accident, ne montre aucune faute de sa part, un tel comportement n'étant ni interdit, ni déconseillé par le maître d'école[294].

498 **Les atténuations de responsabilité.** Il arrive que le dommage, outre la faute de surveillance, révèle une seconde cause liée au fait d'un tiers[295] ou au mauvais entretien des locaux scolaires[296]. Par ailleurs, lorsqu'un autre élève provoque les blessures, ses parents participeront, au moins partiellement, à la réparation. En effet, la présence d'un enfant dans un établissement scolaire ne suffit pas, par elle-même, à écarter la responsabilité pesant sur ses père et mère[297]. Depuis 1997[298], il n'est plus nécessaire que le comportement du jeune traduise une faute dans son éducation pour obliger ses ascendants à assumer les conséquences de l'acte. Dans le droit fil de sa jurisprudence, la Cour de cassation considère que la respon-

---

290/ Cass., 2e civ., 27 mars 2003, *Benjamaa, op. cit.*, n° 493 ; TGI Créteil, 16 avril 1996, *Feghloul*, req. 159196 ; TGI Bobigny, 14 décembre 2000, *Nunez c/ préfet de la Seine-Saint-Denis*, req. 00/03441.

291/ À propos d'une jeune élève blessée en sautant pour jouer : CA Paris, 12 janvier 1995, *Koma*, req. 93-10697.

292/ TGI Brive, 20 mars 1998, *Carrier et Stuck*, req. 91.

293/ CA Aix-en-Provence, 5 février 2003, *Préfet des Bouches-du-Rhône c/ Ech-Chihi et autres, op. cit.*, n° 365.

294/ Cass. 2e civ., 6 juillet 1994, *État français c/ Baguenard et autres*, req. 858/92-18-339.

295/ Responsabilité d'une entreprise de réfection des façades d'une école (TGI Strasbourg, 4 janvier 1994, *Stutzig*, req. 91-4472) ; responsabilité du propriétaire de billes de bois se trouvant sur un chemin forestier (CA Besançon, 19 avril 1994, *Roy, op. cit.*, n° 487) ; responsabilité du propriétaire d'une confiserie visitée par la classe (TGI Saint-Dié, 8 juillet 1994, *Le Roux c/ préfet des Vosges*, req. 184/94).

296/ Cf. *infra* n° 503 et s.

297/ Sur le fondement de l'article 1384 alinéa 4 du Code civil. Voir notamment Cass. 2e civ., 16 mai 1988, *Boudjema*, req. 852 – 87-12-209.

298/ Cass. 2e civ., 19 février 1997, *Bertrand, D.*, p. 265, note P. Jourdain.

sabilité parentale s'applique alors même que l'attitude de l'élève auteur du dommage ne présente pas de caractère fautif[299]. Seule la force majeure ou la faute de la victime les exonère éventuellement de cette responsabilité de plein droit. Dans ces hypothèses, l'administration reçoit toujours au moins l'aide des parents au moment de la réparation[300]. La faute de surveillance prouvée, l'État et les père et mère de l'auteur du dommage partageront les frais de la réparation[301] ; en l'absence de faute de surveillance de l'enseignant, seuls les parents supporteront la charge des condamnations[302].

Un tel régime de responsabilité objective devrait conduire à une assurance obligatoire pour les parents du fait de leurs enfants mineurs. Si moins de 10 % des père et mère ne bénéficient point actuellement d'une couverture de ce type, les familles touchées sont généralement les plus défavorisées. Elles se trouvent ainsi dans l'impossibilité d'assumer la réparation de ces préjudices[303].

L'origine des accidents scolaires ne réside pas forcément dans la faute d'un membre déterminé de l'établissement en cause. Le régime dérogatoire de la loi du 5 avril 1937 ne s'appliquant point, il reste aux victimes à rechercher la responsabilité de l'administration dans son ensemble. Le juge administratif retrouve alors sa compétence naturelle.

II La faute du service public

499 La faute de service collective[304] reflète celle d'un service mal géré, mal organisé. Elle se rapporte à une administration qui faillit, dans ses obligations, à un niveau quelconque de sa hiérarchie. Cette carence engage la responsabilité de la puissance publique. À l'École, en cas d'accident, elle joue lorsque le dommage trouve sa source dans un défaut, soit d'organi-

299/ Cass., 2e civ., 10 mai 2001, *Levert*, *Bull. civ.*, n° 96; Cass., Ass. Plen., 13 décembre 2002, *P. et M.*, *Bull. civ.*, n° 10, p. 7 ; Cass. 2e civ., 3 juillet 2003, *Bull. civ.*, n° 7, p. 191.

300/ Yann Buttner, « La réparation des accidents causés par les élèves en milieu scolaire : le partage des responsabilités entre les parents et le personnel chargé de la surveillance », *RRJ*, 2000-4, p. 1780.

301/ Cass. 2e civ., 4 juin 1997, *Aguera*, req. 774-95-16-490; TI Rethel, 3 février 1998, *Houbron*, req. 96/136 et 97/27.

302/ CA Amiens, 17 juin 1997, *Ferreira*, req. 9601898.

303/ Irène Carbonnier, « La responsabilité des père et mère du fait de leur enfant mineur », *LIJ*, 72/03, février 2003, p. 32.

304/ L'expression « faute du service public » ne veut pas dire que personne ne l'a commise (« *seuls les agents (...) peuvent commettre une faute* » – René Chapus *Droit administratif général, T. 1*, 15e éd., n° 1450). Elle signifie que l'on ne peut en déterminer précisément le ou les auteurs; la responsabilité retombe, par suite, sur le service tout entier.

sation des activités de la vie scolaire, soit de gestion du patrimoine scolaire[305].

a) La faute de l'administration dans l'organisation des activités de la vie scolaire

500 1° ***L'identification de la faute.*** Le fonctionnement défectueux du service peut se caractériser par une inertie, des négligences, des erreurs non imputables à un éducateur au sens de la loi de 1937[306]. Concrètement, ces errements, variables, relèvent de l'appréciation des juridictions administratives. Dans la cour de récréation ou dans les salles de classe, la mauvaise organisation du service de surveillance des élèves alimente souvent le débat.

501 La question porte alors sur les **effectifs** chargés de l'encadrement. Leur insuffisance engage la responsabilité de l'État[307]. Comme l'absence totale de surveillance[308] ou l'affectation d'un seul adulte à cette tâche dans un établissement accueillant 2 400 élèves, s'étendant sur une superficie de quatorze hectares[309]. Mais n'exprime pas un défaut d'organisation, la présence d'un seul surveillant pour vingt enfants en rangs dans les escaliers menant à la sortie des classes[310], de douze professeurs encadrant deux cent quatre-vingts lycéens de première dont quatre-vingts majeurs[311] ou d'un enseignant pour treize élèves de douze ans à l'occasion d'une sortie scolaire[312]. La jurisprudence prend également en compte le déploiement des personnels affectés à la surveillance. Par suite, l'absence d'adulte sur les lieux précis de l'accident ne révèle pas en elle-même, une faute de l'administration si les maîtres se trouvaient à leur poste[313].

Le juge administratif apprécie encore la qualité de l'organisation du service en fonction de l'**âge des enfants**[314] et de leur **capa-**

305/ Yann Buttner, « La responsabilité administrative liée aux activités scolaires », *Actualité Juridique famille*, n° 3/2004, p. 87.

306/ CE, 20 décembre 1985, *I.*, req. 38947 ; TA Bordeaux, 4 avril 2000, *MACIF Sud-Ouest Pyrénées*, req. 97985.

307/ CE, 24 janvier 1979, *Chiche, Rec. CE*, tables, p. 751 ; CE, 10 février 1997, *Mailehako, op. cit.*, n° 361.

308/ CE, 26 janvier 1973, *ministre de l'Éducation nationale c/ Le Calvez, Rec. CE*, p.79 ; CE, 26 janvier 1975, *ministre de l'Éducation nationale c/ L.*, req. 89182 ; CE, 24 janvier 1979, *Chiche, Rec. CE*, p. 751.

309/ TA Lyon 2 février 2000, *A.*, req. 9803050 et 9905259.

310/ TA Lyon, 22 septembre 1992, *Tonnaire, op. cit.*, n° 305.

311/ TA Rennes, 26 mai 1999, *M.N.*, req. 931350 et 96383.

312/ TA Clermont-Ferrand, 13 juin 2000, *Esbelin, op. cit.*, n° 298.

313/ TA Nantes, 11 avril 1991, *Gogain et Fricard*, req. 89606.

314/ Frédérique Thomas-Bion, Jean-Daniel Roque, *Accidents scolaires et responsabilités*, Berger-Levrault, Les indispensables, Préface François Perret, 2004, n° 210 et s.

cité de discernement : s'analyse comme une faute la fugue d'un écolier empruntant un passage étroit, non fermé de la cour. Son jeune âge l'empêche de le regarder comme à l'origine d'une imprudence[315], ce qui ne s'observe plus à propos de collégiens, lycéens ou étudiants de 15[316], 16[317] ou 20 ans[318].

Le **comportement des élèves** au moment de l'accident constitue également un critère pour apprécier le caractère adapté des mesures prises par le service : l'absence de chahut[319] ou de manifestation d'une conduite difficile[320] dédouane souvent l'administration de sa responsabilité. Des circonstances exceptionnelles expliquent sans doute la nuance des condamnations prononcées, dans une espèce où plusieurs paramètres s'imbriquent. Quatre internes d'un collège de la commune de Cilaos quittent l'établissement secondaire, le 10 mars 1973, pour rejoindre le domicile de leurs parents distant de plusieurs kilomètres. Un cyclone avait atteint l'île de la Réunion et le plan ORSEC avait été déclenché, deux jours plus tôt, par le préfet. En raison de l'interruption du service de ramassage scolaire dont les véhicules ne circulaient plus sur les routes devenues impraticables à cause des pluies torrentielles qui tombaient depuis quarante-huit heures, les enfants entreprennent de rentrer chez eux, à pied. Les deux garçons et les deux filles qui empruntent un chemin départemental se noient en tentant de traverser le radier recouvert par les eaux. Faute lourde du maire qui n'use pas de ses pouvoirs de police pour prévenir les accidents dans cette situation d'inondations potentielles. Responsabilité partagée avec les dirigeants de l'établissement qui laissent les enfants sortir sans s'assurer qu'ils pouvaient « *le faire sans danger en dépit de la situation météorologique* ». Imprudence des collégiens qui tentent de franchir un passage de route submergée par un torrent en cru[321].

L'activité exercée par les enfants est aussi un élément pris en compte par le juge administratif. Ainsi, le mauvais état d'en-

315/ CE, 19 mai 1936, *Michel*, *Rec. CE*, p. 576 (sept ans, blessures à l'œil avec un couteau en classe de travail manuel) ; CE, 24 janvier 1990, *Chaïb*, req. 69191 (sept ans, chute d'un but mobile de handball).

316/ CE, 27 mai 1983, *Caisse primaire d'assurance maladie des Ardennes et autres*, req. 25090 et 25075. CAA Nancy, 3 décembre 1998, *Bonnani*, *op. cit.*, CAA Douai, 17 mai 2000, *M*,. req. 97DA00756.

317/ CE, 6 février 1980, *Dufeutrelle*, *Rec. CE*, p. 874.

318/ CAA Marseille, 19 novembre 2002, *Benkada*, req. 00MA00536.

319/ TA Rouen, 24 mars 1995, *Menant-Février*, *op. cit.*, n° 469.

320/ TA Besançon, 28 septembre 1995, *Artemoff*, *op. cit.*, n° 299 ; TA Rouen, 4 juin 1996, *Avyn*, req. 95234.

321/ CE, 14 mai 1986, *Commune de Cilaos*, *Rec. CE*, p. 426.

tretien d'un appareil manié par l'élève victime donc révèle un défaut d'organisation du service[322], de même que l'explosion survenue au cours d'une expérience de chimie dans une école primaire, due à l'insuffisance des précautions prises par l'instituteur dans l'organisation de l'activité[323] ou encore la présence d'un fût contenant des résidus d'un diluant en un endroit accessible, sans la moindre protection, dans un établissement scolaire[324].

Le jeune majeur – ou les représentants légaux du mineur – qui s'estime lésé par un tel manquement peut demander à l'État une indemnisation de son préjudice.

502 2° ***La mise en jeu de la responsabilité de l'État.*** Une règle du contentieux administratif impose d'adresser la demande d'indemnisation à la personne publique débitrice de la créance. Elle rend irrecevable[325] toute requête déposée directement devant le tribunal administratif. Lorsque la victime d'un accident scolaire entend mettre en jeu la responsabilité de l'État, il lui revient de saisir le recteur d'Académie, preuves et précisions à l'appui[326] quant au préjudice. Sa capacité à indemniser s'étend jusqu'à concurrence de 7 622 euros. Au-delà de cette somme, la compétence relève de l'administration centrale du ministère de l'Éducation nationale. Si l'État réfute[327] le principe même de sa responsabilité ou offre une indemnité considérée comme insuffisante, la voie juridictionnelle s'ouvre alors au plaignant.

La responsabilité de l'État pour mauvaise organisation du service implique nécessairement une faute. Il incombe au requérant d'établir son existence et son lien avec le préjudice éprouvé. À cet égard, la simple affirmation d'un père selon lequel la bicyclette de son fils a été endommagée *« vraisemblablement par des élèves »*, ne suffit pas à donner pour certain le lien[328].

322/ CE, 22 mars 1946, *Choppart, Rec. CE*, p. 93.

323/ CE, 16 octobre 1946, *Epinard, Rec. CE*, p. 234.

324/ CE, 26 février 1982, *Martin, Rec. CE*, Tables, p. 742 (1/4 de la responsabilité mise à la charge des parents qui négligent de mettre en garde leur fils âgé de sept ans et demi à propos du caractère inflammable des vapeurs émanant du bidon).

325/ CE, 8 juillet 1977, *Cons. Boussaroque, Dr. adm.*, n° 310.

326/ L'absence de précision de la victime à l'administration dans sa demande préalable sur *la nature du préjudice subi* et sur *le montant de la réparation demandée*, confère un caractère prématuré au recours contentieux (TA Paris, 2 avril 1991, *R.*, req. 8906247-6).

327/ Explicitement ou implicitement après avoir gardé le silence pendant plus de deux mois.

328/ TA Rennes, 5 décembre 1990, *Besnard*, req. 87/1106.

De même n'aboutit point la demande de parents dans l'incapacité d'établir que l'admonestation de leur enfant, par le collège, pour mauvaise conduite se trouve à l'origine directe de son suicide [329]. Se trouve également voué à l'échec le recours formé contre l'État à propos de la suppression des cours, un après-midi : l'élève, âgé de douze ans et demi, quitte l'établissement, se rend au domicile d'un camarade de classe qui le blesse, après l'avoir visé par jeu, avec un pistolet posé sur une table. Il n'existe en l'espèce aucun lien direct de cause à effet entre le comportement fautif de l'administration qui ne prévient pas la famille de la vacance des enseignements et les conséquences dommageables de l'accident [330]. Le caractère inquisitorial de la procédure administrative facilite la tâche de la victime sur le terrain de la preuve. Si ses allégations paraissent légitimes, le tribunal peut demander des explications ou des justifications complémentaires aux services rectoraux. Le silence ou le caractère insatisfaisant de la réponse fonde un peu plus les arguments du requérant.

La reconnaissance de la responsabilité de la puissance publique dans l'accident, en raison d'une faute dans l'organisation du service, permet l'allocation de dommages-intérêts. L'indemnité, globale, recouvre l'ensemble des chefs de préjudice : matériel, économique, souffrances endurées et troubles apportés dans les conditions d'existence.

« Au voleur ! Au voleur !... Je veux aller quérir la justice et faire donner la question » [331]. *Celle qui se pose quelque trois siècles et demi plus tard se résume ainsi :* ***le vol est-il pris en charge par l'État ?*** *En application de l'article 8, 2e, c) du décret du 30 août 1985, le chef d'établissement, représentant de l'État* [332]*, est garant de la sécurité des personnes et des biens. Il lui appartient, notamment, de prendre les mesures*

329/ TA Toulouse, 25 mars 1997, *Cherki*, req. 94/1880.

330/ CAA Paris, 26 juin 1990, *Baudinière, Rec. CE*, Tables, p. 977. Voir également CE, 7 mars 1973, *Grisot d'Allance, Rec. CE*, Tables, p. 1111 (suppression d'un cours; non-information des parents; accident survenu à un élève pendant une partie de football organisée en dehors de l'établissement; absence de lien faute/dommage) ou encore TA Amiens, 27 février 1997, *Maltese c/ Lycée Louis Thuillier, Rec. CE*, Tables, p. 1065 (décès d'un élève survenu dans les locaux de l'internat causé par une arme à feu introduite clandestinement par la victime ; le personnel ignorait le danger présenté par les jeux de rôles pratiqués). Un arrêt ancien (CE, 1er juillet 1949, *La Pajolec, Rec. CE*, Tables, p. 152) avait admis une part de responsabilité imputable à l'administration pour un « *relâchement général de surveillance qui rendait possibles les libres allées et venues des élèves et, par suite, incitait ceux-ci à enfreindre les règles de discipline* ». Accident mortel survenu à un élève de quatorze ans sorti de l'école pendant la récréation pour ne pas participer à la séance de gymnastique et qui avait joué avec un engin de guerre. L'autre part de responsabilité incombait à l'adolescent : il contrevenait aux réglements disciplinaires et commettait une imprudence.

331/ Molière, *L'avare*, 1668, Acte IV, scène V.

332/ CAA Nancy, 10 juillet 1990, *Lycée d'État Jean Monnet*, req. 90NC00139 et 90NC01543 : seule la responsabilité de l'État est engagée en la matière et non celle de l'établissement public local d'enseignement.

nécessaires pour éviter le vol des effets personnels des élèves. L'absence de précautions adaptées pour réduire les risques en la matière suffit parfois à engager la responsabilité de l'État[333]. *Mais la commission de l'infraction à l'occasion d'une activité scolaire ne satisfait pas forcément à la requête. Seule une* **faute dans l'organisation du service** *permet d'en faire reproche à l'administration*[334]. *La jurisprudence considère les mesures prises comme appropriées lorsque les demi-pensionnaires déposent leurs cartables dans une salle fermée à clé pendant le déjeuner*[335] *; lorsqu'un grillage d'un mètre soixante de hauteur entoure le parking à bicyclettes et quand le portail de l'établissement, fermé pendant les heures de cours, fait l'objet d'une surveillance lors de l'entrée et la sortie des élèves*[336] *; lorsque le professeur d'éducation physique verrouille le vestiaire dans lequel les jeunes sportifs déposent obligatoirement leurs affaires*[337]. *Le vol de blouson, sacoche ou cyclomoteur dans l'enceinte du collège ou du lycée, muni de ce type de dispositif de sécurité, affranchit l'État de toute responsabilité en l'absence de faute à lui imputer. N'en constitue pas une, la non-souscription d'assurances par l'établissement ou la collectivité territoriale en vue de couvrir de tels dommages, aucun texte législatif ou réglementaire ne l'imposant*[338]. *Les conditions matérielles d'installation des lieux de dépôt (parking, vestiaire, salles banalisées...) et notamment le défaut de fermeture ou de surveillance, révéleraient, le cas échéant, une faute dans l'organisation du service. Ainsi, dans une affaire où le principal d'un collège connaissait la defectuosité de la porte du local à vélos, la responsabilité de l'État est retenue : le fait que le professeur d'éducation physique et sportive demande aux élèves d'entreposer leurs cycles dans ce lieu sans s'assurer que ceux-ci sont tous cadenacés, constitue un défaut dans l'organisation du service*[339]. *Mais s'ils apparaissent protégés par* « deux cadenas de sécurité, lesquels furent sectionnés à l'aide de pinces coupantes, il ne résulte pas de l'instruction que le chef d'établissement ait commis une faute dans l'organisation du service de nature à engager la responsabilité de l'État en mettant à disposition des élèves un parc pour y entreposer leurs bicyclettes sans en assurer le gardiennage, alors qu'il n'était pas tenu de prévoir des mesures de protection ou de surveillance particulières »[340]. *Quant au vol d'un cartable déposé dans une pièce affectée à cet usage, mais avant que ne débutât la surveillance du local, il montre une faute de l'administration. L'imprudence de la lycéenne de nature à exonérer exonère cependant de moitié la responsabilité de l'État*[341]. *En résumé,* **permettre le dépôt** *des effets personnels des élèves en vue de leur faciliter la vie*

333/ TA Strasbourg, 14 septembre 1989, *Strohl c/ ministre d'État, ministre de l'Éducation nationale, de la jeunesse et des sports*, req. 862186. Sur ces questions, voir aussi l'étude « Responsabilité d'un établissement en cas de vol », *Objectif Établissement*, n° 16, hiver 2003, p. 11.

334/ TA Marseille, 20 décembre 1991, *Association départementale de la FCPE c/ recteur*, req. 883136.

335/ TA Marseille, 30 mai 1997, *Reymond*, req. 944224. Mais il n'y a plus défaut dans l'organisation du service public si le local se trouve ouvert le jour du vol en raison de réalisation de travaux de plomberie (TA Châlons-sur-Marne, 4 octobre 1994, *Rodriguez*, req. 92-930).

336/ TA Versailles, 26 septembre 1997, *Bombart et Feuillée*, req. 915423.

337/ TA Paris, 17 décembre 1991, *Colin*, req. 9006893/6.

338/ TA Amiens, 14 décembre 1994, *Boussemart*, req. 90110 ; TA Poitiers, 4 décembre 1996, *Bertrand*, req. 922128.

339/ TA Strasbourg, 19 mars 2002, *Gledel c/ recteur*, req. 98-05835.

340/ CAA Nancy, 13 novembre 2003, *Ministre de l'Éducation nationale c/ Larrière*, *AJDA*, 2004, p. 559.

341/ CAA Nantes, 8 février 2001, *Bonicel*, req. 97NT02549.

> *scolaire n'induit aucune protection particulière des lieux. Le vol ou la dégradation des biens entreposés ne révèle pas, en soi, un défaut dans l'organisation du service. Au contraire,* ***obliger au dépôt*** *pour le bon fonctionnement de la vie scolaire rend indispensable un dispositif spécial de prévention touchant à la sécurité des casiers, de la cartablerie, de la bagagerie, du parc à vélos... Toute faille dans ce type d'aménagement engagera la responsabilité de l'État.*

D'autres dommages procèdent des choses ; mal entretenus, meubles et immeubles présentent des dangers.

b) La faute de l'administration dans la gestion du patrimoine scolaire

503 Les particularités liées au cadre juridique de la décentralisation scolaire conduisent parfois au partage des responsabilités entre l'État et les collectivités territoriales de rattachement pour les dommages provoqués par un ouvrage public. En qualité de propriétaire des locaux et de ses équipements, la Commune, le Département ou la Région a la charge de leur entretien. Mais l'État pris en la personne de celui qui dirige l'école, le collège ou le lycée doit, en toutes circonstances, assurer la sécurité des personnes et des biens y compris lorsqu'un ouvrage public cause l'accident. Par conséquent, chacune de ces personnes publiques engage sa responsabilité à des titres divers, selon que l'accident trouve sa source dans un défaut d'entretien normal des biens de la collectivité ou dans un manquement du chef d'établissement à ses obligations en matière de sécurité.

504 1° ***Le défaut d'entretien normal de l'ouvrage public.*** Tout manquement à l'obligation de gestion et d'entretien corrects du patrimoine scolaire par les collectivités locales ouvre, en cas d'accident, un droit à réparation. Cela, en application de la loi du 28 pluviôse an VIII et de l'abondante jurisprudence relative aux dommages de travaux publics. La personne publique poursuivie voit cependant, dans certaines hypothèses, sa responsabilité atténuée ou même écartée.

505 **La mise en jeu de la responsabilité de la collectivité locale.** L'action en réparation introduite devant le tribunal administratif contre le défendeur propriétaire des locaux se heurte parfois à des questions de preuve.

506 • L'action en réparation. La détermination de la personne morale de droit public à qui imputer le dommage présente parfois un aspect complexe. L'Établissement scolaire ? La Commune ? Le Département ? La Région ? L'État ? Beaucoup, désorientés, perdent tout droit à réparation en dirigeant mal leurs requêtes [342]. En réalité, des règles simples gouvernent la matière. L'élève qui subit un dommage provoqué par la défectuosité des locaux scolaires ou de ses équipements, doit cibler son action. Il lui appartient de l'exercer contre la Commune si l'accident se produit dans une école, contre le Département s'il arrive dans un collège et contre la Région s'il survient dans un lycée.

Relèvent pour le juge de la responsabilité des collectivités locales :

- *l'entretien des fenêtres* [343] *ou de la balustrade du perron d'entrée de l'établissement* [344] *;*
- *le maintien en bon état d'un chauffe-eau* [345] *;*
- *la réparation d'un incinérateur* [346] *;*
- *la consolidation d'une porte battante dite « à va-et-vient » équipée d'une vitre* [347] *;*
- *le sablage d'une cour de récréation verglacée* [348] *;*
- *la maintenance des jeux des petits tels que les toboggans ou autres tourniquets* [349] *;*
- *la pose de dispositifs de fixation de matelas de mousse dans un gymnase* [350] *;*
- *la réfection d'une toiture* [351].

La victime ou ses ayants droit, peuvent adresser à la collectivité une demande amiable. Mais contrairement aux dommages résultant de la mauvaise organisation du service, la matière n'impose pas le recours administratif préalable à la saisine du juge [352]. Ce qui autorise le requérant à saisir directement le tribunal administratif dans le ressort duquel se situe l'établissement. Il incombe alors à la juridiction de se prononcer sur le bien fondé du droit à réparation et, le cas échéant, sur le montant de l'indemnisation.

507 • Le bien-fondé de la demande. Le régime de la preuve, facilite *a priori* l'action de la victime. La responsabilité pour dommages de travaux publics repose sur une présomption de

342/ TA Marseille, 28 janvier 1993, *Rachef, Savoir*, n° 2, p. 295, note Frédéric Séval; TA Marseille, 29 juin 2000, *Soilihi*, req. 97-6852.

343/ TA Montpellier, 25 juin 1997, *Kerdjou*, req. 93-870.

344/ TA Montpellier, 5 juin 1996, *Basilio.*, req. 913259-921331.

345/ CAA Lyon, 14 février 1991, *D.*, req. 00980.

346/ TA Grenoble, 1er mars 2001, *Servant et Romiguier*, req. 972678.

347/ TA Limoges, 5 octobre 2000, *Lopes c/ Conseil régional du Limousin*, req. 98263.

348/ CAA Paris, 2 février 1993, *Msika*, req. 92PA00003.

349/ TA Paris, 25 février 1992, *Mannina, op. cit.*, n° 294.

350/ CAA Nancy, 11 juin 1991, *Caisse primaire d'assurance maladie de Montbeliard, op. cit.*, n° 450.

351/ TA Fort-de-France, 20 février 1990, *Pecome*, req. 36-87.

352/ Art R. 421-1 C. just. adm. Exception à la règle de la décision préalable en matière de travaux publics.

faute de l'administration. Elle n'oblige pas le demandeur à établir l'existence des manquements reprochés à la collectivité locale ; il appartient à cette dernière d'apporter la preuve de l'entretien normal de l'ouvrage pour sa mise hors de cause. La condamnation des collectivités s'observe dans les espèces suivantes. À propos des dommages nés de la défectuosité d'une porte battante dans un collège, le Département connaissait sa dangerosité pour défaut de résistance suffisante aux chocs[353]. De même relativement à l'accident survenu à un enfant de quatre ans jouant sur un pont de bois installé dans la cour de récréation d'une école. Ici, la responsabilité de la Commune résulte d'une modification de l'ouvrage public[354]. Encore, dans l'installation, par la Région, d'un dortoir dans la salle d'un lycée, non conçue pour cet usage[355]. Un Département répond également des conséquences dommageables d'un accident d'élève en raison de la vétusté des fenêtres du collège dont il n'ignorait pas le caractère dangereux[356]. Pareillement pour une Région, quant aux dommages causés par l'incinérateur du lycée à l'origine d'un incendie. Ici, la collectivité n'établit pas que l'appareil disposait d'un système anti-projection[357]. Solution identique à propos de la chute d'un lavabo dans les toilettes ; là, aucune preuve de l'entretien normal de l'ouvrage public n'est rapportée[358]. Les requérants ne sauraient cependant se contenter de formuler leur demande pour obtenir satisfaction. Il leur appartient d'établir le caractère défectueux de l'ouvrage ainsi que le lien entre son état délabré et le dommage éprouvé. Dès lors, n'aboutit pas la mise en cause d'un Département à la suite de l'accident survenu à une adolescente qui, poussée par des camarades, tombe dans la partie dénivelée de la cour de récréation. Aucun élément ne permettait au tribunal administratif d'apprécier l'importance de la pente ; l'origine de la chute résultait en définitive de la bousculade provoquée par d'autres élèves[359]. Révèle en revanche un défaut d'aménagement de l'ouvrage public, la porte des sanitaires d'un bâtiment d'une école achevé quatre mois avant l'accident, qui

353/ TA Clermont-Ferrand, 3 mars 2000, *Angevin c/ Département de la Haute-Loire*, req. 971436. Sur des faits similaires dans un lycée, TA Limoges, 5 octobre 2000, *Lopes c/ Conseil régional Limousin, op. cit.*, n° 506.

354/ TA Paris, 25 février 1992, *Mannina, op. cit.*, n° 294.

355/ CAA Nancy, 23 décembre 1993, *Ministre de l'Éducation nationale c/ Kramer*, req. 92NC00749.

356/ TA Montpellier, 25 juin 1997, *Kerdjou, op. cit.*, n° 506.

357/ TA Grenoble, 1er mars 2001, *Servant et Romiguier, op. cit.*, n° 506.

358/ TA Versailles, 10 novembre 2003, *Mlle Z.*, req. 002753 (accident survenu dans une université).

359/ TA Montpellier, 12 avril 2000, *Elisha*, req. 982619.

sort soudainemement de ses gonds[360]. En défense, la collectivité locale peut atténuer ou écarter sa responsabilité en avançant certains arguments.

508 **L'exonération ou l'atténuation de la responsabilité de la collectivité locale.** Une présomption simple de faute pèse ici sur la personne publique. La preuve contraire la met hors de cause. De même, la faute de la victime dans la survenance du dommage diminue sa responsabilité.

509 • La preuve de l'entretien normal de l'ouvrage public. Si la collectivité locale fait la démonstration de l'accomplissement normal de ses obligations de propriétaire de l'ouvrage, elle échappe à toute condamnation. Dans l'accident d'une élève de treize ans qui glisse sur une plaque de verglas dans la cour de récréation de son collège : le Département mis en cause s'exonère de sa responsabilité en apportant la preuve d'un sablage effectué au plus tard la veille des faits[361].

510 • La faute de la victime. Comme dans tous les régimes de responsabilité, lorsque l'accident résulte de la faute de la victime, les conséquences dommageables restent à sa charge. Un élève de seize ans, consigné avec certains de ses camarades pour indiscipline dans un local du lycée essaie de sortir par la fenêtre qui, peu solide, cède en raison de son mauvais entretien. L'accident engage ici la seule responsabilité du jeune imprudent[362]. Un autre, de quatorze ans, qui rejoint le logement de fonction de sa mère situé dans l'enceinte du lycée, chute à bicyclette, dans un vide sanitaire dont un agent d'entretien a, environ une heure auparavant, omis de refermer la trappe : « *en empruntant ce parcours qui longeait un bâtiment qui n'était pas entouré d'une allée piétonnière aménagée sur ce côté-là, le jeune (...) a, en tout état de cause, commis une faute exonératoire de toute autre faute* »[363].

Par ailleurs, il est exigé des victimes, au-delà des fautes qu'elles peuvent commettre, un minimum de vigilance. Le juge statue ainsi à propos de la chute accidentelle d'un piéton alors

---

360/ TA Marseille, 26 avril 2005, *Ichou*, req. 0100668, 0101447, 0103927 (exonération de la responsabilité de l'État, rien n'ayant pu alerter, avant l'accident, le directeur d'école par des indices visibles, que la porte présentait un danger).

361/ CAA Paris, 2 février 1993, *Msika*, *op. cit.*, n° 506.

362/ CAA Nancy, 19 février 1991, *Pennera*, req. 89NC 01039. Voir aussi CAA Nantes, 17 octobre 2002, *Bourles*, req. 00NT01157 (l'accident concerne ici une étudiante en Université).

363/ CAA Nancy, 18 mars 2004, *Région Champagne-Ardennes*, req. 99NC00695 et 01NC00688.

qu'il circulait sur le trottoir d'une rue bordant un collège, à une époque où une épaisse couche de verglas recouvrait la voie publique. Le tribunal administratif relève que « *la présence de verglas sur le trottoir à la date et au lieu de l'accident n'excédait pas les risques ordinaires contre lesquels les usagers des ouvrages publics doivent se prémunir en prenant toutes les précautions utiles et dont ils sont tenus de supporter toutes les conséquences ; (...) dans ces conditions, l'absence de sablage du trottoir de la rue (...) ne saurait être regardée comme un défaut d'entretien normal de l'ouvrage public* »[364]. Les feuilles mortes qui entraînent la glissade puis le procès, conduisent le tribunal à retenir la même solution : la victime « *qui connaissait les lieux, se devait de porter à sa marche les précautions requises à tout piéton normalement attentif à ses déplacements* »[365].

511 2° ***Le manquement de l'État à son obligation de sécurité.*** Les dommages provoqués par les biens à disposition des établissements ne mettent pas uniquement en cause leurs propriétaires.

512 **Le défaut d'entretien du mobilier scolaire.** Bien que financé et normalement entretenu par les collectivités locales[366], le patrimoine mobilier des établissements scolaires relève d'un régime hybride. En effet, selon la jurisprudence, les conséquences préjudiciables d'un défaut d'entretien du mobilier scolaire n'engagent pas la responsabilité de la collectivité locale sur le fondement des dommages de travaux publics, les meubles ne répondant point à la définition de l'ouvrage public. Dans ces espèces, le tribunal administratif voit souvent un défaut dans l'organisation du service public de l'enseignement entraînant la seule responsabilité de l'État. À propos de la défectuosité d'une **table** constatée depuis plus d'un mois, et ayant conduit à la placer au fond de la salle, le juge considère que « *l'accident n'a pas pour origine un défaut d'entretien normal du collège qui relèverait de la responsabilité du Département (...), mais l'organisation du service* »[367]. De même « *l'État (...) a été déclaré responsable des conséquences de l'accident advenu à un élève en mettant à sa disposition une* **chaise** *défectueuse dont les pieds arrière se sont brutalement rompus alors que la victime*

364/ TA Lille, 26 juin 2002, *Hayt et Caisse primaire d'assurance maladie de Roubaix c/ département du Nord et autres*, req. 98-4016.

365/ TA Rennes, 22 janvier 2004, *Logan*, *AJDA*, p. 1151.

366/ Art. L. 214-4, L. 213-2, L. 214-6 du Code de l'Éducation.

367/ TA Versailles, 8 novembre 1999, *Devilliers CPAM des Yvelines c/ Département des Yvelines*, req. 974563.

en faisait un usage normal »[368]. Encore, au sujet d'un **distributeur de boissons** installé dans la cour de récréation, non fixé au mur, simplement appliqué sur un morceau de bois et laissant la possibilité de se glisser dans l'espace entre le mur et l'appareil[369]. Les juridictions retiennent une solution identique à l'égard d'un **banc** non fixé au sol[370] et d'une **armoire** non scellée[371].

513 Le manquement à l'obligation d'alerter et de protéger. Le directeur, le principal et le proviseur ont l'obligation de surveiller les biens mis à la disposition de leur établissement afin d'assurer la sécurité de tous. Pour ce faire, les textes et la jurisprudence exigent d'eux, d'une part, qu'ils alertent la collectivité locale propriétaire de toute anomalie les affectant. Lorsque cette obligation est remplie, la responsabilité de l'État est dégagée[372]. D'autre part, ils imposent, en tout état de cause, la prise de mesures conservatoires[373]. À défaut, l'État peut être jugé responsable, seul ou solidairement avec la collectivité locale. À titre d'illustration, les chefs d'établissement doivent, vis-à-vis des élèves, prendre toute mesure pour empêcher le franchissement des limites de la cour affectée à la récréation, alors qu'il n'existe aucune clôture[374] ; leur défendre de se livrer à des activités ludiques au voisinage immédiat d'un ouvrage public dangereux tel un escalier conduisant à la cave d'un bâtiment situé à côté d'une aire d'exercice d'activités sportives d'une école[375] ; leur interdire de jouer avec une sculpture de trois cents kilos à la stabilité douteuse[376] ; clôturer l'emprise d'arbustes épineux dangereux dans une cour d'école[377] ; signaler et éclairer la présence de travaux dans la cour de récréation et le stockage des matériaux destinés à cet effet[378] ; donner et faire respecter des instructions permettant le déplacement en bon ordre

---

368/ TA Dijon, 14 novembre 1989, *Cercley*, req. 87-13086.

369/ CA Paris, 6 novembre 1996, *Préfet du Val-de-Marne c/ Mlle et K. et Société Coca-Cola*, req. 94/24862.

370/ CE, 26 septembre 2001, *Département du Bas-Rhin*, req. 204575.

371/ CE, 29 novembre 1946, *Ville de Paris c/ Valleux, Rec. CE*, p. 460 ; TA Amiens, 20 avril 1999, *Dubois et autres*, req. 96705.

372/ TA Marseille, 18 février 2003, *Duval, op. cit.*, n° 294.

373/ Cf. *supra* n° 429 et s.

374/ CE, 16 février 1972, *Pinsolle, Rec. CE* p. 147.

375/ TA Poitiers, 14 mai 1986, *Delphin c/ ministre de l'Éducation nationale et commune de Chatellerault*, req. 84-896CG.

376/ TA Orléans, 12 juin 1984, *Rethore*, req. 2264.

377/ TA Nantes, 7 juillet 1988, *Ville de Nantes*.

378/ CAA Nancy, 24 février 1994, *Lycée de Cluny « Le Prat »*, req. 93NC00158.

d'un groupe d'enfants « *du fait que le trajet emprunté comportait un couloir rendu dangereux par la mauvaise conception d'une porte* »[379].

En revanche, le juge administratif rejette la demande d'indemnisation d'une jeune élève qui tombe sur un sol glissant ; la victime, en effet, ne rapporte pas « *la preuve incontestable que* (sa) *chute (...) a été provoquée par l'état du sol du préau, alors que cette chute est survenue près d'une heure après que le sol ait été nettoyé au jet d'eau ; (...) au surplus, il n'est pas établi qu'en ayant fait procéder à ce nettoyage pendant l'interclasse de midi et à une heure où les élèves sont à la cantine, l'autorité responsable du collège ait commis une faute dans l'organisation du service* »[380].

Il arrive aussi que la disposition particulière du site révèle un défaut dans l'organisation du service. Ainsi, à propos d'un enfant de trois ans agressé par des tiers, non identifiés, le tribunal administratif relève que « *la cour de récréation n'était pas séparée du parc public qui la jouxte (...) eu égard à cette configuration spécifique des lieux, il incombait à l'administration de prendre toute mesure dans l'organisation du service pour assurer la surveillance des enfants (...) cette carrence constitue une faute de nature à engager la responsabilité de l'État* »[381].

Par dérogation aux règles de la responsabilité « de droit commun » applicables à la vie scolaire, l'État prend en charge certains accidents, non plus en raison des défaillances de l'administration mais pour les dangers que certaines situations font courir aux élèves.

B. L'indemnisation des risques particuliers

514 Toutes les activités scolaires n'exposent pas les jeunes aux mêmes périls. L'apprentissage théorique des nombres premiers ou de la grammaire française provoque moins d'accident que l'utilisation, en classe, d'une scie circulaire ou d'un robot-coupe. À cet égard, la nature même des enseignements dispensés soumet à rude épreuve l'intégrité physique des élèves de filières techniques. Il eût été injuste que cette réalité ne fût point prise en compte par le droit de la responsabilité. Chose faite au lendemain de la seconde guerre mondiale : la loi n° 46-2426 du 30 octobre 1946 assimile les élèves de l'ensei-

379/ CA Angers, 26 juin 2000, *Préfet de la Mayenne c/ Alock*, *op. cit.*, n° 441.

380/ TA Marseille, 23 avril 2002, *Osselet*, req. 99-3463.

381/ TA Grenoble, 2 juillet 2003, *K.*, req. 0002262.

gnement technique à des salariés en leur appliquant le régime des accidents du travail. La loi n° 85-10 du 3 janvier 1985 étend la protection, dans certains cas, aux élèves de l'enseignement général. L'État finance intégralement le dispositif : le ministère de l'Éducation nationale par le biais des recteurs d'Académie cotise à l'URSSAF pour chacun des élèves bénéficiaires (article R. 412-4 du Code de la sécurité sociale) ; les caisses primaires d'assurance maladie versent ensuite les prestations aux victimes grâce à cette contribution forfaitaire. En fait, l'État assume les obligations de l'employeur vis-à-vis des élèves en couvrant les risques encourus : forfaitairement dès la survenance de l'accident **(I)** et intégralement lorsque le dommage trouve son origine dans une faute inexcusable **(II)**.

I La couverture des risques

515 La loi fixe avec précision les bénéficiaires du régime et le mécanisme de la réparation.

a) Le champ de la couverture

516 Aux termes de l'article L. 416-2e du Code de la sécurité sociale, relèvent de la législation sur les accidents du travail, « *a) les élèves des établissements d'enseignement technique pour les accidents survenus au cours de cet enseignement ainsi que par le fait ou à l'occasion des stages auxquels il donne lieu (...) b) les élèves des établissements d'enseignement secondaire ou (...) spécialisé (...) pour les accidents survenus (...) en ateliers ou en laboratoires ainsi que par le fait ou à l'occasion des stages effectués dans le cadre de leur scolarité (...)* ».

Par suite, le champ de la couverture diffère pour ces deux catégories d'élèves.

517 1° ***Les élèves de l'enseignement technique.*** Bénéficient du régime notamment les jeunes scolarisés en lycée professionnel, en lycée technique et en sections d'éducation spécialisée des collèges (SEGPA)[382].

Échappent en revanche à cette couverture les élèves de l'enseignement primaire, de la formation continue, les apprentis ainsi que les personnes se présentant aux examens du certificat d'aptitude professionnelle ou du brevet professionnel en candidat libre[383].

382/ L'article D. 412-3 du Code de la sécurité sociale énumère la liste exhaustive des établissements concernés.

383/ Quest. écr. n° 43462, 3 juin 1991, *Di Meglio*. Seraient également exclus de la législation les élèves suivant leur scolarité en première STT (Commission de recours amiable de la CPAM de Vaucluse, 20 juillet 2004).

Une **protection générale** caractérise l'ensemble des activités de cette population scolaire y compris celles qui sont sans rapport avec l'aspect technique ou professionnel de l'enseignement suivi. La jurisprudence s'avère très souple à cet égard : constituent des accidents du travail, au sens du Code de la sécurité sociale, les dommages subis par les élèves scolarisés dans un établissement visé à l'article D. 412-3. Cela, même s'ils résultent de l'ouvrage public[384], d'une agression par des personnes extérieures au lycée[385], d'une rixe[386] ou d'un simple chahut[387]. Également qualifiés de la sorte les accidents se produisant à l'occasion d'une sortie scolaire[388] ou d'une séance d'éducation physique et sportive[389].

Cependant, le législateur de 1985, dans le souci de neutraliser le coût du dispositif, limite la couverture aux accidents survenus **au cours de l'enseignement**. Se révèlent ainsi exclus du régime les accidents liés aux trajets effectués par les élèves entre le domicile et l'établissement scolaire[390] ainsi que les dommages intervenus en internat.

518 2° ***Les élèves de l'enseignement général.*** La législation des accidents du travail trouve ici une application, évidemment moins étendue. Elle se limite aux dommages subis « *du fait de l'utilisation, de la manipulation, ou du contact avec des matériels, matériaux ou substances nécessaires* » aux enseignements pratiques tels les cours de chimie[391].

b) Le mécanisme de la réparation

519 Lorsque l'accident entre dans le champ de la loi, la victime peut prétendre à réparation. Inutile de rapporter la preuve d'une faute ou d'une défaillance dans la surveillance, sa seule survenance ouvre droit à indemnité. En contrepartie, cette der-

384/ CA Bourges, 11 juin 1986, *Guillalot*, req. 482; CA Versailles, 13 janvier 1998, *Froneri c/ agent judiciaire du Trésor*, req. R.696/21980.

385/ TGI Marseille, 10 octobre 1994, *Wachter c/ préfet des Bouches du Rhône*, req. 730.

386/ Cass. soc, 20 décembre 1990, *Ministre de l'Éducation nationale c/ Dias et autres*, req. 89-10-402.

387/ TGI Limoges, 19 octobre 1994, *Marand c/ préfet de la Haute Vienne*, req. 937-93.

388/ Cass. crim., 23 janvier 1993, *Préfet des Hautes Pyrénées, F.*, req. X92-80.179; CA Paris 20 mai 1998, *Désir c/ agent judiciaire du Trésor, op. cit.*; TGI Poitiers, 5 février 2001, *M. C. c/ préfet de la Vienne*, req. 02/77.

389/ CAA Bordeaux, 4 avril 1991, *Brun, op. cit.*, n° 334; TASS Lyon, 15 novembre 2000, *Mariche c/ État, op. cit.*; TASS Manche, 11 janvier 2001, *Ait Mammou c/ CPAM de la Manche, op. cit.*, n° 374.

390/ La couverture demeure cependant pour les accidents survenus sur les trajets domicile-lieu de stage.

391/ TGI Strasbourg, 10 février 1993, *K. c/ préfet de la Région Alsace*, req. R692-1172; TGI Laval, 5 juillet 1993, *G. c/ préfet de la Mayenne et M.*, req. 09200163.

nière, forfaitaire, interdit à l'élève blessé d'agir selon le droit commun.

520 1° *Une réparation forfaitaire.* Pour conduire au versement des prestations, l'accident suppose, au préalable, une déclaration.

521 **La déclaration d'accident.** Les articles L. 441-2, R. 441-3 et R. 441-4 du Code de la sécurité sociale, prescrivent au chef d'établissement de porter l'accident à la connaissance de la caisse primaire d'assurance maladie dont il relève dans les **quarante-huit heures**. La règle demeure lorsque l'élève accomplit un stage : le chef d'entreprise s'oblige à en aviser le principal ou le proviseur pour permettre le respect de ce laps de temps. Les périodes de vacances scolaires n'offrent point de répit au chef d'établissement. Si l'accident survient dans une telle période, il doit être joignable afin de respecter le délai pour en aviser l'organisme payeur. La prescription ne présente pas seulement un aspect formel. Sa non-observation engage ponctuellement la responsabilité de l'État et celle, pénale, du chef d'établissement. Le recteur peut être amené, dans ce cas, à verser à la caisse primaire d'assurance maladie des pénalités financières civiles (article L. 471-1 et R. 471-1 du Code de la sécurité sociale).

L'accident dûment déclaré entraîne, *de facto*, le versement d'une indemnité forfaitaire.

522 **Le versement des prestations.** À la différence du droit commun de la responsabilité civile, réputé assurer la réparation intégrale des préjudices subis, la législation sur les accidents du travail repose sur un régime forfaitaire de réparation qui exclut de son domaine d'indemnisation les dommages matériels et les préjudices personnels. En revanche, la prise en charge englobe les frais médicaux, pharmaceutiques et hospitaliers, la diminution de la capacité de travail résultant de l'accident. En cas de décès, la loi prévoit le versement d'une indemnité funéraire et l'allocation d'une rente d'ayants droit au conjoint, à ses orphelins voire, dans certaines hypothèses, à ses ascendants. Les victimes bénéficient généralement d'une rente mensuelle destinée à réparer une incapacité permanente partielle. Elles disposent d'un délai de cinq ans pour faire convertir cette rente en capital. Au-delà, les demandes sont frappées de déchéance [392]. Le caractère automatique du

392/ CA Rouen, 24 mars 1994, *Gabriel*, req. 3671-92.

versement des prestations souffre d'une exception. Le refus de toute indemnisation ou la diminution de la rente sanctionne la faute inexcusable ou intentionnelle de l'accidenté, difficile à identifier dans une population, par définition non salariée[393].

523 2° ***L'impossibilité d'agir selon le droit commun.*** Une fois reconnue l'imputabilité au travail de l'accident, l'élève, bénéficiaire des prestations forfaitaires prévues par la loi, ne peut plus se retourner contre l'administration et agir selon le droit commun de la responsabilité. L'article L. 451-1 du Code de la sécurité sociale interdit en effet expressément à la victime d'exercer une action en justice contre son employeur ou l'un de ses préposés qui contribue à assurer la couverture du risque par le versement des cotisations. La jurisprudence rappelle constamment la règle, de portée générale. Ainsi en a-t-il été jugé à propos de l'accident d'un élève inscrit en deuxième année de lycée professionnel pour préparer le brevet d'études professionnelles : « *le caractère forfaitaire de la pension versée à l'intéressé en application des dispositions du code de la sécurité sociale sur les accidents du travail, s'oppose à l'allocation par l'État, d'une indemnité complémentaire selon le régime de réparation de droit commun* »[394].

524 Toutefois, ce principe n'empêche nullement l'action pénale de la victime. Elle-même ou ses représentants légaux peuvent, quand l'accident révèle la commission d'une infraction, saisir la juridiction répressive[395]. Si le tribunal estime que la personne poursuivie entre dans la prévention des faits reprochés, il reçoit le plaignant en sa constitution de partie civile mais déclare irrecevable son action sur les intérêts civils en application de l'article L. 451-1 du Code de la sécurité sociale. Il arrive cependant que l'accident trouve son origine dans la **faute intentionnelle de l'employeur**, au sens de l'article L. 452-5. Dans cette hypothèse, la victime qui se prévaut de la loi du 5 avril 1937, assigne le préfet devant la

393/ En effet, les fautes des élèves placés sous la surveillance normalement « effective » de l'établissement scolaire, ne s'apprécient pas de façon analogue à celles des adultes, salariés d'une entreprise (cf. Claude Durand-Prinborgne, *Le droit de l'éducation*, *op. cit.*, p. 389).

394/ TA Poitiers, 13 mars 1992, *Jaumier*, req. 91 166. Dans le même sens : TGI Alençon, 27 septembre 1994, *Aveline c/ préfet de l'Orne*, req. 9300744 ; TGI Montpellier, 24 janvier 1995, *Charpenteau c/ préfet de l'Hérault*, req. 1758/94 ; TGI Nîmes, 15 septembre 1995, *Pantel c/ préfet du Gard*, req. 94/1283 ; TGI Limoges, 19 octobre 1994, *Marand*, *op. cit.*, CA Montpellier, 22 novembre 1995, *Préfet de l'Aveyron c/ Salgues*, req. A95 1B 04725.

395/ Cf. *infra* les développements relatifs à la responsabilité pénale des personnels d'éducation, n° 574 et s.

juridiction répressive afin d'obtenir sa condamnation à payer les dommages-intérêts accordés au titre des préjudices personnels non pris en charge par la législation sur les accidents du travail. Mais hors ce dernier cas – très rare – la réparation des accidents du travail se limite aux prestations versées par la sécurité sociale. Reste encore à l'élève ou à ses représentants légaux une possibilité d'obtenir un complément d'indemnisation, si l'accident trouve sa source dans une faute inexcusable de l'employeur.

II La faute inexcusable de « l'employeur »[396]

525 L'article L. 452-1 du Code de la sécurité sociale organise un régime original de responsabilité de l'État : « *lorsque l'accident est dû à la faute inexcusable de l'employeur ou de ceux qu'il s'est substitués dans la direction, la victime ou ses ayants droit ont droit à une indemnisation complémentaire (...)* ». Pour engager la responsabilité de l'administration sur ce terrain, il importe, au préalable, de respecter une procédure spécifique et, par la suite, d'apporter la preuve de l'existence d'une faute inexcusable au sens de la législation sur la sécurité sociale.

a) La procédure d'indemnisation complémentaire

526 L'article R. 412-4 du Code de la sécurité sociale met les obligations qui incombent à l'employeur à la charge de la personne ou de l'organisme responsable de la gestion de l'établissement ou de l'un de ses « *substitués* ». Entrent dans cette définition les professeurs, les maîtres de stage et leurs préposés. Cela posé, l'État assume les obligations de l'employeur vis-à-vis de l'élève victime; de même le chef d'établissement, l'enseignant ou l'agent de service à l'origine de la réalisation du dommage. En d'autres termes, la faute commise par les personnels du collège, du lycée ou de l'entreprise d'accueil du stage, entraîne la seule responsabilité de l'administration, le principal ou le proviseur agissant, en effet, sur les questions de sécurité en qualité de représentant de l'État.

La procédure prévue par la loi (article L. 452-4 1er alinéa du Code de la sécurité sociale)comporte deux phases distinctes : l'une, amiable, organisée par la caisse primaire entre l'accidenté et l'employeur; l'autre, contentieuse devant le tribunal des affaires de sécurité sociale.

396/ Les guillemets montrent la curiosité du vocable : le chef d'établissement qualifié d'employeur se rapproche ici du monde de l'entreprise.

527 1° ***La phase amiable.*** Il appartient à la partie lésée de saisir par écrit la caisse primaire d'assurance maladie du département, d'une demande de **reconnaissance d'une faute inexcusable de l'employeur**. Celle-ci organise une tentative d'accord entre la victime et l'administration. À ce stade, le chef d'établissement représentant l'État décide de refuser ou au contraire de reconnaître l'existence de cette faute. En cas d'accord, il fait une proposition financière [397]. À défaut d'accord sur le principe même de la responsabilité ou sur le montant des réparations, la caisse primaire d'assurance maladie dresse un procès-verbal de non-conciliation autorisant alors le plaignant à porter son action devant la juridiction compétente.

528 2° ***La phase contentieuse.*** La victime saisit le Tribunal des affaires de sécurité sociale du département de la question et lui demande de reconnaître l'existence de la faute inexcusable comme cause déterminante de l'accident. Le demandeur assigne l'État, pris en la personne de l'Agent judiciaire du Trésor (Direction des affaires juridiques du ministère de l'Économie et des Finances). La pratique montre des exemples de mise en cause personnelle du chef d'établissement. Dans cette hypothèse, le service précité, informé de la situation, fait intervenir l'État volontairement à l'instance. Lorsque l'élève effectue un stage à l'extérieur de l'établissement, l'entreprise d'accueil peut également se trouver attraite sur ce terrain. Nos magistrats l'admettent à propos de l'accident d'un élève survenu à un moment où, au contraire, son travail ne se rattachait pas à l'accomplissement de sa formation [398].

Devant la juridiction, la victime s'efforce de rapporter la preuve de faute inexcusable de l'employeur [399].

b) La définition de la faute inexcusable

529 Pendant plus d'un demi-siècle, la Cour de cassation [400] considérait que la faute inexcusable devait présenter « *une gravité exceptionnelle dérivant d'un acte ou d'une omission volontaire ne pouvant*

397/ Lors de cette phase, les chefs d'établissement sont aidés par les services rectoraux qui devront, le cas échéant, donner leur accord à la proposition de majoration de la rente.

398/ CA Douai, 21 décembre 2001, *Société Mutuelle d'assurance du bâtiment et des travaux publics c/ M. F. et Trésor public*, req. RG00/02081. Le juge de première instance avait retenu la seule faute du lycée professionnel.

399/ Chronique, *LIJ*, 16/90, p. 9. Cf. également *supra* n° 308 et s.

400/ Cass., 15 juillet 1941, *Veuve Villa c/ compagnie des assurances générales*, req. 00.26836.

s'expliquer par une cause justificative ». La gravité exceptionnelle se mesurait à l'importance du danger que l'employeur faisait courir au travailleur, au caractère impérieux des règles de sécurité violées ou à la légèreté qu'elle dénotait chez lui[401]. Par ailleurs, elle supposait une connaissance raisonnable de ce péril. Cette faute se caractérisait tantôt par la grave défaillance dans la surveillance, comme celle du professeur quittant momentanément ses élèves alors qu'ils travaillent avec des outils présentant des risques[402]. Tantôt par le fait de laisser des jeunes s'affairer sur une machine dangereuse, sans autorisation de l'inspecteur du travail, conformément à l'article R. 234-22 du Code du travail[403]. Tantôt par la consigne d'effectuer une tâche pour laquelle ils ne présentent ni les capacités physiques, ni la maîtrise technique[404].

À cet égard, le juge retenait la faute inexcusable à propos de l'accident de la circulation survenu à un élève en stage alors que l'employeur lui avait confié la tâche de se rendre avec un fourgon sur une zone industrielle pour prendre livraison de matériel. En l'espèce, « *il n'entrait pas dans le programme d'application pratique de l'enseignement dispensé au lycée et aux objectifs de stage (sensibilisation à l'environnement, à la gestion de la sécurité et de la qualité) d'envoyer un stagiaire effectuer une livraison à plus de 150 kilomètres du lieu du chantier avec une camionnette qu'il n'avait pas l'habitude de conduire et qui exigeait certains réflexes spécifiques* »[405].

530 Le 28 février 2002, dans l'affaire de la contamination de salariés par l'amiante, la chambre sociale de la Cour de cassation rendait plusieurs arrêts donnant une définition plus large de la faute inexcusable. Désormais, le manquement de l'employeur à son obligation de sécurité de résultat « *a le caractère d'une faute inexcusable au sens de l'article L. 425-1 du Code de la Sécurité sociale, lorsque l'employeur avait ou aurait dû avoir conscience du danger auquel était exposé le salarié, et qu'il n'a pas pris les mesures nécessaires pour l'en préserver* »[406]. Ce revirement de jurisprudence qui concernait les maladies professionnelles

401/ Concl. Picca sur Cass., 18 juillet 1980, *SA Usinor c/ Dame D., D.*, p. 394, note P.G.

402/ TASS Grenoble, 20 octobre 1995, *Hamlaoui c/ agent judiciaire du Trésor*, req. 35/95.

403/ CA Riom, 23 février 1999, *Dauy c/ agent judiciaire du Trésor, op. cit.*, n° 309.

404/ TASS Châlon-sur-Saone, 28 septembre 1995, *M. c/ agent judiciaire du Trésor*, req. 5.280.

405/ TASS Lille, 10 septembre 2002, *Vandenbroucke-Mocq*, req. 10001340.

406/ Cass. Soc., 28 février 2002, *RTD civil*, p. 310, note Pierre Jourdain ; *D.*, p. 2696 note Xavier Prétot.

est étendu, deux mois plus tard, aux accidents du travail[407]. La suppression de toute référence à la gravité de la faute de l'employeur et notamment à son exceptionnelle gravité permettra sans doute, à l'avenir, de faciliter la tâche des salariés, des élèves ou des stagiaires sur qui repose la charge de la preuve[408]. Quelques décisions prononcées récemment par les tribunaux des affaires de sécurité sociale[409] dans les lycées professionnels confirment le caractère extensif de la notion de faute inexcusable. En pratique, la reconnaissance de la faute intervient le plus souvent lorsque l'établissement scolaire soumet les élèves à des exercices sur des engins au matériel protecteur inadapté. La condamnation de l'administration s'observe à propos de l'absence de prévision du port de lunettes de protection pour l'usage d'une perceuse[410] ou de la manipulation d'un acide présentant des risques d'explosion[411]. De même à défaut de dispositif protecteur ou s'il s'avère défectueux. Ainsi en a-t-il été apprécié à propos d'une scie circulaire[412], d'une raboteuse[413], d'une fraiseuse[414], d'une dégauchisseuse[415], d'un poste à souder[416], d'une poinçonneuse-cisailleuse[417], d'une machine à laver le linge[418] mais également d'un robot-coupe[419] ou d'une sorbetière[420]. L'engagement d'une procédure de mise en conformité des machines par la direction de l'établissement scolaire ne l'exo-

407/ Cass. Soc., 11 avril 2002, *Bull.* V, p. 133 ; *D.* jur., p. 2215, note Yves Saint-Jours.

408/ Cass. 2e civ., 8 juillet 2004, *Bull. civ.* II, n° 394, p. 331.

409/ TASS Besançon, 15 décembre 2003, *Huguet c/ agent judiciaire du Trésor*, req. 239/2003 ; TASS Yvelines, 11 mars 2004, *Nikpeyma c/ agent judiciaire du Trésor*, req. 20300755/V ; TASS Quimper, 13 septembre 2004, *Chollois c/ agent judiciaire du Trésor*, req. 15303.

410/ CA Orléans, 11 février 1993, *agent judiciaire du Trésor c/ Kamil B.*, *LIJ*, 45/93, p. 8.

411/ TASS Paris, 20 mars 2000, *Tamsson c/ Université de Paris-Sud*, req. 23.456/92.

412/ CA Paris, 26 mars 1993, *Lycée technique Les Pannavelles c/ agent judiciaire du Trésor*, *op. cit.*, n° 309 ; TASS Dijon, 4 octobre 1994, *Demey c/ agent judiciaire du Trésor*, *op. cit.*, n° 309 ; TASS Lille, 4 avril 2000, *Facon c/ agent judiciaire du Trésor*, req. 9801729.

413/ TASS Nanterre, 17 octobre 2000, *Geffray c/ État et entreprise Le Boulluec*, req. 1738/99.

414/ CA Versailles, 6 juin 1995, *Belkacemi c/ agent judiciaire du Trésor et président du Conseil général de l'Ile-de-France*, *op. cit.*, n° 313.

415/ TASS Paris, 18 septembre 1995, *Beltzer c/ agent judiciaire du Trésor et ministre de l'Éducation nationale*, *op. cit.*, n° 309.

416/ TASS Vesoul, 12 janvier 2000, *Zlatko*, *op. cit.*, n° 318.

417/ TASS Côtes d'Armor, 17 novembre 1998, *Guillemot c/ agent judiciaire du Trésor*, *op. cit.*, n° 314.

418/ TASS Lyon, 18 novembre 2003, *Petit c/ agent judiciaire du Trésor*, req. 2813/03.

419/ TASS Beauvais, 24 novembre 1994, *Petit c/ Craeye*, *op. cit.*, n° 324.

420/ TASS Bas-Rhin, 10 décembre 1997, *Mlis c/ agent judiciaire du Trésor et SARL restaurant « Au vieux couvert »*, *op. cit.*, n° 326.

nère pas de ses responsabilités dès lors qu'il lui incombe d'interdire toute utilisation d'appareils non conformes[421].

Point de faute inexcusable en revanche dans l'hypothèse d'une causalité extérieure déterminante de l'accident. Prononcé en ce sens au sujet de la mauvaise réparation d'un appareil[422] ou de son défaut de fabrication[423] dont l'employeur ne pouvait avoir conscience. L'État dégage encore sa responsabilité lorsque l'utilisation de la machine obéit aux normes de sécurité en vigueur[424], lorsque le lycéen connaît le maniement et le fonctionnement de l'engin ou qu'il effectue une manœuvre courante ne présentant pas de risque particulier[425]. Souvent le tribunal écarte la faute, eu égard au comportement de la victime. Il en va ainsi d'une rixe[426], de l'indiscipline d'un élève passant outre les ordres reçus[427], de son comportement dangereux[428] ou de ses gestes désordonnés[429].

531 Dès sa reconnaissance, directement par l'employeur, au stade de la phase amiable ou par le juge au terme du procès, la faute inexcusable ouvre droit à une indemnité supplémentaire à celle qui est allouée par les caisses d'assurance maladie. Selon l'article L. 452-2 du Code de la sécurité sociale, la victime d'une telle faute peut obtenir une majoration des indemnités déjà versées[430] et la réparation de ses préjudices à caractère personnel non pris en charge par la caisse primaire[431].

Quid de la réparation des dommages causés aux élèves des établissements privés ? *Pour une large part, les développements qui précèdent, relatifs à l'in-*

421/ TASS Valence, 10 février 1999, *Lamchachty c/ agent judiciaire du Trésor, op. cit.*, n° 313.

422/ TASS Douai, 8 septembre 1994, *Capillon c/ agent judiciaire du Trésor, op. cit.*, n° 317.

423/ CA Paris, 23 septembre 1994, *Agent judiciaire du Trésor c/ Guerton, op. cit.*, n° 320.

424/ TASS Nanterre, 8 juillet 1999, *Gomes c/ agent judiciaire du Trésor*, req. N62402/98.

425/ CA Toulouse, 14 juin 1996, *Combes c/ société ACMR et agent judiciaire du Trésor, op. cit.*, n° 318.

426/ TASS Angers, 23 janvier 1996, *Guenard c/ agent judiciaire du Trésor*, req. 94114.

427/ CA Paris, 20 mai 1998, *Désir c/ agent judiciaire du Trésor, op. cit.*, n° 339.

428/ CA Aix-en-Provence, 8 mars 1994, *Chaize c/ LP Blériot, op. cit.*, n° 321 ; CA Caen, 27 mai 1999, *Bodiou c/ agent judiciaire du Trésor, op. cit.*, n° 325.

429/ TASS Aveyron, 27 juillet 1995, *Calvy c/ agent judiciaire du Trésor*, req. 0000893.

430/ Quantum fixé puis versé par la Caisse primaire d'assurance maladie, remboursée ensuite par l'État. Le montant de la rente, nécessairement fixé au maximum, ne dépend plus aujourd'hui de la gravité de la faute de l'employeur : Cass. Soc., 19 décembre 2002, *Bull. civ.* n° 400 ; Cass. Soc., 6 février 2003, Société Holophane, *Bull. civ.* V, n° 48 ; Cass. 2e civ., 27 janvier 2004, *Bull. civ.*, n° 25.

431/ Le montant de la réparation payé par l'État (recteur) sur les crédits du chapitre budgétaire 37-91 article 10 : « *frais de justice et réparations civiles* ».

demnisation des élèves victimes d'accidents sont transposables aux établissements privés. Un certain nombre de précisions s'imposent cependant.

En vertu de l'article 10 du décret n° 60-389 du 22 avril 1960, la loi du 5 avril 1937 (article L. 911-4 du Code de l'Éducation) s'applique pleinement aux maîtres des établissements privés sous contrat d'association avec l'État[432]*. Ainsi, tous les dommages causés ou subis par les élèves de ces établissements du fait d'une faute de leur maître engageront la responsabilité de l'État, dans les mêmes conditions que celles affectant les élèves du public. Le dispositif ne concerne pas, en revanche, les maîtres des établissements d'enseignement privé sous contrat simple ou hors contrat. Leur responsabilité relève des articles 1382 et suivants du Code civil*[433]*.*

Lorsque les dommages trouvent leur origine dans un défaut d'organisation du service, le litige ressortit à la compétence des juridictions de l'ordre judiciaire : que l'établissement ait passé un contrat d'association ou non avec l'État, la responsabilité civile de droit commun (ou la responsabilité contractuelle) constitue les seuls régimes applicables[434]*.*

Enfin, en matière d'accidents du travail, la responsabilité de l'État pour faute inexcusable de l'employeur n'est pas susceptible d'être engagée[435]*. En effet, les contrats d'association passés entre les lycées techniques privés et l'État ne prévoient nullement cette possibilité. Seule une action en responsabilité contre l'association gestionnaire de l'établissement*[436] *(ou celle du chef d'entreprise) peut ici prospérer.*

432/ Cf. *supra* n° 488.

433/ CA Riom, 6 juillet 1989, *Fiddah*; TGI Nanterre, 4 décembre 1985, *Foucher* (jurisprudences ctées in *LIJ* n° 74/2003, p. 23).

434/ T. confl., 27 novembre 1995, *Le Troadec*, req. 2963.

435/ TASS Lille, 25 juin 2002, *Gokel c/ Lycée technique privé EPID*, req. 10000362.

436/ TASS Jura, 23 octobre 2003, *Litzler*, req. 20200185 : chute d'une fenêtre d'un bâtiment scolaire sur un professeur dispensant son enseignement dans les locaux de l'établissement; dispositifs de fixation rivés à un bout du chassis, défectueux; dysfonctionnement du système de blocage déjà signalé par les salariés sur le registre de sécurité et par la victime, avant l'accident ; aucune mesure adéquate prise par l'OGEC (faute insexcusable retenue).

Titre II

Les risques pour les personnels

532 Les risques pour les personnels administratifs, techniques, sociaux, de santé, ouvriers, de service ou enseignants présentent un double aspect : physique et juridique.

Le pédagogue subit de plus en plus de menaces et de violences dans l'exercice de ses fonctions. Qui s'étonne aujourd'hui de voir l'instituteur outragé voire giflé par le père ou la mère de l'élève scolarisé ou d'apprendre que son véhicule en stationnement devant l'école se trouve volontairement détérioré ? Les agressions emportent le soutien de l'administration, qui est, conformément au statut, tenue de le protéger. L'État ou la collectivité publique dispose de toute liberté quant au choix des moyens à déployer pour ce faire.

Mais le professeur des écoles, du collège ou du lycée se trouve confronté à un autre risque, celui du procès intenté contre lui. La voie pénale semble de plus en plus explorée par les usagers qui font du responsable des activités scolaires une cible privilégiée. Les atteintes par imprudence réprimées par le Code pénal ont conduit par deux fois le législateur, en 1996 et en 2000, à adoucir le dispositif. Depuis, l'imprévoyance obéit à un régime strict portant à penser que des condamnations à des peines privatives de liberté – même assorties du sursis – prononcées dans des affaires médiatisées, ne le seraient plus aujourd'hui. Mais les personnels d'éducation se trouvent-ils dans une position égalitaire face à ces modifications législatives ?

En tout état de cause, la question des risques demeure sensible pour l'enseignant victime (chapitre 1) ou poursuivi (chapitre 2).

Chapitre 1

L'enseignant victime

533 L'actualité, dont la presse rend quotidiennement compte, témoigne souvent de conflits impliquant les agents publics. Ce phénomène récent se manifeste doublement. Tantôt le fonctionnaire en butte aux violences de l'administré engage des poursuites contre son agresseur, tantôt les fautes qu'il peut commettre dans l'exercice de ses fonctions lui valent d'être traduit personnellement devant les tribunaux. Ces faits dénotent une forme de désacralisation de l'administration et l'importance médiatrice du droit dans les rapports entretenus par celle-ci avec ses usagers. De telles situations interpellent l'employeur public – État, collectivités et établissements publics – qui, très tôt, a manifesté le souci de protéger ses fonctionnaires. Le régime juridique de la protection fonctionnelle procède de l'article 11 de la loi du 13 juillet 1983[1]. Il prend sa source dans les principes issus de la période révolutionnaire mais le législateur lui donnera un contenu concret après la Seconde Guerre mondiale. L'article 15 de la loi du 19 octobre 1946 prévoit en effet l'obligation pour l'administration de protéger ses fonctionnaires contre les menaces, outrages, injures et diffamations subis par eux et de réparer le préjudice éprouvé.

1/ Loi n° 83-634 du 13 juillet 1983 portant droits et obligations des fonctionnaires, complétée notamment par les notes de service n° 83-346 du 19 septembre 1983 et n° 86-230 du 28 juillet 1986 puis par les circulaires n° 2B-84, FP3 et 1665 du 16 juillet 1987 et n° 97-136 du 30 mai 1997.

L'ordonnance du 4 février 1959 reprend et affine le processus dans son article 12. Les réformes du statut de la fonction publique intervenues en 1983 et 1984 ne remettent pas en cause l'ensemble de ces dispositions protectrices[2] qui restent relativement peu connues et, jusqu'aux dernières décennies, rarement invoquées. Aujourd'hui, dans la vie des établissements scolaires du service public de l'Éducation nationale, la protection fonctionnelle trouve régulièrement à s'appliquer[3]. Ici, le caractère proche, chaleureux et parfois maternel de l'administration[4] prend ponctuellement le pas sur l'aspect habituellement lointain, froid et paternel de la puissance publique.

Une administration de l'Éducation nationale malmenée. *Pour l'année scolaire 2004-2005, deux mille agents environ de ce ministère ont bénéficié de la protection juridique des fonctionnaires (140 dans l'Académie d'Aix-Marseille). La Fédération des Autonomes de Solidarité cite 1 780 dossiers traités en 2003.*

534 L'alinéa 1er de l'article 11 du statut général pose pour postulat la protection du fonctionnaire. En vertu de l'alinéa 3 « *la collectivité publique est tenue de protéger les fonctionnaires contre les menaces, violences, voies de fait, injures, diffamations ou outrages dont ils pourraient être victimes à l'occasion de leurs fonctions, et de réparer, le cas échéant, le préjudice qui en est résulté* ». Par ces dispositions, le législateur instaure un véritable droit à la protection pour le fonctionnaire et une obligation corrélative à la charge de la collectivité publique. Les textes et la jurisprudence précisent peu à peu son champ d'application (1) et ses modalités (2).

1 Le champ d'application de la protection

535 L'article 11 établit un régime spécial de protection. Son objet et sa spécificité incitent à le classer parmi les garanties et droits fondamentaux des fonctionnaires. Mais il exprime surtout une contrepartie déterminante de l'exercice des fonctions

2/ Jacques Bourdon, « La protection fonctionnelle de l'agent public », *AJFP*, nov.-déc. 1996, p. 21.

3/ Francis Fofou, « Les agressions à l'encontre du personnel enseignant », *LIJ*, 17/97.

4/ Sans doute aussi eu égard à certains changements de mentalités : Robert Cario, « L'évolution de l'aide aux victimes en France », *Petites affiches*, 2005, n° 80, p. 3.

publiques[5]. L'essentiel réside dans la protection dont le juge administratif entend faire bénéficier l'agent de l'administration, « *qui n'agit jamais pour son propre compte (et) ne saurait non plus rester seul face aux périls de sa charge* »[6]. Cependant, tous n'obtiennent pas le soutien de leur hiérarchie en cas d'agressions. Seuls certains d'entre eux peuvent prétendre à l'application du statut (**A**) avec la nécessaire réunion de plusieurs conditions légales (**B**).

A. Les bénéficiaires du droit à la protection

536 Le cadre formel vise, avant tout, les agents publics (**I**). L'évolution du droit pourrait cependant conduire à une extension du champ protecteur à l'ensemble des personnels de l'administration (**II**).

I Les agents publics

537 Le législateur vise directement les fonctionnaires mais aussi les agents publics non titulaires.

a) Les fonctionnaires

538 La loi du 13 juillet 1983 s'applique aux trois fonctions publiques. Elle couvre les personnes se prévalant de la qualité de fonctionnaire civil de l'État et de ses établissements publics, de fonctionnaire territorial dans les communes, les départements, les régions et leurs établissements publics et de fonctionnaire hospitalier. La formulation du statut général se trouve parfois reprise par les statuts particuliers[7]. La logique intrinsèque de la protection fonctionnelle conduit à en reconnaître également le bénéfice aux fonctionnaires régis par un statut spécial. Il en va ainsi des magistrats de l'ordre judiciaire, des militaires et des agents de La Poste[8].

5/ Jean-Marie Breton, « La protection fonctionnelle des agents de l'administration », *AJDA*, 1991, p. 171.

6/ B. Pacteau, obs. sous CE, 7 janvier 1983, *Coudert et autres*, *Rev. adm.*, 1983, p. 43.

7/ Le décret n° 86-592 du 18 mars 1986 portant Code de déontologie de la police nationale précise en son article 12 que « *le ministre de l'Intérieur défend les fonctionnaires de la police nationale contre les menaces, violences, voies de fait, injures, diffamations ou outrages dont ils sont victimes dans l'exercice de leurs fonctions* ».

8/ À propos de quelques réflexions sur cette administration, notamment sur « *le facteur mordu par un chien hargneux* », cf. C.F.-B., « Comment protège-t-on les agents publics ? », *Service Public*, n° 65, juin 1999, p. 11.

*— **Aménagements possibles.** Dans d'autres administrations, en particulier en cas de décès de l'agent, la procédure fait l'objet d'une extension. Le décret n° 81-329 du 3 avril 1981 accorde une protection particulière aux enfants des magistrats civils. La loi n° 93-121 du 27 janvier 1993 prévoit une amélioration du montant des pensions et rentes viagères d'invalidité attribuables au conjoint et aux orphelins du fonctionnaire de l'administration pénitentiaire. La loi n° 93-915 du 19 juillet 1993 envisage la reconnaissance de la qualité de pupille de la nation aux enfants des agents précités.*

La loi n° 95-73 du 21 janvier 1995 énonce en son article 20 l'extension de la protection aux conjoints, filles et fils des policiers et auxiliaires de la Police nationale en matière de menaces, violences, voies de fait, injures, diffamations et outrages. Elle ajoute, en son article 22, que le fonctionnaire de police décédé est cité à l'ordre de la Nation tandis que son conjoint survivant perçoit une pension de réversion au taux de 100 %.

b) Les agents publics non titulaires

539 L'extension du bénéfice et des avantages de la protection fonctionnelle tient à deux considérations. D'une part, la jurisprudence administrative y voit un principe général du droit, dont le champ d'application se détermine par référence à sa finalité. D'autre part, la règle est de portée essentiellement fonctionnelle. L'identité des fonctions entraîne logiquement l'analogie de la protection. La loi du 16 décembre 1996 (article 50-II) a ainsi étendu la protection fonctionnelle aux agents publics non-titulaires. Sous ce vocable, le législateur vise essentiellement les personnels contractuels. L'administration inclut aussi les assistants d'éducation[9]. Mais le droit de la fonction publique concerne également les stagiaires et les vacataires. Le terme d'agent public non titulaire s'entend donc extensivement.

Faut-il pour autant en déduire que la protection fonctionnelle affecte toutes les personnes assurant une mission de service public ?

II Les autres personnes chargées d'une mission de service public

540 L'évolution de l'emploi public a provoqué l'apparition de contrats de travail d'un genre particulier, les contrats emploi-solidarité et les contrats emploi-jeune, relevant exclusivement du droit privé en vertu des lois qui les instituent. Le bénéfice des dispositions d'un texte de droit public, réservé expres-

9/ Pour ces personnels, les EPLE employeurs ou mutualisateurs, organisent et financent la protection juridique, sur leurs fonds propres, à partir de la subvention dont ils disposent sur le chapitre 37-81, art.40 : réponse DAFC2 du 24 août 2004.

sément aux agents publics titulaires et non titulaires leur échappe *a priori.* Nonobstant la qualification légale de ces contrats, la jurisprudence administrative offre des arguments en faveur de l'attribution de la protection à ces personnels [10]. Tout d'abord principalement, le critère de la participation à l'exécution d'une mission de service public a été retenu par le Conseil d'État pour étendre ce droit aux personnes collaborant occasionnellement au service public. Mais « *cette responsabilité doit être écartée lorsque (ce) concours (...) est le fait d'un usager (...) et ne dépasse pas la contribution qui peut normalement être attendue (...) en contrepartie des avantages que lui apporte le service public* » [11]. Ensuite, les titulaires de contrats emploi-solidarité et emploi-jeune, seuls agents de droit privé des services publics administratifs, se trouveraient curieusement privés de la protection fonctionnelle, alors que leurs fonctions relèvent de missions de service public. Enfin, plus généralement, l'évolution jurisprudentielle tend à unifier le droit applicable aux différents personnels participant à l'exécution du service public. Dans ces conditions, il paraîtrait plus juste que les personnels de droit privé de l'administration pussent jouir de la protection instituée par l'article 11, au même titre que les agents publics. Cependant, la jurisprudence ne s'est pas encore prononcée formellement sur ce point.

Le goût et la saveur de la protection... *L'administration centrale du ministère de l'Éducation nationale a rappelé, à l'occasion de menaces verbales subies par un aide éducateur exerçant dans un collège, que l'article 11 ne s'applique point aux bénéficiaires de contrats emplois-jeunes, contractuels de droit privé. Elle rapporte toutefois la position de la direction générale de l'administration et de la fonction publique :* « le juge pourrait être conduit à reconnaître que les titulaires d'emplois-jeunes bénéficient également du principe général du droit que constitue la protection fonctionnelle, dans la mesure où le Code du travail n'offre pas de protection équivalente et où les garanties offertes tant par les règles de la responsabilité administrative (dommages de travaux publics, mauvais fonctionnement du service public) que par le régime de responsabilité civile prévu aux articles 1382 et suivants du code civil seraient estimées moins favorables ». *Et le ministre de conclure que les chefs d'établissements employeurs pourront accorder aux aides éducateurs une protection identique à celle dont bénéficient les agents publics, non fondée sur les dispositions de l'article 11 de la loi du 13 juillet 1983* [12].

Par-delà la nécessaire référence au statut, des conditions de fond sont requises pour l'application du régime.

10/ Pierre Moreau et Bernard Cazin, « La protection fonctionnelle des agents publics : un édifice inachevé », *AJFP*, juillet-août 1999, p. 23.

11/ CE, 27 octobre 1961, *Caisse Primaire de Sécurité Sociale de Mulhouse c/ Kormann*, *Rec. CE*, p. 60.

12/ Lettre DAJ-A2 n° 1015 du 16 octobre 2000, *LIJ*, 50/2000, p. 18.

B. Les conditions de reconnaissance du droit à la protection

541 La qualité de fonctionnaire ou d'agent public ne suffit pas pour mettre en œuvre le droit à la protection. Encore faut-il que des atteintes précises affectent l'agent (**I**), en rapport avec l'exercice de ses fonctions (**II**).

I Les atteintes fondant le droit à protection

542 La loi et la jurisprudence ont entendu délimiter le type d'agressions « au sens de l'article 11 » de nature à justifier un soutien administratif statutaire. D'interprétation large, la notion correspond, la plupart du temps, à certaines infractions pénales.

a) La définition textuelle et jurisprudentielle

543 La détermination des atteintes visées par la loi résulte d'abord d'une énumération : menaces, violences, voies de fait, injures, diffamations ou outrages. Mais le législateur ne confère à cette liste aucun caractère exhaustif. Le juge complète la détermination légale en s'attachant à fonder sa décision sur les circonstances particulières du litige. Il apprécie les agissements incriminés et leur caractère d'attaque justifiant la protection du fonctionnaire.

Divergence d'appréciation. *Le proviseur du lycée Henri IV prononce le redoublement de la classe de seconde générale d'un élève. La décision confirmée par la commission d'appel suscite l'ire de ses parents se manifestant par des correspondances outrancières. Ce qui entraîne deux plaintes du chef d'établissement (traité de « menteur » et de « délinquant ») pour diffamation et outrage. Elles font l'objet d'un classement sans suite par le Parquet du procureur de la République de Paris.*

Différence de culture, de méthode, peut-être de terrain ou relativité des choses humaines..., « l'autre juge » adopte une position diamétralement opposée. Le tribunal administratif de Paris saisi de la requête en annulation de la décision sus-invoquée considère qu'un certain nombre de termes figurant dans quatre mémoires produits à l'instance[13] « présentent un caractère injurieux, outrageant ou diffamatoire ». *En application de l'article 41 de la loi du 29 juillet 1881 et de l'article L. 741-2 du Code de justice administrative, le juge saisi de la cause, peut prononcer, même d'office, la suppression des écrits de cette nature. Ce qu'il ordonne ici pour 33 passages !*

13/ TA Paris, 14 février 2002, *Lemaire et Fulli Lemaire*, req. 0118445/7 et 0119129/7.

544 La victime arguera de faits mettant en cause son comportement, son honneur, sa considération, d'actes visant ses biens, son patrimoine, son intégrité physique ou sa vie. Ils peuvent prendre la forme d'**attaques verbales**[14], tels des propos tenus soit sur le lieu des fonctions (déclarations outrageantes de la principale adjointe d'un collège à l'égard d'un enseignant, à l'issue d'un conseil d'administration de l'établissement[15] ; rumeur teintée de sous-entendus malveillants[16]), soit hors de celui-ci (imputations calomnieuses et diffamations[17]) ou écrites et contenues dans des rapports internes (courrier au recteur d'un proviseur sur un professeur faisant notamment état de son « *comportement systématiquement (...) outrancier, caractériel* »[18]), des lettres[19], des tracts[20], des articles de presse (directrice d'un collège d'enseignement technique, objet de deux communiqués publiés contre elle dans un grand journal local, dont un appelait à une manifestation dans la cour même de l'établissement[21], ou encore, un conseiller principal d'éducation décrit par une journaliste comme « *chauve, consciencieux et pas très expérimenté à 29 ans* »[22]), des ouvrages de grande diffusion (parution d'un livre contenant des allégations et appréciations diffamatoires relatives au comportement du requérant dans l'exercice de fonctions adminis-tratives antérieures[23]). Ils peuvent prendre également la forme d'**atteintes matérielles portées aux biens** de l'agent par détérioration, destruction d'effets personnels (professeur de lycée tenu de demeurer en poste au Laos, victime de la perte de ses effets mobiliers lors d'un bombardement survenu à Vientiane[24]), vol, spoliation de biens immobiliers[25] ou pillage[26]. La forme de troubles touchant à l'intégrité physique de l'agent comme la rébellion, la séquestration (fonc-

14/ Dominique Dumont, « Les agressions morales contre les agents publics », *LIJ*, 62/94.

15/ TA Montpellier, 12 juin 1996, *Chereul*, req. 953307.

16/ CE, 3 mars 2003, *Centre d'aide par le travail de Cheney*, req. 235052.

17/ CE, 30 mars 1962, *Bertaux*, *Rec. CE*, p. 238, *AJ*, p. 695.

18/ TA Marseille, 25 mars 1999, *Mathonnet*, req. 98-2412.

19/ CE, 26 mars 1965, *Villeneuve*, *Rec. CE*, p. 207 ; TA Lyon, 19 mai 1998, *Jarnet*, *AJFP*, novembre-décembre, p. 33, concl. Éric Kolbert.

20/ CE, 13 février 1959, *Bernadet*, *Rec. CE*, p. 111.

21/ CE, 24 juin 1977, *Dame Deleuse*, *Rec. CE*, p. 294.

22/ CA Versailles, 21 mars 1997, *B. et R. c/ G.*, req. 224.

23/ CE, 14 février 1975, *Teitgen*, *Rec. CE*, p. 111.

24/ CE, 16 octobre 1970, *Époux Martin*, *JCP*, 1971, II, p. 16577, concl. Braibant, obs. David Ruzié.

25/ CE, 10 janvier 1969, *Grafmüller*, *Rec. CE*, p. 16.

26/ CE, 6 novembre 1968, *Bénéjam et Morichère*, *Rec. CE*, p. 545, (deux arrêts), *AJ*, 1969, p. 27, chron. J.-L. Dewost et R. Denoix de Saint-Marc.

tionnaire détenu pendant six jours par des indépendantistes en Nouvelle Calédonie[27]) ou de violences (fonctionnaire objet de coups et d'injures de la part de l'un de ses subordonnés traduit devant un conseil de discipline[28]). La victime doit cependant se trouver personnellement concernée. Ainsi les déclarations ou publications contenant des attaques contre un corps de fonctionnaires mais ne visant pas l'agent en personne ne justifient-elles pas la mise en œuvre de la protection[29].

Par ailleurs, ne constituent point des attaques au sens de l'article 11 les imputations de caractère injurieux émises dans le rapport d'un supérieur hiérarchique[30], dès lors que le comportement de ce dernier se rattache à l'exercice normal de son pouvoir. Dans une espèce, des lettres anonymes et des tracts mettent en cause le proviseur-adjoint du lycée. Une enquête diligentée auprès de personnels de l'établissement soupçonnés d'être à l'origine des écrits les conduit à solliciter la protection juridique des fonctionnaires. Refus de l'administration. Le tribunal confirme. Il considère que l'enquête n'était pas étrangère à l'intérêt du service et se rattachait à l'exercice normal du pouvoir hiérarchique[31]. On peut cependant, eu égard à la formulation retenue par le juge, penser à des situations exceptionnelles où la protection serait due aux agents ; lorsque le supérieur hiérarchique sort du cadre de son pouvoir soit en raison de motivations d'ordre privé, soit en raison de l'excès de son comportement[32].

545 La détermination des auteurs et des victimes des atteintes fait naître une interprétation large du tribunal administratif. Celles-ci émanent aussi bien de personnes privées, tiers, administrés ou non du service auquel appartient l'agent, que d'autres agents[33] ou d'autorités de toute nature[34]. L'hypothèse la plus fréquente se vérifie lorsque l'usager provoque le désordre ; chez les enseignants, il éclate souvent à cause d'un élève ou d'un parent.

27/ TA Nouméa, 31 décembre 1985, *Janczak*, *Rec. CE*, p. 670.

28/ CE, 21 novembre 1980, *Daoulas*, *Rec. CE*, p. 771.

29/ CE, 26 juillet 1978, *Sénac*, req. 2995.

30/ CE, 21 novembre 1990, *L.*, req. 104019. Dans le même sens, cf. CAA Bordeaux, 24 juin 1999, *Hyacinthe*, req. 96BX31732.

31/ TA Montpellier, 24 avril 2002, *B. et F.*, req. 98-2045 et 98-2473.

32/ M.J., « Pas de protection fonctionnelle contre le supérieur agissant normalement comme tel », note sous TA Montpellier, 24 avril 2002, *B. et F.*, *Ibid*, *AJFP*, novembre-décembre 2002, p. 37.

33/ CAA Lyon, 3 avril 2001, *Mathé*, *AJFP*, janvier-février 2002, p. 43.

34/ TA Paris, 3 mars 1999, *Salzmann*, req. 9706114/7.

Vilains parents ! *Une pétition envoyée par des parents d'élèves à l'inspecteur d'Académie tendant à solliciter le prononcé d'une sanction disciplinaire à l'encontre d'un directeur d'école ne constitue pas une attaque au sens des dispositions de l'article 11*[35]*. Pas plus d'ailleurs que les annotations, injurieuses pour un enseignant, inscrites par un parent sur le carnet de textes de son enfant, dès lors que le pédagogue ne les porte pas à la connaissance de l'autorité hiérarchique*[36].

Démarche différente des pères et mères qui adressent à l'inspecteur d'Académie une missive comportant des imputations de nature à porter atteinte à l'honneur d'un professeur d'histoire-géographie. L'administration garde le silence. Le juge annule le refus implicite de mise en œuvre de la protection par le recteur et condamne l'État à verser 10 000 F de dommages-intérêts à l'intéressé[37]*. Deux correspondances de parents d'élèves parvenues à l'inspection académique et au collège qualifient le comportement de l'enseignant d'éducation physique et sportive de «* pathologique *», ses propos de «* pervers *» et lui reprochent ses «* exigences extravagantes *» et ses «* discours morbides *». Ils constituent des attaques au sens de l'article 11 de la loi du 13 juillet 1983*[38]*. Un professeur de mathématiques, objet de courriers de dénigrement adressés par une association de parents à sa hiérarchie, demande réparation à l'État du préjudice subi du fait de deux fautes de l'administration. Celle du principal qui ne l'informe pas de la lettre de mise en cause ; celle du recteur qui rejette implicitement sa demande de protection fonctionnelle. L'administration est condamnée à rembourser les frais de procédures judiciaires (10 418 F) et à indemniser le préjudice moral (5 000 F)*[39].

Une décision de justice récente laisse perplexe : le courrier d'une mère d'élève adressée au proviseur du lycée où se trouvait scolarisé son fils, mettait en cause l'enseignement dispensé par l'un des professeurs de l'établissement. Ce dernier en prend connaissance et demande la protection juridique des fonctionnaires, que l'administration lui refuse. Si l'annulation de cette décision reste conforme à la jurisprudence traditionnelle en la matière, la motivation retenue par le tribunal s'avère pour le moins surprenante : « les **termes du courrier** (...) bien que **modérés** et **non injurieux**, ne se bornaient pas à mettre en cause la façon que le requérant avait de concevoir sa tâche, et le choix de ses méthodes pédagogiques mais contenaient, sur ses capacités, son objectivité et sa compétence, voire son assiduité, des appréciations qui, émises en considération de sa personne, **représentaient des injures** au sens [de l'article 11 de la loi de 1983] *»*[40]*. On savait que les injures emportaient obligation pour l'administration de protéger son fonctionnaire ; ici, on apprend que l'obligation demeure lorsque lesdites « injures »... n'en sont pas.*

35/ CAA Paris, 12 décembre 1996, *Danjean*, req. 94PA1938.

36/ CE, 27 juin 1990, *M. C.*, req. 58.706.

37/ TA Dijon, 14 octobre 1997, *S. c/ recteur*, *AJFP*, mai-juin 1998, p. 33, concl. Bernard Heckel.

38/ TA Marseille, 1er mars 2001, *L.*, req. 99-2278.

39/ TA Lyon, 19 mai 1998, *Jarnet*, *op. cit.*, n° 544.

40/ TA Marseille, 6 février 2003, *Mathonnet*, req. 9901210.

b) Les infractions pénales corrélatives

546 La liste des attaques justifiant, au titre de l'article 11, la mise en œuvre de la protection juridique des fonctionnaires, renvoie à certaines infractions prévues par la loi pénale. Celles-ci s'inscrivent dans une classification criminologique[41] à l'origine d'une typologie des actes utilisant le double critère de l'objet de l'agression et de sa nature[42]. On distingue ainsi les infractions selon qu'elles touchent à l'intégrité physique ou morale des victimes et selon leur caractère direct ou indirect[43].

547 1° ***Les atteintes physiques.***

548 **Les violences physiques indirectes** visent un substitut de la victime et concernent les dégradations de biens, principalement des véhicules des personnels de l'Éducation nationale[44]. L'article 322-1 du Code pénal réprime l'infraction en ces termes : « *La destruction, la dégradation ou la détérioration d'un bien appartenant à autrui est punie de deux ans d'emprisonnement et de 30 000 euros d'amende, sauf s'il n'en est résulté qu'un dommage léger. Le fait de tracer des inscriptions, des signes ou des dessins, sans autorisation préalable, sur les façades, les véhicules, les voies publiques ou le mobilier urbain est puni de 3 750 euros d'amende lorsqu'il n'en est résulté qu'un dommage léger* »[45].

Le caractère anonyme de ce type de faits empêche généralement toute poursuite sur la base de ces dispositions et en impose la résolution par un mécanisme spécifique d'assurances.

549 **Les violences physiques directes.** Ces formes les plus agressives d'attaques donnent souvent lieu à une procédure. Pénalement, elles relèvent des articles 222-9 à 222-13 du Code pénal : « *Les violences ayant entraîné une incapacité totale de travail pendant plus de huit jours sont punies de trois ans d'emprison-*

41/ Jacques Hébert, *Les violences à l'école*, Les Éditions Logiques, Montréal, 1991.

42/ Jean-Hervé Syr, « L'image administrative des violences concernant les personnels », *in Violences à l'école. État des savoirs*, coordonné par Bernard Charlot et Jean-Claude Emin, Armand Colin, 1997, p. 301.

43/ Voir le *Guide pratique. Approches partenariales en cas d'infraction dans un établissement scolaire*, BO, HS, n° 11, 15 octobre 1998, pp. 11-27.

44/ CA Aix-en-Provence, 13 juin 2003, *P. c/ Q.*, n° 1018/*D.* 2003. Dégradation d'un téléphone, d'un classeur, d'un vase, d'un porte-crayons, d'un cendrier, d'un porte-photos appartenant à un conseiller principal d'éducation ; condamnation à 500 euros d'amende avec sursis, 278,98 euros de dommages et intérêts envers la victime pour le préjudice matériel et 200 euros au titre de l'article 475-1 du C. pr. pén.

45/ La contravention prévue par l'article R. 635-1 du Code pénal (destructions, dégradations et détériorations causant un dommage léger) est réprimée par l'article R. 635-1 al. 1 et 2 du même Code : textes visés dans l'arrêt cité note précédente.

nement et de 45 000 euros d'amende » (article 222-11). L'article suivant renforce la répression du délit et prévoit une peine de cinq ans d'emprisonnement et de 75 000 euros d'amende notamment lorsqu'il touche une personne chargée de mission de service public, dans l'exercice ou à l'occasion de l'exercice de ses fonctions ou de sa mission. Il en va de même lorsque la commission des faits survient à l'intérieur ou aux abords d'un établissement scolaire ou à l'occasion des entrées et sorties des élèves.

Les circonstances aggravantes prévues pour l'infraction de coups et blessures volontaires, impliquent une protection renforcée des personnes chargées d'une mission de service public – parmi lesquelles figurent les enseignants[46] – et du milieu éducatif. Les mêmes agissements se révèlent délictuels lorsque les faits entraînent une incapacité totale de travail personnel inférieure à huit jours (article 222-13). On note de nombreux cas de violences perpétrées à l'encontre des personnels des établissements scolaires : sur un proviseur[47], sur un principal adjoint[48], sur une institutrice, un professeur et un directeur d'école[49], sur un agent d'accueil[50]. Plus rare, en revanche, la séquestration ou détention arbitraire suivie d'une libération avant le septième jour. Enfermé dans le cabinet médical, un professeur en congé maladie menaçait d'un revolver à grenaille un médecin de prévention et promettait de mettre fin à ses jours s'il n'obtenait pas une entrevue avec le recteur au sujet de sa situation administrative[51].

Sus à l'intrus. *Le décret n° 96-378 du 6 mai 1996 a créé une infraction codifiée à l'article R. 645-12 du Code pénal :* « Le fait de pénétrer dans l'enceinte d'un établissement scolaire, public ou privé, sans y être habilité en vertu de dispositions législatives ou réglementaires ou y avoir été autorisé par les autorités compétentes est puni de l'amende pour les contraventions de la 5ᵉ classe. Les personnes coupables de la contravention prévue au présent article

46/ Cass. crim., 25 juillet 1884, *Bull. Crim.*, n° 248.

47/ TGI Marseille, 24 juin 1996, *Ministère public c/ A.*, req. 5952 : 6 mois d'emprisonnement avec sursis avec l'obligation d'accomplir 120 heures de travail d'intérêt général, 5 000 F de dommages et intérêts, 1 500 F sur le fondement de l'article 475-1 C. pr. pén.

48/ T. pol. Arles, 21 mars 1996, *Ministère public c/ D.* : amende de 2 000 francs avec sursis.

49/ TGI Marseille, 7 juin 1996, *Ministère public c/ A.*, req. 5316 : privation du droit de vote pour une durée de deux ans, un franc de dommages-intérêts, 750 francs sur le fondement de l'article 475-1 du C. pr. pén., affichage du jugement *in extenso* sur la porte principale de l'école pendant un mois. Juridiction de proximité de Marseille, 30 juin 2004, *Ministère public, B., c/ B.* : amende de 600 euros, l'incapacité de travail n'excédant pas huit jours, 1 000 euros de dommages-intérêts, 200 euros au titre de l'article 475-1 du C. pr. pén.

50/ TGI Marseille, 14 mars 1997, *Ministère public c/ R.*, req. 02601.

51/ CA Aix-en-Provence, 13ᵉ Ch., 12 janvier 1996, *I. c/ Ministère Public*, req. 49/D/13/96.

encourent également les peines complémentaires suivantes : 1°/ la confiscation de la chose qui a servi à commettre l'infraction ou la chose qui en est le produit ; 2°/ le travail d'intérêt général pour une durée de 20 à 120 heures ». *De nombreuses condamnations ont été prononcées, depuis, pour intrusion. À titre anecdotique, on citera simplement l'attitude de cet ophtalmologiste qui ne semblait pas avoir froid aux yeux : entré sans autorisation, il avait outragé quatre personnes chargées d'une mission de service public en les traitant de* « connards travaillant dans un collège de merde »[52].

550 2° *Les atteintes morales.* Les atteintes à l'intégrité morale des fonctionnaires peuvent résulter directement ou indirectement de violences verbales ou d'agissements constitutifs de harcèlement.

Pas de blague pour le blogueur. *Le terme « blog », abréviation de weblog signifie journal sur internet. On trouve, dans cette sorte de carnet intime, des textes, des photographies, des vidéos. Le jeune « blogueur » doit savoir qu'il encourt une sanction disciplinaire et/ou judiciaire (civile ou pénale) s'il lui vient à l'idée de :*

– reproduire et diffuser des productions intellectuelles (marques, inventions, dessins, modèles...) sans l'accord des auteurs titulaires des droits sur ces œuvres[53] *;*

– enregistrer, organiser, conserver, adapter ou modifier des informations nominatives ou permettant l'identification des personnes en cause (données dites « à caractère personnel ») sans l'accord de ces dernières ou, le cas échéant de la CNIL[54] *;*

– reproduire et diffuser l'image de leurs enseignants ou de tiers sans leur accord ou porter atteinte à leur vie privée[55] *;*

– diffuser des informations à caractère pornographique[56]*, diffamatoire, injurieux, outrageant...*[57] *;*

– communiquer des messages de provocation à la désobéissance, à une infraction, à la discrimination, à la haine ou à la violence raciales, à s'armer illégalement, au suicide, à la trahison ou à l'espionnage[58].

Au-delà des fautes ou des infractions qu'il est tentant de commettre sur un blog[59]*, celui-*

52/ TGI Aix-en-Provence, 18 janvier 2001, *Ministère public, E., P., R. R., S., c/ B.*, req. 01/208, n° 01500025 : condamnation à une amende de 1 000 francs (soit 152,45 euros) pour la contravention d'intrusion dans l'enceinte d'un établissement scolaire. Le tribunal prononce par ailleurs une peine de 60 jours-amende de 100 francs (soit 15,24 euros) et ordonne l'affichage du jugement avec les simples initiales du prévenu pendant une durée de trois mois devant la porte de l'établissement pour le délit d'outrage à une personne chargée d'une mission de service public. Pour cette dernière infraction, cf. *infra* n° 556.

53/ Cf. *supra* n° 93 à 189.

54/ Art. 226-1 C. pén.

55/ Art. 226-1 C. pén.

56/ Art. 227-23 C. pén.

57/ Cf. *infra* n° 556.

58/ Art. 413-1 C. pén., art. 23 et 24, loi 29 juillet 1881, art. R 625-7 C. pén., art. 418-8 C. pén., art. 223-13 C. pén., art. 411-11 C. pén.

59/ Marie-Caroline Missir, « Les "blogs" à l'origine de plusieurs exclusions d'élèves. Un principal porte plainte pour diffamation », l'*AEF*, 22 mars 2005, n° 51483.

ci, comme tout site internet, doit contenir une notice légale indiquant la raison sociale, l'adresse, le numéro de téléphone ou l'e-mail de l'hébergeur du blog[60]. *Le Code pénal punit le manquement à ces obligations (quel que soit par ailleurs le mode de commission) d'un an d'emprisonnement et de 45 000 € d'amende parfois portée à 75 000 €*[61]. *Que les blogueurs - farceurs se le « télédisent » :* « Funki groov, on fait une méga teuf mais on respecte la meuf[62]. *Sinon le juge t'explose !* ».

551 **Les violences verbales** présentent un caractère direct ou indirect.

Les **violences verbales indirectes** recouvrent principalement la diffamation et la dénonciation calomnieuse.

La diffamation s'analyse en « *toute allégation ou imputation d'un fait qui porte atteinte à l'honneur ou à la considération de la personne* » ou du corps attaqué. La loi du 29 juillet 1881 (articles 29 et suivants) punit l'infraction, notamment commise envers un fonctionnaire public, d'une amende de 45 000 euros. La jurisprudence contrôle l'existence d'une relation directe et étroite entre les imputations et la fonction de la personne diffamée. À défaut de ce lien, seul l'homme privé se trouve visé[63].

La dénonciation calomnieuse ressortit à l'article 226-10 du Code pénal. « *La dénonciation, effectuée par tout moyen et dirigée contre une personne déterminée, d'un fait qui est de nature à entraîner des sanctions judiciaires, administratives ou disciplinaires et que l'on sait totalement ou partiellement inexact, lorsqu'elle est adressée soit à un officier de justice ou de police administrative ou judiciaire, soit à une autorité ayant le pouvoir d'y donner suite ou de saisir l'autorité compétente, soit aux supérieurs hiérarchiques ou à l'employeur de la personne dénoncée, est punie de cinq ans d'emprisonnement et de 45 000 euros d'amende. La fausseté du fait dénoncé résulte nécessairement de la décision, devenue définitive, d'acquittement, de relaxe ou de non-lieu déclarant que la réalité du fait n'est pas établie ou que celui-ci n'est pas imputable à la personne dénoncée (...)* ».

Ce comportement délictueux suppose à la fois l'identification de la victime lui causant un dommage et la connaissance, par le prévenu, de la fausseté du fait dénoncé[64]. Dans cette mesure,

60/ Rép. à QE, n° 52236, *JOAN*, 23 févr. 2005, p. 1949.

61/ Art. 227-23 C.pén. : dix ans d'emprisonnement et 500 000 € d'amende lorsque ces infractions sont commises en bande organisée.

62/ Précision des auteurs : le blogueur fait allusion à une professeure de langues rares.

63/ Sur cette infraction, voir les développements de Jean Frayssinet, « Diffamation et injure par internet : un droit inadapté à la protection des fonctionnaires », *AJFP*, novembre-décembre 2002, p. 33.

64/ Des faits exacts privent la dénonciation de son caractère calomnieux : insuffisance professionnelle (corroborée par un rapport d'inspection) et existence d'un danger pour les élèves (comportement violent de l'enseignante), TGI Marseille, 13 février 2004, *D. c/ T.*, req. 1196/04, n° 03216923.

nourrir des soupçons (attachée et secrétaire d'intendance) à l'encontre de quelqu'un (agent de bureau) ne suffit pas pour constituer l'élément matériel de l'infraction. De même, la croyance erronée en la culpabilité (du second nommé) ne caractérise pas son élément moral, c'est-à-dire l'intention coupable[65].

552 **Les violences verbales directes** mises en avant prennent la forme de la menace, de l'injure ou de l'outrage.

553 • La menace procède de l'article 222-17 du Code pénal. « *La menace de commettre un crime ou un délit contre les personnes dont la tentative est punissable est punie de six mois d'emprisonnement et de 7 500 euros d'amende lorsqu'elle est, soit réitérée, soit matérialisée par un écrit, une image ou tout autre objet. La peine est portée à trois ans d'emprisonnement et à 45 000 euros d'amende s'il s'agit d'une menace de mort* ».

Ce texte s'applique à propos de menaces avec arme de quatrième catégorie à l'encontre d'un attaché d'intendance qui intimait l'ordre à l'intrus de quitter le parking réservé au personnel de l'établissement[66] ; de menaces réitérées de mort ou d'atteinte aux biens contre un proviseur, son adjoint et le gestionnaire : « *je vais vous tuer, je vais brûler le lycée* »[67] ; de menaces de crime contre la personne du chef d'établissement faites sous condition : celle de réintégrer le fils du prévenu dans l'école[68] ou de faire participer son enfant à un voyage scolaire[69] ; encore contre le médecin scolaire avec ordre de lui rendre le dossier médical de sa fille[70] ; de menaces de crime requalifiées en outrage

65/ L'intendante et son adjointe avaient reçu une lettre anonyme contenant insultes et menaces ; une expertise graphologique avait mis hors de cause l'agent soupçonné : TGI Marseille, 18 novembre 2004, *Di N. c/ M.*, req. 670, n° 02/11713.

66/ TGI Gap, 13 octobre 1993, *Ministère public c/ L.*, req. 641 n° 5033/93 : six mois d'emprisonnement dont cinq avec sursis et mise à l'épreuve pendant trois ans assortis de l'obligation au travail, interdiction de porter une arme pendant cinq ans, confiscation du magnum 9 mm saisi.

67/ TGI Marseille, 22 octobre 2001, *Ministère public, G., D. c/ K.*, req. 01/89075, n° 01208074 : six mois d'emprisonnement, 1 000 francs de dommages-intérêts, 3 000 F au titre de l'article 475-1 du C. pr. pén., affichage de la décision sur les portes du lycée pour une durée de deux mois.

68/ TGI Marseille, 25 novembre 1996, *Ministère public, G. c/ F.*, req. 10382 : huit mois d'emprisonnement avec sursis, un franc de dommages-intérêts, affichage du jugement sur la porte principale du lycée aux frais limités à 1 000 F pendant un mois.

69/ TGI Tarascon, 21 juin 2002, *Ministère public c/ Rouvière*, req. 02004699, n° 645/02 : 1 mois d'emprisonnement ferme, 300 euros de dommages-intérêts à chacune des parties civiles.

70/ TGI Marseille, 23 mars 2004, *Ministère public, C., C., L., c/ A.*, req. 042169, n° 04230147 : un an d'emprisonnement dont neuf mois avec sursis assorti d'une mise à l'épreuve pendant dix-huit mois avec obligation de soins et avec interdiction d'entrer en contact avec les victimes. Cinq infractions relevées (menaces de mort réitérée, menaces de délit contre les personnes faites sous condition, appels téléphoniques malveillants réitérés...) contre à personne chargée d'une mission de service public : « *il va vous arriver des malheurs, vous allez voir ce qui va vous arriver* »[71].

554 L'injure et l'outrage. L'injure au sens de l'article 29 de la loi du 29 juillet 1881 s'entend de « *toute expression outrageante, termes de mépris ou invective qui ne renferme l'imputation d'aucun fait* ». L'article 33 du même texte la punit d'une amende de 12 000 euros. Le prévenu peut être une personne physique ou une personne morale[72]. L'outrage constitue une infraction spécialement établie pour réprimer les agissements condamnables envers les fonctionnaires publics et les dépositaires de l'autorité et de la force publique. L'article 433-5 du Code pénal prévoit ainsi une peine d'amende pour « *les paroles, gestes ou menaces, les écrits ou images de toute nature non rendus publics ou l'envoi d'objets quelconques adressés à une personne chargée d'une mission de service public, dans l'exercice ou à l'occasion de l'exercice de sa mission, et de nature à porter atteinte à sa dignité ou au respect dû à la fonction dont elle est investie* ». Dans sa rédaction issue de la loi n° 2002-1138 du 9 septembre 2002, l'article ajoute que « *lorsque (...) les faits ont été commis à l'intérieur d'un établissement scolaire ou éducatif, ou, à l'occasion des entrées ou sorties des élèves, aux abords d'un tel établissement, l'outrage est puni de six mois d'emprisonnement et de 7 500 euros d'amende* »[73].

555 ***Des mots toujours plus gros.*** *Diffamation, injure et outrage présentent quelque lien de filiation*[74]. *La diffamation et l'injure relèvent de l'article 29 de la loi du 29 juillet 1881 modifiée ; le législateur analyse l'injure* a contrario *: elle ne renferme l'imputation d'aucun fait. À défaut de pureté, elle apparaît brute. En outre, elle fait expressément référence à l'outrage (*« expression outrageante »*). Dès lors, leur qualification nécessite parfois une plongée prolongée dans le Code pénal.*

Ces infractions présentent cependant des différences. D'une part du point de vue de leur publicité. L'écrit rendu public relève de la diffamation (loi de 1881) et non de l'outrage qui caractérise, lui, le même écrit mais resté confidentiel et adressé directement à la personne (art. 433-5 CP)[75]. *D'autre part, du point de vue de la victime. Sa qualité de fonctionnaire ou*

trois parties civiles qui reçoivent, chacune, un euro de dommages-intérêts et 200 euros au titre de l'article 475-1 C. pr. pén.

71/ TGI Carpentras, 11 septembre 2001, *Ministère public, G. c/ J. G.*, req. 804/2001, n° 3119 : amende de 8 000 F assortie du sursis, un franc de dommages-intérêts, 3 000 F au titre de l'article 475-1 du C. pr. pén.

72/ TGI Digne-les-Bains, 13 février 2003, *Ministère public, A. c/ Association Radio Zinzine et V.*, req. 109/03, n° 02005075 : amende de 150 euros, 150 euros de dommages-intérêts.

73/ Cf. la chronique « Le point sur le délit d'outrage », *LIJ*, 68/2002, p. 45.

74/ Rémy Fontier, « La diffamation, l'outrage et l'injure : définitions et exemples concernant les agents publics, associations et syndicats », *JDJ*, n° 231, 2004, p. 19.

75/ Cass. Crim., 7 décembre 2004, *X*, *AJDA*, p. 622.

de personne physique exerçant une mission de service public[76] *en fera un outragé. L'injure visera le particulier.*

*L'***outrage** *qui prospère dans les établissements scolaires, se voit, se lit et s'entend. Puis, gestes, écrits et paroles conduiront les auteurs jusqu'au prétoire.*

La **gestuelle**, *en premier lieu, consiste en* « toute action du corps, toute mimique, toute attitude exprimant clairement le dédain ou le mépris... »[77]. *Arracher des mains du professeur le cahier ou le carnet qu'il tient constituerait un outrage par geste*[78]. *Il va sans dire que le bras dit d'honneur ou le doigt pointé vers le ciel de l'opprobre répondent à la définition.*

*L'***écrit**, *en second lieu, quel que soit son support (papier, bois, pierre, écran*[79]*...) reste rare, la spontanéité caractérisant l'action. L'anonymat révèle la volonté d'outrager sans se faire identifier. Mais... Un petit malin est prévenu d'avoir écrit sur les murs et les portes des salles de classe du collège les phrases suivantes :* « saloupe G..., sale pute G..., G... salop, R... le vise de rut nique ta mère », *ceci sans guillemets et points de suspension et probablement sans les virgules. Repéré par son entourage – peut-être à cause de son orthographe capricieuse et de son style (a)typique – puis déféré, le tribunal pour enfants, dubitatif*[80], *ordonne, avant dire droit, une expertise graphologique. Un gros malin voit sa candidature à un appel d'offres rejetée. Il renvoie au recteur son courrier et le surcharge d'annotations obscènes relatives à des fonctionnaires du service constructeur qui construira sans lui. Le lieu d'envoi et la similitude de l'écriture avec celle du dossier de soumission le confondent. Joignant la parole puis le geste à l'outrage, l'ingénieur conseil irascible accueille le gendarme chargé de l'enquête par les termes suivants* « qu'est-ce que vous venez encore me faire chier », *le traite de* « bon à rien » *puis, à deux reprises, jette sur l'adjudant le contenu d'un arrosoir ! Arroseur arrosé, ce multirécidiviste de l'outrage verra la cour d'appel confirmer sa condamnation à quinze jours d'emprisonnement, à une amende de 2 000 euros et à la confiscation de son véhicule*[81].

La **parole**, *en dernier lieu, demeure le terrain favori de l'infraction et le* « discours » *peu académique s'adresse tantôt à une personne, tantôt à un groupe.*

L'éclat de colère contre le fonctionnaire s'exprime en un vocabulaire que caractérisent la récurrence et l'indigence : les adjectifs « sale, pauvre, gros » *ou* « petit » *complètent quelques noms d'oiseaux qui touchent la communauté éducative tout entière. À tout seigneur, tout déshonneur, le chef d'établissement se révèle ici traité de* « pauvre type et d'inca-

---

76/ Termes employés dans une missive adressée à un président d'Université mettant directement en cause son intégrité *es qualites*, Cass. Crim. 18 avril 2000, *D.*, IR, p.170.

77/ Trib. correct. Besançon, 15 mars 1963, *D.*, p. 324.

78/ À propos d'un huissier, Cass. Crim. 19 juin 1985, *Gaz. Pal.* 2, 654.

79/ De télévision, d'ordinateur ou de téléphone portable ; le principe reste le même : l'affichage privé procède de l'outrage, l'affichage public concerne la diffamation ou l'injure.

80/ T. enfants Carpentras, 12 novembre 2003, *G.P. c/ M.*, req A 02/0528, n° 200074. Plus tard, au fond, le juge a déclaré le prévenu coupable d'injure publique et non d'outrage en raison de la publicité donnée aux faits (voir note précédente) et a prononcé la peine suivante : remise du mineur à ses parents, amende de 200 euros, 500 euros de dommages-intérêts, 300 euros au titre de l'article 475-1 du C. proc. pén. À rapprocher de l'inscription sur un portique d'un jardin public à l'encontre d'un chef d'établissement (« *Mort à Z... juif* ») : T. enfants Digne, 22 mai 1996, *Ministère public c/ F et R* : remise des mineurs à leurs parents, condamnation à 2 000 francs de dommages-intérêts.

81/ CA Orléans, 29 juin 2004, *C. c/ Ministère public*, A. S. req. 2004/00083, GD 464.

pable »[82], *là interpellé par la phrase* « espèce de grosse salope »[83] *ou encore apostrophé par la tirade* « avec la tête que vous avez, maintenant je comprends mieux... Vous n'êtes qu'un con de fonctionnaire... Vous êtes un con, sale con, petit con... Vous êtes vraiment un petit con de fonctionnaire »[84]. *Ne sont ni oubliés ni épargnés, le professeur d'éducation physique* (« vous êtes une merde, vous êtes une folle, d'où vous sortez vous aurez des ennuis »[85]), *le professeur de technologie* (« t'es pas belle pauvre conne »[86]), *le professeur de mécanique* (« mongol, fils de pute nique ta mère »[87]), *le professeur des écoles* (« tout le monde dans cette école me fait chier. À l'intérieur vous êtes des professeurs et vous avez toujours raison, mais dehors vous êtes de la merde »[88]). *Parfois se mêle à l'infraction une certaine discrimination raciale : vis-à-vis de conseillers principaux d'éducation* « sale raciste, sale français, va niquer ta mère »[89], « vous êtes des enculés, des racistes »[90] *ou d'un enseignant* « vous êtes juif et moi je suis allemand et je vais vous envoyer au four crématoire »[91].

L'outrage commis verbalement à l'encontre d'un groupe ou d'une personne en faisant partie existe aussi. On citera tout d'abord des propos à connotation politique (« vous êtes un fasciste, vous agissez avec des méthodes de fasciste ») *adressés par un directeur d'école à un inspecteur d'Académie, lors d'une réunion du comité technique paritaire départemental*[92]. *On mentionnera ensuite une phrase à l'énoncé plus physiologique* (« va te faire enculer, enfonce-toi le doigt dans le cul bien profond, que ce soit bien chaud, et à tous les présents, allez tous vous faire enculer ») *lancée par un élève aux membres d'un conseil de discipline devant lequel*

82/ TGI Senlis, 23 juillet 1998, *Ministère public c/ B.*, req. 1176/98 : amende de 3 000 francs, un franc de dommages-intérêts, 3 000 francs au titre de l'article 475-1 du C. pr. pén. L'Académie d'Amiens, reçue en sa constitution de partie civile, obtient un franc de dommages-intérêts pour « *l'atteinte portée à l'image du service public de l'enseignement national* ».

83/ TGI Aix-en-Provence, 6 avril 2004, *Ministère public, C. c/ M.*, req. 041535 n° 04500/09 : amende de 1 500 euros, 400 euros de dommages-intérêts, 400 euros au titre de l'article 475-1 du C. pr. pén.

84/ CA Grenoble 1re, 10 septembre 2003, *M. c/ Ministère public*, M., req. 1275 n° 03/00011 : amende de 1 000 euros, 1 euro de dommage-intérêts, 600 euros (en sus) au titre de l'article 475-1 du C. pr. pén.

85/ TGI Marseille, 4 février 1999, *Ministère public, L. c/ G.*, req. 01.023, n° 982112941 : amende de 20 000 francs, 2 500 francs de dommages-intérêts, 1 500 francs en application de l'article 475-1 du C. pr. pén.

86/ TGI Avignon, 15 février 2000, *Ministère public, P. c/ P.*, req. 585/2000, n° 991830 : amende de 10 000 francs dont 8 000 francs avec sursis, un franc de dommages-intérêts, 2 500 francs en application de l'art. 475-1 du C. pr. pén.

87/ TGI Villefranche-sur-Saône, 25 février 2003, *Ministère public, O. c/ T.*, B., req. 253.03, n° 02003714 : trois mois d'emprisonnement assortis du sursis avec mise à l'épreuve pendant 18 mois, 1 000 euros de dommages-intérêts, 400 euros au titre de l'article 475-1 du C. pr. pén.

88/ TGI Digne, 20 mars 2003, *Ministère public c/ F.*, req. 215/03, n° 03000626 : amende de 500 euros, 200 euros de dommages-intérêts, 350 euros au titre de l'article 475-l du C. pr. pén.

89/ TGI Avignon, 3 avril 2001, *Ministère public, D. c/ E. A.*, T., req. 915/01, n° 0015730 : deux mois d'emprisonnement avec sursis, amende de 3 000 francs, 3 000 francs de dommages-intérêts, 3 000 francs au titre de l'article 475-1 du C. pr. pén. (s'ajoutaient aux outrages de violences).

90/ TGI Carpentras, 6 novembre 2001, *Ministère public, M. c/ O.*, req. 1039/2001, n° 002577 : amende de 2 000 francs, 2 000 francs de dommages-intérêts, 3 000 francs au titre de l'art. 475-1 du C. pr. pén.

91/ TGI Marseille, 15 septembre 1994, *Ministère public c/ G.*, req. 8865 : *trois mois d'emprisonnement avec sursis*, un franc de dommages-intérêts, 2 000 francs au titre de l'article 475-1 du C. pr. pén.

92/ TGI Avignon, 30 septembre 2003, *Ministère public, B. c/ C.*, req. 03/2504 n° 0219249 : amende de 500 euros avec sursis, un euro de dommages-intérêts, 450 euros en application de l'article 475-1 du C. pr. pén.

il comparaissait[93]. *Manifestement, l'aspect éducatif de la procédure instaurée*[94] *laissait à désirer...*

Violences et outrages allant fréquemment de pair[95], *le prévenu encourra des peines plus lourdes; sachant qu'en cas de concours d'infractions, les sanctions prévues pour chaque délit peuvent se cumuler sous certaine conditions.*

556 **Le harcèlement.** Le Code pénal incrimine, d'une part, le harcèlement sexuel (art. 222-33) pratiqué « *dans le but d'obtenir des faveurs de nature sexuelle* » et, d'autre part, le harcèlement moral (art. 222-32-2) qui trouve sa source dans des agissements répétés sur autrui « *ayant pour objet ou pour effet une dégradation des conditions de travail susceptible de porter atteinte à ses droits et à sa dignité, d'altérer sa santé physique ou mentale ou de compromettre son avenir professionnel* ». Ces infractions portent principalement atteinte à la tranquilité des personnels ; elles influent aussi sur l'état de santé de la victime. Dans le domaine de l'Éducation nationale, comme dans celui des entreprises, elles procèdent surtout de « responsables » abusant de l'autorité conférée par leurs fonctions[96]. Le harcèlement, au-delà des poursuites pénales diligentées contre les personnes, engage parfois la responsabilité de l'administration. Les condamnations restent très rares[97]. Dans une affaire, cependant, un établissement est condamné pour harcèlement à la suite du suicide d'un enseignant sur son lieu de travail[98] :

93/ TGI Carpentras, 25 novembre 2003, *Ministère public, T.F.R.T.M.S.P.A. c/ M.*, req. 1402/2003 n° 02002955 : amende de 300 euros, 50 euros de dommages-intérêts pour chacune des sept parties civiles, 450 euros au titre de l'article 475-1 du C. pr. pén.

94/ Voir *supra* n° 213.

95/ TGI Aix-en-Provence, 27 février 2001, *Ministère public, L. c/ B.*, req. 01/740 n° 00510170. Un chef d'établissement frappé et traité notamment de « *con et pédé* » : six mois d'emprisonnement dont trois avec sursis assortis d'une mise à l'épreuve, obligation de suivre une formation professionnelle, affichage du jugement sur la porte du lycée pour une durée de trois mois, un franc de dommages-intérêts, 3 000 francs en application de l'article 475-1 du C. pr. pén. ; TGI Aix-en-Provence, 4 mai 2004, *Ministère public, B. c/ B.*, req. 04/1775, n° 0450476 : 8 mois d'emprisonnement avec sursis, 760 euros au titre de l'article 475-1 du C. pr. pén.

96/ Gérard Boulanger, Yara Tajo, « La protection juridique des agents publics contre le harcèlement moral », *Petites affiches*, 24 décembre 2003, n° 256, p. 3. Sur un exemple de refus justifié d'accorder cette procédure, voir TA Marseille, 23 mai 2005, *S.*, req. 0310338.

97/ Les conditions de notation de l'intéressée, la généralité des termes utilisés, les diverses correspondances échangées avec le proviseur, les comptes rendus des médecins consultés, ne traduisent « *aucun élément utile et probant de nature à confirmer l'existence d'une situation de harcèlement moral* » (TA Strasbourg, 2 novembre 2004, R., req. 0202894) ; ne constitue pas non plus un harcèlement moral le fait d'écarter un fonctionnaire de réunions de direction lorsque ce dernier ne respectait pas le devoir de réserve (TA, Nouvelle-Calédonie 1er septembre 2004, *D.*, *AJFP*, 2005, p. 139).

98/ TA Nancy, 30 novembre 2004, *X c/ Chambre des métiers des Vosges*, req. 0201047 (condamnation de l'administration à verser 7500 euros à la veuve). Dans le même sens, voir aussi TA Versailles, 15 octobre 2004, *Balenguer*, *AJFP*, mars 2005, p. 99, concl. Pascale Léglise.

l'intéressé, connu pour son état dépresssif, voit son poste réattribué à un remplaçant à son retour de congé maladie et se trouve privé des outils pédagogiques indispensables à sa mission. Par ailleurs, les supérieurs hiérarchiques de ce fonctionnaire font déplacer ses affaires et lui interdisent de déjeuner avec un jury d'examen comme il le faisait chaque année. La faute du chef de service pour harcèlement résulte d'un faisceau d'indices convergents. Mais le seul fait de placer à la tête de la cuisine une autre personne en omettant maladroitement d'en informer l'actuel titulaire du poste ne peut suffire à constituer le délit[99].

L'agent public (victime ou mis en cause) se situe nécessairement dans une relation fonctionnelle avec la collectivité publique au moment de la survenance du dommage. Seule la présence de ce lien permettra l'application du régime.

II L'exigence d'un lien avec les fonctions

557 Simple dans son principe, cette exigence entraîne parfois des difficultés pratiques.

a) Un principe simple

558 L'accomplissement de la condition posée par le législateur suppose un agent visé en tant que tel, en raison de sa qualité, de ses activités ou de son comportement. Les dommages invoqués apparaissent comme la conséquence directe des fonctions mais la référence à celles-ci n'impose pas obligatoirement leur survenance pendant le temps de travail[100]. Ainsi, un conseiller principal d'éducation reconnu puis frappé violemment par des élèves, la nuit dans un bar, bénéficie des dispositions de l'article 11. Inversement, l'infraction commise durant le service ne caractérise pas nécessairement l'existence du lien. Pour autant, une enseignante qui reçoit des coups dans les locaux du collège ne peut prétendre au soutien de son administration, les motivations de l'agresseur, son ex-mari, relevant exclusivement de sa vie privée[101].

99/ CA Aix-en-Provence, 1er mars 2005, *S. c/ O.*, n° 202/05.

100/ CAA Paris, 1er octobre 2004, *Eeckhoudt*, *AJDA*, 2005 : alors qu'il fait ses courses en famille, un policier est menacé par un individu auquel il a eu affaire dans l'exercice de ses fonctions; protection due.

101/ Sur la difficile distinction entre vie privée et fonctions exercées par un agent public, cf. Cass. 2e civ., 24 janvier 1996, req. 93-13.821.

559 La jurisprudence administrative, constante, considère que le droit à la protection n'opère point lorsque l'agent subit les attaques à l'occasion d'activités obéissant à un mobile personnel[102] ou étrangères au service. Par exemple, à propos d'un tract du syndicat CGT-FO critiquant la manière dont s'étaient acquittés de leur mandat des représentants sortants[103]. Encore, s'agissant d'outrages à l'encontre d'une professeure d'arts plastiques de la part de deux collègues, à la suite d'un différend d'ordre privé. Le lien n'apparaît pas, en l'espèce, nonobstant une certaine publicité à l'intérieur du collège et une désaffection des cours dispensés[104]. Il ne suffit pas que les attaques partent en direction du fonctionnaire au moment où il exerce ; celles-ci doivent de surcroît trouver leur origine dans les fonctions elles-mêmes, et se révéler directement imputables à leur exercice[105]. Pareillement, un chercheur ne peut se prévaloir du dispositif pour demander réparation du préjudice causé par l'apposition de scellés sur des locaux qu'il continuait à occuper sans autorisation[106]. Même refus justifié de protection de la part du CNRS qui empêche l'agent de démentir les termes d'un rapport d'enquête : l'intéressé utilisait les moyens de communication de son laboratoire (télécopie, courriel...) pour ses activités au profit d'une secte[107]. Quant à la simple critique par voie d'affiche signée de professeurs accusant l'intendant d'abus de pouvoir, elle ne constitue pas une accusation tombant sous le coup de la loi[108].

Mais l'existence d'un dommage, subi en raison de l'activité professionnelle, ouvre le droit. En conséquence, le fait de qualifier un universitaire de « *révisionniste (...) qui compte une vingtaine de fanatiques* », porte atteinte à la dignité des fonctions du maître et non pas à sa dignité personnelle[109]. Dès l'instant où la présence de l'agent victime et son action se justifient par sa profession, la protection s'applique[110].

Certaines situations demeurent cependant d'appréciation délicate.

102/ CE, 10 décembre 1971, *Vacher-Desvernais*, *Rec. CE*, p. 758.

103/ CE, 13 février 1959, *Bernadet*, *op. cit.*, n° 544.

104/ TA Marseille, 25 janvier 2001, *K.*, req. 9701781 et 9706945. Dans le même sens, cf. TA Paris, 21 novembre 1962, *Karsenty*, *Rec. CE*, p. 797.

105/ CE, 6 novembre 1968, *Morichère*, *Rec. CE*, p. 545.

106/ TA Versailles, 2 avril 2002, *Perez*, req. 98-4948.

107/ TA Melun, 2 décembre 2003, *X.*, req. 99471/5.

108/ CAA Bordeaux, 21 juillet 2004, *X.*, *AJFP*, 2005, p. 45, comm. Samuel Deliancourt.

109/ Cass. crim., 27 septembre 1995, *Polac*, req. 002910.

110/ TA Rennes, 18 février 1988, *Guiziou*, *AJDA*, p. 416, obs. Xavier Prétot.

b) Des difficultés pratiques

560 Si l'administration reconnaît en général le lien avec les fonctions lors d'une agression sur la personne même de l'agent, des complications surviennent lorsque les atteintes touchent à ses biens. Ces méfaits, rarement signés, se produisent, la plupart du temps, en l'absence de témoins. La première difficulté concerne le vol des effets personnels d'un fonctionnaire. La règle veut que la protection ne s'applique que si l'acte a eu pour mobile, « *non un simple désir d'appropriation du bien mais l'intention de nuire à la victime en raison de sa qualité professionnelle* » (circulaire nº 97-136 du 30 mai 1997). Certes, le vol n'est pas exclu en tant que tel du champ de la protection. Mais qui peut, à la simple lecture d'un dossier, déterminer la psychologie du voleur ? Agissait-il parce que la profession de sa victime lui déplaisait au point de le pousser à l'infraction ou l'accomplissait-il simplement pour s'approprier le bien ? Ces questions restent souvent sans réponse.

La seconde difficulté concerne les dégradations commises sur les véhicules des personnels, garés aux abords des établissements scolaires [111] qui ne disposent pas forcément d'emplacements intérieurs. Les agents stationnent donc sur les parcs publics situés aux alentours. Lorsque des dégradations affectent ces biens à deux ou quatre roues, la question rejoint celle du vol : l'auteur de l'acte entendait-il viser un professeur ou opérait-il dans le seul but de dégrader un véhicule, quel qu'en soit le propriétaire ? Encore une énigme.

L'administration embarrassée fait jouer des présomptions qui, dans l'esprit de la loi, bénéficient souvent à l'agent. Les services centraux du ministère de l'Éducation nationale recommandent de « *faire preuve d'une attitude compréhensive et exempte de formalisme inutile* » [112]. Ils rappellent également que « *lorsque l'établissement scolaire est situé dans un environnement difficile, la présomption d'un lien peut être retenue en cas d'acte de vandalisme* » [113]. La jurisprudence actuelle n'affiche pas une constance rassurante. À propos du vol d'un véhicule, le tribunal considère que s'il « *n'est pas établi, ni même allégué, qu'il ait été commis dans le but de porter atteinte à l'exercice de ses fonctions,* (il) *ne constitue pas une menace, violence, voie de fait, injure, diffamation* (au sens de l'article 11 de la loi du 13 juillet

111/ Cf. *infra* nº 572.

112/ Lettre DAJ-A3 nº 0505 du 15 mai 1997, *LIJ*, 16/97, p. 12.

113/ Lettre DAJ-A1 nº 215 du 23 février 2000, *LIJ*, 44/2000, p. 17.

1983) »[114]. Dans une autre affaire de tentative de vol d'une voiture sur un parc jouxtant l'établissement, le juge pose pour postulat que la survenance du sinistre, pendant le temps où l'enseignant dispense son cours, suffit à établir le lien infraction/service. Sauf commission d'une faute de nature à engager la responsabilité de la victime, l'État doit accorder le bénéfice de la loi[115]. Les tribunaux administratifs adoptent des positions également opposées à propos des dégradations malveillantes. Pour l'un[116] « *la simple circonstance que le dommage se serait produit durant* (les) *heures de cours ne suffit pas à faire regarder ledit dommage comme ayant été subi à l'occasion de l'exercice des fonctions au sens de l'article 11 de la loi du 13 juillet 1983* ». Pour l'autre[117], l'administration ne saurait refuser l'application de l'article 11 précité, faute d'avoir préalablement procédé à une enquête alors qu'elle dispose d'indices plausibles permettant de rechercher les responsables du sinistre.

Du droit pour les agents à l'obligation pour l'administration : un principe sans limites ? *L'agent frappé (au sens propre comme au sens figuré) dans l'exercice de ses fonctions demeure libre de mettre en œuvre son droit à la protection. Dès lors qu'il la sollicite, le ministre ou le recteur échapperont difficilement à leur devoir d'aide et d'assistance. Le Conseil d'État confirme, même au stade du référé*[118]*, après le législateur, l'obligation pesant sur la collectivité publique. Formellement, elle existe dès la réunion des conditions posées par la loi sans référence à une faute quelconque de l'administration. Mais le caractère impératif se fonde, matériellement, sur son objet : la défense de l'intégrité physique et des intérêts matériels et moraux de l'agent public et, à travers lui, de l'État. Au-delà du fonctionnaire, le bon fonctionnement du service et le maintien de l'ordre public sont garantis. Pour autant, l'administration n'a point compétence liée en la matière. La jurisprudence lui reconnaît un certain pouvoir décisionnel. D'abord, l'apparition d'éléments nouveaux, liés notamment au déroulement de l'enquête pénale, peut la conduire à abroger sa décision initiale (d'accord ou de refus) et à en prendre une nouvelle, dans un sens inverse*[119]*. Ensuite, cela tombe sous le sens, rien ne l'oblige à faire bénéficier un fonctionnaire des dispositions protectrices si aucune mesure adaptée à la nature et à l'importance de l'infraction n'est plus envisageable. En effet, si la loi n'exige pas de condition pour solliciter le soutien de la collectivité, l'obligation cesse lorsque plus aucune*

114/ TA Fort de France, 15 octobre 2001, *Miquel*, req. 9904624.

115/ TA Marseille, 25 mars 2004, *Verdelhar*, req. 013565.

116/ TA Poitiers, 18 octobre 1995, *Lauri*, req. 922887. Dans le même sens, voir TA Melun, 23 mars 1999, *Aupetit*, req. 97442 et TA Dijon, 16 mars 2000, *Chapuis*, req. 986914.

117/ TA Marseille, 22 janvier 2004, *Dutot*, req. 000228.

118/ CE, 18 septembre 2003, V., *AJDA*, p. 2099, note Marie-Christine de Montecler : le refus de protection peut créer une situation d'urgence ; CE, 12 janvier 2004, *D.*, req. 256204 : la suspension de la décision de rejet n'impliquera pas nécessairement pour l'administration, d'accorder la protection ; il lui est seulement enjoint de réexaminer la demande de protection « *au regard des principes rappelés par la présente décision* ».

119/ CE, 28 décembre 2001, *Valette*, *RFDA*, 2002, p. 195 ; *AJFP*, juillet-août 2002, p. 24, obs. Pierre Boutelet. Sur cette question voir aussi *supra*, n° 407 et *infra* n° 597.

mesure concrète n'assure la protection. Ainsi en a-t-il été jugé à propos des demandes tardives d'un professeur outragé dans des courriers de parents d'élèves[120] *ou d'un maître de conférences mis en cause par des étudiants auteurs d'une motion outrageante*[121]*. Par ailleurs, la jurisprudence semble admettre comme légitime le refus de protection d'un fonctionnaire, lorsque ce dernier commet une faute personnelle détachable du service*[122]*. Par exemple, le professeur qui mord le doigt d'un de ses élèves, âgé de quatre ans, afin de réprimer son comportement perturbateur. Pour le tribunal administratif, ce fait dépasse «* l'exercice normal du droit de correction (...) Quelles que soient les circonstances de ce geste, celui-ci [constitue] une faute détachable du service de nature à dispenser son administration [de] lui assurer la protection normalement due à ses agents dans l'exercice de leurs fonctions *»*[123]*. Hors ces cas, extrêmes, seul un motif d'intérêt général peut faire obstacle à l'obligation légale de protection. Un fonctionnaire objet de diffamation dans l'exercice de ses fonctions contestait la position de sa hiérarchie qui repoussait sa demande. Le juge annule cette décision. Il considère la protection due à l'intéressé, dès lors que l'autorité administrative n'invoque «* dans les circonstances de l'affaire, aucun motif d'intérêt général de nature à l'en dispenser *»*[124]*. Cette position, réaffirmée par le Conseil d'État à de nombreuses occasions, n'apparaît point pour autant très explicite. La juridiction suprême se borne à en invoquer ou à en réfuter l'existence, sans autre précision. Elle estime ainsi illégal le refus de l'administration d'accorder la protection à un fonctionnaire pris à partie lors de réunions syndicales et dans des articles de la presse locale, alors qu'il exécutait les instructions reçues. La Haute assemblée relève que «* le souci (...) d'appliquer une politique d'apaisement à la suite d'une longue grève (...) ne pouvait constituer en l'espèce un motif d'intérêt général autorisant le directeur départemental à refuser la protection *» sollicitée*[125]*. Dans le domaine de la vie scolaire ne constituent point de tels motifs, le souci de maintenir l'harmonie dans la communauté éducative*[126]*, la faute du fonctionnaire demandant la protection – cela, même si les reproches s'avèrent fondés*[127] *–, ou sa mise en examen*[128]*. Si les menaces ou attaques aboutissent à informer l'administration des agissements répréhensibles de l'agent, l'obligation de protection n'exclut pas la possibilité de poursuites disciplinaires contre lui*[129]*. En réalité, le Conseil d'État n'a retenu l'intérêt général comme justifiant la non-protection, qu'une seule fois. Dans une affaire d'un genre très particulier : le veto de l'administration, opposé à un militaire, diffamé par voie de presse dans l'exercice de ses fonctions, résultait de sa condition... d'agent secret. La Haute juridiction considéra l'affectation de cette sorte de James Bond dans ce service – très spécial – de nature à légalement fonder un refus de protection*[130]*.*

120/ CE, 21 décembre 1994, *Laplace, Rec. CE*, Tables, p. 1005.

121/ CE, 28 avril 2004, *Djurdjevac*, req. 232143.

122/ Sur la notion de faute personnelle, cf. *infra*, n° 578, 579, 595 et s.

123/ TA Dijon, 5 novembre 2002, *Doussot*, req. 012525.

124/ CE, 14 février 1975, *Teitgen, op. cit.*, n° 544.

125/ CE, 16 décembre 1977, *Vincent, Rec. CE.*, p. 507.

126/ TA Marseille, 5 juillet 1985, *D.*, req. 2261/82 ; TA Marseille, 1er mars 2001, *L., op. cit.*, n° 545.

127/ CE, 24 juin 1977, *Dame Deleuse, op. cit.*, n° 544.

128/ TA, Orléans, 27 novembre 2001, *Noddings, AJFP*, mars-avril 2002, p. 35.

129/ CE, 18 octobre 1970, *Delande, Rec. CE*, p. 620, *AJ*, 1971, p. 367.

130/ CE, 13 octobre 1976, *Sentenac*, req. 94174.

2 Les modalités de la protection

561 La protection consiste, pour la puissance publique, à prendre toute mesure destinée à défendre efficacement l'agent contre les attaques subies. La loi ne précise cependant pas les moyens à mettre en œuvre. Leur choix relève de la libre appréciation du chef de service, sous le contrôle du juge. Ces réponses se situent tantôt dans le domaine administratif (décisions de nature administrative ou disciplinaire, exercice des pouvoirs de tutelle), tantôt dans celui de l'action judiciaire (dépôt de plainte déclenchant des poursuites pénales avec pour conséquence une éventuelle instance), tantôt dans les relations entretenues avec les tiers ou l'opinion (déclarations, communications dans les médias). Elle comporte, par ailleurs, toute une gamme d'actions allant du soutien moral et matériel apporté par la hiérarchie à la réinsertion sociale et professionnelle de l'agent[131]. Selon le Conseil d'État, il appartient à l'autorité décisionnelle[132] de choisir « *compte tenu des circonstances de chaque espèce les modalités appropriées à l'objectif* (de protection) »[133].

L'affichage du jugement, une mauvaise « bonne idée » ? *Un parent d'élève ayant commis des violences sur un membre de la communauté éducative se trouve condamné par une juridiction répressive. La principale du collège décide d'afficher le jugement dans l'enceinte du collège. Le parent demande au tribunal de grande instance de Paris réparation du préjudice qu'il estime avoir subi du fait de la divulgation de cette information. Selon lui, cet affichage porterait atteinte à la présomption d'innocence. En effet, le mis en cause ayant fait appel de cette condamnation, la décision pénale le frappant ne présente pas encore de caractère définitif.*

Le tribunal rejette ses prétentions ; mais les motifs de sa décision révèlent la pertinence de l'argument du demandeur : en d'autres circonstances, l'affichage du jugement eût pu, effectivement, ouvrir droit à indemnité. En l'espèce, la prudence (volontaire ou non) de la principale, l'avait conduite à anonymer la décision de justice. Par ailleurs, le fils du parent condamné n'était plus scolarisé dans l'établissement et personne, semble-t-il, à part lui, ne l'avait identifié personnellement à la lecture du texte affiché.

Mais le juge laisse clairement entendre que, sans la réunion de ces conditions, la présomption d'innocence dont bénéficie l'intéressé à ce stade de la procédure aurait été bafouée

131/ Lettre DAJ-A1 n° 377 du 3 mai 2002.

132/ Le ministre, le recteur pour l'État, le président de l'Université ou le directeur du CROUS pour les établissements d'enseignement supérieur : CE, 7 juin 2004, *S.*, req. 245562, 246496, 248464.

133/ CE, 21 février 1996, *de Maillard*, *Rec. CE*, p. 48. Dans le même sens, CAA Paris, 26 juin 2003, *Guigue et Fédération des syndicats généraux de l'Éducation nationale et de la recherche publique SGEN-CFDT*, req. 02PA04278.

par l'affichage litigieux. Un tel acte aurait alors revêtu les caractères de la voie de fait[134]. *Hormis le cas où le tribunal ordonne l'affichage de la décision au titre de l'article 131-10 du Code de procédure pénale, en tant que peine complémentaire*[135], *la plus grande prudence s'impose aux directeurs d'école, aux principaux et aux proviseurs, en pareille circonstance.*

À cet égard, le juge contrôle d'abord si les mesures prises satisfont aux exigences législatives. Une action disciplinaire, selon le cas, répond au dispositif; mais la simple mise au point par courrier peut apparaître inadaptée à l'ampleur de l'attaque. Un professeur diffamé et injurié par voie de presse contestait le refus du soutien de l'administration dans l'action judiciaire intentée par lui à l'encontre de ses agresseurs. Le ministre s'était contenté de répondre à des questions écrites de parlementaires et avait adressé un courrier au maire de la commune où exerçait le pédagogue. La Haute Assemblée estime ces initiatives insuffisantes compte tenu de la généralité des termes employés et de l'absence de référence précise au comportement de l'enseignant[136]. Le juge contrôle ensuite l'utilité des mesures appliquées. L'administration doit dès lors accéder à la demande d'un professeur de retirer de son dossier de carrière des courriers d'élèves et de collègues présentant un caractère diffamatoire[137] ou encore des témoignages, une attestation médicale, un rapport d'inspection et une décision de classement sans suite de l'affaire par le procureur de la République[138]. En cas de refus ou d'insuffisance de protection, la collectivité s'expose à l'annulation de sa décision. L'illégalité ainsi commise est constitutive d'une faute qui engage la responsabilité de l'État; l'indemnité répare le préjudice matériel[139], moral et les troubles dans les conditions d'existence[140]. Généralement, la condamnation de l'administration porte sur le remboursement des frais de procédures engagés par le fonctionnaire[141]. Le plus souvent, cependant, la mise en œuvre de la protection prend la forme

134/ TGI Paris, 4 novembre 2002, *T.*, req. 01/13976.

135/ Voir par exemple TGI Marseille, 25 novembre 1996, *Ministère public, G. c/ F., op.cit.*, n° 555.

136/ CE 18 mars 1994, *Rimasson, AJDA*, p. 374, chron. C. Maugüé et L. Touvet; *D.*, IR, p. 93; *RFDA*, p. 634.

137/ TA Versailles, 26 juin 2001, *Titre*, req. 98542.

138/ CAA Nancy, 10 novembre 2004, *Pierre C., AJDA* 2005, p. 612, note Pierre Lagrange.

139/ TA Melun, 25 novembre 1997, *Lescatreyres c/ recteur*, req. 9517801.

140/ TA Montpellier, 12 juin 1996, *Chereul c/ ministre de l'Éducation nationale*, req. 953307; TA Lyon, 11 décembre 2003, *Weigel, AJFP*, 2004, p. 209.

141/ CE, 26 mars 1965, *Villeneuve, op. cit.*, n° 544; TA Rennes, 3 janvier 1985, *Orhan, RFDA*, p. 93; CAA Paris, 10 novembre 1990, *Chavant*, req. 89PA01548; CAA Lyon, 3 décembre 1996, *Maignant*, req. 95LY00624; TA Paris, 2 juillet 1997, *Maignant*, req. 9215367/5.

d'un soutien judiciaire (**A**) et d'une indemnisation directe du préjudice éprouvé par le fonctionnaire (**B**).

A. Le soutien judiciaire

562 Il revient à l'agent public placé dans une situation qui lui ouvre le droit au bénéfice de la protection juridique de la solliciter auprès de l'autorité hiérarchique (**I**) réglementairement chargée de l'instruire (**II**).

I La demande de protection

563 La requête s'affiche comme une étape essentielle dans la procédure. Non seulement elle manifeste la volonté de l'agent d'obtenir le soutien de la collectivité publique mais elle permet aussi l'information de l'autorité chargée, après l'étude du dossier, d'y donner suite.

a) La nécessaire information

564 Informer l'administration signifie porter à la connaissance de l'autorité compétente, pour mettre en œuvre la protection, la survenance d'un acte délictueux. Malgré l'évidence de cette proposition, l'étape pose problème, car l'organisation pyramidale situe parfois le décideur assez loin du fonctionnaire en cause. Réflexion particulièrement vraie à l'Éducation nationale où le pouvoir de décision appartient au recteur. Ainsi, l'Académie d'Aix-Marseille compte quelque cinquante mille agents publics, répartis sur quatre départements, tous placés sous l'autorité de ce haut-fonctionnaire.

Le moment décisif se situe au sein de l'école, du collège ou du lycée. Le chef d'établissement doit être en mesure d'informer le fonctionnaire agressé de son droit à protection au cas où il serait méconnu. L'issue dépend surtout de la volonté de la victime de voir les faits punis, avec parfois la réticence à saisir sa hiérarchie par crainte d'attirer défavorablement l'attention. Appréhension souvent partagée par le chef d'établissement lui-même. Peu enclin à donner une publicité à un fait délictueux ponctuel, il redoute l'amalgame avec un désordre permanent dans la vie scolaire. Mais ces attitudes se feront sans doute de plus en plus rares, compte tenu de la priorité accordée par les autorités à la question de la violence à l'école. S'ajoute à cela la position des représentants syndicaux des personnels, longtemps ignorants de la portée des dispositions de l'article 11 de la loi de 1983. Ils conseillent à présent, de façon quasi systématique, aux adhérents de leur organisation de solliciter la protection de la collectivité. Se superpose enfin l'affiliation fréquente des agents de l'Éducation nationale à une assurance professionnelle qui fournit notamment une assistance juridique équivalente à celle accordée au titre de la protection statutaire. Dans de nombreux cas, le fonctionnaire préfère son assureur à l'autorité hiérarchique.

565 La Fédération des Autonomes de Solidarité et l'Union Solidariste Universitaire (association type loi 1901) compte environ 650 000 adhérents. Elle « *prend fait et cause* » lorsque l'un d'entre eux « *est insulté, menacé, diffamé, frappé, blessé... Selon les cas, elle procède avec son service juridique à une mise en garde sévère ou bien elle est à ses côtés, avec ses avocats, pour obtenir devant les tribunaux, de justes réparations morales et matérielles. Elle prend en charge tous les dossiers inhérents aux poursuites judiciaires* » [142]. Elle en a enregistré 1 623 en 2003-2004 (1 780 saisines l'année scolaire précédente) pour des affaires de violences et de mœurs [143]. Une convention conclue entre le ministère de l'Éducation nationale et la Fédération [144] marque la volonté d'un rapprochement entre l'administration et les personnels victimes d'agressions. Ces vœux pieux paraissent pour l'heure assez symboliques ; le partenariat, aux termes du texte conventionnel, demeure très vague et ne prévoit que peu de mesures concrètes.

b) Les pièces constitutives de la demande

566 La demande de protection, adressée par écrit au recteur, respecte la voie hiérarchique. Elle transite sous le couvert du chef d'établissement et de l'inspecteur d'Académie pour l'agent affecté dans une école, un collège ou un lycée. Les éléments de fait qui l'accompagnent permettent à l'autorité décisionnelle d'en apprécier le bien-fondé et de vérifier la réunion des conditions d'ouverture de la protection juridique : lettre de l'intéressé, témoignages, mentions de menaces ou d'agressions verbales, factures pour les biens matériels dégradés... Dans l'hypothèse d'un dépôt de plainte, le récépissé du procès-verbal vient étayer la requête. De même que le certificat

142/ Fédération des Autonomes de Solidarité Union Solidariste Universitaire, « *Les nouveaux risques du métier* », colloque national, 16 février 2004.

143/ Fédération des Autonomes de Solidarité Union Solidariste Universitaire « *Écouter l'enfant et respecter la présomption d'innocence* », colloque national, 21 février 2002, dossier de presse, fiche n° 4.

144/ Convention du 21 février 2002, *BOEN* du 18 avril, n° 16, p. 909.

médical d'arrêt de travail, s'il existe. Le directeur d'école, le principal ou le proviseur établit également un rapport en fonction des éléments recueillis sur l'affaire. L'ensemble de ces pièces doit montrer que le préjudice répond aux critères auxquels la jurisprudence subordonne la protection des fonctionnaires : le caractère d'attaques justifiant la procédure à propos des agissements incriminés et le lien entre les dommages et le service accompli par l'agent.

II L'instruction de la demande

567 Le dossier constitué, l'autorité hiérarchique vérifie les conditions légales d'application, c'est-à-dire le lien agression-fonctions et le caractère direct du préjudice allégué. Le bien-fondé de la requête établi, le service chargé de l'instruire accorde la protection. Cette décision, créatrice de droit [145], consiste à proposer au fonctionnaire notamment une assistance judiciaire sous la forme d'un dépôt de plainte, de la désignation d'un défenseur et du suivi de la procédure.

a) Le dépôt de plainte

568 La victime peut elle-même déposer une plainte. Elle s'adresse alors, soit à un officier de police judiciaire (au commissariat de police ou à la gendarmerie), soit directement au procureur de la République (par courrier), soit encore demande réparation par voie de citation directe ou de plainte avec constitution de partie civile. L'administration se joint alors à l'action : le recteur, chef de service, accompagne la plainte auprès du parquet compétent. Il indique agir en vertu des dispositions de l'article 11 de la loi du 13 juillet 1983 portant droits et obligations des fonctionnaires et annexe à son envoi les éléments de preuve réunis.

Le dépôt de la plainte par l'agent lui-même ne constitue nullement un préalable nécessaire à l'application des dispositions statutaires [146]. Ainsi le recteur, en sa qualité de supérieur hiérarchique, a-t-il vocation à la déposer lui-même, en lieu et place du fonctionnaire victime. Cependant, l'abstention de l'agent se révélerait regrettable en la circonstance, « *car elle pourrait apparaître comme un manque d'intérêt à la répression d'agissements portant atteinte à la dignité de ses fonctions* » (note

145/ TA Montpellier, 25 juin 1998, *Kimpe*, req. 98.224.

146/ TA Rennes, 7 juillet 1976, *Vincent*, *Rec. CE*, p. 661 ; TA Marseille, 10 décembre 1991, *Quilghini*, req. 88-5116.

de service du 19 septembre 1983). Il reste que deux plaintes portées à la connaissance de l'institution judiciaire contribueront à la plus grande efficacité des suites données par le parquet.

b) La désignation d'un défenseur et le suivi de la procédure

569 La collectivité propose au fonctionnaire de saisir un avocat, choisi par elle, pour défendre ses intérêts. L'agent, nullement tenu d'opter pour cet auxiliaire de justice, perçoit généralement la proposition comme une opportunité. Pour l'administration, collaborer avec un professionnel connu de ses services permet de maîtriser la qualité de la prestation mais également la facturation des honoraires. Lorsque la victime fait le choix d'un défenseur personnel, elle en informe l'autorité hiérarchique afin que celle-ci fixe, conventionnellement, les conditions de sa rémunération. En principe, ses honoraires ne devraient pas dépasser ceux habituellement alloués aux avocats nommés par arrêté du ministre chargé du budget dans des affaires comparables (circulaire du 16 juillet 1987), sauf caractère inhabituel des poursuites engagées ou complexité que peut présenter la défense[147]. Les instructions données au conseil du fonctionnaire se fixent pour objectif d'assurer la défense de ses intérêts matériels et moraux et de faire valoir le prix que l'administration attache à la protection de ses agents. L'avocat s'associera à l'intervention du ministère public pour établir la culpabilité du (ou des) prévenu(s) et pour faire sanctionner les agissements portant atteinte au bon fonctionnement du service public. La structure compétente[148], en liaison avec l'avocat saisi, demeure attentive au déroulement de la procédure.

Lors de la phase des poursuites, l'administration se tient informée des suites données aux infractions qui sont à l'origine de la mise en œuvre de la protection. Elle effectue les relances qui s'imposent auprès du parquet. Bien entendu, nombre de plaintes concernant des infractions bénignes font l'objet d'un classement sans suite. Apparaît ici l'intérêt de la médiation pénale. Cette troisième voie constitue parfois un moyen de

---

147/ CAA Paris, 13 mai 2003, *Asistance publique des hopitaux de Paris c/ C.*, req. 98PA01392.

148/ La déconcentration au profit des recteurs du contentieux de première instance généralisée par le décret n° 87-787 du 23 septembre 1987 a entraîné la création de services juridiques chargés notamment du suivi des dossiers de protection de fonctionnaires; cf. Georges Motsch, « L'activité de conseil et d'assistance juridiques dans les rectorats », *LIJ*, 43/2000, p. 21 et 44/2000, p. 21.

réponse approprié au but pédagogique souvent poursuivi par les enseignants qui souhaitent un rappel à la loi. En cas de classement sans suite du procureur, l'administration envisage, avec l'avocat et la victime, l'opportunité de déclencher des poursuites en portant plainte avec constitution de partie civile ou par la voie de la citation directe devant la juridiction répressive.

Lors de la phase de jugement, la collectivité veille à l'exécution des décisions qui ordonnent des mesures conservatoires, en consignant auprès du greffe de la juridiction les sommes nécessaires à la rémunération de l'expert judiciaire. Elle s'assure du paiement effectif des éventuelles provisions indemnitaires prononcées par la juridiction à la charge du prévenu.

L'administration fait parfois valoir ses droits à l'audience, lorsque l'infraction génère une incapacité totale de travail (ITT) et d'autres préjudices pour le fonctionnaire victime. Elle se prévaut en l'espèce de débours correspondant aux traitements versés pendant la période d'indisponibilité et aux prestations sociales attribuées en application du régime des accidents de service.

B. La réparation du préjudice

570 Ce second pan de la protection due par l'administration à son fonctionnaire relève du statut ; en cas d'agression, « *la collectivité est tenue (...), le cas échéant, de réparer le préjudice qui en est résulté* ». L'obligation perdure même si l'État ou l'établissement public ne peut obtenir du prévenu la restitution des sommes versées[149]. Elle cesse, cependant, si la victime a été indemnisée directement[150]. La réparation concerne tant les dommages causés à la personne même du fonctionnaire (**I**) qu'à ses biens (**II**).

I Les dommages causés aux personnes[151]

571 Le régime des accidents de service a longtemps relevé d'une indemnisation forfaitaire[152]. L'automaticité de la somme

149/ CE, 28 mars 1969, *Jannès, Rec. CE*, p. 190.

150/ CE, 30 mars 1962, *Bertaux, op. cit.*, n° 544.

151/ Ne pas confondre la réparation du préjudice dû au refus de protection (traité *supra* n° 561) et la réparation du préjudice lié aux attaques (ici traité).

152/ CE, 12 janvier 1906, *Paillotin, D.*, 3, 81.

allouée limitait alors les obligations de l'État à la prise en charge des dépenses directement liées au dommage corporel (honoraires médicaux ou chirurgicaux, frais d'hospitalisation, soins, prothèses, orthopédie, rééducation fonctionnelle...), à l'exclusion des autres chefs de préjudice (esthétique, moral...). Les dispositions applicables en matière de protection juridique des fonctionnaires ne faisaient point obstacle, selon le juge, à la stricte observation de la règle susénoncée[153], si bien qu'en cas de violence(s) la victime percevait un dédommagement restreint. Dans un premier temps, la jurisprudence assouplira sa position en considérant que l'existence d'un préjudice distinct de l'agression autorisait le professeur à obtenir une indemnité complémentaire au titre du préjudice moral résultant des injures proférées à son encontre[154]. Dans un second temps, le Conseil d'État consacrera la solution en permettant la réparation de tous les préjudices[155] et plus seulement de ceux de nature corporelle. Ainsi le fonctionnaire objet d'attaques et d'outrages qui se heurte à l'insolvabilité ou à la soustraction de l'auteur peut-il obtenir de l'État une réparation intégrale du dommage au titre de toutes les infractions subies[156]. Rien n'interdit au juge administratif d'évaluer le préjudice de l'agent au même niveau que celui fixé par son homologue judiciaire[157].

II Les dommages causés aux biens

572 En cas de dommage matériel né d'une dégradation volontaire de biens appartenant à l'agent, la protection jouera si celui-ci établit l'existence d'un lien entre les atteintes et l'exercice de ses fonctions.

À cet égard, parmi les actes de violence constatés ces dernières années sur les personnels de l'Éducation nationale, figurent en bonne place les détériorations intentionnelles de leurs véhicules : rayures de la carrosserie, bris de vitre, pneus crevés... Jusqu'à une période récente, ces dommages ne donnaient lieu qu'à l'intervention des assurances personnelles des agents, la protection fonctionnelle s'appliquant très rare-

153/ CE, 16 octobre 1981, Guillaume et Germanaud, *AJDA*, 1982, p. 43, concl. Olivier Dutheillet de Lamothe ; CAA Bordeaux, 27 juillet 1990, *Enjalbert*, req. 89BX00795.

154/ CAA Paris, 4 novembre 1999, *Ministre de l'Éducation nationale c/ James, Rec. CE*, Tables, p. 852.

155/ CE, Ass., 4 juillet 2003, *Moya-Caville, RFDA*, p. 991, concl. Didier Chauvaux, note Pierre Bon ; *AJFP*, novembre-décembre 2003, p. 22, note Samuel Deliancourt ; *AJDA*, p. 1598, chr. Francis Donnat, Didier Casas.

156/ TA Pau, 18 décembre 2003, *Maynadier, AJFP*, 2004, p. 153.

157/ CE, 17 décembre 2004, *ministre de l'Interieur c/ Barrucq, AJDA*, 2005, p. 397.

ment. Restaient à leur charge les frais issus des dommages non couverts par leur police (franchise). Pour faire face à ce phénomène, l'État (ministère de l'Éducation nationale) a conclu un contrat avec les principaux assureurs des personnels affectés dans les établissements scolaires. À partir des dispositions de l'article 11 de la loi de 1983, ce régime conventionnel permet aux victimes d'obtenir une indemnisation rapide et surtout plus complète de leur préjudice. Le souci du ministre « *est de faire en sorte que les personnels de l'Éducation Nationale et, tout particulièrement ceux qui exercent leurs fonctions dans des établissements situés dans des zones difficiles, puissent bénéficier pleinement et facilement* (de la protection) » (Circulaire nº 97-136 du 30 mai 1997). Au terme de cette procédure, l'assureur s'engage, après accord de l'État, à payer l'intégralité des réparations à son sociétaire, y compris la part non couverte par le contrat qui les lie. L'agent atteint dans ses biens peut également prétendre à indemnisation, en application de ce processus, des frais complémentaires engendrés par le dommage : coût de la location d'une automobile de remplacement ou montant du remorquage du véhicule sinistré. Cette part se trouve ensuite reversée par l'État, sur simple réclamation de l'assurance.

573 Ce dispositif a fait l'objet de conventions d'abord conclues avec la Mutuelle Assurance des Instituteurs de France (M.A.I.F.) et avec la Garantie Mutuelle des Fonctionnaires (G.M.F.), applicables à compter du 1er septembre 1997. Des contrats identiques ont ensuite été passés avec la Caisse Mutuelle d'Assurance (C.M.A.) et la Société Anonyme de Défense et d'Assurance (S.A.D.A.), avec prise d'effet au 1er janvier 1998. Ces quatre conventions signées pour une durée de trois ans, renouvelables par tacite reconduction, autorisent une application originale et simplifiée de la protection statutaire des personnels affectés dans les établissements scolaires[158].

Ce régime s'exerce aussi lorsque les fonctionnaires encourent des poursuites pénales en raison de leurs fonctions.

158/ Yann Buttner, « Une mise en œuvre originale de la protection juridique des fonctionnaires – Application des conventions passées entre l'État et les principaux assureurs des personnels de l'Éducation nationale », *RGDA*, 2-2000, p. 423.

Chapitre 2

L'enseignant poursuivi

574 Jusqu'à une période récente, les fonctionnaires, comme les usagers des services publics, vivaient avec l'idée d'une impossible mise en cause personnelle des agents de l'administration devant nos cours et tribunaux. Les premiers se croyaient légitimement protégés par leur statut ; les seconds y voyaient un privilège de plus accordé à des « citoyens pas comme les autres »[1]. Hormis les services de ressources humaines confrontés aux malversations de certains gestionnaires indélicats, personne ne s'interrogeait vraiment sur la part de protection offerte par l'administration à ses agents et celle qui relevait de leur responsabilité personnelle.

Ces dernières années attestent toutefois un regain d'intérêt pour la question. En fait, quelques affaires au fort retentissement médiatique ont montré avec éclat des agents publics nullement à l'abri de poursuites judiciaires. On leur reprochait personnellement des fautes commises dans l'exercice de leur activité professionnelle. L'effondrement de l'une des tribunes du stade de Furiani à Bastia et la chute d'un portique de basket dans l'enceinte du lycée Paul Éluard de Saint-Denis[2],

1/ Pour reprendre la célèbre formule de Maurice Hauriou.

2/ L'incendie d'une discothèque, le « cinq-sept » (146 morts), de l'établissement thermal de Barbotan (21 morts), une avalanche à Val-d'Isère (40 morts) ont également conduit maires et préfets devant le juge répressif : René Chapus, *Droit administratif général*, T2, 15e éd. Domat-Montchrestien 2001, n° 352 p. 304 ; Jacqueline Morand-Deviller, *Cours de droit administratif*, 8e éd., Montchrestien 2003, p. 200. Sur « l'affaire du panneau de basket », cf. *supra* n° 287 et *infra* n° 616.

vécus comme un électrochoc par la fonction publique, ont soudain mis en lumière une situation juridique ancienne. En effet, la responsabilité pénale des fonctionnaires ne présente aucune particularité; égale pour tous, elle trouve à s'appliquer pleinement dans la vie scolaire (1). Cette situation semble peu à peu acceptée; toutefois, les délits d'imprudence, à l'origine d'atteintes involontaires à l'intégrité physique des élèves, restent un sujet de préoccupation pour les personnels d'éducation (2).

1 Le régime de la responsabilité pénale des agents publics

575 Les fonctionnaires se révèlent aujourd'hui assujettis au Code pénal (**A**). À l'École, certaines dispositions occupent une place de choix eu égard aux activités exercées (**B**).

A. Les fondements

576 Les régimes de responsabilité civile ou administrative, précédemment étudiés, visent à réparer le préjudice subi par la victime ou, du moins, à lui apporter une compensation financière.

L'évolution du droit dans l'administration a amené une substitution de la responsabilité de l'État à celle de ses personnels. Ainsi les agents publics échappent-ils à une responsabilité personnelle pécuniaire[3]. Une telle commutation n'existe point en matière de responsabilité pénale où la réparation du préjudice ne constitue pas l'objectif. Elle vise à réprimer des actes ou des omissions contraires à la loi pénale. Chaque citoyen, et par suite chaque fonctionnaire, est personnellement tenu de respecter cette loi. Quiconque la viole en répond en personne, le cas échéant, devant un tribunal. Le principe, pourtant simple, génère des difficultés dans son application pleine et entière. Historiquement, le processus s'inscrit dans une longue évolution. Aujourd'hui, l'aggravation du « risque pénal » et des peurs suscitées relance le débat de la mise en cause des fonctionnaires (**I**). Non différents, sur

3/ Roger Merle, André Vitu, *Traité de droit criminel*, t. *II, procédure pénale*, 5e éd., 2001, Éd. Cujas, p. 160; Gaston Stéfani, Georges Levasseur, Bernard Bouloc, *Procédure pénale*, 19e éd., 2004, coll. Précis, Dalloz, p. 276 et s.

ce point, des usagers, les agents publics restent soumis aux principes généraux du droit pénal et de la procédure pénale (II).

I Le fonctionnaire et le juge pénal

577 L'achèvement du XIXe siècle met un terme à la protection des agents publics. L'évolution de la société au siècle suivant conduit à une aggravation du risque, pour ces personnels, de poursuites devant les tribunaux répressifs.

a) Du régime de protection à l'assujettissement au droit commun

578 De la Révolution à la fin du second Empire, les agents publics bénéficient d'un régime favorable empêchant toute poursuite pénale à leur encontre. Une première période de protection absolue découle de la loi des 16 et 24 août 1790 et du décret du 16 fructidor an III (2 septembre 1795) : « *Les juges ne pourront, à peine de forfaiture, troubler de quelque manière que ce soit, les opérations des corps administratifs, ni citer devant eux les administrateurs pour raison de leurs fonctions* ». Une seconde période s'ouvre avec la Constitution du 22 frimaire an VIII (13 décembre 1799). Son article 75 organise la « *garantie personnelle des fonctionnaires* » en conditionnant la possibilité de les poursuivre pénalement à l'avis conforme du Conseil d'État. Le régime reste en vigueur jusqu'en 1870, année d'abrogation de l'article 75[4]. Apparaissent également privées d'effet « *toutes autres dispositions des lois générales ou spéciales ayant pour objet d'entraver les poursuites dirigées contre les fonctionnaires publics de tout ordre* ». La suppression de ces garanties conduit à l'assujettissement des agents publics au droit commun. La loi de séparation des autorités administrative et judiciaire ne s'en trouvait point pour autant abolie. Le Tribunal des conflits[5], amené à se prononcer sur la portée de l'abrogation dudit article, différencie la faute de service du fonctionnaire, assumée par l'administration, et la faute personnelle, restant à sa charge.

579 L'avènement de cette distinction n'empêchait aucunement, dans le principe, les poursuites pénales des fonctionnaires en raison de leurs fautes de service. Elle interdisait seulement

4/ Décret du 19 septembre 1870.

5/ T. confl., 30 juillet 1873, *Pelletier*, *GAJA*, n° 2.

au juge judiciaire de se prononcer sur leurs conséquences pécuniaires. Pourtant, naît dans la pratique une confusion entre faute pénale et faute personnelle. Toute infraction se voyait qualifiée de faute personnelle, par nature trop sérieuse pour être rattachée au service. L'assimilation s'explique pour des actes particulièrement graves comme les détournements de fonds[6] ou les violences injustifiées sur les usagers[7]. Elle se comprend moins s'agissant de délits non intentionnels telles les fautes dans la conduite d'un véhicule administratif. Soixante années plus tard, le Tribunal des conflits[8] met fin à l'ambiguïté. Depuis, l'existence d'une infraction à la loi pénale n'implique plus l'engagement de la responsabilité personnelle – civile de l'agent. En contrepartie, les fonctionnaires n'échappent plus aux poursuites pénales du fait de leurs simples fautes de service. La jurisprudence, constante, considère que « *les tribunaux de l'ordre judiciaire sont compétents pour l'instruction et le jugement des crimes, délits et contraventions même dans le cas où le fait constitutif de l'infraction poursuivie a été commis dans son service par un agent public, cette circonstance n'étant pas de nature à relever le juge répressif du devoir (...) d'appliquer la loi pénale* »[9]. Le statut général fait d'ailleurs écho à cette décision en énonçant en son article 29 que « *toute faute commise par un fonctionnaire dans l'exécution ou à l'occasion de ses fonctions l'expose à une sanction disciplinaire sans préjudice, le cas échéant, des peines prévues par la loi pénale* ».

b) L'aggravation du « risque pénal »

580 La peur semble aujourd'hui omniprésente. L'angoisse des personnels d'éducation de voir leur responsabilité engagée en cas d'accident, conduit à des hésitations dans l'accomplissement de certaines missions. On retrouve cette tendance à propos de l'organisation des sorties scolaires. Nombre d'enseignants redoutant d'éventuelles conséquences judiciaires renoncent à l'intérêt pédagogique des excursions nature, classes de mer ou autres échanges linguistiques. Passées au crible de la réalité, ces préoccupations paraissent tout à la fois irrationnelles et légitimes. Souvent, l'inquiétude des fonctionnaires repose sur des amalgames faits par la presse – générale et/ou syndicale – à l'occasion d'accidents dramatiques. On annonce ainsi

6/ CE, 21 avril 1937, *Quesnel, Rec. CE* p. 423.

7/ T. confl., 21 décembre 1987, *Kessler, AJDA*, 1988, p. 364.

8/ T. confl., 14 janvier 1935, *Thépaz, GAJA*, n° 51.

9/ Cass. crim., 14 décembre 1971, *Bull. crim.*, n° 34. Dans le même sens, cf. Cass. crim., 4 octobre 1977, *Bull. crim.*, n° 283 ; Cass. Crim., 8 juillet 1980, *Bull. crim.*, n° 218, *Rev. sc. crim.*, 1981, p. 885, obs. Robert.

la condamnation de tel directeur d'école pour oubli de vérification de l'état des pneus de l'autobus chargé du transport d'élèves lors d'une sortie scolaire quand justement le juge pénal explicite le contraire [10]. Ou encore le jugement sévère prononcé à l'encontre de tel professeur pour des gestes mal interprétés ; motivations de la décision analysées, le délit révèle des violences aggravées à la suite de coups, sans équivoque, portés sur un élève [11].

581 Pour autant, ces craintes trouvent également leur source dans la difficulté à déterminer parfois l'ampleur des obligations à respecter, à apprécier la frontière entre l'observation de la loi et la commission d'une infraction pénale. Un constat s'impose cependant. Sans céder à la psychose collective, l'affaiblissement de la légitimité des agents publics s'accompagne depuis quelques années d'une nette augmentation des mises en cause pénales des fonctionnaires. Le phénomène trouve une explication dans la combinaison de trois facteurs.

Tout d'abord, la **pénalisation de la vie sociale** [12]. Le réflexe des victimes les amène aujourd'hui à se tourner vers les tribunaux répressifs pour apaiser leurs souffrances. Cette attitude se conçoit ; le juge pénal, plus rapide, désigne un coupable et donne parfois une sorte de sépulture judiciaire aux victimes décédées. Le juge civil ou administratif, au contraire, relève seulement, au moment de la réparation, une responsabilité anonyme, soit de la puissance publique, soit par le jeu du système assuranciel. Ensuite, la **crise de l'État**. Objet, depuis les dernières décennies, d'une offensive idéologique, politique et économique, il se trouve maintenant atteint juridiquement. Les fonctionnaires deviennent les cibles privilégiées de cette désacralisation publique. Enfin, l'**inflation normative**. Elle complexifie le travail des agents, car il devient trop « facile » d'oublier une règle de sécurité parmi tant d'autres consignes. Cela posé, il convient de remettre cet état de fait dans son contexte. Si le « réflexe pénal » des victimes conduit à une multiplication des incriminations, le nombre d'affaires qui prospèrent ne semble pas augmenter considérablement. Mise en cause ne signifie pas condamnation. En outre, si le constat reste globalement juste, le risque ne participe pas d'une approche identique pour tous les agents publics. Enfin, l'intervention à plusieurs reprises

10/ Cf. *infra*, n° 620, l'affaire de la « Calade », TGI, Aix-en-Provence, 17 décembre 1998, req. 98/3985.

11/ CA Nîmes, 21 novembre 2000, *K.*, req. 906/00.

12/ Jean Danet, *Défendre. Pour une défense pénale critique*, Dalloz, Coll. États de droits, 2004, p. 17.

du législateur encadre le contrôle du juge répressif en la matière. À ce jour, constate le Conseil d'État, il existe un décalage « *entre la réalité des chiffres et le fort sentiment d'inquiétude des agents* » [13]. Il n'empêche que les principes généraux de l'arsenal répressif s'appliquent pleinement aux fonctionnaires.

II Les principes généraux du droit pénal et de la procédure pénale

582 Admettre la responsabilité pénale suppose des poursuites diligentées à l'encontre d'une personne à qui l'on reproche une infraction.

a) L'initiative des poursuites

583 La décision de poursuivre pénalement une personne, physique ou morale, appartient au ministère public ou à la victime. L'examen de l'affaire par un tribunal implique nécessairement une mise en mouvement de l'action.

584 1° ***L'action publique.*** Aux termes de l'article 40 du Code de procédure pénale « *le procureur de la République reçoit les plaintes et apprécie les suites à leur donner* ». Informé directement par les services de police ou de gendarmerie, le parquet demeure maître de l'opportunité des poursuites. Il a ainsi la faculté de renvoyer ou de ne pas renvoyer l'auteur présumé des faits devant une juridiction répressive.

Il choisit de classer l'affaire sans suite, si les éléments constitutifs de l'infraction manquent ou s'il considère celle-ci comme vénielle. Dans cette hypothèse, le processus cesse [14].

Le procureur de la République peut aussi procéder à un rappel à la loi, à une régularisation, à une médiation pénale ou à une composition pénale (articles 41-1 et 41-2 du Code de procédure pénale).

Si le procureur opte pour la mise en mouvement de l'action publique, il dispose de plusieurs moyens. Pour les affaires simples, il peut poursuivre devant le tribunal le prévenu, soit en le faisant citer par voie d'huissier, soit en le faisant convoquer par officier ou agent de police judiciaire, soit en le fai-

13/ *La responsabilité pénale des agents publics en cas d'infraction non intentionnelle,* Les études du Conseil d'État, La documentation française, Paris, 1996.

14/ Toutefois, le parquet peut rouvrir le dossier en cas de découverte d'éléments nouveaux.

sant déférer selon la procédure de comparution immédiate, soit en recourant à la comparution sur reconnaissance préalable de culpabilité dans les conditions des articles 495-7 et suivants du Code de procédure pénale [15]. Pour les affaires complexes et tous les faits qualifiés crimes, il délivre un réquisitoire à fin d'informer. Par cet acte, le procureur ouvre une information, soit contre la personne soupçonnée, soit contre inconnu. Il incombe au juge d'instruction qui instruit à charge et à décharge, de décider, au terme de ses investigations, s'il y a lieu de renvoyer ou non l'affaire devant la juridiction de jugement.

585 2° ***L'action civile.*** La mise en mouvement des poursuites ne dépend pas du seul parquet. La victime d'une infraction a vocation à demander réparation du préjudice subi. Si elle choisit la voie pénale, elle doit se constituer partie civile. En cas de décision de classement sans suite d'une plainte par le procureur de la République, la victime peut porter plainte avec constitution de partie civile. Ce qui met en mouvement l'action publique (article 1er alinéa 2 du Code de procédure pénale). Différente de la plainte simple, elle prend la forme d'une lettre, datée et signée, adressée au doyen des juges d'instruction qui fixe une somme à consigner. Autre possibilité pour la victime, à l'instar du parquet, citer l'auteur présumé des faits, directement devant la juridiction de jugement (article 392 du Code de procédure pénale).

L'action publique déjà engagée par le ministère public ne prive pas la victime d'agir à titre accessoire, tout au long de la procédure – lors de l'instruction ou devant le tribunal – en se constituant partie civile à titre d'intervention. On le voit, la route se révèle longue avant que la justice fasse son œuvre.

b) Les conditions de mise en jeu de la responsabilité pénale

586 La reconnaissance de la responsabilité pénale d'une personne incombe à la juridiction répressive. Pour la retenir, le tribunal saisi constatera l'existence d'une infraction et la présence d'une personne à l'origine de sa commission.

15/ Procédure dite du « plaider coupable » issue de la loi n° 2004-204 du 9 mars 2004. Si le prévenu reconnaît les faits qui lui sont reprochés, il lui est proposé d'exécuter une (ou plusieurs) des peines encourues, sans traduction devant la juridiction de jugement. En cas de refus le procureur saisi le tribunal correctionnel ou requiert l'ouverture d'une information : Jacques Borricand, Anne-Marie Simon, *Droit pénal-procédure pénale*, coll. Aide Mémoire, Sirey, 4e éd., 2004, p. 256.

587 1° *L'existence d'une infraction.*

Les éléments constitutifs. Tous les faits reprochés par les personnes lésées ne sont pas nécessairement classés au rang d'actes punissables : « *Une action ou une abstention, si préjudiciable qu'elle soit à l'ordre social, ne peut être sanctionnée par le juge, que lorsque le législateur l'a visée dans un texte et interdite sous la menace d'une peine* »[16]. *Primo*, il n'existe pas d'infraction sans texte de loi (élément légal). *Secundo*, celle-ci suppose un agissement effectif (élément matériel). *Tertio*, l'acte implique une intention coupable, imputable à son auteur (élément moral). La présence cumulative de ces trois données autorise le juge pénal à reconnaître une personne coupable d'infraction et à prononcer une peine – ou une mesure de sûreté – à son encontre.

La classification des infractions. Le Code pénal, en son article 111-1, classe les infractions pénales « *suivant leur gravité, en crimes, délits et contraventions* ». Les frontières emportent des conséquences, au plan procédural et sur le fond du droit. Les **crimes**[17] ressortissent à la compétence de la cour d'assises et requièrent obligatoirement une instruction. Les peines prononcées vont jusqu'à la réclusion à perpétuité. Les **délits**, jugés par le tribunal correctionnel, conduisent à un emprisonnement de dix ans maximum et/ou, à une amende de 3 000 euros. Ils intéressent la plupart des infractions affectant la vie scolaire[18]. Les **contraventions**[19] relèvent du tribunal de police et entraînent des peines d'amende de 3 000 euros maximum. La prescription de l'action publique (c'est-à-dire le laps de temps écoulé qui permet de considérer éteint le droit d'ester en justice contre l'auteur des faits) diffère selon qu'il s'agit de crimes – dix ans –, de délits – trois ans – ou de contraventions – un an. Étant souligné que les délais se révèlent parfois très courts : trois mois pour les délits ou contraventions par voie de presse.

588 2° ***Les personnes responsables.*** À l'inverse de la responsabilité administrative, par nature abstraite en ce qu'elle vise le « service » ou une « fonction », la responsabilité pénale met la faute au compte d'une personne déterminée, physique ou morale.

16/ Jacques Borricand, Anne-Marie Simon, *Droit pénal-procédure pénale*, p. 35, *op. cit.*

17/ Infractions les plus graves parmi lesquelles on trouve, entre autres, le meurtre (art. 221-1 C. pén.), le viol (art. 222-23 et s. C. pén.) ou l'empoisonnement (art. 221-5 C. pén.) mais également le faux en écriture publique (art. 441- 4 C. pén.).

18/ Ainsi en est-il des délits d'imprudence auxquels renvoie l'article 121-3 C. pén.

19/ Les infractions au Code de la route par exemple mais également l'intrusion dans les établissements scolaires (art. R. 645-12 C. pén.).

589 **Les personnes physiques.** L'article 121-1 du Code pénal affirme clairement le principe de la responsabilité **personnelle** : « *Nul n'est pénalement responsable que de son propre fait* ». Pour subir une condamnation, il faut nécessairement participer à l'infraction. À cet égard, le processus exclut toute responsabilité pénale du fait d'autrui. Un chef d'établissement ne saurait ainsi se voir reprocher les agissements violents de ses professeurs à l'égard des élèves [20]. Il appartient au ministère public ou à la victime d'administrer la preuve de la participation de l'agent aux faits délictueux. Celle-ci peut être déterminante (commettre ou tenter de commettre les faits incriminés – article 121-4) ou secondaire (s'en rendre complice – article 121-7).

590 **Les personnes morales.** L'article 121-2 du Code pénal dispose que « *les personnes morales, à l'exclusion de l'État, sont responsables pénalement (...) des infractions commises, pour leur compte, par leurs organes et leurs représentants* », lorsque le texte qui édicte une infraction le prévoit expressément. Rien ne s'oppose ainsi à ce qu'une collectivité territoriale (commune, département, région....), une personne morale de droit privé (association...) ou une personne morale de droit public (collège, lycée, université...) [21] subisse une peine, généralement d'amende.

B. L'application à la vie scolaire

591 Une approche empirique permet de constater que certaines infractions trouvent, plus que d'autres, application dans la vie scolaire **(I)**. Le statut général des fonctionnaires organise à cet effet la protection des agents poursuivis, au même titre que ceux qui sont victimes d'infractions **(II)**.

I Les principales infractions liées à la vie scolaire

592 Comme souligné plus haut, les chefs d'établissement et les personnels enseignants obéissent, au même titre que l'ensemble des citoyens, au Code pénal. Certaines dispositions présentent cependant une spécificité : d'abord, certains

20/ Cela ne signifie pas qu'il n'encourt aucun reproche : il s'exposerait, dans ce cas, à être poursuivi, le cas échéant, pour non-dénonciation (cf. *infra* n° 593).

21/ À l'exclusion des écoles qui ne disposent point de personnalité juridique.

crimes ou délits sont imputables aux seuls agents publics (articles 432-1 à 432-17 du Code pénal) et ensuite, cette qualité entraîne souvent une aggravation des peines. Cela posé, la nature des fonctions exercées en milieu éducatif conduit à la mise en lumière de certaines infractions typiques. Outre les crimes et délits liés aux mœurs, les délits d'imprudence, à l'origine d'accidents sur des enfants confiés aux personnels d'éducation, constituent la source essentielle des contentieux. Mais bien d'autres dispositions pénales trouvent aussi à s'appliquer. Sans prétendre à l'exhaustivité, il convient de mentionner la contrefaçon (article L.335-6 du Code de la propriété intellectuelle)[22], les délits liés à l'alcoolisme (article 227-19 du Code pénal) ou au bizutage (article 225-16-1 et suivants)[23], les discriminations telles que le racisme (articles 225-1 et suivants), l'atteinte à la vie privée (article 226-1), l'entrave à la liberté d'expression (article 431-1), les atteintes aux droits de la personne résultant des fichiers ou des traitements informatiques (articles 226-16 et suivants)...

593 Un délit spécifique mérite attention : la non-dénonciation de crime ou de certains délits. L'article 434-1 du Code pénal précise ici que « *le fait pour quiconque ayant connaissance d'un crime dont il est encore possible de prévenir ou de limiter les effets, ou dont les auteurs sont susceptibles de commettre de nouveaux crimes qui pourraient être empêchés, de ne pas en informer les autorités judiciaires ou administratives est puni de trois ans d'emprisonnement et de 45 000 euros d'amende* ». L'article 434-3 ajoute qu'il en va de même de la non-dénonciation des « *privations (...) mauvais traitements ou (...) atteintes sexuelles infligés à un mineur de quinze ans* ». Seules les personnes astreintes au secret professionnel échappent à ces dispositions[24].

Information. Réflexion. Action. *Le Tribunal correctionnel d'Aix-en-Provence a relaxé une directrice d'école prévenue de ce délit*[25]*. La fonctionnaire se voyait reprocher en l'espèce d'avoir attendu sept jours pour aviser sa hiérarchie des atteintes sexuelles infligées par*

22/ Cf. *supra*, n° 137 et s.

23/ Selon l'article 132-76 du Code pénal issu de la loi n° 2003-88 du 3 février 2003 : « *les peines encourues pour un crime ou un délit sont aggravées lorsque l'infraction est commise en raison de l'appartenance ou la non appartenance, vraie ou supposée, de la victime à une ethnie, une nation, une race ou une religion déterminée* ».

24/ Elles sont cependant également déliées du secret dans l'hypothèse d'atteintes aux mineurs de quinze ans, cf. *supra* n° 420 et 421.

25/ TGI Aix-en-Provence, 22 septembre 2000, *Ministère public c/ B. et G.*, req. 2939/2000, n° 97502842 et 97503043.

un instituteur à des enfants de sa classe. Alors qu'elle en a été informée un mardi matin par une jeune élève et que ces faits lui ont été confirmés dans l'après-midi par les parents, la directrice interpelle le professeur en cause dès le jeudi matin, le mercredi correspondant au jour de fermeture de l'école. Ce dernier, au cours d'un entretien, lui avoue ses pulsions pédophiles. Elle lui intime l'ordre de ne plus fréquenter l'établissement sur-le-champ. Il s'exécute mais la rappelle le lendemain, l'informant de ses projets suicidaires. Le lundi suivant, elle avise l'inspectrice de l'Éducation nationale de circonscription de la situation. Le juge considère que « ce délai de quelques jours entre la connaissance des faits et leur dénonciation n'est pas constitutif d'une faute ; en effet *(la directrice)* a aussitôt enjoint *(l'enseignant en cause)* de quitter l'école (...) ce qui l'éloignait de ses élèves et évitait ainsi la poursuite de ses agissements fautifs ». *Le tribunal relève que, se trouvant seule face à un problème délicat, la réaction de l'intéressée protège immédiatement et effectivement les enfants. En insistant sur ce fait, il prend en compte dans son appréciation de l'infraction les difficultés rencontrées par les enseignants face à ces questions*[26].

II La protection des personnels d'éducation mis en cause

594 Dans certaines hypothèses, déjà évoquées, les agents publics font l'objet de poursuites et de condamnations à l'occasion de leur activité professionnelle. Le statut organise, à l'instar des agents victimes d'agressions, la protection de ces personnels. Le soutien de l'administration vise, d'une part, à empêcher la condamnation pénale des fonctionnaires pour leurs fautes de service. Il consiste, d'autre part, à les garantir, à cette occasion, contre d'éventuelles condamnations civiles.

a) La protection pénale

595 Selon l'article 11 alinéa 4 de la loi du 13 juillet 1983, « *la collectivité publique est tenue d'accorder sa protection au fonctionnaire ou à l'ancien fonctionnaire dans le cas où il fait l'objet de poursuites pénales à l'occasion de faits qui n'ont pas le caractère d'une faute personnelle* »[27]. En d'autres termes, l'obligation légale de l'administration est conditionnée par la nature de la faute reprochée à l'agent : la faute de service entraîne nécessairement l'application du statut, la faute personnelle justifie un refus de protection qui, par ailleurs, ne saurait se fonder sur le montant excessif des honoraires de l'avocat choisi par l'agent[28]. Simple

26/ Ce jugement frappé d'appel par les parties civiles et par l'instituteur, auteur des violences, présente un caractère définitif pour la directrice, le ministère public ayant abandonné les poursuites à son encontre.

27/ Dispositions issues de la loi du 16 décembre 1996 modifiant l'article 11 de la loi du 13 juillet 1983 (comm. Salon et Savignac, *AJDA*, 1997, p. 498).

28/ CAA Paris, 13 mai 2003, *Assistance publique des hôpitaux de Paris*, *op. cit.*, n° 569.

dans son principe, la règle aboutit parfois à une délicate mise en œuvre[29].

Reposant sur la traditionnelle distinction entre faute de service et faute personnelle, les conditions d'octroi de la protection ne posent aucune difficulté théorique. Connue et enrichie depuis la fin du XIXe siècle, la distinction s'établit aujourd'hui facilement. Selon la célèbre formule de Laferière, « *si l'acte dommageable est impersonnel, s'il révèle un administrateur (…) plus ou moins sujet à erreur, et non l'homme avec ses faiblesses, ses passions, ses imprudences, l'acte reste administratif et ne peut être déféré aux tribunaux* »[30].

De la fiction à la réalité. *Deux exemples fictifs permettent une meilleure compréhension de la portée de l'article 11 alinéa 4 de la loi du 13 juillet 1983. Soit, d'une part, un crime passionnel au lycée : l'intendante jalouse des frasques de son amant documentaliste le poignarde dans le CDI. Mise en examen pour meurtre, la fonctionnaire ne pourra point bénéficier de la protection statutaire, son geste inconsidéré ne se rattachant manifestement pas à son activité professionnelle. Soit, d'autre part, un agent d'entretien blessant gravement un élève alors qu'il passe la tondeuse sur les pelouses du collège. Poursuivi du chef de blessures involontaires, le fonctionnaire sera probablement soutenu par son administration, sa faute ne semblant pas détachable de l'exercice de ses fonctions.*

Toutes les situations ne présentent cependant pas ce côté simple.

596 À quel moment l'administration apprécie-t-elle la nature des faits reprochés à son fonctionnaire ? Lorsqu'il sollicite la protection, la procédure pénale ne fait que commencer, sans l'intervention d'une quelconque décision de justice à son propos. Que faire, dès lors, si le fonctionnaire nie la commission de ces faits ? La question ne pose point problème lorsque la qualification de faute de service procède de l'évidence : la protection statutaire due à l'agent s'impose, que la faute ait été commise ou non. En présence, au contraire, d'une faute personnelle, la décision peut s'avérer difficile à prendre. Ainsi la réaction face à la demande de protection d'un enseignant accusé d'actes de pédophilie sur des élèves embarrasse-t-elle souvent. La présomption d'innocence devrait conduire la collectivité à appuyer les dénégations de son agent ; mais s'agissant d'une faute personnelle, la protection ne saurait être accordée pour des faits avérés. En effet, au-delà des questions d'opportunité, l'administration n'apprécie guère – on la

29/ Marie-Pierre Chanlair, « Pour une pleine application de la protection des agents publics en cas de poursuites pénales », *AJDA*, 2002, p. 781.

30/ Laferière, *Traité*, 2e éd., T. 1, p. 648. Sur la distinction, cf. *supra*, n° 499.

comprend – d'être perçue comme soutenant, fût-ce seulement juridiquement, des agissements de cette nature. Le dilemme, difficile, impose cependant une résolution. En réalité, tout dépend du contexte et des éléments portés à la connaissance de l'autorité administrative (résultat des enquêtes internes et/ou policières, témoignages...). Le juge semble, à cet égard, s'en remettre à l'appréciation de l'État ou, tout du moins, lui laisser une certaine marge de décision. Pour la Haute assemblée, il n'est pas nécessaire d'attendre l'issue des poursuites pénales engagées à l'encontre d'un fonctionnaire pour lui refuser le bénéfice de l'article 11 de la loi du 13 juillet 1983 : « *aucun principe ni aucune règle n'imposait à l'administration de procéder à une enquête contradictoire avant de prendre sa décision, laquelle d'ailleurs ne constitue pas une sanction disciplinaire ; (...) en se fondant sur les faits dont elle pouvait disposer pour rejeter la demande dont elle était saisie, (elle) n'a pas méconnu le principe de la présomption d'innocence (...)* »[31]. Dans cette optique, la jurisprudence reconnaît à l'administration le pouvoir de revenir sur sa décision initiale si des éléments nouveaux font apparaître soit que les faits en cause présentent finalement les caractères d'une faute personnelle[32], soit, au contraire, qu'ils s'avèrent constituer une faute de service[33].

597 Heureusement, ce cas de figure demeure exceptionnel, la plupart des fautes commises par les agents publics dans l'exercice de leurs fonctions s'analysant en fautes de service. Dans la grande majorité des situations, les fonctionnaires poursuivis sont, de ce fait, pleinement soutenus par leur hiérarchie. Par ailleurs, l'article 66 de la loi de finances rectificative pour l'année 2002 prévoit que désormais, dans l'hypothèse de poursuites à l'encontre de plusieurs fonctionnaires devant la juridiction pénale pour les mêmes faits commis dans l'exercice de leurs fonctions, la décision d'accorder la protection à l'un d'eux s'appliquera à tous[34].

Soutien chaleureux ? Rejet calculé ? *L'administration accorde sa protection à :*

- *un coordonnateur pédagogique et une secrétaire poursuivis pour faux (modification du nombre d'heures dispensées sur un contrat préalablement signé), condamnés respectivement à des peines d'amende de 6 000 francs et 3 000 francs avec sursis[35] ;*

31/ CE, 28 décembre 2001, *Valette*, *op. cit.*, n° 560.

32/ CAA Paris, 13 mai 2003, *op. cit.*, n° 569.

33/ CAA Lyon, 15 juillet 2003, *D.*, req. 99LY02659.

34/ *AJDA*, 2003, p.8.

35/ TGI Carpentras, 24 février 2000, *Ministère public, Chaupitre c/ Barry, Bernard*, req. 300/2000.

■ *un médecin de prévention entendu en qualité de témoin assisté dans une procédure de faux et usage de faux (décision de mise en congé de longue maladie), finalement non poursuivi* [36] *;*

■ *un professeur d'allemand, objet d'une plainte avec constitution de partie civile pour attentat à la pudeur (excédé par le comportement dépassant les bornes d'une élève, il l'avait maladroitement apostrophée en lui disant* « tu me provoques (...) tu jouis » *)* [37]*, finalement non poursuivi;*

■ *un enseignant prévenu de violences (pendant le cours, un élève prétendait que le professeur de mathématiques, qui le soupçonnait fortement d'avoir détérioré son véhicule, s'était énervé face à ses dénégations. Il aurait d'abord frappé sur la table, puis porté deux coups sur la tête du garçon, avant de le conduire sans ménagement dans le bureau de la conseillère d'éducation). Le Tribunal correctionnel de Tours* [38] *relaxe le fonctionnaire. La Cour d'appel d'Orléans* [39] *confirme cette décision. Le certificat médical produit par le plaignant* « rédigé vraisemblablement à la hâte n'est pas probant ». *Le témoignage d'une femme de ménage du collège* « comporte une contradiction interne ». *Personne n'a entendu les cris et les pleurs de la supposée victime,* « ce que la configuration des lieux rend peu plausible ». *Le doute bénéficie en l'espèce au prévenu;*

■ *un directeur d'école (condamné) et une institutrice (relaxée) dans l'affaire de la Calade* [40] *;*

■ *une inspectrice d'Académie et une institutrice à propos de la catastrophe du Drac* [41].

Le ministère de l'Éducation nationale, en revanche, refuse de protéger des enseignants poursuivis pour diffamation publique envers le proviseur du lycée. Le juge administratif confirme la position du recteur en relevant que les critiques formulées à l'encontre du chef d'établissement auraient pu être portées à la connaissance du conseil d'administration par l'intermédiaire de leurs représentants ou en avisant le procureur de la République sur le fondement de l'article 40 du Code de procédure pénale. Mais « en diffusant des tracts dont les termes ont provoqué une plainte, (les fonctionnaires en cause) ont commis une faute personnelle détachable de l'exercice de leurs fonctions » [42].

598 Concrètement, la collectivité désigne un avocat[43] chargé de défendre l'agent au cours de la procédure puis, le cas échéant, devant la juridiction répressive. L'État prend en charge l'intégralité des frais de justice. Cependant, la condamnation éventuelle du fonctionnaire à une peine – notamment d'amende – ne peut être supportée que par lui : l'adminis-

36/ TGI Marseille, Ord non-lieu, 10 novembre 1995, *Esposito c/ Chevalier*, req. 94/032.

37/ TGI Marseille, Ord. non-lieu, 11 juin 1997, *Riesenmey c/ Labrousse*, req. 96044.

38/ TGI Tours, 30 décembre 1999, *Ministère public, C. c/ L.*, req. 3631MM.

39/ CA Orléans, 18 décembre 2000, *Ministère public, C. c/ L.*, req. 00/00031.

40/ Cf. *infra*, n° 620.

41/ Cf. *infra*, n° 625.

42/ TA Marseille, 12 mars 1998, *Nadal et autres c/ recteur*, req. 95-5340, 95-5342, 95-5344, 95-5345, 95-5347.

43/ Si le fonctionnaire n'a pas lui-même fait le choix de son défenseur.

tration ne saurait l'en garantir, ce dernier étant « *en tout état de cause, comme tout citoyen, soumis au principe de l'égalité devant la loi pénale* » (note de service n° 86-230 du 28 juillet 1986).

Au-delà du soutien moral et du paiement des frais de procédure, la protection implique encore la garantie par l'État des éventuelles sanctions civiles.

b) La protection civile

599 Aux termes de l'alinéa 2 de l'article 11 de la loi du 13 juillet 1983, « *lorsqu'un fonctionnaire a été poursuivi par un tiers pour faute de service et que le conflit d'attribution n'a pas été élevé, la collectivité publique doit, dans la mesure où une faute personnelle détachable de l'exercice de ses fonctions n'est pas imputable à ce fonctionnaire, le couvrir des condamnations civiles prononcées contre lui* ». La personne s'estimant victime d'une infraction commise par un fonctionnaire sollicite parfois des tribunaux répressifs la réparation de son préjudice. Or si les faits à l'origine du dommage constituent une faute de service, l'agent public échappe normalement à une condamnation personnelle. Le statut général des fonctionnaires prévoit à cet égard deux modalités de protection. L'administration peut, d'une part, soulever l'argument et contraindre le juge pénal à se déclarer incompétent. Ou, d'autre part, si tel n'est pas le cas pour une raison ou une autre, payer en lieu et place de l'agent les condamnations civiles prononcées contre lui.

600 ***Situation particulière ?*** *Par exception au principe de séparation, le juge pénal se révèle compétent pour connaître de l'action civile dirigée contre l'administration en vertu de la loi du 5 avril 1937 pour les « instituteurs » et de la loi du 31 décembre 1957 pour les accidents causés par les véhicules administratifs. Pour le fonctionnaire attrait civilement à tort, à l'occasion du procès pénal dans l'une ou l'autre de ces hypothèses, la juridiction répressive est compétente. Dans ce cas, l'administration peut intervenir volontairement à l'instance par l'intermédiaire de l'agent judiciaire du Trésor ou du préfet aux fins de soulever* ***l'irrecevabilité*** *de la demande à l'égard du fonctionnaire, en faisant valoir l'application de la loi spécifique.*

601 L'article 11 alinéa 2 de la loi du 13 juillet 1983 prévoit que dans tous les cas de condamnation pénale d'un fonctionnaire à réparer le préjudice causé du fait d'une faute non dépourvue de tout lien avec le service, il incombe à l'État de procéder au paiement.

602 Une affaire illustre l'exercice de cette garantie civile : le 20 janvier 1997, à la suite d'un différend portant sur le travail survenu avec son pédagogue, un élève tente de quitter la classe.

Voulant éviter sa sortie, l'enseignant repousse violemment la porte de la salle sur les doigts de la main de l'adolescent posée sur le chambranle, lui sectionnant le majeur droit, la dernière phalange et une partie de l'annulaire droit. Le Tribunal de police[44] le reconnaît coupable de blessures involontaires et prononce à son encontre une amende de 5 000 francs avec sursis. Statuant sur les intérêts civils, la Cour d'appel[45] le condamne à payer à l'élève victime la somme de 45 000 francs en réparation de son préjudice. S'agissant d'une faute de service – aucune intention malveillance n'ayant animé le professeur – la protection trouve ici à s'appliquer ; au titre de l'article 11 alinéa 2 de la loi de 1983, l'État prend en charge l'indemnité réclamée au fonctionnaire.

2 Les atteintes par imprudence

603 La peur des questions de responsabilité éprouvée par les personnels scolaires se concentre en fait dans la problématique des délits non intentionnels. Le contentieux administratif ou même civil n'impressionne plus l'enseignant ou le chef d'établissement qui n'est parfois même pas avisé de la procédure en cours ! Le reproche d'une négligence qui provoquerait des blessures (article 222-19 du Code pénal) voire la mort (article 221-6) d'un élève exprime la crainte majeure. Nullement exclus de l'application de la loi pénale, les membres de la communauté éducative se trouvent, de fait, particulièrement exposés à des poursuites sur ces fondements[46]. L'imprudence, tant redoutée, relève de l'article 121-3 du Code pénal qui, d'une manière générale, punit « *lorsque la loi le prévoit,* (la) *faute d'imprudence, de négligence ou de manquement à une obligation de prudence ou de sécurité prévue par la loi ou le règlement* ». Après plusieurs réformes[47], ce risque paraît diminuer. Le législateur différencie désormais deux types d'imprévoyance[48]. Celle qui est à l'origine directe du dommage, et

44/ T. pol. Carpentras, 8 avril 1998, *Ministère public c/ Delclos*, req. 97 001 001.

45/ CA Nîmes, 16 décembre 1999, *Delclos c/ Corachan*, req. 1 082/99.

46/ Yann Buttner, « La responsabilité pénale : les atteintes par imprudence dans le cadre scolaire », *Actualité Juridique famille*, n° 3/2004, p. 90.

47/ La première en 1992 à l'occasion de la rédaction du nouveau Code pénal, la seconde avec la loi du 13 mai 1996 et la dernière avec la loi du 10 juillet 2000.

48/ Sur cette question, cf. notamment Nicole Planchon, « Délits non intentionnels : bilan de deux ans d'application de la loi du 10 juillet 2000 », *Le Courrier Juridique des Finances et de l'Industrie*, n° 18, novembre-décembre 2002.

celle qui l'est indirectement (**A**). De cette distinction dépend la répression applicable à son auteur. La condamnation interviendra, dans le premier cas, s'il n'a pas accompli les diligences normales et, dans le second cas, si sa faute présente un caractère particulièrement grave (**B**).

A. L'imprévoyance, cause directe ou indirecte du dommage

604 Commettre une imprudence ne présente pas forcément, en soi, un caractère répréhensible[49]. Le chef d'établissement qui tarde à informer la collectivité territoriale de rattachement de la défectuosité d'un banc dans la cour de récréation ou le directeur d'école qui omet d'aviser immédiatement la famille d'un enfant fugueur ne voient pas *de facto* leur responsabilité pénale engagée. Ces fautes d'imprudence[50] ne deviennent éventuellement délictuelles que dans l'hypothèse d'un accident. Mais la seule survenance du dommage s'avère insuffisante pour en faire reproche à l'auteur de la négligence. Encore faut-il que la faute commise s'analyse en la cause du sinistre. Les fonctionnaires susvisés ne seraient inquiétés que si, dans les mêmes exemples, l'élève subissait des blessures, à cause du mauvais état du banc ou lors de son escapade. Dans cette mesure, la responsabilité pour imprudence suppose l'établissement de façon certaine d'un **lien de causalité** entre la faute et le dommage. Cela précisé, toutes les fautes à l'origine de lésions ou de traumatismes n'appartiennent pas à la même catégorie. Certaines les génèrent directement, d'autres s'avèrent plus lointaines. Le professeur qui referme par inadvertance la porte sur les doigts d'un enfant aura certainement causé le dommage plus directement que le proviseur responsable d'une intoxication alimentaire des élèves par omission du contrôle de l'hygiène des cuisines.

605 La réforme du 10 juillet 2000, précédemment évoquée, crée pour les délits causés par imprudence une distinction entre auteurs directs et auteurs indirects des dommages. Cerner les concepts et définir le contenu des lois constituent le premier travail du juriste, lequel ne se soucie, d'ailleurs, pas toujours de l'intérêt pratique des notions qu'il dégage. Force est ici

49/ Hors le cas de la mise en danger délibérée d'autrui, punissable indépendamment de la réalisation du dommage (Art. 121-3 al. 2 C. pén.).

50/ Car ne nous méprenons pas, il s'agit bien là de fautes.

de rappeler le caractère primordial de la question. De la reconnaissance par le juge pénal d'une implication indirecte de la personne poursuivie dans le dommage dépendra l'application d'un régime répressif, ô combien, plus favorable. Clef de voûte du nouveau dispositif pénal, la notion « d'auteur indirect du dommage » s'avère complexe. On peut regretter, avec d'autres [51], l'absence de lisibilité de la loi même. Une longue périphrase aux incidences pratiques incertaines détermine l'avenir pénal de bon nombre d'individus et de victimes en attente d'une réaction sociale. L'enjeu n'en demeure pas moins essentiel. Il s'agit d'essayer de définir qui, au cours de la vie scolaire et à quel moment, sera considéré, au sein de la communauté éducative, comme l'auteur indirect d'un dommage.

Un retour sur le texte (**I**) et sur l'interprétation, encore récente, de la jurisprudence (**II**) se révèle nécessaire.

I La lecture textuelle

606 Selon l'alinéa 4 de l'article 121-3 du Code pénal, « *les personnes physiques qui n'ont pas causé directement le dommage* » sont celles « *qui ont créé ou contribué à créer la situation qui a permis la réalisation du dommage ou qui n'ont pas pris les mesures permettant de l'éviter* ». Ainsi l'auteur indirect d'un accident qui entraîne la mort d'une personne ou des blessures se rend-il coupable d'un type particulier de faute : « *c'est celui qui n'a pas lui-même heurté ou frappé la victime mais qui a commis une faute ayant créé la situation à l'origine du dommage* » [52].

L'idée sous-tendue est de modifier l'économie du système. Précédemment, peu importait que la faute commise fût une cause lointaine, proche ou immédiate par rapport au dommage. Peu importait également que la faute fût grave ou même minime. Depuis la loi de 2000, la responsabilité repose toujours sur l'idée de faute mais la **causalité** devient un élément essentiel de son contenu. La **cause directe** est la cause déterminante, immédiate [53]. Ce « *paramètre détermi-*

51/ Yves Mayaud, « Retour sur la culpabilité non intentionnelle en droit pénal... À propos de la loi n° 2000-647 du 10 juillet 2000 », *D.*, 2000, chron, p. 603; Jacques Henri Robert, « La responsabilité pénale des décideurs publics », *AJDA*, 2000, p. 924.

52/ Définition des travaux préparatoires de la loi, reprise du rapport du Conseil d'État sur la responsabilité pénale des agents publics précité (Rapport n° 177 de M.P. Fauchon au nom de la commission du Sénat, prop. Loi n° 9; Rapport n° 2266 de M.R. Dosière au nom de la commission des lois, prop. Loi, adoptée par le Sénat n° 2121).

53/ Cass. crim., 29 octobre 2002, *Bull. crim.*, n° 196 ; *JCP*, 2003, IV, 1100 ; *RS crim.*, 2003, p. 326, obs. Bernard Bouloc.

nant »[54] ne se confond pas nécessairement avec l'origine première de l'accident ou l'événement physique déclencheur. La **cause indirecte**, définie par la loi, est une cause lointaine. Deux hypothèses distinctes se présentent : l'une d'action (création d'une situation qui permet la réalisation du dommage), l'autre d'abstention (défaut de prise de mesure qui aurait permis d'éviter la réalisation du dommage). Si l'une ou l'autre de ces conjectures manque, la cause du dommage s'avère étrangère à la faute.

607 ***Cette définition recouvre un grand nombre de situations*** *dépassant largement, esprit du texte oblige, le seul cas des « décideurs publics » et du monde éducatif. La doctrine*[55]*, depuis l'entrée en vigueur de la loi du 10 juillet 2000, en donne de multiples exemples.*

■ *L'automobiliste qui gare sa voiture sur le trottoir obligeant un piéton à descendre sur la chaussée, où un motard le renverse.*

■ *Le routier qui couche son camion au travers de la voie occasionnant un carambolage mortel entre les engins à deux et quatre roues qui le suivent.*

■ *Le conducteur d'un véhicule administratif qui provoque un accident, en partie à cause de son entretien défectueux; cette circonstance procède elle-même d'une mauvaise répartition des tâches dans le service ou du refus d'affecter des moyens financiers suffisants à la maintenance du parc automobile.*

■ *L'individu qui bouscule et blesse légèrement un passant dont l'état de santé s'aggrave à la suite d'une maladie nosocomiale contractée à l'hôpital.*

■ *Le propriétaire qui néglige de couper les arbres endommagés par la tempête; ils s'abattent sur la propriété attenante et tuent le voisin.*

■ *L'agriculteur avec une moissoneuse-batteuse mal réglée, à l'origine d'étincelles, met le feu à son champ; l'incendie se propage à une forêt avoisinante et entraîne la mort par asphyxie de deux pompiers*[56]*.*

■ *Le gérant d'une SCI qui autorise la visite d'un immeuble en cours de construction, sans s'assurer de la protection efficace du site; une personne fait une chute mortelle dans la cage de l'ascenseur.*

■ *Le chef de chantier qui n'interrompt pas, malgré le vent, les travaux d'une grue, causant un accident.*

■ *Le préfet qui n'ordonne pas la fermeture d'un établissement dangereux pour le public et dans lequel un incendie se déclare.*

54/ Cass. crim., 25 septembre 2001, *Bull. crim.*, n° 188 ; *D.*, IR, 3328 ; *RS crim*, 2002, p. 101, obs. Yves Mayaud.

55/ Les exemples cités sont essentiellement tirés de Philippe Salvage, « La loi n° 2000-647 du 10 juillet 2000, retour vers l'imprudence pénale » *JCP*, G, 2001, I, 231; Jacques Henri Robert, « La responsabilité pénale des décideurs publics », *op. cit.*; Francis Le Guneher, « La loi n° 2000-647 du 10 juillet 2000 tendant à préciser la définition des délits non intentionnels », *JCP*, G, 2000, n° 36, act., p. 1587.

56/ Cass. crim., 5 octobre 2004, *X.*, *D.*, IR, p. 3038; Revue de Sciences criminelles, 2005, p. 71, obs. Yves Mayaud.

■ *Le maire qui hésite à neutraliser une piste du domaine communal avant qu'une avalanche, prévisible, n'ensevelisse les skieurs.*

■ *Le professeur d'éducation physique qui organise sans aucune précaution une activité sportive dangereuse au cours de laquelle le comportement de certains participants blesse d'autres protagonistes.*

■ *L'intendant qui ne prend pas les mesures de sécurité nécessaires permettant d'éviter l'effondrement d'un panneau de basket à l'origine du décès d'un lycéen.*

■ *Le directeur d'école qui ne fait pas réparer le matériel défectueux ou qui n'interdit pas aux élèves de l'utiliser.*

Bref, le concept viserait « *tous ceux (...) qui agissent par l'intermédiaire d'autrui, en exerçant une autorité (maire, gradé de l'armée, chef d'entreprise, chef de service, chef de clinique, chef de tout poil)* »[57]. En tout état de cause, il incombe à la jurisprudence de fixer les contours de la notion. Un recul de cinq ans permet d'aborder la question.

II L'approche jurisprudentielle

608 Si la chambre criminelle de la Cour de cassation s'efforce de construire une théorie cohérente, la plupart des décisions rendues se contentent d'affirmer, explicitement ou implicitement, si, dans les circonstances de l'espèce, la causalité s'exprime d'une manière directe ou indirecte. De ce point de vue, la jurisprudence vient seulement enrichir ou confirmer la liste des exemples déjà connus, sans dégager de critères précis.

609 Il apparaît cependant possible dès à présent de tenter – prudemment – une lecture plus globale de ces jugements et arrêts. Deux critères semblent être retenus par le juge : la qualité de la personne poursuivie et son degré d'implication dans le dommage, c'est-à-dire selon que la faute commise s'avère déterminante ou non dans la réalisation du dommage.

Ainsi en matière d'accident du travail les dirigeants sont-ils rangés communément parmi les auteurs indirects[58]. La jurisprudence décline comme tels, le chef d'entreprise lui-même[59], le gérant de fait ou de droit de la société[60] et le salarié titulaire d'une délégation de pouvoirs en matière de sécurité[61]. Par

57/ Philippe Conte, « Le lampiste et la mort », *Dr. pénal*, 2001, chron. n° 2.

58/ Cass. crim., 10 janvier 2001, *Bull. crim.*, n° 2.

59/ Cass. crim., 5 décembre 2000, *Bull. crim.*, n° 313; Cass. crim., 13 février 2001, *Bull. crim.*, n° 41; Cass. crim., 20 mars 2001, *Bull. crim.*, n° 71; Cass. crim., 16 janvier 2001, *Bull. crim.*, n° 15.

60/ Cass. crim., 12 décembre 2000, *Bull. crim.*, n° 268.

61/ Cass. crim., 16 janvier 2001, *Bull. crim.*, n° 14.

ailleurs, il en va de même pour le chef de service d'un CHU[62] ou pour le maire d'une commune[63].

En revanche, les salariés ou, d'une manière générale les personnes chargées d'exécuter les instructions des décideurs prennent la qualification d'auteurs directs des dommages ; ainsi en a-t-il été apprécié pour le contremaître[64] ou l'interne en médecine[65]. Dans l'Éducation nationale, la qualité de « décideur » semble admise à l'égard des **personnels de direction**[66]. Cependant, si l'implication s'avère trop importante, le chef d'établissement se retrouvera en première ligne et se verra désigné par le juge comme auteur direct. Par exemple, dans le **drame d'Ouessant** où, en 1995, un élève avait fait une chute mortelle dans un précipice lors d'une sortie à VTT organisée par un collège privé de Brest. La Cour d'appel de Rennes se prononce, notamment, sur la responsabilité du directeur adjoint de l'établissement et par suite, sur son implication – directe ou indirecte – dans l'accident[67]. Les magistrats rennais estiment que le directeur pédagogique, nonobstant sa qualité de « décideur », « *a commis une faute de négligence, en relation directe et certaine avec l'accident* » dans l'organisation de la sortie scolaire. Le défaut de diligence observé chez cette personne, dans la préparation d'une activité à son initiative, présente une relation directe avec l'accident. L'extrême implication dans le dommage donne à ses omissions une signification particulière. Elles ne sauraient avoir seulement « *créé (...) la situation qui a permis la réalisation* (du drame) ».

610 La solution paraissait moins certaine pour les **enseignants**. Mais après cinq années d'application de la loi, l'ensemble des juridictions traitent ces personnels comme les chefs d'établissement. Dans toutes les affaires où un professeur se voit reprocher une imprudence, le juge le qualifie d'auteur indirect : qu'il s'agisse d'enseignants du premier[68] ou du second degré[69].

62/ Cass. crim., 5 septembre 2000, *Bull. crim.*, n° 262.

63/ Cass. crim., 20 mars 2001, n° 00-84.011, *Bull. crim.*, n° 75.

64/ Cass. crim., 24 octobre 2000, *Bull. crim.*, n° 308.

65/ Cass. crim., 5 septembre 2000, *op. cit.* n° 609.

66/ Cass. crim., 20 mars 2001, n° 00-84.384, *AJFP*, n° 2/2002, p. 45, note Serge Petit.

67/ CA Rennes, 19 septembre 2000, req. 99/01598.

68/ Cass., 12 décembre 2000, *Bull. crim.*, n° 371, *Gaz. Pal.*, 22/23 décembre, p. 42, note Serge Petit ; TGI Paris, 4 novembre 2003, *G.*, req. 0101710150 ; CA Paris, 2 décembre 2004, B., req. 04/017G1.

69/ CA Aix-en-Provence, 1er juin 2004, *de M.*, req. 897104 (professeur d'éducation physique et sportive) ; CA Versailles, 3 mars 2004, *Sylla*, req. 285 (professeur de génie climatique et thermique).

B. La répression de l'imprévoyance

611 Depuis l'entrée en vigueur de la loi du 10 juillet 2000, la responsabilité pénale des personnes physiques implique la démonstration d'une « faute simple » d'imprudence en cas de dommage causé directement **(I)** ou d'une « faute qualifiée » en cas de dommage causé indirectement **(II)**.

I La répression de l'auteur direct du dommage

612 À supposer l'accident directement lié à la faute d'imprévoyance, le juge sanctionnera son auteur s'il n'a pas accompli les « diligences normales ».

a) La définition de l'imprévoyance

613 L'article 121-3 alinéa 3 du Code pénal punit, lorsque la loi le prévoit, « *la faute d'imprudence, de négligence ou de manquement à une obligation de prudence ou de sécurité prévue par la loi ou le règlement* ». On reproche ici au prévenu un écart de conduite fautif se traduisant, soit par une **action** (un professeur d'éducation physique et sportive organise un cross en forêt par temps d'orage), soit par une abstention ou une **omission** (un instituteur ne vérifie pas la présence de l'ensemble des élèves au retour d'une sortie scolaire ; un conseiller principal d'éducation ne prend aucune mesure après qu'un élève lui a confessé son intention de se suicider). Cette faute se révèle caractérisée lorsque l'agent n'obéit pas à une conduite prescrite par la loi ou le règlement (non-respect par l'enseignant des mesures de sécurité relatives au matériel utilisé : en atelier, règles sur le maniement des machines dangereuses ; en cours d'éducation physique, règles sur l'utilisation des installations sportives). Mais l'application scrupuleuse de la réglementation s'avère parfois insuffisante si, au-delà, l'agent ne prend pas toutes les précautions exigées par la situation. Il ne saurait se contenter de « s'abriter » derrière la réglementation ou au contraire d'invoquer l'absence de textes. L'imprudence ou la négligence peuvent, nonobstant, être retenues. La commission d'une faute par un professeur des écoles paraît évidente lorsqu'il laisse un enfant âgé de quatre ans seul à la sortie des classes, du fait du retard des parents. Cela, même si les normes juridiques ne prescrivent pas de conduite spécifique à tenir dans une telle situation. Pour sa constitution, l'infraction d'imprudence suppose une légèreté dans le comportement entraînant la réalisation d'un dommage.

614 Cette nécessité d'un lien de causalité s'exprime à travers le jugement rendu dans l'affaire, déjà évoquée, de la chute mortelle d'une adolescente au bas d'une falaise au cours d'une sortie scolaire[70] : « *Si le comportement fautif des (enseignants) a été justement retenu par leur administration, s'agissant du non-respect de la réglementation relative à la consommation d'alcool dans le cadre scolaire et extra-scolaire, on doit cependant s'interroger notamment au vu des éléments sus-évoqués sur la corrélation existant entre cette faute réglementaire et la chute mortelle de* (la jeune fille).

En effet, si l'encadrement a toléré et même contribué à une certaine consommation visible, admise et d'une importance relative, notamment celle de vin et de cidre lors du repas et de la soirée au gîte, il ne peut en être déduit qu'il a favorisé l'ébriété des mêmes élèves dont on sait qu'elle a essentiellement été provoquée à ce niveau d'intensité, notamment pour (la victime), *par la prise d'alcool fort amené et consommé clandestinement par les élèves eux-mêmes.*

En outre, il n'apparaît pas de façon certaine de lien de causalité entre cet état d'ébriété incontestable, un éventuel défaut de surveillance, par ailleurs non retenu par l'Éducation nationale et la chute de (l'élève).

La volonté affirmée des deux adolescents, presque adultes, de sortir du gîte et de s'isoler dans le cadre de ce qui semble avoir été une relation amoureuse, la configuration des lieux dont la dangerosité était réelle bien que non visible et non signalée, l'obscurité, le déroulement des faits immédiatement préalables à la chute de (l'adolescente) *qui n'ont pu être totalement précisés constituent, dans le cadre d'un enchaînement, autant de causes de cet accident dans lequel il n'est pas établi que le défaut de surveillance et l'alcool seuls aient été à l'origine du drame* ».

Toutes les imprudences commises ne donneront pas nécessairement lieu à condamnation car l'article 121-3 du Code pénal incrimine un tel comportement seulement « *s'il est établi que l'auteur des faits n'a pas accompli les diligences normales* ».

b) Le défaut de diligences normales

615 L'appréciation de la notion, initialement abandonnée à la jurisprudence, fait l'objet d'un contrôle du juge, encadré par le législateur, depuis le vote de la loi du 13 mai 1996[71].

70/ TGI Aurillac, 22 juin 2000, *op. cit.* n° 416.

71/ En l'incitant à passer d'un contrôle *in abstracto* à un contrôle *in concreto*.

616 1° *Avant 1996.* La difficulté réside dans la définition des cas où s'observe l'imprudence ou la négligence. Cette tâche incombe aux magistrats saisis de plaintes de personnes s'estimant victimes d'un tel manquement. Or les juges dégagent cette définition petit à petit, au fil des instances. Et en tout état de cause, il convient de rester prudent face à ce type de jurisprudence. On ne peut nullement généraliser. Lorsque le tribunal rend un jugement, il se prononce sur une affaire, sur un contexte, sur un enchaînement d'événements et de circonstances. L'absence de définition de l'éventuelle imprudence répréhensible rend l'action des personnels plus délicate encore. Organiser une activité scolaire, prendre en charge un groupe d'élèves, présente par nature une dangerosité. Une double question se pose. À partir de quand le risque pris pour les élèves devient-il délictueux ? À quel stade ce risque sera-t-il qualifié par un juge d'imprudence, de négligence ou de manquement ?

Avant 1996, la loi laissait une entière liberté aux tribunaux pour déterminer cette frontière, pour déduire des faits la commission d'une infraction. Dans ce contexte juridique se produisent deux accidents mortels. L'un par écrasement au lycée Paul-Éluard de Saint-Denis, l'autre par électrocution au lycée Lamarck d'Albert dans la Somme[72].

L'affaire « du panneau de basket ». *En 1991, un élève de 17 ans jouait sur le terrain de sport de l'établissement avec des camarades. Effectuant un dernier smatch, il saute et s'accroche au cercle métallique supportant le filet. Le portique s'affaisse faisant chuter le jeune homme à la renverse. Sa tête heurte le sol cependant que l'ensemble du panneau lui tombe dessus. L'adolescent décède moins de deux heures après. Fait important, un portique identique s'était déjà effondré la semaine précédente. Les parents de la victime déposent une plainte avec constitution de partie civile contre X, du chef d'homicide involontaire. Aux termes de l'instruction, la proviseure et l'intendant font l'objet d'un renvoi devant le juge répressif, prévenus d'avoir involontairement causé la mort du garçon par maladresse, imprudence, inattention ou manquement à une obligation de prudence imposée par la loi ou les règlements. Le Tribunal correctionnel de Bobigny, en 1994, reconnaît coupables les deux fonctionnaires. La Cour d'appel de Paris, saisie de l'entier dossier, se prononce différemment dans un arrêt du 12 janvier 1996*[73]*. Sur la responsabilité de l'intendant, la juridiction relève que «* le prévenu avait en charge la maintenance des matériels du lycée, qu'il ne conteste pas cette responsabilité mais soutient que l'ampleur de ses tâches (...) ne lui permettait pas de se consacrer à des questions mineures (...) il a (toutefois) incontestablement estimé que la chute du premier portique de basket (...) relevait de son autorité (...). Ce premier incident sur un terrain où l'en-

72/ CA Amiens, 16 mai 1995, req. 536.

73/ CA Paris, 12 janvier 1996, *Villaret, op. cit.* n° 287.

semble des portiques se trouvait dans un état similaire aurait dû entraîner des mesures de sécurité exceptionnelles (...) la chute éventuelle d'autres portiques n'était plus imprévisible, ni même insurmontable (...) ». *Pour finir la Cour considère que* « de par sa longue présence d'intendant dans l'établissement (le prévenu) connaissait l'état de délabrement des installations sportives et n'ignorait pas qu'elles ne faisaient l'objet d'aucun contrôle régulier (...) (il) a fait preuve d'une négligence sérieuse en ne faisant pas procéder à une vérification technique appropriée des portiques de basket ; surtout après que son attention a été attirée par la chute d'un premier portique ; (...) cette négligence a un lien direct avec la mort du jeune (lycéen) ». *Sur la responsabilité de la proviseure, le juge d'appel estime, en revanche, que la privation de l'information par l'intendant de l'effondrement initial la plaçait dans l'impossibilité de prendre les décisions importantes liées à la sécurité qui lui incombait. Il la relaxe des fins de la poursuite.*

Le sinistre au fort retentissement dans la presse et dans les établissements scolaires mérite mise au point. Contrairement aux affirmations de l'époque, la condamnation n'intervient nullement pour des questions ne relevant pas de la compétence des intéressés ou pour des faits contre lesquels ils ne pouvaient rien. Au contraire, la Cour d'appel ne retient la négligence qu'à cause du défaut de prise des mesures de sécurité minimales. Observation faite que dans l'appréciation de l'infraction le juge ne tient pas compte des moyens concrets dont disposaient les fonctionnaires en charge de la sécurité dans ce lycée. Il relève certes l'état de délabrement de certains équipements, déplore la faiblesse des moyens mais ne la retient pas in fine. *La loi de 1996 contraindra les juridictions à une approche différente à cet égard.*

Cette décision aura néanmoins pour mérite de faire prendre conscience de l'ampleur des obligations en matière de sécurité. Plus aucun personnel d'éducation ne traitera la sécurité des équipements sportifs comme une question mineure. Peu après, une circulaire (n° 97-035 du 6 février 1997) viendra préciser les missions de ces personnels à l'intérieur des établissements.

617 2° ***Depuis 1996.*** La loi impose désormais aux juridictions répressives de rapporter la preuve des agissements fautifs du prévenu et surtout de tenir compte « *de la nature de ses missions ou de ses fonctions, de ses compétences ainsi que du pouvoir et des moyens dont il disposait* » [74]. Dans l'esprit du législateur, l'imprudence et la négligence ne deviennent délit que si le comportement de la personne poursuivie suscite effectivement un blâme moral ou social. Le juge ne saurait dès lors se borner à une appréciation abstraite des faits. Il tient nécessairement compte des conditions concrètes dans lesquelles la personne remplit ses missions ou exerce ses fonctions. Il prend également en considération le décalage éventuel entre les charges qui lui incombent et la réalité des moyens mis à sa disposition. La nouvelle législation change effectivement la donne. La jurisprudence suit, et le contrôle auquel se livrent désormais nos juridictions conduit souvent à une relaxe des prévenus, là où des condamnations auraient probablement été prononcées auparavant. En témoigne la pre-

74/ Art. 121-3 al. 3, *in fine*.

mière application du texte à une affaire concernant l'Éducation nationale.

618 À la suite d'un accident survenu à un enseignant dont le bras avait été happé par une fraiseuse, le proviseur du lycée professionnel répondait devant le Tribunal correctionnel de blessures involontaires (article 222-19 du Code pénal)[75]. La juridiction relève la sensibilité aux problèmes de prévention et de sécurité du chef d'établissement. Pour avoir signalé aux autorités les défectuosités de la fraiseuse, le tribunal prononce la relaxe de l'intéressé en motivant ainsi sa décision : « *tenu par la loi d'éduquer les élèves confiés à sa charge et donc de leur permettre ainsi qu'à leurs professeurs, sauf péril grave imminent, l'accès aux ateliers, il ne saurait davantage être fait de grief au proviseur de ne pas avoir interdit l'accès de tous aux machines potentiellement dangereuses, dès lors que l'obsolescence du parc de machines était quasi totale, endémique, de notoriété publique et malheureusement conforme à la situation de la majeure partie du secteur technique de l'Éducation nationale et que cette décision drastique ne pouvait être prise à son niveau de responsabilité; (...) l'on ne saurait, par principe, en dehors de toute faute caractérisée, reprocher à un proviseur, fonctionnaire de l'État, statutairement tenu de mener à bien l'ensemble des missions qui lui sont fixées et au premier chef celle d'éducation, entravée par des moyens budgétaires dont il ne maîtrise pas l'enveloppe et que très résiduellement l'affectation, limité dans son pouvoir décisionnel en matière de prévention et de sécurité, l'obsolescence d'un parc de machines dont il a hérité en prenant ses fonctions et a veillé sans faille à améliorer pendant sa présence au sein de l'établissement* ».

619 Plus significative encore, la relaxe d'une directrice d'école de Calvi poursuivie après l'accident survenu à un élève de son établissement[76]. L'enfant qui jouait à grimper sur une cabane en rondins de bois dans la cour de récréation fait une chute d'un mètre vingt-cinq et se blesse. Pour mettre la directrice hors de cause, la Cour d'appel procède à un double contrôle. Tout d'abord, elle s'attache à vérifier l'existence d'un manquement à une obligation de sécurité prévue par la réglementation à l'époque des faits. Dans la négative, la juridiction bastiaise en conclut que seule l'imprudence ou la négligence de la fonctionnaire devait être recherchée. Il ressort du contrôle du

75/ TGI Rennes, 25 juillet 1996, req. 962325, cité in André Maurin, *Droit administratif*, 5e éd., coll. Aide-Mémoire, Sirey, 2005, p. 232. On se trouve ici dans un cas de causalité indirecte au sens de la loi ultérieure du 10 juillet 2000. L'affaire serait aujourd'hui probablement jugée au regard de ces nouvelles dispositions législatives; le tribunal, en relevant l'absence de « faute caractérisée », anticipe toutefois sur la réforme de 2000.

76/ CA Bastia, 30 juin 1999, *Blin*, req. 204.

juge qu'« *en toute bonne foi, dans le cadre de ses missions et fonctions, cette directrice a agi avec les informations dont elle disposait et a, avec compétence, utilisé les pouvoirs et moyens dont elle disposait alors* » et qu'« *elle n'a pas failli aux diligences normales qui pouvaient être exigées d'elles* ».

Cette appréciation concrète des faits à laquelle le juge répressif se livre constitue un grand progrès dans la protection des personnels [77]. Cela précisé, ce dispositif n'a aucunement pour objectif d'exonérer les fonctionnaires de leur responsabilité pénale. La jurisprudence n'hésite pas à condamner les agents fautifs lorsqu'elle constate que les « diligences normales » n'ont pas été accomplies. Ce fut notamment le cas dans l'affaire dite de « la Calade » et, plus récemment, dans le drame d'Ouessant.

620 L'affaire de la Calade. Le 8 avril 1993, au retour d'une sortie scolaire, le minibus qui transportait 23 élèves de CM2 accompagnés seulement de l'institutrice, s'immobilise sur la voie ferrée au moment même où le train arrive. L'express percute le véhicule, ce qui cause la mort du chauffeur, celle de trois enfants et en blesse gravement sept autres. Après une instruction particulièrement longue et complexe, sept personnes sont renvoyées devant le Tribunal correctionnel d'Aix-en-Provence [78] dont le Directeur de l'école qui sera finalement condamné à dix mois de prison avec sursis et à 15 000 francs d'amende pour sa négligence lors de l'organisation de la sortie. « *Quels que soient le sérieux et la maturité des élèves d'une classe, il est clair que le risque d'un incident ou d'un accident, dans lequel des dispositions d'extrême urgence doivent être prises, doit toujours être envisagé et qu'un groupe d'élèves doit être accompagné d'un nombre suffisant d'adultes pour faire face à des situations qui impliquent autorité, directive précise et exécution rapide (...). Il apparaît comme une règle de bon sens qu'un instituteur, qui peut lui-même être victime d'un incident, ne soit pas laissé seul à l'extérieur de l'école avec un groupe de 20 enfants environ et il est étonnant que cette règle de bon sens n'ait pas été respectée voire même envisagée. En revanche, il ne saurait être fait obligation au directeur d'école de vérifier l'état du véhicule alors qu'il n'a aucune compétence à ce titre ni d'exiger du chauffeur, lorsqu'il est mis à la disposition avec son véhicule par un transporteur public ou privé, la*

77/ Tous ne partagent pas ce point de vue; certains auteurs considèrent même que les magistrats de la Cour de cassation n'attachèrent « *aucun effet à la loi de 1996* » : Jacques Henri Robert, « La responsabilité pénale des décideurs publics », *op. cit.*

78/ TGI Aix-en-Provence, 17 décembre 1998, *op. cit.* n° 580.

présentation de son permis de conduire ou de la carte violette du véhicule. De telles investigations qui excèdent les compétences techniques ou juridiques d'un chef d'établissement ou d'un directeur d'école ne peuvent en l'absence de texte précis être exigées. Il convient de noter en revanche qu'au titre de la simple prudence, le directeur d'école devait s'opposer au transport s'il constatait des anomalies évidentes du véhicule mais que tel n'a pas été le cas en l'occurrence. Le directeur d'école responsable, d'une façon générale de la sécurité des élèves doit prendre les précautions nécessaires et s'assurer qu'elles sont respectées pour que les conditions du transport soient conformes aux exigences normales de sécurité. Or, sur ce point il convient de rappeler que l'offre de service (...) a été faite pour un véhicule de 20 places plus un adulte. (Le directeur) *qui l'avait acceptée comme telle et qui avait indiqué dans sa note manuscrite que cela ne posait pas de problème puisqu'on n'emmènerait pas les perturbateurs et les non-assurés et qui pourtant savait que les sorties comprenaient plus de 21 personnes aurait dû alors s'enquérir (...) de la régularité du transport ainsi conçu et de sa fiabilité. Il aurait dû effectivement, dans ces conditions, exiger (...) des précisions et en référer à son autorité de tutelle pour savoir s'il était possible d'accepter un dépassement. Certes,* (le directeur) *fait observer que les enfants de moins de 12 ans peuvent être assis à trois pour deux places mais cette remarque est sans conséquence. Le car (...) comprenait cinq rangées de trois sièges avec strapontin dans le couloir soit 20 places pour les passagers plus le siège du conducteur et, à l'avant droit, le siège rabattable de l'accompagnateur. Il s'ensuit qu'en pratique pour que la classe de 23 élèves puisse prendre place il y avait cinq personnes sur quatre des cinq rangées (le siège avant droit étant inutilisé) et les strapontins étaient tous occupés. Cette configuration montre à l'évidence qu'aucune évacuation rapide n'était possible en cas de danger puisque le couloir était occupé par les strapontins. Si l'on ajoute qu'en raison de l'absence de tout accompagnateur adulte autre que l'instituteur l'évacuation ne pouvait se faire simultanément par la porte avant droite et par la porte arrière et, le risque était encore accru.* (Le directeur) *a accepté ce risque alors qu'il aurait dû s'opposer à de tels transports et c'est là une négligence qui est en relation de causalité avec l'accident, même si, il convient de rappeler, cette causalité est seulement médiate* »[79].

Un autre accident, plus proche dans le temps, illustre cette notion de « défaut des diligences normales ».

79/ Cette dernière remarque du juge laisse à penser que s'il était saisi de l'affaire aujourd'hui, le directeur serait probablement jugé sur le fondement de l'alinéa 4 de l'article 121-3 du Code pénal relatif aux personnes ayant *indirectement* causé le dommage – cf. *infra* n° 622 et s. – Cette jurisprudence demeure cependant exemplaire quant à l'appréciation des « diligences normales ».

621 **Le drame d'Ouessant.** Le 6 juin 1995, trois enseignants d'un collège privé du Finistère effectuaient, avec l'autorisation du directeur adjoint, un séjour d'action éducative sur l'île d'Ouessant. Les responsables de l'excursion se dirigeaient en cycle, avec les élèves, sur le côté nord de l'île. Alors qu'ils empruntaient un étroit cheminement à proximité immédiate d'un précipice, l'un des jeunes participants tombait dans une faille profonde de vingt mètres et décédait sur le coup. Ce qui provoque le renvoi des enseignants et du directeur adjoint [80] devant les juridictions répressives. Par jugement du 2 novembre 1999, le Tribunal correctionnel de Brest les condamne pour homicide involontaire. Statuant sur l'appel formé par les prévenus, la Cour d'appel de Rennes se prononce le 19 septembre 2000 et leur impute deux catégories de fautes commises, les unes, lors du déroulement de la sortie, les autres, lors de la préparation du séjour.

Lors du déroulement de la sortie. « *Les professeurs ont été à même de se rendre compte de la dangerosité des sentiers côtiers puisqu'ils ont fait descendre les élèves de leur vélo pour passer devant une première faille ; qu'ils n'en ont pas moins poursuivi leur périple en utilisant des bicyclettes (...) alors qu'il était de leur devoir d'accompagnateurs responsables de ne plus emprunter les chemins côtiers sur des engins de locomotion dont aucune chute pouvait être exclue* ».

Lors de la préparation du séjour. La juridiction reproche à deux des trois pédagogues de s'être fiés « *à un projet pré-établi, en ne recherchant pas activement, comme ils devaient le faire, si des règles de sécurité existaient sur une île dont les abords escarpés sont à l'évidence dangereux* ». Et de s'être « *contentés d'un rôle passif, alléguant qu'on ne les avait pas informés, et en ne se procurant pas auprès de l'office du tourisme ou ailleurs une documentation plus approfondie afin de préparer avec soin les itinéraires dont ils pouvaient se douter que certains entraînaient des risques d'accident, puisque les cartes IGN mentionnaient des sentiers non balisés ou comportant des passages délicats (...)* ». Le juge fait également grief au directeur adjoint de n'avoir pas pris les précautions nécessaires à l'organisation d'une telle sortie. En sa qualité de directeur pédagogique, « *il devait (...) et davantage encore que les professeurs organisateurs, s'informer des mesures de sécurité et exiger que ces derniers se procurent tous les renseignements nécessaires à la sécurité sur l'île des enfants dont il avait la charge et dont il reconnaît qu'ils constituaient des classes difficiles (...), il ne suffisait pas au directeur pédagogique de se reposer sur les démarches*

80/ Ainsi que le maire d'Ouessant, lequel sera relaxé des fins de la poursuite.

accomplies par les professeurs mais (...) il se devait de vérifier ou faire vérifier, connaissant de par sa réputation, même s'il ne s'y est pas rendu, le caractère dangereux du littoral d'Ouessant, s'il existait une réglementation particulière ou si les sentiers côtiers étaient compatibles avec une promenade en bicyclette de 41 élèves ».

Depuis l'intervention du législateur, le 10 juillet 2000, la simple preuve du défaut d'accomplissement des diligences normales ne suffit plus pour prononcer une condamnation, dès lors que l'imprévoyance commise provoque indirectement le dommage.

II La répression de l'auteur indirect du dommage

622 À supposer l'accident indirectement lié à l'imprévoyance, son auteur subira une sanction sous la condition d'une « faute qualifiée ». En effet, le texte de 2000 ajoute un quatrième alinéa à l'article 121-3 du Code pénal : « *les personnes physiques qui n'ont pas causé directement le dommage (...) sont responsables pénalement s'il est établi qu'elles ont, soit violé de façon manifestement délibérée une obligation particulière de prudence ou de sécurité prévue par la loi ou le règlement, soit commis une faute caractérisée et qui exposait autrui à un risque d'une particulière gravité qu'elles ne pouvaient ignorer* ». Pour engager sa responsabilité pénale, l'auteur indirect du dommage doit commettre l'une ou l'autre de ces deux fautes dont la gravité constitue souvent l'obstacle à sa reconnaissance. Le tribunal se trouve alors dans l'obligation de prononcer la relaxe, malgré la présence de négligences. Le contrôle juridictionnel s'efforce de déterminer si l'un ou l'autre de ces comportements fautifs trouve sa source dans le dommage.

a) La faute délibérée

623 Elle suppose un acte volontaire. La personne viole, en toute connaissance de cause, une prescription légale ou réglementaire. Ici, l'auteur indirect va, volontairement, à l'encontre de ses obligations – par facilité – avec le vain espoir qu'aucun dommage ne survienne. Pour être constituée, cette faute implique la réunion de trois conditions : l'existence d'une obligation particulière de prudence ou de sécurité, prévue par la loi ou le règlement ; la connaissance de cette obligation légale ou réglementaire par la personne poursuivie du fait de ses fonctions ou ses responsabilités personnelles ; son choix délibéré de ne pas la respecter. Un exemple jurisprudentiel relatif aux accidents du travail illustre ce type de faute. La Cour de cassation[81] confirme la condamnation d'un chef d'entreprise, coupable d'homicide involontaire à la suite du décès d'un salarié dans l'éboulement d'une tranchée non étayée ou blindée, car la décision du prévenu de ne pas utiliser le matériel idoine contrevient à des prescriptions décrétales. Jurisprudence transposable aux professeurs laissant des élèves mineurs travailler sur une machine dangereuse, en violation consciente des règles de l'article R. 234-22 du Code du travail[82].

En revanche, l'institutrice qui laisse un enfant se rendre seul aux toilettes ne commet pas une telle faute dans la mesure où les circulaires ministérielles, reprises dans le règlement intérieur de l'école imposant une surveillance continue, sont dépourvues de caractère réglementaire. On ne saurait dès lors parler d'obligation de sécurité prévue par la loi ou le réglement[83].

b) La faute caractérisée

624 Elle expose autrui à un risque d'une particulière gravité que son auteur ne saurait ignorer. Il ne s'agit plus d'une simple faute. Elle doit être grave, démontrée et exposer en outre un tiers à un grand danger pour la sécurité. Autre condition déterminante, la conscience qu'a l'auteur du risque qu'il fait courir à « sa victime ». La Cour d'appel de Paris[84] apporte sur cette faute un certain nombre de précisions : « *plusieurs conditions sont (...) cumulativement exigées : la démonstration de l'existence d'un comportement fautif caractérisé (manquement caractérisé à des obligations professionnelles essentielles, accumulation d'imprudence ou de négligences successives témoignant d'une impéritie prolongée...) ; l'appréciation de la faute* in concreto *(absence de diligences normales compte tenu du contexte) ; la faute doit exposer autrui à un risque d'une particulière gravité donc mortel ou invalidant ainsi que son degré de probabilité élevé ; l'auteur de la faute doit avoir connaissance du risque ou à tout le moins se trouver dans l'impossibilité de l'ignorer au vu de ses constatations ou des informations dont il dispose appelant de sa part une action ou une abstention pertinente* ». On pense immédiatement à l'affaire du lycée de Saint-

81/ Cass. crim., 12 septembre 2000, *Bull. crim.*, n° 268, *op. cit.* n° 609.

82/ Cf. *supra*, n° 446.

83/ CA Paris, 24 janvier 2002, *N.F.*, req. 00/05096, *JDJ*, juin 2002, p. 55 : l'enfant de neuf ans et demi qui s'était rendu seul aux toilettes situées en face de sa classe avait été retrouvé suspendu au porte-serviettes, la tête enroulée dans la serviette. Il décédera à l'hôpital. La Cour de cassation confirme cette décision (Cass. Crim., 10 décembre 2002, req. 02-81415).

84/ *Ibid.*

Denis[85] et à la chute du premier panneau de basket précédant l'accident. Une semaine plus tard, la direction de l'établissement n'ignorait plus les menaces redoutables pesant sur les adolescents. L'absence de mesures prises pour empêcher la survenance d'un sinistre potentiel sur le terrain de sport serait sans doute, aujourd'hui encore, jugée comme gravement fautive. À ce jour, quelques condamnations ont été prononcées sur ce fondement à l'encontre de personnels de l'Éducation nationale.

Dans une première affaire, une élève de douze ans est victime d'un accident à l'occasion d'un cours d'initiation de voile organisée le 28 septembre 1993 par un professeur d'éducation physique et sportive d'un collège de Marseille. Pendant qu'il effectue une manœuvre de rentrée au port (onze dériveurs attachés entre eux sur deux files, remorqués par un bateau à moteur) une embarcation fait chavirer celle sur laquelle se trouve la jeune fille qui tombe à l'eau. Transportée à l'hôpital, elle décède quinze jours plus tard sans reprendre connaissance. Le Parquet renvoie l'enseignant devant le Tribunal correctionnel pour avoir involontairement causé la mort de la victime par violation manifestement délibérée d'une obligation de sécurité ou de prudence imposée par la loi ou le règlement. La juridiction marseillaise condamne le prévenu à huit mois d'emprisonnement avec sursis, le prévenu a interjeté appel de cette décision[86]. La Cour d'appel d'Aix-en-Provence, saisie par le professeur, confirme le jugement entrepris[87] : « *ni* [l'enseignant], *ni sa collègue ne regardaient ce qui se passait derrière eux, puisqu'il résulte des déclarations des enfants qu'ils n'ont pas vu l'optimist* [de la jeune victime] *chavirer et que* [le prévenu] *n'a été alerté que par des cris, après que les enfants, dans la mesure de leurs maigres possibilités, aient essayé de sauver celle-ci ; (...) s'il est difficile, surtout pour de jeunes témoins, d'apprécier de façon précise le temps qu'il a fallu* [au professeur] *pour intervenir, il est certain qu'il ne l'a pas fait de façon immédiate ; (...) en assumant seul, en tant que personne qualifiée, la surveillance de ses élèves, de façon manifestement insuffisante, il n'a pas été en mesure de réagir suffisamment rapidement au moment où* [la victime] *est tombée à l'eau et a de toute évidence paniqué ; (...) ce faisant, il l'a privée de toute chance de survie ; il a causé indirectement le décès de la victime*

85/ Cf. *supra*, n° 287 et 616.

86/ TGI Marseille, 3 décembre 2001, *de M.*, req. 01-10513, 94-502322.

87/ CA Aix-en-Provence, 1er juin 2004, *de M.*, req. 8971/04, *op. cit.* n° 610. Un pourvoi en cassation contre cet arrêt est actuellement pendant.

en ne prenant pas les mesures qui eussent permis d'éviter le dommage et a commis une faute caractérisée et qui exposait autrui à un risque d'une particulière gravité qu'il ne pouvait ignorer en tant que professionnel, de sorte que c'est à bon droit que le tribunal l'a déclaré coupable du délit d'homicide involontaire prévu par l'article 221-6 du Code pénal, en écartant la circonstance aggravante de violation manifestement délibérée du règlement ».

Dans une deuxième affaire, au cours d'une randonnée pédestre, un élève de quinze ans se noie en traversant une rivière à l'aide d'une corde qui se détache de son amarre. L'enseignant responsable de la sortie est déclaré coupable d'homicide involontaire par le Tribunal correctionnel de Privas qui le condamne à une peine d'un an de prison assortie du sursis. La Cour d'appel de Nîmes[88] confirme le jugement :

« *la traversée de la rivière, initialement prévue à gué, s'est en définitive réalisée dans des eaux dont la profondeur excédait parfois 1,40 mètre ; (...) il convenait donc soit d'abandonner le projet, soit d'avoir préalablement recouru à une préparation minutieuse, avec des moyens matériels adaptés pour franchir la rivière qui présentait à cet endroit une largeur importante et un fort courant ; (...) en l'espèce, les élèves n'étaient munis que d'un matériel de randonnée, à l'exclusion de tout gilet de sauvetage et sont restés chaussés pendant la traversée ; (...) ainsi, la technique choisie n'était pas la plus appropriée et le matériel utilisé était totalement inadapté ; (...) en outre, si la reconnaissance du parcours avait effectivement eu lieu, elle n'avait pas prévu de franchir la rivière à cet endroit mais 15 mètres plus loin, en sorte que* [le professeur], *qui avait lui même traversé à la nage, puis en canoë, n'avait pu en mesurer la profondeur, ni constater qu'il n'avait plus pied ; (...) le prévenu peut d'autant moins prétendre de pas avoir eu conscience du risque auquel il exposait ses élèves qu'il avait pu apprécier les conditions particulièrement défavorables de l'opération, tenant à la force du courant et à la température de l'eau, lors de sa première tentative infructueuse à la nage ; (...) il résulte d'ailleurs des témoignages concordants des élèves que* [l'enseignant] *était très fatigué et que s'il n'avait pas été tiré, « il serait resté dans l'eau » ; (...) enfin, si le choix de l'accompagnatrice ne lui incombait pas, il lui appartenait de s'assurer que ses consignes avaient bien été entendues, transmises et comprises par celle-ci et l'ensemble des enfants, et non simplement par quelques-uns ; (...) en conséquence, en faisant traverser par fort courant et dans une eau*

88/ CA Nîmes, 25 juin 2002, *Rabaud*, req. 743/02. Cette décision présente aujourd'hui un caractère définitif : par arrêt du 29 novembre 2002, la Cour de cassation donne acte du désistement de l'enseignant et dit n'y avoir lieu à statuer.

froide, des élèves non entraînés et non équipés, [le professeur] *a commis une faute caractérisée et qui exposait autrui à un risque d'une particulière gravité qu'il ne pouvait ignorer ; (...) la peine prononcée par les premiers juges tient exactement compte de la personnalité du prévenu, des circonstances et de la gravité des faits* ».

Dans une troisième affaire, un garçon de CM2 chute mortellement de sa salle de classe située au deuxième étage, dans laquelle une fenêtre avait été laissée ouverte. La Cour d'appel de Paris[89] relève à l'encontre de l'enseignant en charge de la surveillance des élèves qu'il « *connaissait la dangerosité de la situation résultant de l'ouverture des fenêtres et savaient que les enfants étaient susceptibles de s'asseoir sur leur rebord ; (...) la probabilité en était d'autant plus grande le 20 décembre 1996 que les occupations des enfants étaient empreintes d'une liberté accrue alors que* [le professeur] *lui-même préparant le départ en classe de neige, ne pouvait s'acquitter de son devoir de surveillance avec une vigilance équivalente à celle qui était habituellement la sienne. (...) Dans ces conditions, la décision prise par* [la jeune victime] *d'aller d'asseoir sur le rebord de la fenêtre ne saurait être mise sur le compte d'une désobéissance de sa part (...) mais bien sur la liberté de mouvement que* [l'enseignant] *avait consenti à ses élèves ;* [il] *avait pris soin de n'ouvrir ou de ne faire ouvrir le châssis bas de la fenêtre qu'au moment où les enfants allaient en récréation, conscient que la sécurité de ces derniers, quittant alors la salle de classe, ne pouvait être compromise ; (...) dans un tel contexte et dans la mesure où le* [prévenu] *avait la possibilité d'aérer sans difficulté la salle de classe en procédant, à l'aide d'une manivelle, à l'ouverture du châssis central de la fenêtre, il lui appartenait impérativement d'en fermer ou d'en faire refermer le châssis bas au retour des enfants en sorte que ceux-ci retrouvent les conditions de sécurité existant avant leur activité de récréation ; (...) en omettant de procéder ainsi au retour des élèves dans la salle de classe et en ne rétablissant pas les conditions de sécurité qu'il leur avait jusque-là garanties, générant dans ces conditions un risque majeur dont il avait conscience,* [le professeur] *a commis une faute caractérisée répondant aux exigences de l'article 121-3 alinéa 4 du Code pénal* ».

La distinction des fautes civiles et des fautes pénales. *En redéfinissant l'imprudence pénale, la loi distingue avec soin la faute civile de la faute pénale. Plus qu'une subtilité de juristes, cet aspect de la réforme*[90] *emporte une conséquence pratique primordiale pour les victimes. Auparavant, la confusion des deux fautes se faisait au profit de la faute pénale,*

89/ CA Paris, 2 décembre 2004, *B., op. cit.* n° 610.

90/ Attendu pour certains mais en tout cas vécu comme une révolution par l'ensemble des pénalistes.

laquelle avait « autorité » sur le civil. Si bien qu'au prononcé de la relaxe (équivalent à une absence d'infraction), la partie lésée perd toute chance d'indemnisation de son préjudice au civil. Un tel système aurait pu paraître choquant dans le nouveau dispositif dépénalisant certaines fautes et rendant difficile la reconnaissance de la responsabilité pénale des auteurs d'imprudence. Prudent, le législateur introduit un article 4-1 au Code de procédure pénale : « l'absence de faute pénale non intentionnelle au sens de l'article 121-3 du Code pénal ne fait pas obstacle à l'exercice d'une action devant les juridictions civiles afin d'obtenir la réparation d'un dommage sur le fondement de l'article 1383 du Code civil si l'existence de la faute civile prévue par cet article est établie ou en application de l'article L. 452-1 du Code de la sécurité sociale si l'existence de la faute inexcusable prévue par cet article est établie ». *Cette indépendance retrouvée présente un autre avantage, permettre* « au juge répressif de s'émanciper de considérations plus souvent indemnitaires que répressives »[91]. *Ce nouveau dispositif va rapidement intéresser la vie scolaire : une directrice d'école, poursuivie pour sa négligence dans un accident ayant coûté la vie à un élève, se trouve relaxée car aucune faute caractérisée ne peut lui être reprochée. En revanche, le juge pénal condamne le préfet à réparer le préjudice subi par les victimes, sur la base de la loi du 5 avril 1937 : si l'enseignante n'a pas commis de faute au sens pénal du terme, elle en a commis une au sens civil, ce qui ouvre droit à réparation*[92].

625 Le seuil de gravité exigé conduit nos cours et tribunaux à écarter, le plus souvent, la responsabilité de l'auteur indirect. La faute, même commise, ne se révèle pas suffisamment grave pour entrer dans le champ de la répression. De nombreux chefs d'entreprises, maires ou médecins ont ainsi bénéficié d'une relaxe après l'entrée en vigueur de la loi[93]. Ses premières applications dans des affaires concernant l'Éducation nationale viennent le confirmer. Dans le drame précédemment évoqué où un élève s'était rendu seul aux toilettes, l'institutrice, selon la cour d'appel, n'a pas commis de faute « *s'analysant comme un manquement caractérisé à des obligations professionnelles essentielles ou comme l'accumulation d'imprudences ou de négligences successives témoignant d'une impéritie prolongée par ailleurs nullement démontrée par les rapports d'inspection académique, son évolution de carrière et les tâches confiées, en étant de surcroît dans l'ignorance totale du risque que pouvait encourir l'enfant* »[94].

91/ Frédéric Debove, François Falletti, *Précis de droit pénal et de procédure pénale*, coll. Major, PUF, 2001, p. 80. Pour une application de cette nouvelle disposition dans le cadre scolaire, cf. CA Caen, 5 décembre 2001, *JDJ*, n° 216, juin 2002, p. 57, comm. Rémy Fontier. Voir également art. 470-1 Code pr. pén.

92/ CA Caen, 5 décembre 2001, *Préfet de la Seine*, *op. cit.* n° 469. Dans le même sens, à propos d'une enseignante du premier degré : TGI Paris, 4 novembre 2003, *G.*, *op. cit.* n° 610. Voir aussi Philippe Bonfils, « Consécration de la dualité des fautes civile et pénale non intentionnelles », note sous Cass civ. 2e, 16 septembre 2003, *D.*, n° 11, 18 mars 2004, p. 721.

93/ Voir par exemple CA Agen, 27 novembre 2000, *Bull. inf. C. cass*, 1er juin 2001, n° 606 ; CA Poitiers, 2 février 2001, *JCP*, G, 2001, IV, n° 10534, note Philippe Salvage. *Cf.* également la relaxe d'une institutrice, CA Paris, 24 janvier 2002, *JDJ*, n° 216, juin 2002, p. 55, comm. Rémy Fontier.

94/ CA Paris, 24 janvier 2002, *N.F.*, *op. cit.* n° 623.

Il en est jugé de même dans une affaire dramatique où un jeune garçon fait une chute mortelle dans la cage d'escalier de l'école. L'enseignante avait laissé la jeune victime et quatre autres élèves dans la salle de classe, pendant la récréation pour leur permettre d'achever un travail. Les cinq écoliers devaient, leur tâche effectuée, rejoindre leurs camarades afin d'assister à un cours de gymnastique. Le tribunal correctionnel[95], tout en reconnaissant la faute (civile) de la professeure[96], relaxe cette dernière en relevant que « *le fait de laisser cinq enfants de CM2 d'une moyenne d'âge de dix ans et qui se préparent à l'apprentissage de l'autonomie avant leur entrée au collège, seuls dans la classe terminer un exposé et leur demander de descendre ensuite seuls en cour de récréation ne peut être considéré comme une faute caractérisée, d'une particulière gravité; il est constant que l'institutrice n'avait averti ni la directrice d'école ni ses collègues de ce fait mais il doit être admis que l'enseignant dispose d'un pouvoir d'initiative dans l'organisation du travail de sa classe dès lors que ce pouvoir s'inscrit dans l'action éducative; et les témoins entendus ont déclaré qu'en de nombreuses circonstances, ils étaient amenés à laisser les enfants sortir seuls de la classe (pour aller aux toilettes, pour faire une photocopie...), l'appréciation de l'autonomie laissée à l'élève se faisait en fonction des circonstances et du degré de maturité de l'élève; ainsi, le comportement de* [l'enseignante] *décrite par ailleurs comme une jeune femme consciencieuse et motivée ne revêt pas le caractère de particulière ou d'évidente gravité exigé par la loi pour être punissable pénalement* ».

La jurisprudence ne voit pas non plus de « faute caractérisée » dans une espèce où l'un des participants au cours de génie climatique et thermique se brûle gravement après avoir confondu un seau d'essence avec un récipient d'eau. La Cour d'appel de Versailles, vu le type d'enseignement prodigué, juge les élèves aptes à se servir de produits dangereux. En effet, en début de scolarité, des consignes strictes de prudence avaient été données pour que cette manipulation s'opère avec précautions. En maniant le pinceau pour éteindre la flamme, en remettant l'outil enflammé dans le récipient à pleine main, la victime manque de discernement. Les magistrats, par ailleurs, ne font pas reproche au professeur d'avoir quitté l'atelier pour aller régler un problème disciplinaire entre deux élèves[97].

95/ TGI Paris, 4 novembre 2003, *G., op. cit.* n° 610.

96/ Cf. *supra* n° 624 et les commentaires de Rémy Fontier, *JDJ*, n° 239, novembre 2004, p. 58.

97/ CA Versailles, 3 mai 2004, *Sylla, op. cit.* n° 610.

L'accident du Drac, instance « témoin » pour le juge et le législateur.

Le 5 décembre 1995, les enfants d'une classe de CE1 de l'école privée Notre Dame de Grenoble effectuaient une sortie scolaire sous la conduite de leur institutrice et d'une accompagnatrice employée par la ville. Au retour de cette journée destinée à leur faire observer l'habitat des castors sur le site du lit du Drac, le groupe est surpris par une brusque montée des eaux due à des lâchers effectués en amont à partir d'un barrage EDF. Six enfants et l'accompagnatrice périssent noyés. L'institutrice et seize autres élèves de la classe bénéficient, à temps, de secours.

Le Tribunal correctionnel puis la Cour d'appel de Grenoble[98] *condamnent pour leurs négligences trois cadres d'EDF, l'institutrice et la directrice de l'école. La loi du 13 mai 1996 s'applique alors. Selon les magistrats grenoblois, les «* diligences normales *» n'auraient pas été accomplies par ces deux personnels.*

Un pourvoi en cassation formé contre l'arrêt confirmatif amène la Haute juridiction à se prononcer le 12 décembre 2000. Le droit positif en matière d'imprudence s'exprime alors par la loi du 10 juillet 2000. Estimant l'implication de l'institutrice et de la directrice dans le drame comme indirecte[99]*, la Cour de cassation annule les condamnations et renvoie l'affaire devant la Cour d'appel de Lyon aux fins d'examen des fautes des deux prévenues au regard des exigences de la nouvelle législation*[100]*. Le 28 juin 2001*[101]*, cette dernière juridiction met un terme à la procédure en relaxant les deux personnes mises en cause. Elles n'ont pas commis de faute «* au sens de la loi du 10 juillet 2000, **s'analysant comme un manquement caractérisé à des obligations professionnelles essentielles ou comme l'accumulation d'imprudences ou de négligences successives témoignant d'une impéritie prolongée** *». Cette jurisprudence apparaîtra à certains réconfortante et à d'autres préoccupante...*

98/ CA Grenoble, 12 juin 1998, *Gaz. Pal.*, 17/18 juillet, p. 460, note Serge Petit.

99/ EDF étant, en l'espèce, considéré comme principal responsable.

100/ Cass. crim., 12 décembre 2000, *op. cit.* n° 609.

101/ CA Lyon, 28 juin 2001, *op. cit.* n° 610.

Conclusion(s) ampliative(s) ou rectificative(s) ?

626 Le droit n'apporte pas toutes les solutions. Il offre un cadre souvent utile, un repère contre les dérives de tous ordres. Mais il engendre aussi un prisme déformant.

Appliqué à la vie scolaire, il diffuse certes une pacification dans l'action éducative ; la détermination claire, précise, des responsabilités des uns et des autres par le législateur et les juges, restaure parfois une confiance perdue au sein de la communauté éducative. Le soupçon d'arbitraire ne pèse plus sur l'établissement lorsqu'il respecte les procédures en matière d'inscription, d'orientation, de discipline... ; la sécurité des jeunes croît lorsque des sanctions frappent les négligences des dirigeants ; l'élève se rapproche de l'institution si elle lui reconnaît effectivement des droits et s'il appréhende précisément l'étendue de ses obligations.

Excessivement invoqué, le droit devient, au contraire, un instrument d'affrontement. La menace de la plainte au moindre incident, le recours au tribunal à chaque décision administrative défavorable marquent, fréquemment, la rupture totale du dialogue entre les membres de la communauté scolaire. Les enjeux du procès dépassent alors largement le simple cas jugé. Il s'agit davantage d'exprimer, sinon une haine, du moins un profond désaccord avec le système tout entier. Et la mission éducative de l'École s'en trouve considérablement affaiblie.

627 Il faut éviter pour autant de brouiller l'image de la réalité quotidienne. Demandes d'indemnisation amiable, requêtes en référé, recours pour excès de pouvoir ou de pleine juridiction, plaintes avec constitution de partie civile, citations directes, assignations, ne sauraient faire oublier que l'École demeure, heureusement, un espace de paix. La tristesse et la colère d'assister à quelque violente bagarre entre des élèves dans le couloir ou dans la cour de récréation, la crainte, réelle, sur les conséquences du vol dans le dortoir ou de la mise en examen du principal adjoint, n'empêchent pas les actions positives : enseignants dévoués et soucieux de leurs obligations face à des classes pleines d'élèves assidus, initiatives généreuses et caritatives de collégiens et de lycéens, parents volontaires pour aider à l'encadrement des sorties scolaires... La vie scolaire s'écoule aussi paisiblement.

628 Pour autant, le droit intervient quotidiennement dans la régulation des conflits de tous ordres survenant dans les écoles, les collèges et lycées. L'application de sanctions prévues au règlement intérieur, demandée par un enseignant, en constitue une illustration. En l'occurrence, éducation oblige, le phénomène normatif s'intègre à une démarche prenant en compte d'autres impératifs. L'acte éducatif s'ordonne alors autour de trois pôles : la morale, l'éthique et le droit[1]. Ici le droit ne constitue plus une fin, mais s'impose en moyen propre à créer une composante de l'action formatrice. Ne deviendrait-il pas un facteur de socialisation jusque-là sous-estimé, un élément du pacte éducatif qui lie les élèves aux adultes chargés de leur enseignement et de leur initiation à la citoyenneté ?

1/ Voir sur ce point les développements de Jean-Pierre Obin, *Les établissements scolaires entre l'éthique et la loi*, préface Maurice Vergnaud, Hachette Éducation, coll. Pédagogies pour demain, 1996, p. 70 et s.

Lexique

Action civile
Action ouverte en faveur de la victime d'une infraction pénale, en réparation du dommage que celle-ci lui a causé (frais exposés dans le procès pénal, restitutions, dommages-intérêts). L'action civile peut-être exercée en même temps et devant les mêmes juges que l'action publique, ou séparément devant la juridiction civile.

Action publique
Action exercée au nom de la société, en principe par un corps spécial de magistrats (le ministère public). Elle a pour objet l'application de la loi pénale à l'auteur du fait réputé délictueux et la réparation du dommage causé à la société.

Action récursoire
Action exercée par la personne (l'État) qui a dû exécuter une obligation dont un autre (l'enseignant) était tenu (indemnisation de la victime), contre l'auteur responsable du dommage. L'article 2 de la loi du 5 avril 1937 prévoit ce type d'action en cas de dommage causé à un élève.

Ampliatif
Qui développe, qui complète un acte précédent. Mémoire ampliatif, additionnel.

Appel
Voie de recours ordinaire qui tend à soumettre à un juge d'un degré plus élevé un litige tranché par un premier juge pour obtenir une réformation totale ou partielle de la décision.

Assigner
Acte formalisé par un exploit d'huissier par lequel un justiciable (le demandeur) invite son adversaire (le défendeur) à comparaître devant une juridiction de l'ordre judiciaire (tribunal de commerce, tribunal de grande instance…).

Attraire
Assigner en justice, mettre en cause un autre justiciable devant un tribunal.

Ayant droit
Personne qui tient un droit d'une autre appelée auteur (synonyme d'ayant cause)

Bien
Chose matérielle susceptible d'une appropriation.

Chose
Objet sur lequel peut exister un droit.

Comminatoire
Qui contient une menace de sanction civile, disciplinaire ou pénale. Injonction, sommation, commandement.

Commissaire du gouvernement
Membre des juridictions administratives (Tribunal administratif, Cour administrative d'appel, Conseil d'État) chargé de présenter en toute indépendance des « conclusions » par lesquelles il suggère aux juges la solution juridique au litige qui leur est soumis.

Commission (d'un acte, d'une infraction)
Substantif du verbe commettre. Le fait d'accomplir, de perpétrer un acte délictueux.

Compétence liée
Pouvoir exercé par l'administration quand elle n'a pas le choix entre plusieurs solutions : elle est alors obligée de prendre l'acte. À l'inverse, il y a pouvoir discrétionnaire lorsqu'une liberté lui est reconnue d'apprécier en opportunité la mesure à prendre.

Considérant
Motif qui énonce un point de fait ou de droit dans une décision juridictionnelle administrative (« considérant que… »). Les juridictions judiciaires emploient l'« attendu ».

Consumérisme
Issu de l'américain. Protection des intérêts du consommateur par des associations.

Contrôle de (la) légalité
Contrôle exercé (par le préfet) sur le respect, par l'administration (collège, lycée) du principe de légalité, c'est-à-dire sa subordination à la loi.

Dépens *(voir* **frais irrépetibles***)*
« Les dépens comprennent les frais d'expertise, d'enquête et de toute autre mesure d'instruction » (article R761-1 Code de justice administrative).

Détournement de pouvoir
Illégalité consistant, pour une autorité administrative, à utiliser ses pouvoirs dans un but autre que celui en vue duquel il lui est conféré.
Exemple : Réglementation des bals, par un maire, pour éviter toute concurrence à son propre dancing.

Dol
Comportement malhonnête, souvent observé dans le droit des contrats, se traduisant par des mensonges, des manœuvres c'est-à-dire des agissements destinés à tromper l'autre.

Erreur
– **de droit.** *Erreur qui porte sur le sens ou sur la portée d'une règle de droit telle la loi ou le règlement.*
– **de fait.** *Erreur qui porte sur l'existence d'un fait matériel ou l'ignorance de son existence.*
– **manifeste d'appréciation.** *Erreur particulièrement flagrante.*

Exciper
Pour un plaideur, opposer à son adversaire tout moyen de défense. On excipe de sa bonne foi, de la prescription, de la chose jugée…

Fondement
Qui détermine la légitimité (d'un texte ou d'une théorie).

Forclusion
Sanction qui frappe le titulaire d'un droit ou d'une action pour ne pas l'avoir accompli dans le délai fixé par la loi. Encourt la forclusion celui qui n'attaque pas une décision administrative dans les deux mois qui suivent son édiction. Déchéance.

Frais irrépétibles *(voir* **irrépétibles***)*

Grief (faire)
Acte administratif qui, par les effets qu'il produit, cause un préjudice. Seul le recours en annulation contre une décision qui fait grief est possible.

Immeuble (par nature)
Bien qui ne peut être déplacé tel le sol et les bâtiments.

Immeuble par destination
Meuble réputé immeuble par la loi (articles 524 et 525 du code civil) qui fait corps avec le bâtiment. Installation de chauffage central, matériel d'exploitation d'un atelier…

Intimé
Partie contre laquelle est engagée la procédure d'appel d'un jugement de première instance, par opposition à l'appelant, celui qui fait appel.

Irrépétibles
Frais de justice non compris dans les dépens (droit de timbre, droit de plaidoirie, taxe des témoins…) que le plaideur gagnant ne peut recouvrer, sauf si le juge condamne la partie perdante à lui verser une indemnité fondée sur l'équité.

Licéité
Caractère de ce qui est licite. Légalité, régularité, validité.

Meuble(s)
Biens corporels (animal, billet de banque, craie, compas…) qui sont des meubles par nature, et biens

incorporels (action en justice, part sociale, droit d'auteur...) qui sont des meubles par destination de la loi.

Mineur

Qui n'a pas atteint un certain âge. On doit nécessairement utiliser le groupe de mots « mineur de seize ans » (ou de dix-huit ans). Parler d'un mineur de moins de... constitue un pléonasme; d'un mineur de plus de... une incorrection.

Moyen

Argument qui soutient la demande en justice. En droit administratif il existe des moyens de forme (incompétence, vice de forme) et des moyens de fond (violation de la loi, détournement de pouvoir) qui peuvent être invoqués pour faire annuler un acte.

Opportunité

Par opposition à légalité, ensemble de considérations, d'intérêt(s), d'utilité et d'équité conduisant l'administration à prendre tel acte ou donner telle solution à une affaire qui lui est soumise.

Préposé

Celui qui accomplit un acte ou exerce des fonctions sous la subordination de l'autre appelé commettant.

Prétoire

Salle d'audience des tribunaux et des cours.

Prévenu

Toute personne (en prison ou en liberté) faisant l'objet de poursuites pénales en matière contraventionnelle (contravention) ou correctionnelle (délit). En matière criminelle, on utilise le mot accusé.

Principe général du droit

Règle dégagée par la jurisprudence qui s'impose à l'administration, même sans texte (exemple : principe des droits de la défense)

Processualiser

Néologisme savant construit sur procès. Se dit de la tendance à saisir les tribunaux pour régler des litiges qui pourraient l'être par d'autres voies moins violentes. Autre verbe nouveau parfois employé dans le même sens : juridiciariser.

Puissance publique *(activité de la, responsabilité de la)*

Terme général désignant l'ensemble des personnes publiques, l'administration, l'État.

Quérulant

Néologisme savant construit sur querelle. Se dit de l'habitué des prétoires qui n'hésite pas à aller devant le juge pour des raisons souvent futiles.

Recours

– **contentieux.** *Voie de droit ouverte à l'usager pour demander aux juridictions de l'ordre administratif l'annulation d'un acte ou l'octroi d'une indemnité.*

– **gracieux.** *Recours administratif porté devant l'auteur de la décision contestée (exemple : décision prise par le recteur; recours gracieux formé devant le recteur).*

– **hiérarchique.** *Recours administratif porté devant le supérieur hiérarchique de l'auteur de la décision contestée (dans l'exemple précédent, le recours gracieux serait porté devant le ministre).*

Référé

Procédure d'urgence qui permet au président du tribunal (administratif), saisi sur requête, d'ordonner toutes mesures utiles et conservatoires (désignation d'un expert, suspension d'un acte, injonction, fixation d'une provision...) cela sans trancher au fond le litige.

Requérant

Auteur de la requête, de la demande. Le justiciable qui réclame devant le tribunal : le plaideur, le demandeur, le réclamant.

Ressort

Étendue géographique sur laquelle une autorité administrative (inspecteur d'académie, maire...) ou juridictionnelle (tribunal, cour) exerce son pouvoir.

Saisine

Formalité par laquelle le plaideur (ou l'usager) porte devant un tribunal (ou une commission) le différend qui l'oppose à l'administration.

Vicié

Entaché d'un vice, cause de nullité; altéré. Par opposition, valable, valide.

Voie de fait

Dans un sens général, exaction, comportement s'écartant des règles légales, qui justifie de la part de la victime le recours à une procédure pour faire cesser le trouble qui en résulte.

Bibliographie

Ouvrages généraux

- Jean-Claude Amsallem, *Principe généraux de l'enseignement, des fondements juridiques aux applications pratiques*, Z'éditions, CRDP Nice, 1997.
- Jean-Louis Auduc, Jacqueline Bayard-Pierlot, *Le système éducatif français*, CRDP, Créteil, 6e éd., 2001.
- Ferdinand Bellangier, *Le chef d'établissement privé et l'État*, Berger-Levrault, 3e éd., 2004.
- Jean-Louis Bergel, *Théorie générale du droit*, coll. Méthodes du droit, Dalloz, 4e éd., 2003.
- Jacques Borricand, Anne-Marie Simon, *Droit pénal-procédure pénale*, coll. Aide-mémoire, Sirey, 4e éd., 2004.
- Alain Carles, Michèle Delédalle, Jacqueline Orsingher-Puig, Dominique Rouillard, Claude Torrent, *Le nouveau guide pratique du directeur d'école*, Éd. Dalian, 2002.
- Dominique Chagnollaud, Grégory Portais, *Code junior, Les droits et obligations des moins de 18 ans*, Dalloz, 2004.
- René Chapus, *Droit administratif général*, t. 1 et 2, Domat Montchrestien, 15e éd., 2001.
- René Chapus, *Droit du contentieux administratif*, Domat Montchrestien, 11e éd., 2004.
- Philippe Chiaverini, Jean-Claude Crabarie, *Les accidents d'élèves : responsabilité et réparation*, DAI Publ., Univ. Jean Moulin, 1981.
- Claude Colombet, *Propriété littéraire et artistique et droits voisins*, coll. Précis, Dalloz, 9e éd., 1999.
- Emmanuel Davidenkoff, Brigitte Perucca, *La république des enseignants*, Éd. Jacob-Duvernet, 2003.
- Emmanuel Davidenkoff, Bénédicte Tassart, *Collège. Votre enfant de la 6e à la 3e ; Lycée 1. Enseignement général et technologique ; Lycée 2. Enseignement professionnel*, Coédition France info/Jacob-Duvernet, 2001.

– Damien Durand, *Délégué flash – mémento guide à l'usage des délégués des élèves et des éducateurs*, 23e éd., CNDP, 2002.
– Claude Durand-Prinborgne, *Le droit de l'éducation,* Hachette Éducation, 2e éd., 1998.
– Claude Durand-Prinborgne, André Legrand, *Code de l'éducation*, Litec, Juris-classeur, Juris Code, 2002.
– Bernadette Engerrand, François Louis, préface Jean-Marie Schléret, *La sécurité dans le cadre scolaire*, Hachette Éducation, 1997.
– Roger Fauroux, Hanifa Chérifi, *Nous sommes tous des immigrés*, Robert Laffont, 2003.
– Alain Héraud, André Maurin, *Institutions judiciaires*, coll. Aide-mémoire, Sirey, 5e éd., 2004.
– Pierre Kayser, *La protection de la vie privée par le droit. Protection du secret de la vie privée*, P.U.F., Economica, 3e éd., 1995.
– Étienne Lefebvre, Daniel Mallet, Pierre Vandevoorde, *Le nouveau chef d'établissement, Textes et pratiques pour la direction d'un collège ou d'un lycée aujourd'hui,* Éducation, Berger-Levrault, 3e éd., 1998.
– Marceau Long, Prosper Weil, Guy Braibant, Pierre Delvolvé, Bruno Genevois, *Les grands arrêts de la jurisprudence administrative*, Dalloz, 15e éd., 2005.
– Daniel Mallet, Étienne Lefebvre, *Sécurité et responsabilité au collège et au lycée*, Berger-Levrault, 2e éd., 2002.
– Gérard Mamou, *La charte du civisme scolaire – Le règlement intérieur*, CRDP de Bourgogne, 1993.
– André Maurin, *Droit administratif*, coll. Aide-mémoire, Sirey, 5e éd., 2005.
– Roger Merle, André Vitu, *Traité de droit criminel, t. II, procédure pénale*, Éd. Cujas, 5e éd., 2001.
– Jean-Pierre Obin, *Les établissements scolaires entre l'éthique et la loi*, préface Maurice Vergnaud, Hachette Éducation, coll. Pédagogies pour demain, 1996.
– Henri Péretti, *Code de l'éducation commenté, Partie législative*, Berger-Levrault, 2e éd., 2004.
– Gaston Stéfani, Georges Levasseur, Bernard Bouloc, *Procédure pénale*, coll. Précis, Dalloz, 19e éd., 2004.
– Antony Taillefait, *Gestion du patrimoine scolaire. Bâtiments et mobilier*, préface Jean-Bernard Auby, 2e éd., 2002.
– Frédérique Thomas-Bion, Jean-Daniel Roque, *Accidents scolaires et responsabilités*, préface François Perret, Les indispensables, Berger-Levrault, 2004.
– Christian Vitali, *La vie scolaire*, préface Jean-Pierre Obin, Hachette éducation, 1997.

– Jacky Simon, René Périé, Organisation et gestion de l'Éducation nationale, Berger-Levrault, 7e éd., 2000.
– Bernard Toulemonde (sous la direction de), *Le système éducatif en France*, Les notices de la documentation française, 2003.

Monographies, thèses, rapports

– Henri Chadelaud, *La responsabilité civile des enseignants*, Thèse droit, Université de Haute-Normandie, 1979, dact.
– Conseil d'État, *La responsabilité pénale des agents publics en cas d'infractions non-intentionnelles*, Les études du Conseil d'État, La documentation française, Paris, 1996.
– Jean Eisenbeis, Yves Touchard (sous la direction de), *L'éducation physique et sportive à l'école – l'éducation à la sécurité*, *Éditions Revue EPS*, 1995.
– Ministère de l'Éducation nationale, Direction des affaires juridiques, *Les accidents scolaires relevant de la loi du 5 avril 1937 et leur contentieux*, CNDP, 2e éd., 1997.
– Ministère de l'Éducation nationale, Direction des affaires juridiques, *Le guide juridique du chef d'établissement*, CNDP, 2e éd., 2001.
– Jacques Ravanas, *La protection des personnes contre la réalisation et la publication de leur image*, LGDJ, 1978.
– Bernard Toulemonde, *La gratuité de l'enseignement – passé, présent, avenir*, Rapport, 1er trimestre 2002.

Articles, chroniques

– Jacques Bourdon, « La protection fonctionnelle de l'agent public », *AJFP*, nov.-déc. 1996, p. 21.
– Jean-Michel Bruguière, « Les droits de l'image dans le livre », *Légicom*, n° 24, 2001/1, p. 123.
– Yann Buttner, « La réparation des accidents causés par les élèves en milieu scolaire : le partage des responsabilités entre les parents et le personnel chargé de la surveillance », *RRJ*, 2000-4, p. 1780.
– Yann Buttner, « Une mise en œuvre originale de la protection juridique des fonctionnaires – Application des conventions passées entre l'État et les principaux assureurs des personnels de l'Éducation nationale », *RGDA*, 2-2000, p. 423.
– Jean-Claude Caron « Le temps des châtiments corporels », *Les collections de l'histoire*, 1999, n° 6, p. 58.
– Dominique Dumont, « Les objets dangereux dans les établissements scolaires », *LIJ*, 9/96, p. 1.
– Dominique Dumont, « Les abords de l'établissement scolaire.

Approche du statut juridique de la périphérie des locaux d'enseignement », *LIJ*, 38/99, p. 19.
- Claude Durand-Prinborgne, « Les droits et obligations des élèves du second degré », Chronique de législation, *AJDA*, 1991, p. 366.
- P. Hamon, « Le contentieux de l'orientation », *LIJ*, 15/97, p. 14.
- Didier Jean-Pierre, « Les religions du fonctionnaire : le fonctionnaire et la foi », *AJFP*, mai-juin 2001, p. 31.
- André Kéréver, « Le droit d'auteur français et l'État », *RIDA*, oct. 1981, p. 2.
- Éric Laurier, « Reprographie : mode d'emploi », *LIJ*, 40/99, p. 24.
- Jacques Mestre, « Le sport à travers certaines décisions de justice », *Les publications commerciales*, 29 juin, 13, 20 et 27 juillet 1984.
- Georges Motsch, « L'activité de conseil et d'assistance juridiques dans les rectorats », *LIJ*, 43/2000, p. 21 et 44/2000, p. 21.
- Michèle Mouchoux, « Le traitement contentieux des accidents scolaires », *Rev. adm.*, 1993, p. 464.
- Baba Nabé, Claude Bouquin, « Les responsabilités de l'enseignant d'EPS dans la pratique des activités physiques et sportives scolaires », préface Bernard Toulemonde, *Éditions Revue EPS*, n° 51, 2000, p. 29-30.
- Jean-Paul Négrin, « Les associations administratives », *AJDA*, 1980, n° spécial, p. 129.
- J. Pradel « De la véritable portée de la loi du 10 juillet 2000 sur la définition des délits non-intentionnels », *D.*, 2000, Point de vue, août, n° 29.
- Jacques Henri Robert, « La responsabilité pénale des décideurs publics », *AJDA*, 2000, p. 924.
- Michèle Salczer-Sanchez, « Le droit d'auteur et les nécessités de l'enseignement », *RIDA*, oct. 1981, p. 136.
- Frédéric Séval, « Les responsabilités des chefs d'établissement », *Savoir*, 3 (4), oct.-déc. 1991, p. 682.
- Rémy Schwartz, « Laïcité et enseignement public », *Cahiers de l'éducation*, septembre-octobre 1999, p. 14.
- Jean-Hervé Syr, « L'image administrative des violences concernant les personnels », *Violences à l'école. État des savoirs*, Armand Colin, Paris, 1997.
- Pierre Taudou, « PAI et injections médicamenteuses en milieu scolaire, aspects juridiques », *Alim'inter, le journal de l'allergie alimentaire*, n° 3, mai 2001, p. 89-102 ; *LIJ*, 63/2002, p. 16
- Michel Vivant, « Pour une compréhension nouvelle de la notion de courte citation en droits d'auteur », *JCP*, éd., G., 1989, n° 3372.

Sites internet

Sites institutionnels

– http://www.cnil.fr (site officiel de la Commission de l'informatique et des libertés)
– http://www.education.gouv.fr (site officiel du ministère de l'Éducation nationale).
– http://www.internet-mineurs.goug.fr (site institutionnel ayant pour objectif la protection des mineurs sur Internet).
– http://www.journal-officiel.gouv.fr (consultation en ligne du journal officiel).

Sites à vocation pédagogique

– http://www.vie-lyceenne.education.gouv (site consacré aux lycéens et à leur vie au sein de leur établissement).
– http://www.eduscol.education.fr (site pédagogique du ministère de l'Éducation nationale).

Sites consacrés aux nouvelles technologies de l'information et au droit de la propriété intellectuelle

– http://www.cfcopies.com (présentation du Centre français d'exploitation du droit de copie – CFC).
– http://www.internet.gouv (programme d'action gouvernemental pour la société de l'information).
– http://www.legamedia.fr (site spécialisé dans les questions juridiques liées au développement des nouvelles technologies de l'information et de la communication).

Index

Les nombres renvoient aux numéros de paragraphe en marge du texte

B

C

D

E

F

G

H

I

J

P

T

U

V

X, Y

Z

Table des matières

Photocomposition et mise en pages *CMB* Graphic
44800 Saint-Herblain

706 275(I) OSB-SE 80 g SC

Achevé d'imprimer en août 2005
dans les ateliers de Normandie Roto Impression S.A.S.
61250 Lonrai
N° d'imprimeur : 052176
Dépôt légal : septembre 2005

Imprimé en France